Collegial Planned Textbook for Civil Engineering

高等学校土木工程学科规划教材

（第3版）

HIGHWAY ENGINEERING GEOLOGY

公路工程地质

⊙ 钱让请　钱　芳　钱王苹　主编

中国科学技术大学出版社

内 容 简 介

本书是国家教育部高等学校示范院校建设项目主要成果之一,是深入贯彻、执行《公路桥涵施工技术规范》(JTG/T F50—2011)、《公路隧道设计规范》(JTG D70/2—2014)、《公路工程抗震规范》(JTG B02—2013)、《公路软土地基路堤设计与施工技术细则》(JTG/T D31-02—2013)等新标准、新规范的第一本教材。本书介绍了工程地质的任务及其在公路工程中的应用;岩石的成因类型和工程地质特征;地质构造与工程建筑;外力地质作用对工程的影响;地貌与公路工程;岩体结构和岩体的稳定性分析;环境工程地质研究;公路工程地质问题勘察、施工等。本书重点突出了山区高速公路建设所涉及的深路堑、高边坡、桥基、隧道、特殊土等方面的环境工程地质问题的勘察设计与治理技术,并结合实例进行了研究,能使学生从大量的工程实例中提高分析问题和解决问题的能力。

本书是国家教育部高等学校土木工程学科规划教材,内容丰富,实用性强,将教学与科研、生产紧密结合,另有工程地质勘察技能训练指导和公路工程地质多媒体教学信息系统配合教学,反映了最新的科研成果。本书可作为高等院校(含高职院校)土木工程学科公路与桥梁工程、公路与城市道路、市政工程、工程监理、隧道工程、实验检测等专业教材,亦可供工程建设勘察、设计、监理、施工、实验、检测技术人员和土建类师生及科研人员参考。

图书在版编目(CIP)数据

公路工程地质/钱让清,钱芳,钱王苹主编. —3版. —合肥:中国科学技术大学出版社,2015.2
ISBN 978-7-312-03655-2

Ⅰ.公… Ⅱ.①钱…②钱…③钱… Ⅲ.道路工程—工程地质—高等学校— 教材 Ⅳ.U412.22

中国版本图书馆 CIP 数据核字(2014)第 311876 号

出版	中国科学技术大学出版社
	安徽省合肥市金寨路 96 号,230026
	http://press.ustc.edu.cn
印刷	合肥市宏基印刷有限公司
发行	中国科学技术大学出版社
经销	全国新华书店
开本	787 mm×1092 mm 1/16
印张	24.75
字数	634 千
版次	2003 年 6 月第 1 版 2015 年 2 月第 3 版
印次	2015 年 2 月第 4 次印刷
定价	49.80 元

高等学校土木工程学科规划教材
《公路工程地质》编委会

主任委员 常印佛(中国科学院院士、中国工程院院士、
　　　　　　中国科学技术大学教授、博士生导师)

副主任委员 秦　勤(安徽省公路管理局正高级工程师)
　　　　　　王建国(合肥工业大学土木与水利工程学院教授、
　　　　　　　　博士生导师)
　　　　　　张庆龙(南京大学地球科学与工程学院教授、
　　　　　　　　博士生导师)
　　　　　　杨树锋(浙江大学研究生院教授、博士生导师)
　　　　　　叶为民(同济大学土木工程学院教授、博士生导师)
　　　　　　刘松玉(东南大学交通学院教授、博士生导师)
　　　　　　章劲松(安徽交通职业技术学院土木工程系教授)

委　　员 (以姓氏笔画为序)

丁祖跃	王丰胜	王吉双	王传仁	王国体
王国强	王建国	王赐银	卞国炎	叶为民
孙东根	刘松玉	汪凡文	李益湘	张建仁
张庆龙	余宜林	苏新国	沈训龙	吴　俊
周文雅	周新民	杨树锋	杨晓勇	柏　林
洪吉安	段海澎	郭正言	钱让清	秦　卫
秦　勤	殷永高	殷治宁	常印佛	章劲松
曹建伟	黄志福	鲁圣弟	董春平	程华龙
程友明	程新春	盛明宏	樊其诚	瞿尔仁

"公路工程地质"课程建设
产学研合作指导委员会

主 任 委 员 常印佛(中国科学院院士、中国工程院院士、
　　　　　　　中国科学技术大学教授、博士生导师)

副主任委员 杨晓勇(中国科学技术大学教授、博士生导师)
　　　　　　　秦　勤(安徽省公路管理局正高级工程师)
　　　　　　　董春平(合肥市公路管理局正高级工程师)
　　　　　　　王吉双(安徽省交通规划设计研究总院正高级工程师)
　　　　　　　黄志福(安徽省交通投资集团有限责任公司正高级工程师)
　　　　　　　苏新国(安徽省高等级公路控股集团有限公司
　　　　　　　　　　正高级工程师)
　　　　　　　汪凡文(安徽省交通科学研究院正高级工程师)
　　　　　　　余宜林(安徽宏泰交通工程设计研究院有限公司
　　　　　　　　　　正高级工程师)
　　　　　　　葛折圣(华南理工大学交通学院教授、博士生导师)
　　　　　　　盛明宏(安徽省路桥工程集团有限公司正高级工程师)

委　　　员 (略)

序 1

  工程地质学是地质科学的一个分支，是研究与工程规划、设计、施工和运用有关的地质问题的学科。它的主要任务是：勘察和评价工程建筑场地的地质环境和工程地质条件；分析和预测工程建设活动与自然地质环境的相互作用和相互影响；选择最佳的场地位置；提出不良地质作用的工程措施，为工程建设的规划、设计、施工和运营提供可靠的地质依据。

  各种土木工程，如公路、铁路、桥梁、隧道、房屋、港口、水利等工程都是修建在地表或地下的工程建筑。建筑场地的地质环境和工程地质条件（包括场地及周围的岩、土体类型和性质、地质构造、水的地质作用等），都与工程设计、施工和运营密切相关。在进行工程建设时，无论是总体布局阶段，还是个体建筑物设计、施工阶段都应当进行相应的工程地质工作。总体规划、布局阶段应进行区域性工程地质条件和地质环境的评价；场地选择阶段应进行不同建筑场地工程地质条件的对比，选择最佳工程地质条件的方案。在选定场地进行个体工程建筑物设计和施工阶段，应进行工程地质条件的定量分析和评价，提出适合地质条件和环境协调的建筑物类型、结构和施工方法等的建议，拟定改善和防治不良地质作用和环境保护的措施、方案等。为了做好上述各阶段的工程地质工作，必须通过地质调查、测绘、勘探、试验、观测、理论分析等手段，获得必要的地质资料，结合具体工程的要求进行研究、分析和判断，最终得出相应的结论。鉴于工程地质对工程建设的重要作用，国家规定任何工程建设必须在进行相应的地质工作、提出必要的地质资料的基础上，才能进行工程设计和施工工作。

  在国内外工程建设实践中，重视工程地质工作使工程建设获得成功的经验和忽视工程地质工作引起工程建设失败的教训不胜枚举。

  各类工程（公路、铁路、水利水电、工业与民用建筑等）对工程地质条件有不同的要求。由于公路工程是一种延伸很长的线型建筑物，又主要是一种表层建筑物，它会遇到各种各样的自然条件和地质问题，并易受频繁变化的大气物理作用的影响，因而，公路工程地质在研究对象和方法上都有自己的特点。在国内外，公路工程地质方面的教科书和专著仍寥若晨星。因此，钱让清、钱芳、钱王苹、曹建伟、张素云、汪晗等同志编写的《公路工程地质》（第3版）一书，对本学科的教学以及科研和生产是十分有益的。本书的主要特点是：1. 吸收了近十年来工程地质和岩土工程学科中的新进展、新成就；2. 结合我国自然景观、地质条件和公路、桥梁与隧道工程的特点，综合应用地质学原理及20世纪90年代发展起来的新技术、新方法、新理论，较全面地论述了评价公路工程地质条件的各项内容；3. 反映了我国公路工程地质工作近十年来的部分重要进展和研究及实践的新成果，这些成果体现了科学技术服务于经济建设的宗旨，为我国的公路建设提供了科学依据。可以认为本书是目前有关我国公路工程地质调查研究的成功实践的一份总结，具有广泛的应用价值。

深信本书对于推动我国公路工程地质的教学和勘察研究具有重要的意义，必将受到有关领域的教学、科研和工程技术人员的欢迎。

中国科学院院士、中国工程院院士　常印佛

2014年6月8日于合肥

序 2

本书是国家教育部高等学校土木工程学科规划教材,依据国家教育部关于"21世纪高等学校课程改革"的精神和国家教育部关于高校土木工程学科、公路与桥梁工程专业高级应用型专业人才的培养目标以及"公路工程地质"教学大纲的要求编写而成。我和中国科学技术大学王奎仁教授、合肥工业大学王国强教授、同济大学叶为民教授审阅了全部书稿。

公路工程地质是公路工程、桥梁工程、隧道工程、土木工程、地下工程等众多学科的专业基础课,是促进这些学科和相应工程不断发展的原动力。为适应目前土木工程学科公路与桥梁工程专业"公路工程地质"课程发展的需要,钱让清、钱芳、钱王苹、曹建伟、张素云、汪晗等同志编写了《公路工程地质》(第3版)一书,并遵循如下四个基本原则:

一、突出"三基"

工程地质学和公路工程地质是由多学科交叉形成的新兴学科。它不仅涉及矿物岩石学、构造地质学、地球物理、地球化学等基础地质理论、方法,同时需要实验力学、数理统计等大量数学、力学理论,还涉及材料物理、信息论等相关学科理论,特别是一系列的现代科学理论。为了把浩如烟海的理论和知识以及工程实践成果浓缩在36~48学时内,首先要遵循的一个基本原则就是要突出"三基",即基础理论、基本知识和基本技能的教育。基本知识主要包括进行公路工程地质勘察、设计、施工和维护所应掌握的知识,基本技能首先是实验的技能,因为科学实验是公路工程地质发展的基础,这些实验包括岩、土和岩体的物理力学性质实验、工程地质调查和现场稳定性监测等。

二、通用性

工程地质是有关工程领域的基础学科,为了适应社会主义市场经济发展和高等教育体制改革、学生分配制度改革的需要,拓宽学生毕业后的就业渠道和竞争能力,作者在编写《公路工程地质》(第3版)新教材时,本着增加教材的通用性原则,吸收了铁路、土木、建筑等有关行业工程地质理论和实践的特点。由于作者长期在高校从事教学、科研和技术开发工作,产学研结合,保证了新教材的通用性。

三、实用性

公路工程地质是一门应用性很强的工程学科,它具有一个特定的应用领域,在很长的一段时间里,工程地质学研究存在理论脱离实际的现象。在以往的工程地质学和公路工程地质教材中,也存在理论和工程实践脱节的现象。为此,作者在编写本书时,将理论和工程放在同等重要的位置。全书以突出篇幅介绍了工程地质基本知识在公路、桥梁工程中的应用,并从两个方面强调工程地质理论和公路工程的结合:一是如何运用工程地质理论指导公路、桥梁、隧道工程的勘察、设计、施工和维护;二是如何在公路工程实践中不断产生公路工程地质的新理论、新技术,推动工程地质学不断向前发展。理论和工程紧密结合的教育,将能使学生从大量的工程范例中提高分析问题、解决问题的能力。这样,他们在走向工作岗位后,就能较快地适应工作需要,把学到的知识用到工程实践中去,起到独当一面的作用。

四、先进性

现代科学技术突飞猛进的发展和我国经济建设步伐的加快,尤其是我国交通公路建设的快速发展,对公路工程地质提出更高的要求,并促进了公路工程地质的不断发展。目前应用较为广泛的几本工程地质学和公路工程地质高校教材都是二十多年前编写的,与当前公路工程地质与公路工程的发展现状已经不相适应。钱让清教授等编写的《公路工程地质》(第3版)新教材把新理论、新技术和新的工作实践成果介绍给广大学生,为大学生今后深入学习和科技创新应用提供了正确的思路和难得的素材。

因此,此时此刻,钱让清教授等专家撰写的《公路工程地质》(第3版)对本学科的教学、科研和生产是十分有益的。此外,本书还有以下特点:

1. 本书采用了最新公布的公路工程标准和规范,如2014年实施的中华人民共和国行业标准《公路隧道设计规范》(JTG D70/2—2014)、《公路工程抗震规范》(JTG B02—2013)等,该书是贯彻执行以上新标准、新规范的第一部教材,吸取了交通行业和有关行业中近年来特殊地基和高边坡处理中的科研成果和新成就。使用创新的教材进行教学,必将有力地促进教育质量和公路工程质量的提高。

2. 本书紧密结合公路工程建设的需要,体现了公路工程地质技术服务于交通公路建设的指导思想;同时对经济建设发展规划、工程建设与环境问题提供了丰富的基础资料。

3. 将地球化学、矿物岩石学、环境学、地震学中的一些重要新进展和新成果,有机地与公路工程地质融会到一起,丰富了工程地质学的内容,促进了工程地质学的发展。

4. 书中引用了作者多年来从事工程勘察、工程检测、岩土测试分析、矿物成因与矿物物理研究、水化学分析、工程地基处理技术、环境工程处理技术等方面的研究成果与心得,从而使本书的观念新颖,融会贯通,既具有大学教科书的完整体系,又带有公路工程地质方面的专著性质,相信所有关心工程建设、环境与工程问题及可持续发展的人都有可能成为其热心的读者。

总之,本书与科研、生产紧密结合,反映了本学科最新的科研成果和发展动态。为此,我深信,本书对我国公路工程地质的教学、科研和生产必将起到重要的推动作用。

南京大学教授、博士生导师 张庆龙

2014年6月18日

第3版前言

工程地质学是地质学中的一个分科。它是调查、研究、解决与兴建各类工程建筑有关的地质问题的科学。做好工程地质工作，对进一步提高工程质量，提高地质科技水平，提高各类工程的规划、勘察、设计、施工建设水平都具有重要意义。

本书是国家教育部高等学校土木工程学科规划教材。受中国科学技术大学出版社的委托，安徽省地质学会、公路学会组织成立了教材编写指导委员会（简称编委会），由国内著名专家担任编委会主任委员和副主任委员，指导《公路工程地质》的撰写工作。作者在撰写过程中系统总结了自己30多年来从事公路工程地质、岩矿鉴定分析、工程检测、环境检测等科研和教学工作的成果，同时吸收了国内外有关环境学、环境工程地质学的研究成果。本书也是公路工程地质理论和实践紧密结合所取得的研究成果与体会。

本书第1版、第2版自出版以来深受学生喜爱和工程界的好评。2012年3月至10月，南京大学王赐银教授、张庆龙教授，浙江大学杨树锋教授，同济大学叶为民教授，东南大学刘松玉教授，合肥工业大学瞿尔仁教授、王国强教授等热情指导修改并积极推荐本书再版。本版在第1版、第2版基础上增加了一些最新的研究成果，并经张庆龙教授、王国强教授、叶为民教授等详细审阅。

本书教材与第1版、第2版相比，主要内容变动有：(1) 为贯彻落实2014年实施的《公路隧道设计规范》(JTG D70/2—2014)、《公路工程抗震规范》(JTG B02—2013)等新规范，将有关内容作了相应的修改更新；(2) 增加了多年冻土病害处治技术；(3) 增加了山区高速公路建设中深路堑、高边坡等特殊地质处理技术；(4) 补充了桥梁工程地质勘察设计、隧道工程勘察设计。深信本书对于推动教育教学改革，促进教育教学质量和公路工程质量的提高具有重要意义。

本书在撰写过程中力求运用唯物主义观点，注意贯彻理论和实际相结合的原则，着重讲清工程地质的基本概念、原理和方法，取材紧密结合公路工程的主要地质问题，并与现代信息技术紧密结合进行教学。

在使用本书进行教学时，若由于学时所限（或相近专业），不能教授全部教材内容，可在该书的第七、八、九、十章中进行有针对性的选择。有的章（节）应结合实验和野外实习进行教学，不占校内理论教学时间。

参加本书撰写工作的有钱让清（撰写绪论、第二章），钱芳（撰写第一章、第三章、第九章），钱王苹（撰写第五章、第八章），曹建伟（撰写第七章、第十章），章素云（撰写第四章、附录），汪晗（撰写第六章）。全书由钱让清担任第一主编，钱芳担任第二主编，钱王苹担任第三主编，曹建伟、张素云、汪晗担任副主编。本书撰写完成后由钱让清统稿和校对。

中国科学院院士、中国工程院院士、中国科学技术大学博士生导师常印佛教授和南京大学博士生导师张庆龙教授在百忙中审阅了全部书稿并欣然为本书作序(序1、序2)。对本书的撰写和调研,南京大学、中国科学技术大学、同济大学、东南大学、合肥工业大学、安徽省交通运输厅、安徽省公路学会、安徽省地质学会均给予了大力支持。此外,本书撰写过程中得到杨晓勇教授,正高级工程师郭正言、殷永高、周文雅、殷治宁、卞国炎、汪凡文等提供的有关地基质检资料。全书图件由钱芳、周满兵、钱小中同志绘制。

本书是国家教育部高等学校示范院校建设项目主要成果之一、国家教育部公路与桥梁工程专业产学研合作研究与实践项目(教高 2002-282)、国家交通部科技计划科研项目(2003-40)的主要成果,曾获 2012 年度国家交通运输部优秀教育教学成果一等奖、2010 年度国家教育部优秀教学成果二等奖,出版得到国家攀登计划重点科技攻关项目(A-30-12B)、国家科技部重点科技攻关项目(G1999043204)、国家自然科学基金项目(40473021)、国家自然科学基金项目(40302007)、安徽省省级教学研究重点项目(2005102)、国家教育部公路与桥梁合作研究与实践项目(教高 2002-282)、安徽省省级教学研究项目(97YB055、2005360)、安徽省交通科技进步计划项目(1998-16、2001-15、2003-41、2004-28、2005-05、2005-13、2006-10、2007-21、2008-03)的资助,同时得到中国科学技术大学出版社的帮助。在此一并表示衷心的感谢。

本书在编写过程中曾对编写大纲广泛征求过有关兄弟院校(如南京大学、浙江大学、北京交通大学、同济大学、东南大学、合肥工业大学、西南交通大学、长安大学、长沙理工大学、安徽理工大学、安徽建筑工业大学等)同行的意见,许多老师都提出了很好的意见和建议,在此谨向关心、帮助过本书撰写工作的老师致以诚挚的谢意。

对于本书存在的缺点或错误,诚恳希望读者提出宝贵意见,以便再版时更正。

《公路工程地质》编委会

目　次

序 1 .... （Ⅰ）

序 2 .... （Ⅲ）

第 3 版前言 .... （Ⅴ）

绪论 .... （1）

第一章　岩石的成因类型和工程地质特征 .... （6）
　　第一节　概述 .... （6）
　　第二节　主要造岩矿物 .... （6）
　　第三节　岩石 .... （9）
　　第四节　岩石的工程地质性质 .... （28）

第二章　地质构造与公路工程 .... （35）
　　第一节　地壳运动的概念 .... （35）
　　第二节　地质年代 .... （37）
　　第三节　地质构造 .... （40）
　　第四节　活断层 .... （52）
　　第五节　地质图 .... （56）
　　第六节　地质构造对公路工程的影响 .... （62）

第三章　外力地质作用对工程的影响 .... （66）
　　第一节　风化作用 .... （66）
　　第二节　地表流水的地质作用 .... （76）
　　第三节　地下水的地质作用 .... （83）

第四章　地貌与公路工程 .... （100）
　　第一节　地貌概述 .... （100）
　　第二节　山岭地貌 .... （103）
　　第三节　平原地貌 .... （108）
　　第四节　河谷地貌 .... （109）

第五章　岩体结构和岩体的稳定性分析 .... （114）
　　第一节　岩体和岩体结构 .... （114）
　　第二节　岩体稳定性分析 .... （119）

第六章 公路工程地质勘察与设计 (129)

第一节 公路工程地质勘察阶段与内容 (129)

第二节 公路工程地质问题与勘察 (132)

第三节 公路工程地质勘察报告编制 (134)

第四节 山区路基工程地质勘察设计 (136)

第七章 桥梁工程地质勘察与设计 (158)

第一节 桥梁工程地质问题 (158)

第二节 桥梁工程地质勘察的主要任务 (159)

第三节 桥梁工程地质勘察要点 (159)

第四节 桥梁工程地质勘察与设计 (160)

第八章 隧道工程地质勘察与设计 (178)

第一节 隧道工程地质问题 (178)

第二节 隧道工程地质勘察要点 (183)

第三节 隧道工程地质勘察与设计 (184)

第九章 环境工程地质研究 (192)

第一节 滑坡治理技术 (192)

第二节 崩塌、岩堆与隧道塌方治理技术 (212)

第三节 泥石流勘察与治理技术 (229)

第四节 岩溶工程地质问题及防治措施 (242)

第五节 地震震害与防震原则 (248)

第十章 特殊地质问题勘察与处治技术 (259)

第一节 膨胀土工程地质勘察与处治技术 (259)

第二节 黄土工程地质勘察与处治技术 (285)

第三节 多年冻土工程地质勘察与处治技术 (301)

第四节 软土工程地质勘察与处治技术 (322)

第五节 红黏土与高液限土处治技术 (364)

第六节 芜湖长江大桥双壁钢围堰大直径钻孔灌注桩施工技术 (366)

附录 公路工程地质实验内容与要求 (373)

主要参考文献 (381)

绪　论

地质学是研究地球的结构、物质成分、形成过程及其发展历史的综合科学。工程地质学是地质学的一个分支,它研究与工程建设有关的地质理论,应用于工程规划、勘察、设计、施工与正常使用。因此,工程地质学是地质学与工程学科交叉渗透的产物。我国的工程地质学是从20世纪50年代开始不断发展而逐渐完善的一门学科,随着地质科技人员的不断扩大,勘探、测试手段逐渐完善,新技术、新方法、新理论在地质学研究的各个领域广泛采用,而得到了蓬勃发展。由于地质现象错综复杂,千变万化,只有用科学的态度,以唯物辩证的观点深入实际,调查研究,分析和揭露地壳内部矛盾,认识和掌握其规律,才能主动地改造自然、利用自然,为祖国的工程建设作出贡献。

一、地球概述

地球是太阳系的一颗行星,是一个不标准的旋转椭球体,根据国际大地测量与地球物理学会1980年公布的资料[97]知道,地球赤道半径(a)为 6 378.137 km,两极半径(c)为 6 356.752 km,平均半径(R)为 6 371.012 km,地球的扁率($\frac{a-c}{a}$)为 0.003 352 859(约为 $\frac{1}{298}$),赤道周长($2\pi a$)为 40 075.7 km,表面积($4\pi R^2$)为 5.1×10^8 km²,体积($\frac{4\pi R^3}{3}$)为 $1.083\ 2 \times 10^8$ km³。地球并不是一个均质体,具有圈层结构。以地表为界分为内圈和外圈,它们又再分几个圈层,每个圈层都有自己的物质运动特征和物理、化学性质,对地质作用各有程度不同的、直接或间接的影响。

(一)地球外圈

地球表面以上,根据物质性状可以分为大气圈、水圈和生物圈。它们各自形成连续完整的外圈。

(二)地球内圈

根据地震波传播速度的突变,可以确定地球内部的分界面,地球物理学上称为不连续面或界面。地球内部有两个波速变化最明显的界面:第一个界面深度很不一致,在大陆区较深,最深可达 60 km 以上;在大洋区较浅,最浅不足 5 km,这个界面叫莫霍洛维奇不连续面,简称莫霍面,是前南斯拉夫莫霍洛维奇 1909 年发现的。第二个界面在地表下约 2 900 km 处,叫古登堡不连续面,简称古登堡面,是美国古登堡 1914 年提出的。根据这两个界面把地球内部分为三圈,即地壳、地幔和地核(见图0-1)。

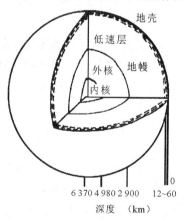

图 0-1　地球内部的分层结构图
(据刘世凯等,2000)

1. 地核

古登堡面以下为地核,半径为 3 471 km,体积占地球总体积的 16.2%,平均密度超过 10g/cm³。形成这么巨大密度的地核,存在着高密度物质,最合理的物质是金属。对陨石*分析表明,构成行星的物质中铁是最常见的,在铁陨石中,铁与少量的镍形成合金。因此,大多数地质学家都认为,地核的成分很可能是铁—镍合金。根据地震波传播的变化,地核可分出内核、过渡层和外核三个次一级的圈层。

(1) 内核。研究穿过地核内部的纵波,肯定内核是固体。

(2) 过渡层。波速变化复杂,并测到速度不大的横波,是液态向固态过渡的象征。

(3) 外核。纵波速度急剧降低,横波不能通过,说明外核是液体。有人认为,地球外核熔融铁的运动就像一架巨大的直流发电机,它必定是地球磁场的来源。

2. 地幔

莫霍面与古登堡面之间为地幔,厚 2 800 km,占地球总体积的 83%。地幔的平均密度为 4.5 g/cm³,说明地幔是由岩石组成的,而不是由金属物质组成的。根据地震波速变化情况,可分为下地幔、过渡带和上地幔三个圈层。根据对陨石成分的比较,一般认为铁陨石相当于下地幔成分,而石陨石则相当于上地幔成分。

(1) 下地幔。由地球内 700 km 深度延伸到古登堡面为下地幔。平均密度为 5.1 g/cm³。下地幔能传播横波(S 波,即是由震源传出的剪切波),说明其组成物质基本上是固体。

(2) 过渡带。400~700 km 深为过渡带。带内波速的变化可能与成分的变化无关,而与体结构的变化即相变有关,故亦称相变带。

(3) 上地幔。莫霍面以下到 400 km 深为上地幔。这一层对研究地球表面的地质是重要的,因为它的运动和历史与地壳的运动和历史有关。上地幔的平均密度为 3.3 g/cm³。上地幔能传播 S 波,因此它必定大部分是固体。

根据陨石成分,得出上地幔地震波速度和密度的数据,经与实验室对各种硅酸盐矿物按不同比例组合,在高温高压下测得的波速和密度数据对比,推测上地幔主要由橄榄石、辉石和石榴石组成。

上地幔最显著的特点是其低速层,该层的纵波、横波速度要比其上、下的物质的速度都低。低速层顶部的深度各地不同,一般是从 80 km 到 120 km,其厚度大约为 100~200 km。低速层波速低,说明其物质接近于熔融。低速层内有些区域不传播横波,表明那里已形成液态区,可能是岩浆发源地。由于低速层岩石塑性较大,给其上固体岩石的活动创造了条件,所以在构造地质学中把低速层也叫作软流圈。

3. 地壳

地壳由固体岩石构成,平均密度为 2.8 g/cm³,下界面为莫霍面,表面在陆地上直接暴露于地表。地壳平均厚度约为 33 km,地壳的厚度变化很大,大洋地壳较薄,大陆地壳较厚。由于海洋和陆地下面的地壳各有特色,故可分为大洋壳和大陆壳两种基本类型。

(1) 大洋壳。海洋约占地壳面积的 65%,大洋壳上平均覆盖 4 km 深的海水。有些地方大洋壳的岩浆岩基底裸露在海水中,在另一些地方,特别是在大陆边缘,大洋壳的岩浆岩基底

---

* 一般认为陨石是行星爆炸遗留物,保留着太阳系原始成分较多,而地幔和地核也是地球的原始成分,故可对比。

被很厚的沉积物深深地埋在下面(一般说来,大洋壳上平均覆盖 0.5 km 的沉积物),其平均厚 6 km,最厚约为 8 km,最薄处不到 5 km。大洋壳的主要组成物质是铁镁质的,相当于玄武岩或辉长岩。

(2) 大陆壳。大陆壳与大洋壳不同,大陆壳平均厚 35 km,最厚处可达 70 km(青藏高原),最薄处不到 25 km。最高的珠穆朗玛峰海拔高度超过 8.8 km,但是大陆地表的平均海拔高度大约只有 800 m。大陆壳的构造不是简单和均匀的。能直接观察到的地壳上部是由沉积岩、岩浆岩和变质岩组成的复杂的混合物。大陆壳下部的地震波速度要比上部高,这种情况可能反映了成分上的变化,也可能是成分大致不变而发生了相变的结果。大陆壳和大洋壳不仅在高程、厚度和构造等方面很不相同,他们的总成分也有很大的差别。大陆壳与大洋壳相比,硅和钾较多,而铁、镁和钙较少。大陆壳具有与安山岩、花岗闪长岩类似的中性成分,而不是大洋壳的玄武岩成分。

二、地质作用

地球一直处在不停的运动和变化之中,因而引起地壳构造和地表形态不断地发生演变。在地质历史发展的过程中,促使地壳的组成物质、构造和地表形态不断变化的作用,统称为地质作用。地质作用按其能源的不同,可分为外力地质作用和内力地质作用两类。

(一)外力地质作用

由太阳辐射能、生物能和日月引力所引起的地质作用,主要在地壳表面进行称为外力地质作用,简称外力作用。外力作用的方式,可以概括为以下几种:

(1) 风化作用。在温度变化、气体、水及生物等因素的综合影响下,促使组成地壳表层的岩石发生破碎、分解的一种破坏作用。风化作用使岩石强度和稳定性大为降低。

(2) 剥蚀作用。将岩石风化破坏的产物从原地剥离下来的作用。它包括除风化作用以外的所有方式的破坏作用,诸如河流、大气降水、地下水、海洋、湖泊以及风等的破坏作用。

(3) 搬运作用。岩石经风化、剥蚀破坏后的产物,被流水、风、冰川等介质搬运到其他地方的作用。

(4) 沉积作用。被搬运的物质,由于搬运介质的搬运能力减弱,搬运介质的物理化学条件发生变化,或由于生物的作用,从搬运介质中分离出来,形成沉积的过程,称为沉积作用。

(5) 成岩作用。沉积下来的各种松散堆积物,在一定条件下,由于压力增大、温度升高以及受到某些化学溶液的影响,发生压缩、胶结及重结晶等物理化学过程,使之固结成为坚硬岩石的作用,称为成岩作用。

外力地质作用,一方面通过风化和剥蚀作用不断地破坏出露地面的岩石,另一方面又把高处剥蚀下来的风化产物通过流水等介质,搬运到低洼的地方沉积下来重新形成新的岩石。外力地质作用总的趋势是切削地壳表面隆起的部分。填平地壳表面低洼的部分,不断使地壳的面貌发生变化。在地表主要形成戈壁、沙漠、黄土堆、泥石流、滑坡、深切谷、冲积平原等现象。

(二)内力地质作用

内力地质作用简称内力作用,是由地球的转动能、重力能和放射性元素蜕变产生的热能所引起,主要是在地壳或地幔内部进行。内力地质作用包括以下几种:

(1) 地壳运动。地壳运动引起海陆变迁,产生各种地质构造。因此,在一定意义上又把地壳运动称为构造运动。发生在晚第三纪末和第四纪的构造运动,在地质学上称为新构造运动。

伴随地壳运动,常常发生地震、岩浆作用和变质作用。

(2) 岩浆作用。地壳内部的岩浆在地壳运动的影响下,向外部压力减小的方向移动、上升侵入地壳或喷出地面,冷却凝固成为岩石的全过程,称为岩浆作用。岩浆作用形成岩浆岩,并使围岩发生变质现象,同时引起地形改变。

(3) 变质作用。由于地壳运动、岩浆作用等引起物理和化学条件发生变化,促使岩石在固体状态下改变其成分、结构和构造的作用,称为变质作用。变质作用形成各种不同的变质岩。

(4) 地震。地震是地壳快速震动的现象,是地壳运动的一种表现形式,地壳运动和岩浆作用都能引起地震。

内力作用总的趋势是形成地壳表层的基本构造型态和地壳表面大型的高低起伏。它一方面起着改变外力地质过程的作用,同时又为外力作用的不断发展提供新的条件。内力作用与外力作用紧密关联、互相影响,始终处于对立统一的发展过程中,成为促使地壳不断运动、变化和发展的基本力量。

三、工程地质学研究任务与内容

人类的工程活动都是在一定的地质环境中进行的,两者之间有密切的关系,并且是相互影响、相互制约的。

工程活动的地质环境亦称工程地质条件,一般认为它应包括岩土类型及其工程性质、地质构造、地形地貌、水文地质、物理地质现象和天然建筑材料等。

研究人类工程活动与地质环境之间的相互制约关系,以便做到既能使工程建筑安全、经济、稳定,又能合理开发和保护地质环境,这就是工程地质学的基本任务。而在大规模的改造自然环境的工程中,如何按地质规律办事,有效地改造地质环境,提出保证建筑物的稳定性和正常使用的有效措施,则是工程地质学面临的主要任务。

工程地质学是把地质科学应用于工程实践,通过工程地质调查及理论性的综合研究,对工程区的工程地质条件进行评价,解决与工程建筑有关的工程地质问题,预测并论证工程区内各种物理地质现象的发生、发展,提出改善和防治措施。为工程建筑的规划、设计、施工、使用和维护提供所需的地质资料和数据。

工程地质学包括工程岩土学、工程地质分析、工程地质勘察三个基本部分,它们都已形成分支学科。工程岩土学的任务是研究土石的工程地质性质,研究这些性质的形成和它们在自然或人类活动影响下的变化。工程地质分析的任务是研究工程活动的主要工程地质问题,研究这些问题产生的地质条件、力学机制及其发展演化规律,以便正确评价和有效防治它们的不良影响。工程地质勘察的任务是探讨调查研究方法,应用先进的勘探、测试手段,以便有效查明有关工程活动的地质因素及各种地质条件。

由于工程地质条件有明显的区域性分布规律,因而工程地质问题也有区域性分布的特点,研究这些规律和特点的分支学科称为区域工程地质学。

随着建设的发展和科学研究的深入,一些新的分支学科正在形成,如环境工程地质学、海洋工程地质学与地震工程地质学等。

各类工程(交通、矿山、水利水电、工业与民用建筑等)对工程地质条件有不同的要求,主要工程地质问题亦不同,由于各地工程地质条件复杂多变,决定了工程地质问题千差万别。

由于公路工程(含公路路基、桥基和隧道等)是一种延伸很长的线型建筑物,它会遇到各种各样的自然条件和地质问题,并易受频繁变化的大气物理作用的影响,因此,公路工程地质无论在研究对象和方法上都有其自己的特点。

四、工程地质学的发展前景

工程地质学是一门新的学科,它的理论还很不完善,很多问题如岩质边坡的稳定性、各种特殊地层的工程性质、不良地质的处理措施等都有待进一步研究。当前,大量采用先进技术,提高工程地质勘探和测试质量是重要的努力方向。近几十年来,在地质勘探方面,探索出一系列地球物理勘探方法,如电探、触探、地震勘探、声波探测、重力勘探、磁力勘探、放射性勘探等,其中有的已经取得了较好的成果。此外,航空工程地质勘探及遥感技术和电子技术的发展极为迅速,它们的应用将为工程地质学的研究开辟更为广阔的前景。

随着科学技术的进步,在公路工程地质方面也有很大的发展,应用先进的电子计算技术,现在已有考虑土的特殊性质采用有限元法来计算路基的强度和稳定性;在改良和加固不良土质方面,已开始应用化学加固、电硅化加固、土工格栅加固、真空法排水固结、化纤薄膜铺垫法等;在支挡建筑物方面,逐步向新型、轻型结构发展,如采用轻型挡土墙、柔性挡土墙等。

21世纪,不论是公路还是桥梁,随着其等级标准的提高,其各类工程建筑物的工程地质条件要求更高,其新理论、新方法、新技术应用更为广泛。

五、学习方法与要求

工程地质学应以严肃认真的科学态度,善于综合应用地质学理论及20世纪80年代发展起来的各种新技术、新方法、新理论(包括试验、计算),相互核对,相互验证,客观地反映各种地质现象,正确、全面地评价工程地质条件,为选择线路和各种建筑物方案的工程设计提供可靠的地质依据。

本课程是高校土木工程学科公路与桥梁工程专业的一门专业基础课,它结合我国自然地质条件和公路、桥梁与隧道工程的特点,为学习专业和开展有关问题的科学研究,提供必要的工程地质学的基础知识;同时,通过一些基本技能的训练,懂得搜集、分析和运用有关的地质资料,对一般的工程地质问题能进行评价。学习本课程最重要的不是死记硬背某些条文,而是学会具体问题具体分析。将学到的工程地质知识和专业知识与其他课程知识密切联系起来,去解决工程实际中的工程地质问题。作为公路工程师,必须具备一定的工程地质科学知识。

习题与思考题

1. 什么叫地质学?什么叫工程地质学?什么叫工程岩土学?
2. 什么叫地质作用?什么叫工程地质条件?
3. 从总的方面看工程地质学的研究对象具有哪些特点?针对这些特点,在工程地质学研究中采取了哪些特殊的研究方法?
4. 研究工程地质有哪些重要的理论意义和实际意义?
5. 在应用"将今论古"的思维方法进行工程地质分析时应注意哪些问题?
6. "公路工程地质"课程的性质与任务是什么?学了"绪论"部分以后,你对公路工程地质和地质工作有了哪些初步认识?

第一章 岩石的成因类型和工程地质特征

第一节 概 述

人类工程活动都是在地表地层进行的,一般都不超过 1 km 深,但最深的金矿矿井钻孔深度在1~1.2 km,安徽合肥盆地石油科学钻井约 5.4 km 深。(注:大陆科学钻探可分为浅钻、中钻、深钻、超深钻四类,一般来说,地表至地下 3 000 m 以内属浅的科学钻探,现有的技术手段可以胜任,3 000~6 000 m 为中深的科学钻探,6 000 m 以下为深钻。中钻和深钻及超深钻是涉及多科学、高技术的大科学工程,其方法、技术和装备往往是全球注目的高新技术,具有保密性。)

地壳是由岩石组成的,岩石是矿物组成的,矿物则是由各种化合物或化学元素组成的。地壳中已发现的化学元素有 90 多种,但它们在地壳中的含量和分布很不均衡,其中氧、硅、铝、铁、钙、钠、钾、镁、钛和氢十种元素按质量计占元素的总质量 99.96%,而氧、硅、铝三元素就占 82.96%(见表 1-1)。

表 1-1 地壳主要元素质量百分比*

元 素	质量比(%)	元 素	质量比(%)
氧(O)	46.95	钠(Na)	2.78
硅(Si)	27.88	钾(K)	2.58
铝(Al)	8.13	镁(Mg)	2.06
铁(Fe)	5.17	钛(Ti)	0.62
钙(Ca)	3.65	氢(H)	0.14

* 据李隽蓬等,2001。

第二节 主要造岩矿物

组成地壳的岩石,都是在一定的地质条件下,由一种或几种矿物自然组合而成的矿物集合体。矿物的成分、性质及其在各种因素影响下的变化,都会对岩石的强度和稳定性产生影响。

自然界有各种各样的岩石,按成因,可分为岩浆岩、沉积岩和变质岩三大类。由于岩石是由矿物组成的,所以要认识岩石,分析岩石在各种自然条件下的变化,进而对岩石的工程地质性质进行评价,就必须先从矿物讲起。

一、矿物的基本概念

地壳中的化学元素,除极少数呈单质存在外,绝大多数的元素都以化合物的形态存在。这些存在于地壳中的具有一定化学成分和物理性质的自然元素和化合物,称为矿物。其中构成岩石的矿物,称为造岩矿物。如常见的石英(SiO_2)、正长石($KAlSi_3O_8$)、方解石($CaCO_3$)等。

造岩矿物绝大部分是结晶质。结晶质的基本特点是组成矿物的元素质点(离子、原子或分子),在矿物内部按一定的规律排列,形成稳定的结晶格子构造(见图 1-1),在生长过程中如条件适宜,能生成具有一定几何外形的晶体(见图 1-2)。如岩盐的正立方晶体,石英的六方双锥晶体等。矿物的外形特征和许多物理性质,都是矿物的化学成分和内部构造的反映。

自然界的矿物,它一方面不断地在各种地质过程中形成,同时又经受着各种地质作用而在不断地发生变化,只是在一定的物理和化学条件下才是相对稳定的。当外界条件改变到一定程度后,矿物原来的成分、内部构造和性质就会发生变化,形成新的次生矿物。

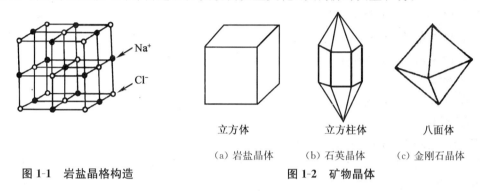

图 1-1　岩盐晶格构造　　　　　　　　　　图 1-2　矿物晶体

二、矿物的物理性质

不同的矿物具有不同的化学成分和内部构造,因此,它们具有各不相同的物理性质。矿物的物理性质主要有颜色、条痕、透明度、光泽、硬度、解理及断口等。它们是鉴别矿物的主要特征。

(一)颜色

颜色是矿物对不同波长可见光吸收程度不同的反映。它是矿物最明显、最直观的物理性质。按成色原因,有自色、他色、假色之分。自色是矿物本身固有的成分、结构所决定的矿物固有的颜色,颜色比较固定。自色具有鉴定意义,例如黄铁矿的浅铜黄色。他色是矿物混入了某些杂质所引起的,与矿物的本身性质无关。他色不固定,随杂质的不同而异。如纯净的石英晶体是无色透明的,混入杂质就呈紫色、玫瑰色、烟色。由于他色不固定,对鉴定矿物没有很大意义。假色是由于矿物内部的裂隙或表面的氧化薄膜对光的折射、散射所引起的,如方解石解理面上常出现的虹彩,斑铜矿表面常出现斑驳的蓝色和紫色。

(二)条痕

条痕是矿物粉末的颜色,一般是指矿物在白色无釉瓷板(条痕板)上划擦时所留下的粉末的颜色。某些矿物的条痕与矿物的颜色是不同的,如黄铁矿的颜色为浅黄铜色,而条痕为绿黑色。条痕色去掉了矿物因反射所造成的色差,增加了吸收率,扩大了眼睛对不同颜色的敏感度,因而比矿物的颜色更为固定,但只适用于一些深色矿物,对浅色矿物无鉴定意义。

(三)透明度

透明度是指矿物透过可见光波的能力,即光线透过矿物的程度,透明度受厚度影响,故一般以 0.03 mm 的规定厚度作为标准进行对比。肉眼鉴定矿物时,一般可分成透明、半透明、不透明三级。这种划分无严格界限,鉴定时用矿物的边缘较薄处,并以相同厚度的薄片及同样强度的光源比较加以确定。

(四) 光泽

矿物新鲜表面反射光线的能力称为光泽,按其强弱程度可分为金属光泽、半金属光泽和非金属光泽。金属光泽,反光很强,犹如电镀的金属表面那样光亮耀眼;半金属光泽,比金属的亮光弱,似未磨光的铁器表面;非金属光泽表明矿物表面的反光能力较弱,是大多数非金属矿物如石英、滑石等所固有的特点。

由于矿物表面的性质或矿物集合体的集合方式不同,非金属光泽又会反映出以下不同特征的光泽。

(1) 玻璃光泽。矿物表面与玻璃的反光相似,如长石、方解石解理面上呈现的光泽。

(2) 油脂光泽。矿物的表面好像涂了一层油脂一样,如石英断口呈现的光泽。

(3) 珍珠光泽。矿物的表面像贝内珍珠层所呈现的光泽一样,如云母。

(4) 丝绢光泽。矿物的表面犹如丝绢反光,如石膏。

(5) 土状光泽。矿物表面粗糙,无光泽,暗淡如土,如高岭石。

(五) 硬度

矿物抵抗外力摩擦和刻划的能力称硬度。它是通过一种矿物与已知硬度的另一种矿物或物体互相刻划得出的。目前一般用摩氏硬度计来决定矿物的相对硬度。摩氏硬度计是从软到硬选用10种矿物的硬度分为10级,作为硬度对比的标准,用来对其他矿物进行互相刻划比较以确定矿物的相对硬度,如表1-2所示。例如,将需要鉴定的矿物与摩氏硬度计中的方解石对刻,结果被方解石刻伤而自身又能刻伤石膏,说明其硬度大于石膏而小于方解石,在2~3之间,即可将该矿物的硬度定为2.5。可以看出,摩氏硬度只反映矿物相对硬度的顺序,并不是矿物绝对硬度值。常见造岩矿物的硬度大部分在2~6.5之间,大于6.5的只有石英、橄榄石等少数几种。

表1-2 矿物硬度表

硬度	1	2	3	4	5	6	7	8	9	10
矿物	滑石	石膏	方解石	萤石	磷灰石	长石	石英	黄玉	刚玉	金刚石

在野外调查时,常用指甲(2~2.5)、铅笔刀(5~5.5)、玻璃(5.5~6)、钢刀刃(6~7)鉴别矿物的硬度。

硬度是矿物的一个主要鉴别特征,不同的矿物由于其化学成分和内部构造不同因而具有不同的硬度。在鉴别矿物的硬度时,应在矿物的新鲜晶面或解理面上进行。

(六) 解理

矿物受敲击后,能沿一定的方向裂开成光滑平面的性质称解理。裂开的光滑平面称为解理面。根据解理方向的多少,解理可以分为一组解理(如云母)、二组解理(如长石)和三组解理(如方解石)等。根据解理的完全程度,可将解理分为以下四种:

(1) 极完全解理。极完全解理是指矿物的解理面光滑、大而完整,极易裂成薄片,如云母。

(2) 完全解理。完全解理是指矿物易裂成片状或块状,解理面平整光滑,如方解石。

(3) 中等解理。中等解理是指矿物的解理面较清晰,光滑程度较差,如正长石。

(4) 不完全解理。不完全解理是指矿物的解理面很难辨认,只有局部出现不大的光滑平面,如磷灰石。

同一矿物的解理面方向和解理面的平滑程度总是相同的,其性质很固定,因此,解理是矿物的一个重要的鉴定特征。

(七)断口

矿物受敲击后,不按一定方向裂开,而形成凹凸不平的断开面称为断口。矿物解理的完全程度和断口是相互消长的,解理完全时则不显断口,解理不完全时,则断口显著。常见的断口有贝壳状断口、锯齿状断口、土状断口等。

三、常见的主要造岩矿物

矿物的鉴定主要是运用矿物的形态以及矿物的物理性质等特征来鉴定的。一般可以先从形态着手,然后再进行光学性质、力学性质及其他性质的鉴别。对矿物的物理性质进行测定时,应找矿物的新鲜面,这样试验的结果才会正确。因风化面上的物理性质已改变了原来矿物的性质,不能反映真实情况。在使用矿物硬度计鉴定矿物硬度时,可以先用小刀(其硬度在5度左右),如果矿物的硬度大于小刀,这时再用硬度大于小刀的标准硬度矿物来刻划被制定的矿物,以便能较快的进行。

在自然界中也有许多矿物,它们之间在形态、颜色、光泽等方面有相同之处,但一种矿物确实具有它自己的特点,鉴别时应利用这个特点,即可较正确地鉴别矿物。

常见的主要造岩矿物及其物理性质,见表1-3。

第三节 岩 石

自然界有各种各样的岩石,按成因可分为岩浆岩(火成岩)、沉积岩和变质岩三大类。

一、岩 浆 岩

(一)岩浆岩的成因

岩浆产生于地下高温熔融体。地壳下部,由于放射性元素的集中,不断地蜕变而放出大量的热能,使物质处于高温(1 000 ℃以上),高压*的过热可塑状态。其成分复杂,但主要是硅酸盐,并含有大量的水汽和各种其他的气体。当地壳变动时,上部岩层压力一旦减低,过热可塑性状态的物质就立即转变为高温的熔融体,称为岩浆。它的化学成分很复杂,主要有 SiO_2、TiO_2、Al_2O_3、Fe_2O_3、FeO、MgO、MnO、CaO、K_2O、Na_2O 等。依其含 SiO_2 量的多少,分为基性岩浆和酸性岩浆。基性岩浆的特点是富含钙、镁和铁,而贫钾和钠的黏度较小,流动性较大。酸性岩浆富含钾、钠和硅,而贫镁、铁、钙的黏度大,流动性较小。岩浆内部压力很大,不断向地壳压力低的地方移动,以至冲破地壳深部的岩层,沿着裂缝上升。上升到一定高度,温度、压力都要减低。当岩浆的内部压力小于上部岩层压力时,迫使岩浆停留,使其冷凝成岩浆岩。

依冷凝成岩浆岩的地质环境的不同,将岩浆岩分为深成岩、浅成岩、喷出岩三大类:

(1)深成岩。岩浆侵入地壳某深处(约距地表3 km)冷凝而成的岩石。由于岩浆压力和温度较高,温度降低缓慢,组成岩石的矿物结晶良好。

---

* 上部岩石的重量产生的巨大压力。

表 1-3 常见矿物的主要特征表*

类别	矿物名称	化学成分	形状	颜色	条痕	光泽	硬度	解理	断口	相对密度（比重）*	其他	主要鉴定特征
硫化物	黄铁矿	FeS_2	立方体或块状粒状	铜黄色	绿黑	金属	6~6.5	无	参差状	4.9~5.2	晶面有平行条纹	形状、光泽、颜色、条痕
氧化物	赤铁矿	Fe_2O_3	块状、鲕状、肾状、柱状、块状	红褐色	樱红	半金属	5.5~6	无	贝壳状	5.0~5.3		条痕、颜色、比重、形状、光泽、断口、颜色
	石英	SiO_2		乳白或无色	无	玻璃、油脂	7	无		2.65		
碳酸盐及硫酸盐	方解石	$CaCO_3$	菱形、粒状	白或无色	无	玻璃	3	三组完全		2.71	遇稀盐酸起泡；	形状、硬度、解理与酸作用；
	白云石	$CaMg(CO_3)_2$	块状或菱形	白带灰色	白	玻璃	3.5~4	三组完全		2.87	粉末遇酸起泡；	形状、解理与酸作用；
	石膏	$CaSO_4 \cdot 2H_2O$	板状、纤维状	白色	白	丝绢	2	中等	平坦	2.3	晶面有平行条纹。	形状、硬度、解理。
硅酸盐	橄榄石	$(Mg,Fe)_2SiO_4$	粒状	橄榄绿色	无	玻璃	6.5~7	无	贝壳状	3.2~3.34		颜色、硬度、形状。
	普通辉石	$Ca(Mg,Fe,Al)[(Si,Al)_2O_6]$	短柱状	黑绿色	灰绿色	玻璃	5~6	两组解理交成93°(87°)	平坦	3.2~3.6		形状、颜色、光泽。
	普通角闪石	$Ca_2Na(Mg,Fe)_4(Al,Fe)[(Si,Al)_4O_{11}]_2(OH)_2$	长柱状	绿黑色	浅绿	玻璃	5.5~6	两组解理交成124°(56°)	锯齿状	3.1~3.3		形状、颜色、光泽。
	斜长石	$NaAlSi_3O_8$ 和 $CaAl_2Si_2O_8$ 混合	板状、柱状	灰白色	白	玻璃	6~6.5	中等		2.61~2.76	解理面上常有平行双晶纹。	解理、光泽、硬度、颜色。

* 据孔宪立等，2001，略作修改。
* 按规定应称为"相对密度"，但《岩土工程勘察规范》(GB50021—2001)里有，故保留了"比重"这个术语

续表 1-3

类别	矿物名称	化学成分	形状	颜色	条痕	光泽	硬度	解理	断口	相对密度（比重）*	其他	主要鉴定特征
硅酸盐	正长石	$KAlSi_3O_8$	板状、短柱状	肉红	白	玻璃	6	中等		2.57	解理面成直角。	解理、光泽、颜色。
	白云母	$KAl_2[AlSi_3O_{10}](OH)_2$	片状、鳞片状	白或无色	无	玻璃珍珠	2.5~3	一组完全		2.76~3.10	薄片具有弹性。	解理、颜色、光泽、形状。
	黑云母	$[K(Mg,Fe)_3(AlSi_3O_{10})(OH,F)_2]$	片状、鳞片状	黑或棕黑	无	玻璃珍珠	2~3	一组完全		3.02~3.12	薄片具有弹性。	颜色、光泽、形状。
	绿泥石（叶绿泥石）	$Al(AlSi_3O_{10})(OH)_8$	板状、鳞片状	绿色	无	玻璃珍珠	2~3	一组完全		2.60~2.85	薄片具有挠性，无弹性。	颜色、硬度、薄片弯曲无弹性。
	蛇纹石	$Mg_6(OH)_8(Si_4O_{10})$	纤维状、板状	浅绿至深绿	白	油脂丝绢	3~4	中等		2.5~2.7	集合体成纤维状夹石棉脉。	形状、光泽、颜色、硬度。
	石榴子石	$(Mg,Ca,Fe)_3(Al,Fe)_2(SiO_4)_3$	菱形十二面体、粒状	黄、浅、绿、褐	白	脂肪	6.5~7.5	中		3.4~4.3	粒状集合体。	形状、硬度、比重。
	滑石	$Mg_3(OH)_2Si_4O_{10}$	板状、鳞片状	白、黄、绿	白浅绿	油脂	1	一组中等		2.7~2.8	滑感。	形状、光泽、硬度、滑感。
	高岭石	$Al_4(OH)_8[Si_4O_{10}]$	土状	白、黄色	白	土状	1	无		2.58~2.60	吸水性，摸之有滑感性，可塑。	颜色、硬度、吸水。
	蒙脱石	$(Al_2Mg_3)[Si_4O_{10}](OH)_2$	土状、显微鳞片状	白、浅粉红	白	土状	1	无			剧烈吸水膨胀，可塑性。	形状、剧烈吸水膨胀性。
	红柱石	Al_2SiO_5	柱状、放射状	浅绿、浅红至深红	白	玻璃	7~7.5	两组解理		3.1~3.2	形似菊花故又名菊花石。	形状、颜色、放射状集合体、形似菊花。
自然元素	石墨	C	片状、块状	钢灰色铁黑色灰黑色		金属	1	一组解理		2.2	易污手，有滑感。	片状、颜色、易污手、有滑手。
卤化物	岩盐	NaCl	立方体、粒状	无色、白色等	白色	玻璃	2	三组解理		2.168	有咸味吸水性。	化学成分、形状、有咸味吸水性。
	萤石	CaF_2	粒状、块状	白公、紫色等	白色	玻璃	4	四组解理		3.18	加热或阴极射线照射后发荧光。	颜色、硬度、解理等。

(2)浅成岩。岩浆沿地壳裂缝上升距地表较浅处冷凝而成的岩石。由于岩浆压力小,温度降低较快,组成岩石的矿物结晶较细小。

(3)喷出岩(火山岩)。岩浆沿地表裂缝一直上升喷出地表,这种活动叫火山喷发,对地表产生的一切影响叫火山作用。形成的岩石叫喷出岩。在地表的条件下,温度降低迅速,矿物来不及结晶或结晶较差,肉眼不易看清楚。

岩浆岩的产状是反映岩体空间位置与围岩的相互关系及其形态特征。由于岩浆本身成分的不同,受地质条件的影响,岩浆岩的产状大致有下列几种(图1-3):

(1)岩基。深成巨大的侵入岩体,范围很大,常与硅铝层连在一起。形状不规则,表面起伏不平。与围岩成不谐和接触,露出地面大小决定当地的剥蚀深度。

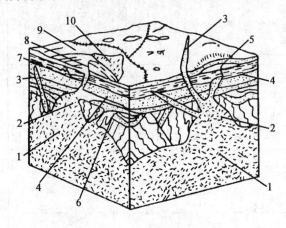

1.岩基 2.岩株 3.岩墙 4.岩盘 5.火山口
6.岩脉 7.岩床 8.火山颈 9.火山锥 10.熔岩流

图1-3 岩浆岩产状

(2)岩株。与围岩接触较陡,面积达几平方公里或几十平方公里,其下部与岩基相连,比岩基小。

(3)岩盘。岩浆冷凝成为上凸下平呈透镜状的侵入岩体,底部通过颈体和更大的侵入体连通。直径可大至几千米。

(4)岩床。岩浆沿着成层的围岩方向侵入,表面无凸起,略为平整,范围一米至十几米。

(5)岩脉。沿围岩裂隙冷凝成的狭长形的岩浆体,与围岩成层方向相交成垂直或近于垂直。

另外,垂直或大致垂直地面者,称为岩墙。

(二)岩浆岩的矿物成分

组成岩浆岩的矿物,根据颜色可分为浅色矿物和深色矿物两类:

(1)浅色矿物。有石英、正长石、斜长石及白云母等。

(2)深色矿物。有黑云母、角闪石、辉石及橄榄石等。

岩浆岩的矿物成分,是岩浆化学成分的反映。岩浆的化学成分相当复杂,但对岩石的矿物成分影响最大的是SiO_2。根据SiO_2的含量,岩浆岩可分为下面几类:

(1)酸性岩类(SiO_2含量>65%)。矿物成分以石英、正长石为主,并含有少量的黑云母和角闪石。岩石的颜色浅,相对密度(比重)小。

(2)中性岩类(SiO_2含量在52~65%之间)。矿物成分以正长石、斜长石、角闪石为主,并含有少量的黑云母及辉石。岩石的颜色比较深,相对密度(比重)比较大。

(3)基性岩类(SiO_2含量在45~52%之间)。矿物成分以斜长石、辉石为主,含有少量的角闪石及橄榄石。岩石的颜色深,相对密度(比重)也比较大。

(4)超基性岩类(SiO_2含量<45%)。矿物成分以橄榄石、辉石为主,其次有角闪石,一般不含硅铝矿物。岩石的颜色很深,相对密度(比重)很大。

(三)岩浆岩的结构和构造

1. 结构

岩浆岩的结构,指组成岩石的矿物的结晶程度、晶粒的大小、形状及其相互结合的情况。岩浆岩的结构特征,是岩浆成分和岩浆冷凝时物理环境的综合反映。

(1) 全晶质结构。岩石全部由结晶的矿物颗粒组成(见图1-4)。其中同一种矿物的结晶颗粒大小近似者,称为等粒结构。等粒结构按结晶颗粒的绝对大小,可以分为:

① 粗粒结构。矿物的结晶颗粒大于5 mm;

② 中粒结构。矿物的结晶颗粒在2～5 mm之间;

③ 细粒结构。矿物的结晶颗粒在0.2～2 mm之间;

④ 微粒结构。矿物的结晶颗粒小于0.2 mm。

岩石中的同一种主要矿物,其结晶颗粒如大小悬殊,则称为似斑状结构。其中晶形比较完好的粗大颗粒称为斑晶,小的结晶颗粒称为石基。全晶质结构主要为深成岩和浅成岩的结构,部分喷出岩有时也具有这种结构。

(2) 半晶质结构。岩石由结晶的矿物颗粒和部分未结晶的玻璃质组成(见图1-4)。结晶的矿物如颗粒粗大,晶形完好,就称为斑状结构。半晶质结构主要为浅成岩具有的结构,有时部分喷出岩中也能看到这种结构。

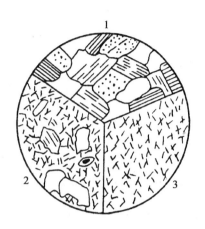

1. 全晶质结构　2. 半晶质结构
3. 非晶质结构(玻璃质结构)

图1-4　岩浆岩按结晶程度划分的三种结构

(3) 非晶质结构。又称为玻璃质结构。岩石全部由熔岩冷凝的玻璃组成(见图1-4)。非晶质结构为部分喷出岩具有的结构。

2. 构造

岩浆岩的构造,是指矿物在岩石中的组合方式和空间分布情况。构造的特征,主要取决于岩浆冷凝时的环境。岩浆岩最常见的构造主要的有:

(1) 块状构造。矿物在岩石中分布杂乱无章,不显层次,呈致密块状。如花岗岩、花岗斑岩等一系列深成岩与浅成岩的构造。

(2) 流纹状构造。由于熔岩流动,由一些不同颜色的条纹和拉长的气孔等定向排列所形成的流动状构造。这种构造仅出现于喷出岩中,如流纹岩所具有的构造。

(3) 气孔状构造。岩浆凝固时,挥发性的气体未能及时逸出,以至在岩石中留下许多圆形、椭圆形或长管形的孔洞。气孔状构造常为玄武岩等喷出岩所具有。

(4) 杏仁状构造。岩石中的气孔,为后期矿物(如方解石、石英等)充填所形成的一种形似杏仁的构造。如某些玄武岩和安山岩的构造。气孔状构造和杏仁状构造,多分布于熔岩的表层。

(四)岩浆岩的分类

自然界中的岩浆岩是多种多样的,它们彼此之间存在着成分、结构、构造、产状及成因等多方面的差异。但是它们之间存在着一定的过渡关系,这就说明它们有着内在联系。为了把它们的共性、特殊性和彼此之间的内在联系总结出来,就必须对岩浆岩进行分类,根据岩浆岩的形成条件、产状、矿物成分和结构、构造等方面，将岩浆岩分为三大类：深成岩、浅成岩和喷出岩，每类中又根据成分的不同又可分出具体的各类（表1-4）。

表1-4 岩浆岩的分类简表

岩石类型				酸性岩	中性岩		基性岩	超基性岩
SiO₂含量(%)				>65	65~52		52~45	<45
颜色				浅（浅灰、黄、褐、红）——→深（深灰、黑绿、黑）				
主要矿物成分				正长石		斜长石		不含长石
				石英、黑云母、角闪石	角闪石、黑云母	角闪石、辉石、黑云母	辉石、角闪石、橄榄石	橄榄石、辉石、角闪石
产状		构造	结构					
侵入岩	深成岩	岩基 岩株	块状	等粒	花岗岩	正长岩	闪长岩	辉长岩	橄榄岩 辉岩
	浅成岩	岩床 岩盘 岩墙	块状、气孔	等粒、似斑状及斑状	花岗斑岩	正长斑岩	闪长玢岩	辉绿岩	少见
喷出岩		火山锥 熔岩流 熔岩被	块状、气孔、杏仁、流纹	隐晶质、玻璃质、斑状	流纹岩	粗面岩	安山岩	玄武岩	少见
			块状、气孔	玻璃质	浮岩、黑曜岩			少见	

（五）岩浆岩的工程地质特征

岩浆岩在我国分布较广，其中以花岗岩和玄武岩最为常见。由于岩石的矿物组成、结构和构造等多方面的差异，导致岩体工程地质特征也有很大不同。

深成岩多为巨大侵入体，如岩基、岩株等。岩性较均一，变化较小，呈典型的块状岩体结构。侵入体边缘部分常形成流线、流面和各种原生节理，结构相对复杂。

深成岩颗粒均匀，多为粗一中粒结构，致密坚硬，孔隙很少，力学强度高，透水性较弱，抗水性较强，所以深成岩体的工程地质性质一般较好，常被选作大型建筑物地基。但深成岩也有不足之处，应引起充分重视。

首先，深成岩易风化，风化层厚度一般较大。花岗岩分布地区，风化壳厚度一般可达50 m，而在构造破碎地段产生深风化槽、夹层风化，深度可达100 m，因而使工程地质条件大大复杂化，作为坝基或隧洞围岩必须进行人工处理；其次，当深成岩受同期或后期构造影响，断裂破碎剧烈、构造结构面很发育的情况下，完整性和均一性被破坏，强度降低。而且，某些矿物易风化、蚀变（如长石风化成高岭石），使有些结构面常有次生夹泥、泥化夹层等，其亲水性和透水性增加，应慎重对待。此外，深成岩体常被后期小型侵入体、岩脉穿插，使岩体性质复杂，均一性破坏，质量降低。应注意深成岩与周围岩的接触面，常形成很厚的变质带，其成分复杂，易风化，多为软弱或软弱结构面。

浅成岩多为岩床、岩墙、岩脉等小型侵入体，常呈镶嵌式结构。所以，浅成岩分布多的地段，均一性比深成岩差。岩石多呈斑状结构和中一细粒均粒结构。细粒岩石强度比深度成岩高，抗风化能力较强。斑状结构的岩石则较差，与其他成因类型的岩体比较，浅成岩一般还较好，工程建设中可尽量加以利用。

花岗斑岩、闪长玢岩和伟晶岩等中一酸性浅成岩性质与花岗岩相似。细晶强度较高，但产出范围小，岩性变化小，岩体均一性差。辉绿岩为常见的基性浅成岩，岩性致密坚硬，强度较高，抗风化能力强，但均一性较差。煌斑岩为岩脉产出，含暗色矿物多，一般风化甚为强烈。

喷出岩为火山喷出的熔岩流冷凝而成。由于火山喷发的多期性，火山熔岩和火山碎屑岩往往相间分布，呈似层状产出。岩石颗粒很细，常为致密结构，并且多有气孔构造、杏仁构造。酸性熔岩形成流纹构造。由于急骤凝固，所以原生节理较发育，如玄武岩柱状节理、流纹岩板状节理等。厚层熔岩岩体常为块状结构，一般呈镶嵌结构，薄层的呈层状结构。这些都使得各喷出岩的岩体结构较复杂，岩性不均一，各向异性显著，连续性较差，透水性较强，力学强度较低，亲水性较明显，软弱夹层和软弱结构面比较发育。

喷出岩以玄武岩最为常见，其次是安山岩和流纹岩。玄武岩比重大、密度大、强度高、抗风化力强，是很好的块石料。但它常具有气孔构造和柱状节理，透水性强，并易在斜坡地段失稳。第四系玄武岩，常覆盖在松散沉积物之上，应特别注意下伏松散层的影响。流纹岩结晶极细，含玻璃质多，流纹结构及原生节理发育，在垂直和水平方向上岩性很不均一，强度变化大，岩体破碎，风化层较厚易形成软弱夹层。

(六) 常见的岩浆岩

1. 酸性岩类

(1) 花岗岩。是深成侵入岩，多呈肉红色、灰色或灰白色。矿物成分主要的为石英和正长石，其次有黑云母、角闪石和其他矿物。全晶质等粒结构（也有不等粒或似斑状结构），块状构造；根据所含深色矿物的不同，可进一步分为黑云母花岗岩、角闪石花岗岩等。花岗岩分布广泛，性质均匀坚固，是良好的建筑石料。安徽黄山花岗岩，肉红色，石英34.96%，钾长石（条纹长石）44.33%，斜长石（钠长石）19.86%，黑云母3.04%，白云母0.78%，有锆石、磷灰石、榍石等，花岗结构，似斑状结构。

(2) 花岗斑岩。是浅成侵入岩，成分与花岗岩相似。所不同的是具斑状结构，斑晶为长石或石英，石基多由细小的长石、石英及其他矿物组成。

(3) 流纹岩。是喷出岩，呈岩流产出，常呈灰白、紫灰或浅黄褐色。具有典型的流纹构造，斑状结构，细小的斑晶常由石英或长石组成。在流纹岩中很少出现黑云母和角闪石等深色矿物。

2. 中性岩类

(1) 正长岩。是深成侵入岩，呈肉红色、浅灰或浅黄色。全晶质等粒结构，块状构造。主要矿物成分为正长石，其次为黑云母和角闪石，一般石英含量极少。其物理力学性质与花岗岩相似，但不如花岗岩坚硬，且易风化。

(2) 正长斑岩。是浅成侵入岩，与正长岩所不同的是具有斑状结构，斑晶主要是正长石，石基比较致密。一般呈棕灰色或浅红褐色。

(3) 粗面岩。是喷出岩，常呈浅灰、浅褐黄或淡红色。斑状结构，斑晶为正长石。石基多为隐晶质，具有细小孔隙，表面粗糙。

(4) 闪长岩。是深成侵入岩，呈灰白、深灰至黑灰色。主要矿物为斜长石和角闪石。其次有黑云母和辉石，全晶质等粒结构，块状构造。闪长岩结构致密，强度高，且具有较高的韧性和抗风化能力，是良好的建筑石料。

(5) 闪长玢岩。是浅成侵入岩，呈灰色或灰绿色。成分与闪长岩相似，具斑状结构，斑晶主要为斜长石，有时为角闪石。岩石中常有绿泥石、高岭石和方解石等次生矿物。

岩石实例：

安徽庐江沙溪产出的闪长玢岩类岩石，铜（金）矿含矿岩体，为全晶质斑状结构，斑晶为斜长石（环带状中长石）。普遍都已水云母化、硅化，基质呈微粒嵌晶结构。应用先进的微束分析技术——质子探针分析方法对安徽中部沙溪斑岩铜（金）矿床中金的赋存状态进行了系统的研究,结果表明,该斑岩铜(金)矿床中金赋存状态以微细粒微米级的自然金形式存在,其载体矿物主要为黄铁矿和黄铜矿。本研究对斑岩铜(金)矿床中金的综合利用提供了理论上的依据,同时也为其他同类矿床中金的赋存状态提供了新的研究方法。

(6) 安山岩。是喷出岩,呈灰色、紫色或灰紫色。斑状结构,斑晶常为斜长石。气孔状或杏仁状构造。

3. 基性岩类

(1) 辉长岩。是深成侵入岩,呈灰黑至黑色。全晶质等粒结构,块状构造。主要矿物为斜长石和辉石。其次有橄榄石、角闪石和黑云母。辉长岩强度高,抗风化能力强,是良好的公路建筑材料。

(2) 辉绿岩。是浅成侵入岩,呈灰绿或黑绿色。具有特殊的辉绿结构(辉石充填于斜长石晶体格架的空隙中),成分与辉长岩相似,但常含有方解石、绿泥石等次生矿物,强度也高。

(3) 玄武岩。是喷出岩,呈灰黑至黑色。成分与辉长岩相似,呈隐晶质细粒或斑状结构,气孔或杏仁状构造。玄武岩致密坚硬、性脆,强度很高。玄武岩破碎后是高速公路沥青混凝土路面的良好粗、细集料。

4. 超基性岩

橄榄岩。深绿色或黑绿色,主要矿物为橄榄石和辉石,次要矿物为角闪石,全晶质中、粗等粒结构,块状构造。

二、沉 积 岩

沉积岩位于地表和地表下不太深的地方,由松散堆积物在温度不高和压力不大的条件下形成。它是地壳表面分布最广的一种层状的岩石。出露地表的各种岩石,经长期的日晒雨淋,风化破坏,就逐渐地松散分解,或成为岩石碎屑,或成为细粒黏土矿物,或者成为其他溶解物质。这些先成岩石的风化产物,大部分被流水等运动介质搬运到河、湖、海洋等低洼的地方沉积下来,成为松散的堆积物。这些松散的堆积物经长期压密、胶结、重结晶等复杂的地质过程,就形成了沉积岩。此外如沉积过程中的生物活动和火山喷出物的堆积,在沉积岩的形成中也有重要的意义。

(一)沉积岩的物质组成

沉积岩主要由下面的一些物质组成:

(1) 碎屑物质。由先成岩石经物理风化作用产生的碎屑物质组成。其中大部分是化学性质比较稳定,难溶于水的原生矿物的碎屑。如石英、长石、白云母等,一部分则是岩石的碎屑。此外还有其他方式生成的一些物质,如火山喷发产生的火山灰等。

(2) 黏土矿物。主要是一些由含铝硅酸盐类矿物的岩石,经化学风化作用形成的次生矿物。如高岭石、微晶高岭石及水云母等。这类矿物的颗粒极细(<0.005 mm),具有很大的亲水性、可塑性及膨胀性。

(3) 化学沉积矿物。由纯化学作用或生物化学作用,从溶液中沉淀结晶产生的沉积矿物。如方解石、白云石、石膏、石盐、铁和锰的氧化物或氢氧化物等。

(4) 有机质及生物残骸。由生物残骸或有机化学变化而成的物质。如贝壳、泥炭及其他有机质等。

在沉积岩的组成物质中,黏土矿物、方解石、白云石及有机质等是沉积岩所特有的,是物质组成上区别于岩浆岩的一个重要特征。

(二)沉积岩的结构和构造

1. 沉积岩的结构

沉积岩的结构,按组成物质、颗粒大小及其形状等方面的特点,一般分为碎屑结构、泥质结构、结晶结构及生物结构四种。

(1) 碎屑结构。由碎屑物质被胶结物胶结而成。按碎屑粒径的大小,可分为:

① 砾状结构。碎屑粒径大于 2 mm。碎屑形成后未经搬运或搬运不远而留有棱角者,称为角砾状结构;碎屑经过搬运呈浑圆状或具有一定磨圆度者,称为砾状结构。

② 砂质结构。碎屑粒径介于 0.05~2 mm 之间。其中在 0.5~2 mm 之间的为粗粒结构,如粗粒砂岩,在 0.25~0.5 mm 之间的为中粒结构,如中粒砂岩,在 0.05~0.25 mm 之间的为细粒结构,如细粒砂岩。

③ 粉砂质结构。碎屑粒径在 0.005~0.05 mm 之间,如粉砂岩。

按胶结物的成分,可分为:

① 硅质胶结。由石英及其他二氧化硅胶结而成。颜色浅,强度高。

② 铁质胶结。由铁的氧化物及氢氧化物胶结而成。颜色深,呈红色,强度次于硅质胶结。

③ 钙质胶结。由方解石等碳酸钙一类的物质胶结而成。颜色浅,强度比较低,容易遭受侵蚀。

④ 泥质胶结。主要由细粒黏土矿物胶结而成。颜色不定,胶结松散,强度最低,容易遭受风化破坏。

(2) 泥质结构。几乎全部由粒径小于 0.005 mm 的黏土质点组成,是泥岩、页岩等黏土岩的主要结构。

(3) 结晶结构。由溶液中沉淀或经重结晶所形成的结构。由沉淀生成的晶粒极细,经重结晶作用晶粒变粗,但一般粒径多小于 1 mm,肉眼不易分辨。结晶结构为石灰岩、白云岩等化学岩的主要结构。

(4) 生物结构。由生物遗体或碎片所组成,如贝壳结构、珊瑚结构等。它是生物化学岩所具有的结构。

2. 沉积岩的构造

沉积岩的构造,是指其组成部分的空间分布及其相互间的排列关系。沉积岩最主要的构造是层理构造。层理是沉积岩成层的性质。由于季节性气候的变化,沉积环境的改变,使先后沉积的物质在颗粒大小、形状、颜色和成分上发生相应变化,从而显示出来的成层现象,称为层理构造。

由于形成层理的条件不同,层理有各种不同的形态类型,如常见的有水平层理(图 1-5a)、斜层理(图 1-5b)、交错层理(图 1-5c)等。根据层理可以推断沉积物的沉积环境和搬运介质的运动特征。

层与层之间的界面,称为层面。在层面上有时可以看到波痕、雨痕及泥面干裂的痕迹。上下两个层面间成分基本均匀一致的岩石,称为岩层。它是层理最大的组成单位。一个岩层上下层面之间的垂直距离称为岩层的厚度。在短距离内岩层厚度的减小称为变薄;厚度变薄以至消失称为尖灭;两端尖灭就成为透镜体,大厚度岩层中所夹的薄层,称为夹层(见图 1-6)。

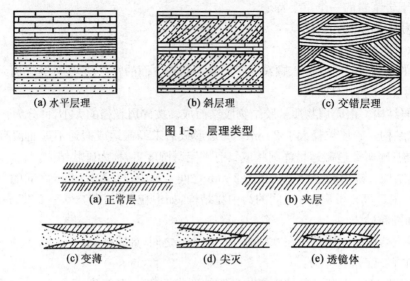

图 1-5 层理类型

图 1-6 岩层的几种形态

(三) 沉积岩中的化石

沉积岩内岩层的变薄、尖灭和透镜体，可使其强度和透水性在不同的方向发生变化；松软夹层，容易引起上覆岩层发生顺层滑动。

沉积岩中可看到许多化石，它们是经石化作用保存下来的动植物的遗迹。如三叶虫、树叶等常沿层理面平行分布。根据化石可以推断岩石形成的地理环境和确定岩层的地质年代。

沉积岩的层理构造、层面特征和含有化石，是沉积岩区别于岩浆岩的重要特征。

(四) 沉积岩的分类

根据物质组成的特点，沉积岩一般分为下面三类：

(1) 碎屑岩类。主要由碎屑物质组成的岩石。其中由先成岩石风化破坏产生的碎屑物质形成的，称为沉积碎屑岩，如砾岩、砂岩及粉砂岩等；由火山喷出的碎屑物质形成的，称为火山碎屑岩，如火山角砾岩、凝灰岩等。

(2) 黏土岩类。主要由黏土矿物及其他矿物的黏土粒组成的岩石，如泥岩、页岩等。

(3) 化学及生物化学岩类。主要由方解石、白云石等碳酸盐类的矿物及部分有机物组成的岩石，如石灰岩、白云岩等。

沉积岩分类，见表 1-5。

(五) 沉积岩的工程地质特征

沉积岩中分布最广的是黏土岩、砂岩和碳酸盐岩，它们共占沉积岩总量的 98~99%，其余沉积岩仅占 1~2%；由于沉积岩分布于地表或地下不太深的地带，因此它与地下水的赋存状态和运移规律有着密切的关系，故对地下水源的开发利用，对各种工程建筑如铁路、高速公路、桥梁、隧道水利工程等的规划、勘察、设计和施工建设等关系更加密切。在对建筑物基底及周围岩石特性的研究，如塑性或弹性变形、抗压、抗拉和抗剪性能的研究中，往往也需要沉积岩石学方面的知识；沉积岩普遍具有层理构造，岩性一般具有明显的各向异性。因此，沉积岩工程地质性质变化较大，工程建设应加注意。沉积岩包括火山碎屑岩、胶结碎屑岩、黏土岩和生物—化学岩。它们的岩性不同，岩体结构也有区别，工程地质性质差别较大。

表 1-5 沉积岩分类简表

岩类		结 构	岩石分类名称	主要亚类及其组成物质
碎屑岩类	火山碎屑岩	粒径>100 mm	火山集块岩	主要由大于 100 mm 的熔岩碎块、火山灰尘等经压密胶结而成。
		粒径>2～100 mm	火山角砾岩	主要由 2～10 mm 的熔岩碎屑、晶屑、玻屑及其他碎屑混入物组成。
		粒径<2 mm	凝灰岩	由 50%以上粒径小于 2 mm 的火山灰组成,其中有岩屑、晶屑、玻屑等细粒碎屑物质。
	沉积碎屑岩	碎屑结构 砾状结构 (粒径>2.00 mm)	砾 岩	角砾岩 由带棱角的角砾经胶结而成。 砾岩 由浑圆的砾石经胶结而成。
		砂状结构 (0.05 mm<粒径<2.00 mm)	砂 岩	石英砂岩 (石英含量>90%,长石和岩屑<10%)。 长石砂岩 (石英含量<75%,长石>25%,岩屑<10%)。 岩屑砂岩 (石英含量<75%,长石<10%,岩屑>25%)。
		粉砂结构 (粒径 0.005～0.05 mm)	粉砂岩	主要由石英、长石的粉、黏粒及黏土矿物组成。
黏土岩类		泥质结构 (粒径<0.005 mm)	泥 岩	主要由高岭石、微晶高岭石及水云母等黏土矿物组成。
			页 岩	黏土质页岩 由黏土矿物组成。 碳质页岩 由黏土矿物及有机质组成。
化学及生物化学岩类		结晶结构及生物结构	石灰岩	石灰岩 (方解石含量>90%,黏土矿物含量<10%)。 泥灰岩 (方解石含量 50～75%,黏土矿物含量 25%～50%)。
			白云岩	白云岩(白云石含量 90～100%,方解石含量<10%)。 灰质白云岩 (白云石含量 50～75%,方解石含量 25～50%)。

胶结碎屑岩是沉积物经胶结、成岩作用所形成的岩石,包括各种砾岩、砂岩和粉砂岩等。胶结碎屑岩性质主要取决胶结物的成分、胶结形式、碎屑物颗粒成分和特点。硅质胶结的岩石强度最高,抗水性强。钙质、石膏和泥质胶结的岩石,强度较低,抗水性弱,在水的作用下,可被溶解或软化,使岩石性质变坏。铁质胶结的岩石一般坚硬且抗水,但铁质物质易氧化分解,使结构破坏。此外,基底胶结的岩石较坚硬,透水性较弱,而接触胶结的岩石强度较低,透水性较强。粉砂岩的强度比一般砂砾岩差;硅质胶结的石英砂岩强度比一般砂岩高。时代较新、胶结较差的第三纪和中生代红色砂砾石,常为钙质、泥质胶结,胶结程度差,力学强度低,抗水性不良。粉砂岩结构较疏松,强度和稳定性不高。

黏土岩主要包括页岩和泥岩,其工程地质性质,一般均较差。特别是红色岩层中的泥岩,结构较疏松,厚度薄,强度低,抗水性差,易软化和泥化。但这类岩石的隔水性能好。

化学及生物化学岩以石灰岩和白云岩最为常见,它们大都致密较坚硬,强度较高。但常被溶蚀,形成溶隙、溶洞、暗河等,成为渗漏和涌水通道,给工程带来极大的危害。泥灰岩是黏土岩和石灰岩之间的过渡类型,强度低,易软化。当石灰岩中夹有薄层泥灰岩或黏土岩时,可能产生滑移问题,对工程不利。但石灰岩中泥灰岩或黏土岩夹层可起阻水或隔水作用,对防止渗漏与涌水问题又是有利的。沉积岩中还含有许多重要矿产,不仅矿产种类多,而且储量大,如煤、石油、铁、锰、铝、磷和盐类等,据统计沉积和沉积变质矿产占世界矿产的 80%;而可燃性有机岩(如石油天然气、油页岩及煤等)和岩类矿产几乎全部为沉积岩型;放射性和黑色金属(铁、锰)等矿产,沉积类型也占有主要的地位。

火山碎屑岩是具有岩浆岩和普通沉积岩双重特性之过渡性岩石,按其组成物质的粗细可分为火山集块岩、火山角砾岩和凝灰岩等。各类火山碎屑岩的性质差别很大,大多数凝灰岩和凝灰质岩石结构疏松,极易风化,强度很低。

(六)常见的沉积岩

1. 碎屑岩类

(1)火山碎屑岩。由火山喷发的碎屑物质在地表经短距离搬运或就地沉积而成。由于它在成因上具有火山喷出与沉积的双重性,所以是介于喷出岩和沉积岩之间的过渡类型。常见的有:

① 火山集块岩。主要由粒径大于 100 mm 的粗火山碎屑物质组成,胶结物主要为火山灰或熔岩,有时为碳酸钙、二氧化硅或泥质。

② 火山角砾岩。火山碎屑占 90% 以上。粒径一般为 2~100 mm,多呈棱角状,常为火山灰或硅质胶结。颜色常呈暗灰、蓝灰或褐灰色。

③ 凝灰岩。一般由粒径小于 2 mm 的火山灰及细碎屑组成。碎屑主要是晶屑、玻屑及岩屑,胶结物为火山灰等。凝灰岩孔隙性高,重度小,易风化。

(2)沉积碎屑岩。又称为正常碎屑岩。是由先成岩石风化剥蚀的碎屑物质,经搬运、沉积、胶结而成的岩石。常见的有:

① 砾岩及角砾石。砾状结构,由 50% 以上粒径大于 2 mm 的粗大碎屑胶结而成。由浑圆状砾石胶结而成的称为砾岩;由棱角状角砾胶结而成的称为角砾岩。角砾岩的岩性成分比较单一,砾岩的岩性成分一般比较复杂,经常由多种岩石的碎屑和矿物颗粒组成。胶结物的成分有钙质、泥质、铁质及硅质等。

② 砂岩。砂质结构,由 50% 以上粒径介于 0.05~2 mm 的砂粒胶结而成。按砂粒的矿物组成,可分为石英砂岩、长石砂岩和岩屑砂岩等。按砂粒粒径的大小,可分为粗粒砂岩、中粒砂岩和细粒砂岩。胶结物的成分对砂岩的物理力学性质有重要影响。根据胶结物的成分,又可将砂岩分为硅质砂岩、铁质砂岩、钙质砂岩及泥质砂岩几个亚类。硅质砂岩的颜色浅,强度高,抵抗风化的能力强。泥质砂岩一般呈黄褐色,吸水性大,易软化,强度和稳定性差。铁质砂岩常呈紫红色或棕红色,钙质砂岩呈白色或灰白色,强度和稳定性介于硅质与泥质砂岩之间。砂岩分布很广,易于开采加工,是工程上广泛采用的建筑石料。

③ 粉砂岩。粉砂质结构,常有清晰的水平层理。矿物成分与砂岩近似,但黏土矿物的含量一般较高,主要由粉砂胶结而成。结构较疏松,强度和稳定性不高。

2. 黏土岩类

(1)页岩。由黏土脱水胶结而成,以黏土矿物为主,大部分有明显的薄层理,呈页片状,可分为硅质页岩、黏土质页岩、砂质页岩、钙质页岩及碳质页岩。除硅质页岩强度稍高外,其余岩性软弱,易风化成碎片,强度低,与水作用易于软化而丧失稳定性。

(2)泥岩。成分与页岩相似,常成厚层状。以高岭石为主要成分的泥岩,常呈灰白色或黄白色,吸水性强,遇水后易软化。以微晶高岭石为主要成分的泥岩,常呈白色、玫瑰色或浅绿色。表面有滑感,可塑性小,吸水性高,吸水后体积急剧膨胀。

黏土岩夹于坚硬岩层之间,形成软弱夹层,浸水后易于软化滑动。

3. 化学及生物化学岩类

(1) 石灰岩。简称灰岩。矿物成分以方解石为主,其次含有少量的白云石和黏土矿物。常呈深灰、浅灰色,纯质灰岩呈白色。由纯化学作用生成的具有结晶结构,但晶粒极细。经重结晶作用即可形成晶粒比较明显的结晶灰岩。由生物化学作用生成的灰岩,常含有丰富的有机物残骸。石灰岩中一般都含有一些白云石和黏土矿物,当黏土矿物含量达 25～50% 时,称为泥灰岩。白云石含量达 25～50% 时,称为白云质灰岩。

石灰岩分布相当广泛,岩性均一,易于开采加工,是一种用途很广的建筑石料。

(2) 白云岩。主要矿物成分为白云石,也含有方解石和黏土矿物,结晶结构。纯质白云岩为白色,随所含杂质的不同,可出现不同的颜色。岩石工程性质与石灰岩相似,但强度和稳定性比石灰岩略高,是一种良好的建筑石料。

白云岩的外观特征与石灰岩近似,在野外难于区别,可用盐酸起泡程度辨认。

(3) 泥灰岩。主要矿物有方解石和含量高达 25～50% 的黏土矿物两种。泥灰岩是黏土岩与石灰岩间的一种过渡类型岩石,颜色有浅灰、浅黄及浅红等,手标本多呈块状构造,点稀盐酸起泡后,表面残留下黏土物质。

三、变 质 岩

(一)变质岩的形成因素

1. 变质岩及其产状

从前述岩浆岩和沉积岩的地质特性可知,每一种岩类、每一种岩石都有它自己的结构、构造和矿物成分。在漫长的地质历史过程中,这些先期生成的岩石(原岩)在各种变质因素作用下,改变了原有的结构、构造或矿物成分特征,具有了新的结构、构造或矿物成分,则原岩变质为新的岩石。引起原岩地质特性发生改变的因素称变质因素;在变质因素作用下使原岩地质特性改变的过程称变质作用;生成的具有新特性的岩石称变质岩。

变质作用基本上是原岩在保持固体状态下、在原位置处进行的。因此,变质岩的产状为残余产状。由岩浆岩形成的变质岩称正变质岩;由沉积岩形成的变质岩称副变质岩。正变质岩产状保留原岩浆岩产状,副变质岩产状则保留沉积岩的层状。

变质岩在地壳表面分布面积占陆地面积的 1/5。岩石生成年代愈老,变质程度愈深,该年代岩石中变质岩比重愈大。例如安徽肥东桥头集的前寒武纪的岩石几乎都是变质岩。

2. 变质因素

引起变质作用的主要因素有以下三方面:

(1) 温度。温度是引起岩石变质最基本、最积极的因素。促使岩石温度增高的原因有三种来源:一是地下岩浆侵入地壳带来的热量;二是随地下深度增加而增大的地热,一般认为自地表常温带以下,深度每增加 33 m,温度提高 1 ℃;三是地壳中放射性元素蜕变释放出的热量。高温使原岩中元素的化学活泼性增大,使原岩中矿物重新结晶,隐晶变显晶、细晶变粗晶,从而改变原结构,并产生新的变质矿物。

(2) 压力。作用在岩石上的压力分为:

① 静压力。类似于静水压力,是由上覆岩石重量产生的,是一种各方向相等的压力,随深度而增大。静压力使岩石体积受到压缩而变小、比重变大,从而形成新矿物。

② 动压力。也称定向压力,是由地壳运动而产生的。由于地壳各处运动的强烈程度和运

动方向都不同,故岩石所受动压力的性质、大小和方向也各不相同。在动压力作用下,原岩中各种矿物发生不同程度变形,甚至破碎的现象。在最大压力方向上,矿物被压溶,不能沿此方向生长结晶;与最大压力垂直的方向是变形和结晶生长的有利空间。因此,原岩中的针状、片状矿物在动压力作用下,它们的长轴方向发生转动,转向与压力垂直方向平行排列;原岩中的粒状矿物在较高动压力作用下,变形为成椭圆形眼球状;长轴也沿与压力垂直方向平行排列。由动压力引起的岩石中矿物沿与压力垂直方向平行排列的构造称片理构造,是变质岩最重要的构造特征。

(3) 化学活泼性流体。这种流体在变质过程中起溶剂作用。化学活泼性流体包括水蒸气、氧气、二氧化碳、含 B 和 S 等元素的气体和液体。这些流体是岩浆分化后期产物,它们与周围原岩中的矿物接触发生化学交替或分解作用,形成新矿物,从而改变了原岩中的矿物成分。

3. 变质作用

在自然界中,原岩变质很少只受单一变质因素的作用,多受两种以上变质因素综合作用,但在某个局部地区内,以某一种变质因素起主要作用,其他变质因素起辅助作用。根据起主要作用的变质因素不同,可将变质作用划分为下述四种类型:

(1) 接触变质作用。受高温因素影响而变质的作用,又称热力变质作用。主要使原岩结构特征发生改变。

(2) 交代变质作用。受化学活泼性流体因素影响而变质的作用,又称汽化热液变质作用。主要使原岩矿物和结构特征发生改变。

(3) 动力变质作用。受动压力因素影响而变质的作用。主要使原岩结构和构造特征发生改变,特别是产生了变质岩特有的片理构造。

(4) 区域变质作用。在一个范围较大的区域内。例如,数百或数千平方公里范围内,高温、动压力和化学活泼性流体三因素综合作用,作用规模和范围都较大,称区域变质作用,一般该区域内地壳运动和岩浆活动都较强烈。

(二)变质岩的矿物成分

原岩在变质过程中,既能保留部分原有矿物,也能生成一些变质岩特有的新矿物。前者如岩浆岩中的石英、长石、角闪石、黑云母等和沉积岩中的方解石、白云石、黏土矿物等;后者如绢云母、红柱石和硅灰石、石榴子石、滑石、十字石、阳起石、蛇纹石,石墨等,它们都是变质岩区别于岩浆岩和沉积岩的又一重要特征。

(三)变质岩的结构和构造

1. 变质岩的结构

(1) 变晶结构。变质程度较深,岩石中矿物重新结晶较好,基本为显晶,是多数变质岩的结构特征。还可进一步细分为粒状变晶结构、不等粒变晶结构、片状变晶结构和鳞片状变晶结构等。

(2) 压碎结构。在较高动、静压力作用下,原岩变形、碎裂而成的结构。若原岩碎裂成块状称碎裂结构;若压力极大,原岩破碎成细微颗粒称糜棱结构。

(3) 变余结构。变质程度较浅,岩石变质轻微,仍保留原岩中某些结构特征,称变余结构。例如变余花岗结构、变余砾状结构、变余砂状结构、变余泥状结构等。

2. 变质岩的构造

(1) 片理构造。岩石中矿物呈定向平行排列的构造称片理构造。它是大多数变质岩区别于岩浆岩和沉积岩的重要特征。根据所含矿物及变质程度深浅不同又可分为四种：

① 片麻状构造。它是一种深度变质的构造，由深、浅两种颜色的矿物定向平行排列而成。浅色矿物多为粒状石英或长石，深色矿物多为针状角闪石或片状黑云母等。在变质程度很深的岩石中，不同颜色、不同形状、不同成分的矿物相对集中平行排列，形成彼此相间、近于平行排列的条带，称条带状构造；在片麻状和条带状岩石中，若局部夹杂晶粒粗大的石英、长石呈眼球状时，则称眼球状构造。条带状和眼球状都属于片麻状构造的特殊类型。

② 片状构造。以一种针状或片状矿物为主的定向平行排列构造。片状构造也是一种深度变质的构造。

③ 千枚状构造。在岩石中矿物基本重新结晶，并有定向平行排列现象。但由于变质程度较浅，矿物颗粒细小，肉眼辨认困难，仅能在天然剥离面（片理面）上看到片状、针状矿物的丝绢光泽。

④ 板状构造。它是变质程度最浅的一种构造。泥质、粉砂质岩石受一定挤压后，沿与压力垂直的方向形成密集而平坦的破裂面，岩石极易沿此裂面（也是片理面）剥成薄板，故称板状构造。矿物颗粒极细，肉眼不能见，只能在显微镜下的板状剥离面上见到一些矿物微雏晶。

（2）非片理构造。呈块状构造。这种变质岩多由一种或几种粒状矿物组成，矿物分布均匀，无定向排列现象。

(四) 变质岩的分类

变质岩的分类见表 1-6。

表 1-6　变质岩分类简表 *

变质作用	岩石名称	结构	构造		主要矿物成分
区域变质（由板岩至片麻岩变质程度逐渐加深）	板岩	变余	片理构造	板状	黏土矿物、云母、绿泥石、石英、长石等
	千枚岩	变余		千枚状	绢云母、石英、长石、绿泥石、方解石等
	片岩	变晶		片状	云母、角闪石、绿泥石、石墨、滑石等
	片麻岩	变晶		片麻状	石英、长石、云母、角闪石、辉石等
热力变质或区域变质	大理岩	变晶	非片理构造	块状	方解石、白云石
	石英岩	变晶		块状	石英
交代变质	云英岩	变晶		块状	白云母、石英
	蛇纹岩	隐晶		块状	蛇纹石
动力变质	断层角砾岩	压碎		块状	岩石、矿物碎屑
	糜棱岩	糜棱		块状	石英、长石、绿泥石、绢云母

* 据李隽蓬等，2001

(五) 变质岩的工程地质特征

变质岩是组成地壳的重要岩石之一。在许多地方它常与花岗岩或花岗岩质的岩石共生。在另一些地区又和基性－超基性岩石共生。研究这类岩石，不仅对工程建设和找矿工作起着重要作用，而且对研究地壳发展过程中的某些构造成因问题也有重要的意义。

变质岩实质上是由已固结的岩石在地壳发展过程中，在特定的地质和物化条件的作用下经过变化、改造而形成的一种新生岩石。

能够使已固化的岩石发生变化（成分、结构构造的变化）的地质作用，统称之为变质作用。

变质岩由于变质作用特点和原岩成分及性质不同，其工程地质特征差别很大。但变质岩大多经过重结晶作用，具有一定结晶连结，结构紧密，孔隙较小，透水性弱，抗水性强，强度较高。特别是黏土质岩石变质后，性质大大改变。但变质岩的片理及片麻理，往往使岩石的连结减弱,强度降低,且呈现各向异性。此外,变质岩一般年代较老,经受多次构造变动,断裂多,易风化,完整性差,常不均一。

接触变质岩出现在侵入体周围,其范围和性质取决于侵入体大小、类型和原岩性质。这种岩石多经重结晶作用,强度一般比原岩增高。但由于侵入体的挤压,接触带附近常有断裂,使其透水性增加,抗风化能力降低,所以,应着重研究接触变质岩的构造特征。

动力变质岩是构造作用形成的,主要沿断层带发育,包括压碎岩、角砾岩、糜棱岩及断层泥等。其特征是构造破碎,胶结不良,裂隙发育,强度较低,透水性强,常成为软弱结构面、软弱夹层或软弱岩体。

区域变质岩分布范围较广,岩体厚度较大,变质程序较为均一。最常见的有片麻岩、片岩、千枚岩、板岩、石英岩和大理岩。混合岩是介于片麻岩和岩浆岩之间的一种岩石。一般讲,块状岩石性质较好,而层状、片状岩石性质较差。

片麻岩随黑云母含量增多和片麻理的发育,其强度和抗风化能力明显降低。因此,角闪石片麻岩、角闪岩和变粒岩的强度较黑云母片麻岩要高。花岗片麻岩分布广,其性质近似花岗岩,但较不均一,抗风化能力较花岗岩低。

片岩由于矿物成分、结晶程度、片理构造不同,性质差别很大。石英片岩、角闪石片岩性质较好,强度相对较高;云母片岩、绿泥石片岩、滑石片岩、石墨片岩等性质较差,其强度较低,且各向异性极显著。

千枚岩和板岩是变质较浅的岩石,其性脆,片理明显,裂隙发育,强度较低,易于滑动。

石英岩性质均一,致密坚硬,强度极高,抗水性好,不易风化。但性脆,经构造变动后,裂隙发育。夹有泥质板岩时,则岩性软硬相间,又易泥化,工程性质变坏。

大理岩的强度较高,但对其岩溶问题,应予注意。

(六)常见的变质岩

(1) 板岩。颜色主要为深灰、黑色;变余结构,常见变余泥状结构或致密隐晶结构;板状构造;黏土及其他肉眼难辨矿物。

(2) 千枚岩。通常灰色、绿色、棕红色及黑色;变余结构,或显微鳞片状变晶结构;千枚状构造;肉眼可辨的主要矿物为绢云母、黏土矿物及新生细小的石英、绿泥石和角闪石矿物颗粒。

(3) 片岩类。变晶结构,片状构造,故取名片岩。岩石的颜色及定名均取决于主要矿物成分,例如云母片岩、角闪石片岩、绿泥石片岩及石墨片岩等。

(4) 片麻岩类。变晶结构,片麻状构造,浅色矿物多粒状,主要是石英、长石。深色矿物多针状或片状,主要是角闪石、黑云母等,有时含少量变质矿物如石榴子石等。片麻岩进一步定名也取决于主要矿物成分,例如花岗片麻岩、闪长片麻岩、黑云母斜长片麻岩等。

(5) 混合岩类。在区域变质作用下,地下深处重熔带高温区,大量岩浆携带外来物质进入围岩,使围岩中的原岩经高温重熔、交代混合等复杂的混合岩化深度变质作用形成的一种特殊类型变质岩。混合岩晶粒粗大,变晶结构;条带状、眼球状构造;矿物成分与花岗片麻岩接近。

(6) 大理岩。由石灰岩、白云岩经接触变质或区域变质的重结晶作用而成。纯质大理岩为白色,我国建材界称之"汉白玉"。若含杂质时,大理岩可为灰白、浅红、淡绿甚至黑色,等粒变晶结构,块状构造。以方解石为主称方解石大理岩,以白云石为主称白云石大理岩。

(7) 石英岩。由石英砂岩或其他硅质岩经重结晶作用而成。纯质石英岩暗白色,硬度高,有油脂光泽,含杂质后可为灰白、蔷薇或褐色等。等粒变晶结构,块状构造。石英含量超过85%。

（8）云英岩。由花岗岩经交代变质而成。常为灰白、浅灰色，等粒变晶结构，致密块状构造，主要矿物为石英和白云母。

（9）蛇纹岩。由富含镁的超基性岩经交代变质而成。常为暗绿或墨绿色，风化后则呈现黄绿或灰白色。隐晶质结构，块状构造。主要矿物蛇纹石，常含少量石棉、滑石、磁铁矿等矿物。断面不平坦，硬度较低。

（10）构造角砾岩。是断层错动带中的产物，又称断层角砾岩。原岩受极大动压力而破碎后，经胶结作用而成构造角砾岩。角砾压碎状结构，块状构造。碎屑大小形状不均，粒径可由数毫米到数米。胶结物多为细粉粒岩屑或后期由溶液中沉淀的物质。

（11）糜棱岩。高动压力把原岩碾磨成粉末状细屑，又在高压力下重新结合成致密坚硬的岩石，称糜棱岩。具有典型的糜棱结构，块状构造。矿物成分基本与围岩相同，有时含新生变质矿物绢云母、绿泥石和滑石等。糜棱岩也是断层错动带中的产物。

四、三大岩类的互相转化

前面已经提到的沉积岩、岩浆岩（火成岩）和变质岩是地球上组成岩石圈的三大类岩石，它们都是各种地质作用的产物。然而，当原先形成的岩石，一旦改变其所处的环境，岩石将随之发生改造，转化为其他类型的岩石（见图1-7）。

出露到地表面的岩浆岩、变质岩与沉积岩在大气圈、水圈与生物圈的共同作用下，可以经过风化、剥蚀、搬运作用而变成沉积物，沉积物埋藏到地下浅处就硬结成岩——重新形成沉积岩。埋到地下深处的沉积岩或岩浆岩，在温度不太高的条件下，可以在基本保持固态的情况下发生变质，变成变质岩。不管什么岩石，一旦进入高温（700～800 ℃）状态，岩石都将逐渐熔融成岩浆。岩浆在上升过程中温度降低，成分复杂化，或在地下浅处冷凝成侵入岩，或喷出地表而形成火山岩。在岩石圈内形成的岩石，由于地壳抬升，上覆岩石遭受剥蚀，它们又有机会变成出露地表的岩石。

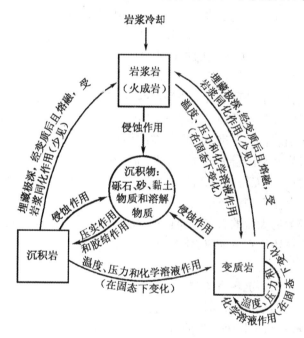

图1-7 三大类岩石的互相转化
（据戚筱俊，1995）

综上所述可见，岩石圈内的三大类岩石是完全可以互相转化的，它们之所以不断地运动、变化，完全是岩石圈自身动力作用以及岩石圈与大气圈、水圈、生物圈和地幔等圈层相互作用的缘故。在这个不断运动、变化的岩石圈内，三大类岩石一再地转化，使岩石呈现出复杂多样的变化。尽管在短时间内和在某一种环境中，岩石表现出相对稳定性，但是从长时间尺度来看，岩石圈里的岩石都是在不断地变化着的。一成不变的岩石是不存在的。在地球科学中，

"坚如磐石"的说法也是不存在的。

五、三大岩类的鉴别

鉴别岩石有各种不同的方法,但最基本的是根据岩石的外观特征,用肉眼和简单工具(如小刀、放大镜等)进行的鉴别方法。

(一)岩浆岩的鉴别方法

根据岩石的外观特征对岩浆岩进行鉴定时,首先要注意岩石的颜色,其次是岩石的结构和构造,最后分析岩石的主要矿物成分。

(1) 先看岩石整体颜色的深浅。岩浆岩颜色的深浅,是岩石所含深色矿物多少的反映。一般来说,从酸性到基性(超基性岩分布很少),深色矿物的含量是逐渐增加的,因而岩石的颜色也随之由浅变深。如果岩石是浅色的,那就可能是花岗岩或正长岩等酸性或偏于酸性的岩石。但不论是酸性岩或基性岩,因产出部位不同,还有深成岩、浅成岩和喷出岩之分,究竟属于哪一种岩石,需要进一步对岩石的结构和构造特征进行分析。

(2) 分析岩石的结构和构造。岩浆岩的结构和构造特征,是岩石生成环境的反映。如果岩石是全晶质粗粒、中粒或似斑状结构,说明很可能是深成岩,如果是细粒、微粒或斑状结构,则可能是浅成岩或喷出岩。如果斑晶细小或为玻璃质结构则为喷出岩。如果具有气孔、杏仁或流纹状构造,则为喷出岩无疑。

(3) 分析岩石的主要矿物成分,确定岩石的名称。这里可以举例说明,假定需要鉴别的是一块含有大量石英,颜色浅红,具有全晶质中粒结构和块状构造的岩石。浅红色属浅色,浅色岩石一般是酸性或偏于酸性的,这就排除了基性或偏于基性的不少深色岩石。但酸性的或偏于酸性的岩石中,又有深成的花岗岩和正长岩、浅成的花岗斑岩和正长岩以及喷出的流纹岩和粗面岩。但它是全晶质中粒结构和块状构造,因此可以肯定,是深成岩。这就进一步排除了浅成岩和喷出岩。但究竟是花岗岩还是正长岩,这就需要对岩石的主要矿物成分作仔细地分析之后,才能得出结论。在花岗岩和正长岩的矿物组成中,都含有正长石。同时也都含有黑云母和角闪石等深色矿物。但花岗岩属于酸性岩,酸性岩除含有正长石、黑云母和角闪石外,一般都含有大量的石英。而正长岩属于中性岩,除含有大量的正长石和少许的黑云母与角闪石外,一般不含石英或仅含有少许的石英。矿物成分的这一重要区别,说明被鉴别的这块岩石是花岗岩。

(二)沉积岩的鉴别方法

鉴别沉积岩时,可以先从观察岩石的结构开始,结合岩石的其他特征。先将所属的大类分开,然后再作进一步分析,确定岩石的名称。

从沉积岩的结构特征来看,如果岩石是碎屑和胶结物两部分组成,或者碎屑颗粒很细而不易与胶结物分辨,但触摸有明显含砂感的,一般是属于碎屑岩类的岩石。如果岩石颗粒十分细密,用放大镜也看不清楚,但断裂面暗淡呈土状,硬度低,触摸有滑腻感的,一般多是黏土类的岩石,具结晶结构的可能是化学岩类。

(1) 碎屑岩。鉴别碎屑岩时,可先观察碎屑粒径的大小,其次分析胶结物的性质和碎屑物质的主要矿物成分。根据碎屑的粒径,先区分是砾岩、砂岩还是粉砂岩。根据胶结物的性质和碎屑物质的主要矿物成分,判断所属的亚类,并确定岩石的名称。

例如,有一块由碎屑和胶结物质两部分组成的岩石,碎屑粒径介于 $0.25 \sim 0.5$ mm 之间,点盐酸起泡强烈,说明这块岩石是钙质胶结的中粒砂岩。进一步分析碎屑的主要矿物成分,发现这块岩石除含有大量的石英外,还含有约30%左右的长石。最后可以确定,这块岩石是钙质中粒长石砂岩。

(2) 黏土岩。常见的黏土岩,主要的有页岩和泥岩两种。他们在外观上都有黏土岩的共同特征,但页岩层理清晰。一般沿层理能分成薄片,风化后呈碎片状,可以与层理不清晰,风化后呈现碎块状的泥岩相区别。

(3) 化学及生物化学岩。常见的主要有石灰岩、白云岩和泥灰岩等,有的含有生物遗迹。它们的外观特征都很类似,所不同的主要是方解石、白云石及黏土矿物的含量有差别,所以鉴别化学及生物化学岩时,要特别注意对稀盐酸试剂的反应。石灰岩遇稀盐酸强烈起泡,泥灰岩遇稀盐酸也起泡,但由于泥灰岩的黏土矿物含量高,所以泡沫浑浊,干后往往留有泥点。白云岩遇稀盐酸反应微弱,但当粉碎成粉末之后,则发生显著泡沸现象,并常伴有咝咝的响声。

(三) 变质岩的鉴别方法

鉴别变质岩时,可以先从观察岩石的构造开始。根据构造,首先将变质岩区分为片理构造和块状构造的两类。然后可进一步根据片理特征和主要矿物成分,分析所属的亚类,确定岩石的名称。

例如,有一块具有片理构造的岩石,其片理特征既不同于板岩的板状构造,也不同于云母片岩的片状构造,而是一种粒状的浅色矿物与片状的深色矿物,断续相间成条带状分布的片麻构造。因此可以判断,这块岩石属于片麻岩。是什么片麻岩呢?经分析,浅色的粒状矿物主要是石英和正长石,片状的深色矿物是黑云母,此外还含有少许的角闪石和石榴子石,可以肯定,这块岩石是花岗片麻岩。

块状构造的变质岩,其中常见的主要是大理岩和石英岩。两者都是其变晶结构的单矿岩,岩石的颜色一般都比较浅。但大理岩主要由方解石组成,硬度低,遇盐酸起泡;而石英岩几乎全部由石英颗粒组成,硬度很高。

归纳起来,三大类岩石的主要区别参见表1-7。

表1-7 岩浆岩、沉积岩和变质岩的地质特征表*

地质特征 \ 岩类	岩浆岩	沉积岩	变质岩
主要矿物成分	全部为从岩浆中析出的原生矿物,成分复杂,但较稳定。浅色的矿物有石英、长石、白云母等;深色的矿物有黑云母、角闪石、辉石、橄榄石等。	次生矿物占主要地位,成分单一,一般多不固定。常见的有石英、长石、白云母、方解石、白云石、高岭石等。	除具有变质前原来岩石的矿物,如石英、长石、云母、角闪石、辉石、方解石、白云石、高岭石等外,尚有经变质作用产生的矿物,如石榴子石、滑石、绿泥石、蛇纹石等。
结构	以结晶粒状、斑状结构为特征。	以碎屑、泥质及生物碎屑结构为特征。部分为成分单一的结晶结构,但肉眼不易分辨。	以变晶结构等为特征。
构造	呈块状、流纹状、气孔状、杏仁状构造。	呈层理构造。	多呈片理构造。
成因	直接由高温熔融的岩浆经岩浆作用而形成。	主要由先成岩石的风化产物,经压密、胶结、重结晶等成岩作用而形成。	由先成的岩浆岩、沉积岩和变质岩,经变质作用而形成。

* 据钱让清,2003。

第四节 岩石的工程地质性质

岩石的成因不同,其工程地质性质也不同。本节主要介绍岩石的工程地质性质的常用指标和影响岩石工程地质性质的主要因素。

一、岩石工程地质性质的常用指标

岩石的工程地质性质主要指岩石的物理性质、水理性质和力学性质,它们分别用不同的指标来衡量。

(一)岩石的物理性质

1. 岩石的密度(ρ)

岩石单位体积的质量为岩石的密度,即

$$\rho = \frac{W}{V} \tag{1-1}$$

式中:ρ——岩石的密度(g/cm^3);
W——岩石的总质量(g);
V——岩石总体积(cm^3)。

2. 岩石的相对密度(G_s)(比重)

岩石固体部分的质量与同体积4℃水的质量的比值称岩石的相对密度,即

$$G_s = \frac{W_s}{V_s \cdot \rho_\omega} \tag{1-2}$$

式中:G_s——相对密度(比重);
W_s——岩石固体部分质量(g);
V_s——岩石固体部分体积(不含孔隙)(cm^3);
ρ_ω——水(4℃)的密度(g/cm^3)。

常见岩石的相对密度一般介于2.5~3.3之间。

3. 岩石的孔隙率(n)

岩石中孔隙和裂隙的体积与岩石总体积的比值称为岩石的孔隙率,常用百分数表示,即

$$n = \frac{V_v}{V} \times 100\% \tag{1-3}$$

式中:n——岩石的孔隙率(%);
V_v——岩石中孔隙和裂隙的体积(cm^3);
V——岩石总体积(cm^3)。

坚硬岩石的孔隙率一般小于2~3%,而砾岩和砂岩等多孔岩石的孔隙率较大。

4. 岩石的吸水性

(1)岩石的吸水率(W_1)。岩石在常压条件下所吸水分质量与绝对干燥的岩石质量的比值,用百分数表示,即

$$W_1 = \frac{W_\omega 1}{W_s} \times 100\% \tag{1-4}$$

式中:W_1——岩石吸水率(%);

$W_\omega 1$——吸水质量(g);

W_S——绝对干燥的岩石质量(g)。

岩石的吸水率与岩石的孔隙大小和张开程度等因素有关,它反映了岩石在常压条件下的能力。岩石的吸水率大,则水对岩石的浸蚀和软化作用就强。

(2) 岩石的饱水率(W_2)。在高压(15 MPa)或真空条件下岩石所吸水分质量与干燥岩石质比值称岩石的饱水率,用百分数表示,即

$$W_2 = \frac{W_\omega 2}{W_S} \times 100\% \qquad (1\text{-}5)$$

式中:W_2——岩石吸水率(%);

$W_\omega 2$——吸水质量(g);

W_S——干燥岩石质量(g)。

(3) 岩石的饱水系数(K_ω)。岩石的吸水率与饱水率的比值,称为岩石的饱水系数,即

$$K_\omega = \frac{W_1}{W_2} \qquad (1\text{-}6)$$

式中:K_ω——岩石的饱水系数;

W_1——岩石的吸水率(%);

W_2——岩石的饱水率(%)。

岩石的饱水系数越大,岩石的抗冻性越差。

(二)岩石的水理性质

岩石的水理性质主要指岩石的软化性、透水性、溶解性和抗冻性等,是岩石与水作用时的性质。

1. 岩石的软化性

岩石在水的作用下,强度及稳定性降低的一种性质,称为岩石的软化性。岩石软化性的指标是软化系数,它等于岩石在饱水状态下的抗压强度与岩石在干燥状态下的抗压强度的比值,即

$$K_d = \frac{f_r \text{饱水}}{f_r \text{干燥}} \qquad (1\text{-}7)$$

式中:K_d——岩石软化系数;

f_r 饱水——岩石在饱水状态下的抗压强度(kPa);

f_r 干燥——岩石在干燥状态下的抗压强度(kPa)。

软化系数越小,表示岩石在水的作用下的强度和稳定性越差。软化系数小于 0.75 的岩石,工程地质性质较差,是强软化的岩石。未受风化作用的岩浆岩和某些变质岩,软化系数大都接近于 1,是弱软化的岩石,其抗风化和抗冻性强。

岩石的软化性主要取决于岩石的矿物成分、结构和构造特征。黏土矿物含量高,孔隙率大和吸水率高的岩石,与水作用时易软化而降低其强度和稳定性。

2. 岩石的透水性

岩石允许水通过的能力称岩石的透水性。一般用渗透系数(K)来表示。其大小主要取决于岩石中孔隙、裂隙的大小及连通的情况。

3. 岩石的溶解性

岩石溶解于水的性质称为岩石的溶解性,常用溶解度来表示。岩石的溶解性不但与岩石

的化学成分有关,而且与水的性质也有很大的关系。

4. 岩石的抗冻性

当岩石孔隙中的水结冰时,其体积膨胀会产生巨大的压力而使岩石的强度和稳定性破坏。岩石抵抗这种冰冻作用的能力称为岩石的抗冻性。它是冰冻地区评价岩石工程地质性质的一个主要指标,一般用岩石在抗冻试验前后抗压强度的降低率来表示。抗压强度降低率小于20～25%的岩石,一般认为是抗冻的。

(三)岩石的力学性质

1. 岩石的强度指标

岩石的强度指标主要有抗压强度、抗拉强度和抗剪强度。岩石的破坏主要有压碎、拉断而剪断等形式。

(1) 抗压强度(f_r)。岩石在单向压力作用下,抵抗压碎破坏的能力,为岩石抗压强度,即

$$f_r = \frac{P_F}{A} \tag{1-8}$$

式中:f_r——岩石抗压强度(kPa);

P_F——岩石受压破坏时总压力(kN);

A——岩石受压面积(m^2)。

岩石的抗压强度主要取决于岩石的结构和构造,以及矿物成分。

(2) 抗拉强度(δ_t)。岩石单向拉伸时,抵抗拉断破坏的能力称岩石的抗拉强度,即

$$\delta_t = \frac{P_t}{A} \tag{1-9}$$

式中:δ_t——岩石抗拉强度(kPa);

P_t——岩石受拉破坏时总拉力(kN);

A——岩石受拉面积(m^2)。

(3) 抗剪强度(τ)。岩石抵抗剪切破坏的能力称岩石的抗剪强度。它又可分抗剪断强度、抗剪强度和抗切强度。

抗剪断强度是指在垂直压力作用下的岩石剪断强度,即

$$\tau = \delta \tan\varphi + c \tag{1-10}$$

式中:τ——岩石抗剪断强度(kPa);

δ——破裂面上的法向应力(kPa);

$\tan\varphi$——岩石的摩擦系数;

c—岩石的黏聚力(kPa);

φ—岩石的内摩擦角。

坚硬岩石因结晶联结或胶结联结牢固,因此其抗剪断强度较高。

抗剪强度是沿已有的破裂面发生剪切滑动时的指标,即

$$\tau = \delta \tan\varphi \tag{1-11}$$

抗剪强度大大低于抗剪断强度。

抗切强度是指压应力等于零时的抗剪断强度,即

$$\tau = c \tag{1-12}$$

岩石的抗压强度最高,抗剪强度居中,抗拉强度最小。岩石越坚硬,其值相差越大。岩石

的抗剪强度和抗压强度是评价岩石稳定性的重要指标。

2. 岩石的变形指标

岩石的变形指标主要有弹性模量、变形模量和泊松比。

(1) 弹性模量(E)。应力与弹性应变的比值称岩石的弹性模量,即

$$E = \frac{\delta}{\varepsilon_e} \tag{1-13}$$

式中:E——弹性模量(MPa);

δ——正应力(MPa);

ε_e——弹性正应变。

(2) 变形模量(E_0)。应力与总应变的比值,称岩石的变形模量,即

$$E_0 = \frac{\delta}{\varepsilon_e + \varepsilon_p} = \frac{\delta}{\varepsilon} \tag{1-14}$$

式中:E_0——变形模量(MPa);

ε_e——弹性正应变;

ε_p——塑性正应变;

δ——正应力(MPa)。

(3) 泊松比(μ)。岩石在轴向压力作用下的横向应变和纵向应变的比值,称为泊松比,即

$$\mu = \frac{\varepsilon_x}{\varepsilon_y} \tag{1-15}$$

式中:μ——泊松比;

ε_x——横向应变;

ε_y——纵向应变。

(四)常见岩石的工程地质性质指标参考数据

1. 常见岩石的物理性质和水理性指标,见表1-8。

表1-8 常见岩石的物理性质和水理性质指标

岩石名称	相对密度	天然密度 (g/cm³)	孔隙率 (%)	吸水率 (%)	软化系数
花岗岩	2.50~2.84	2.30~2.80	0.04~2.80	0.10~0.70	0.75~0.97
闪长岩	2.60~3.10	2.52~2.93	0.18~5.00	0.30~5.00	0.60~0.84
辉长岩	2.70~3.20	2.55~2.98	0.29~4.00	0.50~4.00	0.44~0.90
辉绿岩	2.60~3.10	2.53~2.97	0.229~5.00	0.80~5.00	0.44~0.90
玄武岩	2.60~3.30	2.54~3.10	0.30~7.20	0.30~2.80	0.71~0.92
砂岩	2.50~2.75	2.20~2.70	1.60~28.30	0.20~9.00	0.44~0.97
页岩	2.57~2.77	2.30~2.62	0.40~10.00	0.51~3.20	0.24~0.55
泥灰岩	2.70~2.80	2.45~2.65	1.00~10.00	0.50~3.00	0.44~0.54
石灰岩	2.48~2.76	2.30~2.70	0.53~27.00	0.10~4.45	0.58~0.94
片麻岩	2.63~3.10	2.60~3.00	0.30~2.40	0.10~0.20	0.91~0.97
片岩	2.75~3.02	2.69~2.92	0.02~1.85		0.49~0.80
板岩	2.84~2.86	2.70~2.78	0.10~0.45	0.10~0.30	0.52~0.82
大理岩	2.70~2.87	2.63~2.75	0.10~6.00	0.10~0.80	
石英岩	2.63~2.84	2.00~2.80	0.10~8.70	0.10~1.45	0.94~0.96

2. 常见岩石的抗压、抗剪及抗拉强度,见表1-9。

表 1-9　常见岩石的抗压、抗剪及抗拉强度(MPa)表

岩石名称	抗压强度	抗剪强度		抗拉强度
		c(MPa)	φ(°)	
花岗岩	100~250	14~50	45~60	7~25
闪长岩	150~300	15~50	45~55	15~30
辉长岩	150~300	15~50	45~55	15~30
玄武岩	150~300	20~60	45~55	10~30
砂岩	20~250	8~40	35~50	4~25
页岩	5~100	2~30	20~35	2~10
石灰岩	30~250	3~40	35~50	5~25
白云岩	30~250	4~45	35~50	15~25
片麻岩	50~200	8~40	35~55	5~20
板岩	60~200	2~20	35~50	7~20
大理岩	100~250	10~30	35~50	7~20
石英岩	150~300	20~60	50~60	10~30

二、影响岩石工程地质性质的因素

从以上介绍中可以看出，影响岩石工程地质性质的因素是多方面的，但归纳起来，主要有两个方面：一是岩石的地质特征，如岩石的矿物成分、结构、构造及成因等；另一个是岩石形成后所受外部因素的影响，如水的作用及风化作用等。现就上述因素对岩石工程地质性质的影响，作一些说明。

(一)矿物成分

岩石是由矿物组成的，岩石的矿物成分对岩石的物理力学性质产生直接影响，这是容易理解的。例如辉长岩的相对密度比花岗岩大，这是因为辉长岩的主要矿物成分辉石和角闪石的相对密度比石英和正长石大的缘故；又如石英岩的抗压强度比大理岩要高得多，这是因为石英的强度比方解石高的缘故。两例说明，尽管岩类相同，结构和构造也相同，如果矿物成分不同，岩石的物理力学性质会有明显的差别。但也不能简单地认为，含有高强度矿物的岩石，其强度一定就高。因为岩石受力作用后。内部应力是通过矿物颗粒的直接接触来传递的，如果强度较高的矿物在岩石中互不接触，则应力的传递必然会受中间低强度矿物的影响，岩石不一定就能显示出高的强度。

从工程要求来看，大多数岩石的强度相对来说都是比较高的。所以，在对岩石的工程地质性质进行分析和评价时，更应该注意那些可能降低岩石强度的因素，如花岗岩中的黑云母含量是否过高，石灰岩、砂岩中黏土类矿物的含量是否过高等。黑云母是硅酸盐类矿物中硬度低、解理最发育的矿物之一，它容易遭受风化面剥落，也易于发生次生变化，最后成为强度较低的铁的氧化物和黏土类矿物。石灰岩和砂岩，当黏土类矿物的含量＞20％时，就会直接降低岩石的强度和稳定性。

(二)结构

岩石的结构特征，是影响岩石物理力学性质的一个重要因素。根据岩石的结构特征，可将岩石分为两类：一类是结晶联结的岩石，如大部分的岩浆岩、变质岩和一部分沉积岩；另一类是由胶结物联结的岩石，如沉积岩中的碎屑岩等。

结晶联结是由岩浆或溶液结晶或重结晶形成的。矿物的结晶颗粒靠直接接触产生的力牢固地联结在一起，结合力强，孔隙度小，比胶结联结的岩石具有较高的强度和稳定性。结晶联

接的岩石,结晶颗粒的大小对岩石的强度有明显影响。如粗粒花岗岩的抗压强度,一般在 120~140 MPa 之间,而细粒花岗岩有的则可达 200~250 MPa。又如大理岩的抗压强度一般在 100~120 MPa 之间,而最坚固的石灰岩则可达 250 MPa。这说明,矿物成分和结构类型相同的岩石,其矿物结晶颗粒的大小对强度的影响是显著的。

胶结联结是矿物碎屑由胶结物联结在一起的。胶结联结的岩石,其强度和稳定性主要决定于胶结物的成分和胶结的形式,同时也受碎屑成分的影响,变化很大。就胶结物的成分来说,硅质胶结的强度和稳定性高,泥质胶结的强度和稳定性低,铁质和钙质胶结的介于两者之间。如泥质胶结的砂岩,其抗压强度一般只有 60~80 MPa,钙质胶结的可达 120 MPa,而硅质胶结的则可高达 170 MPa。

(a)基底胶结　　(b)孔隙胶结　　(c)接触胶结

图 1-8　胶结联结的三种形式

胶结联结的形式,有基底胶结、孔隙胶结和接触胶结三种(见图 1-8)。肉眼不易分辨,但对岩石的强度有重要的影响。基底胶结的碎屑物质散布于胶结物中,碎屑颗粒互不接触。所以基底胶结的岩石孔隙度小,强度和稳定性完全取决于胶结物的成分。当胶结物和碎屑的成分相同时(如硅质),经重结晶作用可以转化为结晶联结,强度和稳定性将会随之提高。孔隙胶结的碎屑颗粒互相间直接接触,胶结物充填于碎屑间的孔隙中,所以其强度与碎屑和胶结物的成分都有关系。接触胶结则仅在碎屑的相互接触处有胶结物联结,所以接触胶结的岩石,一般都是孔隙度大、容重小、吸水率高、强度低、易透水。

(三)构造

构造对岩石物理力学性质的影响,主要是由矿物成分在岩石中分布的不均匀性,和岩石结构的不连续性决定的。前者是指某些岩石所具有的片状构造、板状构造、千枚状构造、片麻构造以及流纹构造等。岩石的这些构造,往往使矿物成分在岩石中的分布极不均匀。一些强度低、易风化矿物,多沿一定方向富集,或成条带状分布,或成局部的聚集体,从而使岩石的物理力学性质在局部发生很大变化。观察和实验证明,岩石受力破坏和岩石遭受风化,首先都是从岩石的这些缺陷中开始发生的。后者是指不同的矿物成分虽然在岩石中的分布是均匀的,但由于存在着层理、裂隙和各种成因的孔隙,致使岩石结构的连续性与整体性受到一定程度的影响,从而使岩石的强度和透水性在不同的方向上发生明显的差异。一般来说,垂直层面的抗压强度大于平行层面的抗压强度,平行层面的透水性大于垂直层面的透水性;假如上述两种情况同时存在,则岩石的强度和稳定性将会明显降低。

(四)水

岩石饱水后强度降低,已为大量的实验资料所证实。当岩石受到水的作用时,水就沿着岩石中可见和不可见的孔隙、裂隙侵入,浸湿岩石自由表面上的矿物颗粒,并继续沿着矿物颗粒间的接触面向深部侵入,削弱矿物颗粒间的联结,使岩石的强度受到影响:如石灰和砂岩被水饱和后,其极限抗压强度会降低 25~40% 左右。就是像花岗岩、闪长岩及石英岩和砂岩等一类强度高的岩石,被水饱和后,其强度也均有一定程度的降低;降低程度在很大程度上取决于岩石的孔隙度。当其他条件相同时,孔隙度大的岩石,被水饱和后其强度降低的幅度也大。

与上述几种影响因素比较起来,水对岩石强度的影响,在一程度上是可逆的,当岩石干燥后其强度仍然可以得到恢复。但是,如果伴随干湿变化,出现化学溶解,结晶膨胀等作用,使岩石的结构状态发生改变,则岩石强度的降低,就转化成为不可逆的过程了。

(五)风化

风化是在温度、水、气体及生物等综合因素影响下,改变岩石状态、性质的物理和化学过程。它是自然界最普遍的一种地质现象。

风化作用促使岩石的原有裂隙进一步扩大,并产生新的风化裂隙,使岩石矿物颗粒间的联结松散和使矿物颗粒沿解理面崩解。风化作用的这种物理过程,能促使岩石的结构、构造和整体性遭到破坏,孔隙度增大,容重减小,吸水性和透水性显著增高,强度和稳定性大为降低。随着化学过程的加强,则会引起岩石中的某些矿物发生次生变化,从根本上改变岩石原有的工程地质性质。这些情况将在后面有关章节作深入的讨论。

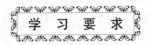

学 习 要 求

通过本章的学习,要求掌握矿物、造岩矿物的概念及矿物的主要性质;掌握岩浆岩、沉积岩、变质岩的矿物成分、结构和构造的特征;了解三大类岩石的分类及常见岩石的地质特征;正确认识影响岩石工程地质性质的因素;结合矿物和岩石的实验,掌握肉眼鉴定矿物及三大类岩石的方法,能对矿物及岩石的地质性质及特征进行正确描述。

习题与思考题

1. 试说明地球的圈层构造。
2. 矿物的主要性质有哪些?在标本上如何认识?
3. 岩浆岩常见的矿物成分、结构、构造有哪些?
4. 按 SiO_2 的含量不同,岩浆岩可划分为哪四种类型?
5. 组成沉积岩的主要矿物成分有哪几种?沉积岩的结构、构造特征是什么?
6. 说明沉积岩的分类方法和常见沉积岩代表性岩石?
7. 什么是变质作用?变质作用有哪些类型?
8. 变质岩的主要矿物组成、结构、构造特征是什么?
9. 岩石的工程地质性质表现在哪三个方面?各自用哪些主要指标表示?
10. 试说明影响岩石工程地质性质的主要因素。
11. 简述沉积岩的形成过程。
12. 研究岩石的软化性有什么实际意义?
13. 试述根据公路的特点寻找公路建设所需的沥青路面材料。
14. 为什么基性岩和超基性岩最容易风化?
15. 岩石的破坏有几种形式?
16. 什么是岩石的各向异性?

第二章 地质构造与公路工程

在地球历史发展演变过程中,地壳不断运动、发展和变化。例如,约 2 500 万年以前,喜马拉雅山地区曾是一片汪洋大海,后来由于地壳上升才隆起成今日的"世界屋脊"。这种主要由地球内动力地质作用引起地壳变化,使岩层或岩体发生变形和变位的运动称地壳运动。地壳运动的结果形成了各种不同的构造型迹称地质构造,如褶皱、断裂等。因此,地壳运动也常称为构造运动。地壳运动控制着海、陆变迁及其分布轮廓,地壳的隆起和坳陷,以及山脉、海沟的形成等。地壳运动至今仍在发展运动中。

地壳运动按其运动方向分为水平运动和垂直运动两种形式。水平运动是指地壳沿地表切线方向产生的运动,主要表现为岩层受水平挤压或引张,它使岩层产生褶皱和断裂,甚至形成巨大的褶皱山系或裂谷系。垂直运动是指地壳沿垂直地面方向进行的升降运动,表现为地壳大面积的上升和下降,形成大规模的隆起和坳陷。地壳运动的速率一般以缓慢渐变的方式进行,不易为人们所察觉,其速度一般以毫米每年计,因此必需进行长期的观测才能发现。但有时也表现十分强烈,在短期内发生快速突变的运动,如火山爆发、地震活动等。

地质构造是地壳运动的产物。其规模有大有小,大的如构造带,可以纵横数千公里,小的如岩石的片理等,它们都是地壳运动在岩层和岩体中所造成的永久变形。

第一节 地壳运动的概念

地球作为一个天体,自形成以来就一直不停地运动着。地壳作为地球最外层薄壳(主要指岩石圈),自形成以来也一直不停地运动着。地壳运动又称构造运动,指主要由地球内力引起岩石圈产生机械运动。它是使地壳岩层产生褶皱、断裂等各种地质构造,引起海、陆分布变化地壳隆起和坳陷,以及形成山脉、海沟、产生火山、地震等的基本原因。按时间顺序,一般认为,晚第三纪以前的构造运动称古构造运动,晚第三纪以后的构造运动称新构造运动,人类历史时期发生的构造运动称现代构造运动。

一、地壳运动的基本形式

地壳运动的基本形式有两种,即水平运动和垂直运动。

(1)水平运动。指地壳沿地表切线方向产生的运动。主要表现为岩石圈的水平挤压或拉伸,引起岩石的褶皱和断裂,可以形成巨大的褶皱山系、裂谷和大陆漂移等。如印度洋板块挤压欧亚板块并插入欧亚板块之下,使五千万年前还是一片汪洋的喜马拉雅山地区逐渐抬升成现在的"世界屋脊"。

(2)垂直运动。指地壳沿地表法线方向产生的运动。主要表现为岩石圈的垂直上升或下降,引起地壳大面积的隆起和坳陷,形成海侵和海退等。如台湾高雄附近的珊瑚灰岩,更新世以来已被抬升到海面上350米高处,现在的江汉平原,从晚第三纪以来,下降了10 000多米,形成巨厚的沉积层。水平运动和垂直运动是紧密联系的,在时间和空间上往往交替发生。一般情况下,地壳运动是十分缓慢的,人们甚至难以察觉。如喜马拉雅山脉从海底上升到海平面上8 000多米的高山,每年平均才上升2.4厘米,但其长期的积累却是惊人的。有时,地壳运动可以十分剧烈的方式表现出来,如地震、火山喷发等。例如1976年7月28日,闻名中外的唐山7.8级大地震,造成极震区70~80%的建筑物倒塌或严重破坏,死亡24万多人;2004年12月26日,印度洋发生8.9级大地震引发海啸,造成遇难者29万多人。

二、地壳运动成因的主要理论

地壳运动的成因理论,主要是解释地壳运动的力学机制。主要有对流说、均衡说、地球自转说和板块运动说等。

(1) 对流说。认为地幔物质已成塑性状态,并且上部温度低,下部温度高,在温差的作用下形成缓慢对流,从而导致上覆地壳运动。

(2) 均衡说。认为地幔内存在一个重力均衡面,均衡面以上的物质重力均等,但因密度不同而表现为厚薄不一。当地表出现剥蚀或沉积时,使重力发生变化,为维持均衡面上重力均等,均衡面上的地幔物质将产生移动,以弥补地表的重力损失,从而导致上覆地壳运动。

(3) 地球自转说。认为地球自转速度产生的快慢变化,导致了地壳运动。当地球自转速度加快时,一方面惯性离心力增加,导致地壳物质向赤道方向运行;另一方面切向加速度增加,导致地壳物质由西向东运动。当基底黏着力不同时,引起地壳各部位运动速度不同,从而产生挤压、拉张、抬升、下降等变形、变位。当地球自转速度减慢时,惯性离心力和切向加速度均减小,地壳又产生相反方向的恢复运动,同样因基底黏着力不同,引起地壳变形、变位。故在地壳形成一系列纬向和经向的山系、裂谷、隆起和坳陷。

(4) 板块构造说。在大陆漂移说和海底扩张说的基础上提出的。认为地球在形成过程中,表层冷凝成地壳,以后地球内部热量在局部聚集成高热点,并将地壳胀裂成六大板块(见图2-1)。各大板块之间由大洋中脊和海沟分开,地球内部高热点热能通过大洋中脊的裂谷得以释放。热流上升到大洋中脊的裂谷时,一部分热流遇海水冷却,在裂谷处形成新的洋壳,另一部分热流则沿洋壳底部向

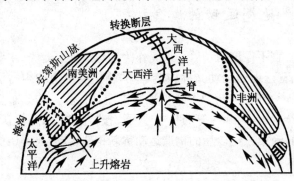

图 2-1 地幔对流拉动岩石圈板块移动(海底扩张)
(据 J·Wyjue,1975)

两侧流动,从而带动板块漂移。故在大洋中脊不断组成新的洋壳,而在海沟处地壳相互挤压、碰撞,有的抬升成高大的山系,有的插入到地幔内熔解。在挤压碰撞带,因板块间的强烈摩擦,形成局部高温和积累了大量的应变能,常构成火山带和地震带。各大板块中还可划分出若干次级板块,各板块在漂移中因基底黏着力不同,使运动速度不一,同样可引起地壳变形、变位。

第二节 地质年代

研究地壳的发展和变化历史的科学称为地史学,它阐明地壳发展变化的历史过程和生物演化的情况,确定岩层形成的先后顺序和生成环境以及构造变动等。因此,为了认识各种地质构造和地层的接触关系,阅读和分析地质资料和图件等,都必须具备地史学的基本知识,对地质年代应有一个基本的了解。

一、地层的地质年代

地层的地质年代有绝对地质年代和相对地质年代之分。绝对地质年代是指地层形成到现在的实际年数,用距今多少年来表示。目前,主要是根据岩石中所含放射性元素的蜕变来确定;相对地质年代是指地层形成的先后顺序和地层的相对新老关系,是由该岩石地层单位与相邻已知岩石地层单位的相对层位的关系来决定的。绝对地质年代,能说明岩层形成的确切时间,但不能反映岩层形成的地质过程。相对地质年代,不包含用"年"表示的时间概念,但能说明岩层形成的先后顺序及其相对的新老关系。在地质工作中,用得较多的是相对地质年代。

二、地层相对地质年代的确定

(一)地层层序法

当沉积岩形成后,如未经剧烈的变动,则位于下面的地层较老,而上面的地层较新。简言之,原始产出的地层具有下老上新的规律。地层层序法是确定地层相对年代的基本方法。若岩层经剧烈的构造运动,地层层序倒转,就须利用沉积岩的泥裂、波痕、雨痕、交错层等构造特征,来恢复原始地层的层序,以便确定其新老关系。

(二)古生物层序法

地质历史上的生物称为古生物。其遗体和遗迹可保存在沉积岩层中,一般被钙质、硅质充填或交代,形成化石。生物的演变从简单到复杂,从低级到高级不可逆地不断发展。因此,年代越老的地层中所含的生物越原始、简单、低级,反之年代越新的地层中所含的生物越进步、复杂、高级。即埋藏在地层中的生物化石结构越简单,地层时代越老,化石结构越复杂,地层时代越新。故可依据岩石中的化石种属来确定地层的新老关系。

(三)岩性对比法

在同一时期、同一地质环境下形成的岩石,具有相同的颜色、成分、结构、构造等岩性特征和层序规律。因此,可根据岩性特征对比来确定某一地区岩石地层的时代。

(四)地层接触关系法

地层间的接触关系,是构造运动、岩浆活动和地质发展历史的记录。沉积岩、岩浆岩及其相互间均有不同的接触类型,据此可判别地层间的新老关系。岩层的接触关系有沉积岩之间的整合接触、平行不整合接触、角度不整合接触,岩浆岩与沉积岩之间的沉积接触和侵入接触,以及岩浆岩间的穿插接触关系。

1. 整合接触

整合接触是指相邻的新、老两套地层产状一致,它们的岩石性质与生物演化连续而渐变,沉积作用没有间断。整合接触的形成背景是沉积地区较长时期处于构造稳定的条件下,即沉积地区缓慢下降,或虽上升但未超过沉积的基准面以上。

2. 不整合接触

由于地壳运动,上下两套地层之间往往出现明显的沉积间断,且岩石性质与古生物演化顺序也不连续,这种接触关系称为不整合接触。不整合接触面以下的地层先沉积形成,年代较老;不整合接触面以上的地层后沉积形成,年代较新。由于发生了阶段性的变化,接触面上下的地层,在岩性和古生物等方面往往都有显著不同,因此,不整合接触是划分地层相对地质年代的一个重要依据。沉积岩间的不整合接触可分为平行不整合接触和角度不整合接触。

(1) 平行不整合接触。又叫假整合接触,指相邻的新、老地层产状基本相同,但两套地层之间发生了较长期的沉积间断,其间缺失了部分时代的地层。两套地层之间的界面叫做剥蚀面,也叫不整合面,它与相邻的上、下地层产状一致,并有一定程度的起伏。界面上可能保存有风化剥蚀的痕迹,有时在界面靠近上覆岩层底面一侧还有源于下伏岩层的底砾岩。平行不整合主要由地壳的升降运动造成,即由于地壳均衡上升,老岩层露出水面,遭受剥蚀,发生沉积间断。随后地壳均衡下降,在剥蚀面上重新接受沉积,形成上覆新地层。

(2) 角度不整合接触。相邻的新、老地层之间缺失了部分地层,且彼此之间的产状也不相同,成角度相交。剥蚀面上具有明显的风化剥蚀痕迹,保存着古风化壳、古土壤层,常具有底砾层。角度不整合接触表示较老的地层形成以后,因强烈的构造运动形成褶皱、断裂和隆起,遭受剥蚀,造成沉积间断。然后,地壳再下降,在剥蚀面上接受沉积,形成新地层。

3. 侵入接触

这是由岩浆侵入于先形成的岩层中形成的接触关系。侵入接触的主要标志是侵入体与其围岩之间的接触带有接触变质现象,侵入体边缘常有捕虏体,侵入体与围岩的界线常常不很规则等。侵入接触说明岩浆岩侵入体形成的年代晚于围岩的地质年代。

4. 沉积接触

地层覆盖于侵入体之上,其间有剥蚀面相分隔,剥蚀面上堆积有由该侵入体被风化剥蚀形成的碎屑物质。沉积接触的形成过程是当侵入体形成,地壳上升并遭受剥蚀,侵入体上部的围岩及侵入体的一部分被蚀去,形成剥蚀面,然后地壳下降,在剥蚀面上接受沉积,形成新的地层。沉积接触说明岩浆岩侵入体形成的年代早于剥蚀面以上的地层的地质年代。

5. 穿插接触

主要表现为后期生成的岩浆岩常插入早期生成的岩浆岩中,将早期岩脉或岩体切隔开。穿插接触表明穿插的岩浆岩侵入体总是比被它们所穿过的岩浆岩侵入体还要年轻。

三、地质年代单位和年代地层单位

在地壳发展的漫长历史过程中,地质环境和生物种类都经历了多次变迁。根据地层形成顺序、岩性变化特征、生物演化阶段、构造运动性质及古地理环境等环境综合因素,把地质历史分为隐生宙和显生宙两个大阶段;宙以下分为代,隐生宙分为太古代、元古代。显生宙分为古生代、中生代和新生代;代以下分纪,纪以下分世,依此类推。小的地质年代为期。以上宙、代、纪、世等均为国际上统一规定的相对地质年代单位。

在地质历史上每个地质年代都有相应的地层形成,称之为年代地层单位或时间地层单位。与宙、代、纪、世、期一一对应的年代地层单位分别是宇、界、系、统、阶。

此外,有些地区,常因化石依据不足,或研究程度不够,某些地层地质年代不确定,不能定出正式地层单位的,只能按地层层序及岩性特征并结合构造运动特点划分区域性地层单位,称为岩石地层单位。按照级别由大到小,分为群、组、段,一般限于区域性或地方性地层。群是最大的单位,群与群之间常有明显的不整合面。组是最常见的基本单位,其岩性均一或是两种以上岩性的规律组合。段是最小单位,同一段内岩石往往具有相同的特性。

表 2-1 地质年代表

代	纪	世	距今年代(百万年)	主要地壳运动	主要现象
新生代 K_z	第四纪 Q	全新世 Q_4 晚更新世 Q_3 中更新世 Q_2 早更新世 Q_1	—2~3	—喜马拉雅运动	冰川广布,黄土形成,地壳发育成现代形势,人类出现、发展。
	第三纪 R 晚第三纪 N	上新世 N_2 中新世 N_1	—25		地壳初具现代轮廓,哺乳类动物、鸟类急速发展,并开始分化。
	第三纪 R 早第三世 E	渐新世 E_3 始新世 E_2 古新世 E_1	—70	—燕山运动	
中生代 M_z	白垩纪 K	晚白垩世 K_2 早白垩世 K_1	—135		地壳运动强烈,岩浆活动。
	侏罗纪 J	晚侏罗世 J_3 中侏罗世 J_2 早侏罗世 J_1	—180		除西藏等地区外,中国广大地区已上升为陆。恐龙极盛,出现鸟类。
	三叠纪 T	晚三叠世 T_3 中三叠世 T_2 早三叠世 T_1	—225	—印支运动 —海西运动	华北为陆,华南为浅海。恐龙、爬行类动物发育。
古生代 P_z	上古生代 P_{z2} 二叠纪 P	晚二叠世 P_2 早二叠世 P_1	—270		华北为陆,华南为浅海。冰川广布,地壳运动强烈,间有火山爆发。
	石炭纪 C	晚石炭世 C_3 中石炭世 C_2 早石炭世 C_1	—350		华北时陆时海,华南浅海,陆生植物繁盛,珊瑚、腕足类、两栖类动物繁盛。
	泥盆纪 D	晚泥盆世 D_3 中泥盆世 D_2 早泥盆世 D_1	—400	—加里东运动	华北时陆,华南浅海,火山活动,陆生植物发育,两栖类动物发育,鱼类极盛。
	下古生代 P_{z1} 志留纪 S	晚志留世 S_3 中志留世 S_2 早志留世 S_1	—440		华北时陆,华南浅海,局部地区火山爆发,珊瑚、笔石发育。
	奥陶纪 O	晚奥陶世 O_3 中奥陶世 O_2 早奥陶世 O_1	—500		海水广布,三叶虫、腕足类、笔石极盛。
	寒武纪 $\in$	晚寒武世 $\in_3$ 中寒武世 $\in_2$ 早寒武世 $\in_1$	—600	—蓟县运动	浅海广布,生物开始大量发展,三叶虫极盛。
元古代 P_t	晚震旦元古亚代 $P_{t2}Z$	震旦纪 Z_z 青白口纪 Z_q 蓟县纪 Z_j 长城纪 Z_e	—700 —1000 —1400±50 —1700±	—吕梁运动	浅海与陆地相间出露,有沉积岩形成,藻类繁盛。
	早古元代 P_{t1}		—2050 —2400~2500	—五台运动	海水广布,构造运动及岩浆活动强烈,开始出现原始生命现象。
太古代 A_r			—3650		
	地球初期发展阶段		—6000	—鞍山运动	

四、地质年代表

根据全世界各地的地层划分对比，结合我国实际情况所确定的地质年代表，如表 2-1 所示。表中列入相对地质年代从老到新的划分次序，各个地质年代单位的名称、代号和绝对年龄值以及世界和我国主要的构造运动的时间段落和名称等。表中构造运动的名称源于最早发现并经过详细研究的典型地区的地名。

确定和了解地层的时代，在工程地质工作中是很重要的，同一时代形成的岩层常有共同的工程地质特性。如在四川盆地广泛分布的侏罗系和白垩系地层，因含有多层易遇水泥化的黏土岩，致使凡有这个时代地层分布的地区滑坡现象都很常见。而不同时代形成的相同名称的岩层，往往岩性也有区别，如我国西北地区中更新世（Q_2）末以后形成的黄土（Q_3，Q_4），土质疏松，有大孔隙，承载力低，并具遇水湿陷的性质，而中更新世末以前形成的黄土，通称老黄土（Q_1，Q_2），则较紧密，没有或只有少量大孔隙，承载力较高，且往往不具湿陷性。此外，在分析地质构造时，必须首先查明地层的时代关系，才能进行。

第三节 地质构造

在前面已经提到，地质构造是地壳运动的产物。由于地壳中存在有很大的应力，组成地壳的上部岩层，在地应力的长期作用下就会发生变形、变位，形成构造变动的形迹，如在野外经常见到的岩层褶曲和断层等。我们把构造变动在岩层和岩体中遗留下来的各种永久性的变形、变位，称为地质构造。

地质构造的规模，有大有小。除上面所说的褶曲和断层外，大的如构造带，可以纵横数千公里，小的则如前面讲过的岩石的片理等。尽管规模大小不同，但它们都是地壳运动造成的永久变形和岩石发生相对位移的踪迹，因而它们在形成、发展和空间分布上，都存在有密切的内部联系。在漫长的地质历史过程中，地壳经历了长期复杂的构造运动。在同一区域，往往会有不同规模和不同类型的构造体系形成，它们互相干扰、互相穿插，使区域地质构造会显得十分复杂。但大型的、复杂的地质构造，总是由一些较小的、简单的基本构造型态按一定方式组合成的。本节着重就一些简单的和典型的基本构造型态进行讨论。

一、岩层的产状

由地壳运动形成的地质构造，无论其形态多么复杂，它们总是由一定数量和一定空间位置的岩层或岩石中的破裂面构成的。因此研究地质构造的一个基本内容就是确定这些岩层及破裂面的空间状态以及它们在地面上表现的特点。

岩层是指由两个平行或近于平行的界面所限制的、同一岩性组成的层状岩石。岩层的产状指岩层在地壳中的空间方位，即在空间的展布状态。地质学上用走向、倾向和倾角三个要素（见图 2-2）来确定岩层的产状。

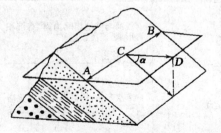

AB—走向；CD—倾向；α—倾角
图 2-2 岩层产状要素

(一)岩层的产状三要素

1. 走向

岩层层面与水平面的交线称为走向线,走向线两端所指的空间方位角称为岩层的走向(见图 2-2 中 AB)。岩层的走向表示岩层在空间的水平延伸方向。

2. 倾向

垂直走向线顺岩层倾斜面向下引出一条直线叫真倾斜线,真倾斜线在水平面上的投影所指的方位角称为岩层的倾向(见图 2-2 中的 CD)。岩层的倾向表示岩层在空间的倾斜方向。岩层的走向和倾向相差 90°。

3. 倾角

岩层层面与水平面所夹的锐角称岩层的倾角(见图 2-2 中的 α 角)。岩层的倾角表示岩层在空间的倾斜角度的大小。

由此可见,用岩层产状的三个要素,可以反映出经过构造变动后的构造型态在空间的位置。

(二)岩层产状的表示方法

1. 方位角表示法

方位角表示法通常只记倾向和倾角,如 210°∠25°,前面是倾向的方位角,后面是倾角,读为倾向 210°、倾角 25°。

2. 象限角表示法

以北或南方向为准(0°),一般记走向、倾角和倾斜象限。例如,N65°W/25°S,读为走向北偏西 65°,倾角 25°大致向南倾斜;N30°E/27°SE,读为走向北偏东 30°,向南东倾斜、倾角 27°。

3. 符号表示法

在地质图上,岩层产状要素用符号表示,常用符号有:

长线代表走向,短线代表倾向,长短线所示的均为实测方位,度数是倾角;

岩层水平(0°~5°);

岩层直立,箭头指向较新岩层;

岩层倒转,箭头指向倒转后的倾向。

(三)岩层产状的测定

1. 岩层走向的测定

测走向时,先将罗盘上平行于刻度盘南北方向的长边贴于层面,然后放平,使圆水准泡居中,这时指北针(或指南针)所指刻度盘的读数,就是岩层走向的方位。走向线两端的延伸方向均是岩层的走向,所以同一岩层的走向有两个数值,相差 180°。

2. 岩层倾向的测定

测倾向时,将罗盘上平行于刻度盘东西方向的短边与走向线平行,同时将罗盘的北端指向岩层的倾斜方向,调整水平,使圆水准泡居中后,这时指北针所指的度数就是岩层倾向的方位。倾向只有一个方向,同一岩层面的倾向与走向相差 90°。

3. 岩层倾角的测定

测倾角时,将罗盘上平行刻度盘南北方向的长边竖直贴在倾斜线上,紧贴层面使长边与岩层走向垂直,转动罗盘背面的倾斜器,使长管水准泡居中后,倾角指示针所指刻度盘读数就是岩层的倾角。

后面将要讲到的褶皱轴面、节理面或裂隙面、断层面等形态的产状意义、表示方法和测定方法,均与岩层相同。

二、水平构造与倾斜构造

(一)水平构造

指岩层倾角为0°的岩层。绝对水平的岩层很少见,习惯上将倾角小于5°的岩层都称为水平构造,又称水平岩层。水平岩层一般出现在构造运动轻微的地区或大范围内均匀抬升、下降的地区。一般分布在平原、高原或盆地中部。水平岩层中新岩层总是位于老岩层之上。当岩层受切割时,老岩层出露在河谷低洼区,新岩层出露于高岗上。在同一高程的不同地点,出露的是同一岩层。

(二)倾斜构造

由于地壳运动使原始水平的岩层发生倾斜,岩层层面与水平面之间有一定夹角的岩层,为倾斜构造,亦称倾斜岩层。它常常是褶皱的一翼或断层的一盘,也可以是大区域内的不均匀抬升或下降所形成的。在一定地区内向同一方向倾斜和倾角基本一致的岩层又称单斜构造。倾斜构造的产状可以用岩层层面的走向、倾向和倾角三个产状要素来表示。

一般情况下,倾斜岩层仍然保持顶面在上、底面在下、新岩层在上、老岩层在下的产出状态,称为正常倾斜岩层。当构造运动强烈,使岩层发生倒转,出现底面在上、顶面在下、老岩层在上、新岩层在下的产出状态时,称为倒转倾斜岩层。

岩层的正常与倒转主要依据化石确定,也可依据岩层层面构造特征(如岩层面上的泥裂、波痕、虫迹、雨痕等)或标准地质剖面来确定。

倾斜岩层按倾角α的大小又可分为缓倾岩层($\alpha<30°$)、陡倾岩层($30°<\alpha<60°$)和陡立岩层($\alpha>60°$)。

三、褶皱构造

组成地壳的岩层,受构造应力的强烈作用,使岩层形成一系列波状弯曲而未丧失其连续性的构造,称为褶皱构造。褶皱构造是岩层产生的塑性变形,是地壳表层广泛发育的基本构造之一。绝大多数褶皱是在水平挤压作用下形成的(见图2-3a);有的褶皱是在垂直作用力下形成的(见图2-3b);还有一些褶皱是在力偶的作用下形成的(见图2-3c),且多发育在夹于两个坚硬岩层间的较弱岩层中或断层带附近。褶皱是地壳上广泛分布的最常见的地质构造型态,它在沉积岩层中最为明显,在块状岩体中则很难见到。研究褶皱的产状、形态、类型、成因及分布特点,对于查明区域地质构造和工程地质条件,具有重要意义。

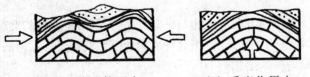

(a) 水平挤压力　　(b) 垂直作用力　　(c) 力偶作用

图2-3　褶皱的力学成因

(一)褶曲要素

褶皱构造中的一个弯曲,称为褶曲。褶曲是褶皱构造的组成单位。褶曲的各个组成部分称为褶曲要素。包括核部、翼、轴面、轴、转折端和枢纽等,如图2-4所示。

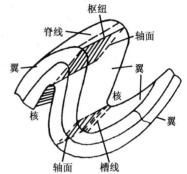

图 2-4 褶曲要素

1. 核部

核部是褶曲的中心部分,通常指位于褶曲中央最内部的一个岩层。

2. 翼

指核部两侧对称出露的岩层,当背斜与向斜相连时,翼是公用的。

3. 轴面

以褶曲顶平分两翼的面称为褶轴面。轴面是为了标定褶曲方位及产状而划定的一个假想面。褶曲的轴面可以是一个简单的平面,也可以是一个复杂的曲面。轴面可以是直立的,也可以是倾斜的或平卧的。

4. 轴

轴面与水平面的交线称为褶曲的轴。轴的方位即为褶曲的方位,轴的长度表示褶曲伸延的规模。

5. 枢纽

指褶曲中同一层面与轴面的交线,也是褶曲中同一层面最大弯曲点的连接。枢纽可以是直线,也可以是曲线或折线。其空间方位由测得的倾伏向和倾伏角确定。

6. 转折端

从一翼转到另一翼的过渡的弯曲部分,即两翼的汇合部分。它的形态常为圆滑的弧形,也可以是尖棱或一段直线。

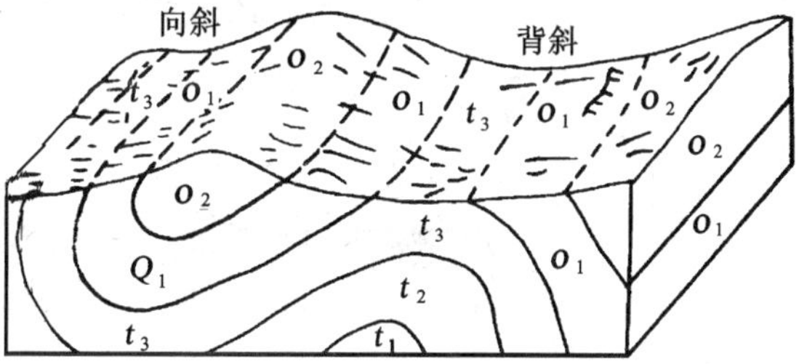

(二)褶曲的基本形态

褶曲的基本形态是背斜和向斜,如图 2-5 所示。

图 2-5 背斜与向斜

1. 背斜

岩层向上隆起的弯曲称为背斜褶曲。它的岩层以褶曲轴为中心向两翼倾斜,当地面受到剥蚀露出有不同地质年代的岩层时,较老的岩层出现在褶曲的轴部,从轴部向两翼依次出现的是较新的岩层,并且两翼岩层对称出现。

2. 向斜

岩层向下凹陷的弯曲称为向斜褶曲。在向斜褶曲中,岩层的倾斜方向与背斜相反,两翼的岩层都向褶曲的轴部倾斜。如地面遭受剥蚀,在褶曲轴部出露的是较新的岩层,向两翼依次出露的较老的岩层,其两翼岩层也对称分布。

(三)褶曲的形态分类

褶曲的形态多种多样,为了便于描述和研究,可以从不同角度进行分类。

1. 按褶曲轴面和两翼产状分类（见图2-6）

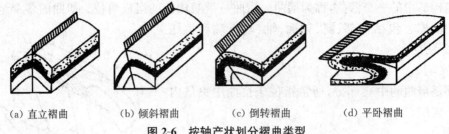

(a) 直立褶曲　　(b) 倾斜褶曲　　(c) 倒转褶曲　　(d) 平卧褶曲

图 2-6　按轴产状划分褶曲类型

(1) 直立褶曲。轴面直立，两翼岩层倾向相反，倾角大致相等。

(2) 倾斜褶曲。轴面倾斜，两翼岩层倾向相反，倾角不相等。轴面与褶曲平缓翼倾向相同。

(3) 倒转褶曲。轴面倾斜，两翼倾斜，两翼岩层倾向相同，倾角相等或不相等，一翼岩层层序正常，另一翼层序倒转。

(4) 平卧褶曲。轴面水平，两翼岩层近于水平重叠，一翼层序正常，另一翼倒转。

2. 按纵剖面上枢纽产状分类（见图2-7）

(1) 水平褶曲。枢纽近于水平延伸，两翼岩层走向大致平行并对称分布。

(2) 倾伏褶曲。枢纽向一端倾伏，两翼岩层走向发生弧形合围。对于背斜，合围的尖端指向枢纽的倾伏方向；对于向斜，合围的开口指向枢纽的倾伏方向。

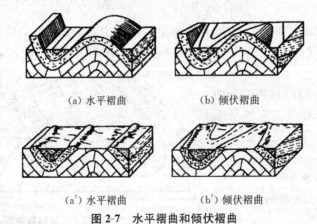

(a) 水平褶曲　　　　　　(b) 倾伏褶曲

(a′) 水平褶曲　　　　　　(b′) 倾伏褶曲

图 2-7　水平褶曲和倾伏褶曲

（四）褶皱的野外识别

在一般情况下，人们容易认为背斜为山，向斜为谷，但实际情况要比这复杂的多。因为有的背斜遭受长期剥蚀，不但可以逐渐地被夷为平地，而且往往由于背斜轴部岩层遭到构造作用的强烈破坏，在一定的外力条件下，甚至可以发展成为谷地。向斜山与背斜谷（图2-8）的情况在野外比较常见。因此不能够完全以地形的起伏情况作为识别褶皱构造的主要标志。

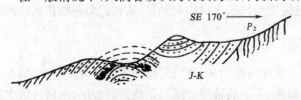

图 2-8　褶皱构造与地形

褶皱的规模有较小的,也有很大的。小的褶皱可以在小范围内,通过几个出露在地面的基岩露头进行观察。规模大的褶皱,因分布的范围大,并常受地形高低起伏的影响,很难一览无余,也不可能通过少数几个露头就能窥其全貌。对于这样的大型褶皱构造,在野外就需要采用穿越的方法和追索的方法进行观察。

1. 穿越法

穿越法就是沿着选定的调查路线,垂直岩层走向进行观察。穿越法有利于了解岩层的产状、层序及其新老关系。如果在路线通过地带的岩层呈有规律的重复出现,且对称分布,则必为褶皱构造,再根据岩层出露的层序及其新老关系,判断是背斜还是向斜,然后进一步分析两翼岩层的产状和两翼与轴面之间的关系,这样就可判断褶皱的形态类型。

2. 追索法

追索法就是平行岩层走向进行观察的方法。平行岩层走向进行追索观察,便于查明褶皱延伸的方向及其构造变化的情况。

穿越法和追索法,不仅是野外观察褶皱的主要方法,同时也是野外观察和研究其他地质构造现象的一种基本方法。在实践中,一般以穿越法为主,追索法为辅,根据不同情况,穿插运用。

(五)褶皱的工程地质评价

由坚硬厚层岩石(例如石英岩、硅质砂岩、硅质砾岩等)组成的褶曲山地,由于岩性坚硬,抗风化力强,一般强度很高,但是节理很发育的地段或是断层地段则例外。

在褶曲山区有以下情况者对工程不利:

在顺向坡[*]上部有较厚的现代堆积物(如残积物、坡积物、洪积物等),特别是在堆积物中有大量黏土矿物时,如果下卧基岩其层面倾角大于山坡天然坡度或由不透水的薄层岩石组成或有软弱夹层(包括软弱的黏土岩夹层、片岩夹层)时则对工程更为不利;在逆向坡[**]的一般情况下,如果在其上部有较厚的现代堆积物时,物别是在堆积物中含有大量黏土夹层或有大量黏土矿物时对工程不利。此外,要勘察清楚山区坡地堆积物中埋藏的大块孤石,不要错误判断为基岩,不然就有可能在施工中引起滑坡。

一般来说,褶皱构造对工程建筑有以下几方面影响:

(1) 褶皱核部或转折端岩层由于受水平张拉应力作用,产生许多张节理,直接影响到岩体完整性和强度,在石灰岩地区还往往使岩溶较为发育,所以在该部位布置各种建筑工程,如厂房、路桥、坝址、隧道等,必须注意岩层的坍落、漏水、涌水问题。

(2) 在褶皱翼部布置建筑工程,重点注意岩层的倾向及倾角的大小,因为它对岩体的滑动有一定影响。

(3) 对于深埋地下工程(隧道或道路工程线路),一般宜设计在褶皱翼部。一是隧道通过性质均一岩层,有利于稳定;二是褶皱岩层中,背斜的顶部岩层处在张力带中,易引起塌陷。

(4) 构造盆地向斜核部是储水较为丰富地段。

---

[*] 山坡面倾斜方向与岩层面倾斜方向一致。

[**] 山坡面倾斜方向与岩层面倾斜方向相反。

四、断裂构造

构成地壳的岩层受力作用后发生变形,当变形达到一定程度时,岩层的连续性和完整性遭到破坏,产生各种大小不一样的断裂称为断裂构造。断裂构造主要分为节理和断层两大类。断裂构造在地壳中广泛分布,它往往是工程岩体稳定性的控制因素。

(一)节理

节理是指岩层受力断开后,裂面两侧岩层沿断裂面没有明显的相对位移时的断裂构造。节理的断裂面称为节理面。节理分布普遍,几乎所有岩层中都有节理发育。节理的延伸范围变化较大,由几厘米到几十米不等。节理面在空间的状态称为节理产状,其定义和测量方法与岩层面产状类似。节理常把岩层分割成形状不同、大小不等的岩块,小块岩石的强度与包含节理的岩体的强度明显不同。岩石边坡失稳和隧道洞顶坍塌往往与节理有关。

1. 节理的类型

(1) 按成因分类。节理按成因可分为原生节理、构造节理和表生节理;也有人分为原生节理和次生节理,次生节理再分为构造节理和非构造节理。

① 原生节理。指岩石形成过程中形成的节理。如玄武岩在冷却凝固时形成的柱状节理。

② 构造节理。指由构造运动产生的构造应力形成的节理。构造节理常常成组出现,可将其中一个方向的一组平行节理称为一组节理,同一期构造应力形成的各组节理有成因上的联系,并按一定规律组合,不同时期的节理对应错开。

③ 表生节理。由卸荷、风化、爆破等作用形成的节理,分别称为卸荷节理、风化节理、爆破节理等。常称这种节理为裂隙,属非构造次生节理。表生节理一般分布在地表浅层,大多无一定方向性。

(2) 按力学性质分类。根据节理的力学性质,可把构造节理分为剪节理(亦称扭节理)和张节理两类。

① 剪节理。岩石受剪(扭)应力作用形成的破裂面称剪节理,其两组剪切面一般形成 X 型的节理,故又称 X 节理。剪节理常与褶皱、断层相伴生。剪节理的主要特征是:节理产状稳定,沿走向和倾向延伸较远;节理面平直光滑,常有剪切滑动留下的擦痕,可用来判断两侧岩石相对移动方向;剪节理面两壁间的裂缝很小,一般呈闭合状;在砾岩中可以切穿砾石。剪节理常成对呈 X 型出现,一般发育较密,节理之间距离较小,特别是软弱薄层岩石中常密集成带。由于剪节理交叉互相割切岩层成碎块体,破坏岩体的完整性,故剪节理面常是易于滑动的软弱面。

② 张节理。岩层受张应力作用而形成的破裂面称张节理。当岩层受挤压时,初期是在岩层面上沿先发生的剪节理追踪发育形成锯齿状张节理。在褶皱岩层中,多在弯曲顶部产生与褶皱向一致的张节理。张节理的主要特征是:节理产状不稳定,延伸不远即行消失。节理面弯粗糙,张节理两壁间的裂缝较宽,呈开口或楔形,并常被岩脉充填;张节理一般发育较稀,间距较大,很少密集成带,张节理往往是渗漏的良好通道,在砾岩中常绕开砾石。

剪节理和张节理是地质构造应力作用形成的主要节理类型,故又称为构造节理,在地壳岩体中广泛分布,对岩体的稳定性影响很大。

(3) 按与岩层产状的关系分类

① 走向节理。节理走向与岩层走向平行。

② 倾向节理。节理走向与岩层走向垂直。

③ 斜交节理。节理走向与岩层走向斜交。

(4) 按张开程度分类

① 宽张节理。节理缝宽度大于 5 mm。

② 张开节理。节理缝宽度为 3～5 mm。

③ 微张节理。节理缝宽度为 1～3 mm。

④ 闭合节理。节理缝宽度小于 1 mm，通常也称之为密闭节理。

2. 节理发育程度分级

按节理的组数、密度、长度、张开度及充填情况，对节理发育情况分级（见表 2-2）。

表 2-2 节理发育程度分级

发育程度等级	基 本 特 征
节理不发育	节理 1～2 组，规则，为构造型，间距在 1 m 以上，多为密闭节理，岩体切割成大块状
节理较发育	节理 2～3 组，呈 X 形，较规则，以构造型为主，多数间距大于 0.4 m，多为密闭节理，部分为微张节理，少有充填物，岩体切割呈大块状
节理发育	节理 3 组以上，不规则，呈 X 形或米字形，以构造型或风化型为主，多数间距小于 0.4 m，大部分为张开节理，部分有充填物，岩体切割成块石状
节理很发育	节理 3 组以上，杂乱，以风化和构造型为主，多数距小于 0.2 m，以张开节理为主，有个别宽张节理，一般均有充填物，岩体切割成碎裂状

3. 节理的调查、统计和表示方法

为了反映节理分布规律及对岩体稳定性的影响，需要进行节理的野外调查和室内资料整理工作，并利用统计图式，把岩体节理的分布情况表示出来。

调查时应先在工作地点选择一具代表性的基岩露头，对一定面积内的节理进行调查，调查应包括以下内容：

① 节理的成因类型、力学性质。

② 节理的组数、密度和产状。节理的密度一般采用线密度或体积节理数表示；线密度以"条/m"为单位计算；体积节理数(J_v)用单位体积内的节理数表示。

③ 节理的张开度、长度和节理面壁的粗糙度。

④ 节理的充填物质及厚度、含水情况。

⑤ 节理发育程度分级。

统计节理有多种图式，节理玫瑰图就是常用的一种，它可用来表示节理发育程度的大小，其资料的编制方法如下：

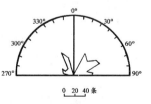
(a) 节理走向玫瑰图

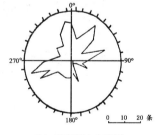
(b) 节理倾向玫瑰图

图 2-9 节理玫瑰图

(1) 节理走向玫瑰图。通常是在一任意半径的半圆上，画上刻度网，把所得的节理按走向以每 5°或每 10°分组，统计每一组内的节理条数并算出平均走向。自圆心沿半径引射线，射线的方位代表每组节理平均走向的方位，射线的长度代表每组节理的条数。然后用折线把射线的端点连接起来，即得到节理玫瑰花（见图 2-9a）。图中的每一个"玫瑰花瓣"越长，反映沿这个方向分布的节理越多。从图中可以看出,比较发育的节理走向有:330°、30°、60°、300°及走向东西的共五组。

(2) 节理倾向玫瑰图。是先将测得的节理,按倾向以每5°或每10°为一组,统计每组内节理的条数,并算出其平均倾向,用绘制走向玫瑰图的方法,在注有方位的圆周上,根据平均倾向和节理条数,定出各组相应的端点。用折线将这些点连接起来,即为节理倾向玫瑰图(见图2-9b)。如果用平均倾角表示半径方向的长度,用同样方法可以编制节理倾角玫瑰图。节理玫瑰图编制方法的优点是简单,但最大的缺点是不能在同一张图上把节理的走向、倾向和倾角同时表示出来。

4. 节理的工程地质评价

就节理的成因来说,张节理的裂隙是张开的,地下水易渗入,从而加速岩体的风化。而剪节理的断裂面一般是紧闭的,地下水不易渗入,所以张节理比剪节理的工程性质更差。

在均质岩石(如花岗岩、片麻岩)地区,其节理密度因地而异。在节理特别发育地段,因为风化深度特别大,可以出现袋形风化带;在不相同的岩石分布地区,或是在有节理或断层破坏岩体特别严重的地区,则可以出现不规则的风化槽。这些都是山区不良地质地段,如果在勘察阶段未能调查清楚会给建筑物带来严重的不均匀沉降。

岩石中的节理,在工程上除有利于开采外,对岩体的强度和稳定性均有不利影响。节理破坏了岩石的整体性,促使风化速度加快;增强了岩体的透水性,使岩体强度和稳定性降低。若节理的主要发育方向与路线走向平行,倾向与边坡一致,不论岩体的产状如何,路堑边坡都容易发生崩塌或碎落,在路基施工时,还会影响爆破作业的效果。所以,当节理有可能成为影响工程设计的重要因素时,应当进行深入的调查研究,详细论证节理对岩体工程建筑条件的影响,采取相应措施,以保证建筑物的稳定和正常使用。

(二)断层

岩体受力作用断裂后,两侧岩块沿断裂面发生了显著位移的断裂构造,称为断层。断层广泛发育,规模相差很大。大的断层延伸数百公里甚至上千公里,小的断层在手标本上就能见到。有的断层切穿了地壳岩石圈,有的则发育在地表浅层。断层是一种重要的地质构造,地震与活动性断层有关,隧道中大多数的坍方、涌水均与断层有关。

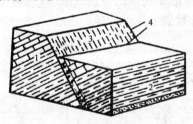

1,2—断盘(1为下盘,2为上盘);
3—断层面; 4—断层线

图2-10 断层要素

1. 断层的要素

断层的基本组成部分叫断层要素。主要有断层面、断层线、断盘及断距等(见图2-10)。

(1) 断层面。岩层发生位移的错动面称为断层面,它可以是平面或曲面。断层面的产状可以用走向、倾向及倾角来表示,有时断层两侧的运动并非沿一个面发生,而是沿着由许多破裂面组成的破裂带发生,这个带称为断层破碎带或断层带。

(2) 断层线。断层面与地面的交线称为断层线,反映断层在地表的延伸方向。它可以是直线,也可以是曲线。

(3) 断盘。是断层面两侧相对移动的岩块。若断层面是倾斜的,则在断层面以上的断盘叫上盘;在断层面以下的断盘叫下盘。按两盘相对运动方向分,相对上升的一盘叫上升盘;相对下降的一盘叫下降盘。上盘既可以是上升盘,也可以是下降盘,下盘亦如此。如果断层面直立,就分不出上、下盘。如果岩块沿水平方向移动,也就没有上升盘和下降盘。

(4) 断距。断距是断层两盘相对错开的距离。岩层原来相连的两点,沿断层面断开的距离称为总断距,总断距的水平分量称为水平断距,垂直分量称垂直断距。

2. 断层的基本类型

按断层两盘相对位移的方式,可把断层分为正断层、逆断层和平移断层三种类型(见图2-11)。

(1) 正断层。指上盘相对向下滑动,下盘相对向上滑动的断层(见图2-11a)。正断层一般受地壳水平拉力作用或受重力作用而形成,断层面多陡直,倾角大多在45°以上。

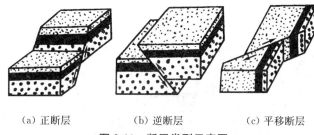

(a) 正断层　　　　(b) 逆断层　　　　(c) 平移断层

图 2-11　断层类型示意图

(2) 逆断层。指上盘相对向上滑动,下盘相对向下滑动的断层(见图2-11b)。逆断层主要受地壳水平挤压应力而形成,常与褶皱伴生。按断层面倾角,可将逆断层划分为逆冲断层、逆掩断层和辗掩断层。

① 逆冲断层。指断层面倾角大于45°的逆断层。

② 逆掩断层。指断层面倾角在25°～45°之间的逆断层。常由倒转褶曲进一步发展而成。

③ 辗掩断层。指断层面倾角小于25°的逆断层。一般规模巨大,常有时代老的地层被推覆到时代新的地层之上,形成推覆构造(见图2-12)。

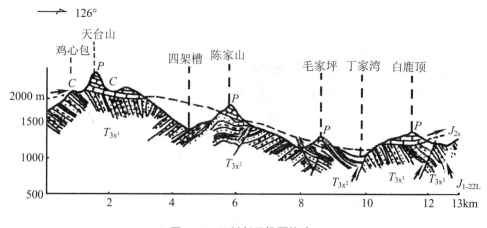

图 2-12　四川彭县推覆构造

(3) 平移断层。指断层两盘主要在水平方向上相对错动的断层(见图2-11c)。平移断层主要由地壳水平剪切作用形成,断层面常陡立,断层面上可见水干的擦痕。

由于断层两盘相对移动有时并非单一的沿断层面作上、下或水平移动,而是沿断层面作斜向滑动,需将正断层、逆断层和平移断层结合起来命名。如正一平移断层,表示上盘既有相对向下移动,又有水平方向相对移动,即斜向下移动,但以平移为主。而平移—正断层的上盘相对斜向下运动是以向下移动为主。参考上述两种断层,逆—平移断层和平移—逆断层的相对移动特点也很容易判定。

3. 断层的组合类型

在一个地区断层往往是成群出现,并呈有规律的排列组合。常见的断层组合类型有下列几种。

(1) 阶梯状断层。是由若干条产状大致相同的正断层平行排列组合而成,在剖面上各个断层的上盘呈阶梯状相继向同一方向依次下滑(见图 2-13)。

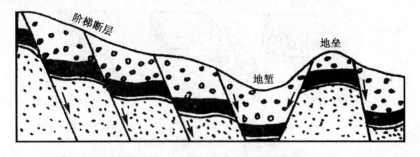

图 2-13 地垒、地堑及阶梯状断层

(2) 地堑与地垒。由走向大致平行、倾向相反、性质相同的两条或两条以上断层组成的(见图 2-13),如果两个或两组断层之间岩块相对下降,两边岩块相对上升则叫地堑,反之中间上升两侧下降则称为地垒。两侧断层一般是正断层,有时也可以是逆断层。地堑比地垒发育更广泛,地质意义更重要。地堑在地貌上是狭长的谷地或成串展布的长条形盆地与湖泊,我国规模较大的有汾渭地堑等。

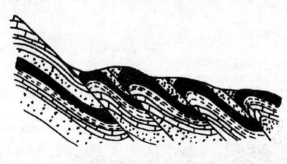

图 2-14 叠瓦状构造

(3) 叠瓦状构造。指一系列产状大致相同呈平行排列的逆断层的组合形式,各断层的上盘岩块依次上冲,在剖面上呈屋顶瓦片样依次叠覆(见图 2-14)。

4. 断层的野外识别标志

在自然界,大部分断层由于后期遭受剥蚀破坏和覆盖,在地表上暴露得不清楚,因此需根据地层、构造等直接证据和地貌、水文等方面的间接证据来判断断层的存在与否及断层类型。

(1) 构造线和地质体的不连续。

任何线状或面状的地质体,如地层、岩脉、岩体、变质岩的相带、不整合面、侵入体与围岩的接触界面、褶皱的枢纽及早期形成的断层等,在平面或剖面上的突然中断、错开等不连续现象是判断断层存在的一个重要标志(见图 2-15)。

(2) 地层的重复与缺失。在层状岩石分布地区,沿岩层的倾向,原来层序连续的地层发生不对称的重复现象或者是某些层位的缺失现象,一般是走向正(或逆)断层造成的。地层重复与缺失的几种形式(见图2-16)。断层造成的地层重复和褶皱造成的地层重复的区别:前者是垂向重复,后者为对称重复。断层造成的缺失与不整合造成的缺失也不同,断层造成的地层缺失只限于断层两侧,而不整合造成的缺失有区域性特征。

(a) 岩层中断　　(b) 岩脉切断　　(c) 早期断层错断

图 2-15　断层造成的不连续标志

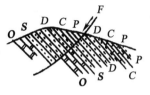 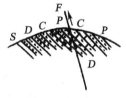 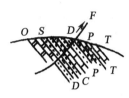

(a) 正断层(重复)　　(b) 正断层(缺失)　　(c) 逆断层(重复)　　(d) 逆断层(缺失)

图 2-16　走向断层造成的地层重复或缺失

(3) 断层面(带)的构造特征。指由于断层面两侧岩块的相互滑动和摩擦,在断层面上及其附近留下的各种证据。

① 擦痕、阶步和摩擦镜面。断层上、下盘沿断层面作相对运动时,因摩擦作用,在断层面上形成一些刻痕、小阶梯或磨光的平面,分别称为擦痕、阶步和摩擦镜面(见图 2-17)。

② 构造岩。因地应力沿断层面集中释放,常造成断层面处岩体十分破碎,形成一个破碎带,称断层破碎带。破碎带宽几十厘米至几百米不等,破碎带内碎裂的岩、土体经胶

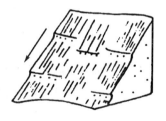

图 2-17　擦痕与阶步

结后称构造岩。构造岩中碎块颗粒直径大于 2 mm 时叫断层角砾岩;当碎块颗粒直径为 0.01~2 mm 时叫碎裂岩;当碎块颗粒直径更小时叫糜棱岩;当颗粒被研磨成泥状且单个颗粒不易分辨而又未固结时叫断层泥。

③ 牵引现象。断层运动时,断层面附近的岩层受断层面上摩擦阻力的影响,在断层面附近形成弯曲现象,称为断层牵引现象,其弯曲方向一般为本盘运动方向(见图 2-18)。

(4) 地貌标志。在断层通过地区,沿断层线常形成一些特殊地貌现象:

图 2-18　牵引现象

① 断层崖和断层三角面。在断层两盘的相对运动中,上升盘常常形成陡崖,称为断层崖。如峨眉山金顶舍身崖、昆明滇池西山龙门陡崖。当断层崖受到与崖面垂直方向的地表流水侵蚀切割,使原崖面形成一排三角形陡壁时,称为断层三角面。

②断层湖、断层泉。沿断层带常形成一些串珠状分布的断陷盆地、洼地、湖泊、泉水等，可指示断层延伸方向。

③错断的山脊、急转的河流。正常延伸的山脊突然被错断，或山脊突然断陷成盆地、平原，正常流经的河流突然产生急转弯，一些顺直深切的河谷，均可指示断层延伸的方向。

判断一条断层是否存在，主要是依据地层的重复、缺失和构造不连续这两个标志。其他标志只能作为辅证，不能依此下定论。

5. 断层的工程地质评价

断层的存在，从总体上说，破坏了岩体的完整性，断层面或破碎带的抗剪强度远低于岩体其他部位的抗剪强度。因此，断层一般从以下几个方面对工程建筑产生影响。

(1) 断层降低了地基岩体的强度及稳定性。断层破碎带力学强度低，压缩性增大，会发生较大沉陷，易造成建筑物断裂或倾斜。断裂面是极不稳定的滑移面，对岩质边坡稳定及桥墩稳定常有重要影响。

(2) 断裂构造带不仅岩体破碎，而且断层上、下盘的岩性也可能不同，如果在此处进行建筑工程，有可能产生不均匀沉降。

(3) 隧道工程通过断裂破碎带地段，易发生坍塌甚至冒顶。

(4) 沿断裂破碎带地段易形成风化深槽及岩溶发育带。断层陡坡或悬崖多处于不稳定状态，容易发生崩塌等。

(5) 断裂构造破碎带常为地下水的良好通道，地下水的出露也常为断裂构造所控制。施工中，若遇到断层带时会发生涌水问题。

(6) 构造断裂带在新的地壳运动影响下，可能发生新的移动。因为构造断裂带是地壳表层薄弱地带，若有新的地壳运动发生时，往往引起附近断裂带产生新的移动，从而影响建筑物的稳定。

(7) 当工程通过断层地带时，应注意以下几点：

①在勘测设计阶段，必须认真进行野外调查、测绘和勘探工作，及时了解断层的位置、性质、规模、活动等问题。

②工程建筑物的位置应尽量避开断层，特别是较大的断层带。

③因地形等条件所限，必须通过断层带时，应尽可能使路线方向与断层面走向垂直通过，不能做到垂直时，斜交的角度要尽量大些，以使工程建筑物以最短距离跨过断层带。不允许路线平行断层在断层带中通过。

④斜交通过断层带比正交通过断层带的地质条件更差，必须做好相应的预防措施，以防断层可能对施工造成的危害。

第四节 活 断 层

活断层或称活动断裂是指现今仍在活动或者近期有过活动，不久的将来还可能活动的断层，其中后一种也叫潜在活断层。活断层可使岩层产生错动位移或发生地震，对工程建筑造成很大的甚至无法抗拒的危害。

定义中的"近期"有不同的标准，有的行业规范定为晚更新世（约12万年）以来。在国家标准《岩土工程勘察规范》(GB 50021—2001)中将在全新世地质时期（一万年）内有过地震活动或近期正在活动,在将来(今后一百年)可能继续活动的断裂叫做全新活动断裂。并将全新活动断裂中,近期(近五百年)发生过地震,且震级 $M \geqslant 5$ 级的断裂,或在未来一百年内预测可能发生 $M \geqslant 5$ 级的断裂叫做发震断裂。

活断层运动引起的地震或错动不是经常发生的,其复发间隔有时长达几百、甚至上千年;而很多工程的使用期或寿期仅 50~100 年。所以,有些活断层对工程设施不一定有实际的影响。为了更好地评价对工程有影响的活断层,所以有必要划分出工程活断层。其定义是:在工程使用期或寿期内(一般为 50~100 年),可能影响和危害工程安全的活断层叫工程活断层。与活断层一样,目前对工程活断层的划分标准认识尚不一致。

一、活断层的分类

活断层按两盘错动方向分为走向滑动型断层(平移断层)和倾向滑动型断层(逆断层及正断层)。走向滑动型断层最常见,其特点是断层面陡倾或直立,平直延伸,部分规模很大,断层中常蓄积有较高的能量,引发高震级强烈地震。倾向滑动型断层以逆断层更为常见,多数是受水平挤压形成,断层倾角较缓,错动时由于上盘为主动盘,故上盘地表变形开裂较严重,岩体较下盘破碎,对建筑物危害较大。倾向滑动型的正断层的上盘也为主动盘,故上盘岩体也较破碎。

活断层按其活动性质分为蠕变型活断层和突发型活断层。蠕变型活断层只有长期缓慢的相对位移变形,不发生地震或只有少数微弱地震的活断层。如美国圣·安德烈斯断层南部加里福尼亚地段,几十年来平均位移速率为 10 mm/a,没有较强的地震活动。突发型活断层错动位移是突然发生的,并同时伴发较强烈的地震。又分为两种情况,一种是断层错动引发地震的互震断层,另一种情况是因地震引起老断层错动或产生新的断层。如 1976 年唐山地震时,形成一条长 8 km 的地表错断,NE30°的方向穿过市区,最大水平断距达 1.63 m,垂直断距达 0.7 m,错开了楼房、道路等一切建筑(见图 2-19)。

二、活断层的特征

(一)继承性

活断层绝大多数都是沿已有的老断层发生新的错动位移,这叫做活断层的继承性。尤其是区域性的深大断裂更为多见。新活动的部位通常只是沿老断裂的某个段落发生,或是某些段落活动强烈,另一些段落则不强烈。活动方式和方向相同也是继承性的一个显著特点。形成时代越新的断层,其继承性也越强,如晚更新世以来的构造运动引起断裂活动持续至今。

(二)活动方式与活动速率的相关性

活断层按其活动方式可以分为蠕滑活断层(也称蠕变型活断层)和黏滑活断层(也称突发型活断层)两种形式,活动方式不同,其活断层的错动速率

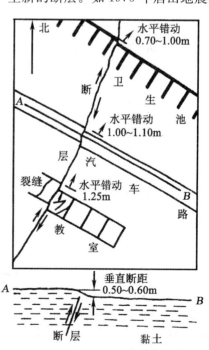

图 2-19 唐山地震某地地面断层错位

有显著差异。蠕滑是一个连续的滑动过程,一般只发生长期缓慢的相对位移变形,不发生地震或仅伴有少数微弱地震,其活动速率大多相当缓慢,通常在年均1毫米至数十毫米之间。黏滑则是断层发生快速错动,并同时伴发较强烈的地震,其活动速率较快,可达 0.5～1 m/s。

有时在同一条活断层的不同区段也可以有不同的活动方式,例如黏滑运动的活断层有时也会伴有小的蠕动,而大部分地段以蠕动为主的活断层,在其端部也会出现黏滑,而且同一条活断层的变形速度也不均匀,如发震断层临震前速率可成倍剧增,而震后又趋缓,这一断层变形速率变化特征对地震预测有很大意义。根据断层滑动速率,可将活断层分为活动强度不同的级别。《岩土工程勘察规范》(GB50021—2009)对全新活动断裂的分级见表 2-3。

表 2-3 全新活动断裂

		活 动 性	平均活动速度 v(mm/a)	历史地震及古地震（震级 M）
Ⅰ	强烈全新活动断裂	中或晚更新世以来有活动,全新世以来活动强烈。	$v>1$	$M\geqslant 7$
Ⅱ	中等全新活动断裂	中或晚更新世以来有活动,全新世以来活动强烈。	$1\geqslant v\geqslant 0.1$	$7>M\geqslant 6$
Ⅲ	微弱全新活动断裂	全新世以来有微弱活动。	$v<0.1$	$M<6$

(三)重复活动的周期性

和其他构造运动一样,活断层运动也是间断性的,从一次活动到下次活动,往往要间隔较长的平静期。活动—平静—再活动,这种重复周期就是一般说的断层活动周期,活断层错动时,常常伴随有地震发生。地震活动有分期分幕现象,我国上千年来的地震记录所反映出的强震活动期、幕,实际就是断层的活动期、幕。所以,活断层上的大地震重复同隔,就代表了该断层的活动周期。表 2-4 列出我国部分活断层的大地震重复周期,主要是用古地震法获得的。

表 2-4 我国部分活动断裂的强震重复周期

活动裂名称	最近一次地震名称(年)	重复周期	震级	参考文献
新疆喀什河断裂	新疆尼勒克地震(1812)	2000～2500 年	8.0	冯先岳 1987)
新疆二台断裂	新疆富蕴地震(1931)	约 3150 年	8.0	戈澎漠等(1986)
山西霍山山前断裂	山西洪洞地震(1303)	5000 年左右	8.0	孟宪梁等(1985)
宁夏海原南西华山北麓断裂	海原地震(1920)	约 1600 年	8.5	程绍平等(1984)
河北唐山	唐山地震(1976)	约 7500 年	7.8	王挺梅等(1984)
云南红河断裂北段		150±50 年	6～7	虢顺民等(1984)
四川鲜水河断裂	四川炉霍地震(1973)	约 50 年	7.9	
郯庐断裂中南段	郯城地震(1668)	约 3500 年	8.5	林伟凡等(1987)

三、活断层的识别标志

1. 地貌标志

通过地貌标志研究和识别活断层是一种比较成熟和易行的方法。地貌方面的标志有:① 地形变化差异大,如"山从平地起";山口峡谷多,深且狭长;新的断层崖和三角面山的连续出现,且比较显著,并有山崩和滑坡发生;② 断层形成的陡坎山山脚,常有狭长洼地和沼泽;③ 断层形成的陡坎山前的第四系堆积物厚度大,山前洪积扇特别高或特别低,与山体不相对称,在峡谷出口处的洪积扇呈迭置式、线性排列;④ 沿断裂带有串珠泉出露,若为温泉,则水温和矿化度较高;⑤ 断裂带有植物突然干枯死亡或生长特别罕见植物;⑥ 第四纪火山锥、熔岩呈线性分布;⑦ 建(构)筑物、公路等工程地基发生倾斜和错开现象。

2. 地质标志

在地质方面的标志有:① 第四系堆积物中常见到小褶皱和小断层或被第四系以前的岩层所冲断;② 沿断层可见河谷、阶地等地貌单元同时发生水平或垂直位移错断;③ 沿断层带的断层泥及破碎带多未胶结,断层崖壁可见擦痕和错碎岩粉;④ 第四系(或近代)地层错动、断裂、褶皱、变形。

3. 地震活动标志

活断层中一个重要标志就是地震活动。在世界许多地区对活断层的辨认,最初是从地震断层开始的。地震活动方面的标志有:① 在断层带附近有现代地震、地面位移和地形变化以及微震发生;② 沿断层带有历史地震和现代地震震中分布,震中多呈有规律的线状分布。

4. 水文与水文地质标志

在活断层附近,由于断层的错断、位移,常常直接控制了水系的成长发育。特别是断层的水平错动,对水系的改造更是迅速而明显。断层活动使断层两侧水系作规律性变迁,如水系平面形态、切割深度、冲刷势态等;另一方面又直接控制着地下水的出露,具体表现为水系呈直线状、格子状分布;水系错开呈折线状;泉、地热异常带、湖泊和山间盆地成线状(或串珠状)分布。

5. 地球化学和地球物理标志

在地球化学方面,最突出的是活断层上断层气和放射性异常。活断层在活动过程中,释放出各种气体,如 CO_2、H_2、He、Ne、Ar、Rn、Hg、As、Sb、Bi、B 等。通过断层气测量,可以鉴别活断层。在活动层附近,氢气常表现出高浓度异常,因此可利用 α 径迹法调查活断层。此外,沿活断层还会出现 γ 射线强度异常。因此,可利用 γ 射线测量去调查海底活断层。

活断层的地球物理标志主要是重力、磁力和地温异常。在覆盖层很厚的平原地区和海洋地区,利用重力、磁力和地温异常研究活断层,是行之有效的方法。

四、活断层对公路工程建筑的影响

活断层对公路工程的危害主要是错动变形和引起地震两方面。

蠕变型的活断层,相对位移速率不大时,一般对工程建筑影响不大。当变形速率较大时,会造成地表裂缝和位移,可能导致建筑地基不均匀沉陷,使建筑物拉裂破坏。对于海岸附近的工业民用建筑及道路工程,若断层靠陆地一侧长期下沉,且变形速率较大时,由于海的水位相对升高,有可能遭受波浪及风暴潮等的危害。

突发型活断层快速错动时,常伴发较强烈的地震,地震再对工程建筑产生各种各样的破坏作用;另一方面,因地震引起老断层错动或产生新的断层,断层错动的距离通常较大,多在几十厘米至几百厘米之间,可错断道路、楼房等一切建筑,这种危害是不可抗拒的。因此在工程建筑地区有突发型活断层存在时,任何建筑原则上都应避免跨越活断层以及与其有构造活动联系的分支断层,应将工程建筑物选择在无断层穿过的位置。

第五节 地 质 图

地质图是反映一个地区各种地质条件的图件,是将自然界的地质情况,用规定的符号按一定的比例缩小投影绘制在平面上的图件,是工程实践中需要搜集和研究的一项重要地质资料。要清楚地了解一个地区的地质情况,需要花费不少的时间和精力,如果通过对已有地质图的分析和阅读,就可帮助我们具体了解一个地区的地质情况。这对我们研究路线的布局,确定野外工程地质工作的重点等,都可以提供很好的帮助。因此,学会分析和阅读地质图,是十分必要的。

一、地质图的种类

由于工作目的的不同,绘制的地质图也不同,常见的地质图有以下几种。

(1)普通地质图。主要表示地区地层分布、岩性和地质构造等基本地质内容的图件。一幅完整的普通地质图包括地质平面图、地质剖面图和综合地层柱状图。普通地质图通常简称为地质图。

(2)构造地质图。用线条和符号,专门反映褶曲、断层等地质构造的图件。

(3)第四纪地质图。主要反映第四纪松散沉积物的成因、年代、成分和分布情况的图件。

(4)基岩地质图。假想把第四纪松散沉积物"剥掉",只反映第四纪以前基岩的时代、岩性和分布的图件。

(5)水文地质图。反映地区水文地质资料的图件。一般可分为岩层含水性图、地下水化学成分图、潜水等水位线图、综合水文地质图等类型。

(6)工程地质图。为各种工程建筑专用的地质图,如房屋建筑工程地质图、水库坝址工程地质图、矿山工程地质图、铁路工程地质图、公路工程地质图、港口工程地质图、机场工程地质图等。还可根据具体工程项目细分,如公路工程地质图,还可分为路线工程地质图、工点工程地质图。工点工程地质图又可分为桥梁工程地质图、隧道工程地质图等。

一幅完整的地质图应包括平面图、剖面图和柱状图。平面图是反映地表地质条件的图。它一般是通过野外地质勘测工作,直接填绘到地形图上编制出来的。剖面图是反映地表以下某一断面地质条件的图。它可以通过野外测绘或勘探工作编制,也可以在室内根据地质平面图来编制。综合地层柱状图综合反映一个地区各地质年代的地层特征、厚度和接触关系等。地质平面图全面地反映了一个地区的地质条件,是最基本的图。地质剖面图是配合平面图,反映一些重要部位的地质条件,它对地层层序和地质构造现象的反映比平面图更清晰、更直观,因此,一般地质平面图都附有剖面图。

二、地质图的规格和符号

(一)地质图的规格

地质平面图应有图名、图例、比例尺、编制单位和编制日期等。

图例是用各种颜色和符号,说明地质图上所有出露地层的新老顺序、岩石成因和产状及其构造形态。图例通常放在图幅右侧,一般自上而下或自左而右按地层(上新下老或左新右老)、岩石、构造顺序排列,所用的岩性符号、地质构造符号、地层代号及颜色都有统一规定。如岩层状的符号为"⋏",向斜、背斜的符号分别为"✳"、"✕";正断层、逆断层、平移断层的符号则分"⚐"、"⚑"、"⚏"等。

比例尺的大小反映地质图的精度,比例尺越大,图的精度越高,对地质条件的反映越详细。比例尺的大小取决于地质条件的复杂程度和建筑工程的类型、规模及设计阶段。

(二)地质图的符号

地质图是根据野外地质勘测资料在地形图上填绘编制而成的。它除了应用地形图的轮廓和等高线外,还需要用各种地质符号来表明地层的岩性、地质年代和地质构造情况。所以,要分析和阅读地质图,了解地质图所表达的具体内容,就需要了解和认识常用的各种地质符号。

1. 地层年代符号

在小于1:100 000的地质图上,沉积地层的年代是采用国际通用的标准色来表示的,在彩色的底子上,再加注地层年代和岩性符号。在每一系中,又用淡色表示新地层,深色表示老地层。岩浆岩的分布一般用不同的颜色加注岩性符号表示。在大比例尺的地质图上,多用单色线条或岩石花纹符号再加注地质年代符号的方法表示。当基岩被第四纪松散沉积层覆盖时,在大比例的地质图上,一般根据沉积层的成因类型,用第四纪沉积成因分类符号表示。

2. 岩石符号

岩石符号是用来表示岩浆岩、沉积岩和变质岩的符号,由反映岩石成因特征的花纹及点线组成。在地质图上,这些符号画在什么地方,表示这些岩石分布到什么地方。

3. 地质构造符号

地质构造符号,是用来说明地质构造的。组成地壳的岩层,经构造变动形成各种地质构造,这就不仅要用岩层产状符号表明岩层变动后的空间形态,而且要用褶曲轴、断层线、不整合面等符号说明这些构造的具体位置和空间分布情况。

三、地质条件在地质图上的反映

(一)不同产状岩层界线的分布特征

(1) 水平岩层。岩层界线与地形等高线平行或重合(见图2-20)。

(2) 倾斜岩层。倾斜岩层的分界线在地质图上是一条与地形等高线相交的"V"字形曲线。当岩层倾向与地面倾斜的方向相反时,在山脊处"V"字形的尖端指向山麓,在沟谷处"V"字形的尖端指向沟谷上游,但岩层界线的弯曲程度比地形等高线的弯曲程度要小(见图2-21a);当岩层倾向与地形坡向一致时,若岩层倾角大于地形坡角,则岩层分界线的弯曲方向和地形等高线的弯曲方向相反(见图2-21b);当岩层倾向与地形坡向一致时,若岩层倾角小于地形坡角,则岩层分界线弯曲方向和等高线相同,但岩层界线的弯曲度大于地形等高线的弯曲度(见图2-21c)。

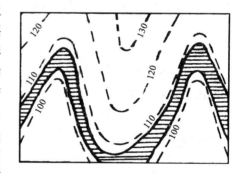

图2-20 水平岩层在地质图上的特征

(3) 直立岩层。岩层界线不受地形等高线影响,沿走向呈直线延伸。

(二)褶曲

一般根据图例符号识别褶曲,若没有图例符号,则需根据岩层的新、老对称分布关系确定。

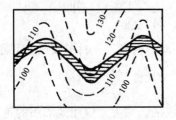 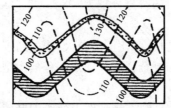 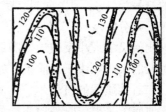

(a) 岩层倾向与坡向相反　　(b) 岩层倾向与坡向相同,倾角＞坡角　　(c) 岩层倾向与坡向相同,倾角＜坡角

图 2-21　倾斜岩层在地质图上的分布特征

一般来说,当地表岩层出现对称重复时,则有褶曲存在。如核部岩层老,两翼岩层新,则为背斜;如核部岩层新,两翼岩层老,则为向斜。然后根据两翼岩层产状则可具体判别其横、纵剖面上褶曲形态的具体名称。

（三）断层

一般也是根据图例符号识别断层。若无图例符号,则根据岩层分布重复、缺失、中断、宽窄变化或错动等现象识别。

断层在地质图上用断层线表示。由于断层倾角一般较大,所以断层线在地质平面图上通常是一段直线,或近于直线的曲线。在断层线两侧存在有岩层中断、重复、缺失、宽窄变化或前后错动现象。

当断层走向大致平行岩层走向时,断层线两侧出现同一岩层不对称重复或缺失。地面被剥蚀后,出露老岩层的一侧为上升盘,出露新岩层的一侧为下降盘。当断层走向与岩层走向垂直或斜交时,不论正断层、逆断层还是平移断层,在断层线两侧岩层都出现中断和前后错动现象。正断层和逆断层向前错动的一侧为上升盘,相对向后错动的一侧为下降盘。

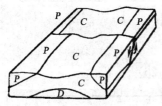 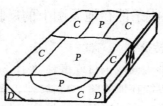

(a) 背斜核部下降盘变窄　　(b) 向斜核部下降盘变宽

图 2-22　断层垂直褶曲轴线造成的岩层宽窄变化和错动

当断层与褶曲轴线垂直或斜交时,不仅表现为翼部岩层顺走向不连续,而且还表现为褶曲核部岩层的宽度在断层线两侧有变化。在背斜,上升盘核部岩层出露的范围变宽,下降盘核部岩层变窄(见图 2-22a)。向斜的情况与背斜相反,上升盘核部岩层变窄而下降盘核部岩层变宽(见图 2-22b)。平移断层两盘核部岩层的宽度不发生变化,在断层线两侧仅表现为褶曲轴线及岩层错开。

（四）地层接触关系

整合和平行不整合在地质图上的表现是上下相邻岩层的产状一致,岩层分界线彼此平行,即相邻岩层的界线弯曲特征一致,只是前者相邻岩层时代连续,而后者不连续。角度不整合在地质图上的特征是上下相邻两套岩层之间的地质年代不连续,而且产状也不相同,新岩层的分界线遮断了下部老岩层的分界线。侵入接触表现为沉积岩层界线在侵入体出露处中断,但在侵入体两侧无错动;沉积接触表现为侵入体界线被沉积岩层覆盖切断。

四、阅读地质图

(一)读图步骤及注意事项

(1)读地质图时,先看图名和比例尺,了解图的位置及精度。

(2)阅读图例。图例自上而下,按从新到老的年代顺序,列出了图中出露的所有地层符号和地质构造符号,通过图例,可以概括了解图中出现的地质情况。在看图例时,要注意地层之间的地质年代是否连续,中间是否存在地层缺失现象。

(3)正式读图时先分析地形,通过地形等高线或河流水系的分布特点,了解地区的山川形势和地形高低起伏情况。

这样,在具体分析地质图所反映的地质条件之前,能使我们对地质图所反映的地区,有一个比较完整的概括了解。

(4)阅读岩层的分布、新老关系、产状及其与地形的关系,分析地质构造。地质构造有两种不同的分析方法:一种是根据图例和各种地质构造所表现的形式,先了解地区总体构造的基本特点,明确局部构造相互间的关系,然后对单个构造进行具体分析;另一种是先研究单个构造,然后结合单个构造之间的相互关系,进行综合分析,最后得出整个地区地质构造的结论。两者并无实质性的区别,可以得出相同的分析结论。

图上如有几种不同类型的构造时,可以先分析各年代地层的接触关系,再分析褶曲,然后分析断层。

分析不整合接触时,要注意上下两套岩层的产状是否大体一致,分析是平行不整合还是角度不整合,然后根据不整合面上部的最老岩层和下部的最新岩层,确定不整合形成的年代。

分析褶曲时,可以根据褶曲核部及两翼岩层的分布特征及其新老关系,分析是背斜还是向斜。然后看两翼岩层是大体平行延伸,还是向一端闭合,分析是水平褶曲还是倾伏褶曲。其次根据褶曲两翼岩层产状,推测轴面产状,根据轴面及两翼岩层的产状,可将直立、倾斜、倒转和平卧等不同形态类型的褶曲加以区别。最后,可以根据未受褶曲影响的最老岩层和受到褶曲影响的最新岩层,判断褶曲形成的年代。

在水平构造、单斜构造、褶曲和岩浆侵入体中都会发生断层。不同的构造条件以及断层与岩层产状的不同关系,都会使断层露头在地质平面图上的表现形式具有不同的特点。因此,在分析断层时,应首先了解发生断层前的构造类型,断层后断层产状和岩层产状的关系;根据断层的倾向,分析断层线两侧哪一盘是上盘,哪一盘是下盘;然后根据两盘岩石的新老关系、岩层界线的错动方向和岩层露头宽窄的变化情况,分析哪一盘是上升盘,哪一盘是下降盘,确定断层的性质;最后判断断层形成的年代。断层发生的年代,早于覆盖于断层之上的最老岩层,晚于被错断的最新岩层。

最后需要说明一点,长期风化剥蚀,能够破坏出露地面的构造型态,会使基岩在地面出露的情况变得更为复杂,使我们在图上一下看不清构造的本来面目。所以,在读图时要注意与地质剖面图的配合,这样会更好地加深对地质图内容的理解。

通过上述分析,不但能使我们对一个地区的地质条件有一个清晰的认识,而且综合各方面的情况,也可说明地区地质历史发展的概况。这样,我们就可以根据自然地质条件的客观情况,结合工程的具体要求,进行合理的工程布局和正确的工程设计。我们阅读地质图的目的,就在这里。

(二)读图示例

现根据宁陆河地区地质平面图(见图2-23)及综合地层柱状图(见图2-24),对该区地质条件分析如下:

本区最低处在东南部宁陆河谷,高程300多米,最高点在二龙山顶,高程达800多米,全区最大相对高差近500 m。宁陆河在十里沟以北地区,从北向南流,至十里沟附近,折向东南。区内地貌特征主要受岩性及地质构造条件的控制。一般在页岩及断层带分布地带多形成河谷低地,而在石英砂岩、石灰岩及地质年代较新的粉细砂岩分布地带则形成高山。山脉多沿岩层走向大体南北向延伸。

本区出露地层有:志留系(S)、泥盆系上统(D_3)、二叠系(P)、中下三叠系(T_{1-2})、辉绿岩墙($V_π$)、侏罗系(J)、白垩系(K)及第四系(Q)。第四系主要沿宁陆河分布,侏罗系及白垩系主要分布于红石岭一带。

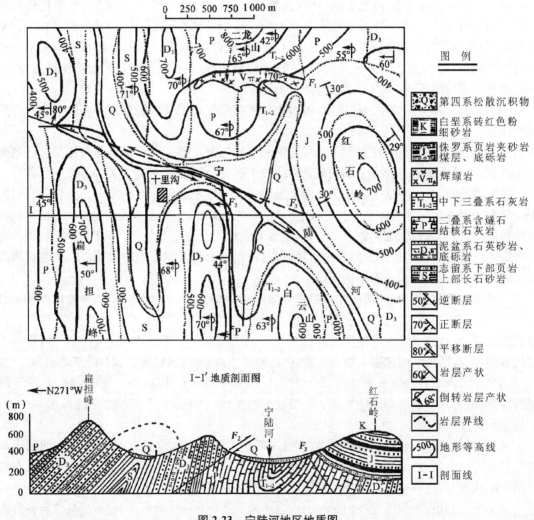

图 2-23 宁陆河地区地质图

从图中可以看出,本区泥盆系与志留系地层间虽然岩层产状一致,但缺失中下泥盆系地层。且上泥盆系底部有底砾岩存在,说明两者之间为平行不整合接触。二叠系与泥盆系地层之间,缺失石炭系,所以也为平行不整合接触。图中的侏罗系与泥盆系上统、二叠系及中下三叠系三个地质年代较老的岩层接触,且产状不一致,所以为角度不整合接触。第四系与老岩层之间也为角度不整合接触。辉绿岩是沿 F_1 张性断裂呈岩墙状侵入到二叠系及三叠系石灰岩中,因此辉绿岩与二叠系地层为侵入接触,而与侏罗系间则为沉积接触。所以辉绿岩的形成时代,应在中三叠世以后,侏罗世以前。

宁陆河地区有三个褶曲构造,即十里沟褶曲、白云山褶曲和红石岭褶曲。

十里沟褶曲的轴部在十里沟附近,轴向近南北延伸。轴部地层为志留系页岩、长石砂岩,上部广泛有第四纪松散沉积层覆盖,两翼对称分布的是泥盆系上统(D_3)、二叠系(P)、下中三叠系地层,但西翼只见到泥盆系上统和部分二叠系地层,三叠系已出图幅。两翼岩层走向大致南北,均向西倾,但西翼倾角较缓,45°～50°,东翼倾角较陡,63°～71°,所以十里沟褶曲为一倒转背斜。十里沟倒转背斜构造,因受 F_3 断裂构造的影响,其轴部已向北偏移至宁陆河南北向河谷地段。

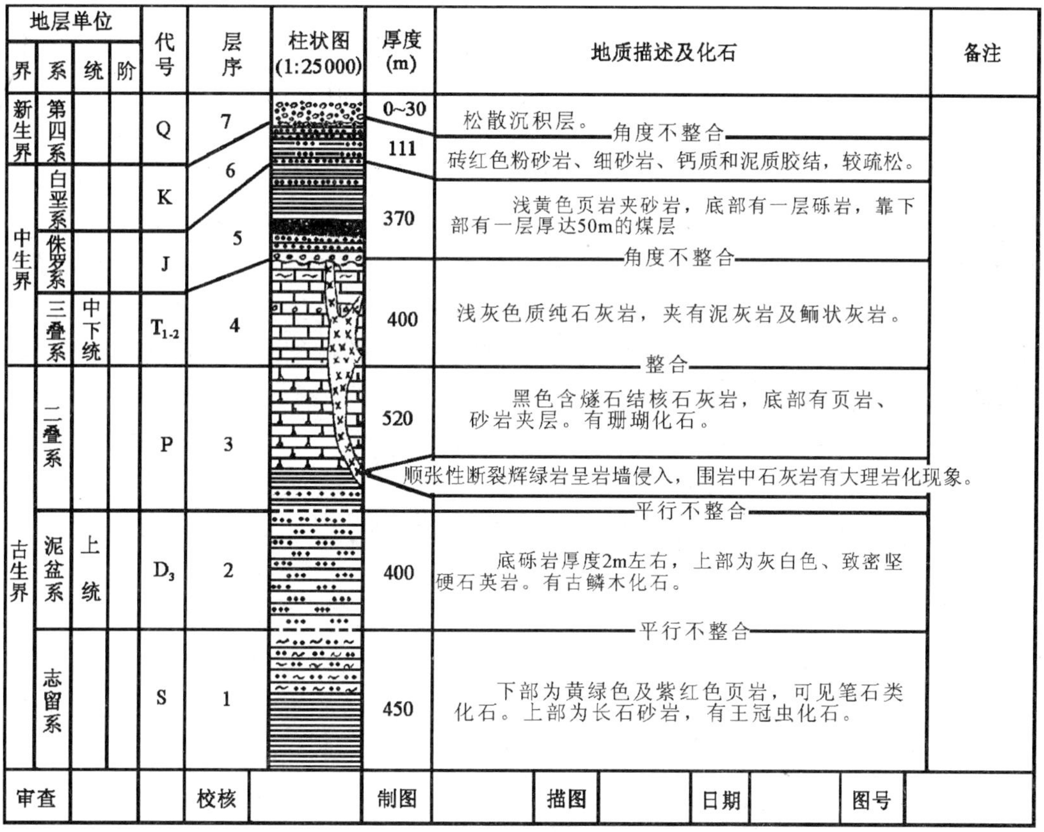

地层单位			代号	层序	柱状图(1:25 000)	厚度(m)	地质描述及化石	备注
界	系	统 阶						
新生界	第四系		Q	7		0～30	松散沉积层。	
							——角度不整合——	
中生界	白垩系		K	6		111	砖红色粉砂岩、细砂岩,钙质和泥质胶结,较疏松。	
	侏罗系		J	5		370	浅黄色页岩夹砂岩,底部有一层砾岩,靠下部有一层厚达50m的煤层。	
							——角度不整合——	
	三叠系	中下统	T_{1-2}	4		400	浅灰色质纯石灰岩,夹有泥灰岩及鲕状灰岩。	
							——整合——	
古生界	二叠系		P	3		520	黑色含燧石结核石灰岩,底部有页岩、砂岩夹层。有珊瑚化石。	
							顺张性断裂辉绿岩呈岩墙侵入,围岩中石灰岩有大理岩化现象。	
							——平行不整合——	
	泥盆系	上统	D_3	2		400	底砾岩厚度2m左右,上部为灰白色、致密坚硬石英岩。有古鳞木化石。	
							——平行不整合——	
	志留系		S	1		450	下部为黄绿色及紫红色页岩,可见笔石类化石。上部为长石砂岩,有王冠虫化石。	
审查			校核		制图		描图 日期 图号	

图 2-24 宁陆河地区综合地层柱状图

白云山褶曲的轴部在白云山至二龙山附近,南北向延伸。褶曲轴部地层为中下三叠系,由轴部向翼部,地层依次为二叠系、泥盆系上统、志留系,其中西翼为十里沟倒转背斜东翼,东翼志留系地层已出图外,而二叠系与泥盆系上统因受上覆不整合的侏罗系与白垩系地层的影响,只在图幅的东北角和东南角出露。两翼岩层均向西倾斜,是一个倾角不大的倒转向斜。

红石岭褶曲,由白垩系、侏罗系地层组成,褶曲舒缓,两翼岩层相向倾斜,倾角约30°,为一直立对称褶曲。

区内有三条断层。F_1 断层面向南倾斜,倾角约70°,断层走向与岩层走向基本垂直,北盘岩层分界线有向西移动现象,是一正断层。由于倾斜向斜轴部紧闭,断层位移幅度小,所以 F_1 断层引起的轴部地层宽窄变化并不明显;F_2 断层走向与岩层走向平行,倾向一致,但岩层倾角大于断层倾角。西盘为上盘,一则出露的岩层年代较老,且使二叠系地层出露宽度在东盘明显变窄,故为一压性逆掩断层;F_3 为区内规模最大的一条断层。从十里沟倒转背斜轴部志留系地层分布位置可以明显看出,断层的东北盘相对向西北错动,西南盘相对向东南错动,是扭性平移断层。

第六节 地质构造对公路工程的影响

地质构造对公路工程建筑物的稳定有很大的影响。由于工程位置选择不当,误将工程建筑物设置在地质构造不利的部位,引起建筑物失稳破坏的实例时有发生,对此必须有充分认识。下面分别就边坡、隧道和桥基三种工程与地质构造的关系作一简要说明。

岩层产状与岩石路堑边坡坡向间的关系控制着边坡的稳定性。当岩层倾向与边坡坡向一致,岩层倾角等于或大于边坡坡角时,边坡一般是稳定的。若坡角大于岩层倾角,则岩层因失去支撑而有滑动的趋势产生。如果岩层层间结合较弱或有软弱夹层时,易发生滑动。如安徽宁国市河唐公路多处滑坡就是因坡脚采石,引起沿黑色页岩软化夹层滑动的。当岩层倾向与边坡坡向相反时,若岩层完整、层间结合好,边坡是稳定的;若岩层内有倾向坡外的节理,层间结合差,岩层倾角又很陡,岩层多被切割成细高柱状,容易发生倾倒破坏。开挖在水平岩层或直立岩层中的路堑边坡,一般是稳定的(见图 2-25)。

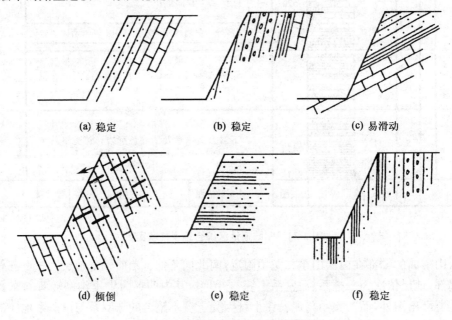

图 2-25 岩层产状与边坡稳定性关系

隧道位置与地质构造的关系密切,穿越水平岩层的隧道,应选择在岩性坚硬、完整的岩层中,如石灰岩或砂岩。在软、硬相间的情况下,隧道拱部应当尽量设置在硬岩中,设置在软岩中有可能发生坍塌。当隧道垂直穿越岩层时,在软、硬岩相间的不同岩层中,由于软岩层间结合差,在软岩部位,隧道拱顶常发生顺层坍方。当隧道轴线顺岩层走向通过时,倾向洞内的一侧岩层易发生顺层坍滑,边墙承受偏压(见图 2-26)。

在图 2-26 中,(a)为水平岩层,隧道位于同一岩层中;(b)为水平的软、硬相间岩层,隧道拱顶位于软岩中,易坍方;(c)为垂直走向穿越岩层,隧道穿过软岩时易发生顺层坍方;(d)为倾斜岩层,隧道顶部右上方岩层倾向洞内侧,岩层易顺层滑动,且受到偏压。

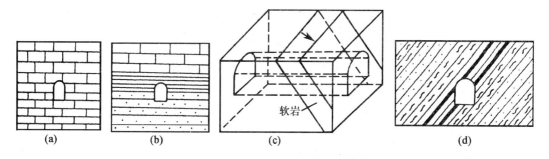

图 2-26 岩层产状、岩性与隧道稳定性关系

一般情况下,应当避免将隧道设置在褶曲的轴部,该处岩层弯曲、节理发育、地下水常常由此渗入地下,容易诱发坍方(见图 2-27)。通常尽量将隧道位置选在褶曲翼部或横穿褶曲轴,垂直穿越背斜的隧道,其两端的拱顶压力大,中部岩层压力小;隧道横穿向斜时,情况则相反(见图 2-28)。

图 2-27 隧道沿褶曲轴通过

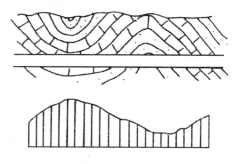

图 2-28 隧道横穿褶曲轴时岩层压力分布情况

断层带岩层破碎,常夹有许多断层泥,应尽量避免将工程建筑直接放在断层上或断层破碎带附近。如京原线 10 号大桥位于几条断层交叉点,桥位选择极困难,多次改变设计方案,桥跨由 16 m 改为 23 m,又改为 43 m,最后以 33.7 m 跨越断层带(见图 2-29)。对于不活动的断层,墩台必须设在断层上时,应根据具体情况采用相应的处理措施:

(1)当桥高在 30 m 以下,断层破碎带通过桥基中部,宽度在 0.2 m 以上,又有断层泥等充填物时,应沿断层带挖除充填物,灌注混凝土或嵌补钢筋网,以增加基础强度及稳定性;

(2)断层带宽度不足 0.2 m,两盘均为坚硬岩石时,一般可以不作处理;

(3)断层带分布于基础一角时,应将基础扩大加深,再以钢筋混凝土补角加强,增加其整

体性；

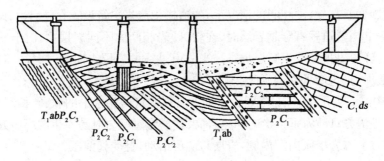

图 2-29 桥梁墩台避开断层破碎带

（4）当基底大部分为断层破碎带，仅局部为坚硬岩层，构成软、硬不均地基时，在墩台位置无法调整的情况下，可炸除坚硬岩层，加深并换填与破碎带强度相似的土层，扩大基础，使应力均衡，以防止因不均匀沉陷而使墩台倾斜破坏；

（5）当桥高超过 30 m，且基底断层破碎带的范围较大，一般采用钻孔灌注桩或挖孔桩嵌入下盘，使基底应力传递到下盘坚硬岩层上。

公路、铁路选线时，均应尽量避开大断裂带，线路不应沿断裂带走向延伸，在条件不允许、必须穿过断裂带时，应大角度或垂直穿过断裂带。

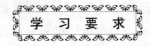

本章是本课程的重点章节之一，通过本章的学习，要掌握相对地质及绝对地质年代的含义，了解岩层相对地质年代的划分；熟悉地质年代表，掌握岩层产状及产状要素的含义，掌握岩层产状的测定和表示方法；掌握地壳运动、地质构造的概念，熟悉各种常见地质构造的含义、组成要素、分类及其特征，正确认识研究和学习这些地质构造对工程建设的重要意义，了解岩层间各种接触关系的类型及特征；理解活断层的含义及特征；了解地质图的含义及类型；掌握褶皱、断层、地层接触关系等在地质图上的表示方法及特征，能阅读、分析一般地质图。

习题与思考题

1. 什么是相对地质年代？什么是绝对地质年代？地层的相对地质年代是怎样确定的？
2. 地质年代单位和时间地层单位的含义及相互关系怎样？
3. 你知道地质年代表及第四纪地质年代是怎样划分的吗？
4. 什么是地壳运动及地质构造？两者的关系如何？
5. 什么叫岩层的产状？产状三要素是什么？岩层产状是如何测定和表示的？
6. 什么叫褶皱构造？什么叫褶曲？褶曲要素及基本形态有哪些？
7. 如何识别褶曲并判断其类型？
8. 如何区别张节理与剪节理？
9. 什么叫断层？断层由哪几部分组成？断层的基本类型有哪些？在野外如何识别断层？

10. 试说明岩层间接触关系的类型，各自的含义及识别方法。
11. 什么是活断层？它具有哪些特征？
12. 试说明研究和学习各种地质构造有何工程意义？
13. 什么是地质图？地质图的基本类型有哪些？
14. 各种地质现象或地质构造在地质图中的表现形式如何？
15. 怎样阅读地质图？
16. 试分析地质图和如何做地质剖面图。
17. 熟记地质年代的顺序、名称和代号。
18. 怎样判断岩层之间的接触关系？并绘图说明。
19. 试述节理的工程地质评价。
20. 褶皱构造对工程建筑有哪些不利影响？
21. 断层对工程建筑有哪些不利影响？

第三章 外力地质作用对工程的影响

由太阳辐射能、生物能和日月引力能所引起的地质作用,主要是在地壳表面进行,称为外力地质作用,简称外力作用。外力地质作用可分风化作用、剥蚀作用、搬运作用、沉积作用以及固结成岩作用。其中剥蚀、搬运与沉积作用,按动力性质可分为风化作用、地表流水作用、地下水作用、湖海作用以及冰川作用等。外力地质作用与人类工程活动有密切关系,是工程地质研究的主要对象。本章主要介绍具有普遍意义的风化作用、地下水的地质作用。

第一节 风化作用

地壳表层的岩石,在太阳辐射、大气、水和生物等风化营力的作用下,发生物理和化学的变化,使岩石崩解破碎以至逐渐分解的作用,称为风化作用。风化作用是最普遍的一种外力作用,在大陆的各种地理环境中,都有风化作用在进行。风化作用在地表最显著,随着深度的增加,其影响就逐渐减弱以至消失。

风化作用使坚硬致密的岩石松散破坏,改变了岩石原有的矿物组成和化学成分,使岩石的强度和稳定性大为降低,对工程建筑条件起着不良的影响。此外,如滑坡、崩塌、碎落、岩堆及泥石流等不良地质现象,大部分都是在风化作用的基础上逐渐形成和发展起来的。所以了解风化作用,认识风化现象,分析岩石风化程度,对评价工程建筑条件是必不可少的。

风化作用按其占优势的营力及岩石变化的性质,可分为物理风化、化学风化及生物风化三个密切联系的类型。

一、风化作用的类型

(一)物理风化作用

在地表或接近地表条件下,岩石、矿物在原地发生机械破碎而不改变其化学成分的过程叫物理风化作用。引起物理风化作用的主要因素是岩石释重和温度的变化。此外,岩石裂隙中水的冻结与融化、盐类的结晶与潮解等,也能促使岩石发生物理风化作用。

1. 岩石释重

无论是岩浆岩、变质岩还是沉积岩,在其形成以后,都可以因为上覆巨厚的岩层而承受巨大的静压力。一旦上覆岩层遭受剥蚀而卸荷时,岩石释重,随之产生向上或向外的膨胀力作用,形成一系列与地表平行的节理。处于地下深处承受巨大静压力的岩石,其潜在的膨胀力是十分惊人的。在一些矿山,当岩石初次露在掌子面时,膨胀是如此迅速,以至碎片炸裂飞出。岩石释重所形成的节理,为水和空气的活动提供了通路,使它们的风化作用更有效。

2. 温度变化

白天岩石在阳光照射下,表层首先升温,由于岩石是热的不良导体,热向岩石内部传递很慢，遂使岩石内外之间出现温差，各部分膨胀不同，形成与表面平行的风化裂隙。到了夜晚，白天吸收的太阳辐射热继续以缓慢速度向岩石内部传递，内部仍在缓慢地升温膨胀，而岩石表面却迅速散热降温、体积收缩，于是形成与表面垂直的径向裂隙。久而久之，这些风化裂隙日益扩大、增多，导致岩石层层剥落，最后崩解成碎块。

不同矿物有不同的体胀系数，在常温常压下，石英体胀系数的平均值为 31×10^{-6}，普通角闪石为 28.4×10^{-6}，长石为 17×10^{-6}。当温度反复变化时，复矿岩中不同的矿物有不同的膨胀与收缩，本来联结在一起的矿物颗粒就会彼此分离，使完整的岩石破裂松散。即使是单矿岩，由于晶体的非均匀性，晶体在各个方向上的线胀系数也不相同，受冷受热时也会造成收缩与膨胀的不一致，从而导致晶体的破裂。

温度变化的速度和幅度，特别是变化速度，对物理风化作用的强度起着重要的影响。温度变化速度愈快，收缩与膨胀交替愈快，岩石破裂愈迅速，因而温度日变化对物理风化的影响最大，年变化影响较小。在昼夜变化剧烈的干旱沙漠地区，昼夜温差可达 50 ℃～60 ℃。由于岩石热容量远小于水，因此在缺少植被和水的沙漠地区，地表岩石温度日变化就远大于气温的日变化，所以在这些地区物理风化作用最为强烈。这种由于温度变化而产生的风化作用又称为温差风化作用。

3. 水的冻结与融化

在一些高寒地带，如雨水或融雪水侵入岩石裂隙，当岩石温度低到 0 ℃以下时，液态的水就变为固态的冰，体积膨胀约 9%，这对裂隙将产生很大的膨胀压力，它使原有裂隙进一步扩大，同时产生更多的新裂隙。当温度升高至冰点以上时，冰又融化成水，体积减小，扩大的空隙中又有水渗入。年复一年，就会使岩体逐渐崩解成碎块。这种物理风化作用又称为冰劈作用或冰冻风化作用。冰冻风化作用主要发生在严寒的高纬度地区和低纬度的高寒山岳地区。

4. 可溶盐的结晶与潮解

在干旱及半干旱气候区，广泛地分布着各种可溶盐类。有些盐类具有很大的吸湿性，能从空气中吸收大量的水分而潮解，最后成为溶液。温度升高，水分蒸发，盐分又结晶析出，体积显著增大。由于可溶盐溶液在岩石的孔隙和裂隙中结晶时的撑裂作用，使裂隙逐渐扩大，导致岩石松散破坏。可溶盐的结晶撑裂作用，在干旱的内陆盆地是十分引人注目的。盐类结晶对岩石所起的物理破坏作用，主要决定于可溶盐的性质，同时与岩石孔隙度的大小和构造特征有很大的关系。

可以看出，物理风化的结果，首先是岩石的整体性遭到破坏，随着风化程度的增加，逐渐成为岩石碎屑和松散的矿物颗粒。由于碎屑逐渐变细，使热力方面的矛盾逐渐缓和，因而物理风化随之相对削弱，但同时随着碎屑与大气、水、生物等营力接触的自由表面不断增大，使风化作用的性质发生相应地转化，在一定的条件下，化学作用将在风化过程中起主要作用。

(二) 化学风化作用

在地表或接近地表条件下，岩石、矿物在原地发生化学变化可产生新矿物的过程叫化学风化作用。引起化学风化作用的主要因素是水和氧。自然界的水，不论是雨水、地面水或地下水，都溶解有多种气体（如 O_2、CO_2 等）和化合物（如酸、碱、盐等），因此自然界的水都是水溶液。水溶液可通过溶解、水化、水解、碳酸化等方式促使岩石化学风化。氧的作用方式是氧化作用。

1. 溶解作用

水直接溶解岩石中矿物的作用称为溶解作用。溶解作用的结果,使岩石中的易溶物质被逐渐溶解而随水流失,难溶的物质则残留于原地。岩石由于可溶物质的被溶解而致使孔隙增加,削弱了颗粒间的结合力从而降低岩石的坚实程度,更易遭受物理风化作用面破碎,最容易溶解的矿物是卤化盐类(岩盐,钾盐),其次是硫酸盐类(石膏,硬石膏),再次是碳酸盐类(石灰岩,白云岩)。其他岩石虽然也溶解于水,但溶解的程度低得多。岩石在水里的溶解作用一般进行得十分缓慢,但是当水的温度升高以及压力增大时,水的溶解作用就比较活跃。特别是当水中含有侵蚀性的 CO_2 而发生碳酸化作用时,水的溶解作用就会显著增强,如在石灰岩分布地区,由于这种溶解作用经常会产生溶洞、溶穴等岩溶现象。

2. 水化作用

有些矿物与水接触后和水发生化学反应,吸收一定量的水到矿物中形成含水矿物,这种作用称为水化作用。例如,硬石膏经过水化作用变为石膏就是很好的例子。

$$CaSO_4 + 2H_2O \longrightarrow CaSO_4 \cdot 2H_2O$$
硬石膏　　　　　　　　石膏

水化作用的结果产生了含水矿物,含水矿物的硬度一般低于无水矿物,同时由于在水化过程中结合了一定数量的水分子进入物质的成分之中,改变了原有矿物的成分,引起体积膨胀,对岩石也具有一定的破坏作用。

若岩层中含有硬石膏层时,当石膏发生水化作用而体积膨胀,对围岩会产生很大的压力,促使岩层破碎。在隧道施工中,这种压力甚至能引起支撑倾斜,衬砌开裂,应当引起足够的注意。

3. 水解作用

某些矿物溶于水后,出现离解现象,其离解产物可与水中的 H^+ 和 OH^- 离子发生化学反应,形成新的矿物,这种作用称为水解作用。例如,正长石经水解作用后,开始形成的 K^+ 与水中 OH^- 离子结合,形成的 KOH 随水流失,析出一部分 SiO_2 可呈胶体溶液随水流失,或形成蛋白石($SiO_2 \cdot nH_2O$)残留于原地;其余部分可形成难溶于水的高岭石而残留于原地。

$$4K(AlSi_3O_8) + 6H_2O \longrightarrow 4KOH + 8SiO_2 + Al_4(Si_4O_{10})(OH)_8$$
正长石　　　　　　　　　　　　　　　　高岭石

4. 碳酸化作用

当水中溶有 CO_2 时,水溶液中除 H^+ 和 OH^- 离子外,还有 CO_3^{2-} 和 HCO_3^- 离子,碱金属及碱土金属与之相遇会形成碳酸盐,这种作用称为碳酸化作用。硅酸盐矿物经碳酸化作用后,其中碱金属变成碳酸盐随水流失,如花岗岩中的正长石受到长期碳酸化作用时,则发生如下反应:

$$4K(AlSi_3O_8) + 4H_2O + 2CO_2 \longrightarrow 2K_2CO_3 + 8SiO_2 + Al_4(Si_4O_{10})(OH)_8$$
正长石　　　　　　　　　　　　　　　　　　　高岭石

5. 氧化作用

矿物中的低价元素与大气中的游离氧化合变为高价元素的作用,称为氧化作用。氧化作用是地表极为普遍的一种自然现象。在湿润的情况下,氧化作用更为强烈。自然界中,有机化合物、低价氧化物、硫化物最容易遭受氧化作用。尤其是低价铁常被氧化成高价铁。例如常见的黄铁矿(FeS_2)在含有游离氧的水中,经氧化作用形成褐铁矿($FeS_3 \cdot nH_2O$),同时产生对岩石腐蚀性极强的硫酸,可使岩石中的某些矿物分解形成洞穴和斑点,致使岩石破坏。

(三)生物风化作用

岩石在动、植物及微生物影响下发生的破坏作用称为生物风化作用。生物风化作用主要发生在岩石的表层和土中。生物风化作用有物理的和化学的两种方式。

1. 生物物理风化作用

生物物理风化作用是生物的活动对岩石产生机械破坏的作用。例如,穴居动物蚂蚁、蚯蚓等钻洞挖土,可不停地对岩石产生机械破坏,使岩石破碎,土粒变细;生长在岩石裂隙中的植物,其根部生长撑裂岩石,不断地使岩石裂隙扩大、加深,使岩石破碎。

2. 生物化学风化作用

生物化学风化作用是生物的新陈代谢及死亡后遗体腐烂分解而产生的物质与岩石发生化学反应,促使岩石破坏的作用。例如,植物和细菌在新陈代谢过程中,通过分泌有机酸、碳酸、硝酸和氢氧化铵等溶液腐蚀岩石;动、植物死后遗体腐烂可分解出有机酸和气体(CO_2、H_2S等),溶于水后可对岩石腐蚀破坏;遗体在还原环境中,可形成含钾盐、磷盐、氮的化合物和各种碳水化合物的腐殖质,腐殖质的存在可促进岩石物质的分解。

岩石、矿物经过物理、化学风化作用以后,再经过生物的化学风化作用,就不再是单纯的无机组成的松散物质,因为它还具有植物生长必不可少的腐殖质。这种具有腐殖质、矿物质、水和空气的松散物质叫土壤。不同地区的土壤具有不同的结构及物理、化学性质,据此全世界可以划分出许多土壤类型,而每一种土壤类型都是在其特有的气候条件下形成的。例如,在热带气候下,强烈的化学风化和生物风化作用,使易溶性物质淋失殆尽,形成富含铁、铝的红壤。

二、影响岩石风化的主要因素

(一)地质因素

1. 岩石性质

岩石的成因、矿物成分及结构、构造不同,对风化的抵抗能力不同。

(1)成因。岩石成因反映它生成时的环境和条件。风化作用实质上是由于岩石生成时的环境和条件与目前它所处的环境和条件的差异性造成的。如果岩石生成的环境和条件与目前地表环境、条件接近,则岩石抵抗风化能力强,反之则容易风化。因此,喷出岩比浅成岩抗风化能力强,浅成岩又比深成岩抗风化能力强。一般情况下沉积岩比岩浆岩和变质岩抗风化能力强。

(2)矿物成分。组成岩石矿物成分的化学稳定性和矿物种类的多少,是决定岩石抵抗风化能力的重要因素。按照矿物化学稳定性顺序,石英化学稳定性最好,抗风化能力强;其次是正长石、酸性斜长石、角闪石和辉石;而基性斜长石、黑云母和黄铁矿等矿物是很容易被风化的。一般来说深色矿物风化快,浅色矿物风化慢,对于各种碎屑岩和黏土岩,抗风化能力强。另外由上述可知,单矿岩比复矿岩抗风化能力强。

(3)结构和构造。一般来说均匀、细粒结构岩石比粗粒结构岩石抗风化能力强,等粒构造比斑状结构岩石耐风化,而隐晶质岩石最不易风化。从构造上看,具有各向异性的层理、片理状岩石较致密块状岩石容易风化,而厚层、巨厚层岩石比薄层状岩石更耐风化。

2. 地质构造

地质构造对风化的影响主要是岩石在构造变形时生成多种节理、裂隙和破碎带,使岩石破碎,为各种风化因素侵入岩石内部提供了途径,扩大了岩石与空气、水的接触面积。大大促进了岩石风化。因此在褶曲轴部、断层破碎带及其附近裂隙密集部位的岩石风化程度比完整的岩石严重。

(二)气候因素

主要体现在气温变化、降水和生物的繁殖情况。地表条件下温度增加10 ℃,化学反应速度增加一倍;水分充足有利于物质间的化学反应。故气候可控制风化作用的类型和风化速度,在不同的气候区,风化作用的类型及其特点有明显的不同。例如,在寒冷的极地和高山区,以物理风化作用(冰冻风化)为主,岩石风化后形成具棱角状的粗碎屑残积物。在湿润气候区各种类型的风化作用都有,但化学风化、生物风化作用更为显著,岩石遭受风化后分解较彻底,形成的残积层厚,且往往发育有较厚的土壤层。在干旱的沙漠区,以物理风化作用(温差风化)为主,岩石风化形成薄层具棱角状的碎屑残积物。

(三)地形

地形可影响风化作用的速度、深度、风化产物的堆积厚度及分布情况。地形起伏较大、陡峭、切割较深的地区,以物理风化作用为主,岩石表面风化后岩屑可不断崩落,使新鲜岩石直接露出表面而遭受风化,且风化产物较薄。在地形起伏较小、流水缓慢流经的地区,以化学风化作用为主,岩石风化彻底,风化产物较厚;在低洼有沉积物覆盖的地区,岩石由于有覆盖物的保护不易风化。

三、风化岩层的分带与风化程度的分级

(一)风化岩层的分带

前面已经指出,岩石的风化是由表及里的,地表受到风化作用的影响最显著,由地表往下风化作用的影响逐渐减弱以至消失,因此在风化剖面的不同深度上,岩石的物理力学性质也会有明显的差异。从工程地质的角度,一般把风化岩层自上而下或从外到内分为4个带。表3-1列出了岩石风化分带及各带的基本特征。

表3-1 岩石风化分带及各带基本特征

风化分带	基 本 特 征						
	颜 色	矿物成分	结构、构造	破碎程度	力学性质	纵波特征	其他特征
全风化带	原岩完全变色,常呈黄褐、棕红等色。	除石英外其余大部分矿物风化为次生矿物。	结构、构造完全破坏,仅外观保持原岩的状态,矿物晶粒间失去胶结联系。	呈土状,用手可折断、捏碎。	强度很低,抗压强度仅为新鲜岩石的1/4左右。	纵波波速值低,为1 000~2 000 m/s。	锤击声哑,用铁镐可挖动。
强风化带	大部分变色,岩石中心较新鲜。	矿物大部分风化为次生矿物,仅岩块中心变质较轻。	结构、构造大部分破坏。	岩石呈干砌块石状,岩块上裂纹密布,疏松易碎。	强度较低,岩块抗压强度低于新鲜岩石的1/3。	纵波波速值较低,为2 000~3 000 m/s。	锤击声哑,用铁镐开挖,偶需爆破。
弱风化带	岩体表面及裂隙面大部分变色,断口颜色仍较新鲜。	沿裂隙面矿物变质明显,有次生矿物出现。	结构、构造大部分完好。	岩体一般完好,原生结构、构造清晰,风化裂隙发育。	强度较原岩低,抗压强度为原岩的1/3~2/3。	纵波波速值较高,为2 500~5 000 m/s。	锤击发音不够清脆,需爆破开挖。
微风化带	仅沿裂隙面颜色略有改变。	仅沿裂隙面有矿物轻微变异并有铁锈。	结构、构造未变。	岩体完整性好,风化裂隙少见。	与新鲜岩石相差无几,不易区别。	纵波波速值高,为5 000~6 000 m/s。	锤击发音清脆,需爆破开挖。

(二)风化程度分级

岩石风化后,工程地质性质变差,风化严重的可以丧失强度,风化轻微的其强度可能略有下降或有不同程度的降低。因此,确定岩石的风化程度,充分利用岩石的"剩余"强度,对于工程建设来说有重要意义。目前确定岩石的风化程度主要依据野外观察岩石中的矿物颜色变化、矿物成分改变、岩石破碎程度和岩石强度降低等四方面的特征而定。

(1)矿物颜色变化。岩石中矿物成分的风化首先反映在其颜色的改变上。未风化矿物的颜色是新鲜的、光泽明亮可见的,风化后颜色暗淡,失去光泽,风化愈严重,变化愈明显。

(2)矿物成分改变。岩石风化必然引起矿物成分的变化,这在易风化矿物中最易显示出来,所以要特别观察易于风化的矿物,如黑云母等的变化。长石失去光泽,表面似有土状粉末,即表明已开始风化。

(3)岩石破碎程度。风化后岩石产生许多裂隙,显然岩石风化程度愈严重,产生的风化裂隙愈多,岩石就愈破碎。

(4)岩石强度变化。岩石风化产生风化裂隙,使岩石强度降低。风化愈严重的岩石,其强度降低得愈多,根据岩石强度的变化可以确定风化程度。野外调查时,可用手锤敲击、小刀刻划、镐头挖掘等方法测试其强度变化。

根据上述四方面的变化,将岩石风化程度划分为五级,见表3-2。

表 3-2 岩石风化程度分级

风化程度分级	主要风化特征				
	颜色与光泽	结构与构造	矿物成分	破碎程度	强度
未经风化(未风化)	所有矿物及其胶结物的颜色都是新鲜的。	保持原有结构、构造。	矿物成分未变。	除构造裂隙外,肉眼见不到其他裂隙。	岩石原有的强度。
风化轻微(微风化)	岩石颜色稍比新鲜岩石暗淡,仅裂隙面附近部分矿物变色。	结构、构造未变。	沿裂隙面稍有风化现象或有水锈。	发生少数风化裂隙,但不易与新鲜岩石区别。	比新鲜岩石略低,但不易区别。
风化颇重(弱风化)	表面和裂隙面大部分变色,但断口仍保持新鲜岩石特点。	结构、构造大部分完好。	沿裂隙面出现次生矿物。	风化裂隙发育,完整性较差。	抗压强度仅为新鲜岩石的1/3~2/3。
风化严重(强风化)	岩石颜色改变,仅岩块断口中心仍保持原有颜色。	结构、构造大部分破坏。	易风化矿物均已风化变质,形成次生矿物。	岩体呈干砌块石状,岩块上裂纹密布,疏松易碎,完整性很差。	抗压强度仅为新鲜岩石的1/3左右。
风化极严重(全风化)	岩石完全变色,光泽消失,黑云母变为蛭石。	结构、构造完全破坏,仅外观保持原岩的状态,矿物晶粒间失去了胶结联系,石英松散成砂粒。	除石英晶粒外,其余矿物大部分风化变质,形成次生矿物。	用手可折断、捏碎	很低。

风化对岩石力学性质的影响可以通过岩石风化程度来评价,岩石风化程度可以通过室内岩石物理、力学性质指标评定的方法,也可以用声波及超声波的方法来评定。

水电部成都勘察设计研究院科研所提出用岩石风化程度系数(K_y)来评定岩石的风化程度[75]。

$$K_y = \frac{1}{3}(K_n + K_R + K_W)$$

式中：$K_n=\dfrac{n_1}{n_2}$（孔隙率系数）；$K_R=\dfrac{R_2}{R_1}$（强度系数）；$K_W=\dfrac{\omega_1}{\omega_2}$（吸水率系数）；$n_1,R_1,\omega_1$ 为新鲜岩石的孔隙率、抗压强度、吸水率；n_2,R_2,ω_2 为风化岩石的孔隙率、抗压强度、吸水率。

利用 K_y 分级如下：

$K_y\leqslant 0.1$　　　　　　　　剧风化

$K_y=0.1\sim 0.35$　　　　　　强风化

$K_y=0.35\sim 0.65$　　　　　　弱风化

$K_y=0.65\sim 0.90$　　　　　　微化风

$K_y=0.90\sim 1.00$　　　　　　新鲜岩石

用上述分级法与地质上肉眼判断等级进行对比，大多数是吻合的，所以采用以地质定性评价为基础，再用定量分级加以补充，可以消除人为的误差。

应当说明的是，上述岩石风化程度 K_y 的概念，仅是表示岩石风化程度深浅的一个相对指标，而不是绝对值。

四、岩石风化的调查评价与防治

(一)风化作用的工程意义

岩石受风化作用后，改变了物理、化学性质，其变化的情况随着风化程度的轻重而不同。如岩石的裂隙度、孔隙度、透水性、亲水性、胀缩性和可塑性等都随风化程度加深而增加，岩石的抗压和抗剪强度都随风化程度加深而降低，风化成分产物的不均匀性、产状和厚度的不规则性都随风化程度加深而增大。所以，岩石风化程度愈深的地区，工程建筑物的地基承载力愈低，岩石的边坡愈不稳定。风化程度对工程设计和施工都有直接影响，如矿山建设、场址选择、水库坝基、大桥桥基和公路路基等地基开挖深度、浇灌基础应到达的深度和厚度、边坡开挖的坡度以及防护或加固的方法等，都将随岩石风化程度不同而异。因此，工程建设前必须对岩石的风化程度、速度、深度和分布情况进行调查和研究。

(二)岩石风化的调查与评价

岩石风化的调查内容主要有：

(1) 查明风化程度，确定风化层的工程性质，以便考虑建筑物的结构和施工的方法。

(2) 查明风化层厚度和分布，以便选择最适当的建筑地点，合理地确定风化层的清基和刷方的土石方量，确定加固处理的有效措施。

(3) 查明风化速度和引起风化的主要因素，对那些直接影响工程质量和风化速度快的岩层，必须制定预防风化的正确措施。

(4) 对风化层进行划分，对次生矿物特别是黏土的含量和成分(如蒙脱石、高岭石、伊利石等)进行必要分析，因为它直接影响地基的稳定性。

(三)岩石风化的防治

(1) 挖除法。适用于风化层较薄的情况，当风化层厚度较大时通常只将严重影响建筑物稳定的部分剥除。

(2) 抹面法。用水和空气不能透过的材料，如沥青、水泥、黏土层等覆盖岩层。

(3) 胶结灌浆法。用水泥、黏土等浆液灌入岩层或裂隙中，以增强岩层的强度，降低其透水性。

(4) 排水法。为了减少具有侵蚀性的地表水和地下水对岩石中可溶性矿物的溶解及对岩石强度的影响,适当做一些排水工程。

只有在进行详细调查研究以后,才能提出切合实际的防止岩石风化的处理措施。

五、易软(风)化岩石工程实例

易软(风)化岩石是指各种泥岩、页岩、晚第三系(N)的砂岩等岩石,这些类型的岩石具有强度低、易软化、易风化(抗风化能力低,在空气中可风化呈土状)、岩体结构差等特点,工程性质差。我国公路建设的发展,将会遇到越来越多易软(风)化岩石的处理问题。一些公路施工中常常将这些岩石作弃方处理,然而经过科研人员和施工人员的努力,基本解决易风化岩石作为路用填筑材料的问题及其边坡稳定性的处理问题。现举实例,供读者参考。

(一)黏土岩填筑路堤技术

湖南南部广泛分布有黏土岩,由于这类岩石极易风化、干硬湿软,俗称"晴天一把刀,雨天一路泥"。在该地区修筑公路时,曾使用这种黏土岩作路堤填料。部分路段发生了路基沉陷,经测试,岩石的工程性质见表3-3。

从表3-3可以看出岩石的抗压强度小于15 MPa,属填土路堤材料。液限小于50%、塑性指数小于26、自由膨胀率小于40%、CBR大于8、回弹模量大于30 MPa,满足高速公路路堤填料的要求。内摩擦角26.8,说明该岩石填筑的路堤边坡是稳定的。

表3-3 黏土岩工程性质

岩石名称	抗压强度(MPa)	回弹模量(MPa)	液限(%)	塑限(%)	塑性指数	自由膨胀率	CBR(%)	内摩擦角	粘聚力(kPa)
砂质泥岩	6.9	103.93	30.55	19	11.55	17.75	52	26°50′	75.37

根据规范要求,石料强度小于15 MPa时,填筑的路堤为填土路堤。黏土岩中黏土矿物含量一般较高,抗风化能力差,它们在路堤中不能以石块的形式长期存在,而是逐渐风化破碎为土粒,所以用它们填筑的路堤必须具备满足路堤要求的密实度。

虽然岩石的强度小于15 MPa时填筑的路堤为填土路堤,但路堤填筑时的施工工艺比填土要复杂,因为爆破后石碴的粒径一般较大。经检查,路堤沉降是由于填筑的石块粒径太大、松铺厚度太大、没有按规范做击实试验及测试压实度造成的。路堤没有压实,岩块在路堤内干湿循环,逐渐崩解破碎,从而导致路堤的沉降和开裂。

根据调查分析的结果和现场测试,得出结论:用黏土岩填筑路堤时,按照《公路路基设计规范》(JTG D30—2004)的要求,对工程性质指标进行试验,以判定其是否满足要求,采取与之相适应的爆破技术、摊铺、碾压及压实度测试方法,严格进行质量控制,是完全能够保证路堤质量要求的。

(二)红砂岩路堤填筑技术

红砂岩在中国分布范围很广。红砂岩存在两种典型结构即粒状碎屑结构与泥状结构,根据岩石学分类可分为碎屑类与黏土岩类,前者主要包括泥质砂岩、泥质粉砂岩、泥质细砂岩、泥岩、砾岩等;后者主要包括泥岩、页岩、砂质泥岩及砂质岩等,红砂岩中的铁质以浸染物的形式存在,致使红砂岩的外观呈现红色基调。红砂岩因矿物成分和胶结物质的差异而强度变化很大,而且在大气环境下或干湿循环作用下,岩块可崩解成土,甚至泥化,其颗粒软化,强度降低,工程性质很差。因此红砂岩作为路用填筑材料容易造成路基沉陷,导致路面开裂等不良工程现象。某地红砂岩的物理力学性质见表3-4。

表3-4 某地红砂岩的物理力学性质

岩石名称	天然密度(g/cm³)	比重	天然含水量(%)	空隙率(%)	饱和吸水率(%)	自由膨胀率	抗压强度(MPa)	软化系数
红砂岩	2.44	2.68	4.5	13.8	9.15	13.5	8.5	0.45
一般砂岩	2.20~2.71	2.66~2.75	1.0~3.2	1.60~2.8	0.2~0.50	0	20~200	0.95~1

作为路用材料主要考虑两个方面的影响。其一就是红砂岩的水活性,即红砂岩的浸水崩解特性是不同于其他岩类的主要特征,也是使红砂岩路基产生病害的根本原因,其病害产生的可能性及其程度大小,称之为红砂岩的水活性。红砂岩只有与外界交换水分的情况下,其水活性才会发挥。红砂岩在天然或人工、机械作用下逐渐崩解,水活性随之消除,则不再对路基构成危害。其二,经过崩解碾压后的红砂岩路用性能指标须满足高速公路填筑材料的要求。大量室内外试验发现红砂岩崩解碾压后可形成一种介于粉性黏土与粉土之间的土体即红砂土,红砂土各项路用性能指标均能满足高速公路填料的要求,如某地红砂土的土工性质指标如下表3-5。

表3-5 某地红砂土的土工性质

颗粒含量(%)			塑限 w_p(%)	液限 w_L(%)	塑性指数 I_P	最大干密度 ρ_{max}(g·cm⁻³)	最佳含水量 w_0(%)	CBR(%)
砂料	粉粒	黏粒						
29.8	58.3	11.9	27.4	39.7	12.3	1.94	8.2	6.85
19.5	79.6	0.9	25.3	38.8	13.5	2.03	9.1	5.72
10.6	78.6	10.8	25.5	40.2	14.7	1.98	9.6	5.48

因此,红砂岩路堤填筑关键技术主要包括如下几个方面:
(1)通过预崩解,消除红砂岩的水活性,保证红砂岩路堤不出现因为水作用而产生的病害。
(2)红砂岩预崩解后形成红砂土,经过一定的填筑工艺保证红砂土满足高速公路填料要求。
(3)通过碾压等工艺,阻止外界水分侵入,防止红砂岩残余水活性的激化,确保路基稳定。
(4)通过掺料改良路用性能,提高路基稳定性。

根据红砂岩路堤填筑关键技术,确定了红砂岩路堤填筑的处理技术,即采用特殊措施消除红砂岩的水活性,将红砂岩全部或大部分转变成红砂土,再通过掺料、压实、隔断外界水分等措施,形成密实的、不透水路堤,防止红砂岩路基病害发生。

为达到上述目的,在大型模拟试验路堤和现场试验路段试验研究的基础上,深入分析了红砂岩路堤的填筑机理,确定了以"预崩解→耙压→压实"工序为核心的施工工艺,可使红砂岩全部或大部分颗粒粉碎,消除水活性,达到填料的良好级配,转变成红砂土,形成密实的不透水路堤,其施工工序为:开挖→预崩解→装运→卸料→摊铺→耙压→初压→赶平→碾压→终压。

经现场试验,结果表明,施工时采用碾压密实型方案最好。其施工工艺简单易行,容易接受。对机械设备、施工无需特殊要求。但该方案的松铺厚度宜控制在30 cm以内,最大粒径不得超过20 cm。按以上方法处理后的红砂岩路堤,其强度能满足高速公路要求。

(三)炭质泥岩边坡防治措施

1. 主要工程地质特征

广西某公路沿线存在大量的炭质泥岩边坡,泥岩中多数富含炭而呈灰黑色,其主要工程地质特征如下:

(1) 风化快。炭质泥岩多为软弱灰岩、砂岩、泥岩和页岩互层,岩质软弱,崩解性强,风化深度较大,抗风化能力差,特别是煤系地层,边坡风化更为强烈。岩层经人工开挖揭露,形成边坡,若不及时覆盖,岩体将在极短的时间内(几天到十几天)风化变质成液限较高的泥炭土,失去应有的岩性,造成边坡失稳。

(2) 强度低。岩石风化后单轴抗压强度为 10~20 MPa。

(3) 岩体结构差。岩体存在不同程度的松动,雨水可直接渗入边坡岩体。

(4) 活化作用。炭质泥岩受干燥—浸水活化作用影响较大,极易活化,且具有不可逆性。

2. 防护加固措施

经调查研究,炭质泥岩边坡的破坏一方面是边坡面的风化剥落,另一方面是结构面引起的失稳破坏。据此确定边坡的防护加固措施,具体如下:

(1) 坡面防护。即通常指的护坡工程,是在稳定边坡基础上做的防护。防护的目的是使边坡克服强度衰减和自然营力作用有所提高,主要是防风化、防雨水、防冲刷、防细小落石掉块。针对该段公路的工程实际,植物防护采用客土喷播(见图 3-1)、土工格室植被防护、三级土工网植被防护方案,应用于坡度缓于 1∶0.75 的风化程度较高边坡。工程防护重点选择了浆砌片石护面墙和挂网喷浆措施,适用于Ⅰ、Ⅱ类边坡(详细见参考文献[127]第 97 页)。

(2) 边坡加固。是指边坡已处于临界平衡状态,已发生或潜在发生崩塌或滑坡、坍塌,通过设置支挡结构,增大其稳定性系数,预防边坡地质灾害,根据炭质泥岩边地工程环境条件,重点选择了挡土墙、喷锚网和预应力锚固加固,适用于稳定较差和不稳定边坡(Ⅲ、Ⅳ类),对于低矮边坡以重力式挡墙为主。

(3) 喷锚网加固。是靠锚杆、钢筋网和混凝土层共同工作来提高不稳定炭质泥岩边坡岩土的结构强度和抗变形刚度。主要适用于Ⅱ、Ⅲ类边坡。预应力锚固是通过钻孔将钢绞线或高强度钢筋固定于深部稳定的地层中,并在被加固体表面通过张拉产生预应力,从而达到被加固体稳定和限制其变形目的,主要用于不稳定边坡加固(Ⅳ类)。

对滑坡严重,治理难以彻底或投资巨大的边坡采取改变边坡形状或线形结构措施。沿线多处边坡采用放缓卸载结合截排水综合措施进行治理。

采取了上述加固措施,经过一个雨季的考验,公路沿线边坡稳定,有效保障了公路的安全畅通,取得良好的经济效益和社会效益。

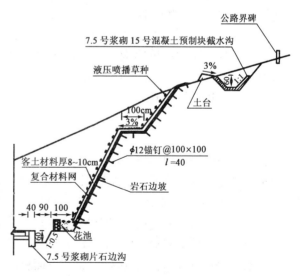

图 3-1 挂网客土喷播绿化结构图

六、残积层

地表岩石经过长期风化作用以后,改变了矿物成分、结构和构造,形成与原来岩石性质不同的风化产物,其中除一部分易溶物质被水溶解流失外,大部分物质残留原地,这种物质称为残积物,这种风化层称为残积层。

残积层的成分与原岩有密切关系,在酸性岩浆岩分布地区的残积层中,除含有由长石分解而成的黏土矿物外,常以富含石英颗粒的砂土为其特征。石灰岩形成的残积层,多为含石灰岩碎石的钙质亚黏土或黏土。石英砂岩的残积层,一般为砂层。

残积层中的碎屑物质大小不均匀、棱角显著、无分选、无层理。有时保存原岩的残余构造,或者由于不同深度上的风化程度不同,而呈现假层理。残积层与下伏母岩没有明显界限,而是逐渐过渡的。残积层在平缓的山顶和山坡上较厚,而在易遭冲刷的较陡山坡上则厚度不大。

残积层的工程地质性质,主要取决于矿物成分、结构和构造等因素。残积层具有较多的孔隙和裂缝,易遭冲刷,强度和稳定性较差。由于残积层孔隙多,成分和厚度很不均匀,所以作为建筑物的地基时,应考虑其承载能力和可能产生的不均匀沉陷。由于残积层结构比较散,作为路堑边坡时,应考虑可能出现的坍塌和冲刷等问题。

残积层和其上经生物风化作用形成的土壤共同构成风化壳。风化壳的性质与气候关系极为密切,不同的气候条件形成不同的风化壳。在垂直气候分带明显的高山区,风化壳也具有明显的分带现象。风化壳被上覆沉积层掩埋后形成埋藏风化壳,研究埋藏风化壳可以推断古地、古气候,确定沉积间断等。

第二节 地表流水的地质作用

在大陆上有两种地表流水:一种是时有时无的,如雨水及山洪急流,它们只在降雨或积雪融化时产生,称为暂时流水;另一种是终年流动不息的,如河水和江水,称为长期流水。不论长期流水或暂时流水,在流动过程中都要与地表的土石发生相互作用,产生侵蚀、搬运和堆积作用,形成各种地貌和不同的松散沉积层。地表流水不仅是影响地表形态不断发展变化的一个带有普遍性的重要自然因素,而且经常影响着工程的建筑条件。本节着重介绍地表流水的地质作用及其沉积层的一般工程地质特征。

一、暂时流水的地质作用及其松散堆积层

(一)坡面细流的地质作用及坡积层

雨水降落到地面或覆盖地面的积雪融化时形成的地表水,其中一部分被蒸发,一部分渗入地下,剩下的部分在沿斜面流动时不断地分散,形成无数股网状细小的流水,称之为坡面细流。坡面细流从高处沿斜坡向低处缓慢的流动,时而冲刷,时而沉积,不断地使坡面地风化岩屑和粘土物质沿斜坡向下移动,最后,在坡脚或山坡低凹处沉积下来形成松散的堆积物,称为坡积层。雨水、融雪水形成的坡面细流对整个坡面所进行的这种比较均匀、缓慢和在短期内并不显著的地质作用,称为洗刷作用。可以看出,坡面细流的洗刷作用,一方面对山坡地貌起着逐渐变缓和均夷坡面起伏的作用,对坡面地貌形态的发展发生影响,同时伴随产生松散堆积物,形成坡积层。

坡面细流的洗刷作用的强度和规模,在一定的气候条件下与山坡的岩性、风化程度和坡面植被的覆盖程度有关。一般在缺少植物的土质山坡或风化严重的软弱岩质山坡上洗刷作用比较显著。

由坡面细流的洗刷作用形成的坡积层(见图3-2),是山区公路勘测设计中经常遇到的第四纪陆相沉积物中的一个成因类型,它顺着坡面沿山坡的坡脚或山坡的凹坡呈缓倾斜裙状分布,在地貌上称为坡积裙。坡积层的厚度,由于碎屑物质的来源、下伏地貌及堆积过程不同而变化很大。就其本身来说,一般是中下部较厚,向山坡上部逐渐变薄以至尖灭。

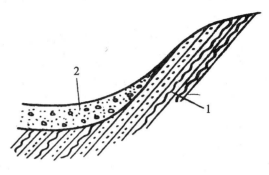

1—基岩;2—坡积层

图3-2 坡积层示意图

坡积层可分为山地坡积层和山麓平原坡积层两个亚组:山地坡积层一般以亚黏土夹碎石为主,而山麓平原坡积层则以亚黏土为主,夹有少量的碎石。在我国北方干旱、半干旱地区的山麓平原坡积物,常具有黄土状土的某些特征。

坡积层物质未经长途搬运,碎屑棱角明显,分选性不好,通常都是些天然孔隙度很高的含有棱角状的碎石和亚黏土。与残积层不同的是坡积层的组成物质经过了一定距离的搬运,由于间歇性的堆积,可能有一些不太明显的倾斜层理,同时与下伏基岩没有成因上的直接联系。

除下伏基岩顶面的坡度平缓者外,坡积层多处于不稳定状态。实践证明,山区傍坡路线挖方边坡稳定性的破坏,大部分是在坡积层中发生的。影响坡积层稳定性的因素,概括起来主要有以下三个方面:

(1)下伏基岩顶面的倾斜程度。当坡积层的厚度较小时,其稳定程度首先取决于下伏岩层顶面的倾斜程度,如下伏地形或岩层顶面与坡积层的倾斜方向一致且坡度较陡时,尽管地面坡度很缓,也易于发生滑动。山坡或河谷谷坡上的坡积层的滑动,经常是沿着下伏地面或基岩的顶面发生的。

(2)下伏基岩与坡积层接触带的含水情况。当坡积层与下伏基岩接触带有水渗入而变得软弱湿润时,将显著降低坡积层与基岩顶面的摩阻力,更容易引起坡积层发生滑动。坡积层内的挖方边坡在久雨之后容易产生坍方,水的作用是一个带有普遍性的原因。

(3)坡积层本身的性质。由于坡积层的孔隙度一般都比较高,特别是在黏土颗粒含量高的坡积层中,雨季含水量增加,不仅增大了本身的重量,而且抗剪强度随之降低,因而稳定性就跟着大为减小。以粗碎屑为主组成的坡积层,其稳定性受水的影响一般不像黏土颗粒那样显著。

除此以外,在低山地区和丘陵地区还常有一种坡积—残积物的混合堆积层存在,并兼有两者的工程地质特性,实践中应予注意。

(二)山洪急流的地质作用及洪积层

在山区由暂时性的暴雨或山坡上的积雪急剧消融所形成的坡面流水汇集于沟谷中,在较短时间内形成流量大、流速高的水流,称为山洪急流。山洪急流也常称为洪流。

洪流沿沟谷流动时,由于集中了大量的水流,沟底坡度大、流速快,因而拥有巨大的动能,对沟谷的岩石有很大的破坏力。洪流以其自身的水力和携带的砂石,对沟底和沟壁进行冲击和磨蚀,这个过程称为洪流的冲刷作用,同时把冲刷下来的碎屑物质带到山麓平原或沟谷口堆积下来,形成洪积层。由洪流冲刷作用形成的沟底狭窄、两壁陡峭的沟谷叫冲沟。

1. 冲沟

冲沟虽然是一个地貌上的问题,但是在西北黄土高原地区,其形成和发展却对公路等工程的建筑条件产生重要影响。如陕北的绥德、吴旗,陇东的庆阳、宁县,冲沟系统规模之大,切割之深,发展之快,均为其他地区所罕见。在那些地区,冲沟使地形变得支离破碎,路线布局往往受到冲沟的控制,不仅增加路线长度和跨沟工程、增大工程费用,而且经常由于冲沟的不断发展,截断路基,中断交通,或者由于洪积物掩埋道路,淤塞涵洞,影响正常运输。所以,有必要在这里一并进行讨论。

冲沟的发展,是以溯源侵蚀的方式由沟头向上逐渐延伸扩展的。在厚度很大的均质土分布地区,冲沟的发展大致可分为以下四个阶段。

(1) 冲槽阶段。坡面迳流局部汇流于凹坡,开始沿凹坡发生集中冲刷,形成不深的切沟。沟床的纵剖面与斜坡剖面基本一致(见图3-3a)。在此阶段,只要填平沟槽,注意调节坡面流水不再汇集,种植草皮保护坡面,即可使冲沟不再发展。

(2) 下切阶段。由于冲沟不断发展,沟槽汇水增大,沟头下切,沟壁坍塌,使冲沟不断向上延伸和逐渐加宽。此时的沟床纵剖面与斜坡已不一致,出现悬沟陡坎(见图3-3b),在沟口平缓地带开始有洪积物堆积。在冲沟发育地带进行公路勘测时,路线应避免从处于下切阶段的冲沟顶部或靠近沟壁的地带通过。否则,除进行一般性的防治外,为防止冲沟进一步发展而影响路基稳定,必须采取积极的工程防治措施,如加固沟头、铺砌沟底、设置跌水及加固沟壁等。

(3) 平衡阶段。悬沟陡坎已经消失,沟床已下切拓宽,形成凹形平缓的平衡剖面,冲刷逐渐削弱,沟底开始有洪积物沉积(见图3-3c)。在此阶段,应注意冲沟发生侧蚀和加固沟壁。

(4) 休止阶段。沟头溯源侵蚀结束,沟床下切基本停止,沟底有洪积物堆积(见图3-3d),并开始有植物生长。处于休止阶段的冲沟,除地形上的考虑外,对公路工程已无特殊的影响。

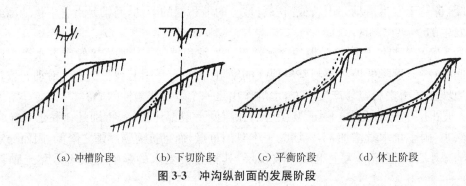

(a) 冲槽阶段　　(b) 下切阶段　　(c) 平衡阶段　　(d) 休止阶段

图3-3　冲沟纵剖面的发展阶段

冲沟发展的上述阶段,是指在厚层均质土层中(如黄土层中)冲沟发展的一般情况。发育在非均质土层,或残积、坡积、洪积等松散堆积层中的冲沟,其发展情况除受堆积物的性质、结构和厚度等因素的影响外,还受下伏地面的岩性、产状条件的影响,不一定能划分出上述四个阶段,也不一定会形成平衡剖面。因此,在实践中分析冲沟的发展情况,评价冲沟对建筑物可能产生的影响时,应结合冲沟地质情况和所处的自然地理条件作具体分析。

2. 洪积层

洪积层是由山洪急流搬运的碎屑物质组成的。当山洪急流夹带大量的泥沙、石块流出沟口后，由于沟床纵坡变缓，地形开阔，水流分散，流速降低，搬运能力骤然减小。所夹带的石块、岩屑、砂砾等粗大碎屑先在沟口堆积下来，较细的泥沙继续随水搬运，多堆积在沟口外围一带。由于山洪急流的长期作用，在沟口一带就形成了扇形展布的堆积体，在地貌上称为洪积扇。洪积扇的规模逐年增大，有时与相邻沟谷的洪积扇互相连接起来，形成规模更大的洪积裙或洪积冲积平原。

上面已经提到，洪积层是第四纪陆相堆积物中的一个类型，从工程地质观点来看，洪积层有以下一些主要特征：

（1）组成物质分选不良，粗细混杂，碎屑物质多带棱角，磨圆度不佳；

（2）有不规则的交错层理、透镜体、尖夹及夹层等；

（3）山前洪积层由于周期性的干燥，常含有可溶盐类物质，在土粒和细碎屑间，往往形成局部的软弱结晶联结，但遇水作用后，联结就会破坏。

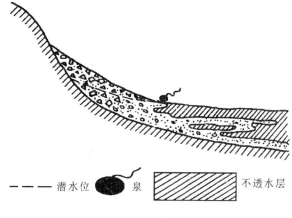

图 3-4　前洪积扇剖面图

洪积层主要分布于山麓坡脚的沟谷出口地带及山前平原，从地形上看，是有利于工程建筑的。由于洪积物在搬运和沉积过程中的某些特点，规模很大的洪积层一般可划分为三个工程地质条件不同的地段（见图 3-4）：靠近山坡沟口的粗碎屑沉积地段，孔隙大，透水性强，地下水埋藏深，压缩性小，承载力比较高，是良好的天然地基；洪积层外围的细碎屑沉积地段，如果在沉积过程中受到周期性的干燥，黏土颗粒发生凝聚并析出可溶盐分时，则洪积层的结构颇为结实，承载力也是比较高的。在上述两地段之间的过渡带，因为常有地下水溢出，水文地质条件不良，对工程建筑不利。

由上述情况可以看出，洪积层的工程地质性质，是影响公路构造物建筑条件的重要因素之一。但影响最大的，则是山洪急流对路基的直接冲刷和洪积物掩埋路基、淤塞桥涵所造成的种种病害问题。

二、河流的地质作用及冲积层

具有明显河槽的常年或季节性水流称为河流。河水通过侵蚀、搬运和堆积作用形成河床，并使河床的形态不断发生变化，河床形态的变化反过来又影响着河水的流速场，从而促使河床发生新的变化，两者互相作用，互相影响。河流的侵蚀、搬运和堆积作用，可以认为是河水与河床运动平衡不断发展的结果。随着大型水利、水电事业的飞速发展，人类的工程活动正在大规模地影响着河流地质作用的自然过程。

在一定的地质条件下，河流地质作用的能量与河水的动能有关。河水的动能与流量和流速平方的乘积成正比。河流在洪水期侵蚀、搬运和堆积作用之所以特别强烈，就是因为河流的流量、流速显著增大，河水动能显著增强的缘故。由于河流的长期作用，形成了河床、河漫滩、河流阶地和河谷等各种河流地貌，同时也形成了第四纪陆相堆积物的另一个成因类型，即冲积层。

在山区,由于地形复杂,为了提高路线的技术指标,减少工程量,公路多利用河谷布设。不论路线位置的确定或路基设计的某些原则,都必须充分考虑河流冲积层的工程地质性质和河流地质作用对路基稳定性的影响。

(一) 河流的侵蚀、搬运与沉积作用

1. 侵蚀作用

河水在流动的过程中不断加深和拓宽河床的作用称为河流的侵蚀作用。按其作用的方式,可分为化学溶蚀和机械侵蚀两种。化学溶蚀是指河水对组成河床的可溶性岩石不断地进行化学溶解,使之逐渐随水流失。河流的溶蚀作用在石灰岩、白云岩等可溶性岩类分布地区比较显著。此外,如河水对其他岩石中可溶性矿物发生溶解,使岩石的结构松散破坏,有利于机械侵蚀作用的进行。机械侵蚀作用包括流动的河水对河床组成物质的直接冲蚀和夹带的砂砾、卵石等固体物质对河床的磨蚀。机械侵蚀在河流的侵蚀作用中具有普遍的意义,它是山区河流的一种主要侵蚀方式。

河流的侵蚀作用,按照河床不断加深和拓宽的发展过程,可分为下蚀作用和侧蚀作用。下蚀和侧蚀是河流侵蚀统一过程中互相制约和互相影响的两个方面,不过在河流的不同发展阶段,或同一条河流的不同部分,由于河水动力条件的差异,不仅下蚀和侧蚀所显示的优势会有明显的区别,而且河流的侵蚀和沉积优势也会有显著的差别。

(1) 下蚀作用。河水在流动过程中使河床逐渐下切加深的作用,称为河流的下蚀作用。河水夹带固体物质对河床的机械破坏,是使河流下蚀的主要因素。其作用强度取决于河水的流速和流量,同时与河床的岩性和地质构造有密切的关系。很明显,河水的流速和流量大时,则下蚀作用的能量大,如果组成河床的岩石坚硬且无构造破坏现象,则会抑制河水对河床的下切的速度。反之,如岩性松软或受到构造作用的破坏,则下蚀易于进行,河床下切过程加快。

下蚀作用使河床不断加深,切割成槽形凹地,形成河谷。在山区河流下蚀作用强烈,可形成深而窄的峡谷。金沙江虎跳峡,谷深达 3 000 m;长江三峡,谷深达 1 500 m;滇西北的金沙江河谷,平均每千年下蚀 60 cm;北美科罗拉多河谷,平均每千年下蚀 40 cm。

河流的侵蚀过程总是从河的下游逐渐向河源方向发展的,这种溯源推进的侵蚀过程称为溯源侵蚀。分水岭不断遭到剥蚀切割,河流长度的不断增加,以及河流的袭夺现象都是河流溯源侵蚀造成的结果。

河流的下蚀作用并不是无止境地继续下去,而是有它自己的基准面的。因为随着下蚀作用的发展,河床不断加深,河流的纵坡逐渐变缓,流速降低,侵蚀能量削弱,达到一定的基准面后,河流的侵蚀作用将趋于消失。河流下蚀作用消失的平面,称为侵蚀基准面。流入主流的支流,基本上以主流的水面为其侵蚀基准面;流入湖泊海洋的河流,则以湖面或海平面为其侵蚀基准面。大陆上的河流绝大部分都流入海洋,而且海洋的水面也较稳定,所以又把海平面称为基本侵蚀基准面。

(2) 侧蚀作用。河水在流动过程中,一方面不断刷深河床,同时也不断地冲刷河床两岸,这种使河床不断加宽的作用,称为河流的侧蚀作用。河水在运动过程中横向环流的作用,是促使河流产生侧蚀的经常性因素。此外,如河水受支流或支沟排泄的洪积物以及其他重力堆积物的障碍顶托,致使主流流向发生改变,引起河床两岸产生局部冲刷,这也是一种在特殊条件下产生的河流侧蚀现象。在天然河道上能形成横向环流的地方很多,但在河湾部分最为显著(见图3-5a)。当运动的河水进入河湾后,又由于受离心力的作用,表层流束以很大的流速冲向凹岸,产生强烈冲刷,使凹岸岸壁不断坍塌后退,并将冲刷下来的碎屑物质由底层流束带向凸岸堆积下来(见图3-5b)。由于横向环流的作用,使凹岸不断受到强烈冲刷,凸岸不断发生堆积,结果使河湾的曲率增大,并受纵向流的影响,使河湾逐渐向下游移动,因而导致河床发生平面摆动。天长日久,整个河床就被河水的侧蚀作用逐渐地拓宽。

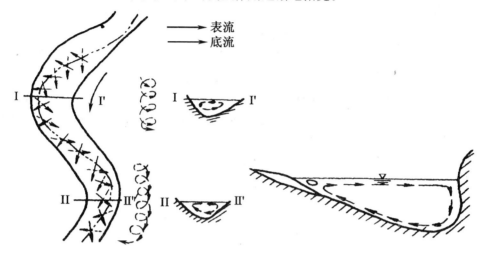

(a) 河流横向环流　　　　(b) 河曲处横向环流断面图

图 3-5　横向环流示意图

沿河布设的公路,往往由于河流的水位变化及侧蚀,常使路基发生水毁现象,特别是在河湾凹岸地段,最为显著。因此,在确定路线具体位置时,必须加以注意。由于在河湾部分横向环流作用明显加强,容易发生坍岸,并产生局部剧烈冲刷和堆积作用,河床容易发生平面摆动,因此对于桥梁建筑,也是很不利的。

由于河流侧蚀的不断发展,致使河流一个河湾接着一个河湾,并使河湾的曲率越来越大,河流的长度越来越长,结果使河床的比降逐渐减小,流速不断降低,侵蚀能量逐渐削弱,直至常水位时已无能量继续发生侧蚀为止。这时河流所特有的平面形态,称为蛇曲(见图3-6b)。有些处于蛇曲形态的河湾,彼此之间十分靠近,一旦流量增大,会截弯取直,流入新开拓的局部河道,而残留的原河湾的两端因逐渐淤塞而与原河道隔离,形成状似牛轭的静水湖泊,称为牛轭湖(见图 3-6c)。最

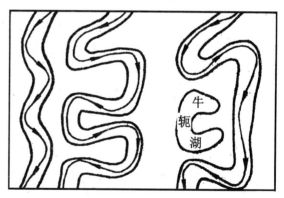

(a) 弯曲河道　(b) 蛇曲　　(c) 牛轭湖

图 3-6　蛇曲的发展与牛轭湖的形成

后,由于主要承受淤积,致使牛轭湖逐渐成为沼泽,以至消失。这类现象,在我国江汉平原的南缘(如从湖北的枝江到湖南的城陵矶一带),发育比较良好。在那里,荆江婉蜒曲折,素有"九曲回肠"之称。

下蚀和侧蚀是河流侵蚀作用的两个密切联系的方面,在河流下蚀与侧蚀的共同作用下,使河床不断地加深和拓宽。由于各地河床的纵坡、岩性、构造等不同,两种作用的强度也就不同,或以下蚀为主,或以侧蚀为主。一般在河流的中下游、平原区河流或处于老年期的河流,由于河湾增多,纵坡变小,流速降低,横向环流的作用相对增强,从这个意义上来说,以侧蚀作用为主;在河流的上游,由于河床纵坡大、流速大、纵流占主导地位,总体上来说,以下蚀作用为主。

2. 搬运作用

河流在流动过程中夹带沿途冲刷侵蚀下来的物质(泥沙、石块等)离开原地的移动作用,称为搬运作用。河流的侵蚀和堆积作用,在一定意义上都是通过搬运过程来进行的。河水搬运能量的大小,决定于河水的流量和流速,在一定的流量条件下,流速是影响搬运能量的主要因素。河流搬运物的粒径与水流流速的平方成正比。

河流搬运的物质,主要来自谷坡洗刷、崩落、滑塌下来的产物和冲沟内洪流冲刷出来的产物,其次是河流侵蚀河床的产物。

河流的搬运作用有浮运、推移和溶运三种形式。一些颗粒细和比重小的物质悬浮于水中随水搬运。如我国黄河中的大量黄土物质就是主要通过悬浮的方式进行搬运的。比较粗大的砂粒、砾石等,主要受河水冲动,沿河底推移前进。在河水中还有大量处于溶液状态的被溶解物质随水流走。

3. 沉积作用

河流搬运物从河水中沉积下来的过程称为沉积作用。河流在运动过程中,能量不断受到损失,当河水夹带的泥砂、砾石等搬运物超过了河水的搬运能力时,被搬运的物质便在重力作用下逐渐沉积下来形成松散的沉积层,称为河流冲积层。河流沉积物几乎全部是泥砂、砾石等机械碎屑物,而化学溶解的物质多在进入湖盆或海洋等特定的环境后才开始发生沉积。

河流的沉积特征:在一定的流量条件下,沉积主要受河水的流速和搬运物重量的影响,所以一般都具有明显的分选性。粗大的碎屑先沉积,细小的碎屑能搬运比较远的距离再沉积。由于河流的流量、流速及搬运物质补给的动态变化,因而在冲积层中一般存在具有明显结构特征的层理。从总的情况看,河流上游的沉积物比较粗大,向河流的下游沉积物的粒径逐渐变小,流速较大的河床部分沉积物的粒径比较粗大,在河床外围沉积物的粒径逐渐变小。

(二)冲积层

在河谷内由河流的沉积作用所形成的堆积物,称为冲积物或冲积层。冲积物的特点是:具有良好的磨圆度和分选性,它是第四纪陆相沉积物中的一个主要成因类型。冲积物按其沉积环境的不同,可分为河床相、河漫滩相、牛轭湖相、蚀余堆积相与河口三角洲相。

1. 冲积物按沉积环境的分类

(1)河床相冲积物。在河床范围内形成的沉积物,主要为推移质,多由砂、砾、卵石组成,一般具有明显的斜层理。

(2)河漫滩相冲积物。在河漫滩范围内形成的沉积物,主要为悬浮质,多由亚砂土、亚黏土组成。

(3)牛轭湖相冲积物。它是在牛轭湖范围内形成的沉积物,主要为静水沉积,一般多由富含有机质的淤泥和泥炭组成,天然含水量很大,抗压、抗剪强度小,容易发生压缩变形。

(4)蚀余堆积相冲积物。常见于山区河流中,多为巨砾和大块石,可能来自河谷山坡的崩落岩块,也可能是河底的残余岩块。

(5) 河口三角洲相冲积物。它是在河流入海(湖)口范围内形成的沉积物。三角洲冲积层分水上和水下两部分。水上部分主要由河床和河漫滩冲积物组成，以黏土和细砂为主，一般呈层状或透镜体，含水量高，结构疏松，强度和稳定性差。水下部分主要由河流冲积物和海(湖)淤积物混合组成，呈倾斜产状。

2. 冲积层按河谷地貌形态分类

(1) 山区河谷冲积层。山区河谷，由于不同河段的岩性和地质构造不同，常是峡谷(V形谷)和宽谷(箱形谷)交替出现，也由于发展阶段的不同，而有峡谷和宽谷的区分。

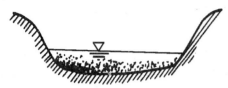

图 3-7 山区河谷河床冲积层

在峡谷中，谷底几乎全为河床所占据，冲积物只能在河床中形成。这种冲积物的主要类型是河床相，由漂石、卵石、砾石及砂等粗碎屑物质组成(见图 3-7)。冲积层结构比较复杂，常有透镜体及不规则的夹层，厚度很薄，甚至河床基岩裸露，没有冲积层。

在宽谷中，出现沿岸浅滩，造成河床与浅滩流速的差别。随着浅滩的扩大，这种差别使得推移质的搬运只能在河床范围以内进行。而在浅滩部分则开始产生悬浮质的堆积，其结果是形成河漫滩冲积层的二元结构(见图 3-8)。底层是河床相推移质沉积物，上层是河漫滩相悬浮质沉积。这种二元结构显然是河床侧向移动的结果。

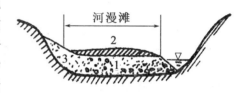

1—河床沉积物；2—河漫滩冲积层；3—山坡坡积裙
图 3-8 河漫滩沉积

在山区河谷冲积层中，有时混有洪积物，而蚀余堆积物也很常见，在调查时应注意区别。洪积物的特点是：磨圆度差，分选差，从巨砾到黏土物质混杂在一起。蚀余堆积则可以根据它与河床推移质的大小不相适应来判断。

(2) 平原谷冲积层。平原河流具有塑造得很好的河谷，冲积物在这里得到最完全的发育，有河床相、河漫滩相、三角洲相和牛轭湖相，有时也有蚀余堆积物。不过，其中最主要的是河床冲积物与河漫滩冲积物两种。具有发育完全的河漫滩冲积钩是平原河流的重要特征。河漫滩冲积层，并不是杂乱无章的透镜体和夹层的堆积，而是由河床相、河漫滩相和牛轭相等有规律地形成的综合体。

第三节 地下水的地质作用

根据已有资料得知，地球上总水量约为 1.45×10^9 km³，它的质量占地球总质量的 0.024%，约占地壳质量的 6.91%。如果地球表面完全没有起伏，则全球将被一层厚 2 745 m 的海水覆盖。实际上，地球表面起伏很大，使 29.2% 的地面露在水面上，其余 70.8% 的地面处于水下。

水是一切有机物的生长要素，海洋是生命起源地。水既是一种人类生活和生产不可缺少的重要资源，又是一种重要的地质作用动力，它促使地表形态和地壳表层物质的物理性质和化学成分不断发生变化。我国正在进行大规模的工程建设，必须充分发挥水对工程建设的有利作用，防治水的有害影响。这是学习本章的主要目的。根据土木工程建设中经常遇到的问题，本章着重讨论和研究地下水的地质作用。

埋藏在地表以下土层及岩石空隙(包括孔隙、裂隙和空洞等)中的水称为地下水。贮存在岩土空隙中的地下水有气态、液态和固态三种,但以液态为主。当水量少时,水分子受静电引力作用被吸附在碎屑颗粒和岩石的表面成为吸着水;薄层状的吸着水的厚度超过几百个水分子直径时,则为薄膜水。吸着水和薄膜水因受静电引力作用,不能自由移动。当水将岩土空隙填满时,如果空隙较小,则水受表面张力作用,可沿空隙上升形成毛细水;如果空隙较大,水的重力大于表面张力,则水受重力的支配从高处向下渗流,形成重力水。重力水是地下水存在最主要的方式。

地下水在重力作用下不停地运动着,运动特点主要决定于岩土的透水性。岩土的透水性又决定于岩土中空隙的大小、数量和连通程度。岩土按其透水性的强弱分为透水的、半透水的和不透水的三类。透水的(有时包括半透水的)岩土层称透水层;不透水的岩土层称隔水层;当透水层被水充满时称含水层。

地下水分布很广,与人们的生产、生活和工程活动的关系也很密切。它一方面是饮用、灌溉和工业供水的重要水源之一,是宝贵的天然资源。但另一方面,它与土石相互作用,会使土体和岩体的强度和稳定性降低,产生各种不良的自然地质现象和工程地质现象。如滑坡、岩溶、潜蚀、地基沉陷、道路冻胀和翻浆等,给工程的建筑和正常使用造成危害。在公路工程的设计与施工中,当考虑路基及隧道围岩的强度与稳定性、桥梁基础的埋置深度、施工开挖中的涌水等问题时,均必须研究地下水的问题,研究地下水的埋藏条件、类型及其活动的规律性,以便采取相应措施,保证结构物的稳定和正常使用。此外,在某些情况下,地下水还会对工程建筑材料(如水泥、混凝土等)产生腐蚀作用,使结构物遭受破坏。因此,工程上对地下水问题向来是十分重视的。通常把与地下水有关的问题称为水文地质问题,把与地下水有关的地质条件称为水文地质条件。

一、地下水的物理性质和化学成分

由于地下水在运动过程中与各种岩土相互作用,溶解岩土中可溶物质等原因,使地下水成为一种复杂的溶液。研究地下水的物理性质和化学成分,对于了解地下水的成因与动态,确定地下水对混凝土等的侵蚀性,进行各种用水的水质评价等都有着实际的意义。

(一)地下水的物理性质

地下水的物理性质包括温度、颜色、透明度、嗅(气味)、味(味道)和导电性等。

地下水的温度变化范围很大。地下水温度的差异,主要受各地区的地温条件所控制。通常随埋藏深度不同而异,埋藏越深的,水温越高。

地下水一般是无色、透明的,但当水中含有某些有色离子或含有较多的悬浮物质时,便会带有各种颜色并显得混浊。如含有高铁的水为黄褐色,含腐殖质的水为浅黄色。

地下水一般是无嗅、无味的,但当水中含有硫化氢气体时,水便有臭蛋味,含氯化钠的水味咸,含氯化镁或硫化镁的水味苦。

地下水的导电性取决于所含电解质的数量与性质(即各种离子的含量与离子价),离子含量越多,离子价越高,则水的导电性越强。

(二)地下水的主要化学成分

1. 地下水中常见的成分

地下水中含有多种元素,有的含量大,有的含量甚微。地壳中分布广、含量高的元素,如 O、Ca、Mg、Na、K 等在地下水中最常见。有的元素如 Si、Fe 等在地壳中分布很广,但在地下水中却不多;有的元素如 Cl 等在地壳中极少,但在地下水中却大量存在。这是因为各种元素的溶解度不同的缘故。所有这些元素是以离子、化合物分子和气体状态存在于地下水中,而以离子状态为主。

地下水中含有数十种离子成分,常见的阳离子有 H^+、Na^+、K^+、Mg^+、Ca^{2+}、Fe^{2+}、Fe^{3+}、Mn^{2+} 等;常见的阴离子有 OH^-、Cl^-、SO_4^{2-}、NO_3^-、HCO_3^-、CO_3^{2-}、SiO_3^{2-}、PO_4^{3-} 等。上述离子中的 Na^+、K^+、Mg^{2+}、Ca^{2+}、Cl^-、SO_4^{2-}、HCO_3^- 等七种是地下水的主要离子成分,它们分布最广,在地下水中占绝对优势,它们决定了地下水化学成分的基本类型和特点。

地下水中含有多种气体成分,常见的有 O_2、N_2、CO_2、H_2S。

地下水中呈分子状态的化合物(胶体)有 Fe_2O_3、Al_2O_3 和 H_2SiO_3 等。

2. 氢离子浓度(pH 值)

氢离子浓度是指水的酸碱度,用 pH 值表示。$pH = lg[H^+]$。根据 pH 值可将水分为五类,见表 3-6。

地下水的氢离子浓度主要取决于水中 HCO_3^-、CO_3^{2-} 和 H_2CO_3 的数量。自然界中大多数地下水的 pH 值在 6.5~8.5 之间。

氢离子浓度为一般酸性侵蚀指标。酸性侵蚀是指酸可分解水泥混凝土中的 $CaCO_3$ 成分,其反应式为

$$2CaCO_3 + 2H^+ \longrightarrow Ca(HCO_3)_2 + Ca^{2+}$$

表 3-6 水按 pH 值的分类

水的分类	强酸性水	弱酸性水	中性水	弱碱性水	强碱性水
pH 值	<5	5~7	7	7~9	>9

3. 总矿化度

水中离子、分子和各种化合物的总量称为总矿化度,g/L 表示。它表示水的矿化程度。通常以在 105~110 ℃温度下将水蒸干后所得干涸残余物的含量来确定。根据矿化程度可将水分为五类,见表 3-7。

表 3-7 水按矿化度的分类

水的类别	淡水	微咸水 (低矿化水)	咸水 (中等矿化水)	盐水 (高矿化水)	卤水
矿化度	<1	1~3	3~10	10~50	>50

矿化度与水的化学成分之间有着密切的关系:淡水和微咸水常以 HCO_3^- 为主要成分,称重碳酸盐水;咸水常以 SO_4^{2-} 为主要成分,称硫酸盐水;盐水和卤水则往往以 Cl^- 为主要成分,称氯化物水。

高矿化水能降低水泥混凝土的强度,腐蚀钢筋,促使混凝土分解,故拌和混凝土时不允许用高矿化水,在高矿化水中的混凝土建筑亦应注意采取防护措施。

(四)水的硬度

水中 Ca^{2+}、Mg^{2+} 的总含量称为总硬度。将水煮沸后,水中一部分 Ca^{2+}、Mg^{2+} 的重碳酸盐因失去 CO_2 而生成碳酸盐沉淀下来,致使水中 Ca^{2+}、Mg^{2+} 的含量减少,由于煮沸而减少的这部分 Ca^{2+}、Mg^{2+} 的总含量称为暂时硬度。其反应式为

$$Ca^{2+} + 2HCO_3^- \longrightarrow CaCO_3 + H_2O + CO_2$$
$$Mg^{2+} + 2HCO_3^- \longrightarrow MgCO_3 + H_2O + CO_2$$

总硬度与暂时硬度之差称为永久硬度,相当于煮沸时未发生碳酸盐沉淀的那部分 Ca^{2+}、Mg^{2+} 的含量。

我国采用的硬度表示法有两种:一种是德国度,每一度相当于 1 L 水中含有 10 mg 的 CaO 或 7.2 mg 的 MgO;另一种是每升水中 Ca^{2+} 和 Mg^{2+} 的毫摩尔数。1 毫摩尔硬度等于 2.8 德国度。根据硬度可将水分为五类,见表 3-8。

表 3-8 水按硬度的分类

水的类别		极软水	软水	微硬水	硬水	极硬水
硬度	Ca^{2+} 和 Mg^{2+} 的毫摩尔数/L	<1.5	1.5~3.0	3.0~6.0	6.0~9.0	>9.0
	德国度	<4.2	4.2~4.8	8.4~16.8	16.8~25.2	>25.2

二、地下水的基本类型

除去矿物的内部结合水以外,地壳表层中的地下水,主要以汽态、液态或固态存在于岩土空隙之中。岩土中的汽态水多与大气相通,并与液态水处于经常发生互相转化的平衡状态。岩土中的液态水,包括吸着水、薄膜水、毛细水和重力水。吸着水、薄膜水受静电引力作用,不受重力和表面张力的驱动。在毛细作用下运动的水称为毛细水,毛细水可逆重力方向运动,并可达到自由水面以上一定的高度。在重力作用下流动的水称为重力水,重力水在重力作用下运动,可以传递静水压力,是地下水最主要部分。从自然泉眼中流出的、或从人工井孔中汲取的都是重力水。在高寒地带,岩土孔隙的水冻结成冰,成为固态的地下水。这里所说的各类地下水特征,主要指液态的重力水。

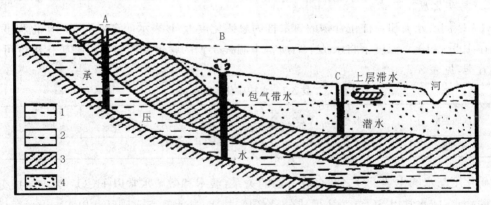

1—承压水位;2—潜水位;3—隔水层;4—含水层
A—承压水井;B—自流水井;C—潜水井
图 3-9 地下水埋藏示意图

土(或岩石)空隙充满水的地带称为饱和带,这个带的地下水称为饱和带水,包括潜水和承压水。在饱和带以上,未被水充满的地带称为包气带或未饱和带,包气带中的地下水称为包气带水;有时在包气带内夹有局部隔水层,可形成局部饱和带水,称为上层滞水(见图 3-9)。

根据埋藏条件,地下水可分为包气带水、潜水和承压水三类。无论哪种类型地下水,均可按其含水层的空隙性质分为孔隙水、裂隙水和岩溶水。因此,地下水可以组合成九种不同类型,如表 3-9 所示。

表 3-9 地下水分类表

	孔 隙 水	裂 隙 水	岩 溶 水
包气带水	土壤水及季节性的局部隔水层以上的重力水。	裂隙岩层中局部隔水层上部季节性存在的水。	可溶岩层中季节性存在的悬挂水。
潜 水	各种成因类型的松散沉积物中的水。	裸露于地表的裂隙岩层中的水。	裸露的可溶岩层中的水。
承压水	由松散沉积物构成的山间盆地、山前平原及平原中的深层水。	构造盆地、向斜或单斜构造中层状裂隙岩层中的水、构造破碎带中的水、独立裂隙系统中的脉状水。	构造盆地、向斜或单斜构造的可溶岩层中的水。

下面分别介绍地下水的主要类型,包括上层滞水、潜水、承压力、裂隙水和岩溶水。孔隙水的内容在土质学中有专述,在此不再赘述。

(一)上层滞水

在包气带内局部隔水层上形成的饱和带水称为上层滞水。上层滞水是一种局部的、暂时性的地下水。当透水层中夹有不透水层或弱透水层的透镜体时,地表水便可下渗聚集于透镜体上,成为上层滞水。

上层滞水多位于距地表不深的地方,分布区与补给区一致,分布范围一般不大。其分布范围和存在时间取决于隔水层的厚度和面积的大小。如果隔水层的厚度小、面积小,则上层滞水的分布范围较小,而且存在时间较短;相反,如果隔水层的厚度大、面积大,则上层滞水的分布范围就较大,而且存在时间也较长。

由于上层滞水接近地表且分布范围有限,因此其水量受气候因素的影响很大,动态变化极不稳定。雨季或融雪期水量增大,水位升高,并且会有一部分水向隔水层边缘流去补给潜水;旱季则水量大幅度减少,水位迅速降低,甚至可能被全部蒸发和下渗掉。

上层滞水接近地表,可使地基土强度减弱。在寒冷的北方地区,则易引起道路的冻胀和翻浆。此外,由于其水位变化幅度较大,故常给工程的设计、施工带来困难。

(二)潜水

自地表向下第一个连续稳定隔水层之上的含水层中,具有自由水面的重力水称潜水(见图 3-10)。潜水一般是存在于第四纪松散堆积物的孔隙中(孔隙潜水)及出露地表的基岩裂隙和溶洞中(裂隙潜水和岩溶潜水)。

潜水的自由水面称为潜水面;潜水面的标高称为潜水位;潜水面至地面的垂直距离称为潜水埋藏深度;由潜水面往下到隔水层顶板之间充满重力水的部分称为含水层厚度(见图 3-10)。

潜水的分布极广,与道路工程和桥梁工程的关系也最为密切。

1. 潜水的特征

潜水的埋藏条件,决定了潜水具有以下特征:

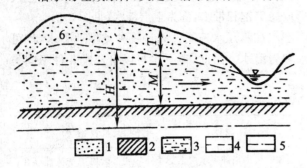

1—沙层;2—隔水层;3—含水层;
4—潜水面;5—基准线;6—潜水分水岭
T—潜水埋藏深度;M—含水层厚度;H—潜水位

图 3-10　潜水埋藏示意图

(1) 潜水通过包气带与地表相通,所以大气降水和地表水可直接渗入补给潜水,成为潜水的主要补给来源。一般情况下,潜水分布区与补给区是一致的,但也可不一致。如在河谷、山前平原地区的孔隙潜水分布区与补给区基本一致;而山区的裂隙潜水、岩溶潜水则不一定一致。

(2) 潜水的埋藏深度和含水层的厚度受气候、地形和地质条件的影响,变化甚大。在强烈切割的山区,埋藏深度可达几十米甚至更深,含水层厚度差异也大。而在平原地区,埋藏深度较浅,通常为数米至十余米,有时可为零,含水层厚度差异也小。潜水的埋藏深度和含水层的厚度不仅因地而异,就是在同一地区,也随季节不同而有显著变化。在雨季,潜水面上升,埋藏深度变小,含水层厚度随之加大,旱季则相反。

(3) 潜水具有自由表面。在重力作用下,自水位较高处向水位较低处渗流,流动的快慢取决于含水层的渗透性能和潜水面的水力坡度。潜水面的形状与地形有一定程度的一致性,地面坡度越大,潜水面的坡度也越大,但比地形的起伏要平缓得多;在山脊地带,潜水位的最高处可形成潜水分水岭(见图 3-10)。当潜水流向冲沟、河谷等排泄区时,其水位逐渐下降,形成倾向于排泄区的曲面(见图 3-11);但当高水位河水补给潜水时,潜水面可以变成从河水倾向潜水的曲面(见图 3-11)。

(4) 潜水的排泄主要有垂直排泄和水平排泄两种方式。潜水在埋藏浅和气候干燥的条件下,通过上覆岩层不断蒸发而排泄时,称为垂直排泄。垂直排泄是原地区与干旱地区潜水排泄的主要方式。潜水以地下迳流的方式补给相邻地区含水层,或出露于地表直接补给地表水时,称为水平

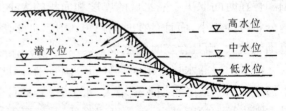

图 3-11　河流水位变化时沿岸地下水位的动态

排泄。水平排泄方式在地势比较陡峻的河流的中、上游地区最为普遍。由于水平排泄可使溶解于水中的盐分随水一同带走,不容易引起地下水矿化度的显著变化。所以山区潜水的矿化度一般较低。而垂直排泄时,因只有水分蒸发,并不排泄水中的盐分,结果便导致水量消耗,潜水矿化度升高。因此,在干旱和半干旱的平原地区,潜水矿化度一般较高。若潜水的矿化度高,而埋藏又很浅时,则往往促使土壤盐渍化的发生。

2. 潜水面的表示方法

潜水面形状一般有两种表示方法:一种是剖面图的形式,即具有代表性的剖面线上,按一定比例尺绘制水文地质剖面图(见图 3-12b)。在该图上不仅要表明含水层、隔水层的岩性及厚度的变化情况,以及各层的层位关系、构造特征等地质情况,还应将各水文地质点(钻孔、井、

泉等)标于图上,并标出上述各点同一时期的水位,绘出潜水面的形状。另一种是以平面图的形式表示,即绘制等水位线图。等水位线图即潜水面的等高线图,就是潜水面上标高相等各点的连线图(见图 3-12a)。它是以一定比例尺的地形等高线图作底图,按一定的水位间隔,将某一时间潜水位相同的各点联成不同高程的等水位线而成。由于潜水等水位线图能够表明潜水的埋藏条件、埋藏深度、流向、含水层厚度及其动态变化等,所以在工程上有很大的实用价值,

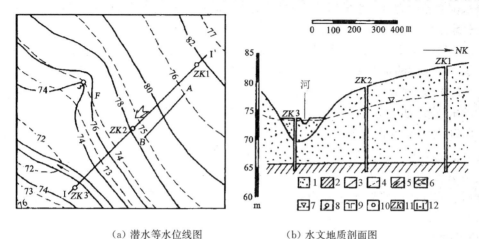

(a) 潜水等水位线图　　　　(b) 水文地质剖面图

1—砂土;2—黏性土;3—地形等高线;4—潜水等水位线;5—河流及流向;6—潜水流向;7—潜水面;
8—下降泉;9—钻孔(剖面图);10—钻孔(平面图);11—钻孔编号;12—I—I 剖面线

图 3-12　潜水等水位线图及水文地质剖面图

是评价工程所在地区水文地质条件的重要图件。

根据潜水等水位线图,可以解决下列实际问题。

(1) 确定潜水流向。潜水自水位高的地方向水位低的地方流动,形成潜水流。在等水位线图上,垂直于等水位线的方向,即为潜水的流向,如图 3-12a 箭头所示的方向。

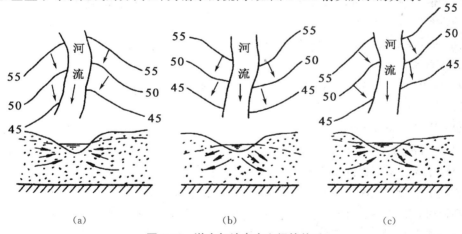

(a)　　　　　　　　(b)　　　　　　　　(c)

图 3-13　潜水与地表水之间的关系

(2) 计算潜水的水力坡度。在潜水流向上取两点的水位差除以两点的距离,即为该段潜水的水力坡度(近似值)。如图 3-12a 上 A、B 两点的水位差为 1 m,AB 段的距离为 240 m,则 AB 间的水力坡度 J_{AB}:

$$J_{AB} = \frac{76-75}{240} \times 100\% = 0.42\%$$

(3) 确定潜水与地表水之间的关系。如果潜水流向指向河流,则潜水补给河水(见图3-13a、c);如果潜水流向背向河流,则潜水接受河水补给(见图3-13b、c)。

(4) 确定潜水的埋藏深度。等水位线图应绘于附有地形等高线的图上。某一点的地形标高与潜水位之差即为该点水的埋藏深度(见图3-13a),F点潜水的埋深等于2 m。

(三) 承压水

充满于两个隔水层间的含水层承受水压力的地下水称为承压水。其上部不透水层的底界面和下部不透水层的顶界面,分别称为隔水顶板和隔水底板。隔水顶板和隔水底板分别构成承压含水层的顶、底界面。当地下水充满承压含水层时,地下水在高水头补给的情况下,具有明显的承压特性,如果钻孔穿过承压含水层的上覆隔水层,水便会沿钻孔显著上升,甚至喷出地表。所以,承压水又常称为自流水。由于承压水具有这一特点,因而是良好的水源。承压水有时也会给地下工程、坝基稳定等造成很大困难。

1. 承压水的埋藏类型

承压水的形成主要决定于地质构造。形成承压水的地质构造主要是向斜构造和单斜构造。

(1) 向斜构造。向斜构造是承压水形成和埋藏的最有利的地方。埋藏有承压水的向斜构造又称承压盆地或自流盆地。一个完整的自流盆地一般可分为三个区,即补给区、承压区和排泄区(见图3-14)。

(a) 补给区含水层在自流盆地边缘出露于地表,它可接受大气降水和地表水的补给,所以称为承压水的补给区。在补给区,由于含水层之上并无隔水层覆盖,故地下水具有与潜水相似的性质。承压水压力水头的大小,在很大程度上决定于补给区出露地表的标高。

(b) 承压区位于自流盆地的中部,是自流盆地的主体,分布面积较大。这里,地下水由于承受水头压

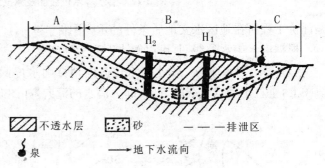

A—补给区;B—承压区;C—排泄区;
H_1—负水头;H_2—正水头;m—承压水层厚度

图3-14 自流盆地剖面图

力,当钻孔打穿隔水层顶板时,地下水即沿钻孔上升至一定高度,这个高度称为承压水位。承压水位至隔水层顶板底面的距离即为该处的压力水头。承压区压力水的大小各处不一,取决于含水层隔水顶板与承压水位间的高差,隔水顶板的相对位置越低,压力水头越高。当水头高出地面高程时,水便沿钻孔涌出地表,这种压力水头称正水头;如果地面高程高于承压水位,则地下水位只能上升到地面以下的一定高度,这种压力水头称负水头(见图3-14)。地面标高与承压水位的差值称地下水位埋深。承压水位高于地表的地区称做自流区,在此区,凡钻到承压含水层的钻孔都形成自流井,承压水沿钻孔上升喷出地表。将各点承压水位连成的面称承压水面。

(c) 排泄区与承压区相连,高程较低,常位于低洼地区。承压水在此处或补给潜水含层,

或向流经其上的河流排泄,有时则直接出露地表形成泉水流走。

(2)单斜构造。埋藏有承压水的单斜构造称为承压斜地或自流斜地。形成自流斜地的构造条件,可以是含水层下部被断层截断(见图3-15),也可以是含水层下部在某一深度尖灭,即岩性发生变化(见图3-16)。承压斜地的透水层和隔水层相同分布时,地下水充满在两个隔水层之间的透水层中,形成承压水,这种情形常出现在倾斜的基岩中和第四纪松散堆积物组成的山前斜地中(见图3-17)。

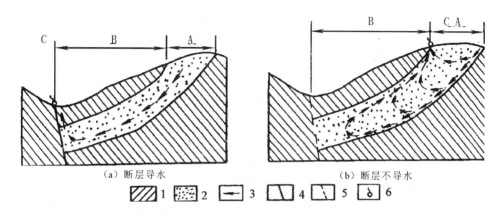

1—隔水层;2—含水层;3—地下水流向;4—导水断层;5—不导水断层;6—泉;
A—补给区;B—承压区;C—排泄区

图 3-15　断层构造形成的承压斜地

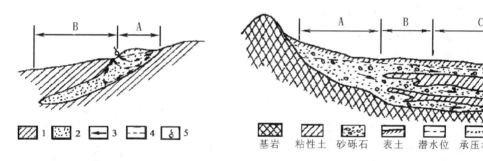

1—黏土层;2—砂层;3—地下水流向;4—地下水位;5—泉;A—补给、排泄区;B—承压区

图 3-16　岩层尖灭形成的承压斜地

A—只有潜水位区;B—潜水位与承压水位重合区;C—承压水位高于潜水位区

图 3-17　山前承压斜地示意图

2. 承压水的补给和排泄

承压水的上部由于有连续隔水层的覆盖,大气降水和地表水不能直接补给整个含水层,只有在含水层直接出露的补给区,方能接受大气降水或地表水的补给,所以承压水的分布区和补给区是不一致的,一般补给区远小于分布区。另一方面,由于受隔水层的覆盖,所以受气候及其他水文因素的影响也较小,故其水量变化不大,且不易蒸发。因此,地下水的动态也是比较稳定的。此外,由于承压水具有水头压力,所以它不仅可以由补给区流向自流盆地或自流斜地的低处,而且可以由低处向上流至排泄区,并以上升泉的形式出露于地表,通过补给该区的潜水和地表水而得到排泄。

3. 承压水的特征

承压水具有如下特征：

(1) 承压水的重要特征是不具自由水面，并承受一定的静水力。承压水承受的压力来自补给区的静水压力和上覆地层压力。由于上覆地层压力是恒定的，故承压水压力的变化与补给区水位变化有关。当接受补给水位上升时，静水压力增大。水对上覆地层的浮托力随之增大，从而承压水头增大，承压水位上升；反之，补给区水位下降，承压水位随之降低。

(2) 承压含水层的分布区与补给区不一致，常常是补给区远小于分布区，一般只通过补给区接受补给。

(3) 承压水的动态比较稳定，受气候影响较小。

(4) 承压水不易受地面污染。

4. 承压水面的表示方法

承压水面在平面图上用承压水等水压线图表示。所谓等水压线图就是承压水面上高程相等点的连线图（见图3-18a）。如上所述，在承压区用钻孔揭露含水层时，承压水会上升到一定高度，承压水头系指从上覆隔水层顶板的底面到钻孔中承压水位的垂直距离。如果在承压区打许多钻孔，并把测得的承压水头绝对标高相等的点联接起来，即可得到承压水的等水压线图。等水压线图反映了打钻孔后，该地区所能形成的等压水面。该等压水面所在的标高，就是该处打钻孔后水头所能达到的高度。等水压线图上必须附有地形等高线和顶板等高线。后者表明钻孔钻到什么深度能见到承压水（初见水位）。当深挖隧道或桥基时，如果穿透了承压水含水层的上覆隔水层，水就会大量涌出，给工程造成困难和危害。

根据等水压线图可以确定承压含水层的下列重要指标：

(1) 承压水位距地表的深度；

(2) 承压水头的大小；

(3) 承压水的流向等。

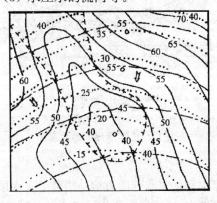 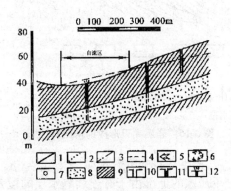

(a) 等水压线图　　　　　　　　　(b) 水文地质剖面图

1—地形等高线；2—承压含水层顶板等高线；3—等水压线；4—承压水位线；5—承压水流向；
6—自流区；7—井；8—含水层；9—隔水层；10—干井；11—非自流井；12—自流井

图 3-18　等水压线图和水文地质剖面图

(四) 裂隙水

埋藏于基岩裂隙中的地下水称为裂隙水。岩石裂隙的发育情况决定地下水的分布情况和能否富集。

在裂隙发育的地方,含水丰富;裂隙不发育的地方,含水甚少。所以在同一构造单元或同一地段内,含水性和富水性有很大变化,形成裂隙水聚集的不均一性。

岩层中的裂隙常具有一定的方向性,即在某些方向上,裂隙的张开程度或连通性比较好,因而其导水性强,水力联系好,常成为地下水的主要径流通道;在另一些方向,裂隙闭合或连通性差,其导水性和水力联系也差,径流不通畅。因而,裂隙岩石的导水性具有明显的各向异性。

1. 裂隙水的埋藏类型

裂隙水是山区广泛分布的地下水的主要类型,根据埋藏情况,可将裂隙水划分为面状裂隙水、层间裂隙水和脉状裂隙水三种。

(1) 面状裂隙水。面状裂隙水埋藏在各种基岩表层的风化裂隙中,又称风化裂隙水。其上部一般没有连续分布的隔水层,因此,它具有潜水的基本特征。但是,在某些古化壳上覆盖有大面积的不透水层(如黏土)时,也可形成承压水。

风化裂隙含水和透水的强弱,随岩石的风化程度、风化层物质等因素的不同而各异。在全风化带及一些强风化带中,因富含黏土物质,含水性和透水性反而减弱。

面状裂隙水的水量随岩性不同、地形起伏而发生变化。例如,以砂岩为主的地段比以泥岩为主的地段,水量多一倍至几倍;而同一种岩石分布地区的分水岭地带比河谷附近的水量少得多。一般认为,微风化带的性质近似于不透水层,故常视其为面状裂隙水的下界。

(2) 层间裂隙水。埋藏在层状岩石的成岩裂隙和区域构造裂隙中的地下水称为层间裂隙水。其分布一般与岩层的分布一致,因而常有一定的成层性。在岩层出露的浅部,它可以形成潜水,当层间裂隙水被不透水层覆盖时,则形成承压水。

层间裂隙水在不同的部位和不同的方向上,因裂隙的密度、张开程度和连通性有差异,其透水性和涌水量有较大的差别,具有不均一的特点。

层间裂隙水的水质,主要受含水层埋藏深度控制。浅部的含水层,地下水处于积极交替带中,水质为 HCO_3^- 型;向下水交替减弱,逐渐过渡为 SO_4^{2-} 型;到深部为 Cl^- 型水,总矿化度随深度的增加而增高。

(3) 脉状裂隙水。脉状裂隙水埋藏于构造裂隙中,主要特征为:

(1) 沿断裂带呈脉状分布,长度和深度远比宽度要大,具有一定的方向性;

(2) 可切穿不同时代、不同岩性的地层,并可通过不同的构造部位,因而导致含水带内地下水分布的不均匀性;

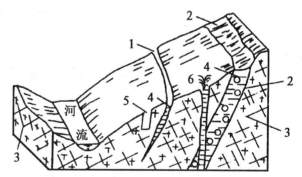

1—大裂隙;2—断层破碎带;3—闭合裂隙;
4—脉状承压水面;5—干孔;6—喷水孔

图 3-19 脉状承压水示意图

(3) 地下水的补给源较远,循环深度较大,水量、水位较稳定,有些地段具有承压性(见图 3-19)。

脉状裂隙水一般水量比较丰富,常常是良好的供水水源,但对隧道工程往往造成危害,如产生突然涌水事故等。

2. 裂隙水的富集条件

地下水富集区的形成，必须具备三个条件：

(1) 有较多的储水空间；

(2) 有充足的补给水源；

(3) 有良好的汇水条件。

形成裂隙水富集的上述条件主要受岩性、构造、地貌等因素的影响。岩性不同，裂隙发育程度有差异，因而富水性不同。构造部位不同，裂隙发育程度有差异，因而导水性和富水性也不同。褶曲轴部的裂隙较其他部位发育，往往是富水的地方。断裂多次活动的部位，岩石破碎、裂隙发育，不利于地下水的富集。不同地貌部位，地下水的补给、汇聚条件不同，岩石裂隙发育程度不同，因而富水性不同。盆地、洼地、谷地常常构成富水的有利条件。

(五) 岩溶水

储存和运动于可溶性岩石的溶蚀洞隙中的地下水称为岩溶水。岩溶水按埋藏条件，可以是潜水，也可以为承压水。当碳酸岩大面积出露于地表时，岩溶较发育，常形成岩溶潜水和一些局部承压水。在岩溶地层与非可溶岩层呈互层时，岩溶地层中的孔洞被地下水充满，便形成岩溶承压水。

岩溶水在空间的分布变化很大，甚至比裂隙水更不均匀。有些地方，地下水汇集于溶洞孔道中，形成地下水很丰富的地区；而另一些地方，水可沿溶洞孔流走，形成在一定范围内严重缺水的现象。有时钻孔打到溶洞，涌水量可以很大，但是就在附近几米范围内的另一钻孔，没有打到溶洞时，可能完全无水。

岩溶水，由于流动条件的差异，其运动性质也截然不同。在大的孔洞中，岩溶水常呈无压水流；而在断面小的裂隙处，则呈有压水流，即在同一含水层中有压水流和无压水流可以并存。同时，在大断面的孔洞地段，地下水流速快，而出现紊流状态；在裂隙中渗流的水，由于阻力大，流速小而处于层流状态。此外，岩溶地区既存在一些与周围联系极差的孤立水流，也存在具有统一地下水面的岩溶水流。前者常出现在岩溶山地，后者主要出现在岩溶发育的河谷地带和岩溶平原。在一定条件下，两者也可同处于一个含水层。

大气降水是岩溶水的主要补给来源，它通过各种岩溶通道，迅速地补给地下水。因此，岩溶水的动态与大气降水关系十分密切，其主要特点，一是水位、水量变化幅度大，水位变化幅度可达 80 m，流量变化更大；二是有些岩溶水对大气降水的反映极为灵敏，但是并非所有的岩溶水动态都不稳定。

岩溶水排泄的最大特征是集中和排泄量大。岩溶水在排泄时，常常形成一些特殊的泉，如反复泉和多潮泉。反复泉是只有下雨时才有泉水流出，而平时或干旱时则起消水作用（地表水流入地下）。多潮泉是泉的涌水量呈潮汐变化，有时水量大，有时几乎干涸，呈周期性的变化。

六、地下水与工程建设

地下水是地质环境的重要组成部分，且最为活跃。在许多情况下地质环境的变化常常是由地下水的变化引起的。引起地下水变化的因素很多，可归纳为自然因素与人为因素两大类。自然因素主要指的是气候因素，如降水引起地下水的变化，涉及范围大，而且可预测。引起地下水变化的人为因素是各种各样的，往往带有偶然性，局部发生，难以预测，对工程危害很大。

在土木工程建设中，地下水常常起着重要作用。地下水对土木工程的不良影响主要有：某些地下水对混凝土产生腐蚀;降低地下水会使地面产生固结沉降;不合理的地下水流动会诱发某些土层出现流沙现象和机械潜蚀;地下水对位于水位以下岩石、土层和建筑物基础产生浮托作用等。

(一)地面沉降

在含水层中进行地下洞室、地铁或深基础施工时,往往需要采用抽水的办法人工降低地下水位。由于抽水引起含水层水位下降,导致土层中孔隙水压力降低,颗粒间有效应力增加,地层压密超过一定限度,即表现出地面沉降。

当抽水时,在抽水井周围形成降水漏斗。在降水漏斗范围内的土层将发生固结沉降。由于土层的不均匀性和边界条件的复杂性,降水漏斗往往是不对称的,会使周围建筑物或地下管线产生不均匀沉降,甚至开裂。

除此之外,如果抽水井滤网和砂滤层的设计不合理或施工质量差,抽水时会将土层中的黏粒、粉粒、甚至细砂等细小土颗粒随同地下水一起带出地面,使周围地面土层很快产生不均匀沉降,造成地面建筑物和地下管线不同程度的损坏。

城市大面积抽取地下水,将造成大规模的地面沉降。前些年,天津市由于抽水使地面最大沉降速率高达 262 mm/a,最大沉降量达 2.16 m。

控制地面沉降最好的方法是合理开采地下水,多年平均开采量不能超过平均补给量。如这样做,地下水位不会有多大变化,地面沉降也不会发生或发生很小,不致造成灾害。在地面沉降已经严重发生的地区,对含水层进行回灌可使地面沉降适当恢复,但要想大量恢复是不可能的。

(二)地面塌陷

地面塌陷是松散土层中所产生的突发性断裂陷落,多发生于岩溶地区,在非岩溶地区也能见到。地面塌陷多为人为局部改变地下水位引起的。如地面水渠或地下输水管道渗漏可使地下水位局部上升,基坑降水或矿山排水疏干引起地下水位局部下降。因此,在短距离内出现较大的水位差,水力坡度变大,增强了地下水的潜蚀能力,对地层进行冲蚀、掏空,形成地下洞穴,当穴顶失去平衡时便发生地面塌陷。地面塌陷危害很大,破坏农田、水利工程、交通线路,引起房屋破裂倒塌、地下管道断裂。

为杜绝地面塌陷的发生,在重大工程附近应严格禁止能大幅度改变地下水位的工程施工,如必须施工时,应进行回灌,以保持附近地下水位不要有大的变化。

(三)流沙

流沙是地下水自下而上渗流时土产生流动的现象,它与地下水的动水压力有密切关系。当地下水的动水压力大于土粒的浮容重或地下水的水力坡度大于临界水力坡度时,使土颗粒之间的有效应力等于零,土颗粒悬浮于水中,随水一起流出就会产生流沙。这种情况的发生常是由于在地下水位以下开挖基坑、埋设地下管道、打井等工程活动而引起的,所以流沙是一种工程地质现象,易产生在细沙、粉沙、粉质黏土等土中。流沙在工程施工中能造成大量的土体流动,致使地表塌陷或建筑物的地基破坏,能给施工带来很大困难,或直接影响建筑工程及附近建筑物的稳定,如果在沉井施工中,产生严重流沙,此时沉井会突然下沉,无法用人力控制,以至沉井发生倾斜,甚至发生重大事故。

在可能产生流沙的地区,若其上面有一定厚度的土层,应尽量利用上面的土层作天然地基,也可用桩基穿过流沙,总之尽可能地避免开挖,如果必须开挖,可用以下方法处理流沙:

(1) 人工降低地下水位。使地下水位降至可能产生流沙的地层以下,然后开挖。

(2) 打板桩。在土中打入板桩,它一方面可以加固坑壁,同时增长了地下水的渗流路程以减小水力坡度。

(3) 冻结法。用冷冻方法使地下水结冰,然后开挖。

(4) 水下挖掘。在基坑(或沉井)中用机械在水下挖掘,避免因排水而造成产生流沙的水头差,为了增加沙的稳定,也可向基坑中注水并同时进行挖掘。此外,处理流沙的方法还有化学加固法、爆炸法及加重法等。在基槽开挖的过程中局部地段出现流沙时,立即抛入大块石等,可以克服流沙的活动。

(四) 潜蚀

潜蚀作用可分为机械潜蚀和化学潜蚀两种。机械潜蚀是指土粒在地下水的动水压力作用下受到冲刷,将细粒冲走,使土的结构破坏,形成洞穴的作用;化学潜蚀是指地下水溶解水中的盐分,使土粒间的结合力和土的结构破坏,土粒被水带走,形成洞穴的作用。这两种作用一般是同时进行的。在地基土层内如具有地下水的潜蚀作用时,将会破坏地基土的强度,形成空洞,产生地表塌陷,影响建筑工程的稳定。在我国的黄土层及岩溶地区的土层中,常有潜蚀现象产生,修建建筑物时应予以注意。

对潜蚀的处理可以采用堵截地表水流入土层、阻止地下水在土层中流动、设置反滤层、改造土的性质、减小地下水流速及水力坡度等措施。这些措施应根据当地的具体地质条件分别或综合采用。

(五) 浮托作用

当建筑物基础底面位于地下水位以下时,地下水对基础底面产生静水压力,即产生浮托力。如果基础位于粉性土、砂性土、碎石土和节理裂隙发育的岩石地基上,则按地下水位100%计算浮托力;如果基础位于节理裂隙不发育的岩石地基上,则按地下水位50%计算浮托力;如果基础位于黏性土地基上,其浮托力较难确切地确定,应结合地区的实际经验考虑。

地下水不仅对建筑物基础产生浮托力,同样对其水位以下的岩石、土体产生浮托力。所以《建筑地基基础设计规范》(GB50007—2011)第5.1.3条规定:确定地基承载力设计值时,无论是基础底面以下土的天然容重或是基础底面以上土的加权平均容重,地下水位以下一律取浮容重。

(六) 基坑突涌

当基坑下伏有承压含水层时,开挖基坑减小了底部隔水层的厚度;当隔水层较薄经受不住承压水头压力作用时,承压水的水头压力会冲破基坑底板,这种工程地质现象被称为基坑突涌。

为避免基坑突涌的发生,必须验算基坑底层的安全厚度 M。基坑底层厚度与承压水头压力的平衡关系式:

$$\gamma M = \gamma_w H \tag{3-1}$$

式中:γ、γ_w——分别为黏性土的容重和地下水的容重;

H——相对于含水层顶板的承压水头值;

M——基坑开挖后黏土层的厚度。

所以,基坑底部黏土层的厚度必须满足式(3-2),如图3-20所示。

$$M > \frac{\gamma_w}{\gamma} H \tag{3-2}$$

如果 $M<\dfrac{\gamma_w}{\gamma}H$，为防止基坑突涌，则必须对承压含水层进行预先排水。使其承压水头下降至基坑底能够承受的水头压力（见图 3-21），而且，相对于含水层顶板的承压水头 H_w 必须满足式(3-3)

$$H_w<\dfrac{\gamma}{\gamma_w}M \tag{3-3}$$

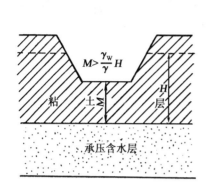

图 3-20 基坑底隔水层最小厚度

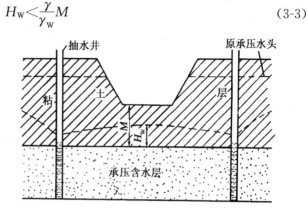

图 3-21 防止基坑突涌的排水降压

(七) 地下水对混凝土的腐蚀性

土木工程建筑物，如房屋及桥梁基础、地下洞室衬砌和边坡支挡建筑物等，都要长期与地下水相接触，地下水中各化学成分与建筑物中的混凝土产生化学反应，使混凝土中某些物质被溶蚀，强度降低，结构遭到破坏；或者在混凝土中生成某种新的化合物，这些新化合物生成时体积膨胀，使混凝土开裂破坏。

地下水对混凝土的腐蚀有以下几种类型：

1. 溶出腐蚀

硅酸盐水泥遇水硬化，生成氢氧化钙[$Ca(OH)_2$]、水化硅酸钙($2CaO·SiO_2·12H_2O$)、水化铝酸钙($2CaO·Al_2O_3·6H_2O$)等。地下水在流动过程中对上述生成物中的 $Ca(OH)_2$ 及 CaO 成分不断溶解带走，结果使混凝土强度下降。这种溶解作用不仅与混凝土的密度、厚度有关，而且与地下水中 HCO_3^- 的含量关系很大。因为水中 HCO_3^- 与混凝土中 $Ca(OH)_2$ 化合生成 $CaCO_3$ 沉淀

$$Ca(OH)_2 + Ca(HCO_3)_2 \longrightarrow 2CaCO_3 + 2H_2O$$

$CaCO_3$ 不溶于水，既可充填混凝土空隙，又可在混凝土表面形成一个保护层，防止 $Ca(OH)_2$ 溶出。因此，HCO_3^- 含量愈高，水的腐蚀性愈弱，当 HCO_3^- 含量低于 2.0 mg/L 或暂时硬度小于 3 度时，地下水具有溶出腐蚀性。

2. 碳酸腐蚀

几乎所有的水中都含有以分子形式存在的 CO_2，常称游离 CO_2。水中 CO_2 与混凝土中 $CaCO_3$ 的化学反应是一种可逆反应：

$$CaCO_3 + CO_2 + H_2O \rightleftharpoons Ca(HCO_3)_2 \rightleftharpoons Ca^{2+} + 2HCO_3^-$$

当 CO_2 含量过多时，反应向右进行，使 $CaCO_3$ 不断被溶解；当 CO_2 含量过少，或水中 HCO_3^- 含量过高时，反应向左进行，析出固体的 $CaCO_3$。只有当 CO_2 与 HCO_3^- 的含量达到平衡时，化学反应停止进行，此时所需的 CO_2 含量称平衡 CO_2。若游离 CO_2 含量超过平衡

CO_2 所需含量,则超出的部分称腐蚀性 CO_2,它使混凝土中 $CaCO_3$ 被溶解,直到形成新的平衡为止。可见,腐蚀性 CO_2 愈多,对混凝土腐蚀性愈强。当地下水流量、流速都较大时,CO_2 容易不断得到补充,平衡不易建立,腐蚀作用不断进行。

3. 硫酸盐腐蚀

水中 SO_4^{2-} 含量超过一定数值时,对混凝土造成腐蚀破坏。SO_4^{2-} 含量超过 250 mg/L 时,就可能与混凝土中的 $Ca(OH)_2$ 作用生成石膏。石膏在吸收 2 分子结晶水、生成 2 水石膏 ($CaSO_4 \cdot 2H_2O$) 的过程中,体积膨胀到原来的 1.5 倍。SO_4^{2-}、石膏还可以与混凝土中的水化铝酸钙作用,生成水化硫铝酸钙结晶,其中含有多达 31 分子的结晶水;又使新生成物增大到原来体积的 2.2 倍。反应如下:

$$3(CaSO_4 \cdot 2H_2O) + 3CaO \cdot Al_2O_3 \cdot 6H_2O + 19H_2O \longrightarrow 3CaO \cdot Al_2O_3 \cdot 3CaSO_4 \cdot 31H_2O$$

水化硫铝酸钙的形成使混凝土严重溃裂,现场称之为水泥细菌。

当使用含水化铝酸钙极少的抗酸水泥时,可大大提高抗硫酸盐腐蚀的能力,当 SO_4^{2-} 低于 3 000 mg/L 时,都不具有硫酸盐腐蚀性。

4. 一般酸性腐蚀

地下水的 pH 值较小时,酸性较强,这种水与混凝土中 $Ca(OH)_2$ 作用生成 $CaCl_2$、$CaSO_4$、$Ca(NO_3)_2$ 等各种钙盐,若生成物易溶于水,则混凝土被腐蚀。一般认为 pH 值小于 5.2 时具有腐蚀性。

5. 镁盐腐蚀

地下水中的镁盐($MgCl_2$、$MgSO_4$ 等)与混凝土中的 $Ca(OH)_2$ 作用生成易溶于水的 $CaCl_2$ 及易产生硫酸腐蚀的 $CaSO_4$,使 $Ca(OH)_2$ 含量降低,引起混凝土中其他水化物的分解破坏。一般认为 Mg^{2+} 含量大于 1 000 mg/L 时有腐蚀性,通常地下水中 Mg^{2+} 的含量都低于此值。

地下水对混凝土的腐蚀性除与水中各种化学成分的单独作用及相互影响有密切关系外,还与建筑物所处环境、使用的水泥品种等因素有关,必须综合考虑。

综上所述,地下水对混凝土建筑物的腐蚀是一项复杂的物理化学过程,在一定的工程地质与水文地质条件下,对建筑材料的耐久性影响很大。为了评价地下水对建筑结构的腐蚀性,必须在现场同时采两个水样,一个样重 1 kg,另一个样重 0.3~0.5 kg,并加以 $CaCO_3$ 粉 3~5 g。两个样在现场立即密封后送实验室分析,分析项目有:pH 值、游离 CO_2、腐蚀性 CO_2、Ca^{2+}、Mg^{2+}、K^+、Na^+、NH_4^+、Fe^{3+}、Fe^{2+}、Cl^-、SO_4^{2-}、HCO_3^-、NO_3^-、总硬度和有机质。根据水样的化学分析结果,对照国家标准《岩土工程勘察规范》(2001 年)进行地下水腐蚀性评价,评价时还应考虑建筑物场地的环境、类别、含水层的透水性。

学 习 要 求

通过本章的学习,要求掌握风化作用和地下水的概念,风化作用的基本类型及表现形式。熟悉岩石风化程度的分级及影响风化作用的因素;了解各种地表流水地质作用的基本特征;掌握第四纪沉积物的主要成因类型及残积层、坡积层、洪积层及冲积层的主要工程地质特征,地下水的类型及地下水主要的化学成分;熟悉潜水、上层滞水、承压水的形成条件及主要工程特征;了解裂隙水、孔隙水、岩溶水的形成条件及特征;正确认识和理解地下水与工程的关系。

习题与思考题

1. 什么叫风化作用？风化作用的基本类型及各自的表现形式如何？
2. 一个完整的岩层风化剖面自下而上可划分为哪几个风化带？各带的风化程度有何区别？
3. 在野外如何判断岩石的风化程度？影响风化作用的因素有哪些？
4. 什么叫坡面细流？试说明其地质作用特征。
5. 什么叫山洪急流？其地质作用如何？
6. 冲沟是怎样形成的？厚层黄土地区冲沟的发展可分哪几个阶段？
7. 河流地质作用表现在哪些方面？河流侧蚀作用和公路建设有何关系？
8. 如何根据河流沉积作用的特点寻找公路建设所需的有关建筑材料？
9. 什么叫残积层？试说明残积层的工程地质特征。
10. 什么叫坡积层？试说明坡积层的工程地质特征及影响坡积层稳定性的主要因素。
11. 试比较残积层与坡积层的异同。
12. 从工程地质的观点看，洪积层有哪些工程特性？
13. 何谓冲积层？按其沉积环境的不同，冲积层有哪几类？各有哪些特征？
14. 第四纪沉积物的主要成因类型有哪几种？
15. 试述红砂岩路堤填筑关键技术。
16. 简述炭质泥岩边坡防治措施。
17. 何谓地下水？地下水的物理性质包括哪些内容？地下水的化学成分有哪些？
18. 地下水按埋藏条件可以分为哪几种类型？它们有何不同？试简述之。
19. 地下水按含水层空隙性质可以分为哪几种类型？它们有何不同？试简述之。
20. 试分别说明潜水和承压水的形成条件及工程特征。
21. 根据埋藏情况裂隙水可分为哪几种类型？它们有何特征？
22. 试说明地下水与工程建设的关系。

第四章 地貌与公路工程

由于内力地质作用和外力地质作用的长期进行,在地壳表面形成的各种不同成因、不同类型、不同规模的起伏形态,称为地貌。地貌学是专门研究地壳表面各种起伏形态的形成、发展和空间分布规律的科学。

"地形"与"地貌"含义不同,"地形"专指地表既成形态的某些外部特征,如高低起伏、坡度大小和空间分布等,它不涉及这些形态的地质结构,以及这些形态的成因和发展。这些形态在地形图中以等高线表达。"地貌"含义广泛,它不仅包括地表形态的全部外部特征,如高低起伏、坡度大小、空间分布、地形组合及其与邻近地区地形形态之间的相互关系等,更重要的是运用地质动力学的观点,分析和研究这些形态的成因和发展。为了表达这些内容,需要应用地貌图。地貌图是以地形图为底图,按规定的图例和一定的比例尺,将各种地貌表达在平面图上的一种图件。

地貌条件与公路及铁路工程的建设及运营有着密切的关系,公路常穿越不同的地貌单元,地貌条件是评价公路工程地质条件的重要内容之一。各种不同的地貌,都关系到公路勘测设计、桥隧位置选择等技术经济问题和养护管理等。为了处理好公路工程与地貌条件之间的关系,就必须学习和掌握一定的地貌知识。

第一节 地貌概述

一、地貌的形成和发展

(一)地貌形成和发展的动力

地壳表面的各种地貌都在不断地形成和发展变化,促使地貌形成和发展变化的动力,是内、外力地质作用。

内力作用形成了地壳表面的基本起伏,对地貌的形成和发展起决定性作用。首先,地壳的构造运动不仅使地壳岩层因受到强烈的挤压、拉伸或扭动而形成一系列褶皱带和断裂带,而且还在地壳表面造成大规模的隆起区和沉降区。隆起区将形成大陆、高原、山岭;沉降区则形成海洋、平原、盆地。其次,地下岩浆的喷发活动对地貌的形成和发展也有一定的影响,裂隙喷发可形成火山锥和熔岩盖等堆积物,后者的覆盖面积可达数百以至数十万平方公里,厚度可达数百、数千米。内力作用不仅形成了地壳表面的基本起伏,而且还对外力作用的条件、方式及过程产生深刻的影响。例如,地壳上升,侵蚀、剥蚀、搬运等作用增强,堆积作用就变弱;地壳下降,则情况相反。

外力作用根据其作用过程可分为风化、剥蚀、搬运、堆积和成岩等作用,根据其动力性质可分为风化、重力、风力、流水、冰川、冻融、溶蚀等作用。外力作用对由内力作用所形成的基本地貌形态,不断地进行雕塑、加工,起着改造作用,其总趋势是削高补低,力图把地表夷平,即把由内力作用所造成的隆起部分进行剥蚀破坏,同时把破坏所形成的碎屑物质搬运堆积到由内力作用所造成的低地和海洋中去。如同内力作用会引起外力作用的加剧一样,在外力作用把地表夷平的过程中,也会改变地壳已有的平衡,从而又为内力作用产生新的地面起伏提供新的条件。

综上所述,地貌的形成和发展是内、外力共同作用的结果。我们现在看到的各种地貌形态,就是地壳在内、外力作用下发展到现阶段的形态表现。

(二)地貌形成、发展的规律和影响因素

地貌的形成和发展变化,首先取决于内、外力作用之间的量的比。例如,在内力作用使地表上升的情况下,如果上升量大于外力作用的剥蚀量,地表就升高,最后形成山岭地貌;反之,如果上升量小于外力作用的剥蚀量,地表就会降低或被削平,后形成剥蚀平原。同样,在内力作用使地表下降的情况下,如果下降量大于外力作用所造成的堆积量,地表就会下降,形成低地;反之,如果下降量小于外力作用所能造成的堆积量,地表就会被填平甚至增高,形成堆积平原或各种堆积地貌。

此外,地貌的形成和发展变化也决定于地貌水准面,当内力作用造成地表基本起伏后,如果地壳运动由活跃期转入宁静期,此时内力作用变弱,但外力作用并未因此而变弱,它的长期继续作用最终将把地表夷平,形成一个夷平面,这个夷平面是高地被削平、凹地被填充的水准面,所以也称为地貌水准面。地貌水准面是外力作用力图最终达到的剥蚀界面,在此过程中,由外力作用所形成的各种地貌,其形成和发展均要受它的控制。地貌水准面并非一个,一般认为有多少种外力作用,就有多少相应的地貌水准面,这些地貌水准面可以是单因素的,但在更多情况下则常为多种因素互相结合的,因为在同一地区各种外力作用常是同时进行的。地貌水准面有局部地貌水准面与基本地貌水准面之分,如果地貌水准面不与海平面发生联系,则它只能控制局部地区地貌的形成和发展,这种地貌水准面称为局部地貌水准;如果地貌水准面能够和海平面发生联系,那么海平面就成为控制整个地区地貌形成和发展的地貌水准面,所以海平面也称为基本地貌水准面。当某一地区地貌的发展达到它的地貌水准面时,特别是有许多河流穿插切割时,地表会变成波状起伏的侵蚀平原,称为准平原。

地貌的形成和发展除受上述规律制约外,还受地质构造、岩性、气候条件等因素的影响。外力作用改造地表形态的能力,常常是与地质构造岩石性质相联系的。地质构造对地貌的影响,明显地见于山区及剥蚀地区,例如,各种构造破碎带常是外力作用表现最强烈的地方,而单斜山、桌状山等也是岩层产状在地貌上的反映。岩性不同,其抵抗风化和剥蚀的能力也就不同,从而形成不同的地貌;影响岩石抵抗风化和剥蚀能力的主要因素,是由岩石成分、结构和构造等所决定的岩石的坚硬程度。气候条件对地貌形成和发展的影响也是显著的,例如,高寒的气候地带常形成冰川地貌,干旱地带则形成风沙地貌,等等。此外,除重力作用外,任何一种外力作用所形成的地貌,也都在一定程度上受到气候条件的影响。

二、地貌的分级与分类

(一)地貌分级

不同等级的地貌,其成因不同,形成的主导因素也不同。地貌等级一般划分为四级:

(1)巨型地貌。大陆与海洋、大的内海及大的山系都是巨型地貌。巨型地貌几乎完全是

由内力作用形成的,所以又称大地构造地貌。

(2) 大型地貌。山脉、高原、山间盆地等为大型地貌,基本上也是由内力作用形成的。

(3) 中型地貌。河谷及河谷之间的分水岭等为中型地貌,主要由外力作用造成。内力作用产生的基本构造形态是中型地貌形成和发展的基础,而地貌的外部形态则决定于外力作用的特点。

(4) 小型地貌。残丘、阶地、沙丘、小的侵蚀沟等为小型地貌,基本上受着外力作用的控制。

(二) 地貌的形态分类

地貌的形态分类,就是按地貌的绝对高度、相对高度及地面的平均坡度等形态特征进行分类。表 4-1 是大陆上山地和平原的一种常见的分类方案。

表 4-1 大陆地貌的形态分类

形态类别		绝对高度 (m)	相对高度 (m)	平均坡度 (°)	举 例
山地	高 山	>3 500	>1 000	>25	喜马拉雅山、天山
	中 山	3 500~1 000	1 000~500	10~25	大别山、庐山、雪峰山
	低 山	1 000~500	500~200	5~10	川东平行岭谷、华蓉山
	丘 陵	<500	<200		闽东沿海丘陵
平原	高 原	>600	>200		青藏、内蒙、黄土、云贵高原
	高平原	>200			成都平原
	低平原	0~200			东北、华北、长江中下游平原
	洼 地	低于海平面高度			吐鲁番洼地

在公路工程中,把表 4-1 中的丘陵进一步划分为重丘和微丘,其中相对高度大于 100 m 的为重丘,小于 100 m 的为微丘。

(三) 地貌的成因分类

目前还没有公认的地貌成因分类方案,根据公路工程的特点,这里介绍以地貌形成的主导因素作为分类基础的方案,这个方案比较简单实用。

1. 内力地貌

以内力作用为主所形成的地貌为内力地貌,它又可分为:

(1) 构造地貌。由地壳的构造运动所造成的地貌,其形态能充分反映原来的地质构造型态。如高地符合于构造隆起和上升运动为主的地区,盆地符合于构造拗陷和下降运动为主的地区,如褶皱山、断块山等。

(2) 火山地貌。由火山喷发出来的熔岩和碎屑物质堆积所形成的地貌为火山地貌,如熔岩盖、火山锥等。

2. 外力地貌

以外力作用为主所形成的地貌为外力地貌。根据外动力的不同,它又分为以下几种:

(1) 水成地貌。水成地貌以水的作用为地貌形成和发展的基本因素。水成地貌又可分为面状洗刷地貌、线状冲刷地貌、河流地貌、湖泊地貌与海洋地貌等。

(2) 冰川地貌。冰川地貌以冰雪的作用为地貌形成和发展的基本因素。冰川地貌又可分为冰川剥蚀地貌与冰川堆积地貌,前者如冰斗、冰川槽谷等,后者如侧碛、终碛等。

(3) 风成地貌。风成地貌以风的作用为地貌形成和发展的基本因素。风成地貌又可分为风蚀地貌与风积地貌，前者如风蚀洼地、蘑菇石等，后者如新月形沙丘、沙垄等。

(4) 岩溶地貌。岩溶地貌以地表水和地下水的溶蚀作用为地貌形成和发展的基本因素。其所形成的地貌如溶沟、石芽、溶洞、峰林、地下暗河等。

(5) 重力地貌。重力地貌以重力作用为地貌形成和发展的基本因素。其所形成的地貌如崩塌、滑坡等。

此外，还有黄土地貌、冻土地貌等。

第二节 山岭地貌

一、山岭地貌的形态要素

山岭地貌具有山顶、山坡、山脚等明显的形态要素。

山顶是山岭地貌的最高部分，山顶呈长条状延伸时称山脊。山脊标高较低的鞍部，即相连的两山顶之间较低的山腰部分称为垭口。一般来说，山体岩性坚硬、岩层倾斜或因受冰川的刨蚀时，多呈尖顶或很狭窄的山脊（见图 4-1a）；在气候湿热，风化作用强烈的花岗岩或其他松软岩石分布地区，岩体经风化剥蚀，多呈圆顶（见图 4-1b）；在水平岩层或古夷平面分布地区，则多呈平顶（见图 4-1c），典型的如方山、桌状山等（见图 4-2）。

山坡是山岭地貌的重要组成部分。在山岭地区，山坡分布的地面最广。山坡的形状有直线形、凹形、凸形以及复合形等各种类型，这取决于新构造运动、岩性、岩体结构及坡面剥蚀和堆积的演化过程等因素。

山脚是山坡与周围平地的交接处。由于坡面剥蚀和坡脚堆积，使山脚在地貌上一般并不明显，在那里通常有一个起着缓坡作用的过渡地带，它主要由一些坡积裙、冲积锥、洪积扇及岩堆、滑坡堆积体等流水堆积地貌和重力堆积地貌组成。

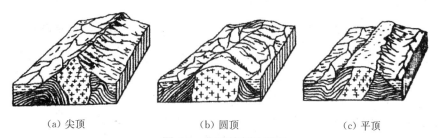

(a) 尖顶　　　　　(b) 圆顶　　　　　(c) 平顶

图 4-1　山顶的各种形态

二、山岭地貌的类型

山岭地貌可以按形态或成因分类。按形态分类一般是根据山的海拔高度，相对高度和坡度等特点进行划分，如表 4-1 所示。根据地貌成因，可以将山岭地貌划分为以下类型：

(一) 构造变动形成的山岭

1. 平顶山

平顶山是由水平岩层构成的一种山岭（见图 4-2），多分布在顶部岩层坚硬（如灰岩、胶结紧密的砂岩或砾岩)和下卧层软弱(如页岩)的硬软互层发育地区,在侵蚀、溶蚀和重力崩塌作用下,使四周形成陡崖或深谷,由于顶面坚岩抗风化力强而兀立如桌面。由水平硬岩层覆盖其表面的分水岭,有可能成为平坦的高原。

2. 单面山

单面山是由单斜岩层构成的沿岩层走向延伸的一种山岭(见图 4-3a)。它常常出现在构造盆地的边缘和舒缓的穹窿、背斜和向斜构造的翼部,其两坡一般不对称。与岩层倾向相反的一坡短而陡,称为前坡。前坡多是经外力的剥蚀作用所形成,故又称为剥蚀坡;与岩层倾向一致的一坡长而缓,称为后坡或构造坡。如果岩层倾角超过 40°,则两坡的坡度和长度均相差不大,其所形成的山岭外形很像猪背,所以又称猪背岭(见图 4-3b、c)。单面山的发育,主要受构造和岩性控制。如果各个软硬岩层的抗风化能力相差不大,则上下界限分明,前后坡面不对称,上为陡崖,下为缓坡;若软岩层抗风化能力很弱,则陡坡不明显,上部出现凸坡,下部出现凹坡。如果上部坚岩层很薄,下部软弱层很厚,则山脊走线弯曲;反之若上厚下薄,则山脊走线比较顺直,陡崖很高。如果岩层倾角较小,则山脊走线弯曲;反之,若倾角较大,则山脊走线顺直。此外,顺岩层走向流动的河流,河谷一侧坡缓,另一侧坡陡,称为单斜谷。猪背由硬岩层构成,山脊走线很平直,顺岩层倾向的河流,可以将岩层切成深狭的峡谷。

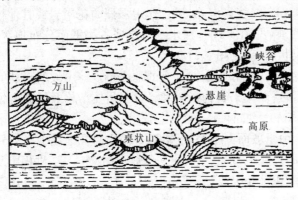

图 4-2 方山和桌状山

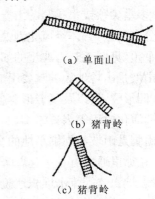

图 4-3 单面山山岭

单面山的前坡(剥蚀坡),由于地形陡峻,若岩层裂隙发育,风化强烈,则容易产生崩塌,且其坡脚常分布有较厚的坡积物和倒石堆,稳定性差,故对布设路线不利。后坡(构造坡)由于山坡平缓,坡积物较薄,故常常是布设路线的理想部位。不过在岩层倾角大的后坡上深挖路堑时,应注意边坡的稳定问题,因为开挖路堑后,与岩层倾向一致的一侧,会因坡脚开挖而失去支撑,特别是当地下水沿着其中的软弱岩层渗透时,容易产生顺层滑坡。

3. 褶皱山

褶皱山是由褶皱岩层所构成的一种山岭。在褶皱形成的初期,往往是背斜形成高地(背斜山),向斜形成凹地(向斜谷),地形是顺应构造的,所以称为顺地形。但随着外力剥蚀作用的不断进行,有时地形也会发生逆转现象,背斜因长期遭受强烈剥蚀而形成谷地,而向斜则形成山岭,这种与地质构造型态相反的地形称为逆地形。一般在年轻的褶曲构造上顺地形居多,在较老的褶曲构造上,由于侵蚀作用进一步发展,逆地形则比较发育。此外,在褶曲构造上还可能同时存在背斜谷和向斜谷,或者演化为猪背岭或单斜山、单斜谷。

4. 断块山

断块山是由断裂变动所形成的山岭。它可能只在一侧有断裂,也可能两侧均为断裂所控制。断块山在形成的初期可能有完整的断层面及明显的断层线,断层面构成了山前的陡崖,断层线控制了山脚的轮廓,使山地与平原、或山地与河谷间界线相当明显而且比较顺。以后由于剥蚀作用的不断进行,断层面便可能遭到破坏而后退,崖底的断层线也被巨厚的风化碎屑物所掩盖。此外,在第二章中已经指出过,由断层所构成的断层崖,也常受垂直于断层面的流水侵蚀,因而在谷与谷之间就形成一系列断层三角面,它常是野外识别断层的一种地貌证据。

5. 褶皱断块山

上述山岭都是由单一的构造型态所形成,但在更多情况下,山岭常常是由它们的组合形态所构成。由褶皱和断裂构造的组合形态构成的山岭称褶皱断块,这里曾经是构造运动剧烈和频繁的地区。

(二) 火山作用形成的山岭

火山作用形成的山岭,常见有锥状火山和盾状火山。锥状火山是多次火山活动造成的,其熔岩黏性较大、流动性小,冷却后便在火山口附近形成坡度较大的锥状外形。盾状火山是由黏性较小、流动性大的熔岩冷凝形成,故其外形呈基部较大、坡度较小的盾状。

(三) 剥蚀作用形成的山岭

这种山岭是在山体地质构造的基础上,经长期外力剥蚀作用所形成的。例如,地表流水侵蚀作用所形成的河间分水岭,冰川刨蚀作用所形成的刃脊、角峰,地下水溶蚀作用所形成的峰林等,都属于此类山岭。由于此类山岭的形成是以外力剥蚀作用为主,山体的构造型态对地貌形成的影响已退居不明显地位,所以此类山岭的形态特征主要取决于山体的岩性、外力的性质及剥蚀作用的强度和规模。

三、垭口与山坡

(一) 垭口

对于公路工程来说,研究山岭地貌必须重点研究垭口。因为山岭的公路路线若能寻找合适的垭口,可以降低公路高程和减少展线工程量。从地质作用看,可以将垭口归纳为如下三个基本类型。

1. 构造型垭口

这是由构造破碎带或软弱岩层经外力剥蚀所形成的垭口。常见的有下列三种:

(1) 断层破碎带型垭口。这种垭口的工程地质条件比较差,岩体的整体性被破坏,经地表水侵入和风化、岩体破碎严重,一般不宜采用隧道方案。如采用路堑,也需控制开挖深度或考虑边坡防护,以防止边坡发生崩塌(见图 4-4)。

(2) 背斜张裂带型垭口。这种垭口虽然构造裂隙发育,岩层破碎,但工程地质条件较断层破碎带型为好,这是因为垭口两侧岩层外倾,有利于排除地下水,有利于边坡稳定,一般可采用较陡的边坡坡度,使挖方工程量和防护工程量都比较小。如果选用隧道方案,施工费用和洞内衬砌也比较节省,是一种较好的垭口类型(见图 4-5)。

(3) 单斜软弱层型垭口。这种垭口主要由页岩、千枚岩等易于风化的软弱岩层构成,两侧边坡多不对称,一坡岩层外倾可略陡一些。由于岩性松软,风化严重,稳定性差,故不宜深挖,若采取路堑深挖方案,与岩层倾向一致的一侧边坡的坡角应小于岩层的倾角,两侧坡面都应有防风化的措施,必要时应设置护壁或挡土墙。穿越这一类垭口,宜优先考虑隧道方案,可以避免因风化带来的路基病害,还有利于降低越岭线的高程,缩短展线工程量或提高公路纵坡标准(见图4-6)。

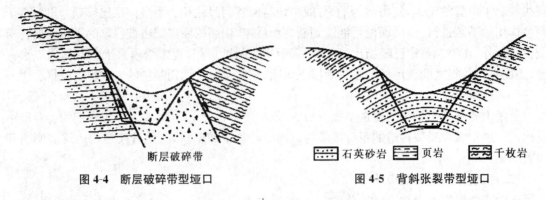

图4-4　断层破碎带型垭口　　　　　图4-5　背斜张裂带型垭口

2. 剥蚀型垭口

这是以外力强烈剥蚀为主导因素所形成的垭口,其形态特征与山体地质结构无明显联系。此类垭口的共同特点是松散覆盖层很薄,基岩多半裸露。垭口的肥瘦和形态特点主要取决于岩性、气候及外力的切割程度等因素。在气候干燥寒冷地带,岩性坚硬和切割较深的垭口本身较薄,宜采用隧道方案;采用路堑深挖地比较有利,是一种最好的垭口类型。在气候温度地区和岩性较软弱的垭口,则本身较平

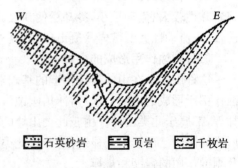

图4-6　单斜软弱层型垭口

缓宽厚,采用深挖路堑或隧道对穿都比较稳定,但工程量比较大。在石灰岩地区的溶蚀性垭口,无论是明挖路堑或开凿隧道,都应注意溶洞或其他地下溶蚀地貌的影响。

3. 剥蚀—堆积型垭口

这是在山体地质结构的基础上,以剥蚀和堆积作用为主导因素所形成的垭口。其开挖后的稳定条件主要决定于堆积层的地质特征和水文地质条件。这类垭口外形浑缓,垭口宽厚,宜于公路展线,但松散堆积层的厚度较大,有时发育的湿地或高地沼泽,水文地质条件较差,故不宜降低过岭标高,通常多以低填或浅挖的断面形式通过。

(二) 山坡

山坡是山岭地貌形态的基本要素之一,不论越岭线或山脊线,路线的绝大部分都是设置在山坡或靠近岭顶的斜坡上的。所以在路线勘测中总是把越岭垭口和展线山坡作为一个整体通盘考虑的。山坡的形态特征是新构造运动、山坡的地质结构和外动力地质条件的综合反映,对公路的建筑条件有着重要的影响。

山坡的外部形态特征包括山坡的高度、坡度及纵向轮廓等。山坡的外形是各种各样的,下面根据山坡的纵向轮廓和山坡的坡度,将山坡简略地概括为以下几种类型。

1. 按山坡的纵向轮廓分类

(1) 直线形坡。在野外见到的直线形山坡,一般可分为三种情况:第一种是山坡岩性单一,经长期的强烈冲刷剥蚀,形成纵向轮廓比较均匀的直线形山坡,这种山坡的稳定性一般较

高;第二种是由单斜岩层构成的直线形山坡,这种山坡在介绍单面山时曾经指出过,其外形在山岭的两侧不对称,一侧坡度陡峻,另一侧则与岩层层面一致,坡度均匀平缓,从地形上看,有利于布设路线,但开挖路基后遇到的均系顺倾向边坡,在不利岩性和水文地质条件下,很容易发生大规模的顺层滑坡,因此不宜深挖;第三种是由于山体岩性松软或岩体相当破碎,在气候干寒,物理风化强烈的条件下,经长期剥蚀碎落和坡面堆积而形成的直线形山坡,这种山坡在青藏高原和川西峡谷比较发育,其稳定性最差,选作傍山公路的路基,应注意避免挖方内侧的坍方和路基沿山坡滑坍。

(2) 凸形坡。这种山坡上缓下陡,自上而下坡度渐增,下部甚至呈直立状态,坡脚界限明显。这类山坡往往是由于新构造运动加速上升,河流强烈下切所造成。其稳定条件主要决定于岩体结构,一旦发生山坡变化,则会形成大规模的崩塌。凸形坡上部的缓坡可选作公路路基,但应注意考察岩体结构,避免因人工扰动和加速风化导致失去稳定(见图 4-7a、b)。

(3) 凹形坡。这种山坡上部陡,下部急剧变缓,坡脚界线很不明显。山坡的凹形曲线可能是新构造运动的减速上升造成的,也可能是山坡上部的破坏作用与山麓风化产物的堆积作用相结合的结果。分布在松软岩层中的凹形山坡,不少都是在过去特定条件下由大规模的滑坡、崩塌等山坡变形现象形成的,凹形坡面往往就是古滑坡的滑动面或崩塌体的依附面。地震后的地貌调查表明,凹形山坡在各种山地地貌形态中是稳定性比较差的一种。在凹形坡的下部缓坡上,也可进行公路布线,但设计路基时,应注意稳定平衡;沿河谷的路基应注意冲刷防护(见图 4-7c)。

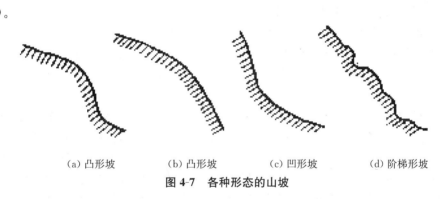

(a) 凸形坡　　(b) 凸形坡　　(c) 凹形坡　　(d) 阶梯形坡

图 4-7　各种形态的山坡

(4) 阶梯形坡。阶梯形山坡有两种不同的情况,一种是由软硬不同的水平岩层或微倾斜岩层组成的基岩山坡,由于软硬岩层的差异风化而形成阶梯状的山坡外形,山坡的表面剥蚀强烈,覆盖层薄,基岩外露,稳定性一般比较高;另一种是由于山坡曾经发生过大规模的滑坡变形,由滑坡台阶组成的次生阶梯状斜坡。这种斜坡多存在于山坡的中下部,如果坡脚受到强烈冲刷或不合理的切坡,或者受到地震的影响,可能引起古滑坡复活,威协建筑物的稳定(见图 4-7d)。

2. 按山坡的纵向坡度分类

山坡的纵向坡度,小于 15°的为微坡,介于 16°～30°之间的为缓坡,介于 31°～70°的为陡坡,山坡坡度大于 70°的为垂直坡。

稳定性高,坡度平缓的山坡便于公路展线,对于布设路线是有利的,但应注意考察其工程地质条件。平缓山坡特别是在山坡的一些坳洼部分,通常有厚度较大的坡积物和其他重力堆积物分布,坡面迳流也容易在这里汇集,当这些堆积物与下伏基岩的接触面因开挖而被揭露后，遇到不良水文情况，就可能引起堆积物沿基岩顶面发生滑动。

第三节 平原地貌

平原地貌是地壳在升降运动微弱或长期稳定的条件下，经过风化剥蚀夷平或岩石风化碎屑经搬运而在低洼地面堆积填平所形成的。平原地貌具有大地表面开阔平坦、地势高低起伏不大的外部形态。一般说来，平原地貌有利于公路选线，在选择有利地质条件的前提下，可以设计成比较理想的公路线形。

按高程，平原可分为高原、高平原、低平原和洼地（见表 4-1）；按成因，平原可分为构造平原、剥蚀平原和堆积平原。

一、构造平原

构造平原主要是由地壳构造运动形成而又长期稳定的结果。特点是微弱起伏的地面与岩层面一致，堆积物厚度不大。构造平原可分为海成平原和大陆拗曲平原。海成平原是因地壳缓慢上升、海水不断后退所形成，其地形面与岩层面基本一致，上覆堆积物多为泥沙和淤泥，工程地质条件不良，并与下伏基岩一起略微向海洋方向倾斜。大陆拗曲平原是因地壳沉降使岩层发生拗曲所形成，岩层倾角较大，在平原表面留有凸状或凹状的起伏形态，其上覆堆积物多与下伏基岩有关，两者的矿物成分很相似。

由于基岩埋藏不深，所以构造平原的地下水一般埋藏较浅。在干旱或半干旱地区，若排水不畅，常易形成盐渍化。在多雨的冰冻地区则常易造成道路的冻胀和翻浆。

二、剥蚀平原

剥蚀平原是在地壳上升微弱、地表岩层高差不大的条件下，经外力的长期剥蚀夷平所形成。其特点是地形面与岩层面不一致，在凸起的地表上，上覆堆积物很薄，基岩常裸露于地表；在低洼地段有时覆盖有厚度稍大的残积物、坡积物、洪积物等。按外力剥蚀作用的动力性质不同，剥蚀平原又可分为河成剥蚀平原、海成剥蚀平原、风力剥蚀平原和冰川剥蚀平原，其中较为常见的是前两种。河成剥蚀平原是由河流长期侵蚀作用所造成的侵蚀平原，亦称准平原，其地形起伏较大，并沿河流向上游逐渐升高，有时在一些地方则保留有残丘。海成剥蚀平原由海流的海蚀作用所造成，其地形一般极为平缓，微向现代海平面倾斜。

剥蚀平原形成后，往往因地壳运动变得活跃，剥蚀作用重新加剧，使剥蚀平原遭到破坏，故其分布面积常常不大。剥蚀平原的工程地质条件一般较好，剥蚀作用将起伏不平的小丘夷平，某些覆盖层较厚的洼地也比较稳定，宜于修建公路路基，或作为小桥涵的天然地基。

三、堆积平原

堆积平原是升出海平面的地壳在缓慢而稳定下降的条件下，各种外力作用的堆积填平所形成，其特点是地形开阔平缓，起伏不大，往往分布有厚度很大的松散堆积物。按外力堆积作用的动力性质不同，堆积平原又可分为河流冲积平原、山前洪积冲积平原、湖积平原、风积平原和冰碛平原，其中较为常见的是前面三种。

(一) 河流冲积平原

河流冲积平原系由河流改道及多条河流共同沉积所形成。它大多分布于河流的中、下游地带，因为在这些地带河床常常很宽，堆积作用很强，且地面平坦，排水不畅，每当雨季洪水易于泛滥，河水溢出河床，其所携带的大量碎屑物质便堆积在河床两岸，形成天然。当河水继续向河床以外的广大面积淹没时，流速不断减小，堆积面积愈来愈大，堆积物的颗粒更为细小，形成广阔的冲积平原。

河流冲积平原地形开阔平坦，宜于发展道路交通建设。但其下伏基岩埋藏一般很深，第四纪堆积物很厚，细颗粒多，地下水位浅，地基土的承载力较低。在地形比较低洼或潮湿的地区，历史上曾是河漫滩、湖泊或牛轭湖，常有较厚的带状淤泥分布。在冰冻潮湿地区，道路的冻胀翻浆问题比较突出，低洼地面容易遭受洪水淹没。在公路勘测设计和路基、桥梁基础工程中，应注意选择较有利的工程地质条件，采取可靠的工程技术措施。

(二) 山前洪积冲积平原

山前区是山区和平原的过渡地带，一般是河流冲刷和沉积都活跃的地区。汛期到来时洪水冲刷，在山前堆积了大量的洪积物；汛期过后，常年流水的河流中冲积物增加，洪积物或冲积物多沿山麓分布，靠近山麓地形较高，环绕着山前成一狭长地带，形成规模大小不一的山前洪积冲积平原。由于山前平原是由多个大小不一的洪（冲）积扇互相连接而成，因而呈高低起伏的波状地形。在新构造运动上升的地区，堆积物随洪（冲）积扇向山麓的下方移动，使山前洪积冲积平原的范围不断扩大；如果山区在上升过程中曾有过间歇，在山前平原上就产生了高差明显的山麓阶地。

山前洪积冲积平原堆积物的岩性与山区岩层的分布有密切关系，其颗粒为砾石、砂，以至粉粒或黏粒。由于地下水埋藏较浅，常有地下水溢出，水文地质条件较差，往往对工程建筑不利。

(三) 湖积平原

湖积平原是由河流注入湖泊时，将所挟带的泥沙堆积在湖底并使湖底逐渐淤高，湖水溢出、干涸后沉积层露出地面所形成。在各种平原中，湖积平原的地形最为平坦。

湖积平原中的堆积物，由于是在静水条件下形成的，故淤泥和泥炭的含量较多，其总厚度一般也较大，其中往往夹有多层呈水平层理的薄层细砂或黏土，很少见到圆砾或卵石，且土颗粒由湖岸向湖心逐渐由粗变细。

湖积平原地下水一般埋藏较浅，其沉积物由于富含淤泥和泥炭，常具可塑性和流动性，孔隙度大，压缩性高，因此承载力很低。

第四节 河谷地貌

一、河谷地貌的形态要素

河流所流经的槽状地形称为河谷，它是在流域地质构造的基础上，经河流的长期侵蚀、搬运和堆积作用逐渐形成和发展起来的一种地貌。路线沿河谷布设，可具有线形舒顺、纵坡平缓、工程量小等优点，所以河谷通常是山区公路争取利用的一种地貌类型。

受基岩性质、地质构造和河流地质作用等因素的控制，河谷的形态是多种多样的。在平原地区,由于水流缓慢,多以沉积作用为主,河谷纵横断面均较平缓,河流在其自身沉积的松散沉积层上发育成曲流和叉道,河谷形态与基岩性质和地质构造等关系不大;在山区,由于复杂的地质构造和软硬岩石性质的影响,河谷形态不单纯由水流状态和泥沙因素所控制,地质因素起着更重要的作用,因此河谷纵横断面均比较复杂,具有波状与阶梯状的特点。

典型的河谷地貌,一般都具有图 4-8 所示的几个部分。

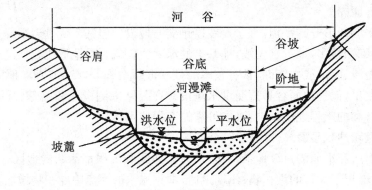

图 4-8 河谷要素图

(一)谷底

谷底是河谷地貌的最低部分,地势一般比较平坦,其宽度为两侧谷坡坡麓之间的距离。谷底上分布有河床及河漫滩。河床是在平水期间为河水所占据的部分,或称河槽。河漫滩是在洪水期间为河水淹没的河床以外的平坦地带。其中每年都能为洪水淹没的部分称为低河漫滩;仅为周期性多年一遇的最高洪水所淹没的部分称为高河漫滩。

(二)谷坡

谷坡是高出于谷底的河谷两侧的坡地,谷坡上部的转折处称为谷缘或谷肩,下部的转折处称为坡麓或坡脚。

(三)阶地

阶地是沿着谷坡走向呈条带状或断断续续分布的阶梯状平台(见图 4-9)。阶地可能有多级,此时,从河漫滩向上依次称为一级阶地、二级阶地、三级阶地等。每一级阶地都有阶地面、前缘、阶地后缘、阶地斜坡和阶地坡麓等要素(见图 4-9)。

阶地面就是阶地平台的表面,它实际上是原来老河谷的谷底,大多向河谷轴部和河流下游微作倾斜。阶地面并不十分平整。因为在它的上面,特别是在它的后缘,常常由于崩塌物、坡积物、洪积物的堆积而呈波状起伏。此外,地表径流也对阶地面起着切割破坏作用。阶地斜坡是指阶地面以下的坡地,系河流向下深切后所造成。阶地斜坡倾向河谷

1—阶地后缘;2—阶地面;3—阶地前缘;
4—阶地斜坡;5—阶地坡麓

图 4-9 河流阶地要素图

轴部,并也常为地表迳流所切割破坏,阶地一般不被洪水淹没。

二、河流阶地

(一)阶地的成因

河流阶地是在地壳的构造运动与河流的侵蚀、堆积作用的综合作用下形成的。当河漫滩河谷形成之后,由于地壳上升或侵蚀基准面相对下降,原来的河床或河漫滩便受到下切。而没有受到下切的部分就高出于洪水位之上,变成阶地,于是河流又在新的水平面上开辟谷地。此后,当地壳构造运动处于相对稳定期或下降期时,河流纵剖面坡度变小,流水动能减弱,河流垂直侵蚀作用变弱或停止,侧向侵蚀和沉积作用增强,于是又重新拓宽河谷,塑造新的河漫滩。在长期的地质历史过程中,若地壳发生多次升降运动,则引起河流侵蚀与堆积交替发生,从而在河谷中形成多级阶地。紧邻河漫滩的一级阶地形成的时代最晚,一般保存较好;依次向上,阶地的形成时代愈老,其形态相对保存越差。

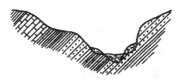

(a) 水平岩层上的侵蚀阶地　　(b) 倾斜岩层上的侵蚀阶地

图 4-10　侵蚀阶地

(二)阶地的类型

由于构造运动和河流地质过程的复杂性,河流阶地的类型是多种多样的。一般可以将它分为下列三种主要类型。

1. 侵蚀阶地

侵蚀阶地主要是由河流的侵蚀作用形成的,由基岩构成,阶地上面基岩直接裸露或只有很少的残余冲积物,多发育在构造抬升的山区河谷中(见图 4-10)。

2. 堆积阶地

堆积阶地是由河流的冲积物组成的,所以又叫冲积阶地或沉积阶地。当河流侧向侵蚀拓宽河谷后,由于地壳下降,逐渐有大量的冲积物发生堆积,待地壳上升,河流在堆积物中下切,形成堆积阶地。堆积阶地在河流的中、下游最为常见(见图 4-11)。

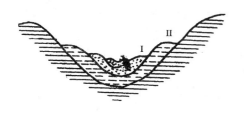
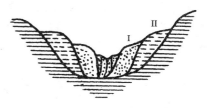

(a) 上叠阶地　　(b) 内叠阶地

图 4-11　堆积阶地

第四纪以来形成的堆积阶地,除早更新统的冲积物具有较低的胶结成岩作用外,一般的冲积物都呈松散状态，容易遭受河水冲刷，影响阶地稳定。

堆积阶地根据形成方式可分为以下两种：

(1) 上叠阶地。河流在切割河床堆积物时，切割的深度逐渐减小，侧向侵蚀也不能达到它原有的范围，新阶地的堆积物完全迭置在老阶地的堆积物上，这种形式的堆积阶地称为上迭阶地（见图 4-11a）。

(2) 内叠阶地。河流切割河床堆积物时，每次下切的深度大致相同，而堆积作用逐次减弱，每次河流堆积物分布的范围均比前次小，新的阶地套在老的阶地之内，这种形式的堆积阶地称为内迭阶地（见图 4-11b）。

3. 侵蚀—堆积阶地

这种阶地上部的组成物质是河流的冲积物，下部是基岩，通常基岩上部冲积物覆盖厚度不大，整个阶地主要由基岩组成，所以又称为基座阶地（见图 4-12）。它是由于后期河流的下蚀深度超过原有河谷谷底的冲积物厚度，切入基岩内部而形成，分布于地壳经历了相对稳定、下降及后期显著上升的山区。

由于河流的长期侵蚀和堆积，成形的河谷一般都存在不同规模的阶地，它一方面缓和了山谷坡脚地形的平面曲折和纵向起伏，有利于路线平纵面设

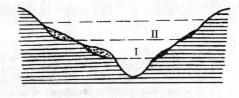

图 4-12 基座阶地

计和减少工程量，另一方面又不易遭受山坡变形和洪水淹没威胁，容易保证路基稳定。所以在通常情况下，阶地是河谷地貌中布设路线的理想地貌部位。当有几级阶地时，除考虑过岭标高外，一般以一、二级阶地布设路线为好。

以上都是顺着河流方向延伸的阶地，也称纵阶地。此外，还有与河流方向垂直的阶地，称为横阶地。事实上，横阶地只不过是河谷中一种具有一定高差的跌水或瀑布地形。高差很大的横阶地，多由横贯河谷垂直断距很大的断裂构造型成，此外，如河床岩性软硬不同，由于河流的差异侵蚀，也能形成一些高差不大的横向阶地。横向阶地在河谷中的分布不具有普遍性，只是在一定的岩性和构造条件下才能形成，且多出现在山区河谷或河流的上游。横阶地使沿河路线的地势发生突然变化，对道路纵坡设计不利。

了解地貌的形成、发展、分类和分级等；掌握山岭地貌的形态要素及山坡、垭口的基本类型和工程意义；了解平原地貌的基本类型及特点；掌握河谷地貌的形态要素，熟悉河流阶地的成因及类型。

习题与思考题

1. 试说明地貌是如何形成的？
2. 试说明地貌的分级与分类？
3. 地貌按形态可划分哪几种类型？它们各自的特征是什么？
4. 山岭地貌有哪些形态要素？
5. 山坡和垭口各有哪些基本类型？它们和公路建设有何关系？
6. 按成因平原地貌可分为哪几种？它们的工程地质条件如何？
7. 河谷地貌及河流阶地各有哪些要素？
8. 何谓河流阶地？它是如何形成的？按物质组成可划分哪几种类型？

第五章 岩体结构和岩体的稳定性分析

第一节 岩体和岩体结构

一、基本概念

岩体是指在一定工程范围内,由包含软弱结构面的各类岩石所组成的具有不连续性、非均质性和各向异性的地质体。

岩体是在漫长的地质历史过程中形成的,具有一定的结构和构造,并与工程建筑有关。岩体由各种各样的岩石组成,并在其形成过程中经受了构造变动、风化作用和卸荷作用等各种内外力地质作用的破坏和改造,因此,岩体经常被各种结构面(如层面、节理、断层、片理等)所切割,使岩体成为一种多裂隙的不连续介质。

岩体的多裂隙性特点决定了岩体与岩石(单一岩块)的工程地质性质有明显不同。两者最根本的区别,就是岩体中的岩石被各种结构面所切割。这些结构面的强度与岩石相比要低得多,并且破坏了岩体的连续完整性。岩体的工程性质首先取决于这些结构面的性质,其次才是组成岩体的岩石性质。此外,在大自然中,多数岩石的强度都是很高的,对于一般工程建筑物的要求来说,是能够满足的,而岩体的强度,特别是沿软弱结构面方向的强度却往往很低,不能满足建筑物的要求。因此,从工程实践的客观需要来看,研究岩体的特征比研究岩石的特征更为重要。

工业与民用建筑地基、道路与桥梁地基、隧道与地下洞室围岩、水工建筑地基的岩体,道路工程边坡、港口岸坡、桥梁岸坡、库岸边坡的岩体等,都属于工程岩体。在工程施工过程中和在工程使用与运转过程中,这些岩体自身的稳定性和承受工程建筑及运转过程传来的荷载作用下的稳定性,直接关系着施工期间和运转期间部分工程甚至整个工程的安全与稳定,关系着工程的成败,故岩体稳定性分析与评价是工程建设中十分重要的问题。

岩体稳定是指在一定的时间内,一定的自然条件和人为因素的影响下,岩体不产生破坏性的剪切滑动、塑性变形或张裂破坏。岩体的稳定性、岩体的变形与破坏,主要取决于岩体内各种结构面的性质及其对岩体的切割程度。大量的工程实践表明,边坡岩体的破坏,地基岩体的滑移,以及隧道围岩的塌落,大多数是沿着岩体中的软弱结构面发生的。岩体结构在岩体的变形与破坏中起到了主导作用。因此,在岩体稳定性分析中,除了力学分析和对比分析外,对岩体的结构分析也具有重要意义。而要从岩体结构的观点分析岩体的稳定性,首先就必须研究岩体的结构特征。

岩体结构包括结构面和结构体两个要素。结构面是指存在于岩体中的各种不同成因、不同特征的地质界面,如断层、节理、层理、软弱夹层及不整合面等。结构体是指岩体被结构面切割后形成的岩石块体。结构面和结构体的排列与组合特征便形成了岩体结构。所谓岩体结构，就是指岩体中结构面和结构体两个要素的组合特征，它既表达岩体中结构面的发育程度及组合，又反映了结构体的大小、几何形式及排列。

二、岩体的结构特征

(一)结构面的成因类型

不同成因的结构面，具有不同的工程地质特性。按成因可把结构面分为原生结构面、构造结构面和次生结构面三类。各类结构面的主要特征如表 5-1 所示。

表 5-1　岩体结构面的类型及其特征

成因类型	地质类型	主要特征			工程地质评价
		产状	分布	性质	
原生结构面	沉积结构面 1. 层理层面 2. 软弱夹层 3. 不整合面、假整合面 4. 沉积间断面	一般与岩层产状一致，为层间结构面。	海相岩层中此类结构面分布稳定，陆相岩层中多交错状，易尖灭。	层理层面、软弱夹层等结构较为平整；不整合面及沉积间断面多由碎屑泥质物质构成，且不平整。	国内外较大的坝基滑动及滑坡很多由此类结构面所造成。
	岩浆结构面 1. 侵入体与围岩接触面 2. 岩脉、岩墙接触面 3. 原生冷凝节理	岩脉受构造结构面控制，而原生节理受岩体接触面控制。	接触面延伸较远比较稳定，而原生节理往往短小密集。	与围岩接触面可具熔合及破坏两种不同的特征，原生节理一般为张裂面，较粗糙不平。	一般不造成大规模的岩体破坏，但有时与构造断裂配合也可形成岩体的滑移，如有的坝肩局部滑移。
	变质结构面 1. 片理 2. 片岩软弱夹层	产状与岩层或构造方向一致。	片理短小，分布极密，片岩软弱夹层延展较远，具固定层次。	结构面光滑平直，片理在岩层深部往往闭合成隐蔽结构面，片岩软弱夹层含片状矿物，呈鳞片状。	在变质较浅的沉积岩中，如千枚岩等路堑边坡常见塌方，片岩夹层有时对工程及地下洞体稳定也有影响。
构造结构面	1. 节理（X 型节理、张节理） 2. 断层 3. 层间错动 4. 羽状裂隙、劈理	产状与构造线呈一定关系，层间错动与岩层一致。	张性断裂较短小，剪切断裂延展较远，压性断裂规模巨大。	张性断裂不平整，具次生充填，呈锯齿状，剪切断裂较平直，具羽状裂隙，压性断层面具多种物质构造，往往含断层泥、糜棱岩。	对岩体稳定影响很大，在许多岩体破坏过程中，大都有构造结构面的配合作用。此外常造成边坡及地下工程的塌方、冒顶。
次生结构面	1. 卸荷裂隙 2. 风化裂隙 3. 泥化夹层 4. 次生夹泥层	受地形及原结构面控制。	分布上往往呈不连续状透镜体，延展性差，且主要在地表风化带内发育。	一般为泥质物充填，水理性质很差。	在天然及人工边坡上造成危害，有时对坝基、坝肩及浅埋隧洞等工程亦有影响，但一般在施工中予以清基处理。

1. 原生结构面

原生结构面是在岩石形成过程中形成的结构面，其特征与岩石的成因密切相关，因此又可分为沉积结构面、岩浆结构面和变质结构面三类。

(1) 沉积结构面。沉积结构面是沉积岩在沉积和成岩的过程中形成的结构面，包括层理、层面、软弱夹层、沉积间断面及不整合面等。其共同特点是与沉积岩的成层性有关，一般延伸性强，常贯穿整个岩体，产状随岩层变化而变化。例如，在海相沉积岩中分布稳定而清晰；在陆相沉积岩中常呈透镜体，还往往有沉积间断及遗留风化壳，成为软弱夹层。此外，无论是海相或陆相沉积岩，常夹有性质相对较差的夹层，如页岩、泥岩及泥灰岩等。在后期构造运动及地下水的作用下，易成为泥化夹层，这些对工程岩体稳定性威胁很大，应予特别注意。

（2）岩浆结构面。岩浆结构面是岩浆侵入及冷凝过程中形成的结构面，包括与围岩的接触面及原生节理等。岩浆岩体与围岩的接触面通常延伸较远且较稳定，原生节理往往短小而密集，且具有张性破裂面特征。

（3）变质结构面。变质结构面可分为残留结构面和重结晶结构面。残留结构面主要为沉积岩经浅变质后所具有，层理、层面仍保留，只在层面上有绢云母、绿泥石等磷片状矿物富集并呈定向排列，如板岩中的板理面。重结晶结构面主要有片理和片麻理面等，是由于岩石发生深度变质和重结晶作用，使片状或柱状矿物富集并呈定向排列形成的结构面，它改变了原岩的面貌，对岩体特性起控制性作用。

2. 构造结构面

构造结构面是构造运动过程中形成的破裂面，包括断层、节理和层间错动面等，除已胶结者外，绝大部分是脱开的。规模较大者，如断层、层间错动等，多数充填有厚度不等，性质和连续性各不相同的充填物，其中部分已泥化，或者已变成软弱夹层。因此，其工程地质性质很差，强度多接近于岩体的残余强度，往往导致工程岩体的滑动破坏。规模小的构造结构面，如节理等，多发育短小而密集，一般无充填或薄的充填，主要影响岩体的完整性及力学性质。另外，构造结构面的力学性质还取决于它的力学成因、应力作用历史及次生变化等。

3. 次生结构面

这类结构面是岩体形成以后，在外营力作用下产生的，包括卸荷裂隙、风化裂隙、次生夹泥层及泥化夹层等。

卸荷裂隙是因岩体表部被剥蚀卸荷而成的，产状与临空面近于平行，具张性特征。如在河谷斜坡上见到的顺坡向裂隙及谷底的近水平裂隙等，其发育深度一般达基岩以下 5～10 m，局部可达十余米，受断层影响大的部位则更深，对边坡危害很大。风化裂隙一般仅限于地表风化带内，常沿原生结构面及构造结构面发育，使其性质进一步恶化。新生成的风化裂隙，延伸短，方向紊乱，连续性差，降低了岩体的强度和变形模量。

泥化夹层是原生软弱夹层在构造及地下水的作用下形成的，次生夹层则是地下水携带的细颗粒物质及溶解物质沉淀在裂隙中形成的。它们的性质都比较差，属软弱结构面。

（二）结构面基本特征

结构面的特征包括结构面的规模、形态、物质组成、延展性、密集程度、张开度和充填胶结特征等，它们对结构面的物理力学性质有很大的影响。

1. 结构面的规模

实践证明，结构面对岩体力学性质及岩体稳定的影响程度，首先取决于结构面的延展性及其规模。中国科学院地质研究所将结构面的规模分为五级。

（1）一级结构面。区域性的断裂破碎带，延展数十公里以上，破碎带的宽度从数米至数十米。它直接关系到工程所在区域的稳定性，一般在规划选点时应尽量避开。

（2）二级结构面。二级结构面一般指延展性较强，贯穿整个工程地区或在一定工程范围内切断整个岩体的结构面，其长度可由数百米至数千米，宽由一米至数米，主要包括断层、层间错动带、软弱夹层、沉积间断面及大型接触破碎带等。它们的分布和组合控制了山体及工程岩体的破坏方式及滑动边界。

(3) 三级结构面。三级结构面包括在走向和倾向方向延展有限，一般在数十米至数百米范围内的小断层、大型节理、风化夹层和卸荷裂隙等。这些结构面控制着岩体的破坏和滑移机理，常常是工程岩体稳定的控制性因素及边界条件。

(4) 四级结构面。四级结构面延展性差，一般在数米至数十米范围内的节理、片理等，它们仅在小范围内将岩体切割成块状。这些结构面的不同组合，可以将岩体切割成各种形状和大小的结构体，它是岩体结构研究的重点问题之一。

(5) 五级结构面。五级结构面是延展性极差的一些微小裂隙，它主要影响岩块的力学性质。岩块的破坏由于微裂隙的存在具有随机性。

2. 结构面的形态

结构面的平整、光滑和粗糙程度对结构面的抗剪性能有很大的影响。自然界中结构面的几何形状非常复杂，大体上可分为四种类型。

第一种，平直的，包括大多数层面、片理和剪切破裂面等。

第二种，波状起伏的，如具有波痕的层面、轻度揉曲的片理、舒缓波状的压性及压扭性结构面等。

第三种，锯齿状的，如多数张性和张扭性结构面。

第四种，不规则的，其结构面曲折不平，如沉积间断面、交错层理及沿原有裂隙发育的次生结构面等。

一般用起伏度和粗糙度表征结构面的形态特征。

结构面的形态对结构面抗剪强度有很大的影响。一般平直光滑的结构面有较低的摩擦角，粗糙起伏的结构面则有较高的抗剪强度。

3. 结构面物质构成

有些结构面上物质软弱松散，含泥质物及水理性质不良的黏土矿物，抗剪强度很低，对岩体稳定的影响较大。如黏土岩或页岩夹层，假整合面（包括古风化夹层）及不整合面、断层夹泥、层间破碎夹层、风化夹层、泥化夹层及次生夹泥层等。对于这些结构面，除进行一般物理力学性质的试验研究外，还应对其矿物成分及微观结构进行分析，预测结构面可能发生的变化，如泥化作用是否会发展等，比较可靠地确定抗剪强度参数。

4. 结构面的延展性

结构面的延展性也称连续性，有些结构面延展性较强，在一定工程范围内切割整个岩体，对稳定性影响较大，但也有一些结构面比较短小或不连续，岩体强度一部分仍为岩石（岩块）强度所控制，稳定性较好。因此，在研究结构面时，应注意调查研究其延展长度及规模。结构面的延展性可用线连续性系数及面连续性系数表示。

5. 结构面的密集程度

结构面的密集程度反映了岩体的完整性，它决定岩体变形和破坏的力学机制。有时在岩体中，虽然结构面的规模和延展长度均较小，但却平行密集，或是互相交织切割，使岩体稳定性大为降低，且不易处理。试验表明，岩体内结构面愈密集，岩体变形愈大，强度愈低，而渗透性愈高。通常用结构面间距和线密度来表示结构面的密集程度。

6. 结构面的张开度和充填情况

结构面的张开度是指结构面的两壁离开的距离，可分为 4 级：

闭合的:张开度小于 0.2 mm 者;微张的:张开度在 0.2～1.0 mm 者;
张开的:张开度在 1.0～5.0 mm 者;宽张的:张开度大于 5.0 mm 者。

闭合的结构面的力学性质取决于结构面两壁的岩石性质和结构面粗糙程度。微张的结构面,因其两壁岩石之间常常多处保持点接触,抗剪强度比张开的结构面大。张开的和宽张的结构面,抗剪强度则主要取决于充填物的成分和厚度;一般充填物为黏土时,强度要比充填物为砂质时的更低;而充填物为砂质者,强度又比充填物为砾质者更低。

(三)软弱夹层

所谓软弱夹层是指在坚硬岩层中夹有力学强度低、泥质或炭质含量高、遇水易软化、延伸较长和厚度较薄的软弱岩层。软弱夹层是具有一定厚度的特殊的岩体软弱结构面。它与周围岩体相比,具有显著低的强度和显著高的压缩性,或具有一些特有的软弱特性。它是岩体中最薄弱的部位,常构成工程中的隐患,应予以特别注意。从成因上,软弱夹层可划分为原生的、构造的和次生的软弱夹层。

原生软弱夹层是与周围岩体同期形成,但性质是软弱的夹层。构造软弱夹层主要是沿原有的软弱面或软弱夹层经构造错动而形成,也有的是沿断裂面错动或多次错动而成,如断裂破碎带等。次生软弱夹层是沿薄层状岩石、岩体间接触面、原有软弱面或软弱夹层,由次生作用(主要是风化作用和地下水作用)参与形成的。各种软弱夹层的成因类型及其基本特征如表 5-2 所示。

表 5-2 软弱夹层类型及其特征

成因类型	地质类型			基 本 特 征
原生软弱夹层	沉积软弱夹层			产状岩层相同,厚度较小,延续性较好,也有尖灭者。含黏土矿物多,细薄层理发育,易风化、泥化、软化,抗剪强度低。
	火成软弱夹层			成层或透镜体,厚度小,易软化,抗剪强度低。
	变质软弱夹层			产状与层理一致,层薄,延续性较差,片状矿物多,呈鳞片状,抗剪强度低。
构造软弱夹层	多为层间破碎软弱夹层			产状与岩层相同,延续性强,在层状岩体中沿软弱夹层发育。物质破碎,呈鳞片状,往往含条带状分布的泥质。
次生软弱夹层	风化夹层	夹层风化		产状与岩层一致,或受岩体产状制约,风化带内延续性好,深部风化减弱,物质松散、破碎,含泥,抗剪强度低。
		断裂风化		沿节理、断层发育,产状受其控制,延续性不强,一般仅限于地表附近,物质松散、破碎,含泥,抗剪强度低。
	泥化夹层	夹层泥化		产状与岩层相同,沿软弱层表部发育,延续性强,但各段泥化程度不一。软弱泥化,呈塑性,面光滑,抗剪强度低。
		次生夹层	层 面	产状受岩层制约,延续性差。近地表发育,常呈透镜体,物质细腻,呈塑性,甚至呈流态,强度甚低。
			断裂面	产状受原岩结构面制约,常较陡,延续性差,物质细腻,结构单一,物理力学性质差。

(四)结构体的类型

岩体中被结构面切割而产生的单个岩石块体叫结构体。受结构面组数、密度、产状、长度等影响,结构体可以形成各种形状。常见的有块状、柱状、板状、锥状、楔形体、菱面体等(图 5-1)。结构体形状、大小、产状和所处位置不同,其工程稳定性大不一样。当结构体形状、大小相同,但产状不同,在同一工程位置,其稳定性不同。当结构体形状、大小、产状都相同,在不同工程位置,其稳定性也不相同。

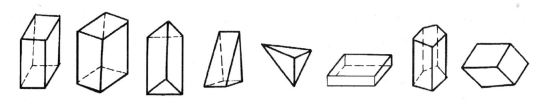

(a) 方柱(块)体 (b) 菱形柱体 (c) 三棱柱体 (d) 楔形体 (e) 锥形体 (f) 板状体 (g) 多角柱体 (h) 菱形块体

图 5-1 结构体的类型

(五)岩体结构类型

岩体中结构面和结构体的组合关系叫岩体结构,其组合形式叫岩体结构类型。见表 5-3 不同结构类型的岩体,其力学性质有明显差别。

表 5-3 岩体结构类型分类

岩体结构类型	岩体地质类型	主要结构体形状	结构面发育情况	岩土工程特征	可能发生的岩土工程问题
整体状结构	均质、巨块状岩浆岩、变质岩、巨厚层沉积岩、正变质岩。	巨块状	以原生构造节理为结构面间距大于 1.5 m,一般不超过 1～2 组,无危险结构面组成的落石掉块。	整体强度高,岩体稳定可视为均质弹性的各向同性体。	不稳定结构体的局部滑动或坍塌,深埋洞室的岩爆。
块状结构	厚层状沉积岩、正变质岩、块状岩浆岩、变质岩。	块状柱状	只具有少量贯穿性较好的节理裂,裂隙结构面间距 0.7～1.5 m,一般为 2～3 组,有少量分离体。	整体强度较高,结构面互相牵制,岩体基本稳定,接近弹性各向同性体。	—
层状结构	多韵律的薄层及中厚层状沉积岩、副变质岩。	层状板状透镜体	有层理、片理、节理,常有层间错动面。	接近均一的各向异性体,其变形及强度特征受层面及岩层组合控制,可视为弹塑性体,稳定性较差。	不稳定结构体可能产生滑塌,特别是岩层的弯张破坏及软弱岩层的塑性变形。
碎裂状结构	构造影响严重的破碎岩层。	碎块状	断层、断层破碎带片理、层理及层间结构面较发育,裂隙结构面间距 0.25～0.5 m,一般在 3 组以上,由许多分离体形成。	完整性破坏较大,整体强度很低,并受断裂等软弱结构面控制,多呈弹塑性介质,稳定性很差。	易引起规模较大的岩体失稳,地下水加剧岩体失稳。
散体状结构	构造影响剧烈的断层破碎带、强风化带、全风化带。	碎屑状颗粒状	断层破碎带交叉,构造及风化裂隙密集,结构面及组合错综复杂,并多充填黏性土,形成许多大小不一的分离岩块。	完整性遭到极大破坏,稳定性极差,岩体属性接近松散体介质。	易引起规模较大的岩体失稳,地下水加剧岩体失稳。

第二节 岩体稳定性分析

一、岩体稳定性分析方法简述

由于不同类型工程的岩体对稳定性要求的不同,不同结构特征及边界条件的岩体的变形与失稳机制的不同,因此,岩体稳定性分析的方法亦不尽相同。归纳起来,国内外应用于岩体稳定性分析的方法有：地质分析类比法、岩体结构分析与计算法、岩体稳定性分类法、数值模拟计算法、地质模拟试验法等。

(1) 地质分析类比法。以待建工程地区的工程地质条件与具有类似工程地质条件相邻地区的已建工程，进行比较分析而获得对待建工程岩体稳定性程度的认识。

(2) 岩体结构分析与计算法。从分析岩体的结构特征和岩体的边界条件与受力状态入手，通过必要的室内外试验，获取岩体稳定性计算的参数，进行稳定性计算。

(3) 岩体稳定性分类法。以大量岩体质量与性质的实践性数据为基础，从岩体稳定性角度出发，对岩体的质量进行单指标的分类或多指标综合评判分类，以评价岩体的稳定性。

(4) 数值模拟计算法。从研究岩体的应力与应变的结构方程和获取岩体变形参数入手，建立岩体在承受工程荷载条件下的数学力学模型，计算与评价岩体的稳定性。

(5) 地质模拟试验法。在岩体结构特征、岩体边界条件分析和室内外力学试验所得参数的基础上，以相似材料制作按比例缩小的地质试验模型，施加按比例缩小的荷载，观测其变形、破坏过程及所需计算参数，进而通过反馈分析，定量和定性地计算分析岩体的稳定性和破坏规律。

以上五种方法，有时是互相配合的，但对中小工程则常用地质类比法和简单的分析、计算。

对于岩体的稳定分析，最重要的是确定被结构面分割的滑动割离体、其受力条件以及计算的参数。

二、岩体稳定性的结构分析

岩体的失稳破坏，往往是一部分不稳定的结构体沿着某些结构面拉开，并沿着另外一些结构面向着一定的临空面滑移的结果，这就揭示了切割面、滑动面和临空面是岩体稳定性破坏必备的边界条件。因此，通过对岩体结构要素(结构面和结构体)的分析，弄清岩体滑移的边界条件是否具备，就可以对岩体的稳定性作出评价判断。这是岩体稳定性结构分析的基本内容和实质。

岩体稳定性结构分析的步骤：第一步，对岩体结构面的类型、产状及其特征进行调查、统计、分类研究。第二步，对各种结构面及其空间组合关系等进行图解分析，在工程实践中多采用赤平极射投影的图解分析方法。第三步，根据上述分析，对岩体的稳定性作出评价。

(一) 赤平极射投影的原理

赤平极射投影，是利用一个球体作为投影工具，如图 5-2 所示。

通过球心作一球体赤道平面 $EAWC$，称为赤平面。以球体的一个极点 S 或 N (南极或北极)为视点，发出射线(视线) SB，称极射。射线与赤平面的交点 M，即为 B 点的赤平极射投影。所以，赤平极射投影，实质上就是把物体置于球体中心，将物体的几何要素(点、线、面)投影于赤平面上，化立体为平面的一种投影。如图 5-2 中的 $ABCD$ 为一通过球心的倾斜结构面，与赤平面相交于 A、C，与赤平

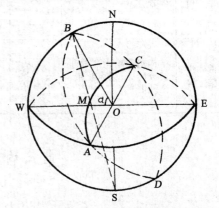

图 5-2　表示 $ABCD$ 球心的倾斜结构面 AMC 的赤平极射投影

面的夹角为 α。自 S 极仰视上半球 ABC 面，则其在赤平面上的投影为一圆弧 AMC。若将赤平面 AWCE 从球体中拿出来，即如图 5-3。从图中可知：AC 线实际上是结构面 ABCD 的走向；MO 线段的方向实际上就是结构面的倾向；OM 线段的长短随 ABCD 面与赤平面的夹角 α 的大小而变，如图 5-4 所示，当 α 等于 90°时，M 点落在球心上，O 与 M 则重合，长度为零；当 α 等于 0°时，M 点落在圆周上，与 F 重合，这时 OM 最长，等于圆的半径，若把 FO 划分为 90°，则 FM 的长度实际上就表示结构面 ABCD 的倾角。

由此可知，赤平极射投影能以二维平面的图形来表达结构体几何要素（点、线、面）的空间方位及它们之间的夹角与组合关系。因此，凡具有方向性的岩体滑动边界条件、受力条件等，都可纳入统一的投影体系中进行分析，判断岩体稳定性。

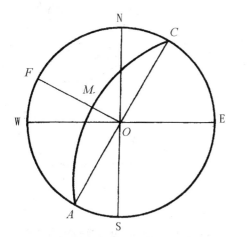

图 5-3　AMC（见图 5-2）的赤平极射投影　　　　图 5-4　表示 OM 线段的长短随 ABCD 面与赤平面的夹角 α 的大小而变

(二)赤平极射投影的作图方法

从上述可知，利用赤平极射投影，可以把空间线段或平面的产状化为平面来反映，且可以在投影图上简便地确定它们之间的夹角、交线和组合关系。因此，如果已知结构面的产状，就可以通过赤平极射投影的作图方法来表示。

在实际工作中，为了简化制图方法，常采用预先制成的投影网来制图。常用的投影网是俄国学者吴尔福制作的投影网（见图 5-5）。吴氏投影网的网格为由 2°分格的一组经线和一组纬线组成。

由于赤平极射投影表达的内容较为广泛，且作图方法又不尽相同，下面只就最基本的面（结构面、边坡面等）的产状、面与面交线的产状的作图方法作如下介绍。

例如，已测得两结构面的产状如表 5-4 所示，作此两结构面的赤平极射投影图，并求其交线的倾向和倾角。

表 5-4　两结构面产状

结构面	走向	倾向	倾角	结构面	走向	倾向	倾角
J_1	N30°E	SE	40°	J_2	N20°W	NE	60°

其方法大致如下：

(1) 先准备一个等角度赤平极射投影网(亦称吴尔福网)，如图5-5所示。

(2) 将透明纸放在投影网上，按相同半径画一圆，并注上南北、东西方向(见图5-6)。

(3) 利用投影网在圆周的方位度数上，经过圆心绘N30°E及N20°W的方向线，分别注为AC及BD。

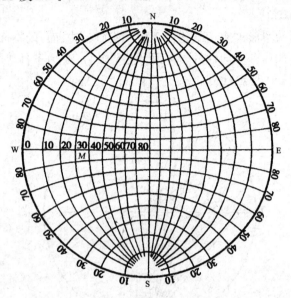

图5-5　吴尔福投影网　　　　　　图5-6　两组结构面交线的倾伏方向和倾伏角的赤平投影方法

(4) 转动透明纸，分别使AC、BD与投影网的上下垂直线(南北线)相合，在投影网的水平线(东西线)上找出倾角为40°和60°的点(倾向为NE、SE时在网的左边找，倾向为NW、SW时在网的右边找)，分别注上K及F。通过K、F点分别描绘40°、60°的经度线，即得结构面J_1、J_2的赤平极射投影弧AKC和BFD。再分别延长OK、OF圆周交于G、H点，就完成所求结构面J_1、J_2的投影图(见图5-6)。图中AC、BD分别为J_1、J_2走向；GK、HF表示J_1、J_2的倾角；KO、FO线的方向为J_1、J_2的倾向。

(5) 找弧AKC和弧BFD的交点，注上M，连OM并延长至圆周交于P，MO线的方向即为J_1、J_2交线的倾向，PM表示J_1、J_2交线的倾角。

(三) 赤平极射投影的应用

赤平极射投影广泛应用于天文学、地图学、晶体学、构造地质学，在洞室及边坡等工程勘察中也较广泛应用。用赤平极射投影可表示各种软弱结构面(层面、断层面、矿脉等)的产状，也可表示各种构造线(擦痕、倾斜线、断层面交线及各结构面交线等)的产状。同时可定性评价岩质边坡稳定问题。下面以边坡岩体为例，介绍岩体稳定的结构分析。

从边坡岩体的结构特点，分析边坡岩体稳定的主要任务是：初步判断岩体结构的稳定性和推断稳定坡角，同时为进一步进行定量分析提供边界条件及部分参数。诸如确定滑动面、切割面、临空面的方位及其组合关系和不稳定结构体(滑动体)的形态、大小以及滑动的方向等。

1. 一组结构面的分析

(1) 结构推断

① 当岩层(结构面)的走向与边坡的走向一致时,边坡岩体的稳定性可直接应用赤平极射投影图来判断。

在赤平极射投影图上,当结构面投影弧形与边坡投影弧形的方向相反时,边坡属稳定边坡;两者的方向相同且结构面投影弧形位于坡面投影弧形之内时,边坡属基本稳定;当两者的方向相同,而结构面的投影弧形位于坡面投影弧之外时,边坡属不稳定边坡。

如图 5-7a 所示,边坡的投影为弧 AMB。J_1、J_2、J_3 为 3 个与边坡走向一致的结构面。其中 J_1 与坡面 AB 倾向相反(见图 5-7b),边坡属稳定结构。J_2 与坡面 AB 倾向相同,但其倾角大于边坡倾角(见图 5-7c),边坡属基本稳定结构。J_3 与坡面 AB 倾向相同,但其倾角小于边坡倾角,边坡属不稳定结构(见图 5-7d)。

至于稳定坡角,对于反向边坡,如图 5-7b 所示,结构面对边坡的稳定性没有直接影响,从岩体结构的观点来看,即使坡角达到 90°也还是比较稳定的。对于顺向边坡(见图 5-7c、d),结构面的倾角即可作为稳定坡角。

② 当岩层(单一结构面)的走向与边坡的走向斜交时,若边坡的稳定性发生破坏,从岩体结构的观点来看,必须同时具备两个条件:第一,边坡稳定性的破坏一定是沿着结构面发生的;第二,必须有一个直立的并垂直于结构面的最小抗切面($\tau=c$)DEK,如图 5-8 所示。图中最小抗切面是推断的,边坡破坏之前是不存在的。但是,如果发生破坏,则首先沿着最小抗切面发生。这样,结构面与最小抗切面就组合成不稳定体 $ADEK$。为了求得稳定的边坡,将此不稳定体清除,即可得到稳定坡角 θ_0。这个稳定坡角是大于结构面倾角,且不受边坡度的控制。其作法如下(见图 5-9):

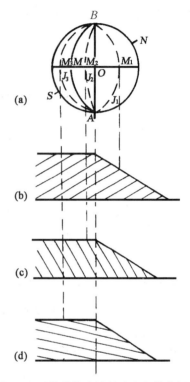

图 5-7 层状结构边坡的稳定条件分析

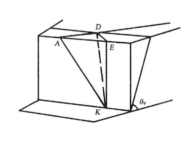

图 5-8 层面与边坡面斜交的边坡立体示意图

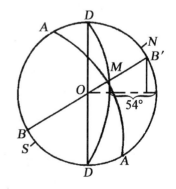

图 5-9 层面与边坡面斜交时稳定边坡角图解

如已知结构面走向 N80°W,倾向 SW,倾角 50°,与边坡斜交。边坡走向 N50°W,倾向 SW。

求稳定坡角。

a. 根据结构面的产状,绘制结构面的赤平投影 $A-A$。

b. 因最小抗切面垂直于结构面,并直立,因此,最小抗切面的走向为 N10°E,倾角 90°。按此产状绘制其赤平投影 $B-B$,与结构面 $A-A$ 交于 M。MO 即为两者的组合交线。

c. 根据边坡的走向和倾向,通过 M 点,利用投影网求得边坡投影弧 DMD。

d. 根据边坡投影弧 DMD,利用投影网可求得坡面倾角为 54°,此角即为推断的稳定坡角。

当结构面走向与边坡走向成直交时(见图 5-10),稳定坡角最大,可达 90°;当结构面走向与边坡走向平行时(见图 5-11),稳定坡角最小,即等于结构面的倾角。由此可知,结构走向与边坡走向的夹角由 0°变到 90°时,则稳定坡角 θ_v 可由结构面倾角 α 变到 90°。

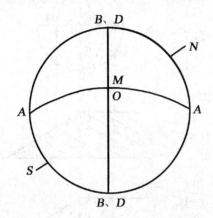

图 5-10 表示结构面走向与边坡走向成直交时

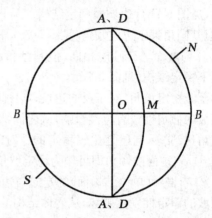

图 5-11 表示结构面走向与边坡走向平行时

(2) 力学分析。分析边坡岩体在自重作用下的稳定性时,如图 5-12 所示。其总下滑力就是由岩体重力 G 产生的平行于滑动面的分力 T。而抗滑力 F,按库仑定律,由滑动面上的摩擦力和黏聚力组成。由此

$$K=\frac{F}{T}=\frac{N\tan\varphi+cL}{T}=\frac{G\cos\alpha\tan\varphi+cL}{G\sin\alpha}$$

式中:K—岩体稳定安全系数;

G—滑动岩体自重;

N—由 G 产生的法向分力;

T—由 G 产生的切向分力;

φ—滑动面上岩体的内摩擦角;

c—滑动面上岩体的黏聚力;

L—滑动面的长度;

α—滑动面的倾角。

当结构面走向与边坡走向一致(见图 5-12),边坡稳定系数 $K=1$ 时,极限平衡状态下的滑动体高度 h_v 为

$$h_v=\frac{2c}{\gamma\cdot\cos^2\alpha(\tan\alpha-\tan\varphi)}$$

在给定边坡高度的情况下,只要求得 h_v,即可通过作图求得极限稳定坡角 θ_v 的大小。如

图 5-13 所示,某一不稳定结构面 AB 的倾角为 α,需要开挖的深度为 H,在不稳定面 AB 上选 C 点作垂线 CD,恰好使 CD 等于滑动体极限高度 h_0,联结 AD,即为所求的开挖边坡线,它与水平线的夹角 h_0,即为求得的极限稳定坡角。一般来说,滑动体的实际高度 h 小于极限高度 h_0 时,边坡处于稳定状态;反之处于不稳定状态。

当结构面走向与边坡走向斜交时,可以分直立边坡和倾斜边坡两种情况来分析。

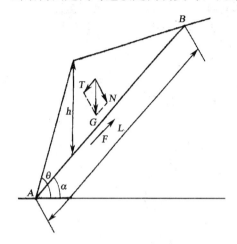

图 5-12　表示结构面走向与边坡走向一致时

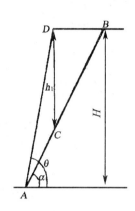

图 5-13　表示结构面走向与边坡走向斜交时

2. 二组结构面的分析

(1) 结构推断

对这类边坡,主要分析结构面组合交线与边坡的关系,一般有五种情况,如图 5-14 所示。

① 在图 5-14a 中,两结构面 J_1、J_2 的交点 M,在赤平极射投影图上位于边坡面投影弧(cs 及 ns)的对侧,说明组合交线 MO 的倾向与边坡倾向相反(即倾向坡里),所以没有发生顺层滑动的可能性,属最稳定结构。

② 在图 5-14b 中,结构面的交点 M 虽与坡面处于同侧,但位于开挖坡面投影弧 cs 的内部,说明结构面交线倾向与坡面倾向一致,但倾角大于坡角,故仍属稳定结构。

③ 在图 5-14c 中,结构面交点 M 与坡面处于同侧,但是位于天然边坡投影弧 ns 的外部,说明结构面交线倾向与坡面倾向一致,且倾角虽小于坡角,但在坡顶尚未出露,因而也比较稳定,应属较稳定结构。

④ 在图 5-14d 中,结构面交点 M 与坡面处于同侧,但是位于边坡投影弧 cs 与 ns 之间,说明结构面交线倾向与边坡倾向一致,倾角小于开挖坡角而大于天然坡角,而且在坡顶上有出露点 c_0,这种情况一般是不稳定的。但在特定情况下,例如,在坡顶的出露点 c_0 距开挖坡面较远,而交线在开挖边坡上不致出露,而插于坡脚以下,因而对不稳定的结构体尚有一定支撑,有利于稳定,所以,在这种特定情况下的边坡,则属于较不稳定的边坡。

⑤ 图 5-14e 是图 5-14d 的一般情况。结构面组合交线在两部分边坡面(cs 及 ns)都有出露(c_0、c_0')。这种情况即属于不稳定的结构。

两组结构面组成边坡的稳定坡角的推断,其原理和方法同单一结构面与边坡走向斜交的情况下求稳定坡角的原理,方法基本相同,如图 5-15 所示。

(2) 力学讨论

由两组结构面组成的边坡，结构体的形式呈楔形体。一般情况下，这类边坡的两个结构面均为预测的滑动面，且两组结构面的产状是任意的，边坡为直立平顶边坡，如图 5-16 所示。

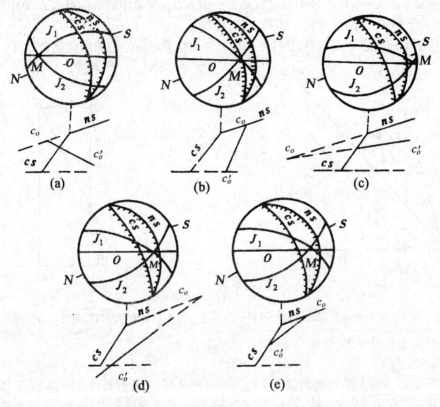

图 5-14 二组结构面的赤平极射投影图

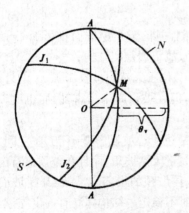

图 5-15 表示两组结构面组成的边坡的稳定坡角的推断

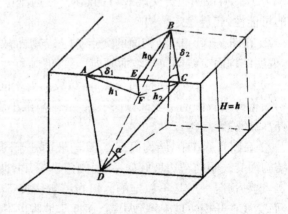

图 5-16 表示两组结构面组成的边坡
（结构体的形式呈楔形体）

其计算如下：

楔形体的体积

$$V_{ABCD} = \frac{1}{3} \cdot \triangle ABC \cdot h$$

$$\triangle ABC = \frac{1}{2} \cdot \overline{AC} \cdot h_0$$

楔形体的重力

$$G = \frac{\gamma h}{6} \cdot \overline{AC} \cdot h_0$$

两个结构面的面积

$$\triangle ABC = \frac{1}{2} \cdot \overline{BD} \cdot h_1; \quad \triangle BCD = \frac{1}{2} \cdot \overline{BD} \cdot h_2$$

令 $\overline{BD} = L$，设 c_1、c_2 分别为两结构面的粘聚力，且两结构面的 φ 值相等，则岩体的稳定系数为

$$K = \frac{G\cos\alpha\tan\varphi + c_1\triangle ABD + c_2\triangle BCD}{G\sin\alpha} = \frac{\tan\varphi}{\tan\alpha} + \frac{3L(c_1h_1 + c_2h_2)}{\gamma \cdot H \cdot \overline{AC} \cdot h_0\sin\alpha}$$

极限滑动体高度为

$$h_v = \frac{3L(c_1h_1 + c_2h_2)}{\gamma \cdot \overline{AC} \cdot h_0\cos\alpha(\tan\alpha - \tan\varphi)}$$

式中：L、$\overline{AC}$、h_0、h_1、h_2 等数据可由实体比例投影图中求得。

至于由三组或多组结构面组成的边坡，其分析的基本原理和方法与两组结构面一样，所不同的只是组合交线的交点增多了，分析时一般只选择其中最不利的交点来考虑。

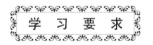

学 习 要 求

本章要求掌握岩体、结构面、结构体、岩体结构的概念，熟悉结构面的主要类型及主要特征；了解岩体结构的主要类型及其特征；熟悉岩体稳定分析的主要方法及特点，正确理解岩体结构要素及岩体稳定性破坏必需的边界条件；掌握用赤平极射投影的作图方法分析边坡岩体稳定性的方法。

习题与思考题

1. 何谓岩体？试说明岩体与岩石的区别。
2. 什么叫结构面？结构面的主要特征有哪些？
3. 按成因，结构面可划分为哪几种类型？研究结构面有何工程意义？
4. 什么叫结构体？常见的结构体的形状有哪几种？
5. 何谓岩体结构？岩体结构有哪些主要类型？它们的特征如何？研究岩体结构有何工程意义？
6. 岩体的稳定性分析主要有哪些方法？各自有何特点？
7. 何谓岩体结构要素？岩体稳定性破坏必备的边界条件是什么？

8. 试说明岩体稳定的结构分析的基本步骤。

9. 已知两结构面 J_1 和 J_2 的产状如下表所示：

结构面	走向	倾向	倾角	结构面	走向	倾向	倾角
J_1	N30°E	SE	40°	J_2	N30°W	NE	50°

试作此两结构面的赤平极射投影，并求其交线的倾向和倾角。

10. 如何根据赤平极射投影对具有一组结构面和两组结构面的边坡岩体进行稳定性分析？

第六章 公路工程地质勘察与设计

公路工程建筑在地壳表面,是一种延伸很长的线形建筑物,通常要穿越许多自然地质条件不同的地区。它不仅受地质因素的影响,也受许多地理因素的影响。因此,公路工程地质勘察与设计无论在内容、要求、方法上和广度、深度、重点等方面都有其自己的特点。

为了正确处理公路工程建筑与自然条件的关系,充分利用有利条件,避免或改造不利条件,需要进行公路工程地质勘察。即运用工程地质学的理论和方法,认识公路通过地带的工程地质条件,为公路工程的规划、设计和施工提供依据和指导。

第一节 公路工程地质勘察阶段与内容

公路建设的内容,按其任务与分工不同可以分为三个方面:公路工程的小修、保养;公路工程大、中修与技术改造;公路工程基本建设。公路工程基本建设包括新建、扩建、改建、重建公路等四种形式。新建、改建公路的工程地质勘察工作,应按照规定的基本建设程序分阶段进行。

一、公路基本建设程序与工程地质勘察工作的不同阶段

基本建设程序是指基本建设项目在整个建设过程中各项工作的先后顺序,可划分为规划论证、设计、施工和交付使用等四个阶段。其中,最后一个阶段的工作是竣工验收和交付使用。在其余三个阶段中,对工程地质勘察工作有不同的要求,在广度、深度和重点等方面都是有差别的。工程地质勘察一般不应超越阶段的要求,也不应将工作遗留到下一阶段去完成。不同阶段的公路工程地质勘察工作及其基本任务分述如下:

(一)规划论证阶段的公路工程地质勘察

在这一阶段,根据国民经济发展的长远规划和公路网建设规划及项目建议书,对建设项目进行可行性研究。这一阶段的勘测工作主要是视查。其中,工程地质勘察工作的任务,是为编制可行性研究报告提供关于建设项目的地形、地质、地震、水文以及筑路材料、供水来源等方面的概略性资料。

公路可行性研究按其工作的深度,分为预可行性研究和工程可行性研究。预可行性研究中的工程地质工作一般只要求收集与研究已有的地质文献资料;而在工程可行性研究中,需进行踏勘工作,对各个可能方案作沿线实地调查,并对大桥、隧道、不良地质地段等重要工点进行必要的勘探(如物探),大致探明地质情况。

(二)设计阶段的工程地质勘察

公路工程基本建设项目一般采用两个阶段设计,即初步设计和施工图设计。此外,对于技术简单、方案明确的小型建设项目,可采用一阶段(施工图)设计。对于技术复杂而又缺乏经验

的建设项目,或建设项目中的个别路段或其他主要工点(如特殊大桥、互通式立体交叉、隧道等),必要时采用三阶段设计,即在初步设计和施工图设计之间增加技术设计阶段。根据不同设计段所要求的工作深度,公路勘测分为初测和定测两个阶段,相应的工程地质勘察工作也分为初步工程地质勘察(初勘)和详细工程地质勘察(详勘)两个阶段。

1. 初步工程地质勘察

初勘的目的是:根据工程可行性研究报告提出的推荐建设方案,进一步做好地质选线工作,为优选路线方案及编制初步设计文件提供必要的工程地质依据。初勘的任务是:根据工程地质条件,优选路线方案;在路线基本走向范围内,对各路段可能布线的区间进行工程地质初勘;重点勘察对路线方案起控制作用的不良地质地段,应明确路线能否通过或如何通过;提供编制初步设计所需要的全部工程地质资料。

初勘工作可按准备工作、工程地质连线、工程地质测绘、勘探、试验、资料整理等顺序进行。这里简要介绍工程地质选线和应整理提交的资料,其余内容及具体要求可查阅有关规程、细则或手册。

(1) 工程地质选线。初测阶段勘测工作的任务是选择经济合理、技术可行的最优路线方案。当测区内的工程地质条件比较复杂,如区域地质的稳定条件差,有不良地质现象,山体或基底有失稳可能时,尤其应注意工程地质选线工作。首先应从工程地质观点来选定路线的概略位置,然后充分研究并掌握沿线的工程地质条件,尽可能提出有比较价值的方案进行比较,将路线选定在地质情况比较好的区间内,以避免在详测时因工程地质问题发生大的方案变动。

(2) 初勘资料整理。工程地质勘察的原始资料,包括调查、测绘、勘探、试验等资料应按有关规定填写,并进行复核与检查。提交的资料包括图件、文字等资料要求清晰正确、言简意明,并符合有关规程和设计文件编制办法的规定。

初勘资料分为基本资料和专项资料。其中,基本资料包括:

① 全线工程地质说明书。根据勘察的具体情况,综合分析工程地质调查、测绘、勘探、试验所取得的各项资料,阐明工程地质条件,分别评价各测段地质条件及筑路适宜性。说明书的内容包括序言、自然地理、地层、地质构造、工程地质条件、地震烈度、筑路材料、构造物基础地质概况、岩土物理力学指标、各方案地质评价、主要地质问题处理及对详勘的意见等。

② 工程地质略图。当控制路线选择的路段地质条件复杂时,应绘制工程地质略图,其主要内容包括岩层(分界线、成因、时代及产状)、地质构造线、不良地质、地下水、地震基本烈度、分段的代表性地质横断面、地层柱状图及图例等。

③ 填写纵断面图中地质说明。在路线纵断面图中,填写工程地质特征(地貌、岩性特征、土石工程分类等)。

④ 各类测试原始资料的汇总分析,包括勘探资料、试验资料及气象资料等。

⑤ 航摄资料及工程地质照片等。

专项资料包括特殊地质及不良地质地区、路基工程、小桥涵基础、筑路材料等项资料。

2. 详细工程地质勘察

详勘的目的:根据已批准的初步设计文件中所确定的修建原则、设计方案、技术决定等设计资料,通过详细工程地质勘察,为路线布设和编制施工图设计提供完整的工程地质资料。详勘的任务:在初勘的基础上进行补充与校对,进一步查明沿线的工程地质条件,以及重点工程与不良地质区段的工程地质特征,并取得必需的工程地质数据,为确定路线位置和施工图设计提供详细的工程地质资料。

详勘工作可按准备工作、沿线工程地质测绘、勘探、试验、资料整理等顺序进行。由于详勘工作需在初勘的基础上进一步查明沿线的工程地质条件和不良地质区段、各构造物场地等的主要工程地质问题，因此，比初勘工作更为详细和深入。最后提交的资料也包括基本资料和专项资料两个部分，深度应满足施工图设计的需要。

（三）施工阶段的工程地质勘察

施工阶段工程地质勘察的任务，是查明施工期间发生的各种工程地质问题的产生原因、性质及其对工程的危害程度；搜集因施工困难或其他原因导致设计方案的改变，或增加建筑物所需的工程地质资料；核对详勘地质资料的准确性，补充或修改原有设计文件中工程地质方面的内容；进行地质编录工作，为编制竣工文件准备资料；对病害工点上的地质现象作出工程地质预测，布置长期观测工作并提出防范与工程处理方法。

二、公路工程地质勘察的内容

公路工程地质勘察，通常包括以下几方面的内容：

1. 路线工程地质勘察

在视查、初测、详测各个阶段，与路线、桥梁、隧道等专业人员密切配合，查明与路线方案及路线布设有关的地质问题，选择地质条件相对良好的路线方案，在地形、地质条件复杂的地段确定路线的合理布设。在路线工程地质勘察中，并不要求查明全部工程地质条件，但对路线方案与路线布设起控制作用的特殊地质，不良地质地区的勘察应作为重点，查明其地质问题，并提出确切的工程措施。对于复杂的工点，需根据任务要求及现场条件，组织专门力量进行工程地质勘察。

2. 特殊地质、不良地质地区（地段）的工程地质勘察

特殊地质地段及不良地质现象，如泥沼及软土、黄土、膨胀土、盐渍土、多年冻土、岩堆、崩塌、滑坡、泥石流、冰川、雪崩、积雪、涎流水、沙漠及岩溶等，往往影响路线方案的选择、路线的布设与构造物的设计，在工程地质勘察的各个阶段均应作为重点，进行逐步深入的勘测，查明其类型、规模、性质、发生原因、发展趋势及危害程度等，提出确切依据或处理措施。

3. 路基、路面工程地质勘察

详测阶段：根据选定的路线方案和确定的路线位置，对中线两侧一定范围的地带进行工程地质勘察，为路基、路面的设计和施工提供土质、地质、水文及水文地质方面的依据。其中，详勘阶段主要是进行定量调查取得有关的资料，对一般路基或比较特殊的路基（如高填路堤，深挖路堑等）均要求进行详细的勘探与试验。

4. 桥梁工程地质勘察

大桥桥位影响路线方案的选择，大、中桥桥位多是路线布设的控制点，常有比较方案。因此，桥梁工程地质勘察一般应包括两项内容，首先应对各比较方案进行调查，配合路线、桥梁专业人员，选择地质条件比较好的桥位；然后对选定的桥位进行详细的工程地质勘察，为桥梁及其附属工程的设计和施工提供所需要的地质资料。前一项工作一般是在视查与初测时进行，后一项则在初测与详测时分阶段陆续完成。

5. 隧道工程地质勘察

隧道多是路线布设的控制点，长隧道且影响路线方案的选择。隧道工程地质勘察同桥梁

一样,通常包括两项内容:一是隧道方案与位置的选择;二是隧道洞口与洞身的勘察。前者除几个隧道位置的比较方案外,有时还包括隧道与展线或明挖的比较;后者是对选定的方案进行详细的工程地质勘察,为隧道的设计和施工提供所需的地质资料。前一项工作一般应在视查及初测时完成,后一项则在初测与详测时分阶段陆续完成。

6. 天然建筑材料勘察

修建公路需要大量的筑路材料,其中绝大部分都是就地取材,特别是像石料、砾石、砂、黏土、水等天然材料更是如此。这些材料品质的好坏和运输距离的远近等直接影响工程的质量和造价,有时还会影响路线的布局。筑路材料勘察的任务是充分发掘、改造和利用沿线的一切就地材料,当就近材料不能满足要求时,则由近及远地扩大调查范围,以求得数量足够、品质适用、开采及运输方便的筑路材料产地。勘察的内容包括筑路材料的储量、位置、品质与性质、运输方式及距离,以及用于公路工程的可能性、实用性等。

第二节 公路工程地质问题与勘察

公路路基包括路堤、路堑和半路堤、半路堑等,路基的主要工程地质问题是:路基边坡稳定性、路基基底稳定性问题、公路冻害问题以及天然建筑材料问题等。

一、公路工程地质问题

1. 路基边坡稳定性问题

路基边坡包括天然边坡,傍山路线的半填半挖路基边坡以及深路堑的人工边坡等。具有一定的坡度和高度的边坡在重力作用下,其内部应力状态也不断变化。当剪应力大于岩土体的强度时,边坡即发生不同形式的变化和破坏。其破坏形式主要表现为滑坡、崩塌和错落。土质边坡的变形主要决定于土的矿物成分,特别是亲水性强的黏土矿物及其含量。除受地质、水文地质和自然因素影响外,施工方法是否正确也有很大关系。岩质边坡的变形主要决定于岩体中各种软弱结构面的性状及其组合关系,它们对边坡的变形起着控制作用。只有同时具备临空面、滑动面和切割面三个基本条件,岩质边坡的变形才有发生的可能。

一方面由于开挖路堑形成的人工边坡,加大了边坡的陡度和高度,使边坡的边界条件发生变化,破坏了自然边坡原有应力状态,进一步影响边坡岩土体的稳定性。另一方面路堑边坡不仅可能产生工程滑坡,而且在一定条件下,还能引起古滑坡复活。由于古滑坡发生在以前较早的年代,在各种外营力的长期作用下,其外表形迹早已被改造成平缓的边坡地形,很难被发现。若不注意观测,当施工开挖形成滑动的临空面时,就可能造成边坡失稳。

2. 路基基底稳定性问题

一般路堤和高填路堤对路基基底要求要有足够的承载力,基底土的变形性质和变形量的大小主要取决于基底土的力学性质、基底面的倾斜程度、软土层或软弱结构面的性质与产状等。它往往使基底发生巨大的塑性变形而造成路基的破坏。

3. 公路冻害的问题

根据地下水的补给情况,公路冻胀的类型可分为表面冻胀和深源冻胀。前者是在地下水埋深较大地区,其冻胀量一般为 30~40 mm,最大达 60 mm。其主要原因是路基结构不合理或养护不周,致使路基排水不良造成。深源冻胀多发生在冻结深度大于地下水埋深或毛细管水带接近地表水的地区,地下水补给丰富,水分迁移强烈,其冻胀量较大,一般为200~400 mm,最大达600 mm。公路的冻害具有季节性,冬季在负气温长期作用下,使土中水分重新分布,形成平行于冻结界面的数层冻层,局部尚有冰冻透镜,因而使土体积增大(约9%)而产生路基隆起现象;春季地表面冰层融化较早,而下层尚未解冻,融化层的水分难以下渗,致使上层土的含水量增大而软化,在外荷作用下,路基出现翻浆现象。

4. 建筑材料问题

路基工程需要的天然建筑材料不仅种类较多,而且数量较大。同时要求各种材料产地沿路线两侧零散分布。这些材料品质的好坏和运输距离的远近,直接影响工程的质量和造价,有时还会影响路线的布局。

二、公路工程地质勘察的主要任务

公路工程地质勘察的主要任务是:

(1) 与路线、桥梁和隧道专业人员密切配合,查清路线上的地质、地貌条件以及动力地质现象,阐明其演变规律,明确各条路线方案的主要工程地质条件,为各方案的比较提供依据。在地形、地质条件复杂的地段,确定路线的合理布设,以减少失误。

(2) 特殊岩土地段及不良地质现象,诸如盐渍土、多年冻土、岩溶、沼泽、积雪、滑坡、崩塌、泥石流等,往往影响路线方案的选择、路线的布设和构造物的设计,应重点查明其类型、规模、性质、发生原因、发展趋势和危害程度。对严重影响路线安全而数量多、整治困难的各种工程地质问题,如发展中的暗河岩溶区、深层滑坡地段、深层沼泽、有沉陷的深源冻胀地段等,一般均以绕避为原则。但对技术切实可行,可彻底整治而费用不高,对今后运营无后患的地段,应合理通过,绝不盲目避绕。

(3) 充分发掘、改造和利用沿线的一切就地材料,满足就地取材的要求。当就近材料不能满足要求时,则应由近及远扩大调查范围,以求得足够数量的品质优良、适宜开采和运输方便的筑路材料产地。

三、勘察要点

在可行性研究阶段的工程地质勘察工作是收集资料,现场核对和概略了解地质条件,为此着重介绍初步勘察阶段和详细勘察阶段的工作内容(见表6-1)。

(一)初步勘察阶段

本勘察阶段的基本任务主要是对已确定的路线范围内所有路线方案进行勘察对比。确定路线在不同地段的基本走向,并以比选和稳定路线为中心,全面查明路线最优方案沿线的工程地质条件。工程地质测绘是这一阶段中的一项重要手段。勘察范围沿路线两侧各宽200~300 m。测绘比例尺是1:50 000~1:200 000,勘察工作主要用于查明重大而复杂的关键性工程地质问题与不良地质现象的深部情况。

(二)详细勘察阶段

根据已批准的初步设计文件中确定的修建原则、设计方案、技术要求等资料,对各种类型的工程建筑物(桥、隧、站场等)位置有针对性地进行详细的工程地质勘察。最终确定公路路线和构造物的布设位置,查明构造物地基的地质构造、工程地质及水文地质条件,准确提供工程和基础设计、施工必须的地质参数。

表 6-1　公路工程勘察要点

工作内容		初 勘 内 容	详 勘 内 容
公路选线		1. 按不同地形、地貌条件进行工程地质选线； 2. 按不良地质路段进行工程地质选线； 3. 按特殊岩土进行工程地质选线。	对有价值的局部方案，新发现的不良地质条件和特殊岩土地段，增设大型工程场地和新增沿线筑路材料场地，进一步查实、补充和修正初勘资料，进一步查明沿线的工程地质条件。
路基	一般路基	调查与地基稳定和边坡稳定及设计有关的地质问题，重点为土质路基段。	按地貌特征分段，查明各段的地质结构、岩土体性质、基岩风化情况及地下水变化规律，划分土石工程等级。
	高路堤	调查地层层位、层厚、土质类别，调查地下水埋深分布，确定土的承载力、抗剪指标和压缩指标。判定路堤的地基沉降和滑移的稳定性。	对已确定存在的沉降和滑移问题，初拟处理方案，对有关地层进行测试，特别是固结和抗剪指标。
	陡坡路堤	调查斜坡上覆盖土层的类别和层厚，斜坡下卧基岩的倾斜度、岩性产状、风化程度，斜坡地下水情况，确定土层和岩土界面的抗滑、抗剪指标。	对已确定存在的不稳定问题初拟方案；对有关地层可能滑动的岩土界面进行测试，重点是抗剪、抗滑指标。
	路 堑	调查边坡岩土体岩性、产状、结构面的抗滑、抗剪指标。	对可能滑动的边坡土体和岩体的结构面进行测试，掌握设计所需的物理力学指标，重点是抗剪、抗滑指标。
	支挡工程	调查构筑物处地基的物理力学指标、岩性、地质构造，探查下卧软弱层的存在及分布。	对已确定支挡工程位置的承重地层的岩性、地质构造和设计所需物理力学指标进行核实。
	河岸防护工程	调查岸坡地层岩性、地质构造、地形、地貌、不良和特殊地质现象的现状和发展趋势，调查河段的水文特征，冲淤变化规律。	对已确定的河岸防护和导流工程的地基地层岩性、地质构造和承重地层的物理力学指标，进一步勘察核实。
	改河（沟渠）工程	调查原河段的水流、水力特征、冲刷淤积规律，评价改移河道地质段的工程地质与水文条件。	对已确定工程的位置进一步核实其所涉及的开挖区段和构造物地基的地层岩性，进一步查明地质构造和水文地质条件以及地基岩土的物理力。学指标等
小桥涵		勘察地层岩性、地质构造，重点查明地基覆盖层厚度及承载力，基岩埋深、风化程度及土力。	对存在不良地质问题的地基地层岩性、地质构造及承载力进行补充勘探。
互通式立交工程		调查工程区段内的地层岩性、地质构造、地形地貌、水文地质条件和特殊不良地质问题，确定有关地层的物理指标。	对已确定的工程位置中桥梁墩台、特殊路段、不良地质路段、重点工程路段，进一步查明地层岩性、地质构造和设计所需各类岩土物理力学指标。

第三节　公路工程地质勘察报告编制

一、报告的内容

（1）公路工程地质勘察报告是勘察的主要成果，一般由文字部分和图表资料部分组成，应纳入设计文件的基础资料内。

（2）勘察报告文字部分应以任务要求、勘察阶段、工程地质条件、工程项目的特点进行编写，其内容应包括：

① 前言：任务依据、目的、要求，所勘察工程对象以及工程地质勘察工作概况（方法、工作量、勘察过程）；

② 场地地形、地貌特征、地层岩土性质、地质构造、新构造活动、地下水、地震、不良地质及特殊性岩土的描述和评价；

③ 对所提供的岩土参数的分析与选用；

④ 对公路路线、桥梁、隧道各个方案的工程地质条件作出评价，并提出推荐方案。在路线里程较长或当工程地质条件复杂的路段，应按工程地质分区和分段作出评价；

⑤ 工作中存在的问题及建议;
⑥ 对地震基本烈度复核和鉴定的工程项目,应提交所鉴定的内容和结论。
(3) 勘察报告的图表资料部分,一般应有:
① 工程地质平面图;
② 工程地质纵断面图;
③ 工程地质横断面图;
④ 钻孔地质柱状图;
⑤ 物探成果资料;
⑥ 原位测试成果资料;
⑦ 岩、土、水质试验成果资料;
⑧ 沿线筑路材料勘察资料;
⑨ 其他资料、照片等。

如已安排有定位观测工作,可附有关观测资料。另外,工程地质条件简单的工程或小型工程项目,可提交工程地质说明书,内容可以简化。

二、报告编制的要求

(1) 基本要求:
① 报告中的有关图表、资料应清楚齐全,其格式、术语、图例、符号均应按 JTJ 064-98 规范有关章节及附录 C 的要求办理;
② 报告内容应简明扼要,针对性强,地质评价结合实际,合理可行;
③ 报告的格式按任务书或合同的要求而定。
(2) 报告编制所依据的工程地质调查与测绘、勘探测试、试验、观测所有的原始资料以及收集的有关图表资料,均应整理、检查、分析、鉴定,经认定无误后方可使用。
(3) 对各项试验指标要进行数理统计。对不同勘察阶段的试验精度要符合规定要求。
(4) 与有关单位所签订的协议或其他单位提供的原始资料,如地震基本烈度应编入成果中。
(5) 图件精度与详细程度的要求,应与勘察阶段相适应,做到主题突出、目的明确、图面清晰、字体端正,线条均匀并有主次,图面布置协调美观,应避免图纸间、图纸与文字报告间互相矛盾。

三、报告的审定

(1) 工程地质勘察报告均须经上一级主管部门审定合格后,方可正式形成文件,提供使用。
(2) 报告审定应遵守下列程序:
① 自检。自检时应按要求的格式、名称、数量及质量等完成各项成果底稿,做到完整、齐全,并按规定完成签署。
② 复核。经过复核检查,提出补充、校正及修改意见,进行补正并确认无误后,由复核人予以签署。
③ 审核。由项目负责人审查、确认,予以签署。

④ 审定。由单位或部门负责人和技术领导根据任务书要求进行抽查、审定后,签署并加盖公章,形成正式文件。

(3) 承担工程地质勘察任务的单位,所提交工程地质勘察报告的数量,应以合同中规定的要求为准,以满足委托方的需要。

四、报告归档的要求

(1) 公路工程地质勘察报告必须归档,归档时应根据交通部交办颁发[1992]100号文《交通文件材料立卷、归档办法》的要求进行;

(2) 归档时宜按路线名称、工程项目分别编号,并开列详细清单以便查阅时调档;

(3) 一般原始记录应装订成册,记录本可分装袋内,相片宜整理成影集并附有说明;

(4) 对重要的、大型的工程钻孔中的岩芯,可拍成彩色相片和保存少量岩芯,并应选取代表性钻孔中的岩芯装箱保存,直至工程竣工验收。

第四节 山区路基工程地质勘察设计

一、概述

(一)山区高速公路路基工程特点

由于山区地形、地质等特点和高速公路路基设计本身的更高要求,山区高速公路路基具有以下几个方面特点:

(1) 变异性和不确定性大,道路沿线的地形、地质和水文等自然条件往往变化很大,即便在较短的路段内,路基的填挖情况、岩质和土质以及水文条件都可能有较大差别,从而使路基的物理和力学性能有很大的差异;

(2) 由于自然地面的起伏不平,路基形式有填方路堤、挖方路堑、半填半挖路基等三种类型,在纵、横向均存在填挖交界过渡区,容易造成路基不均匀沉降;

(3) 由于地形变化复杂,路基边坡高度和填挖高度相差较大,在路线跨越深沟时常常出现高路堤,且不可避免地存在陡坡、斜坡路基及路堑高边坡;

(4) 山区高速公路由于地形、地质、水文等条件复杂,路基填挖可能诱发滑坡、崩塌、路基沉陷或滑溜等灾害和病害,导致路基失稳;

(5) 由于地形限制,山区路基工程往往需要通过设置支挡防护工程以确保路基稳定,同时由于路基宽度大、土石方数量相对较大,有时也需要采用支挡工程以减少土石方数量;

(6) 山区高速公路当沿河布线时,为确保路基稳定、避免或减少水毁、不侵占河道等,常常需要设置路堤支挡工程;

(7) 山区高速公路岩石边坡开挖(特别是隧道进出口)的石方(洞渣)往往直接用来填筑路基,填石路基不易实现机械化施工的摊铺、压实,其不均匀沉降较难控制;

(8) 路基工程由于填挖造成地表植被损害等,破坏了自然景观,且容易造成大面积的水土流失,故山区高速公路路基工程设计应重视环境保护和水土保持。

(二)山区高速公路路基设计中存在的重大技术问题

总体上,山区高速公路路基设计中存在以下几个方面的重大技术问题:

1. 高路堤的稳定问题

《公路路基设计规范》(JTG D30—2004)中以边坡总高度作为划分高路堤和一般路堤的界限。通常当土、石质路堤边坡总高度大于20 m和砂、砾路堤边坡总高度大于12 m时视为高路堤。

高路堤的稳定性不仅与边坡高度有关,也与路基填料性质、边坡坡度、地基条件和水文状况相关。为控制路基沉降,使边坡稳定和断面经济合理,需要特殊设计。

由于高速公路要求高,对高路堤需要更加注意路基稳定状况,确定地基承载力能否满足要求、了解地基浅层有无软弱夹层和不良地质地段、地下水和地表水对路基稳定性有无影响等。如果路线通过不良地质地段,应作深入地质调查而尽量绕避,无法绕避时也应避重就轻。

高路堤边坡必须进行稳定性验算。当稳定系数达不到要求时,需要进行加固处理。在高路堤边坡稳定性验算时,参数的选择是设计的关键。

高路堤由于填方较高,路基沉降较大,如何控制高路堤沉降也是亟待解决的主要问题之一。目前大多高速公路高路堤采用预留沉降量的方法,使路基沉降后仍能符合设计高度。但是由于高速公路建设期往往较短,路基修筑完成后等待自然沉降的时间相对有限,而且高速公路纵面要求严格,不可能在沉降结束后再调整路面。另外,沉降量的调整难度也较大。路堤高度大于20 m应采用高架桥。

2. 填石路堤的施工与稳定问题

随着山区高速公路的快速建设,填石路堤也越来越多。关于填石路堤,《公路路基设计规范》(JTG D30—2004)提出应采用不易风化的开山石料填筑;边坡应选用大于25 cm的石块进行台阶式码砌,厚1~2 m;对于易风化岩石及软质岩石用作填料,应按土质路堤边坡进行设计。在实际施工中,填石路基填料由于开挖山石等多种原因,往往土石混杂,人工分拣工作量大,如何充分利用现有的土石混杂填料,利用机械化施工方法摊铺、碾压,控制路基施工质量,确保填石路基稳定是其中的关键,也需要进一步进行试验研究。此外,填石路堤需人工码砌,质量难以控制。

3. 斜坡、陡坡路堤

对于斜坡路堤,一般当地面自然横坡陡于1:5时(包括纵断面方向及旧路加宽),路堤基底应挖台阶,台阶宽不小于1 m;对分期修建或旧路加宽时,衔接处台阶宽2 m。但当地面横坡陡于1:2.5时,路堤可能沿地基(或开挖后的台阶)下滑,造成路堤变形过量而破坏,因此陡坡路堤设计也必须进行路基稳定性验算。与一般公路不同的是,山区高速公路由于路基宽,陡坡路堤的路堤边坡往往也较高。

造成陡坡路堤下滑的主要原因,除地面横坡过陡或基底接触面摩阻力过小外,地下水和地表水的影响也较为重要。因而,陡坡路堤的主要处理方案一般为:

(1) 改善基底状况(包括受力状况、排水条件、填料),增加基底抗滑力;
(2) 改变断面形式,如采用分离式路基——或放缓边坡;
(3) 设置路堤支挡工程等。

由于山区高速公路占地较多,陡坡路堤一般采用轻型挡土墙或路肩墙,陡坡路堤墙在土压力计算的基础上,需要验算沿天然地面墙身的抗剪强度。

4. 深路堑

一般深路堑指:

(1) 土质、粗粒土和全风化岩石,挖方边坡高度超过 20 m;
(2) 黄土及黄土类土挖方边坡高度超过 30 m;
(3) 岩石挖方边坡高度超过 30 m。

由于深路堑产生大量的挖方、弃方,需要妥善处理,且开挖山体容易引起滑坡崩塌等病害,造成严重的后患。设计时应判别山体本身是否稳定,有无滑坡或倾向路基的软弱面、含水地层等不良地质现象。

深路堑设计首先要进行方案比较,一方面进行路线方案优化,尽可能避免采用深路堑,必须采用深路堑时需要特殊设计,另一方面设计深路堑应与隧道方案进行技术经济比较,也可与局部范围内调整纵坡等进行比较。路堑深度大于 30 m 应采用隧道方案。

深路堑设计的关键是边坡稳定设计。对工程地质条件较简单的路堑,宜采用工程地质类比法进行边坡稳定性分析;对土质路堑,可采用直线法或圆弧法验算其稳定性;对岩石路堑,边坡稳定分析多采用定性的方法,辅以力学方法。定性分析主要以工程地质类比法、赤平极射投影法等为主,力学分析法常采用极限平衡法、有限元法等。

在工程地质、水文地质情况调查清楚之后,深路堑设计内容包括以下 6 个方面:
① 选择路堑横断面形式;
② 确定边坡分级及坡率;
③ 设计必要的防护加固工程;
④ 设计路堑引排水系统;
⑤ 妥善处理挖废方;
⑥ 作好深路堑段的水土保持设计。

5. 滑坡

滑坡是指在斜坡上的岩土体在重力作用下,由于种种原因导致岩土失稳而作整体或部分向下或向前滑动的现象。

山区高速公路设计中,路线应尽可能避开滑坡等不良地质地段,如确无法避开,应详实调查滑坡地段的工程地质、水文地质条件、滑坡要素、滑动面及其力学参数和滑坡所处状态,进行处治设计,确保路基稳定。

滑坡地段以填方路堤通过时,应尽可能将路基设在滑坡体的下部,使路基荷载不致诱发或促使滑坡体滑动,同时对滑坡体采取必要的截排水、卸载清方、路基上侧设置支挡工程等综合措施;以路堑通过时,应尽可能将路基设在滑坡体的上部,同时对滑坡体采取必要的截排水、卸载清方、路基下侧设置支挡工程等综合措施。

(三)项目各阶段的工程地质工作

1. 预可阶段

预可阶段重点研究各工程方案的主要地质环境,主要勘察内容为:
(1) 勘察公路沿线的地形、地貌、地质及气象等自然条件;
(2) 工程所经的特殊性岩土区的基本特征及绕避的可能性或通过方案;
(3) 位于地质构造复杂与高烈度地震区的地段可能诱发的灾害;
(4) 沿线不良地质地段的分布范围及其工程地质特征;
(5) 概略了解沿线筑路材料(路基填料、防护材料)的状况。

2. 工可阶段

主要勘察内容为：

(1) 研究区域地形、地貌、岩性、构造、不良地质、水文、气象、地震等条件及其与工程的关系,并对所经地区的工程地质条件作出初步评价；

(2) 对控制路线的不良地质、特殊岩土地段,了解其类型、性质、范围及其发生和发展情况,评价其对公路工程的影响程度,并提出防治意见；

(3) 了解沿线筑路材料(路基填料、防护材料)的状况以及工程用水的水源及水质。

3. 初勘阶段

(1) 一般路基,初勘阶段主要内容为：

① 岩石名称、岩性、产状、风化破碎程度及风化层厚度；

② 表土类别、名称、密实程度、含水状态；

③ 地下水和地表水的活动情况。

(2) 高路堤的勘察重点为：

① 调查地层层位、层厚、土类,调查地下水埋深、分布；确定土的承载能力、抗剪指标和压缩指标；重点调查地层中的软弱层；

② 判定在路堤附加荷载作用下,地基沉降和滑移稳定性是否满足要求。

(3) 陡坡路堤的勘察重点为：

① 在等于或陡于1:2的斜坡及可能沿斜坡滑动的路堤(包括半填半挖路基),应查明其沿斜坡或下卧基岩面滑动破坏的可能性；

② 调查斜坡上覆盖土层的层位、层厚、土类,斜坡下卧基岩岩面的倾斜度、岩性、产状、风化程度,斜坡地下水和地表水的情况；

③ 确定土层和岩土界面的抗滑、抗剪指标。

(4) 深路堑的勘察重点为：

① 应对开挖边坡的土层、岩层及软弱结构面滑动的稳定性进行调查；

② 调查岩土组成情况、岩土界面坡度和倾向、岩石风化程度；

③ 调查土质边坡的土层层位、层厚；

④ 调查边坡岩层层位、产状、岩性、软弱夹层和构造结构面情况,结构面抗剪、抗滑指标；

⑤ 调查地形、地貌、水文情况,特别是地面水活动情况和地下水埋藏及渗流情况。

(5) 支挡工程的勘察重点为：

① 支挡工程构筑物位置处地层岩性、地质构造、水文条件,重点是探查下卧软弱地层的存在及分布特征；

② 掌握支挡工程构筑物承重地层的物理力学指标；

③ 论证、推荐优选的支挡工程方案。

(6) 河岸防护工程的勘察重点为：

① 调查岸坡地层岩性、地质构造、地形、地貌、不良和特殊地质现象的形状和发展趋势；

② 调查河段的水力特征、冲淤变化规律及水文资料；

③ 调查防护工程及导流构筑物位置基底地层、岩土组成、岩土物理力学指标。

(7) 筑路材料料场勘察的重点为：

材料的类别、质量和物理力学性质,以及工程用水的特征。

4. 详勘阶段

(1) 一般路基,勘察要点为:

① 沿路线按微地貌特征分段,查明各段的地质结构、岩土类别、土的密度和含水状态,基岩风化情况,地下水埋深、变化规律和地表水活动情况;

② 确定路基基底的稳定性,边坡结构形式及坡度;

③ 确定支挡工程和排水工程的位置;

④ 划分土石工程等级。

(2) 高路堤的勘察重点为:

① 对已确定存在沉降和滑移问题的高路堤,应落实其有关地层层位、层厚、岩土类别、分布范围和水文条件;

② 对有关地层进行测试,掌握设计所需的各种物理力学指标,特别是固结和抗剪指标。

(3) 陡坡路堤的勘察重点为:

① 对已确定存在不稳定问题的斜坡路堤的各种初拟方案,应查明有关地层岩性、地质构造和水文地质条件;

② 对有关地层可能滑动的岩土界面进行测试并掌握其各种物理力学指标,特别是抗剪、抗滑指标。

(4) 深路堑的勘察重点为:

① 应查明其地层岩性、地质构造和水文地质条件及可能的滑坍影响范围;

② 对可能滑坍的边坡土体和岩体的结构面进行测试,掌握设计所需的各种物理力学指标数据,特别是抗滑和抗剪指标。

(5) 支挡工程和河岸防护工程的勘察重点为:

核实支挡工程构筑物位置处的承重地层的岩性、地质构造和设计所需的各种物理力学指标。

二、斜坡路基勘察设计

近年来,我国高速公路建设不断向山区延伸,尤其是西部地区多丘陵、山区,路线多沿山体一侧或沟谷坡地布设,使路基处于斜坡上。由于山体长期在自然条件下形成沟谷下切侵蚀,斜坡岩体节理、裂隙发育,第四系覆盖层较厚、松散。部分沟谷还受山区季节性河流的冲刷等形成不良地质。位于斜坡上的路基既存在地基压缩变形、路基稳定等问题,也常出现地基与路堤差异沉降、地下水渗透引起的路基塌滑等病害。因此,为提高山区路基质量,斜坡地段在线位布设、平纵横设计和地质勘察等方面都应引起足够的重视。

(一) 公路斜坡路基常见病害及成因分析

根据斜坡路基病害调查,公路斜坡路基常见病害是纵向裂缝和路基滑移。如某高速公路段,路基处于半填半挖斜坡上,路线中心填高 1.5 m,左侧边坡高 4.5 m,地面综合横坡约 13°,原地基土为残坡积低液限黏土,厚 2.5 m,斜坡基岩横坡与地面横坡相近,设计填方边坡 1:1.5,通车营运三年后,在雨季,左半幅路基失稳下滑,纵向裂缝长 70 m,裂缝宽 6~10 cm,错落 20 cm。再如某一般公路段,路基处于纵横向的斜坡上,地基和岩面纵、横坡比分别为 1:2.5、1:5,工程完工一年后,该段路基发生纵向、横向裂缝,纵向裂缝长 60 m 左右,横向裂缝贯通路基,纵向裂缝宽度 1.5 mm,横向裂缝宽度 2 mm,差异沉降引起路面破坏。

经综合分析,引起斜坡路基发生开裂或滑移的主要原因有以下几个方面:

(1) 斜坡覆盖层土体与基岩面为透水软弱面,地下水活动引起斜坡路基下滑;

(2) 斜坡地基岩层软硬相间,其软弱面顺路基倾斜,由于风化强弱差异或地下水侵蚀,地基和路基顺软弱面滑移;

(3) 斜坡地基覆盖有松散堆积物,含水量过大,未经处治,在原斜坡面直接填筑路基,边坡未采用封闭措施,降雨时路基边坡地表水渗透,引起路基滑移;

(4) 斜坡路段路线布线穿过岩层软硬不均的构造交界处,多为地下水活动区。路基填筑后在丰水季节产生不均匀压缩变形,沉降差异产生裂缝后未及时封水致使路基饱水而滑移;

(5) 斜坡路基处于半填半挖地段,差异沉降造成路面裂缝或变形;

(6) 斜坡路基上缘坡面汇水面积较大,虽做截水和路基排水沟防护,因地表水渗透路基和地基覆盖土层内,而造成地基连同路基整体变形或滑移;

(7) 斜坡路基填料选择不当和路基边缘压实度不够。边坡对季节性较为敏感,若坡面未封闭处理,雨季边坡水渗透,在距路基边缘的填方边坡上发生纵向裂缝。

(二) 斜坡路基的勘察与评价方法

1. 斜坡地段路基勘察要点

查明地质构造结构、岩土类别、土的密度和含水量,基岩及结构面状,岩面形态,岩性及其组合,强弱风化层,地下水埋深,以及变化规律和地表水活动情况,以评价斜坡路基稳定性、边坡结构形式和坡比。

斜坡路基勘探,在地面横坡缓于 1:5 地段沿路线中线两侧布设探孔 3~4 个,取代表性横剖面 3~4 个,全面了解斜坡覆盖层岩土类别及基岩面风化、地下水等,深度一般 2~10 m,必要时孔深应达到工程性良好的岩土层。分段分层采取代表性样品进行试验,在代表性地段作原位测试。土的含水量按深度 0.5 m、1.0 m、2.0 m、4.0 m、6.0 m、8.0 m、10.0 m 取样测试,含水量异常地段应加密。

在地面横坡陡于 1:5 地段,对有滑动稳定性问题的陡坡路堤拟定的各种地基处理方案,勘探落实地层岩性、地质构造、水文条件,以及有关地层中由路基加载层可能滑动的界面测试,并取样试验取得岩土各种物理力学指标,重点是抗剪指标,根据综合的地质调绘资料,进行槽探。对厚度大于 3.0 m 的块(碎、卵、砾)石土、块(碎、卵、砾)石夹土,必要时进行钻孔,其钻孔深度一般应达到预计的土层、岩土界面或岩体软弱结构面以下。若采用结构物,其地质横剖面根据实际需要加密。

2. 斜坡路基的稳定性评价

斜坡地段地面横坡陡于 1:2.5,路堤可能沿地基下滑,当地表覆盖层厚 2~4 m,以下基岩强风化层厚 2~3 m,裂隙水发育,基岩界面横坡 1:2.5 时,路堤和覆盖层、强风化层沿土岩界面一起沿基岩面滑动,而造成路堤地基变形过大,在这种情况下,除考虑边坡稳定之外,还应考虑滑动问题。所以斜坡在地面横坡陡于 1:2.5 路堤地段应进行稳定性验算。

由于斜坡路堤的高度,覆盖土层厚度,基底岩面坡比,以及填筑路堤的速度,将引起斜坡路堤的沉降差异而导致路面裂缝发生,在斜坡路基设计时根据地基土质、基岩坡面、地下水、路基填料等计算差异沉降,以据此采取必要的处治措施。

(三)斜坡路基的设计与施工技术

1. 斜坡地段的路线布设

山岭地区路线选择多布设在沟谷两侧的斜坡上,在纵坡不受限制且沿沟谷台地或沿河线走向,路线多布设在缓于1:5坡地或梯田,覆盖层下基岩面横坡缓于1:10~1:5,工程地质、水文地质条件较好,平、纵、横可不受限的条件下,以土石平衡和路线景观为主布置线位。

当地面横坡虽缓于1:5,覆盖土层以下基岩面横坡陡于1:5~1:2.5。平面布设可能不受控制时,而纵、横面是重点考虑的因素,这类斜坡可能因为斜坡加载而引起路基和覆盖土体沿基岩面滑动。

当沟谷地面横坡陡于1:5~1:3,覆盖土层以下基岩面陡于1:5~1:2.5,线位的纵、横面设计要考虑路基边坡临界高度,经调查一般为8 m,大于临界高度的情况,斜坡路基在地下水较发育地段有滑移的倾向。

沿河或溪沟斜坡均有一阶或二阶台地,线位重点考虑山区洪水位和冲刷的水位,线位多布设在二阶台地斜坡上,台地地面横坡坡度多在1:5~1:3间,覆盖层多为碎砾石土,透水性能较好,而基岩面缓于1:2.5,斜坡路基以选择透水性能好的填料,截排水措施加强,可减少斜坡路基失稳。

大部分山区地面横坡陡峻,地表土层薄,地表受流水侵蚀,冲沟发育,地面横坡多在1:2.5~1:1之间,个别地段为高山陡壁,在这些地段,路线多受纵坡限制,路线应充分考虑山体稳定,布设线位可采用分离式和上、下分离式路基,上、下行路线纵坡分别设计,以减少切割山体、高边坡失稳。

在山区地质条件差、地面横坡坡度在1:1~1:0.3的陡坡,线位应以隧道穿越山体。高寒积雪山区,地质灾害和冰冻雪害较为严重,线位宜以填为主,纵坡宜高出地面2 m以上布设。

2. 斜坡路基的横断面设计

斜坡地段路基横断面视斜坡坡度,在地面横坡缓于1:5,覆盖土层厚度2~4 m,地基基岩横坡缓于1:3时,地下裂隙水贫乏,路基可采用填方路堤通过,边坡坡率按《公路路基设计规范》(JTG D30—2004)取值。

地面横坡陡于1:2.5,覆盖土层厚为2~4 m的碎石土,基岩横坡陡于1:2.5,根据稳定性计算,视为陡坡路基作特殊设计,可采用半填半挖,外侧设支挡结构。

地面横坡陡于1:2,基岩面陡于1:2.5,采用填方通过时,高速公路应做横向台式分离路幅,外侧设置构造物通过,可降低工程造价。

地面横坡陡于1:2~1:0.3,内侧边坡较高时应采用填方,或设置桥梁,通过减少路基开挖防止路基边坡过高、防护工程过大或开挖后形成危岩,造成边坡坍塌。

3. 斜坡地段的地基处理

在斜坡上填筑路堤,对地基要进行综合勘察后分别进行地基处理,原基岩面地表覆盖土体和填方荷载作用,可能使路基整体或局部沿原地面下移动,或路基和基岩上覆盖土体沿基岩面滑动,所以在掌握地质基础资料前提下,采取不同的方法处理斜坡地基。

地面横坡缓于1:5,填筑路基前要清除地表耕植土,一般0.4~0.6 m,然后挖成台阶后再填筑路基,若地表覆盖土含水量过大,设置纵横片石盲沟后再填筑路堤。

地面横坡陡于1:5,基岩面横坡坡度在1:5~1:2.5间时,覆盖层厚大于6 m时,采用夯填片石,形成复合地基,通过振动挤密和振动压实地基,可提高覆盖土层的承载能力,也可减少斜坡路基填筑后地基差异沉降。

地面横坡陡于1:5,基岩面横坡陡于1:2.5时,需按陡坡路堤设计,以改善基底状况,增加滑动面的摩擦力或减小滑动力,清除表层覆盖土,夯实地基,使路堤置于坚实的弱风化层上;开挖台阶,放缓横坡,以减小滑动力,在路堤上侧的山体坡面上开挖截水沟,防止地面水浸湿基底,并设置盲沟以疏干基底土层。

地面横坡陡于1:5,基岩面横坡陡于1:2.5时,可改变填料或断面形式,即路堤填筑前,采用大颗粒填料嵌入地面或放缓坡脚的边坡设置护道,以增加抗滑力。若受限制也可在坡脚设置支挡结构物。

地面横坡陡于1:2时,首先应查明沿斜坡式下卧基岩有无滑动破坏的可能性,如有,则应进行特殊的处理后再填筑路堤或设置支挡结构或以桥梁方式通过。

4. 斜坡路堤的施工要点

在地面横坡缓于1:5的斜坡上填筑路基前,应彻底清除地表松散土层或腐殖土,也应挖台阶,其台阶宽度应大于碾压机具宽度的1.5倍,便于重复宽度0.5倍。当地基土含水量过大,应设置盲沟或翻晒后再碾压,压实度达到90%。

地面横坡陡于1:5的斜坡路段,应严格按设计图分别作处理,凡以强夯、夯填片石、换填透水材料等方法作特殊处理的地基,应按隐蔽工程的要求进行施工。

斜坡路基处的排水构造物的基坑多开挖为阶梯式,基坑回填砂砾石或片石,分层捣实,台背填筑砂卵石或浆砌片石,防止台背沉降裂缝后水渗透而引起基岩面饱水并造成斜坡路堤滑移而将构造物拉裂。

三、高路堤勘察设计

(一)高路堤的概念界定及研究现状

1. 现行规范的规定

我国《公路路基设计规范》(JTG D30—2004)规定:边坡高度超过20 m的路堤以及不良地质特殊地段的路堤,应进行个别勘察设计,对重要的路堤应进行稳定性监控。《公路路基设计规范》(JTGD30—2004)和《公路路基施工技术规范》(JTG F10—2006)均规定:对于高度大于20 m的路堤应考虑路基竣工后填土和路面自重压实固结所产生的沉降量,且路基顶面每侧应预留加宽值。《公路路基设计规范》条文说明中还根据铁路观测试验资料建议堤身的工后沉降(预留沉落度)按路堤高度的1%取用,地基的工后沉降除湿陷性黄土和高压缩性黄土地基外,可忽略不计。

《铁路路基设计规范》(TB10001—2005)把路堤填筑高度超过20 m的路堤称为高路堤,并规定高路堤设计时应考虑加宽路基面,其每侧加宽值按预留1~2%堤高的沉落量计算。《铁路工程设计手册·路基》(修订版)指出,对于高度大于20 m的路堤,设计时应按竣工后期的下沉量,预留路基面每侧的加宽值,并给出了铁科院西北所和铁道部第一勘测设计院曾进行的一些高路堤的沉降观测资料和工后沉降估算公式。《铁路路基施工技术规范》中规定,路堤高度小于20 m时,可按平均堤高的0~2.5%预留沉落加高量;路堤高度大于20 m时,除按设计加宽外,可按平均堤高的0~1.5%预留沉降加高量。

鉴于目前国内外尚无公路高路堤沉降变形的可靠技术成果和工程经验积累,系统观测资料尤其缺少,因此建立在这种技术支撑条件下的现行设计、施工规范对公路高路堤设计、施工均缺乏明确合理的规定。这主要反映在以下几个方面:

(1) 路基压实度标准。业已证实,路堤填筑密度对路堤尤其是对高路堤的沉降影响很大,当压实度为86%时,路堤沉降可达压实度为94%时的两倍以上。而我国2003年以前路基设计、施工规范的压实度标准对路基填土高低未区别对待,尤其是对下路堤(路床表面以下150 cm以下)部位要求大于90%压实度标准的规定过于笼统。另外,该标准偏低,已不适用于公路高填土路堤。

(2) 预留沉落及加宽的方式及其与路面工程的衔接。我国现行公路路基设计、施工规范仅规定高路堤应考虑路基工后沉降量,且路基顶面每侧应预留加宽值,但对如何预留缺乏具体可操作的规定。工程实践中也有采取在路面竣工通车运营后预设路面抛高的方法预留路基工后沉落量,且多采用按填土高度的比例预留的方式,但对于高路堤,其沉降分布有时并不总是与堤高成正比,这种预设抛高的方式常造成纵断面标高的频繁变化,形成有害线形,一些工点就曾出现通车后预设抛高多年沉不下去的情况。在预留加宽方面,则主要存在何时去除超宽部分的问题,因超宽填筑部分给路基防护、排水工程的设置带来困难,也影响路容,不可能长期保留。此外,预设抛高和加宽均会给工程项目的交、竣工验收带来麻烦。

工后预留路基沉落量还必然涉及路面工程是否分期实施的问题。《公路沥青路面设计规范》(JTGD50—2006)中规定,高速公路、一级公路不宜分期修建路面,对软土地区或高填方路基等可能产生较大沉降的路段,宜按分期修建或一次设计分期实施的原则设计。这种方法用于处理几公里以上长段落的软基工后沉降问题是合适的,并在杭甬高速公路、京津塘高速公路等项目上成功应用。但若在填挖交替频繁,填土高度大而长度很短的黄土高路堤上分期修建路面,势必会造成纵断面标高的频繁变化,从而降低高速行车的舒适性和安全性。

(3) 施工工期安排。通常情况下,高填路堤一般是利用挖余废方填筑,工程量庞大,客观上需要较长的施工周期。试验研究证实,高路堤的地基沉降发展极为迅速,路基完工后,地基固结度可达90~95%以上;而堤身工后沉降的50~60%发生在路基竣工后的第一年内。如果能保证高路堤在建设期间通过科学组织,均衡施工,有1年以上自然沉降期,就能消除工后剩余沉降的60%,有效减少通车后沉降,有利于路堤的后期稳定。《公路路基施工技术规范》对此未作出特别要求。

2. 试验研究现状

变形问题一直是公路路基研究解决的主要问题。对路堤变形性状的分析研究,不仅是正确认识和评价路基稳定的基础,也是提高路基设计水平,发展施工控制技术的有效途径。高路堤自重应力大、应力水平高,由填土自身压缩产生的沉降较为可观,过大的沉降会对公路的路基本身及路面结构产生危害,因此世界各国历来十分重视对路堤沉降变形计算的研究。然而由于问题本身的复杂性和土力学理论的不成熟,目前对非饱和土高路堤的沉降变形规律尚缺乏合理的理论计算方法,尤其是对于高速公路,其变形控制的要求更高,但国内外尚无同类工程的可靠技术成果和工程经验,可供应用的系统观测资料尤其缺少。这不仅仅在于填土体累积变形量难以确定,还在于施工过程中堤身、堤基已发生的变形量占总的累计变形量的比例也不得而知。

目前在我国陕、甘、晋、豫等黄土地区的铁路及低等级公路上已修筑了不少高路堤(大多为坝式路堤),我国铁路部门和公路部门从20世纪80年代也逐步开始对高路堤的沉降问题进行

研究,并取得了一些成果,积累了一定的经验和不少有价值的成果,但尚存在以下不足:

(1) 在研究方法上,主要是采用现场试验和按以往经验进行,进而对高路堤的沉降进行估计和评价,缺乏系统的理论体系;

(2) 高速公路的变形比低等级公路、铁路等有更高、更特殊的要求,但目前的试验研究客体主要是铁路、低等级公路或土坝,显然不能适用于采用重型击实标准的高速公路路基,既有成果推广应用的范围有限。

随着我国经济的发展,山区必然将修建大量的高速公路,线路受地形地物限制,高填深挖在所难免,就不可避免要跨越深沟或高桥头引道,在地质条件许可的情况下,需要修建高路堤。有鉴于此,交通部在近两年内开列了多项有关山区高填方路堤勘察设计与施工成套技术等方面的课题。

(二) 高路堤工程地质勘察要点

高路堤属于重点路基工程(即地形起伏大、路基填挖量大、工程地质条件差的路段),这样的特殊工点需要单独做处理设计,因此需要有专门的工程地质勘察报告(资料)。高路堤设计要求有较大的比例尺的地质平面图和剖面图,较深入的勘察、测试工作,以满足方案设计和确定工程规模的需要。

1. 初勘阶段的勘察重点与主要内容

(1) 勘察重点。调查地层层位、层厚、土质类别,调查地下水埋深、分布;确定土的承载力、抗剪指标和压缩指标;判定在路堤附加荷载作用下,地基沉降和滑移的稳定性。

高路堤一般位于沟谷地段,地层中特别是沟底的软弱层应作为勘察重点。

(2) 调查与测绘。采用初勘路线平面图,按1:5000精度控制进行地质调查和测绘,结合勘探资料,绘制高路堤路段工程地质平面图。

现场选定测绘控制性工程地质横断面。控制工程地质横断面纵向一般每200 m设一个,地质条件简单时,每500 m设一个,地质条件复杂时在条件变化处加设。横断面编绘比例尺用1:100～1:200,左右应超出设计路基底宽至少20 m,若上下游有影响到路基稳定的不良地质现象时,断面还要适当外延。

(3) 勘探与测试。勘探以露头、挖探、简便钻探、触探、物探为主,并在地质疑难点视需要布设少量控制性钻孔,钻孔孔径应满足采样测试的要求。每一个控制横断面上,各种勘探点总数不小于两个。

勘探深度对于小于5 m的覆盖层应达到基岩(包括密实粗粒土)面,对于深厚土层应不小于路堤高度并穿过软土层。

采用原位测试方法在控制横断面上进行土层物理力学指标测定,在钻孔中采样进行室内试验。露头、挖探、简便钻探均应采取样品进行目测和试验,分析对比土层物理力学指标。

2. 详勘阶段的勘察重点与主要内容

(1) 勘察重点。对以初步拟定处理方案的高路堤,应详细落实其有关地层层位、层厚、岩土类别、分布范围和水文条件;对有关地层进行详细测试,根据计算模型要求有针对性地获取设计所需的各种物理力学参数,特别是原状土及拟定土场填筑土的固结和强度指标。

(2) 调查与测绘。采用详勘路线平面图,精度按1:2 000控制,加密地质点,补充地质调绘工作,编制路段工程地质平面图。

综合调绘和初勘资料,核定控制横断面位置和数量,一般应每100 m设一个,地质条件变化不大时,可每 300 m 设一个。

(3)勘探与测试。每一个控制横断面上至少应设一个钻孔或每一工点至少应设三个钻孔,辅以挖探、简便钻探、触探在内,每一个控制横断面上的各种勘探点总数不少于两个。

勘探深度应满足处理方案的要求,钻孔应完全穿越基底软弱土层。

钻孔应分层采样进行室内试验,试验项目按设计要求需要确定,测试应以下卧不良地质体为重点。

详勘阶段若高路堤设计位置或方案发生变化,尚应补做初勘要求的相应内容的测试。

3. 施工配合阶段的动态补充勘察

高路堤属特殊复杂岩土工程,设计施工的实践经验尚不足,设计阶段的勘察很难确保能对其完全认知。设计施工方案在施工进展过程中可能会根据实际地质、水文情况进行调整,相应进行必要的补充勘探、测试等也是十分必要的。这就是所谓的动态勘察方法。

因是工程实施阶段,动态勘察的目的和内容一般十分明确,勘探、测试方法视补充设计需要选定。

(三)高路堤沉降的基本性态及分析计算

1. 高路堤沉降的基本性态

路堤沉降对路面结构的耐久性、公路服务水平、行车安全等都有着重要影响。根据相关研究和观测成果资料,高路堤的沉降变形一般具有以下几个特点:

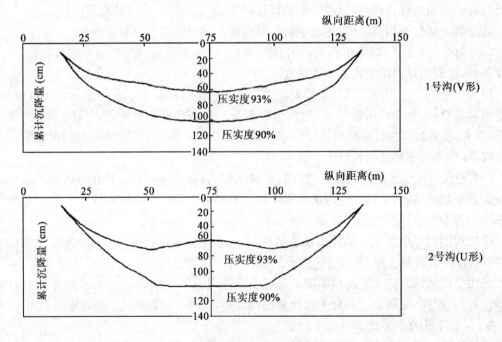

图 6-1 高路堤的堤顶累计沉降量分布

在平面应变条件下分步加载模拟路堤分层填筑施工过程。从横断面应力分布来看,竖向正应力随着路堤深度增加而增大;水平向正应力是断面中心堤底处最大;剪应力是坡中对应的堤基部位最大,横断面中心线上的剪应力为零,横断面中心三分之二堤高处应力水平最大。从纵断面应力分布来看,竖向和水平向正应力均随着路堤深度增加而增大,剪应力很小。

从横断面变形结果来看,按固结模式一计算,竖向位移在三分之二堤高处最大,堤顶的竖向位移趋于零;按固结模式二计算,累计沉降量在堤顶处最大。图 6-1 分别示出了 1 号沟和 2 号沟高路堤的堤顶累计沉降量分布,表明同种工况条件下 90% 压实度下路堤的沉降远大于 93% 压实度下路堤的沉降变形,前者约是后者的两倍,可见提高路基压实度是降低路堤沉降变形的有效途径。

沿路中心线的沉降分布规律具有十分重要的意义。从图 6-1 来看,在 90% 压实度填筑条件下,由于填筑土体密度低,变形模量小,1 号沟和 2 号沟路堤的堤顶累计沉降变形均是中央大,两岸随填筑高度的减小而减小,近似抛物线形分布。在 93% 压实度填筑条件下,填筑土体密度增大,变形模量显著提高。此时对于 1 号沟,因其沟型呈"V"形,且两岸下部土层是密实的碎砾石,强度高,变形模量大,堤顶累计沉降变形均是中央大,向两岸逐渐减小,堤顶累计沉降量分布沿纵向呈缓抛物线形;对于 2 号沟,因其沟型呈"U"形,且两岸下部土层是粘性土,其压缩模量小于沟下填筑土层的模量值,造成沟岸坡下临近坡脚处对应的堤顶累计沉降变形最大,沟心累计沉降变形量其次,近似呈马鞍形分布。随着路堤填筑密度的提高,这种分布特性更为明显,这与一般沉降与填土高度成正比的认识相差很大。很显然,冲沟高路堤的堤顶累计沉降变形分布不仅受填筑土密度及其变形特性的影响,而且与沟谷形态、沟岸的地层结构有直接关系。

2. 高路堤沉降的分析计算

路堤堤身的沉降变形计算远比地基沉降计算复杂,目前尚无公认且较适合的方法。一种自然的想法就是采用地基沉降计算的分层总和法,但这种方法在理论与实践上均没有依据。目前一些研究者采用有限元法计算填土沉降,结果和实测较吻合,从而为高路堤的沉降变形分析提供了一条可行的途径。

值得指出的是,水利工程中碾压土坝应用的相当普遍,高填土坝的设计计算经验值得参考。《碾式土石坝设计规范》(SL 274-2001) 规定,高度在 30 m 以下为低坝,30~70 m 为中坝,70 m 以上属高坝。除高坝外,普通的水利工程中,坝的沉降变形计算按分层总和法计算坝体的沉降。水利工程中,这种方法可以合理确定坝体的沉降变形。借鉴水利土坝计算方法,为与有限元法计算结果相对比,设计计算时还可依据填筑路堤的对称性,采用分层总和法计算路堤纵向中心断面(基本符合单向压缩条件)堤顶不同深度的竖向变形。

施工模拟与变形模式一般采用增量法考虑荷载的逐级施加,把施工各个阶段的应力应变都计算出来。这种施工逐级加荷计算,可以反映路堤填筑过程中路堤结构变化对应力变形的影响。若填筑土料固结很快,当路堤分层填筑某层完成时,该层以下路堤相应地完成了固结,对这种情况,若路堤填筑至某高度再无填土层时,则该层顶面的沉降位移始终为零;若路堤填筑至某高度后进一步填筑上覆层,则该高度平面上各点的沉降位移由上覆土层重荷作用于其下部土层的压缩变形引起。按照上述思路,平面应变条件下,求得堤坝的最大沉降变形发生在横断面中心三分之二堤高处,堤顶的沉降变形为零。这种算法的前提条件是填筑竣工时,填土体的固结也已完成,我们称其为固结模式一。若填筑土固结很慢,某层填筑完成时,填筑层及其下部土层远未固结,表现为随着自重荷载作用时间延长,层顶面的沉降变形逐渐发展。最不利的情况是路堤沉降变形绝大部分发生在竣工以后,这种情况下,堤顶的沉降变形最大,顶面各点的沉降变形是其铅垂线上各土层在其上覆荷载作用下压缩变形的总和。我们称其为固结模式二。很明显,以上两种模式均为理想情况,大部分实际情况则介于两种模式之间。

(四)高路堤常见病害及其成因

目前在山区高速公路上已修筑了一些高路堤,由于山区地质、地貌条件复杂,路堤施工难度大,施工质量不易保证,加之对高路堤缺乏系统的认识及对某些问题重视不够,使得高路堤常出现路堤沉降及不均匀沉降引起的各种路基病害,造成路面过早破坏,影响正常交通运输和行车舒适、安全。为此我们收集了国内已建高路堤的设计、施工及养护管理资料,通过系统分析,概括出高路堤路基发生的主要病害有以下几个方面:

(1) 不均下沉、局部沉陷,导致路面破坏;
(2) 坡面冲刷,路基破坏;
(3) 排水不畅,路基路面损坏;
(4) 桥涵台背结合部及高填深挖结合部不均匀沉降,造成病害。

产生上述病害的主要原因是:

(1) 原地基承载力差,土质天然密度低,施工前对地基承载力探测不详尽,也未对地基承载力不足路段进行验算和处理,导致剩余沉降变形较大;
(2) 土源复杂,土性变异较大,压实指标不便确定,导致施工压实不匀,造成路基沉降不均匀;
(3) 路基防护工程不同步和防护工程不完善,造成高填土路基和路面的破坏;
(4) 路基、路面防水和排水设施不完善,造成高填土路基进水和软化,导致路面早期破坏;
(5) 对高填土路基施工重视不够,导致施工期控制不严,自然沉降期不够,路面形成后的使用期间仍有较大剩余沉降。

(五)高路堤的设计施工技术要点

(1) 高路堤土石方工程量大、施工周期长、占地多、技术要求高、工后出现病害的风险较大。因此,山区高速公路高路堤应与高架桥在工期、水土保持、造价等方面综合比较,在挖余土石方较少或较为合理(符合环保、水保要求)时,一般不要采用高填土方案。

(2) 为减少工后剩余沉降和破坏,应适当提高路堤填土的压实度。对于一般细粒土(含黄土)和粗粒土,当填土高度大于 10 m 时,其下路堤(路床顶面以下 150 cm 以下)的压实度应控制在93%以上;当填土高度为 20～30 m 时,其上路堤(路床顶面以下 80～150 cm)的压实度应控制在95%以上,下路堤的压实度应控制在93%以上;而对于填土高度大于 30 m 的超高路堤,其上、下路堤的压实度均应控制在95%以上。

(3) 高路堤土石方数量大,填筑用土料一般来源于多个取土场或多个路堑段的挖余土方、石渣,土性成分比一般路段复杂,最大干密度和最佳含水量变化较大,压实指标不易控制,常导致路基压实施工不匀,造成路基不均匀沉降及浸水附加沉降。因此,路堤填筑必须严格按重型标准击实试验所得的最佳含水量来进行填筑,并改进检测方法,加大检测频率,严格控制填土干密度。

(4) 在工后剩余沉降的处理上,建议在采取分层强夯、冲击碾压等各种技术措施尽可能减小工后剩余沉降量的前提下,根据工后沉降主要集中在路堤竣工后较短时间内的特点,利用预压沉降期再使路堤完成绝大部分剩余沉降;通过沉降观测,待路堤沉降接近稳定沉降量时再实施路面防护、排水及其他附属工程。

(5) 路堤预压沉降期内应在堤顶预留沉落、加宽量。对于平均压实度为93%的高路堤,建议预留沉落量为堤高的 0.5～1.0%。堤顶预留沉落量的方式是:对于沟底为细粒土或其他软弱地基的 U 形(又称矩形)冲沟,预留沉降量应沿路线等厚均匀布置,并按最大堤高取值;对于底部有硬质粗粒土、老黄土或基岩出露的 V 形沟谷,预留沉降量可按舒缓型抛物线布置。

(6) 高路堤填筑土方工程量大,工程艰巨。若工序安排不当,工期滞后,或为赶进度、赶工期,都会导致自然沉降周期过短,路堤工后剩余沉降过大的问题。因此在高路堤施工前,必须提出合理的施工组织计划,确保高填土路堤有较长时间的预压沉降期,以使路堤在施工期间及早完成剩余压缩沉降,同时尽可能使堤在铺筑路面前能经受 1~2 个雨季的沉陷变形调整,避免过大的堤顶沉降使路面遭受破坏。高路堤填筑完工后,应及时进行沉降观测,并定时测量,做好记录。当高路堤完工后沉降速率趋于稳定并小于 10 mm/月时,方可进行路面及其他附属工程的施工。

(7) 高路堤边坡必须进行稳定性验算。当稳定系数达不到要求时,需要进行加固处理。为提高高路堤的稳定性,应设置完善的防护和排水系统。地基和路堤可采用土工格栅、土工格室等土工合成材料加固处理;边坡宜设置骨架(方格、拱形、菱形等)加生物防护;路肩应设拦水带集中排水。对于坝式路基(高路堤跨越冲沟且沟底无涵),上游有积水可能时,洪水位以下尚应设防渗及护坡工程。

(8) 有关研究揭示,高路堤填土与冲沟岸坡地基周边交界部位,纵向小主应力 σ_3 很小,对应堤高 3/5 处,σ_3 值最小。周边接触区的这种临近受拉的趋势值得引起施工的注意。如填土前应将沟壁的松土全部清除;顺沟开挖纵向台阶,并充分夯实;必要时对交界部位施以强夯加固或压浆处理。

(9) 采用先进的地质探查手段对高路堤全幅、全段落范围内补充探测隐伏不良地质体,改进路槽强度的检测方法。

(10) 正确选择与高填土路基相连接结构物及高填土路基内暗涵的结构形式。

四、深路堑边坡勘察设计

(一)深路堑工程地质勘察

深路堑工程地质勘察是进行边坡稳定性评价、边坡设计与加固必须完成的基础性工作。对于路堑边坡高于 20 m 或边坡高度虽小于 20 m,但需要特殊设计与加固,边坡稳定性差的边坡,均应作为单独工点进行工程地质勘察。

1. 边坡工程勘察重要内容

公路深路堑边坡勘察一般应收集、调查以下内容:

(1) 区域地质、地震资料。这些资料对宏观掌握深路堑处地质条件非常重要,区域地质构造往往控制着边坡的稳定性。

(2) 地貌形态、发育阶段和微地貌特征。当存在滑坡、崩塌、泥石流等不良地质现象时应查明其范围和性质。

(3) 岩土的种类、成因、性质、岩土界面的特征及岩石风化程度。

(4) 主要结构面的类型、产状、分布、填充情况,粗糙度及组合关系,并分析其力学属性及与临空面的关系。

(5) 软弱夹层的分布、性质、下伏基岩面的形态和坡度。

(6) 地下水的类型、水位、水压、水量、补给和动态变化,岩土的透水性以及地下水的出露情况。

(7) 气象条件,特别是雨期、暴雨量、水对坡面坡脚的冲刷情况,并判明这些因素对坡体稳定性的影响。

2. 边坡测绘、勘探、测试的重要内容

(1) 工程地质测绘可以采用1:2 000或1:5 000平面图。规模大、地质条件复杂的大型深路堑工点可以采用1:200或1:500平面图,测绘范围应包括可能对边坡稳定性有影响的所有地段,结合调查、勘探资料绘制工程地质平面图。

(2) 调查并测绘斜坡的形态及坡角,软弱层和结构面的产状、密度、连贯情况,充填物性质,含水情况,有顺层滑动可能者应调查其产状与节理情况。

(3) 横断面可以采用1:200比例尺,沿路线纵向一般每100 m一个横断面,根据地层变化可以每50 m一个或每200 m一个,一般每个工点不少于两个横断面。横断面测绘范围应包括可能滑动的范围以及路堑开口宽度。

(4) 通过露头观测、挖探、地质测绘和钻探,勘探点深度应达到路基标高以下3 m,应穿过潜在滑动面并深入稳定层内2~3 m。

(5) 软弱面的勘探、取样及测试非常重要。需要查明软弱面的位置、性状等,可以采用与结构面成30°~60°角的钻孔,并考虑布置少量探洞。当重要地质界线处有薄覆盖层时,可以布置探槽。

(6) 边坡物质的岩土试验是为边坡设计、加固和施工提供物理力学参数。抗剪强度试件的剪切方向应与边坡的变形方向一致,三轴试验的最高围压及直剪试验的最大载荷应与试样在坡体中的实际受荷情况相接近。对控制边坡稳定的软弱面及非常重要的大型边坡,可以进行原位测试试验。

3. 边坡勘察报告内容

(1) 路段及各工点工程地质说明书;

(2) 工程地质平面图,纵横断面图;

(3) 岩土物理力学指标汇总表及边坡稳定分析参数;

(4) 边坡稳定分析结论;

(5) 边坡处理与加固的建议。

(二)边坡设计原则

山区地形、地质条件复杂,在山区修建高速公路必然会出现深路堑。深路堑在我国西南地区公路路基中所占比例更大,其高度达70~80 m,且有超百米者。深路堑的防护支挡工程费用也在工程造价中占有相当份额。由于对深路堑的工程地质条件勘探、认识不足,边坡设计不合理,加固支挡方案不可行,施工方法不规范,致使国内许多山区高等级公路路堑边坡在施工阶段产生变形、滑坍、失稳等破坏,在处理这些路堑边坡失稳中都追加了相当的工程费用,并造成了不良的社会影响。公路运营阶段,路堑边坡失稳或产生病害,将造成高速公路临时中断交通,直接影响运营效益。

由于深路堑在山区公路路基中所占比例大,防护工程费用较高,破坏后危害程度很大,且修复时间长,因此应改变低等级公路路堑边坡设计的观念,应将高等级公路深路堑视为重要工程。重视深路堑边坡勘察与设计。具体设计原则可以考虑以下几个方面:

1. 安全、经济、合理的第一原则

工程设计首先应贯彻安全、经济、合理的原则,这是任何工程项目设计都应遵守的第一原则。路堑开挖山体，必然改造山体的自然稳定状态，改变其应力场，随之也就带来边坡的稳定问题。边坡设计与支挡应安全可靠，而且要经济合理，这被广大工程设计者熟知的原则应是每一处深路堑设计应遵循的首要原则。

2. 顺应性与协调性准则

公路开挖山体，改造自然坡体。面对自然，人类是非常渺小的，"能力"是有限的，因此边坡设计应"顺应"自然，充分利用自然山体自身的稳定条件，处理不稳定部分，使边坡长期处于稳定状态。边坡防护与支挡方案应与自然环境相协调，避免不合理的边坡设计造成边坡变形、失稳等环境地质问题。

3. 景观与绿化设计

道路边坡设计不仅仅包括边坡稳定性、造价和维护需要，景观设计也应是边坡设计的内容。景观设计目的是美化道路景观、改善沿路的实际景观。在对景观有特殊要求或原有自然景色本身就很优美的地方，景观设计就显得更为重要。当然，景观设计与边坡工程设计相冲突时，边坡的安全性应优先考虑。有条件或降水丰富的场合，在边坡稳定条件下，边坡加固应首选绿化方案，灰色的混凝土或圬工是最后考虑的边坡加固方案。

4. 注重环境保护

保护环境是现阶段我国工程建设必须执行的一项基本政策。西部山区地形、地质复杂，生态环境脆弱，保护环境在西部公路建设中显得更为重要。而公路路堑边坡开挖对环境的影响正是直接性的，不合理的设计、不完善的防护支挡及不规范的施工作业将造成水土流失，破坏生态环境。因此要彻底改变对环保无所顾忌的思想，树立边坡环保的设计理念。

5. 边坡动态设计

公路边坡所处的地形、地质、水文环境是非常复杂的。边坡地质勘察是边坡设计之前必须完成的基础性工作，可以为边坡设计提供丰富的设计参数，但即使做了详细的调查、测绘、勘探，也未必能充分掌握实际的地层结构，开挖施工中仍可能变更原设计坡度、支挡方案。因此，可以说施工阶段的边坡设计变更是边坡设计的完善与继续。根据实际开挖地层结构，及时调整边坡设计加固方案，即边坡的动态设计。多年来的山区高速公路边坡工程实践也证明边坡设计是一种动态设计的过程，边坡设计由前期设计与后期调整构成，也只有这样，才能做到边坡设计合理、安全、经济、可靠。但需要强调的是，动态设计并不意味着对边坡勘探工作要求的降低。

(三) 影响边坡稳定的因素

1. 地形、地貌

地形是制约边坡稳定状态的第一控制要素。山坡变形的第一起因是对地形的改造，而变形易发部位是地形坡度较陡的部位，变形范围及规模则取决于山坡的高度。

2. 区域地质构造与地震

区域地质构造与地震环境控制着区域山坡体的稳定性。区域构造发育，且活动强烈地区，山体边坡稳定性便较差，因此分析边坡稳定性时，首先要考虑区域地质构造与地震环境，从宏观上调查了解区域地质构造。路线布设要避绕不稳定地质构造带，减少跨越构造带的范围，这时降低山区边坡工程费用极为重要。

3. 岩体结构

地质构造决定岩层的性状、节理裂隙的性质及发育程度、断层破碎带性质等，而这些因素又决定着路堑边坡的岩体结构。坡体的整体刚度取决于节理裂隙的发育程度,而各类地质结构面产状同边坡坡面之间的空间关系则决定着边坡的变形、失稳类型。岩层结构面与边坡坡面之间的相对关系有顺坡面、逆坡面、斜切坡、水平结构、垂直结构五种类型。其中顺坡面、斜切坡对边坡稳定性影响最大。

实际地层中,岩体结构面往往很纷杂,需要仔细调查统计,其中存在对边坡稳定影响最大的主滑结构面的确定。

4. 岩土特性

岩性及其风化破碎程度,土质及其胶结程度、成因,直接影响岩土体的强度,进而决定着路堑边坡的稳定性。

(1) 火成岩边坡。其变形、失稳与风化程度与节理裂隙发育程度关系密切,一般不会发生大规模崩滑。

(2) 沉积岩边坡。这类边坡的变形主控层多是泥、页岩夹层。边坡岩层刚度相差较大,边坡稳定性一般较差,可能出现崩滑、倾倒和滑移多种形式变形,而这些变形则取决于软弱夹层的空间分布格局。其中碎屑岩类边坡由泥、页岩、砂岩互层组成,泥页岩控制着整个边坡稳定性,即使很薄的软弱层也对边坡稳定性影响极大。

土体边坡相对比较均匀,土体的抗剪强度直接影响土体边坡的稳定性。

5. 地表、地下水

当边坡具备变形、失稳条件时,导致其失稳的直接诱发因素主要是水(包括地表水和地下水)的作用。其中地表水及大气降雨又是区域内地下水的直接补给源,因此对边坡稳定性的研究,应考虑区域水文网。

地表水的展布格局往往控制着变形区域的轮廓,同时又是崩滑体解体的边界。

6. 施工方法及工艺

施工方法及工艺对路堑边坡稳定也有很大影响。近几年,许多高边坡的破坏都是由于不合理施工方法及控制造成,几乎在每条山区高速公路中都有这种情形发生。

(四)边坡破坏类型

路堑边坡的变形破坏模式取决于上述诸多因素,其破坏类型一般有以下几类:

1. 平面破坏

路堑边坡沿一组倾向路线且走向大致与路线平行的软弱结构面滑动或错落破坏。这一软弱面可以是层面、节理面、断层以及土石交界面。发生平面破坏应同时满足以下条件:

(1) 结构面的走向必须与坡面平行或接近平行;
(2) 破坏面必须在坡面露出,即它的倾角必须小于坡面倾角;
(3) 破坏面的倾角必须大于该面的摩擦角;
(4) 岩体中必须存在对滑动仅有很小阻力的节理面。

一般来说,满足产生平面破坏的全部条件的边坡是较少见的。在软硬相同和有软弱夹层的岩质边坡中易产生平面破坏,堆积在倾斜岩面上的土质边坡也会出现此类破坏。

2. 楔体破坏

当两个或多个不连续面(节理)的走向斜交坡面,其交线在坡面露出且其倾角明显大于界面摩擦角时,则由这些不连续面切割的岩石楔体将沿不连续面下滑。该变形破坏模式多存在于块状结构岩体中。由于结构面(节理)一般延伸不长,故楔体破坏的规模相对不大。

3. 圆弧破坏

当土体或岩体中的单个颗粒与边坡尺寸相比是极其小的,这时边坡将沿一近似圆弧面发生滑动破坏。一般来说具有黏性的全风化覆盖层土体边坡易产生此类破坏。

4. 倾倒破坏

岩体发生破坏的倾斜角大于70°时,常发生倾倒破坏。

5. 坠溃破坏

在高刚度岩体边坡中,坡体表面局部变形、失稳、规模不大,常呈坠溃破坏形式。

(五)边坡稳定性评价

影响路堑边坡的稳定因素很多,其破坏模式多样。边坡稳定的分析方法很多,尤其近几年计算手段的快速发展,许多新的分析方法出现,不同性质的边坡可以采用不同的力学模型与分析方法。本节仅对不同分析方法做简单论述,详细内容参考有关专著。

1. 工程地质类比法

通过对比分析新建路堑边坡在岩土结构、性质、边坡坡率及加固措施与邻近自然或人工边坡的相似性来分析拟建边坡的稳定性。

当采用工程地质类比法时,应全面分析比较拟建边坡工程与已有边坡工程在岩性、结构、自然环境,变形主导因素和发育阶段等方面的相似性,评价边坡工程的稳定性和发展趋势,并对下列不利条件进行分析:

(1) 边坡及其邻近地段滑坡、崩塌、陷穴等不良地质现象。

(2) 岩质边坡中的泥岩、页岩等易风化、软化岩层或软硬交互的不利岩层组合。

(3) 土质边坡中网状裂隙发育,有软弱夹层,或边坡体由膨胀岩土组成。

(4) 软弱结构面与坡面倾向一致;或交角小于45°且结构面倾角小于坡角;或基岩面倾向坡外且倾角较大。

(5) 地层渗透性差异大,地下水在弱透水层或基岩面上积聚流动,断层及裂隙中有承压水出露。

(6) 坡上有渗水,水流冲刷坡脚或因河水位急剧升降引起岸坡内动水压力的强烈作用。

(7) 边坡处于强震区或邻近地段采用大爆破施工。

工程地质类比法具有经验性和地区性的特点,应用时必须全面分析已有边坡与新建边坡的工程地质条件的相似性和差异性,同时还应考虑工程规模、类型及其对边坡的特殊要求,一般用于地质条件简单的中、小型边坡。

2. 图解分析法

采用赤平极射投影对路堑边坡岩体中的结构面进行分析,确定边坡结构的稳定性,判定不稳定岩土体的形状、规模及滑动方向。

图解分析法需要在大量节理裂隙调查统计的基础上进行。将结构面调查统计结果绘成等密度图,得出结构面的优势方位,根据优势方位结构面的产状和坡面投影关系分析边坡的稳定性。

图解法所得出的潜在不稳定边坡应通过计算验证。

3. 极限平衡分析法

极限平衡分析法的理论基础是极限平衡理论,假设破坏符合摩尔-库仑准则。根据条块间力的作用简化图式不同,派生出不同的方法,目前常用的方法如表6-2所示。

岩质边坡的失稳大都是沿各种软弱结构面发生的。滑体在滑动过程中侧向节理面也常常发生相对滑移，而且侧向(竖向)节理面并不总是垂直的，这时，应用传统条分法已不再适用，Sarma法正是适应这种特点的分析计算方法，这种方法具有以下三个特点：

(1) 可根据滑体的地质特性、结构面构造，对滑体进行按节理构造的斜分条及不等距分条，使各条块尽量模拟实际风化岩体。

(2) 可较详尽地模拟侧面节理、断层造成的滑体强度特点。

(3) 滑体滑动时，不仅滑动面上的各种力达到了极限平衡，侧面也达到了极限平衡。

表 6-2　常用条分法对多余变量的简化假定

极限平衡条分法	对多余变量的简化假定
瑞典条分法	条块间无作用力
简化毕肖普法	条块间只有水平作用力
Spencer 法	条块间水平与垂直作用力之比为常数
Janbu 法	假定了条间作用力的位置
传递系数法	假定了条间作用力的方向
Sarma 法	条块间满足极限平衡条件
分块极限平衡法	条块间满足极限平衡条件
摩根斯坦-普赖斯法	条间切向力和法向力之比与水平方向坐标之间存在一函数关系：$X/E=\lambda f(x)$

4. 数值分析法

对于重大边坡，可以根据岩体结构采用连续介质力学方法有限元法或离散介质力学方法、离散单元法分析边坡的稳定性。

对于高大边坡，进行有限元分析可以掌握坡体中应力、应变状态，了解屈服区发生、发展的过程，从而更准确地确定边坡的破坏形式，评价边坡的整体稳定性。

离散元法是一种基于离散介质理论的数值分析方法，视岩体由不连续面和被不连续面切割离散元化的岩块组成，并通过考虑不连续面的力学特性，来分析单元之间力的相互作用。在建立单个离散元运动方程的基础上，确立整个岩体力学模型运动状态的显式方程组，并以牛顿第二定律为基本运动方程，结合不同的岩体结构关系，以动力松弛法按时步迭代的有限差分法求解运动方程组。

离散单元法计算所得的块体位置变化图、速度场变化图以及接触力场变化图，形象直观地反映了岩体边坡的变形力学机制。

5. 各种分析方法的应用

工程地质类比法是一种经验法，强调专家的群体经验知识和判断力，可以简捷地解决岩土边坡工程问题。

图解法和极限平衡法，是常用的、直观的破坏模式明确的边坡稳定分析方法，最容易被广大土木工程师接受，在目前的边坡稳定分析中仍占据绝对重要位置。

这些年来数值分析法发展很快，代表着岩体稳定性分析的趋势。

一般情况下，在工程初期基础地质资料不充分、分析精度要求不高的情况下，对黏性土边坡可采用极限平衡法的圆弧法分析；对无黏性的砂土边坡可以采用折线法；对岩质边坡可以采用刚性块体分析法或 Sarma 法；在技术设计或施工图设计阶段，对分析要求高、地质情况复杂的边坡,可以采用数值分析法。

对于大型或有特殊安全要求的边坡,尚应进行边坡稳定的可靠性分析,并对影响边坡稳定性的因素进行敏感性分析。

(六)边坡加固措施

1. 护面

护面适用于经边坡稳定性分析,对坡体稳定的坡面进行防护。护面结构物不考虑地层或土的侧压力。

一般情况下,对容易风化的或易产生剥落的及严重破碎的岩石边坡,及易受水流冲蚀的土质边坡应考虑护面防护。

常用的护面措施有植物防护、圬工护面、喷浆、喷射混凝土,或植物与圬工相结合的骨架护坡。

圬工护面是我国公路边坡最广泛使用的坡面防护形式。喷浆或喷射混凝土在近几年高等级公路岩石边坡防护中也占有相当比重。但随着人们对道路景观认识的提高,这种"灰色"防护工程的景观很差,在绿色植物防护可能条件下,应优先采取植物防护措施或采取客土植草,以避免灰色防护造成景观上的缺憾,或在不久的将来拆灰色防护改绿化坡面。

2. 支挡

支挡是对经边坡稳定性分析,存在潜在滑动性的不稳定边坡进行防护。支挡因其结构形式不同,及岩土体破坏形式、下滑力不同,其结构计算而异。

稳定边坡就是增加抵抗岩土体移动的抗力。这种抗力可以从两方面获得:一是利用外力抵消或平衡下滑力;二是增加土体的内在抗剪强度,以提高边坡的稳定性,达到稳定边坡之目的。对于前者可以采取支挡工程,后者可以采取排水、化学处理、高压注浆、焙烧等方法。

支挡工程就是增加滑体趾的抗滑力。常用的支挡工程有浆砌圬工挡土墙,钢筋混凝土抗滑桩或组合型式。

化学处理、高压注浆、焙烧方法虽多用于研究项目,应用很少,但在有条件情况下,不要排除这种加固方案,其中高压注浆更具有可行性。

3. 锚固

锚固是将受拉杆件埋入稳定地层,充分发挥稳定岩土层能力,提高岩土体边坡的自身强度和自稳能力,具有结构轻、节约工程材料、安全稳定性高的特点,因而应用广泛,并使这一技术发展很快。近年来,随着我国高等级公路向山区延伸,出现了许多岩石高边坡,锚固成为加固岩体高边坡的结构形式。

目前,国内外岩土工程界广泛使用的锚固体结构类型包括五大类:第一类为全长黏结性锚杆,如水泥砂浆锚杆、树脂锚杆;第二类为端头锚固型锚杆,如机械锚杆、树脂锚杆;第三类为摩擦型锚杆,如锲管锚杆、缝管锚杆;第四类为自钻式锚杆;第五类为预应力锚杆(索),有拉力型、压力型和剪力型等。

国内公路路堑边坡中常采用的锚固体结构类型有普通水泥砂浆全长注浆锚杆、自钻式锚杆、预应力锚索(杆)。通常情况下,当需要支撑较大吨位不平衡力或者滑动(破坏)面较深时,多采用锚索,特别是分散性锚索。锚杆仅能支撑较小吨位不平衡力,适用于滑动面较浅的场合。自钻式锚杆对较软的岩石边坡较适用,特别是对土质边坡,它对防止钻进过程中塌孔现象有较好的效果,但这种锚杆造价较高。

预应力锚索加固岩体边坡的优越性在于能为节理岩体边坡、断层、软弱带等提供一种强有力的主动支护,是所有传统非预应力的被动支挡无法达到的。

4. 排水

水是影响边坡稳定的主要因素之一,许多边坡滑塌不稳定事故都是由水所发,因而排水防水便成为加固边坡的一种措施,也是采用其他各类加固措施时,都必须考虑的辅助措施。

排水可以增加土体的内在抗剪强度,从而保持边坡的稳定性,因此,在拟定加固方案时,首先应考虑排水,这样既可以改善地表排水条件,又可以改善地下排水条件。这种措施与其他可能使用的措施相比较,效果好而造价低。但同时又应注意到地下水的含水层位、流向、出露点又不容易查清,给设置有效的排水设施带来困难,且地下排水设施容易失效,并难以修复。

(七)高边坡施工控制与监测

1. 施工控制

在高边坡设计施工中除坚持动态原则外,加强对施工工艺的控制也是保证高边坡稳定的重要因素。近些年来,山区高速公路中诸多坡体失稳都是由于施工工艺不合理所致,并花费巨额资金治理坡体失稳,由此可见,施工控制对高边坡的稳定性具有重大影响。

施工控制的核心内容就是制订合理的开挖工艺并及时完成临时支护和永久支挡、锚固工程。施工控制应视为高边坡治理的一项重要内容。

施工前应深入研究高边坡治理的设计意图,选定合理的开挖工艺,弃土位置,严禁随挖随弃。弃土不能影响边坡的稳定性,并应防止水土流失。

爆破不应对最终形成的边坡产生影响,过量松动将影响边坡稳定性,并引起渗水,成为导致边坡不稳定的潜在因素。

2. 监测

近年,由地理信息系统(Geography Information System,GIS)、全球卫星定位系统(Global Positioning System,GPS)和遥感(Remote Sensing,RS)构成的3S工程技术发展迅速,高精密仪器、计算机技术与3S技术的结合为高边坡监测提供了极为良好的技术支持。

高边坡监测的主要项目有:裂缝观测,地表位移,地下位移,水压力,地面震动,锚杆和锚索受力等。

(1)裂缝观测。裂缝观测的主要任务是观测相对变形,包括缝的张合变化和错动。一般在裂缝的两边埋设标桩,桩顶安装精密的测量标志,定期测量其变化。

(2)地表位移。依据地形、地质勘察资料、边坡加固措施,确定监测点和基准点位置,选定监测方法、设备,提出监测频次。

(3)钻孔中的变形监测。钻孔中的变形监测项目主要有:沉陷、倾斜、地下水位及水压力,尚可以进行地下水流向、流速测定和水质分析工作。常用设备有钻孔倾斜仪、多点位移计、测缝针、测压仪、声发射仪等。

(4)地下水监测。监测工作应据岩土体的性状和工程要求确定。应监测地下水的升降、变化幅度及其与地表水、大气降水的关系与规律。地下水监测至少应有一个水文年,雨期重点监测。

(5)锚杆和锚索受力监测。锚杆和锚索监测内容较多,其方法可以参照国内岩土工程、水工、铁路等有关规范。

上述数据可以用于灾害预报,并及时采取措施,避免高边坡失稳对行车安全造成威胁。

第六章 公路工程地质勘察与设计

学 习 要 求

通过本章学习,了解公路工程地质勘察的内容,掌握公路工程主要的地质问题;熟悉常见不良地质现象(崩塌滑坡、泥石流、岩溶等)的勘察要点;了解山区高速公路路基的勘察与设计方法。

习题与思考题

1. 公路工程地质勘察的内容有哪几个方面?
2. 路基勘察中的工程地质问题主要有哪些?
3. 山区高速公路路基勘察中的工程地质问题主要有哪些?其勘察的内容主要包括哪些方面?
4. 掌握公路工程地质勘察报告编制的内容和方法。
5. 施工阶段的工程地质勘察任务主要有哪些?
6. 公路工程地质问题主要有哪些?
7. 山区高速公路路基工程具有哪些特点?
8. 高路堤工程地质勘察要点主要有哪些?

第七章 桥梁工程地质勘察与设计

大、中桥桥位多是路线布设的控制点,桥位变动会使一定范围内的路线也随之变动。桥涵分类见表7-1。桥梁工程地质勘察一般应包括两项内容:首先应对各比较方案进行调查,配合路线、桥梁专业人员,选择地质条件比较好的桥位;然后再对选定的桥位进行详细的工程地质勘察,为桥梁及其附属工程的设计和施工提供所需要的地质资料。影响桥位选择的因素有路线方向、水文地质条件与工程地质条件。工程地质条件是评价桥位好坏的重要指标之一。

表7-1 桥涵分类

桥涵分类	多孔跨径总长 l (m)	单孔跨径 l_k (m)
特大桥	$l > 1\,000$	$l_k > 150$
大 桥	$100 \leqslant l \leqslant 1\,000$	$40 \leqslant l_k \leqslant 150$
中 桥	$30 < l < 100$	$20 \leqslant l_k < 40$
小 桥	$8 \leqslant l \leqslant 30$	$5 \leqslant l_k < 20$
涵 洞	—	$l_k < 5$

第一节 桥梁工程地质问题

桥梁是公路建筑工程中的重要组成部分,由正桥、引桥和导流等工程组成。正桥是主体,位于河岸桥台之间,桥墩均位于河中。引桥是连接正桥与路线的建筑物,常位于河漫滩或阶地之上,它可以是高路堤或桥梁。导流建筑物(包括护岸、护坡、导流堤和丁坝等)是保护桥梁等各种建筑物的稳定,不受河流冲刷破坏的附属工程。桥梁结构可分为梁桥、拱桥和钢架桥等,不同类型的桥梁,对地基有不同的要求,所以工程地质条件是选择桥梁结构的主要依据,包括以下两方面的主要工程地质问题。

(1) 桥墩台地基稳定性问题。桥墩台地基稳定性主要取决墩台地基中岩土体承载力的大小。它对选择桥梁的基础和确定桥梁的结构形式起决定作用。当桥梁为静定结构时,由于各桥孔是独立的,相互之间没有联系,对工程地质条件的适应范围较广;但超静定结构的桥梁,对各桥墩台之间的不均匀沉降特别敏感;拱桥受力时,在拱脚处产生垂直和向外的水平力,因此对拱脚处地基的地质条件要求较高,地基承载力的确定取决于岩土体的力学性质及水文地质条件。应通过室内试验和原位测试综合判定。

(2) 桥墩台的冲刷问题。桥墩和桥台的修建,使原来的河槽过水断面减少,局部增大了河水流速,改变了流态。对桥基产生强烈冲刷,威胁桥墩台的安全,因此,桥墩台基础的埋深,除决定于持力层的部位外还应满足:

① 桥位应尽可能选在河道顺直,水流集中,河床稳定的地段。以保护桥梁在使用期间不受河流强烈冲刷的破坏或由于河流改道而失去作用。

② 桥位应选择在岸坡稳定,地基条件良好,无严重不良地质现象的地段,以保证桥梁和引道的稳定、减低工程造价。

③ 桥位应尽可能避开顺河方向及平行桥梁轴线方向的大断裂带,尤其不可在未胶结的断裂破碎带和具有活动可能的断裂带上建桥。

第二节 桥梁工程地质勘察的主要任务

桥梁工程地质勘察的任务,主要包括以下几个方面:

(1) 为选择桥位提供地质依据,包括调查河谷构造,有无断层,基岩性质。产状及埋深,河床是否稳定,谷坡、岸坡有无不良地质现象等。

(2) 为墩台基础设计提供地质资料。查明河床地层结构,有无冲刷可能及冲刷影响深度,地基承载力、渗透性及水的侵蚀性,如有基岩应查明其埋深及岩性、产状和风化情况。

(3) 为引道设计提供地质资料。引道是桥梁与路线的连接部分,多半是高填、深挖或浸水路堤。对于高填引道,应查明其地基条件,注意避让牛轭湖、老河道等软弱地基地段;对于浸水路堤,还应注意水位变化及波浪对边坡稳定性的影响;对于深挖路堑,应查明边坡稳定条件。

(4) 为调治构造物设计提供地质资料,主要是查明地基条件。

(5) 调查建桥所需的当地天然材料,包括桥梁主体、桥头引道及调治构造物所需的砂、石、土等。

第三节 桥梁工程地质勘察要点

一、初步勘察阶段

在工程可行性研究地质勘察资料的基础上,初步查明场地地基的地质条件,即对桥位处进行工程地质调查或测绘、物探、钻探、原位测试,进一步查明工程地质条件的优劣。特别应查明与桥位方案或桥型方案比选有关的主要工程地质问题。

对一般地区的桥位选择应查明两个方面的内容:一是地形、地貌、地物等方面对桥位选择的制约内容;二是工程地质条件对桥位选择的制约。对特殊地质地区的桥位选择,应针对泥石流、岩溶、滑坡、沼泽、黄土等特殊地区的特点认真研究比选,而不要盲目避绕。工程地质测绘比例尺用1:500~1:10 000编制,调查范围包括桥轴线纵向的河床和两岸谷坡或阶地(500~1 000 m),以及横向河流上、下游各200~500 m。

在此阶段中,应对各桥位方案进行工程地质勘察,并对建桥的适宜性和稳定性有关的工程地质条件作出结论性评价。对工程地质条件复杂的特大桥和中桥,必要时增加技术设计阶段勘察,包括环境介质对混凝土腐蚀的评价。

二、详细勘察阶段

在初步设计阶段勘察测绘基础上进行补充、修正。查明桥梁墩台基础地基岩体风化和软弱层特征,测试岩土物理力学性能,提供地基容许承载力值、桩壁极限摩阻力,并结合基础类型做出定量评价。随着二级以上公路的发展,跨越大江、大河以及跨海的公路工程逐渐增多,特大桥梁工程对工程地质勘察工作要求较高。对重要的特大桥,测绘应针对桥梁墩(台)、锚固基础、引道、调治构造物等处岩体进行大比例尺工程地质测绘(或进行专题研究),并采用综合勘测手段,进行钻探、原位测试(静探、标贯、旁压试验、十字板剪切试验)、声波探测及抽水、压力试验等。查明地基的承载力、极限摩阻力,给设计提供可选择的基础类型和施工方案,并提出存在的问题及处理措施建议等。勘察重点是:

(1) 查明桥位区地层岩性、地层构造,不良地质现象的分布及工程地质特性;

(2) 探明桥梁墩台和调治构造物地基的覆盖层及基岩风化层的厚度、墩台基础岩体的风化及构造破碎程度、软弱夹层情况和地下水状况;

(3) 测试岩土的物理力学特性,提供地基的容许承载力、桩壁摩阻力、钻孔桩极限摩阻力,并作出定量评价;

(4) 对边坡及地基的稳定性、不良地质的危害程度和地下水对地基的影响程度做出评价;

(5) 对地质复杂的桥基或特大的塔墩、锚锭基础应采用综合勘探。

第四节 桥梁工程地质勘察与设计

一、山区高速公路桥型方案选择原则及方法

山区高速公路由于受复杂地形条件限制,往往需要修建大量的桥梁构造物,以适应路线线形的布设。桥梁构造物的设置是否合理,桥型方案是否可行,工程造价是否经济,施工方法是否可行都需作出多方案的比较和选择,以期获得最优化的设计方案。

(一) 山区桥梁设计的总原则

山区桥梁设计几乎涵盖了所有的桥梁类型,桥梁结构自身的安全性需靠可靠的结构计算分析成果和合理的构造处理措施来保证。对于计算所考虑的恒载、活载、地震荷载、施工荷载及其他荷载等,基本与平原区桥梁设计相同。但由于山区的自然条件和气象条件的多变性,在考虑常规荷载的同时,还应注重考虑强风荷载的影响;对于处于严寒地区的桥梁还应考虑雪荷载和冻涨力的影响;在水流湍急的河段应充分考虑水力对桥梁产生的不利影响。结构计算分析方法现均采用计算机来完成。所用的程序以有限元法为基础,而且大量超静定结构体系的采用,使用手工计算已难以完成。为了确保结构分析的正确无误,现在一般最少采用两套不同的程序进行分析,并对关键截面内力按照力的平衡原理进行手工核算。对于一些受地形条件限制较严的路段,桥梁的布设会出现高墩大跨结构,较之平原区而言,其桥梁的整体刚度分配,构件的稳定性分析都是设计时不可缺少的考虑内容之一,也是保证结构安全的关键因素所在。

山区高速公路的桥梁设计在满足基本承载力的同时,还应满足乘车舒适性的要求,避免在桥梁上设置过多的伸缩缝,以减少车辆的冲击力和振动,充分展现现代高速公路快速、便捷及舒适的特点。因此在桥梁选型时,应尽量采用桥面连续结构的板或梁、连续梁及连续刚构体系。尽量减少伸缩缝,加长连续段长度,从而减少因伸缩缝与车辆发生撞击而产生的不适感。在结构设计时还要充分考虑使所有构件具有充足的刚度,以免在车辆行驶过程中对桥梁产生过大的弹性变形及振动,使乘客的心里产生不适和不必要的不安全感。

山岭地区地形起伏,沟壑纵横,施工场地布设十分困难,特别是大型施工机具的使用非常不便。为预制构件提供大型的施工场地几乎成为不可能,加之山路蜿蜒,运输条件差,使得预制构件在山区桥梁的设计中受到很大的限制。因此在材料的选择上应充分利用当地的有利条件,缩短运距,就地取材。从有利于施工实施方面出发,山区中小跨径的桥梁在有预制条件时,宜采用预制构件;山区大跨径桥梁应尽量采用现浇施工方法,避免采用大吨位的预制构件。

山区桥梁所处的气象条件复杂,有些地区潮湿闷热,有些地区严寒干燥,还有些地区风化严重。植被稀少、风砂严重这些不良自然条件使得所设计的桥梁必须具有良好的耐候性,而且要便于养护管理,所以在山区桥梁设计中以混凝土和砌体石材的采用最为广泛。钢结构桥梁的架设容易,但采用较少,因其防腐处理及养护较为困难。

高速公路进山导致了结构物的增多,与平原区相比,大量结构物导致了山区高速公路工程造价远远高于平原区高速公路。对于还处在经济欠发达的广大山岭地区,所选桥型的造价是否合理是一个非常现实的问题,所以山区桥梁的设计不但要考虑其技术的可行性,更重要的是要考虑所选桥型的经济性指标是否达到了最佳范围。因此,山区桥梁的设计应在初步设计阶段,根据工程所处的地理环境和施工条件进行多方案的技术经济指标论证,以期获得最佳方案,从而节约工程费用,取得良好的经济指标。

桥梁建设离不开环境,而且桥梁建设也必须与环境相协调。山区桥梁建设应充分考虑保护自然环境,避免因桥梁修建引起的对山体的大填大挖,从而导致植被和自然环境的平衡被破坏。特别是在一些干旱缺雨的山区,植被破坏后很难恢复,所以应特别注意。在施工期间还应注意减少对河流的污染,使其降低到最小程度。从保护环境的角度出发,山区桥梁建设只有做到与景观环境相协调,尽量减少对自然界平衡的破坏,才会得到大自然的恩惠,造福子孙。

综上所述,山区桥梁设计的总原则可以归结为:结构安全,使用舒适,经济性好,施工养护容易,造型优美与自然环境相协调。

(二)桥位选择

山区高速公路桥位选择,总的原则是:中、小桥严格服从路线布设,大桥、特大桥等大型工程应做多方案同深度的桥位比选,并以其为控制点,总体上达到与路线走向一致,做到路、桥综合考虑,合理衔接。

桥位选择应从国民经济的发展和国防建设的需要出发,做到整体布局合理,同时还要充分考虑群众利益,少占良田。另一方面,桥位选择时应对各个可比选的方案进行详细调查和勘测,并根据实际需要对桥址区进行必要的工程地质勘探和水文地质分析,同时应考虑桥位设置对周围环境的影响,充分征求地方政府有关部门的意见,经全面分析比选,确定出推荐方案。

1. 桥位选择考虑的主要因素

(1)地形、地物及地貌

山区桥梁由于所处的地形、地物、地貌等均较复杂,所以在桥位选择时应尽量使所选择的桥位在两岸有山嘴或高地等河岸稳固的河段,对水流较小的河流或旱沟,桥位也应与沟、谷轴线尽量正交。避免在桥位上下游有山嘴、石梁、沙洲等干扰水流畅通的地段选择桥位。要尽量避免地面、地下既有重要设施的拆迁,充分考虑施工场地的布置、材料运输等方面的要求。注意保护周围自然环境,做到桥梁建设与自然环境相协调,使桥位通过处的自然环境破坏减少到最低限度。

(2)工程地质

由于山区桥梁较之平原区来讲,其工程地质构造要复杂得多,往往出现两岸的地质构造及岩性差别较大的现象,所以桥位应选在基岩和坚硬土层或埋藏较浅、地质构造简单、地基稳定处,桥位不应选在活动断层、滑坡、泥石流、强岩溶以及其他不良地质地段。

(3) 水文及航运

山区桥梁部分河流也受水文控制及通航净空的控制,因此水文、通航因素是桥位选择不可缺少的主要内容之一,关于这方面的要求可参考一般地区的桥位选择。一般情况下山区桥梁不受水文及通航条件限制,且桥长不受水文条件控制。

2. 桥位选择的方法

(1) 跨越沟谷

山区沟谷及河流可以分为两大类:一类为植被茂密、雨量充沛的亚热带湿润气候,其河流往往呈现出水流湍急、沟谷较深、河漫滩很窄的特点;另一类为植被稀少,长年干旱、地表风化严重的干燥、严寒的山岭重丘区,其沟谷基本属于无水或有少量流量的溪流,沟谷宽浅且桥梁净空不受水文因素控制。在水量大、水流急的山区峡谷河段,水中设墩难度大,宜采用一跨跨越的桥梁方案;对于宽浅的旱沟可采用多跨布设的桥梁方案。

(2) 变迁性河段

有时桥梁在服从路线布局的情况下,将会从山前变迁性河段上跨越,桥位宜选在两岸与河槽相对比较稳定的束窄河段上,若必须跨越扩散段,也应选在摆动范围比较小的河段上,且与洪水流向总趋势正交。

(3) 山前冲积漫流河段

在山前冲积漫流河段上,桥位宜选在上游狭窄或下游收缩段上,不宜选择中游扩散段,如必须通过中游扩散段,宜采用一河多桥方案,且使各桥位大致在同一等高线上。

(4) 泥石流地区

泥石流是山区桥梁常遇的病害之一,泥石流地区的桥位选择应采取绕避的方案;当路线必须通过泥石流地区时,桥位应选在沟床稳定的流通区的直线段上,且桥轴线应与主流正交,不应选在沟床纵坡由陡变缓、断面突然收缩或扩散段以及弯道的转折处;泥石流地区严禁沟设桥,亦不得改沟并桥;当路线通过泥石流堆积扇时,桥位应避开扇腰、肩顶部位,并尽量选在肩缘尾部,路线应沿等高线定线,桥梁宜分散设置,堆积扇受大河水流切割时,桥位选择应考虑切割发展,留有一定的余地,总路线通过泥石流堆积扇群时,桥位宜选在各沟出山口处或横切各扇缘尾部。

(5) 跨岩溶地区

岩溶也是不良工程地质种类之一,特别是在山区更易遇到。山区桥梁在遇到强岩溶地区时,桥位应以绕避为主,并尽量选在弱岩溶地区;若必须在强岩溶地区设桥,则应选在岩层比较完整、洞穴顶板厚度尺寸足够处;当路线跨越岩溶地区时,桥位应避开构造破碎带,当无法避开时,应使桥位垂直或以较小的斜交角通过;桥位应避开巨大洞室和大竖井;桥位宜设在非可溶岩层上,不宜设在可溶岩层与非可溶岩层的接触带上;当路线跨越岩溶丘陵区的峰间谷地时,桥位宜选在漏斗落水溶洞、岩溶泉、地下通道及地下河出露处,如必须通过,应探明岩溶的位置和水文条件,采取相应的工程措施;岩溶塌陷区的桥位应选在覆盖层较厚、土层稳固、洞穴和地下水位稳定处,如塌陷范围小,可用单跨跨越。

(6) 跨水库桥位

山区高速公路在布线时难免要遇到一些大、中型水库,所以桥位选择时应充分考虑水库的影响,并考虑因修水库而引起的河流状态的改变,以及可能产生的各种不利因素。桥位位于水库上游回水范围以内时,应选在库面较窄、岸坡稳定、泥沙沉积较少的地段。在严寒区,不应选在回水末端容易形成冰坝、冰寒的地段。如在水库下游,桥位应选在下游集中冲刷影响范围以外。

(7) 黄土高原地区

黄土高原地区分布有大量的山岭重丘区,桥位应选在沟岸较低、冲沟较窄、抗冲性强、比较稳定的地段,并注意沟底冲刷和沟岸防护,不宜选在黄土陷穴、溶洞和洞穴易于崩解、潜蚀、顶冲以及发育不稳定的地段。

3. 桥位方案比较

(1) 桥位方案比较原则

山区桥梁桥位方案比较必须做到资料齐全、翔实、可靠,必须在同等设计深度、同一起讫点的基础上进行全面比较。

(2) 推荐方案应综合考虑的主要因素

① 应尽量使工程建设费、维修养护费和营运费的总和为最少;工期短、工效高、经济效益好。

② 施工场地和材料运输有较好的条件。

③ 应使桥头引道和调治构造物的技术指标达到最优、工程量达到最省。

④ 应优先选用具有良好水文、工程地质条件的方案。

⑤ 保护耕地及水利设施,避免桥台及桥墩处大填大挖,从而减少对山体及植被的破坏,有利于环境保护。

(三)常规桥型选择的方法

山区桥梁桥型方案的选择,必须因地制宜,充分考虑施工的可行性、运输的便利性,使所选桥型充分满足"结构安全、使用舒适、经济性好、施工养护容易和造型优美与自然环境相协调"的设计总原则。

1. 装配式梁桥

装配式梁桥主要以中、小跨径为主,预制构件吊装重量不大,工程质量容易得到保证。可以满足不同交角及坡桥的需要,且能加快设计速度,缩短设计周期,减少重复性劳动,所以预制构件在山区桥梁设计中应用较为广泛。

山区高速公路装配式梁桥预制构件主要有实体板、空心板、T型梁、I型组合梁、U型组合箱梁及矮箱梁等形式。从结构体系上分为钢筋混凝土和预应力混凝土桥梁两大类,钢筋混凝土结构适合于较小跨径,预应力混凝土结构适用的跨径范围较大。从行车条件来分有简支结构、桥面连续结构及结构自身连续的板梁体系。

不同的预制构件适应的跨径范围不同。一般情况下,预制板结构适用于6～20 m的跨径范围;T梁适用于20～50 m的跨径范围;I型组合梁适用的跨径范围为20～40 m(由于跨径过大将会导致梁体在吊装过程中横向柔度较大而产生横向失稳,如要满足稳定性要求,势必加大截面尺寸,材料用量大,工程造价不经济);U型预制组合箱梁的跨径适应范围为15～35 m(该结构施工较为方便,内模板容易拆除,梁体架设后整体浇筑桥面板,桥面平整度容易得到保证,且还有利于结构连续的构造处理,这一结构在英国应用较多,国内应用较少)。预制矮箱梁由于整体刚度大、材料用量较省,越来越多地被桥梁工程界所采用,其适用跨径为25～40m。若跨径小于25 m,施工困难;内模板不易拆除;若跨径大于40 m,则吊装重量大,其施工的吊装机具设备投入大,施工费用高,操作危险性也增大。以上这些预制构件为适应与河流斜交的需要,其斜交角有按5°一级、10°一级及15°一级三种类型。随着科技的发展和技术水平的提高,设计手段也越来越先进,所以在斜交角设计方面,建议按5°一级考虑,交角范围为0°～45°。

山区桥梁在采用装配式预制构件时,首先要考虑的因素是桥位所处的地形环境是否有利于预制场地的布设,其次要考虑运输条件是否能满足特种运输车辆的通行,运距是否是最短距离,另外还要考虑工程结束后,其预制场地能否很快地恢复自然植被。然后结合工程结构的实际需要,综合各种因素,选择合理的桥梁跨径和最优的布孔方案。最后确定到底采用何种预制构件,使桥梁设计达到最优化设计。

从山区地形特征来讲,装配式梁桥主要适用于宽浅U型河谷,且水流小,流速不大;还适用于:主线沿主沟布设,跨越不同的支沟或冲积扇形成的地貌特征,桥位跨越的河谷无严重的自然灾害存在。

2. 支架现浇梁桥

支架现浇梁桥主要以单跨和多跨连续结构为主,其主要特征是桥梁施工受场地限制较大,大型构件的运输极其困难,桥轴线位于小半径的单向曲线或反向曲线上,预制构件难以满足线形变化的需要,而现浇梁桥容易满足路线的线形及超高设置需要,且能保证桥梁与路线的完美结合。

支架现浇梁桥的种类主要有实心或空心板桥,单箱单室或单箱多室的箱型梁桥,其主梁高度有等高度或变高度。结构体系有普通钢筋混凝土和预应力混凝土两种类别,支架现浇梁桥能较好地适应地形变化的需要,其跨径范围对于钢筋混凝土板桥为6～13 m,对于钢筋混凝土等截面箱形结构为15～25 m,当然也有少数较大跨径存在。应特别注意的是,施工质量的非均匀性及施工方法的不当,都会导致现浇箱梁出现一些非受力引起的裂缝和不应有的残余变形。所以对现浇箱梁的施工养护,施工方法都应明确地提出要求。另外随着对高速公路在运营和施工中出现的常见问题,建议适当增加箱梁高度,提高箱梁的整体刚度,以满足结构的正常使用。预应力混凝土等截面箱梁的跨度范围一般在25～60 m之间,跨径的再增加将会对工程造价及施工质量产生不利影响,新老混凝土的结合及因环境温度和混凝土收缩、徐变对梁桥产生的负面影响也会加剧。所以对支架现浇混凝土梁桥跨径的选择,应根据山区桥梁所处的特殊地理环境和结构受力要求,进行综合考虑。

支架现浇梁桥,主要适合于山区U型地形且带部分漫滩的沟谷,水文、地质条件较好。地形条件较为复杂,难以满足预制构件的场地要求,而搭设支架又不太困难的狭谷地段,对于有些高桥墩也有采用支架现浇的。结构上主要适用于曲线梁桥及斜桥。其主要缺点是施工质量较预制构件稍逊一畴。

3. 悬臂施工梁桥

悬臂施工梁桥主要适用于山区构件运输困难的地段,以大半径的曲线桥和大跨径结构为主,跨越的地形以宽、深的沟谷为特点,在整个结构体系上以高墩、大跨为特色。

悬臂施工梁桥有大跨径连续梁、连续刚构和组合体系三种类型。连续梁跨径范围在60～165 m之间。随着高强轻质混凝土的应用,其上限跨径范围还可以适当增加。限制其跨径的主要因素是桥梁支座的承载能力。目前国内的最大支座承载能力为 65 000 kN。连续梁结构断面有单箱单室及单箱多室两种基本形式,桥梁纵向呈现出变截面的形态,造型较为优美。连续梁结构的采用主要考虑所处的地理环境,墩身高度一般适用于 30 m 以下的地形条件。连续刚构桥的横断面形状与连续梁相同,适应于高桥墩的地形条件,其主要特点为墩梁刚接,不需设置大吨位支座和进行结构体系转换,养护费用较之连续梁更省。连续刚构梁桥的跨径适用范围更大,最大主跨跨径已达到 301 m(为挪威的 Stolma 桥)。由于不需设置支座,其跨径不受支座承载力的制约。组合体系是指充分吸取连续梁及连续刚构桥各自的优点,在同一桥梁中采用的连续刚构与连续梁组合的结构形式,在跨越山谷深槽采用刚构体系,边滩及较浅处,采用连续梁体系,以适用温度变化对结构内力产生的影响。该组合体系以山西祁霍线上的仁义河大桥规模最大,其主跨跨径为 145 m。另一种组合结构为上承式刚性梁柔性拱桥与连续刚构的组合形式,其主跨为 200 m(见图 7-1。该桥拱肋及刚性梁均为悬臂施工)。

图 7-1　日本池田湖大桥

悬臂现浇施工梁桥主要在主桥结构中采用,引桥往往根据山区所特有的地形条件限制采用不同的施工方法,但在进行总体设计时要充分考虑主、引桥的跨径搭配问题和桥台的构造处理措施。桥台锥坡的设置要充分考虑山体的自然坡度以及采用相应处理措施,从而达到主、引桥搭配合理,且与周围景观协调一致。

预应力混凝土大跨径连续梁或连续刚构桥,在设计时要对 0 号块的设计给予足够重视,有条件者可采用空间块体单元对其进行精确的受力分析。该结构往往在施工过程中在 0 号块横隔板产生竖向裂缝,这些裂缝的产生原因是因其混凝土体积较之其他梁段要大,由于收缩、徐变及温度因素的影响,使结构产生不均匀变形,受外部约束条件的限制,从而引起横梁产生较大的拉应力,导致产生裂缝。通过对 0 号块的空间分析,发现以往的隔板内配筋较为薄弱,所以在设计时对 0 号块横隔板应施加横向预应力,使结构储备有一定的压应力,从而避免裂缝的产生。

山区某些区域属于高地震烈度区,所以对于大跨高墩桥梁的桥墩的抗震性能要给以足够的重视,结构的抗震计算是设计中不可缺少的重要内容之一。

4. 拱桥

山区桥梁最常见的类型之一就是拱桥结构。拱桥能较好地适应山区沟、谷、地形，具有丰富的材料来源，并能较好地与山区自然景观融为一体。拱桥的跨越能力较大，施工方法也较多，且能适用一跨跨沟的山区特点，所以拱桥结构尤为适用于山区自然地理环境，而且经济性好。

拱桥的种类相当丰富，主要有石拱桥、板拱桥、钢筋混凝土拱桥、刚(桁)架拱桥、钢拱桥、混合材料拱桥等结构型式。钢筋混凝土拱桥又包括钢筋混凝土预制箱形拱桥、钢筋混凝土整体现浇箱形拱桥及钢筋混凝土肋拱桥等。混合材料拱桥主要指由两种不同材料组成的拱肋共同参与结构的受力，钢管混凝土拱桥就是其中的典型示例。随着材料科学的发展，将会出现新的混合材料拱桥。

(1) 石拱桥在山区采用较多，适合于石质材料较丰富的地区。桥梁跨越的两岸地质条件良好，有利于抵抗拱桥的水平推力。其跨越的地形以 V 型山谷居多，且桥下净空不高。石拱桥的常规跨径范围在 5～100 m，目前以山西晋焦高速公路的丹河大桥跨径为最大，主跨跨径为 142 m。石拱桥的施工方法以满堂支架法最为常用。在施工时要充分注意对称性施工和石质材料的接缝处理。选择石拱桥方案时要考虑的主要因素是拱座基础的稳定性。石拱桥由于其石料加工要求高，在主拱肋合拢前其恒载均由支架承受，势必对支架的架设及稳定性提出较高要求，且随着跨径的增大，支架的需求量也非常大，从而造成整个工程的施工费用增加，过大的跨径将导致工程经济性差，所以对石拱桥的跨径布设应进行综合比选。跨径不大的石拱桥为了适应线形弯道布设的需要，可以做成弯拱桥或直拱曲线形桥面系。

(2) 板拱桥的基本适用条件同石拱桥，其特点是拱肋整体性好，适应于石料强度较低及石材不足的山区地段。板拱桥拱肋有素混凝土和钢筋混凝土两种类型。在满足对称施工的同时，还应注意混凝土的养生及选择最佳的合拢温度。

(3) 钢筋混凝土拱桥跨越能力大，适合于呈 V 型、U 型的大型深谷河流，其跨径适应范围较大。重庆的万县长江大桥主跨为 420 m，当时(1997 年)已跃居世界第一。根据不同的施工方法，钢筋混凝土拱桥的跨径范围也不一样。对于支架现浇的箱形拱桥，其主跨已达到了 170 m(四川宝鼎大桥)；预制箱拱采用缆索吊装法施工的最大跨径为 160 m(浙江深门大桥)，采用劲性骨架形成拱肋的钢筋混凝土拱桥以重庆万县长江大桥为跨径之最。对于转体施工法，有平转和竖转两种类型，其中为适应山区河流地形限制，以竖转方法较为合适，原因是不需大的施工场地，施工中不受洪水的影响。钢筋混凝土拱桥的造型，不论是现浇和预制结构都应考虑其施工条件的限制，地形及环境的限制，水文影响、运输能力及运输条件的限制，以及环境要求等。只有对这些因素进行综合分析，才能选择出既安全又经济还符合环保要求的最优方案。由于拱桥受力的特殊性，为确保施工安全和结构自身的安全性，在施工过程中应严格遵循纵、横向对称施工的原则，并在图纸说明中加以重点强调。在支架现浇钢筋混凝土拱桥的主拱肋施工中还应特别注意其他外力对现浇拱肋产生不利影响和对结构产生安全隐患，比如拱肋在跨中合拢段未合拢之前，应严禁在其周围的路基施工过程中进行大、中型爆破施工，从而对拱肋产生振害，导致拱肋产生裂缝。

(4) 刚(桁)架拱桥以其污工体积小、吊装重量轻、跨越能力大而被广泛地应用于山区桥梁设计中。贵州的江界河大桥跨径达 330 m，为世界同类型桥梁之最。刚(桁)架拱桥的主要特点是拱肋与拱上建筑均为预制构件，其构件制作在专门预制场进行，构件质量容易保证。其施工方法有缆索吊装安装和悬臂安装两种,所需施工机具小,构件运输容易,造型优美,能较好地与景观环境相协调。其不足之处是构件在空中安装精度要求高,施工工艺较为复杂。刚(桁)架拱桥适用的地形条件及设计注意点同钢筋混凝土拱桥。

(5) 钢拱桥:由于受国民经济发展及材料科学的限制,山区高速公路中的钢拱桥设计还处在发展初期。虽然其跨径在国内已达到 180 m,但其防腐处理不力,导致了钢结构养护费用高,从而难以在山区高速公路中大量采用。然而,由于钢拱桥跨越能力大、结构强度高、吊装重量轻的优点,随着钢结构防腐技术的不断完善和国民经济的进一步发展,钢拱桥的设计也将会越来越多地被山区桥梁设计所采用。钢拱桥的设计要充分考虑结构构造处理措施,施工精度要求和对合拢段的合理设计。重视桥面系的设计及不同材料的结合处理措施,并对钢拱桥的疲劳设计给以足够重视。选择耐久、经济的防腐处理措施。其适合的地形同其他拱桥,但尤为适应对景观要求较高的山区宽、浅河流上。

(6) 混合材料拱桥:主要是指钢管混凝土拱桥。其最大的优点是钢管拱肋在浇筑混凝土之前自身就成为支架承重结构,其次是钢管本身就起到模板的作用,最后是钢管的套箍作用提高了钢管内混凝土的承压能力,整体强度高,从而解决了大跨径拱桥安全、经济、施工方便及后期承载能力高的问题,其跨越能力已达到 360 m。钢管混凝土拱桥有上承式、中承式和下承式三种结构,中、下承式要配以柔性吊杆,上承式用立柱支撑桥面系结构,构造处理较为简单。山区高速公路上采用钢管混凝土结构的桥梁还为数不多,已建成的山区钢管混凝土拱桥跨径分布在 200 m 左右,而且位于距城市较近的山口处或河流上。钢管混凝土拱桥在山区受到应用限制的主要因素是钢管加工困难,构件运输的自然环境条件差,大型预制构件不易到达桥位处。加之某些区域的环境因素影响,使钢管混凝土养护维修成为主要问题,也限制了钢管混凝土在山区桥梁设计中的发展。钢管混凝土的设计,由于是由混合材料组成的,所以应对不同的材料加工提出具体的技术指标要求。对于具有吊杆结构承重的桥面系,应考虑到其吊杆的更换问题和防止雨水侵入的构造处理措施。对边拱肋产生的水平推力引起的基础变位应严格进行控制。总体方案设计时应充分考虑到整体结构的协调性和与周围景观的协调性,充分做到布孔合理,结构安全,造型优美,便于维修养护。对于拱脚基础不能抵抗拱轴推力的结构,一般采用自平衡体系的三跨或单跨系杆拱结构,且水平推力由桥面纵向柔性系杆预应力来平衡。在主桥与引桥结合部位要考虑给预应力的张拉留有足够的空间,且在主引桥架设完毕后,还可在系杆锚固处进行系杆索更换施工。对钢管、吊杆和系杆的防腐应尽量采用技术可靠、使用寿命长的成熟防腐处理措施,以求降低养护费用,保证结构安全。

5. 缆索承重桥梁

缆索承重桥梁以其跨越能力大而著称。根据缆索系统的布置形状不同分为悬吊系统、斜拉索系统和组合体系(协作体系)三个类别。悬吊系统在立面图中表示为,由一根(实际为二根)抛物线或悬链线形的主缆、连接桥面系加劲梁和主缆的竖向吊索(杆)或斜向的吊索组成,这一体系称为悬索桥(吊桥)体系。斜拉索体系由连接加劲梁和塔架的斜拉索组成,主要由索塔、加劲梁和斜拉索三大部分组成。由以上两者共同组成的体系称为组合体系或协作体系。

(1) 悬索桥

山区高速公路桥梁设计中,大跨径悬索桥的采用还很少,但在西部及西南地区的道路桥梁设计中,已修建了大量的中、小跨径悬索桥,跨径均在 500 m 以下。中小跨径的悬索桥主要适应的地形为山区河流带有部分漫滩或根本就无漫滩存在,两侧山体基岩强度较高,河中水流流速大于 3 m/s 以上,河槽设墩极其困难、沟底受水流侵蚀较大,对桥墩基础构成安全威胁的地段。悬索桥的设置形式根据不同的地形条件呈现出多样性。如无塔悬索桥,即桥梁一跨跨越山谷河流,将主缆索直接锚固于两侧石质岩体上;独塔悬索桥,即一侧锚固在山体上,而另一侧设置索塔及锚碇块;双塔双铰单跨悬索桥结构,即两边跨主梁均为支撑结构;双塔双铰双跨悬索桥结构,即有一侧边跨由吊索系统承重,而另一侧边跨为支撑体系梁桥;双塔双铰三跨悬索桥结构,即两侧边跨及主跨均由缆索承重;双塔三跨连续结构,即在两塔与主梁的交叉处,主梁为连续结构,且在塔腿横梁上设置支座等型式。在具体选型时要根据不同的地形条件和环境因素进行综合考虑。

悬索桥结构体系主要以钢结构为主,主缆及钢梁的防腐必须给以足够的重视,吊索结构尽量采用防腐措施得力,不需外包其他防腐材料的裸索结构,以利于检测和养护。另外对于一些关键部位的连接应进行仔细考虑,应对结构的抗风性、抗风构造处理及动力性能也应进行仔细研究。当然钢结构的疲劳及桥面铺装也是应考虑的主要内容。

（2）斜拉桥

斜拉桥在山区高速公路中的应用像悬索桥一样采用较少,但随着国民经济建设的进一步发展,其应用会越来越多。斜拉桥由于跨越能力强,能较好地与地形条件相结合,有利于环境保护,国外在山区桥梁设计中应用较多。其适应的地形主要是两侧山脉之间距离较大,沟谷较深,路线布置高,墩身高度大,修建梁桥在施工稳定性和经济性方面已无明显优势,且能避免大填大挖对自然环境的破坏,充分满足路线线形的需要。对于中小跨径的斜拉桥在山区修建因其经济性差往往很少采用。山区斜拉桥的设计往往以多塔和矮塔斜拉桥的修建最多,因为这种结构能较好地满足地形环境的需要。如日本的第二东名都田川桥（主跨 180 m,跨越山谷见图 7-2）和奥山桥（主跨 140 m,顺山坡走向见图 7-3）,这两桥均为矮塔斜拉桥;位于瑞士的塔恩深谷的米尔勒桥（Millau Viaduct）,桥型布置图见图 7-4,其墩高达 233 m,主跨为 342 m;图 7-5 为墨西哥的迈子可那（Mezcala）桥,主桥跨径为 312 m,结构体系为多塔斜拉桥。

图 7-2　都田川桥　　　　　　　　　　　图 7-3　奥山桥

斜拉桥的种类较多,按照塔的数量来分有独塔斜拉桥、双塔斜拉桥、多塔斜拉桥和矮塔斜拉桥;按照材料来分,有混凝土斜拉桥、钢斜拉桥、叠合梁斜拉桥及混合梁斜拉桥四个大类;按照斜拉索索面来分,有单索面、双索面及多索面斜拉桥等。斜拉桥不包括城市人行天桥,其跨径分布范围比较大,一般分布在 85～1 000 m 之内,但丹麦学者真母森认为可以将斜拉桥跨径做到 5 000 m。从目前已建斜拉桥来看,俄罗斯的俄罗斯岛大桥为世界第一大跨斜拉桥,主跨跨径为 1 104 m。对于山区桥梁而言,修建斜拉桥主要是从环境保护、高桥墩和旅游资源开发三个因

第七章　桥梁工程地质勘察与设计

素方面考虑。斜拉桥的跨径较易适应于桥跨的合理布置,可以避免对山体的破坏,有利于环境保护和自然界的平衡规律。过高的桥墩使梁式桥的跨径和墩高发生严重的比例失调,不利于

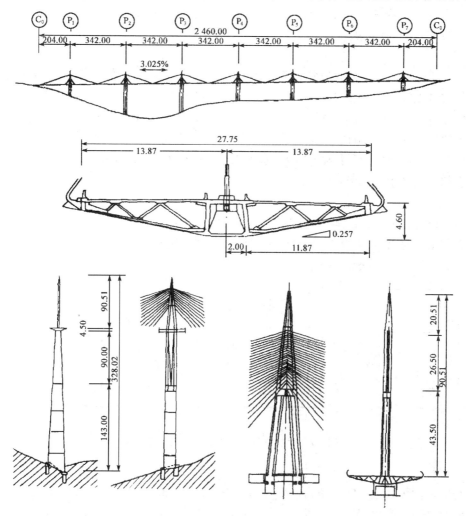

图 7-4　米尔勒桥总体布置及索塔构造

景观美学的要求,且增加了工程量和工程费用,而斜拉桥结构可以弥补这些不足。当高速公路通过一些著名的风景区时,斜拉桥优美的造型,能充分地与山区的自然景观融为一体,对旅游区的景观无疑是锦上添花,有利于吸引游客,促进旅游资源的进一步开发。山区斜拉桥设计时要充分考虑各种因素,选择合理的斜拉桥桥型,

图 7-5　迈子可那桥全景

恰如其分地利用山区特殊的地形环境,做到造型优美,布孔合理,经济、美观、可靠,施工、养护便利。

(四)下部结构选择

山区桥梁下部结构及基础的选择主要取决于上部结构采用的结构型式、山谷河流的形态断面及工程地质等条件。它与平原区桥梁相比,其桥下净空一般不受水文和通航条件的限制,地形、地质条件较平原区复杂。

1. 桥墩

山区桥梁因地形条件的限制往往采用高桥墩,桥墩的种类主要有柱式墩、薄壁墩及重力式墩等。柱式墩以施工方便、结构轻巧而被广泛采用,其适应的高度范围一般应控制在 30 m 以内,柱径一般不小于 80 cm。当桥墩高度超过 30 m 时,应考虑采用薄壁墩。对于薄壁空心墩应注意预留通气孔,以调节内外温差,改善受力性能,不宜在空心墩内设置水平隔板,以免给施工带来困难。在高桥墩的设计中应考虑其稳定性以及墩顶因活载或温度荷载产生过大的水平位移对上部结构产生不利影响。

2. 桥台

桥台的设计往往受山区地形的限制较大,桥台型式的选择是否合适,直接影响到两侧山体开挖和台前填土是否可以实施。桥台的常用型式有重力式 U 型台、倒 T 式桥台(见图 7-6)、扶壁式桥台、肋式台及柱式轻型柱式台等。

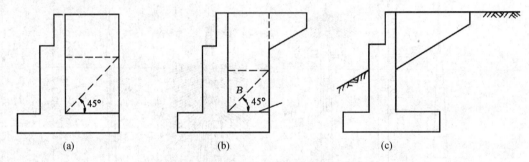

图 7-6 具有不同型式翼墙的倒 T 型桥台

位于倾角较大的山体斜坡上的桥台不宜采用台前设有填土锥坡的桥台类型,只能在地形较为平缓的地段采用填土锥坡桥台。根据这一原则,桥梁布孔时应尽量采用无填土高度的桥台,适当增加桥长,避免因桥台设置引起的大面积山体开挖和台前锥坡的不稳定性。因此山区桥梁桥台设计尽量采用 U 型台、倒 T 式桥台、扶壁式桥台及柱式轻型桥台等类型,具体设计时应具体问题具体分析。

3. 基础

山区桥梁基础类型选择基本上同平原区。其不同的是,山区桥梁由于地形条件复杂,在某些桥位处,两侧的地质岩性差异较大,从而将一侧设置成扩大基础而另一侧则采用桩基础。扩大基础及桩基础是山区桥梁最常用的基础类型,其他类型的基础采用较少。作为连接基础的承台,往往要考虑桥梁纵、横断面的地形变化情况,采用台阶式或折线式,以便与地形地貌自然地融合起来,并且还能充分保证桥梁的受力要求。总之,山区桥梁的设计,其基础选型应充分考虑工程地质及地形的实际情况,不同的地质条件采用不同的基础型式,不轻易简化基础类型,以免造成工程费用的增加或影响到结构的安全性。

二、特殊桥梁设计

山区高速公路因地形、地质复杂，与平原区相比平纵指标相对较低，所以设计时经常会遇到一些特殊桥梁。本节从山区高等级公路的特点出发，简叙弯桥、坡桥、斜桥、半边桥及顺水桥纵向桥的设计。

(一)弯桥设计

1. 弯桥结构型式的选择

山区高速公路经常在小半径平曲线段设桥。因平曲线半径较小，跨径受到限制，尽管地形、地质较为复杂，桥墩高度较大，有时也采用中、小跨径的桥型。在现阶段较少采用钢桥的情况下，可供选择的桥型一般为装配式梁(板)桥、整体支架现浇箱梁桥等。

2. 装配式梁桥

因装配式梁桥的施工方法为预制、安装，故它对桥墩高度的适应能力较强，在桥墩高度较大的情况下，可避免使用大量的支架，使施工难度和工程造价得以降低。但在山区，桥址地形坡度较大，缺少令人满意的预制场地，经常在桥头路堑上预制构件，且须等到桥头路堑开挖完毕后方可预制，使得装配式梁桥施工工期短的优点难以发挥，甚至制约总工期。另外，装配式梁桥适应路线平面几何尺寸的能力较差，当平曲线半径较小时，设计、施工均较为复杂。

装配式梁(板)桥，桥型平面布置一般采用各墩台平行布置和等角度布置两种形式。

(1) 各墩台平行布置。如图7-7所示，各墩台与路线交角均不相同，各墩台盖梁上的支座位置也不一样，几何及下部结构设计较为复杂，曲线半径较大、桥长较短时较为适用，其优点是各孔(或全桥)预制梁可保持等长度。但由于梁(板)端角度不同，墩、台长度不一致，设计和施工较为复杂。

(2) 各墩台等交角布置。如图7-8所示，各墩台与路线交角相同，下部结构及几何设计较为简单，桥长较长时，较为适用。可利用现浇梁端长度或连续梁现浇中横梁变宽度调整预制梁长度，使预制梁长度保持一致。当曲线半径较小时，因中横梁变宽度受到限制，可采用变预制梁长进行设计；当左、右两幅内、外(左、右)侧梁长度变化较大时，建议梁长按内弧(或内弦)控制，采用内、外两幅分别布置(如图7-8，使 $L'_i = L_{i\text{外}}$)，此时虽然各墩台轴线稍有错开，但可以保证全桥预制梁长一致，方便了设计和施工。

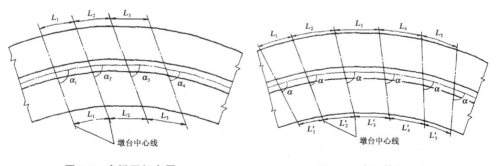

图7-7　弯桥平行布置　　　　图7-8　弯桥等角度布置

(3) 弯道上选用装配式桥型。因各片梁的荷载横向分配系数与平面矢宽有关，若在小半径曲线上套用通用图进行设计，则应对其进行必要的结构受力分析。设计时，应注意以下两点：

① 预制边梁尺寸应与路线平面几何尺寸协调。平曲线半径较小且跨径较大，可能造成边梁翼板宽度不能满足其平面矢宽要求。

② 当平曲线半径较小，且跨径较大时，外侧边梁平面矢宽较大，外侧边梁可能采用较多的预应力钢束，使得预制梁起拱度边梁与次边梁不一致，将造成现浇行车道板厚度发生变化，设计时应予以重视。即使在直线段，采用装配式梁桥，也应考虑因各片梁起拱度不一致及施工的误差对现浇桥面板受力（强度和裂缝）产生的不利影响。

(4) 弯桥直梁的条件。考虑山区高速公路的实际情况，结合弯桥设计和施工的特点，在满足结构设计计算的前提下，弯桥曲梁直做具有一定的优势。

从结构计算的角度分析，有如下结论：当曲线半径 $R \geqslant 100$ m、跨径 $L \leqslant 30$ m 时，平曲线对弯矩的影响较小，总扭矩的变化也不大。而高速公路的平曲线半径均大于 100 m（高速公路计算行车速度 60 km/h 的平曲线最小半径 $R=200$ m），曲梁直做是可行的方案。

根据日本规范曲线梁桥的规定：每跨的曲线角 $\varphi<30°$ 的弯桥，计算弯矩和剪力时，可按曲线的长度做为跨径按直梁桥进行计算，并规定：

① $\varphi \leqslant 5°$，将曲线长做为跨长并按直梁分析；

② $5° < \varphi \leqslant 30°$，计算弯矩和剪力时可按①考虑，但计算反力及扭矩时应考虑曲线的影响；

③ $30° < \varphi \leqslant 45°$，所有内力均应考虑曲线的影响；

④ $\varphi > 45°$，可按主体、薄壁结构分析，也可按弯曲扭转理论等考虑翘曲约束扭转影响的方法分析。

综上所述，当曲线角 $\varphi \leqslant 5°$ 可用直梁布置；当 $5° < \varphi \leqslant 30°$ 时应考虑计算反力和扭矩的影响，调整钢筋（钢束）后，也可用直梁布置。而高速公路的弯桥一般均可满足 $\varphi \leqslant 5°$ 的条件，如 $R=250$ m，$L \leqslant 20$ m，$R=300$ m，$L \leqslant 25$ m，$R=350$ m，$L \leqslant 30$ m，$R=500$ m，$L \leqslant 40$ m 等。这些情况按直梁布置，完全满足结构设计的要求，只需将翼缘板和护栏部分现浇处理为曲线，即可符合弯桥布设的要求。

3. 整体支架现浇箱梁桥

与装配式梁桥相比，整体支架现浇箱梁桥造价一般较高，但其外形美观，且对平曲线半径适应性强。桥型选择遇到下列情况之一时，可考虑采用这种桥型：

(1) 山区高速公路上的小半径平曲线段，装配式梁桥不能满足路线平面几何尺寸的要求。

(2) 无预制场地，且施工工期紧。

(3) 造价与其他桥型方案相比相差不大。

(4) 桥梁美观方面的需要。

设计时应注意下列事项：

(1) 桥梁高度大，采用落地支架施工，费用较高时，为降低工程造价，可考虑采用桁架式支架施工。

(2) 弯箱型连续梁结构受力复杂，不仅箱体所受的扭矩增大，而且还存在一些不利的因素，结构分析及构造设计时应予以重视。

(3) 独柱墩上（单支座）上的箱型连续梁设计时，一般根据路线平曲线半径和跨径大小，考虑将支座适当向弯道外侧偏移适当的距离，使箱体整体受力更趋合理。此外，还应注意到其不均匀沉降值增大，独柱墩（单支座）上的箱型连续梁，当前、后支点（墩顶）偏载且偏离方向相反时，因支座对箱体的扭转约束较弱，腹板在各中横梁处因活载引起的挠度值方向相反，为一

"正"一"负",故结构分析时,除考虑支座自身的不均匀沉降外,还应考虑因活载引起腹板挠度变化的影响。

(4) 整体现浇箱型连续梁桥的支座设计。位于小半径平曲线上的整体现浇连续梁桥,横隔梁处箱体所受的扭矩大,故同一横隔梁下各支座的反力差异大。设计时,支座间应保持足够的距离,以防止支座(一般不采用拉力支座)出现拉力或脱空现象。在中横梁设单支座的情况下,端横梁下的支座设计(间距和承压能力)应予以重视。在大半径或直线桥上,当一联长度较长,在活载最大偏载布置的情况下,也可能产生上述现象。为确定箱梁稳定,避免支座出现拉力或脱空现象,在条件允许时,也可考虑墩梁(全部或部分)固结方案即连续刚构方案。墩上设单支座时,宜根据桥墩所处的位置选用纵向活动支座或固定支座。

(5) 整体现浇箱型连续梁横截面形式的选择。位于路线平曲线半径较小路段的桥梁,因高速公路超高值大,采用整体现浇箱型连续梁方案,设计时一般采用箱梁顶面与路线横坡保持一致,故有图7-9三种横截面形式可供选择:

图7-9a 截面形式为底板处于水平状态,故腹板高度及腹板与翼缘板的夹角,左右侧不一致,且与横坡 i 有关,设计、施工较为麻烦。特别是处于超高缓和段时,各施工阶段的模板各不相同,此时中、小跨径桥梁一般不宜采用这种截面形式。

图7-9b 截面形式为底板与顶板平行,左、右腹板高度相同,但腹板与翼缘板的夹角随超高变化而变化。各施工阶段,处于超高缓和段时,内、外模板各折角处需进行调整后方可重复使用。中、小跨径桥梁不在超高缓和段内时,经常选用此截面形式。

图7-9c 横截面形式与超高无关,设计、施工均较为方便,小半径弯桥宜采用这种截面形式。

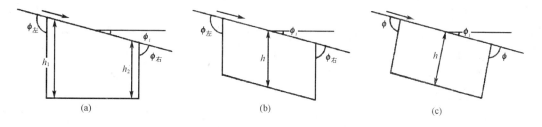

图 7-9 整体现浇箱型连续梁横截面形式

无论采用哪种截面形式,均需确保其支座处于水平状态,以避免箱体横向移动。

(二)坡桥设计

山区高速公路设计时,为降低工程造价,避免深挖、高填和保护环境,经常采用坡桥。

1. 桥上纵坡问题

《公路工程技术标准》(JTG B01—2003)规定:二、三、四级公路上的特大桥、大、中桥桥上纵坡不宜大于4%,桥头引道纵坡不宜大于5%;位于市镇混合交通繁忙处,桥上纵坡和桥头引道纵坡均不得大于3%。此规定的主要因素之一是因为纵坡越大,非机动车爬行越困难,对汽车的通行干扰越大,为防止堵车和发生事故,桥上及桥头引道的纵坡不宜过大。山区高速公路上的桥梁,由于受地形条件及路线线形的限制,考虑到高速公路的行车条件,故在路线纵坡设计时桥上纵坡可大于4%。但在桥梁上下部结构的构造措施、安全防护措施等方面应进行综合考虑。

2. 梁(板)桥桥墩水平力问题

(1) 恒载作用下的桥墩受力

如图 7-10 所示,梁体仅承受恒载等竖向力 G,在无其他外力作用的情况下,即使支座斜置,梁桥的上部恒载对桥墩也不产生水平力。在 F_1 的作用下梁体有下滑的趋势,考虑到梁体一旦下滑,将很难自动复位,故要求支座滑动面应处于水平状态,使 $F_1=0$,设计时,支座垫石顶面应保持水平。球冠支座应确保梁底与支座球面有足够抗滑能力;当桥梁坡度较大(>2%)时,不应采用球冠支座。

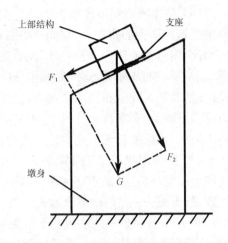

图 7-10 恒载作用下的桥墩受力

(2) 制动力作用下的桥墩受力

在制动力作用下,桥墩所承受的力为制动力的水平分力和竖向分力。考虑到竖向分力较小,水平分力比制动力略小,故设计时,对制动力可不进行分解,而将制动力看作是水平作用力。

(3) 温度变化引起的墩顶水平力

因温度变化,上部结构产生伸缩,导致桥墩墩顶产生水平位移,此时桥墩所受的水平力与墩顶水平位移成正比,与桥面纵坡大小无关,故温度变化引起的墩顶水平力与桥面纵坡无关。

综上所述,位于路线纵坡较大处的梁(板)桥,在恒载、活载、制动力及温度变化影响力的共同作用下,桥墩墩顶所受的水平力与桥梁纵坡关系不大,一般情况下,下部构造可按平坡桥进行结构分析。但纵坡较大的桥梁在施工运梁、安装时容易出现滑移,设计、施工时应采取相应的安全措施。同时桥台处的主梁由于梁端与梁体垂直,当纵坡较大时与桥台背墙不能保持足够距离(或张缝太大),可能导致预制梁安装和伸缩缝安装时出现问题,需做构造处理。

(三) 斜桥设计

山区高等级公路上的中、小跨径桥梁,在桥位服从路线走向的前提下,经常出现路线与地形等高线或水流方向斜交现象。

1. 斜度选择的原则

考虑到技术的可行性、方案的经济性及施工的难易程度等因素,装配式梁(板)桥斜度不宜大于 45°;整体现浇斜箱型连续梁桥,特别是预应力混凝土斜箱型连续梁桥,因结构受力复杂,一般情况下斜度不宜大于 30°。

2. 桥型方案选择及设计应注意的问题

这里桥型方案选择主要指:当路线与地形等高线或水流方向斜交时,是选择斜桥方案,还是正桥方案。一般情况下,特别是当桥长较短,且路线纵、横坡度较大时,为避免按正桥设计造成桥长增长、基础开挖量增大、工程造价增加,并从有利于环保及满足水利部门的要求等方面考虑,宜按斜桥设计。

对于桥长较长的大桥或特大桥,若按斜桥进行设计,不仅设计、施工麻烦,而且可能导致下部结构造价增加(如墩台盖梁、基础及墩柱等工程数量增大)较多,此时,可考虑按正桥设计。对于跨河桥按正桥设计,需征求水利部门意见。有时路线与地形等高线或水流方向的交角较小,根据水利部门或桥下被交道路等方面要求,应按等高线或水流方向设计斜桥。但从经济、技术及设计、施工难易方面考虑,斜桥方案不合理时,下部结构可考虑独柱墩,并按正桥进行设计。

按独柱墩、正桥方案设计时,装配式梁(板)桥的下部构造除应具备足够的强度及承载能力外,还应有足够的刚度,否则,当汽车偏载布置时,墩顶横向将产生转角,使内外侧边梁分别产生向上和向下的挠度。加上盖梁自身的挠度及前后墩偏载方向可能相反等的影响,对装配式连续梁(板)桥而言,一联内边梁纵向各支点将因汽车偏载作用而产生不同的挠度,即边梁纵向各支点挠度差值。上部结构分析时,应予以重视,可将此挠度差值计入支座不均匀沉降中。

(四) 半边桥设计

半边桥是指山区高速公路整体式断面中,采用单幅路基和单幅桥的桥梁。

1. 半边桥的适用范围

山区高速公路的测设过程中,当地形横坡较大时,有四种设计方案可供选择:

(1) 全挖方方案。因地形横坡大,全挖方方案挖方工程量大,需大量弃方,可能造成高边坡不稳定,且边坡处理费用较高,高边坡及大量的弃方既不利于环境保护,又可能诱发后期工程隐患,如局部坍塌及泥石流等病害。

(2) 全填方及半填半挖方案。因地形横坡大,填方坡角无法收敛,挡墙方案费用较高或因地质问题不宜设置挡墙。

(3) 全部高架桥方案。山体外幅桥梁桥长较长,桥墩高度大,工程费用较高。

(4) 半路基和半边桥方案。为折中性方案,具有挖方边坡高度较低、工程费用较低等优点。在山区高等级公路线位设计时,应从工程技术的可行性、方案的经济性以及环保、病害等几方面综合考虑,选择合理的方案。半路基和半边桥方案在局部方案设计时,常被选用。

2. 半边桥设计及应注意的问题

(1) 上部结构跨径的选择

一般情况下,整体式断面半边为路基、半边设桥梁时,半边桥的高度不会太大。当地质条件较好时,上部结构宜采用中、小跨径的桥梁方案较为经济,也比较容易适应路线的曲线布置。

(2) 桥长及桥台位置的确定

半边桥的地形特点是桥梁纵向坡度一般较缓,而横向坡度较大,此时,若拟用较低的台高或桥台全部置于挖方路基上,则桥长较长,而且可能造成边孔部分或大部分梁体需置于挖方段上,方案不尽合理。为节约投资、采用合理的桥长,就必须选择合适的桥台位置,即桥台位置决定桥长。应根据桥址地形、地质情况,确定合适的桥台位置。并选用合理的桥台结构型式和桥台高度。因地形横坡较大,桥台设计时,应注意其侧向溜坡的设置,当侧向溜坡坡角无法收敛,而需要设挡墙时,应根据地质、地形情况,分析挡墙设置的可行性,并应注意与桥头路基的顺接。桥涵专业技术人员宜与其他专业人员共同商定桥台位置及桥台与路基的连接方案。

(3) 桥墩设计

桥墩设计除考虑经济及美观外,应重点考虑施工过程及营运期整体工程的安全性。

当地形横坡较大,且半边为路基时,若采用扩大基础,基坑开挖量较大,不仅防护较为困难,而且施工时及营运期间,因基坑原因半边路基和半边桥相互构成安全威胁。大量的开挖不仅不利于环境保护,而且可能造成后期工程病害。即使基岩埋置较浅,采用扩大基础也不一定经济,因为基岩挖方单价较高,横坡较大,若岩体完整性较差,开挖量及防护工程量较大。故当地形横坡较大时,无论基岩埋置深浅与否,为确保半边路基及半边桥的安全,桥墩基础不宜采用扩大基础,一般情况下宜采用桩基础,尽量采用柱式墩、单排桩基础,为此可以考虑减小上部结构跨径、减少开挖,桩顶系梁可部分或全部设置于地面以上。

当地形横向陡峭时,桥墩高度大,施工较为困难,工程费用高,此时若岩体裸露及整体性较好,可考虑采用悬臂梁或斜撑墩的桥型方案,以降低工程造价。采用悬臂梁或斜撑墩方案时,应在认真研究地质构造的前提下,对桥墩进行详细的结构分析。

(五)顺水桥设计

顺水桥(纵向桥)是指桥梁中心线与水流(或沟边)方向平行或交角较小的桥梁。

1. 顺水桥的适用范围

山区高速公路有时受地形、地质条件的限制,线位只能在惟一的山谷中布置,因河道弯曲,高速公路平面指标相对较高,可能出现路线多次跨越河流,其局部出现路线与水流方向平行或交角较小(如图7-11所示)。

当路堤方案因地质或水文等原因技术上不可行,或水利部门不允许,或方案不经济时,可选用桥梁方案(即顺水桥方案)。

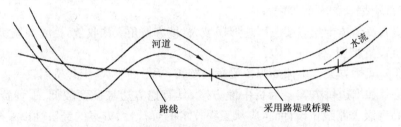

图 7-11 路线与水流方向平行或交角较小

2. 顺水桥的设计

(1)桥长的确定。桥长一般不宜压缩河道。位于宽滩上且设计水位下的水深较浅时,可考虑适当压缩河床,但必须经过水文计算的论证,并征求水利部门的意见。

(2)桥梁高度应通过水文计算加以确定,应符合有关规范、规程的要求。当桥梁较长、河床比降较大时,可结合洪水水面比降设计桥面纵坡。

(3)桥墩型式的选择。当桥梁高度较小,上部结构选用中、小跨径的桥梁时,为减少桥墩阻水,桥墩型式宜选用柱式墩。

(4)桥墩结构受力分析。除按一般桥梁进行结构分析外,当水流较急,水深较深,桥墩墩前壅水较大时,应考虑水流对桥墩的作用力及桥墩上、下游两侧因壅水造成的水压力差的作用。除此之外,对于有漂浮物的河流,还应分析漂浮物被阻挡在桥墩上的可能性。当漂浮物有可能滞留在桥墩上时,应考虑水流作用在该漂浮物上时,将对桥墩产生作用力。

(六)其他事项

山区高等级公路上的桥梁,桥址地形往往较为复杂。当采用连续梁桥或刚构桥时,若一联内前后各墩台的高度相差大,则温差引起的墩台顶竖向位移差值较大,此差值应计入上部结构受力分析中。如1号墩、2号墩高差为40 m,上部主梁合拢(或该孔施工期)温度与营运期的温差为25°,则因温差引起的1号、2号墩顶竖向位移差值为1 cm,若跨径较小,增加1 cm支座不均匀沉降值,将对上部结构主梁受力产生较为不利的影响。

连续梁桥或桥面连续梁桥的墩高较高时,为减小制动力产生的墩顶水平位移,宜增大一联的长度,使一联内的墩数增加,每个墩所承受的制动力减小。此时,宜采用较大伸缩量的伸缩缝。

了解桥梁工程地质勘察的主要任务,桥梁工程勘察要点,山区桥梁设计的总原则,山区桥梁桥型方案的选择、桥位选择、桥梁下部结构选择、坡桥设计、斜桥设计、顺水桥设计等知识;重点掌握山区桥梁工程地质的主要问题。

习题与思考题

1. 详细勘察阶段桥梁工程地质勘察重点有哪些?
2. 山区桥位选择考虑的主要因素有哪些?
3. 为什么山区桥梁最常见的类型之一是拱桥结构?
4. 山区桥型选择主要有哪些?各有什么特点?
5. 桥梁工程地质问题主要有哪些?
6. 桥梁工程地质勘察的任务主要有哪些?
7. 山区高速公路桥梁桥位选择的方法主要有哪些?
8. 半边桥设计应注意的问题主要有哪些?

第八章 隧道工程地质勘察与设计

公路隧道有陆上隧道与水下隧道之分,山岭隧道又可分为越岭隧道与山坡隧道两种。越岭隧道是穿越分水岭或山岭垭口的隧道,这种隧道可能有较大的深度和长度。山坡隧道是为避让山坡上的悬崖峭壁以及雪崩、崩塌、滑坡等不良地质现象而修建的隧道,这种隧道长短不一。

隧道多是路线布设的控制点,隧道按长度不同,可划分为四种类型(见表 8-1)。长隧道可影响路线方案的选择。勘察工作通常包括两项内容:一是隧道方案与位置的选择;二是隧道洞口与洞身的勘察。前者除隧道方案的比较外,有时还包括隧道展线或明挖的比较;后者是对选定的方案进行详细的工程地质勘察。

表 8-1 隧道按长度分类

隧道分类	特长隧道	长隧道	中隧道	短隧道
隧道长度(m)	$L > 3\,000$	$3\,000 \geqslant L > 1\,000$	$1\,000 \geqslant L > 500$	$L \leqslant 500$

注:隧道长度系指进出口洞门端墙面之间的距离,即两端墙与路面的交线同路线中线交点间的距离。

对重点隧道或工程地质和水文地质条件复杂的隧道,应进行区域性的工程地质调查、测绘。当地下水对隧道影响较大时,应进行地下水动态观测,并计算隧道涌水量。

第一节 隧道工程地质问题

一、隧道位置选择

(一)隧道位置选择的一般原则

隧道应尽量避免接近大断层或断层破碎带,如必须穿越,应尽量垂直其走向或以较大角度斜交;在新构造运动活跃地区,应避免通过主断层或断层交叉处;在倾斜岩层中,隧道应尽量垂直岩层走向通过;在褶曲岩层中,隧道位置应选在褶曲翼部;隧道应尽量避开含水地层、有害气体地层、含盐地层与岩溶发育地段。

隧道一般不应在冲沟、山洼等负地形地段通过,因冲沟、山洼等存在,反映岩体较软弱或破碎,并易于集水。

(二)岩层产状与隧道位置选择

1. 水平岩层

在缓倾或水平岩层中,垂直压力大,对洞顶不利,而侧压力小,对洞壁有利。若岩层薄,层间联结差,洞顶常发生坍塌掉块。因此隧道位置应选择在岩石坚固、层厚较大、层间胶结好、裂隙不发育的岩层内。

2. 倾斜岩层

当隧道轴线与岩层走向平行时,若隧道围岩层厚较薄,较破碎,层间联结差,则隧道两侧边墙所受侧压力不均一,易导致边墙变形破坏。因此隧道位置应选在岩石坚固、层厚大、层间联结好的同一岩层内。

当隧道轴线与岩层走向垂直时,岩层在洞内形成自然拱,稳定性好,是隧道布置的最优方式。若岩层倾角小而裂隙又发育,则在洞顶被开挖面切割而成的楔形岩块易发生坍落。

(三)地质构造与隧道位置选择

1. 褶曲构造

当隧道轴线与褶曲轴平行时,沿背斜轴或向斜轴设置隧道都是不利的,因为褶曲地层在轴部受到强烈的拉伸和挤压,岩层破碎,常形成洞顶坍落,且在向斜褶曲内常有大量地下水,危害隧道。为此,隧道应选择在褶曲两翼的中部,如图8-1所示。

1、3—不利;2—较好

图 8-1 褶曲构造与隧道位置选择

1—最差;2—较好

图 8-2 断层与隧道位置选择

当隧道轴线与褶曲轴垂直时,背斜地层呈拱状、岩层被切割成上大下小的楔体,隧道内洞顶坍落的危险较小。向斜地层呈倒拱状、岩层被切割成上小下大的楔体,最易形成洞顶坍落,且常有大量的承压地下水,因此,应尽量避免横穿向斜褶曲打隧道。

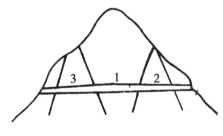

1—减小;2、3—增加

图 8-3 断层所引起的围岩压力变化

2. 断层

当隧道通过断层时(见图8-2),由于岩层破碎,地层压力大,对稳定极为不利,而且由于断层常常是地下水的通道,对隧道的危害极大,因此,应当尽量避免。图8-2中的方案2,无疑要比方案1优越。

当隧道通过几组断层时(见图8-3),除存在上述问题外,还应考虑围岩压力沿隧道轴线可能重新分布,断层形成上大下小的楔体,可能将其自重传给相邻岩体,使它们的地层压力增加。

二、洞口位置选择

洞口位置选择应保证隧道安全施工和正常运营,根据地形、地质条件,着重考虑边坡及仰坡的稳定,并结合洞外工程及施工难易情况,分析确定。一般情况宜早进洞晚出洞。

在稳定的陡峻山坡地段,一般不宜破坏原有坡面,可贴坡脚进洞。如遇自然陡崖,应避免洞口仰坡或路堑边坡与陡崖连成单一高坡,注意在坡顶保持适当宽度的台阶,在有落石时,则应延长洞口,修建明洞,预留落石的距离。

隧道洞口应尽量避开褶曲轴部受挤压破碎严重,为构造裂隙切割严重的地带,以及较大的断层破碎带,因为这些地段容易造成崩塌、落石与滑坡等不良地质现象。

隧道洞口应尽量选择岩石直接露出或坡积层较薄,岩体完整、强度较高的地段。如岩层软弱或破碎,则以不刷坡或少刷坡为宜,必要时可先建明洞再进洞。为避免山洪危害,洞口一般不宜设在沟谷中心。洞口如有沟谷横过,洞底应高出最高洪水位。

三、公路隧道常见主要地质灾害

(一)地下水

地下水对隧道的影响主要是隧道涌水和浸水。

1. 隧道涌水

隧道穿过含水层时,地下水涌进隧道,将会大大增加排水、掘进和衬砌工作的困难。在隧道穿过储水构造、充水洞穴、断层破碎带时,会遇到突发性的大量涌水,危害最大。在土及未胶结的断裂破碎带中,涌水的动水压力和冲刷作用,可能导致隧道围岩失去稳定性。

隧道涌水量取决于含水层的厚度、透水性、富水性、补给来源,以及隧道的长度和断面大小。当预计地下水对隧道的影响较大时,应通过勘探、试验,查明上述水文地质要素,并计算隧道涌水量,作为排水设计的依据。

2. 隧道浸水

地下水的活动会改变岩石的物理力学性质,降低岩体强度,并能加速岩石风化破坏。地下水在软弱结构面中活动,可起软化、润滑作用,常常造成岩块坍塌。某些地层,如黏土、无水石膏等,在水的作用下,体积膨胀,地层压力大大增加。

(二)地 温

在开挖深埋山岭隧道时,地温是一个重要问题。在潮湿的坑道中,当温度达到 40 ℃时人就不能正常工作,必须采取降温措施,因此对深埋隧道内的温度应进行预测。

我们知道,常温层的温度大致与当地多年平均气温相当,在常温以下,地温则随深度增加而增加。地温增加 1 ℃所需下降深度(以米计)称为地温梯度。地温梯度受地形起伏、岩层导热率和含水量、地下水温度及火山活动等因素的影响,各地不完全相同。

根据地温梯度,利用下式可近似计算隧道内的温度:

$$t = t_0 + \frac{H-h}{T}$$

式中:t——隧道内温度(℃);

t_0——常温层的温度(℃);

H——隧道埋深(m);

h——常温层深度,由观测取得(m);

T——地温梯度,平均为 33 m,山岭地区为 40~50 m,准确数值可从钻孔测温资料取得。

(三)有害气体

在开挖隧道时,常会遇到各种对人体有害、易燃、易爆的气体。在工程地质勘探时应注意查明隧道所通过的地层中含有的各种有害气体,并提出相应的防护措施。

常见的有害气体有:① 易燃、易爆的气体,如甲烷(CH_4);② 无毒的窒息性气体,如二氧化碳(CO_2)、氮(N_2);③ 易燃的有毒气体,如硫化氢(H_2S)。易燃的有毒气体溶于水生成淡硫酸液,对隧道衬砌的石灰浆、混凝土及金属有腐蚀作用。

当隧道通过煤系,含油、碳和沥青地层时,常有碳氢化合物的气体溢出,特别是甲烷。在含碳地层中开挖隧道时,常会遇到二氧化碳气体。在硫化矿床或其他含硫地层中,会遇到硫化氢气体。

四、隧道围岩的稳定性

隧道围岩是指隧道周围一定范围内,对隧道稳定性能产生影响的岩体。隧道穿越山岭时,破坏了原有的应力平衡,在隧道围岩中产生新的应力和变形,这种应力及松动岩层作用在衬砌上的压力称为山体压力。山体压力是评定隧道围岩稳定性的主要内容,也是隧道衬砌设计的主要依据。

隧道围岩稳定性评价,通常采用工程地质分析和力学计算相结合的方法。这里只讲工程地质分析法。

(一)影响隧道围岩稳定性的主要因素

1. 地质因素

地质因素包括岩层产状、地质构造、地下水、地应力(在构造作用强烈且覆盖层很厚的山体中打洞,可能有较大的残余构造应力,对洞体的稳定性不利),以及地震烈度。地震烈度高,可使地层断裂、滑动,造成隧道损坏。一般情况是:软弱岩层较坚硬岩层影响大,破碎岩层较完整岩层影响大,非均质岩层较均质岩层影响大,含水岩层较不含水岩层影响大,表层岩层较深层岩层影响大,洞口部位较洞体部位影响大。

2. 工程因素

工程因素包括隧道的埋深、几何形状、跨度和长度,施工方法,围岩暴露时间及衬砌类型等,这些因素影响围岩应力的大小和性质。

(二)隧道围岩稳定性的评价方法

公路围岩分级是以围岩结构完整状态及其稳定性为基本因素,并考虑了围岩岩石的强度、风化程度、围岩组合特征及地下水作用等因素。

1. 公路隧道围岩分级

公路隧道围岩分级如表 8-2 所示。

2. 公路隧道围岩分级说明

(1) 岩石坚硬程度的定性划分如表 8-3 所示。

(2) 岩石坚硬程度定量指标用岩石单轴饱和抗压强度 R_c 表达(见表 8-4)。

(3) 岩体完整程度的定性划分如表 8-5 所示。

(4) 围岩受风化作用影响的说明。风化作用对围岩分级的影响按两方面考虑,一是结构完整状况。当风化作用使岩体结构松散、破碎、软硬不一时,应结合因风化作用造成的各种状况,综合考虑确定围岩的结构完整状态。二是岩石等级,当风化作用使岩石成分改变强度降低时,应按风化后的强度确定岩石等级。

表 8-2 公路隧道围岩分级

围岩级别	围岩或土体主要定性特征	围岩基本质量指标 BQ 或修正的围岩基本质量指标 $[BQ]$
Ⅰ	坚硬岩,岩体完整,巨整体状或巨厚层状结构	>550
Ⅱ	坚硬岩,岩体较完整,块状或厚层状结构; 较坚硬岩,岩体完整,块状整体结构	550~451
Ⅲ	坚硬岩,岩体较破碎,巨块(石)碎(石)状镶嵌结构; 较坚硬岩或较软硬岩层,岩体较完整,块状体或中厚层结构	450~351
Ⅳ	坚硬岩,岩体破碎,碎裂结构; 较坚硬岩,岩体较破碎~破碎,镶嵌碎裂结构; 较软岩或软硬岩互层,且以软岩为主,岩体较完整~较破碎,中薄层状结构	350~251

Ⅳ	土体:1 压实或成岩作用的黏性土及砂性土;
	     2 黄土(Q_1、Q_2);
	     3 一般钙质、铁质胶结的碎石土、卵石土、大块石土
		350~251

Ⅴ	较软岩,岩体破碎; 软岩,岩体较破碎~破碎; 极破碎各类岩体,碎、裂状,松散结构	≤250
Ⅴ	一般第四系的半干硬至硬塑的黏性土及稍湿至潮湿的碎石土,卵石土、圆砾、角砾土及黄土(Q_3、Q_4)。非黏性土呈松散结构,黏性土及黄土呈松软结构	≤250
Ⅵ	软塑状黏性土及潮湿、饱和粉细砂层、软土等	

注:本表不适用于特殊条件的围岩分级,如膨胀性围岩、多年冻土等。

表 8-3 岩石坚硬程度的定性划分

名称		定性鉴定	代表性岩石
硬质岩	坚硬岩	锤击声清脆,有回弹,震手,难击碎;浸水后大多无吸水反应	未风化~微风化的花岗岩、正长岩、闪长岩、辉绿岩、玄武岩、安山岩、片麻岩、石英片岩、硅质板岩、石英岩、硅质胶结的砾岩、石英砂岩、硅质石灰岩等
硬质岩	较坚硬岩	锤击声较清脆,有轻微回弹,稍震手,较难击碎;浸水后有轻微吸水反应	1 弱风化的坚硬岩; 2 未风化~微风化的熔结凝灰岩、大理岩、板岩、白云岩、石灰岩、钙质胶结的砂页岩等
软质岩	较软岩	锤击声不清脆,无回弹,较易击碎;浸水后指甲可刻出印痕	1 强风化的坚硬岩; 2 弱风化的较坚硬岩; 3 未风化~微风化的凝灰岩、千枚岩、砂质泥岩、泥灰岩、泥质砂岩、粉砂岩、页岩等
软质岩	软岩	锤击声哑,无回弹,有凹痕,易击碎;浸水后手可掰开	1 强风化的坚硬岩; 2 弱风化~强风化的较坚硬岩; 3 弱风化的较软岩; 4 未风化的泥岩等
软质岩	极软岩	锤击声哑,无回弹,有较深凹痕,手可捏碎;浸水后可捏成团	1 全风化的各种岩石; 2 各种半成岩

表 8-4　R_c 与岩石坚硬程度定性划分的关系

R_c(MPa)	>60	60～30	30～15	15～5	<5
坚硬程度	坚硬岩	较坚硬岩	较软岩	软岩	极软岩

表 8-5　岩体完整程度的定性划分

名称	结构面发育程度		主要结构面的结合程度	主要结构面类型	相应结构类型
	组数	平均间距(m)			
完整	1～2	>1.0	好或一般	节理、裂隙、层面	整体状或巨厚层结构
较完整	1～2	>1.0	差	节理、裂隙、层面	块状或厚层状结构
	2～3	1.0～0.4	好或一般		块状结构
较破碎	2～3	1.0～0.4	差	节理、裂隙、层面、小断层	裂隙块状或中厚层结构
	>3	0.4～0.2	好		镶嵌碎裂结构
			一般		中、薄层状结构
破碎	>3	0.4～0.2	差	各种类型结构面	裂隙块状结构
		<0.2	一般或差		碎裂状结构
极破碎	无序		很差		散体状结构

注：平均间距指主要结构面(1～2 组)间距的平均值。

(5) 围岩受地下水影响的说明。遇地下水时，围岩分级可按下列原则调整级别：

在Ⅰ、Ⅱ级围岩中，一般地下水对其稳定性影响不大，可不考虑降级；在Ⅲ级围岩中，应根据水的类型、水量大小和危害程度调整级别，当地下水影响围岩稳定、产生局部坍塌或软化软弱面时可酌情降低一级；Ⅳ、Ⅴ级围岩已成碎石状松散结构，裂隙中并有黏性土充填物，水对围岩稳定性影响较大，可根据地下水的类型、水量大小、渗水条件、动水和静水压力等判别其对围岩的危害程度，适当降低 1～2 级；在Ⅰ级围岩中，分级已考虑了一般含水地质情况的影响，但遇特殊含水层（如处于饱和状态或具有较大承压水头）时，须另作处理。

第二节　隧道工程地质勘察要点

一、初步勘察阶段

主要通过对地表露头的勘察或采用简单的揭露手段来查明隧道区地形、地貌、岩性、构造等以及它们之间的关系和变化规律，从而推断不完全显露或隐埋深部的地质情况。通过测绘弄清对隧道有控制性的地质问题（如地层、岩性、构造），进而对隧道工程地质与水文地质条件作出定性的评价。

对不良地质现象地区隧道应充分利用现有的地质资料和航片、卫片等遥感信息资料，通过大量的野外露头调查或人工简易揭露等手段来发现、揭露不良地质现象的存在，找出它们之间的关系以及变化规律。

根据对各种勘察资料进行的综合分析、论证，按比选结果推荐隧道最佳方案。

二、详细勘察阶段

详勘内容主要有三个方面：一是核对初勘地质资料；二是勘探查明初勘未查明的地质问题；三是对初勘提出的重大地质问题作深入细致的调查。具体做法是：

(1) 地质调查与测绘的范围、测点。物探网的点线范围和布设，物探方法的运用和钻探孔、坑、槽探数量与位置等，应与初勘时未能表明的地质条件相适应，但对隧道有影响的大构造和复杂地质地段，勘察追踪范围可适当放大。

(2) 重点调查隧道通过的严重不良地质、特殊地质地段，以确定隧道准确位置的工程地质条件。

(3) 实地复核、修改、补充初勘地质资料，对初勘遗漏、隐蔽的工程地质问题，应适当加大测绘范围和工作量。

第三节 隧道工程地质勘察与设计

一、公路隧道设计原则和工作重点

我国地域广阔，有三分之二左右的国土是丘陵、山地与高原，随着公路网的进一步完善、道路等级的提高和公路环保意识的日益增强，公路隧道的修建量越来越多，尤其是在山区修建高速公路，有的路段隧道里程已占到路线长度的30%以上。近十年来我国公路隧道建设发展迅速，截止到2012年底，全国公路隧道达7 384处5 123 km，其中特长隧道265处1 138 km。隧道建设技术有了长足发展，而且长大、宽体隧道日趋增多，近间距、连拱隧道、曲线隧道呈上升趋势，隧道监控与运营管理水平不断提高，隧道建设技术水平发展迅速。我国现有公路、铁路隧道已成为世界上隧道最多、最复杂、发展最快的国家。公路隧道的修建对降低交通事故发生率，缩短运营里程，提高行车速度与安全性、舒适性，有效防止由于路基高填深挖而引起的各种地质灾害，保护生态环境，节约土地，促进经济发展起到了积极的作用。

隧道不同于一般构造物，它既是地下工程，又是通行车辆的结构物，涉及岩土学、动力学、光电学、自动控制等多门学科，因此隧道设计是一个综合设计，不仅要考虑隧道衬砌结构稳定可靠，还要强调包括照明、通风、监控等安全、环保要求在内的总体设计水平，故其技术要求也就越来越高。在设计中不仅要强调设计人员的经验，还要重视专家建议，要充分发挥人的主观能动性和创造力。

(一) 公路隧道设计原则

(1) 隧道设计首先应确保隧道主体结构(洞口坡体、洞门、衬砌、路面等)稳定可靠，避免运营期间病害的发生。在设计中应全面比较，重点勘察，尽可能将隧道布置在地质条件较好的稳定地层中，并有利于两端接线及洞外工程布置，尽可能降低运营期间的养护费用。

(2) 设计隧道结构时，要对地层条件、地理位置选择条件、隧道规模、工期以及施工方法等加以考虑，达到安全可靠、技术可行、经济合理。隧道设计应考虑远景规划，并可通过技术经济比较分期实施。

(3) 隧道施工时，如确认当初的条件不适合现场条件，应立即调整施工方案，作变更设计。

(4) 本着"安全可靠、经济合理、以人为本"的原则,隧道内需设置与隧道交通量、重要性相适应的运营管理监控设施,以提供一个安全、舒适的运营环境。监控设施应具有可扩充性和可升级性。

(5) 注重环保,尽可能降低隧道修建对原有自然生态的破坏,特别注意对地下水资源的保护。

(二)各设计阶段工作重点

1. 隧道设计流程(见图 8-4)

隧道从规划到建成往往需要很多过程,其主要阶段有工程可行性研究、初步(技术)设计、施工图、招投标、施工等。其流程如下:

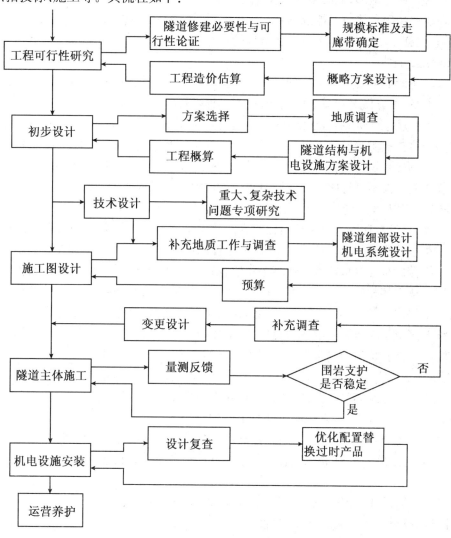

图 8-4 设计流程图

2. 工程可行性研究阶段

工程可行性研究阶段(以下简称工可阶段)的主要任务是确定修建隧道的可行性与必要性、建设规模与标准,选择可行的隧址区。在调查中需在区域性地质资料分析论证的基础上结合路线起终点和路线的总体走向,选择可行的路线走廊带,然后再对规划走廊带内的可能的隧道方案进行规划和概略的设计,结合隧道所在位置的地形、地质、环境等自然条件,论证隧道的设置目的、必要性、使用功能、规模和可行性,同时考虑隧道运营期间的维护管理,总体要求安全经济。

由于隧道属地下工程,更容易受地质条件的影响,因此在工可阶段需高度重视隧址区的地质工作,遵循"地质选址"的原则,通过采取地质遥感、地球物理勘探、地面调绘与地质钻孔等手段,基本掌握隧址区区域地质、工程地质与水文地质条件、地应力条件,以确保将隧道设置在稳定的地层中,为下一阶段的工作打下良好的基础。另外需要对各项基本资料,如隧址区的气温、降雨雪量、气象、资源开发、文物保护、开发区规划和已有构造物等进行调查。

隧道位置应结合地形、地质条件以及隧道前后桥梁、路基的情况,并考虑隧道施工难易、附属设施和环境保护等具体情况加以确定。工可阶段设计应完成隧道说明、平纵面图、建筑限界及内轮廓图、设施规模图、工程数量以及造价的估算等。

3. 初步设计阶段

初步设计阶段的主要工作是依据工程可行性报告批复意见与测设合同,制定出隧道设计原则与设计方案,充分做好隧道方案比选,控制工程投资。

(1) 隧道工程地质勘察。隧道地质工作是调查工作中最重要的环节,初勘地质工作的原则是大范围内普查地质情况。因轴线位置可能会发生变化,初步设计阶段不可能做很多的钻探工作,以地表调绘、物探为主,辅以必要的钻孔验证,基本上查明隧址区的地质情况,避免因在详勘阶段出现重大不良地质情况而调整线位或过大增加工程处置费的情况。

(2) 隧道工程方案比选。在工可工作的基础上,长大隧道应对可行的方案,从隧址的区域自然建设条件、建设规模以及施工后运营管理的技术难度和费用等方面进行系统的论证与比选。在基本符合路线总体走向的前提下,由隧道控制局部线位,在设计中需在大面积地质测绘和综合地质勘探的基础上拟定两个或多个隧道轴线方案进行同等深度比较,在比较中还需考虑隧道施工总体方案和施工工序安排、工程进度表,并考虑工程进度的变化对工程费用的影响。低线方案路线一般地形、地质条件较好,路线平纵指标高,但隧道较长,通风照明等运营费用高。高线方案由于路线要提前展线提坡,隧道相对较短,但路线的线形标准会降低,地质条件会变差一些。这些均要通过综合比较后确定推荐方案。

中、短隧道原则上服从路线布设要求。对于中、短隧道,根据地形条件可采用连体隧道或近间距隧道方案或远距离的分离式方案,隧道在沿河傍山地段,隧道应尽量向山侧内移,避免隧道洞壁过薄、河流冲刷和不良地质对其稳定性的影响。对于中心挖深大于 25 m 的路堑,需做路隧比较。深挖方案造价低,但它对自然环境破坏严重,还可能诱发边坡失稳、工程滑坡或因日久风化而造成落石等,这需要结合路段地质条件充分考虑。路堑深度大于 30m 应采用隧道方案。

(3) 隧道方案设计。该阶段隧道设计主要包括以下内容:

① 比选与隧道工程有关的路线方案;

② 隧址区地质条件调查分析,提出围岩分级;

③ 隧道纵坡设计与洞口位置确定;

④ 隧道衬砌结构、洞门、防排水方案设计;

⑤ 位于地震动峰值加速度系数≥0.10 地区的隧道,其洞门工程浅埋地段支护结构应进行抗震验算;

⑥ 隧道施工方案与施工组织设计；

⑦ 隧道通风、照明、消防与供配电系统以及监控设施如闭路电视、报警、电话、信号、广播等系统的设置规模与方案；

⑧ 隧道运营管理与相应的管理区方案设计；

⑨ 计算主要工程量及概算工程造价。

(4) 技术设计

对于重大、复杂的技术问题还需增加技术设计阶段，加深勘探调查及分析比较，解决初步设计中未解决的问题。如在川藏公路二郎山隧道，因为二郎山隧道属高海拔特长隧道，单洞双向行驶，不可能有效利用自然风和交通风，通风问题十分复杂和重要，所以就"运营通风与防灾救灾问题"增加了技术设计阶段。

4. 施工图阶段

施工图阶段是在初步设计工作或技术设计阶段的基础上，进一步优化隧道位置，进一步补充完善地质资料，进行隧道细部设计。

(1) 隧道位置确定。根据初步设计(或技术设计)批复意见进一步优化隧道段平纵线形，然后进行实地核查，确定隧道轴线，开展补充地形测量与详勘地质工作以及相应专业资料与施工条件调查的工作。

(2) 详细工程地质勘察。正确掌握隧址区地质环境条件是合理进行隧道工程结构设计、施工的前提与基础，因此详勘阶段地质勘察应更有针对性，在对初勘资料分析的基础上，主要采取工程地质钻探手段，辅以物理探测(弹性波法、电阻法等)、现场测试和补充调绘等方法，查明隧道所在地区的地形、地质以及在工程中可能出现的不良地质问题，完成围岩类别的划分，在此基础上进行隧道细部结构及洞口工程施工图设计。

前期勘察设计工作深度和质量是隧道方案比选和预设计的关键，因此应合理选择勘察、测试方法、手段，以求最大限度地获取地质信息，另外还要对隧道建设可能带来的生态平衡、水土保持及施工中的二次地质灾害等问题作出评价。

(3) 隧道设计。隧道设计主要包括两大部分，即隧道土建工程设计和隧道机电附属工程设计。隧道土建工程设计是在地质详勘工作的基础上，根据围岩物理力学参数完成有关力学分析计算、结构计算，并结合工程类比，根据建筑的安全性、实用性和经济性的要求在充分计算和分析的基础上，完成隧道土建工程各细部结构的设计。对于长大隧道与复杂地质条件下的隧道还应拟定出详细的隧道施工总体方案和施工工序安排，拟定施工和操作技术规程和质量检验与验收标准、出渣运输方式、弃渣处理和利用、施工进度安排、工序衔接、安排工程计量和支付办法、质量检测和验收方法。隧道附属工程设计主要包括隧道供配电、通风、照明、消防、监控与隧道管理站等，考虑到科技进步与发展机电工程设计还应有可扩展性、可升级性。该阶段完成的主要工作为：

① 根据不同围岩的物理力学指标，完成不同类型隧道结构分析计算，根据计算结果，进行详细的结构设计；

② 制定详细的隧道施工总体方案和施工工序安排；

③ 提出采用的施工技术规程和质量检验与验收标准；

④ 完成机电设施各系统设计图纸；

⑤ 完成隧道管理区(站)设计；

⑥ 施工图预算。

(4) 设计变更

隧道不同于地面工程,因其位于地下岩体中,地质条件有许多不可预见因素,在设计阶段受勘测手段与经费等多种因素的影响,不可能将隧道地质情况完全查明,因此施工期间工程变更是不可避免的。对于地质条件复杂的隧道在施工期间应开展地质超前预报工作,根据实际的地质条件及时对原设计作出变更,降低施工风险。另外在日常施工中要重视现场围岩监控量测与信息反馈,将原设计所确定的结构形式、支护参数、预留变形量、施工工艺、施工方法、各工序施工时间进行修正和优化,确保施工安全、工程质量和加快工程进度。施工中合理的变更设计是十分必要的,当然变更必须有充分的理由和依据。对于隧道内机电设施,由于长大隧道土建工期往往需要2~3年甚至更长时间,随着科学技术的发展,机电设备更新换代较快,因此在机电工程安装前应对隧道各机电系统进行复查,进一步优化设计,替换已落后产品。

二、隧道总体设计

(一) 隧道平面线形设计

隧道平面线形设计在服从路线走向的原则下,应考虑隧址区地形、地质、辅助坑道位置(长大隧道)、洞口线型、洞外构造物以及环境等因素。其布置形式一般有以下三种布置形式:一是上下行分离式大间距或高差较大的隧道;二是上下行分离式近距离隧道;三是双连拱隧道或上下双层隧道。中长隧道,其平面线形一般以直线或大半径曲线为宜,考虑隧道内防灾救灾问题,需要设置横向联络通道,原则上应采用分离式隧道。根据地质条件,其取值原则上采用表8-6。当分期实施(单洞对向行驶)时,应采取合理的安全措施,降低事故率。

表 8-6 分离式独立双洞间的最小净距

围岩级别	Ⅰ	Ⅱ	Ⅲ	Ⅳ	Ⅴ	Ⅵ
最小净距(m)	$1.0 \times B$	$1.5 \times B$	$2.0 \times B$	$2.5 \times B$	$3.5 \times B$	$4.0 \times B$

注:B——隧道开挖断面的宽度。

隧址区地质条件较好的隧道,其间距可以适当减小。当中间岩柱厚小于10~15 m(Ⅳ级)时,应作相应的结构分析计算,并对两洞施工工序进行特殊设计。

中短隧道,其平面线形一般同洞外路线线形,但应尽可能不使洞内出现过大的超高。从洞内行车安全的角度来讲,最小半径不宜小于500~600 m。对于中短隧道,一般应采用分离式设置的原则。在受地形条件限制或为了避绕不良地质,或考虑到洞口外其他工程的建设条件时,可采用近间距分离式隧道,或连拱隧道,或大间距高差较大的分离式隧道。

隧道洞口的连接线应与隧道线形相配合,应保证有足够的视距,确保司机在足够的距离外能识别隧道洞口,使汽车顺利驶入隧道。据统计有70%以上的事故发生在隧道引道与进洞后200 m范围内,因此洞口段线形应充分考虑光过渡与眼适应问题,还要连续、顺畅。

(二) 隧道纵坡设计

隧道纵坡的选择应以隧道的使用功能(通行汽车)为依据,对设计行车速度(爬坡时行驶速度不能降低太多)、地质条件(尽量将隧道置于稳定地层中)、通风(尽可能较少排污量)、交通事故频率、火灾时救援、两洞口高差及两端接线、排水、施工、工程投资等因素综合考虑。隧道内纵坡一般也是尽可能采用较小纵坡,长大隧道纵坡最好控制在2%以下,洞内宜采用人字坡,中、短隧道原则上应符合规范要求,对于设有超高的隧道应保证隧道内的排水沟坡度不小于0.3%,即隧道纵坡值至少为0.3%再加上超高渐变率。随着公路向山区的延伸,地形、地质条件越来越复杂,原规范规定的"隧道纵坡最大不宜超过3%"往往不能满足。随着我国汽车工业的飞速发展、汽车行驶性能与爬坡能力的提高,纵坡适当加大成为可能。在我国云南省、福建省、山西省、陕西省等地区的短隧道纵坡已超过规范值,最大已达到5%。当然地形困难路段,经过充分的技术、经济论证后,应该说是可以酌情放宽中短隧道纵坡限制的。设计较大纵坡的隧道,尤其位于平曲线上的隧道,在出口端应根据实际情况设置爬坡道。隧道内纵坡过大、坡道过长,会使大型车辆行驶速度降低,隧道通行能力下降,而且容易诱发交通事故,过大、过长,下坡同样也会产生较多的交通意外,因此过大的纵坡与坡长应慎重采用。

(三)隧道横断面设计

隧道横断面设计主要是根据隧道建筑界限、受力状态、地质条件、通风方式、机电设施安装空间和施工方式等综合确定。公路隧道采用的横断面形式有马蹄形与圆形断面。在特殊地质条件下还可采用不对称的横断面形式,以适应地质条件,使隧道处于较为有利的受力状态。双车道隧道横断面多采用单心圆或三心圆断面,三车道隧道横断面多采用三心圆断面。隧道内的路面横坡设置可采用人字坡也可采用单向坡,这应同洞外路基横坡统一起来,但从排水工程量与限制火灾时油污的扩散范围来看宜采用单向坡,坡度值以 2~3% 为宜。对于隧道内轮廓断面设计我国公路部门还没有统一的标准。我国铁路部门采用了标准化断面,国外像日本、挪威等国家也采用了标准化断面,因此应该说采用标准化设计已是今后设计的一个方向。

关于隧道内硬路肩的设置,主要还是从工程投资上考虑。目前的常见做法是隧道内不设连通的硬路肩,而是间隔一定距离设置应急停车带。考虑到工程投资与隧道内行车条件比洞外干扰小等因素,建议其设置间距应比明线上略大,间距可取 600~800 m。当隧道位于城市或旅游区附近时,交通量较大且隧道内设计行车速度大于 100 km/h 时的双车道短隧道,可以考虑在双车道的基础上再加上硬路肩的宽度,但对于三车道隧道考虑到隧道修建难度与工程投资的大幅度增加不宜再加宽。日本正在建设中的第二东名高速公路隧道,就采用了在三车道基础上再加硬路肩的布置形式,隧道开挖总宽度达 19 m。我国在辽宁沈大高速公路改造及贵州凯里市与广东东二环等路段隧道设计中,采用了单洞四车道超大断面。

(四)隧道平纵线形对运营通风的影响

1. 纵坡与通风的关系

公路隧道通风的目的是确保隧道内的空气质量、能见度与消除异味,保障行车安全及养管、司乘人员的健康,其代表性控制指标有 CO、烟雾、NO_X,这些有害物质的产生量与隧道纵坡、车速及交通流组成密切相关。表 8-7、表 8-8 是挪威隧道设计准则通风量计算中有关纵坡与设计速度的修正参数。

表 8-7 坡度修正系数

坡度	上 坡							下 坡	
(%)	0	2	4	6	8	10	12	4	2
稀释 CO	1.0	1.1	1.2	1.3				0.85	0.95
稀释烟雾	1.0	1.8	2.7	3.6	4.5	5.2	5.5	0.5	
稀释 NO_X	1.0	1.7	2.2	2.8	3.4	4.0	4.6	0.5	

表 8-8 速度修正系数

速度(km/h)	5	10	20	30	40	50	60	70~80
稀释 CO	6.3	3.5	2.0	1.5	1.2	1.1	0.9	0.9
稀释 NO_X			8	7	5	3.5	3.5	2.5

由表中可以看出，车辆污染物排放量不仅同坡度有关，还与设计车速及发动机类型有关。当交通流以汽油车为主，即以稀释 CO 浓度控制风量为主时，纵坡可适当加大。从表中可以看出不同坡度的修正值相差不大。当以柴油车为主，即以稀释烟雾浓度或 NO_X 浓度时，则应尽可能降低纵坡。从表中可以看出不同坡度的修正值相差很大，并且在 NO_X 计算中若车速过低也会大大增加重车 NO_X 的排放量。

总之，在考虑纵坡对通风的影响时应结合交通流组成、设计车速综合确定。当隧道坡度减小时汽车排污量减少，运营费会相应有所降低，但隧道长度增加，工程投资加大，这时就应作综合比较，看坡度的减少与隧道长度的增加对通风量的影响，是否会出现在隧道使用年限内运营费的节省比增加的投资多。

2. 隧道平面线形对通风的影响

另外，隧道平面线形对通风也有一定的影响。直线隧道通风效果好一些，曲线隧道尤其是小半径曲线隧道要差一些，但这对通风方案的确定基本上没影响，主要是通风设备功率适当增大一些。一般认为当平曲线半径超过 2 500 m 时可基本不考虑曲线对通风的影响。

(五)隧道群设计

《公路勘测规范》6.11.2 中规定："相邻隧道洞口纵向间距等于小于表 6.11.2 规定的隧道群，勘测时宜作为一整座隧道进行线形设计。"

对于"隧道群"设计主要是从司机的眼适应、行车舒适性与安全性考虑。在隧道线形作为一整座隧道进行设计时，对于隧道主体设计没什么影响，其影响主要是在运营设施的设计上。在隧道照明设计方面，后续隧道入口段亮度应予以适当折减；在通风设计方面，后续隧道会被行驶车辆带入更多的污染空气，即隧道本底浓度要增加；在管理控制上，采用一公用的控制室集中管理，供电上统筹考虑。

(六)隧道结构设计原理与方法

1. 地下结构计算理论

早期地下工程的建设主要是仿照地面结构的计算，随后在设计中计入围岩对衬砌变形所产生的抗力。随着计算机技术的发展及岩土介质本构关系研究的进展，以有限单元法为代表的数值分析以及无限单元、边界单元、离散单元及其耦合使用法等在地下结构静力和动力分析中得到了广泛应用。然而每一种计算方法均有一些假定和限制条件，使得它们的使用范围各不相同，因此往往是采用多种计算模式相互校核。现在主要采用两类计算模型，一类是以支护结构作为承载主体的荷载—结构模型，另一类是视围岩为承载主体的岩石力学模型。

2. 隧道结构支护设计

目前我国山岭公路隧道衬砌结构类型主要有整体式衬砌、拼装式衬砌、锚喷衬砌与复合式衬砌等类型。拼装式衬砌多用在 TBM 法或盾构法施工的圆形隧道中。由于结构计算模型及围岩力学参数的模糊性和不惟一性，目前隧道结构设计仍以工程类比为主导地位，数值分析作为必要的校核手段。现在，基于"新奥法"原理将围岩和支护结构作为共同并相互作用的结构体系的复合衬砌结构正得到广泛应用。初期支护采用喷、锚网支护;二次衬砌采用钢筋混凝土或混凝土衬砌,并视地层地质条件采取长、短管棚等预加固措施。把"动态设计、动态施工"体现到设计过程中,注重"过程控制",实现信息化施工。

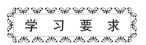

了解隧道位置选择的一般原则、公路常见主要地质灾害、影响公路隧道围岩稳定性的主要因素、围岩稳定性的评价方法;掌握公路隧道围岩分级和岩石坚硬程度的定性划分及岩体完整程度的定性划分;掌握公路隧道工程地质勘察与设计要点、重点。

习题与思考题

1. 公路隧道工程地质的主要问题有哪些?
2. 怎样选择公路隧道洞口位置?
3. 公路隧道常见的主要地质灾害有哪些?
4. 试述公路隧道各设计阶段工程重点。
5. 试述公路隧道整体设计。
6. 简述岩层产状与隧道位置选择的关系。
7. 简述地质构造与隧道位置选择的关系。
8. 影响隧道围岩稳定性的主要因素有哪些?
9. 公路隧道详细勘察阶段主要内容有哪些?
10. 简述隧道平纵线型对运营通风的影响。

第九章 环境工程地质研究

地质环境是指影响人类生存和发展的各种地质体和作用的总和,是岩石圈表层和生物圈的矿物质基础,由岩、土、水、气、地区地质结构、地质作用等要素组成,是一个动的系统。它是人类发展生产、繁荣经济并赖以生存的物质基础。人们就是从地质环境中直接或间接获得各种资源,加工成为人们需要的各种生产和生活资料,从这一意义看,地质环境就是资源。应该指出,由地质条件所决定的美好风光也可视为资源,称为景观资源或旅游资源。就我国而言,风光之特殊、景色之瑰丽、造化之奥妙实为世界各国所罕见。如那奇险的黄山,雄伟的泰山,险峻的华岳,神秀的峨眉,那玲珑剔透的西湖风光,诗情画意的桂林山水,雄伟壮观的三峡,气势磅礴的钱塘怒潮,以及遍布全国的水帘瀑布,淙淙泉水,还有维妙维肖的造型地貌,饶有情趣的奇峰异石,犹如仙境的溶洞,所有这些自然风光都能够给人们以美的享受,从而陶冶人们的性情,使人们精神振奋,心胸开阔。但是,在人类工程、经济活动影响下,地质环境自然平衡常遭破坏,产生人为的地质灾害,危及人类的生存和活动。人类活动对地质环境的影响丝毫不亚于其对大气圈、水圈的影响,合理利用与保护地质环境应是保护人类自然环境的一部分。

地质环境对工程活动的制约是多方面的,它可以影响工程建筑的工程造价与施工安全,也可以影响工程建筑的稳定和正常使用。如在开挖高边坡时,忽视地质条件,可能引起大规模的崩塌或滑坡,不仅增加工程量、延长工期和提高造价,甚至危及施工安全。又如,在岩溶地区修建水库,如不查明岩溶情况并采取适当措施,轻则水库水大量漏失,重则完全不能蓄水,使建筑物不能正常使用。

工程活动也会以各种方式影响地质环境。如房屋引起地基土的压密沉降,桥梁使局部河段冲刷淤积发生变化等。又如,在城市过量抽吸地下水,可能导致大规模的地面沉降。而大型水库对地质环境的影响,则往往超出局部场地的范围而波及广大区域。在平原地区可能引起大面积的沼泽化,在黄土地区可能引起大范围的湿陷,在某些地区还可能产生诱发地震。

据估计我国由地质环境灾害造成的损失占各种灾害总损失的35%。在地质灾害中,崩塌、滑坡、泥石流及人类工程活动诱发的浅表生工程地质灾害造成的损失占一半以上,每年约损失200亿元,而且大多数集中在我国山区和高原地区,必须予以足够重视。因此,研究人类工程活动与地质环境之间的相互制约关系,以便做到既能使工程建筑安全、经济、稳定;又能合理开发和保护地质环境,这是工程地质学的基本任务。而在大规模地改造自然环境的工程中,如何按地质规律办事,有效地改造地质环境,则是工程地质学将要面临的主要任务。本章主要研究滑坡、崩塌、泥石流、岩溶等地质灾害治理技术。

第一节 滑坡治理技术

我国大约70%的国土为山区,且地形地质条件复杂,是世界上滑坡灾害比较严重的国家之一。公路是一种带状构造物,延伸长度长,穿越各类地质地貌单元,滑坡危害严重。与公路具有相同点的铁路建设中,据1992年铁路部门统计,铁路沿线有滑坡1 600余处,可见其危害程度。

20世纪80年代以前,公路建设规模较小,等级较低,选线灵活性较大,对山坡坡体稳定性及滑坡的认识没有引起足够的重视。20世纪90年代初我国大陆出现第一条高速公路之后,高速公路建设里程迅速增加,并且不断地向丘陵、山区延伸。高速公路建设中,由于地形条件的限制,路线受技术指标的控制,不可避免地遇到滑坡地质灾害,由于人为工程活动对山坡坡体的扰动和破坏,加之对山坡坡体稳定性及老滑坡的认识不足,导致施工期间和工后发生滑坡灾害,影响工程建设周期,使一些工程不得不增加大量投资,甚至造成生命财产损失。

因此,在山区公路工程勘察设计中,应加强对一些复杂山体的稳定性分析和判断,重视工程地质选线,对可能发生滑坡且整治困难的地段应采取绕避措施,有时难以避免,则必须作好滑坡勘察设计工作,采取必要的工程措施,使路线顺利通过。

一、滑坡的组成要素及分类

(一)滑坡的组成要素

滑坡是指在斜坡上的岩土体在重力作用为主下,由于种种原因改变坡体内一定软弱面(或带)中应力状态,或因水和其他物理、化学作用降低其强度,以及因振动或其他作用破坏其结构,该软弱面在应力大于强度下产生剪切破坏,其上岩土失稳而作整体或部分向下或向前滑动的现象。

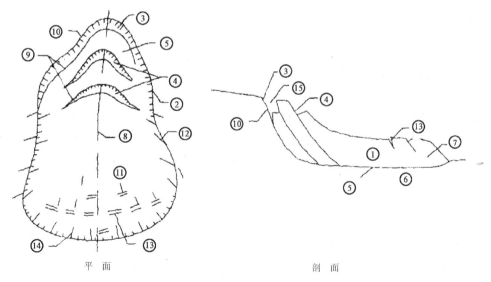

图 9-1 滑坡要素示意图

滑坡的组成要素(见图9-1)有:① 滑坡体;② 滑坡周界;③ 滑坡壁;④ 滑坡台阶和滑坡平台;⑤ 滑动面、滑动带;⑥ 滑坡床;⑦ 滑坡舌和滑坡鼓丘;⑧ 主滑线(滑坡主轴);⑨ 拉张裂缝;⑩ 主裂缝;⑪剪切裂缝;⑫羽状裂缝;⑬鼓胀裂缝;⑭放射状(扇形)张裂缝;⑮滑坡洼地和滑坡湖等。并不是每个滑坡都完整的具有以上各种要素,一些发育不完整或结构复杂的滑坡,要根据当地的具体地质条件判别某些不清楚的要素。

(二) 滑坡的分类

滑坡的分类方法很多,与工程勘察方法、工程整治设计需要密切相关。根据国内外分类方法的优缺点和对工程整治设计使用要求,推荐采用如下的三级分类方法:

1. 按滑体组成物质分类(第一级)

滑坡分为黏性土滑坡、黄土滑坡、堆积土滑坡、堆填土滑坡、破碎岩石滑坡和岩石滑坡。

2. 按滑体规模和厚度分类(第二级)

《公路工程地质勘察规范》中推荐的分类方法中,按方量分类,分为小型、中型、大型、特大型滑坡。事实上,方量一般是当前活动量,可能任意发展,意义不是太大,建议主要采用主滑段滑体厚度分类,对预估防治措施的类型、工程量和造价有直接的意义。

按厚度分为:浅层滑坡(主滑段平均厚度在5m以内,体积一般小于10万m^3);中层滑坡(5~20 m、体积一般在10~80万m^3左右);厚层滑坡(厚度在20~40 m,体积一般在80~200万m^3);巨厚层滑坡(厚度超过50 m,体积超过200万m^3以上者)。

3. 按滑坡突出特征分类(第三级)

抓住滑坡的主导特征对滑坡进行命名,可从以下6个方面进行分析找出其中一个或几个。

(1) 从产生大滑动的动力主因上划分。如暴雨滑坡、地震滑坡等。
(2) 从力学性质上划分。如推移式、牵引式和混合式。
(3) 从主滑带生成部位上划分。崩塌性滑坡、断续性和连续性滑坡。
(4) 从生成年代和活动性上划分。新生滑坡、老滑坡和古滑坡。
(5) 从滑动面与层面关系上划分。顺层滑坡、切层滑坡。
(6) 从滑坡平面形态上划分。簸箕形、长椅形、舌形、角形等。

二、滑坡的工程地质勘察

(一) 滑坡的调查和识别

1. 古滑坡的识别

在河流和沟谷两岸以及一些河流阶地的后缘,常常可以看到许多规模不等、类型各异的古老滑坡,如何事先认识它的规模、性质、稳定状况和今后的发展趋势,以确定采取绕避或整治措施通过,在山区高速公路选线时具有非常重要的意义。如果对古老滑坡缺乏认识,盲目地开挖滑坡体的支撑部分,造成古滑坡的复活,既增加了投资,又延误工期,国内有不少深刻的教训。

古滑坡有哪些标志呢?概括起来有以下几点特征可供研究:

(1) 河岸、沟岸或阶地后缘线突出,特别是河流凹岸(冲刷岸)突出,比较平顺的河岸、沟岸由于山坡滑移而突出于河床、沟床或阶地上,压埋卵石层;
(2) 山坡中上部出现较明显的圈椅状滑坡外貌;
(3) "双沟同源"现象,一般平顺的稳定山坡上自然冲沟多平行分支,但古老滑坡两侧发育的沟谷其上游多向后缘集中,呈"双沟同源";
(4) 古老滑坡的上部较两侧山体凹陷,而下部较两侧山坡突出,并呈若干台、坎相间的台阶状,有时可见倾向山内的"反坡台地或平台";
(5) 若是岩石滑坡,在两侧和前缘可发现岩层产状较两侧稳定山体有较大变化,或变陡、变缓,或发生倾斜和褶曲;
(6) "马刀树"和"醉汉林"现象,原来生长垂直的树木由于滑坡移动而倾斜或歪斜之后又向上生长,呈现"马刀"的弯曲状或东倒西歪的"醉汉林"状,从树木的年轮可大致推断滑坡的发生年代。

以上特征需要综合分析,互相印证,以便作出正确的判断。

2. 新生滑坡的识别

一个发育完全的滑坡有前面所述的形迹和要素,相对容易识别,但一定要注意不同形迹(如裂缝)分布在滑坡的不同受力位置,以便对较大的复杂的滑坡进行分条、分块、分级。滑坡后缘或分级滑动块体的后缘一般会出现张拉裂缝,前缘一般出现放射状裂缝和鼓胀裂缝,以及建筑物上的倒八字形裂缝,两侧一般出现羽状裂缝和剪切裂缝。

山坡上不同高度处呈"线状"渗水的地带,常常是一级滑坡的剪出口位置,地形上的陡坎,或被埋藏的地下基岩陡坎或断层,常常是滑坡分级滑动的后缘界限。

3. 易于发生滑坡的地形地质条件

地形地质条件是产生滑坡的几何、物质基础。

表 9-1 我国易滑地层汇总表

滑坡类型		岩土组合类型	滑面特征	分布地区
土质滑坡	堆积土滑坡	崩积、坡积、洪积、冰碛、残积及部分冲积物	堆积层面、基岩顶面	河谷缓坡地点
	黄土滑坡	各种黄土、含钙质结构、古土壤和砂砾层	同生面、不同黄土界面、基岩顶面	黄河中、上游地区北方诸省
	黏性土滑坡	裂隙黏土、灰色黏土、红土、下蜀土	同生面、基岩顶面	长江流域及以南地区、山西地区
	堆积土滑坡	各种人工堆弃、堆积土(石)	同生面、老地面、不同堆填界面	工矿场地
半成岩地层滑坡	昔格达组滑坡	昔格达组粉砂岩、黏土岩	顺层面、基岩顶面	四川西南部
	共和组滑坡	共和组粉砂岩、黏土岩	顺层面、切层面	青海省
岩质滑坡	砂、页、泥岩滑坡	砂岩、页岩、泥岩互层地层	顺层面、切层面	各地区
	碳酸盐岩滑坡	石灰岩、大理岩夹页岩、泥灰岩地区	顺层面	各地区
	煤系地层滑坡	砂页岩夹煤层、碳酸盐岩夹煤层	顺层面	各地区
	变质岩类滑坡	千枚岩、片岩、片麻岩、板岩等	片理面、构造面、风化界面	各地区
	火山岩类滑坡	玄武岩、流纹岩、凝灰岩等	构造面、层面、风化界面	各地区
	混合岩类滑坡	各种混合岩	构造面	
	破碎岩滑坡	构造破碎岩	构造面	构造破碎带

统计研究表明,滑坡主要发生在20°~45°的山坡上,有些软弱地层如黏性土自然山坡可能只有10°左右,大于45°的山坡多发生崩塌(不沿一定滑动面滑动)。但滑坡多发生在人工开挖的沟、堑边坡上;在河谷两岸,峡谷区多崩塌而小滑坡,宽谷区则相反,且多发生在河流的冲刷岸(凹岸);上缓下陡的凸形坡较易发生滑坡;支沟与主沟(河)交汇处的山坡常常因双向侵蚀(或有构造作用)而容易产生滑坡。

我国的易滑地层可汇总成表9-1。

综上所述,判断一个地段开挖后是否会形成滑坡,或路堤填筑后是否会诱发滑坡,首先分析场地是否具有滑坡产生的地形地质条件、是否处于易滑地层上;识别坡体是否为老滑坡,观察坡体是否产生形迹和要素,如裂缝等。当路基以路堤形式通过时,必须对现有滑坡体的稳定性以及修筑路堤在滑坡体的部位,及修筑后稳定性作出评价,判断是否会因增加上部坡体的重力而推动坡体失稳;当路基以路堑形式通过时,同样对现有滑坡体的稳定性、路堑开挖在滑坡体的部位,及开挖后路堑稳定性作出评价,判断是否会使边坡缺乏足够的支撑力而使坡体失稳。

(二)各类滑坡勘察重点

《公路工程地质勘察规范》(JTG C20—2011)中根据勘察阶段分初勘、详勘,并且对勘察重点、勘探、试验和资料要求提出了较为明确的要求,但未就各类滑坡提出各自的勘察重点。

1. 黏性土滑坡

黏性土滑坡勘察的重点有:

(1) 首先要了解地层岩性、成因和所处环境;

(2) 裂隙性质、发育程度,对膨胀土滑坡还需注意其表面富集物的特征;

(3) 土壤中水及上层滞水的分布情况;

(4) 上覆土层与下伏砾石层或岩层接触面的形态特征,对膨胀土滑坡还应注意膨胀土层间的软弱层、砾石层、铁锰结核层的特征、分布;

(5) 黏土的矿物成分及其强度变化;

(6) 对膨胀土滑坡应注意斜坡表层及建筑物变形情况,土的含水状况及当地降雨量、蒸发量、气温、日照等情况。

2. 黄土滑坡

(1) 新、老黄土面及古土壤层、砂、卵石层、钙质结核层等的分布,倾斜度以及与下伏岩层接触面的形态和含水状态;

(2) 黄土柱状节理及卸荷裂缝的分布、发育程度及其组合状况;

(3) 黄土及下伏层中地下水分布特征。

3. 堆积土滑坡

(1) 堆积土的成因类型及分布,不同堆积层间软弱夹层及下伏岩层顶面形态特征;

(2) 地下水活动情况及补给、排泄条件。

4. 堆填土滑坡

(1) 堆填土的类别、特征及堆填方式;

(2) 原地面状态、坡度、软弱土层分布、含水情况及下伏岩层顶面形态特征。

5. 破碎岩石滑坡

(1) 破碎岩石的分布范围、成因、厚度、风化破碎程度及胶结情况;

(2) 滑体及其周围的岩体结构特征、性质、结构面组合、切割情况及其与临空面的空间关系;

(3) 断层的产状、性质、断层上、下盘接触面产状及特征、断层泥、糜棱带的分布位置、特征和含水状况;

(4) 地下水的分布、发育状况及其与滑坡的关系。

6. 岩石滑坡

(1) 软岩与硬岩接触带、顺坡结构面、软弱夹层及层间错动带的产状及在斜坡临空面上的出露位置；

(2) 裂隙发育程度、宽度、长度、贯通情况、充填物及地下水活动情况。

此外，对地震烈度大于等于7度地区的滑坡勘察中，需调查地震史、震级、烈度、频率、断层展布特征、性质、破碎带宽度等情况。

滑坡的测绘和地质勘探在《公路工程地质勘察规范》(JTG C20—2011)中有较为明确的规定和要求，在此不再赘述。

三、滑坡稳定性评价

原铁道部科学研究院西北分院徐邦栋先生总结40年研究和滑坡防治经验，提出评价滑坡和斜坡稳定性的8个方法，是目前国内最为系统、实用的方法。

(1) 从山体和山坡地貌形态的演变判断滑坡的发育过程和稳定性；

(2) 从坡体结构、构造等地质条件的对比方面评价滑坡的发生条件、结构构造、滑动面的可能层位、条块和级的划分；

(3) 从滑坡的作用因素及其变化方面评价滑坡的主要作用因素及其消长变化对滑坡的发生和发展趋势的影响；

(4) 从滑坡的变形形迹和动态资料方面评价滑坡的发育阶段、发展趋势以及各条块目前的稳定性；

(5) 从山体极限平衡状态的核算方面判断滑坡的稳定性；

(6) 从斜坡当前稳定状态计算滑坡的稳定性；

(7) 从坡脚应力与岩土强度对比方面判断滑坡稳定性；

(8) 工程地质比拟计算，从类似条件下已滑动的、正在滑动的、已经稳定的及已实施的工程的滑坡找出类比参数进行比拟计算。

以上8个方法中前4种方法是从自然条件、作用因素及其变化方面对比滑动与稳定之间的关系定性地判断滑坡稳定性，后4种方法则用各种方法定量地检算滑坡稳定性。8种方法均可以自成体系、单独使用，也可以互相验证，但并不是在每个滑坡中均能方便地采用，实际工作中往往根据实际情况选择其中3~5种使用条件较好的方法进行分析评价。必须指出的是，详细和充分的调查、勘探和监测资料是正确评价的前提。

下面对滑坡稳定性检算方法、计算参数选取问题结合勘察设计实践进行论述，更多方法可参见有关资料。

(一)滑坡稳定性检算

滑坡稳定性分析计算方法可分为两大类，极限平衡法和数值方法。数值分析方法有有限元法(FEM)、边界元法(BEM)、流形元法(MANIFOLD)、不连续介质法(DDA)及拉格朗日元法等等。这些方法可考虑各种因素进行模拟，得出应力场、位移场、剪应力等值线图等，计算方法先进，但共同的难点是模型建立和参数取值，要求使用者具有深厚的数学、力学基础，并且熟悉工程勘察和设计，才能得出符合实际的结论，因此，使用很有限。实际工作中主要采用极限平衡法，这种方法使用简便、经验性强。下面仅讨论这种方法及其在实际工作中应注意的问题。

多数滑坡滑面形态可近似为折线型和圆弧型，黄土滑坡多采用裂隙法检算。折线性滑面应用最多，其稳定性分析评价建议采用《岩土工程勘察规范》(GB 50021—2001)中提供的方法,有时也称为传递系数法。国内铁路部门有时也采用水平力法[《铁路工程地质滑坡勘测规则》(TBJ 34—91)中介绍了这种方法],它虽较为简便,但不够精确。传递系数法算法如下:

$$K = \frac{\sum_{i=1}^{n-1}(R_i \prod_{j=i}^{n-1} \psi_j) + R_n}{\sum_{i=1}^{n-1}(T_i \prod_{j=i}^{n-1} \psi_j) + T_n} \qquad (9\text{-}1)$$

式中:K——稳定系数;

ψ_j——第 i 块段的剩余下滑力传递至第 $i+1$ 块时的传递系数($j=i$);

$$\psi_j = \cos(\alpha_i - \alpha_{i+1}) - \sin(\alpha_i - \alpha_{i+1})\tan\varphi_{i+1} \qquad (9\text{-}2)$$

$$\prod_{j=i}^{n-1} \psi_j = \psi_i \cdot \psi_{i+1} \cdot \psi_{i+2} \cdot \psi_{i+3} \cdot \cdots \cdot \psi_{n-1} \qquad (9\text{-}3)$$

R_i——作用在第 i 块段的抗滑力(kN/m),$R_i = N_i \tan\varphi_i + c_i l_i$;

N_i——第 i 块段滑动体的法向分力(kN/m),$N_i = W_i \cos\alpha_i$;

T_i——第 i 块段滑动面上的滑动分力(kN/m),$T_i = W_i \sin\alpha_i$,出现在与滑动面方向相反的滑动分力时,应为负值;

α_i、l_i——第 i 块段滑动面与水平方向的夹角(°)、滑动面长度(m);

c_i、φ_i——第 i 块段滑带土体的黏聚力(kPa)和内摩擦角(°);

W_i——第 i 块段滑体重力(kN)。

圆弧型滑面滑坡稳定性计算可采用如下公式:

$$K = \frac{W_2 d_2 + cLR}{W_1 d_1} \qquad (9\text{-}4)$$

式中:W_1——滑体下滑部分的重力(kN);

d_1——W_1 对于通过滑动圆弧中心的铅垂线的力臂(m);

W_2——滑体阻滑部分的重力(kN);

d_2——W_2 对于通过滑动圆弧中心的铅垂线的力臂(m);

L、R——滑动圆弧的全长、半径(m);

c——滑动圆弧面上的综合黏聚力(kPa)。

黄土滑坡检算方法可参见有关资料,也可根据情况将滑面形态近似为折线形或圆弧形,采用上述方法检算滑坡稳定性。

当计算滑坡稳定系数 $K<1.00$ 时,为不稳定状态;当 $K=1.00\sim1.05$ 时为极限平衡状态;当 $K>1.05\sim1.20$ 时为稳定状态,计算结果应与定性评价稳定性结论相一致。

(二)滑坡推力计算

滑坡推力计算可采用《公路路基设计规范》(JTG D30—2004)中所推荐的方法,也称为传递系数法(方法一),或《工程地质手册》(中国建筑工业出版社,1992)推荐的滑坡推力计算公式(方法二)。

方法一:

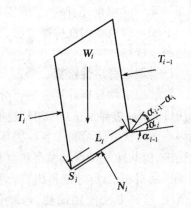

S_i-抗滑反力;N_i-法向反力

图 9-2 剩余下滑力计算图示

滑坡剩余下滑力可采用传递系数法,按式(9-5a)计算,条块作用力系如图 9-2 所示。

$$T_i = F_s W_i \sin\alpha_i + \Psi_i T_{i-1} - W_i \cos\alpha_i \tan\varphi_i - c_i L_i \tag{9-5a}$$

$$\Psi_i = \cos(\alpha_{i-1} - \alpha_i) - \sin(\alpha_{i-1} - \alpha_i)\tan\varphi_i \tag{9-5b}$$

当 $T_i < 0$ 时,应取 $T_i = 0$。

式中:T_i,T_{i-1}——第 i 和 $i-1$ 滑块剩余下滑力(kN/m);

　　　F_s——稳定系数;

　　　W_i——第 i 滑块的自重力(kN/m);

　　　α_i,α_{i-1}——第 i 和第 $i-1$ 滑块对应滑面的倾角(°);

　　　φ_i——第 i 滑块滑面内摩擦角(°);

　　　c_i——第 i 滑块滑面岩土黏聚力(kN/m);

　　　L_i——第 i 滑块滑面长度(m);

　　　Ψ_i——传递系数。

当滑坡体最后一个条块的剩余下滑力小于或等于 0 时,滑坡稳定;大于 0 时,滑坡不稳定。此 T_i 值可作为设计支挡工程结构所承受的推力。滑坡稳定性分析所得的稳定系数不得小于本条第 1 款的抗滑稳定安全系数的规定。

参数取值

滑面岩土抗剪强度取值,可根据滑面岩土室内试验资料、极限平衡反算值、工程地质类比经验数据,结合滑坡可能出现的最不利情况进行分析确定,必要时可由现场试验资料进行确定。

方法二:

$$\begin{aligned} E_i = &K(W_i \cdot \sin\alpha_i + Q_i \cdot \cos\alpha_i) + \psi \cdot E_{i-1} \\ &- (W_i \cdot \cos\alpha_i - Q_i \cdot \sin\alpha_i)\tan\varphi_i - c_i \cdot l_i \end{aligned} \tag{9-6}$$

式中:E_i——滑体条块间推力(kN);

　　　Q_i——考虑地震力时的地震力或其他水平力(kN);

　　　K——推力计算安全系数。

其余符号意义同前。

上述方法既可用来计算滑坡推力,也可以根据最后一块滑坡推力是否小于零来判断滑坡是否稳定。计算滑坡推力时,对上述两种方法计算结果进行比较,方法二计算结果大于方法一,当安全系数提高,考虑地震力时更加明显,国内各部门采用方法二较多,所以建议采用方法二,使结果更加安全、可靠。

《公路路基设计规范》(JTG D30—2004)中规定:滑坡稳定性应采用工程地质类比法和力学计算进行综合评价。验算时,高速公路、一级公路安全系数应采用 1.20~1.30;二级及二级以下公路安全系数应采用 1.15~1.20;考虑地震力、多年暴雨的附加作用影响时,安全系数可适当折减 0.05~0.1。此值对推力计算结果影响很大,而推力计算是滑坡工程整治设计的直接依据,此值取得是否合适,直接影响工程可靠度和造价,因此取用时必须非常慎重。国内不少人就这个问题进行了专门的研究,各方意见综合如下:

(1)安全系数是我们对研究对象的了解程度以及对未来可能出现一些不定因素的一种安全储备,应根据对研究对象的了解程度确定。了解清楚时,安全系数取低值,反之,取高值。

(2)安全系数取值要考虑重要性及破坏后修复的难易程度。

(3) 考虑整治工程措施在工程施工中的质量保证情况，质量保证高取高值，相反取低值。

(4) 在地震影响区，地震力对计算结果影响很大，有时滑坡推力成若干倍增加，而地震力只是偶然荷载，因此，安全系数应分考虑地震力和不考虑地震力两种情况。

借鉴国内各行业已实施的成功工程实例及公路部门滑坡整治工程实践，建议考虑地震力作用时，安全系数可取 1.02～1.10；不考虑地震力时，安全系数可取 1.15～1.30；使用过程中根据实际情况，一级公路、高速公路可取较高值，其他等级公路取较低值。

此外，在计算时需注意：① 当滑体最后一块反翘时，不宜给此块的下滑力（与滑动方向相反）乘以安全系数；② 当上一条块滑坡推力为负值时，不再向下传递。

表 9-2 不同滑体部位、不同滑体阶段强度变化表

滑动部位 滑动阶段	主 滑 段	牵 引 段	抗 滑 段
蠕动阶段	已越过峰值强度	某些部分越过峰值强度	未破坏
挤压阶段	向软化点强度过渡	已全部越过峰值强度	开始受力，局部越过峰值强度而破坏
滑动阶段	向残余强度过渡	视具体情况，可能向残余强度过渡	已越过峰值强度，向软化点强度和残余强度过渡
大滑动阶段	残余强度	可能为残余强度	主要部分为残余强度
固结阶段	强度有所恢复		

(三) 计算参数选取

滑坡稳定性分析和推力计算中岩土抗剪强度参数选取是难点和重点，其中包括黏聚力 c、内摩擦角 φ，φ 值计算中相差 $1°$，滑坡推力计算结果可能相差一倍甚至几倍，整治工程措施和造价相应地会成倍增长。因此，选取合适的参数值，是整治工程设计是否可靠和是否经济的关键。

岩土抗剪强度参数系指滑动带抗剪强度参数，对不同性质滑坡、不同滑动阶段取值不同。对老滑坡而言，可能在再次滑动开始就达到了相应的残余强度；而对首次滑坡而言，不同部位的滑带土在不同滑动阶段的强度变化见表 9-2，一般常见的块体滑坡大体上都有主滑、牵引和抗滑三个部位。

通常取得抗剪强度指标的方法有仪器测定法、反算法和经验数据对比法。仪器测定法有滑面重合剪、多次直剪、往复直剪、现场大型直剪、环状剪和三轴切面剪等等。由于滑带岩土介质的多样性，成因、成分和结构的复杂性和不均匀性，以及强度随外界因素变化的可变性，加之滑动过程本身的多样性和复杂性，使仪器测定法很难准确模拟滑带岩土的实际受力状态和变化过程，因此，试验数据很难直接用于计算。实际工作中，多采用以反算为主，结合试验数据和经验指标的综合方法。

1. 抗剪强度指标反算法

反算法分为恢复滑动前山体平衡法和不恢复山体平衡两种。前者适用于近期滑动过的滑坡，将山体轮廓恢复至开始滑动瞬间的形状，并认为它处于极限平衡状态，即稳定系数 $K=1$，按测定的滑面形状反求滑面或带上的综合抗剪强度值。而事实上，恢复其开始滑动瞬间的极限状态是很困难的，因此，可以根据滑坡所处的发育阶段（地貌形态、裂缝及变形迹象、滑带含水情况等），判断当前相应的稳定度，给出一个稳定系数，用现有段断面进行反算，即第二种方

法。可采用稳定系数公式反算，也可根据推力反算（假定最后一块滑体推力为零），此处介绍根据稳定系数公式反算法，并就其中应注意的问题进行讨论。

$$K = \frac{\sum W_{2j}\sin\alpha_j\cos\alpha_j + (\sum W_{2j}\cos^2\alpha_j + \sum W_{1i}\cos^2\alpha_i)\tan\varphi + C(\sum l_i\cos\alpha_i + \sum l_j\cos\alpha_j)}{\sum W_{1i}\sin\alpha_i\cos\alpha_i}$$

(9-7)

式中：W_{1i}——滑体下滑部分第 i 条块所受的重力（kN）；

W_{2j}——滑体阻滑部分第 j 条块所受的重力（kN）；

α_i——滑体下滑部分第 i 条块所在折线段滑面的倾角（°）；

α_j——滑体阻滑部分第 j 条块所在折线段滑面的倾角（°）；

l_i——滑体下滑部分第 i 条块所在折线段滑面的长度（m）；

l_j——滑体下滑部分第 j 条块所在折线段滑面的长度（m）；

c——滑动面上的综合内黏聚力（kPa）。

当土质均一，滑带饱水且难以排出，特别是黏性土为主所组成的滑动带，可假定 $\varphi\approx0$，反求 c 值，称为综合 c 法；当滑带以粗粒岩屑或残积物为主，且在滑动中可排出滑带水的情况时，可假定 $c\approx0$，反求 φ 值，称为综合 φ 法；当滑带由黏性土和粗粒岩屑组成，且含量接近时，可用两个不同断面联立反求 c、φ 值，称为综合 c、φ 法。

根据当前滑坡发育阶段假定其稳定系数，可采取如下做法：如滑坡处于蠕动挤压阶段，可取稳定系数为 1.01～1.05；正在等速滑动时，稳定系数可取为 0.97～1.00；加速滑动时，稳定系数可取为 0.95～0.98。

此外，实际工作中，还应注意以下问题：

（1）滑坡牵引段顶部有张开的裂缝而无充填物时，此段滑面长度不应计入；

（2）牵引段和抗滑段的抗剪强度指标可参照室内和现场原位试验结果选定，反求时只反算主滑段的指标，而不宜笼统地反算整个滑带指标；

（3）若主轴断面的方向与滑动方向有所偏离时，反算指标会产生偏差，应引起注意；

（4）有时可根据建筑物或构造物对滑体提供的最大抗力来反算，计算中先给出一个安全系数，在反算时需注意，当滑体最后一块反翘时，不宜给此块的下滑力（与滑动方向相反）乘以安全系数。

2. 经验数据法

当滑带岩土的性质与地区等与已整治滑坡相类似时，可经过对比，对已有可靠的经验数据进行分析、调整后使用或借鉴参考。国内铁路部门将各地滑面强度指标汇总成表，使用时可查阅有关资料。

（四）附加荷载

滑体上行车荷载可以换算成等代土重，作为外力施加与滑体条块上，参见《公路设计手册——路基》中的算法。当有地震力（地震区）、静水压力、动水压力等外力时，计算中均须加以考虑。地震力采用《公路工程抗震设计规范》中的计算方法，只考虑水平地震力的影响。

按照《公路工程抗震设计规范》（JTJ 004—89）要求，坡体的水平地震荷载按下式计算：

$$E_{hs} = C_i \cdot C_z \cdot K_h \cdot W$$

(9-8)

式中：C_i——重要性修正系数；

C_z——综合影响系数;

K_h——水平地震系数;

W——土条重力。

静水压力、动水压力等附加荷载可参见有关资料。

四、滑坡治理与工程措施

(一)滑坡防治原则

当路线穿过滑坡区时,滑坡防治应遵循以下原则:

(1) 对大型滑坡和滑坡分布比较集中的地段,公路路线选线时应尽可能采取绕避措施;防止灾害发生。

(2) 对于路线难以避开的滑坡,都应首先查清滑坡性质和目前的稳定状态,然后分析公路建设对滑坡稳定性可能造成的影响,并应使路线布设尽量不破坏和影响滑坡的稳定性,必要时采取一定的防治措施,防止滑坡局部或整体复活。基本原则是:"预防为主,治理为辅"。

(3) 对危害工程建设和运营安全的滑坡必须查清性质,一次根治,不留后患,只有对性质特别复杂的特大型滑坡,短期内难以查清其性质的,才考虑分期治理。

(4) 滑坡治理宜早不宜迟,宜小不宜大,最好把滑坡阻止在蠕动挤压阶段,以减少危害和治理工程投资,防止其扩大。

(5) 滑坡治理应是针对主要原因采取工程措施,同时辅以其他措施综合治理。有条件时,总应优先选择地面排水、地下排水、减重、反压(压脚)等容易实施和见效快的工程措施,在未查清滑坡性质之前,不宜在前缘盲目开挖。

(6) 防治滑坡工程施工应尽可能安排在旱季,并应尽可能减少对滑体的扰动。应先作地面引排水工程措施,支挡工程施工应分段跳槽开挖、加强支撑。

(7) 应加强滑坡的动态监测工作。有条件时,在初勘阶段、初步设计阶段即布设监测设施,详勘、施工图期间可根据监测结果调整初步设计,并在施工期间作到信息化施工。

(8) 滑坡防治应与环境保护和美化相结合,美化路容,并与沿线景观相协调。

(二)滑坡预防措施

公路工程勘察、设计、施工等阶段的滑坡预防包括三个方面:一是防止古老滑坡的复活造成灾害;二是防止已活动的滑坡继续恶化造成灾害;三是防止易滑地段产生滑坡。

1. 防止古老滑坡复活的措施

(1) 路线经过古老滑坡区或滑坡连续分布区时,首先须论证滑坡的稳定性及复活的可能性,应尽量采取绕避措施;若受其他因素限制难以避开时,应调整线形以减少对滑坡的扰动,并应事先采取预防性加固措施。

(2) 对大型滑坡最好用桥梁或隧道通过,并应在滑坡体上加强地面排水工程。

(3) 一定要避免在滑坡的抗滑地段挖方,特别是深大挖方削弱抗滑力,同时,一定要避免在滑坡的主滑和牵引地段作填方、弃方而增加抗滑力。正确的作法是:在滑坡的抗滑段设置填方增加抗滑力,但不应堵塞地下水出口,而在滑坡的牵引段和主滑段作适当的挖方以减小下滑力,但不应引起滑坡后壁的变形。

(4) 不得不在古老滑坡体前缘作挖方时,应在分析判断滑坡可能剪出段深度的前提下,先做支挡工程后开挖,以免坡体因开挖松弛地表水下渗而滑动。

2. 防止已活动滑坡恶化的措施

(1) 进行滑坡体内、外地面和地下监测,掌握滑坡发展变化的动态规律;

(2) 堵塞已产生的地表裂缝,防止地表水灌入,切断对滑坡不利的水源;

(3) 增设临时排水沟,将地表水引出滑坡区外;

(4) 尽快开展地质调查和勘探工作,查清滑坡的性质和主因,判断其可能发展的趋势和范围,以便制定防止恶化的措施;

(5) 对危害严重的滑坡,立即在滑坡上部进行减载,并在有条件时,在滑坡下部反压;

(6) 有条件时,在地下水多的地段用平孔排水法排除一部分地下水,常可抑制滑坡的发展。

3. 防止易滑地段产生滑坡的措施

(1) 勘察阶段应对易滑地层路段作较大范围和较多的地质工作,对地质体结构情况、地下水情况有一个较清楚的了解,并作出是否可能滑动的判断;

(2) 设置完善的排水系统,有条件和必要时,设置一定的地下排水设施,如平孔排水等;

(3) 挖方边坡坡率可适当放缓,并设置必要的防护措施;

(4) 施工中应严格按规程施工,先作排水工程,后进行开挖,开挖一级边坡应立即进行防护,然后开挖下一级,而不应进行全断面开挖,使坡体地质条件恶化而失稳。

(三)滑坡治理工程措施

滑坡治理的工程措施,大致可分为排水、力学平衡及改善滑动面(带)土石性质三类。目前常用的主要工程措施有地表排水、地下排水、减重及支挡工程等。选择防治措施,必须针对滑坡的成因、性质及其发展变化的具体情况而定。

1. 排水

排水措施的目的在于减少水体进入滑体内和疏干滑体中的水,以减小滑坡下滑力。

(1) 排除地表水。对滑坡体外地表水要截流旁引,不使它流入滑坡内。最常用的措施是在滑坡体外部斜坡上修筑截流排水沟,当滑体上方斜坡较高、汇水面积较大时,这种截水沟可能需要平行设置两条或三条。对滑坡体内的地表水,要防止它渗入滑坡体内,尽快把地表水用排水明沟汇集起来引出滑坡体外。应尽量利用滑体地表自然沟谷修筑树枝状排水明沟,或与截水沟相连形成地表排水系统(见图 9-3)。

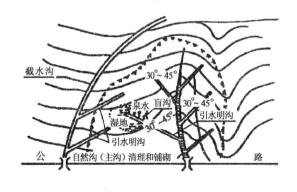

图 9-3 滑坡地表排水系统示意图

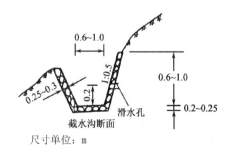

图 9-4 截水沟断面构造图

地表排水沟要注意防止渗漏,沟底及沟坡均应以浆砌片石防护。图 9-4 表示截水沟断面的构造及尺寸。

(2) 排除地下水。滑坡体内地下水多来自滑体外,一般可采用截水盲沟引流疏干。对于滑体内浅层地下水,常用兼有排水和支撑双重作用的支撑盲沟截排地下水。支撑盲沟的位置多平行于滑动方向,一般设在地下水出露处,平面上呈 Y 形或 I 形(见图 9-5)。盲沟(也称渗沟)的迎水面作成可渗透层,背水面为阻水层,以防盲沟内集水再渗入滑体;沟顶铺设隔渗层(见图 9-6)。

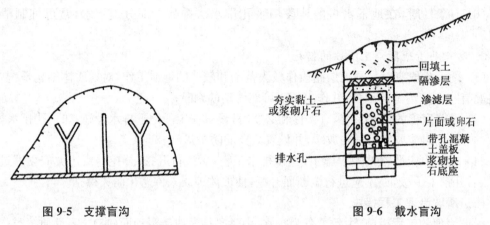

图 9-5 支撑盲沟　　　　　　　　图 9-6 截水盲沟

2. 力学平衡法

此方法是在滑坡体下部修筑抗滑石垛、抗滑挡土墙、抗滑桩、锚索抗滑桩和抗滑桩板墙等支档建筑物,以增加滑坡下部的抗滑力。另外,可采取刷方减载的措施以减小滑坡滑动力等。

(1) 修建支挡工程。支挡工程的作用主要是增加抗滑力,使滑坡不再滑动。常用的支挡工程有挡土墙、抗滑桩和锚固工程。

挡土墙应用广泛,属于重型支挡工程。采用挡土墙必须计算出滑坡滑动推力、查明滑动面位置,挡土墙基础必须设置在滑动面以下一定深度的稳定岩层上,墙后设排水沟,以消除对挡土墙的水压力(见图 9-7)。

抗滑桩(见图 9-8)是近 20 多年来逐渐发展起来的抗滑工程,已广为采用。桩材料多为钢筋混凝土,桩横断面可为方形、矩形或圆形,桩下部深入滑面以下的长度应不小于全桩长的 1/4~1/3,平面上多沿垂直滑动方向成排布置,一般沿滑体前缘或中下部布置单排或两排。桩的排数、每排根数、每根长度、断面尺寸等均应视具体滑坡情况而定。已修成的较大滑坡抗滑桩实例为三排共 50 多根,最长的单根桩约 50 m,断面 4 m×6 m。

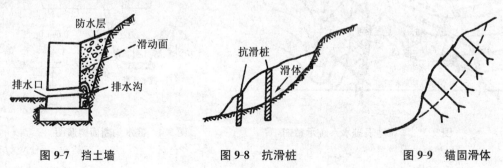

图 9-7 挡土墙　　　　图 9-8 抗滑桩　　　　图 9-9 锚固滑体

锚固工程也是近20多年发展起来的新型抗滑加固工程,包括锚杆加固和锚索加固。通过对锚杆或锚索预加应力,增大了垂直滑动面的法向压应力,从而增加滑动面抗剪强度,阻止了滑坡发生(见图9-9)。

(2)刷方减载。这种措施施工方便、技术简单,在滑坡防治中广泛采用。主要做法是将滑体上部岩、土体清除,降低下滑力;清除的岩、土体可堆筑在坡脚,起反压抗滑作用。

3. 改善滑动面或滑动带的岩土性质

改善滑动面或滑动带岩土性质的目的是增加滑动面的抗剪强度,达到整治滑坡要求。

(1)灌浆法是把水泥砂浆或化学浆液注入滑动带附近的岩土中,凝固、胶结作用使岩土体抗剪强度提高。

(2)电渗法是在饱和土层中通入直流电,利用电渗透原理,疏干土体,提高土体强度。

(3)焙烧法是用导洞在坡脚焙烧滑带土,使土变得像砖一样坚硬。

改善滑带岩土性质的方法在我国应用尚不广泛,有待进一步研究和实践。

(四)治理工程设计

1. 地表排水工程

地表排水工程布置应形成体系,其布设原则是:

(1)在滑坡可能发展扩大的范围5 m外设置1~2条截水沟,把水引入两侧自然沟,其断面大小应根据汇水面积和降雨强度、径流条件进行计算,沟底纵坡一般不小于3%;

(2)应充分利用滑坡两侧的自然沟排水,必要时进行铺砌,不使其下切和补给滑体;

(3)中小型滑坡在滑体内设斜交滑动方向的排水沟,大型滑坡则在滑体内设树枝状排水沟,其间距根据滑体地面植被及径流、入渗条件,以50~80 m为宜,断面一般底宽0.4~0.6 m,深0.6~1.0 m,坡度一般不小于3%,在陡坡处应设置跌水或急流槽。

2. 平孔排水工程

一般是在地下水分布不甚清楚而滑坡前缘渗水较多的情况下,在滑坡前缘打一或两排仰斜排水孔,平孔的坡度应不小于10%,一般仰角5°~10°左右,长度30~50 m,孔径一般100~130 mm,孔中清洗后放入带孔塑料管,管外包土工布以防堵塞,孔间距一般5~10 m。

3. 减重、反压

减重、反压要点是:

(1)减重的位置应在牵引段和主滑段;

(2)减重设计必须保持滑坡后壁和两侧坡体稳定和排水通畅,以免引发新的滑坡;

(3)反压工程应填在抗滑段以下并保证自身稳定和滑坡不越顶滑出。

4. 抗滑挡土墙

常用抗滑挡土墙断面形式如图9-10所示。抗滑挡土墙一般适用于滑动面较浅、滑坡推力不是很大的滑坡治理中,设计除按一般重力挡土墙的要求外,尚应符合下列要求:

(1)抗滑挡土墙承受滑坡推力,并与主动土压力比较,取其大值,必要时应考虑地震力和静、动水压力和浮力;

(2)胸坡一般1:0.4~1:1.0,且重心低;

(3)基础必须置于滑面以下稳定地层,一般应埋入基岩中0.5~1.0 m,土层中1.5~2.0 m;

(4) 尽量利用墙背填土重力;

(5) 墙体稳定性检算中除验算抗滑动、抗倾覆、截面强度检算及地基承载力验算外,还应检算从墙底滑动和从墙顶滑出的可能,以决定埋深和墙高;

(6) 推力作用点位置一般不在1/3墙高处,而一般在滑动面以上1/2或2/5墙高处;

(7) 墙后地下水发育时,必须设置纵向排水盲沟,并尽量用透水性土回填墙背;

(8) 施工必须分段跳槽开挖,从两侧向中部推进,避免因挖基造成滑坡滑动。

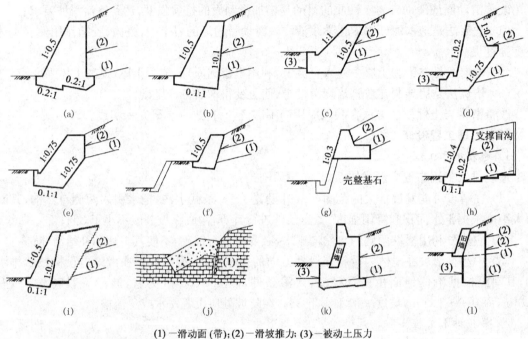

(1)—滑动面(带); (2)—滑坡推力; (3)—被动土压力

图 9-10 重力式抗滑挡土墙常用断面形式图

5. 预应力锚索框架

预应力锚索目前在边坡加固中大量应用,与抗滑挡土墙不同,后者是一种被动支挡型式,墙后土体变形后,支挡结构才能起作用,而前者是一种主动支挡型式,变被动受力为主动施力;在不少岩质边坡、滑坡加固中取得良好的效果,在土中预应力损失较大,最好设计成框架或大的支墩。

锚索设计包括计算外荷载、确定锚索布置和安设角度,锚索锚固体尺寸设计,预应力锚索结构设计,稳定性验算等内容。设计中应注意以下问题:

(1) 锚索上覆地层厚不应小于4 m,以避开车辆行驶等反复荷载的影响,也为了不致由于采用较高注浆压力而使上覆土隆起;

(2) 锚索的水平和垂直间距,一般不宜大于4 m,以免应力集中,也不得小于1.5 m,以免群锚效应而降低锚固力;

(3) 锚索的安设角度,一般不小于13°,不大于45°,以15°~35°最佳;

(4) 锚索锚固段长度一般为4~10 m;

(5) 锚索自由(张拉)段长度一般不小于5 m。

预应力锚索锚固力计算采用如下公式:

$$P = \pi L d q_s \tag{9-9}$$

$$L = \frac{m N_t}{\pi d q_s} \tag{9-10}$$

式中：P——锚索的极限锚固力；

N_t——锚索的设计轴向拉力值；

m——安全系数，建议在一级公路、高速公路滑坡整治设计中安全系数取为 2.2～2.5，其他等级公路中取 2.0～2.2；

q_s——锚固体表面与周围岩土体间的黏结强度；

L、d——锚固体的长度和直径，锚固体直径一般为 80～150 mm。

《公路钢筋混凝土及预应力混凝土桥涵设计规范》(JTJ 023—85)中规定：预应力钢筋在构件端部(锚下)的控制应力 σ_k 应符合下述规定：

对于钢丝、钢绞线： $\sigma_k \leqslant 0.75 R_y^b$ (9-11)

式中：R_y^b——钢绞线的标准强度(即最小破断荷载)。

锚索的锁定荷载原则上可按锚索设计轴向力(工作荷载)作为预应力值锁定，但锁定荷载应视锚索的使用目的和地层性状而加以调整。

6. 抗滑桩和预应力锚索抗滑桩

抗滑桩是在滑坡前缘或中部滑体较薄、推力较小处设一排或多排钢筋混凝土桩来稳定滑坡。抗滑桩可抵抗较大的滑坡推力，且对滑坡扰动小，施工较为方便，目前在大中型滑坡中广泛应用。

抗滑桩设计包含桩断面型式确定、桩长假定、计算图式的确定、抗滑桩内力计算、桩侧应力复核、抗滑结构设计。

(1) 抗滑桩断面确定。国内多采用矩形抗滑桩，人工挖孔，截面一般采用 1.5 m×2 m，2 m×3 m，2.5 m×3.5 m，3 m×4 m 等等，国外也有圆形钻孔桩和挖孔桩的。抗滑桩桩间距一般为 6～10 m，最小为 4 m。

桩长一般采用假定法，滑动面以下部分桩长称为桩的锚固长度，通过桩侧应力复核桩长是否合适。抗滑桩的锚固深度，与稳定地层的强度、滑坡推力、桩的刚度、截面和间距等因素有关，锚固过浅，稳定性差，锚固过深，施工将变得非常困难。在同样条件下，锚固深度增加，桩的变位固然减小，但达到一定深度后，这种作用就不再明显了，更不经济了。

(2) 计算图式的确定。作用在抗滑桩上的外力包括：滑坡推力、受荷段地层(滑体)抗力、锚固段地层抗力、桩侧摩阻力和黏着力，以及桩底应力，这些力均为分布力。实际计算中，一般不考虑侧摩阻力、黏着力和桩底应力。

滑坡推力分布及其作用点位置，与滑坡类型、部位、地层性质、变形情况及地基系数等因素有关。一般假定推力沿桩背呈矩形、三角形或梯形分布。

受荷段桩周岩、土抗力是指滑动面以上桩前滑体对桩的反力，因桩前岩土的抗滑作用条件不同而异，设计中一般取桩前滑动面处提供的剩余抗滑力与桩前土体的被动土压力中的较小者。

锚固段地层抗力一般采用弹性地基梁法计算，抗力等于该地层的地基反力系数乘以相应的与变形方向一致的压缩变形值。近年来很多国家的室内和现场试验资料证明，地基反力系数在一般土质地基中可认为是随深度成正比的(此时，计算桩内力的方法称为"m 法")，而在硬黏土及岩石中则可认为是一个常数(此时,计算桩内力的方法称为"K法")。它们的值一般通过试验确定,无试验数据时,也可采用参考有关资料选取。

(3) 抗滑桩内力计算。抗滑桩首先应区分刚性桩与弹性桩,分"m法"和"K法"进行判别。将抗滑桩分滑面以上及以下两部分,滑面以上部分桩内力根据滑面以上滑坡推力及桩前抗力方便地求出,从而求出滑面部位的剪力和弯矩值,滑面以下部分滑体内力计算则按侧向受荷桩计算。

刚性桩假定桩的刚度同地层的刚度相比为无穷大,桩承受滑坡推力之后,只能产生角变位,而桩身没有相对变形。当抗滑桩承受此推力以后,桩身便产生一个沿桩身某一转动中心点转动的转角(弧度),则滑动面(带)以下任一深度处的水平位移为转动中心点距滑动面的距离与此点距滑动中心点的差值与转角的乘积,该点处桩侧应力为地层抗力值与水平变位值的乘积,从而得出该点的弯矩和剪力值,由静力平衡条件,便可求得转动中心点距滑动面的距离和转角,桩身内力即求出。

弹性桩是指抗滑桩同地层相比其刚度较弱,因此当抗滑桩承受滑坡推力后,除产生同土体之间的相对变位外,桩身也要产生变形。常用的方法有"m法"和"无量纲法"。"m法"根据弹性地基上的弹性梁受挠曲作用后的微分方程式采用幂级数求解。"无量纲法"对桩和地层作用后的挠曲微分方程进行量纲分析,同时考虑到地层的弹性模量随深度变化的曲线关系,用近似的试算法得出计算结果。

上述计算公式较为繁琐,在此不再给出,可查阅有关资料。

(4) 桩侧应力复核。目前工程上多从控制锚固段桩周地层的强度来计算桩的锚固强度,多采用假定桩长的试算法,要求抗滑桩传递到滑动面以下地层的侧壁应力,不大于地层的侧向容许抗压强度。

对于一般土层或严重风化破碎岩层:

$$[\sigma_H] = \frac{4}{\cos\varphi}(\gamma_1 h_1 + \gamma_2 y)\tan\varphi + c \tag{9-12}$$

式中:$[\sigma_H]$——地基的横向允许承载力(kPa);

γ_1、γ_2——滑动面以上、下岩土体的容重(kN/m³);

h_1——设桩处地面至滑动面的距离(m);

c、φ——滑动面以下岩土体的黏聚力(kPa)、内摩擦角(°);

y——滑动面至计算点的深度(m)。

对于完整的岩质、半岩质地层:

$$[\sigma_H] = k_H \cdot \eta \cdot R \tag{9-13}$$

式中:k_H——水平方向换算系数,根据岩层情况可采用0.5~1.0;

η——折减系数,根据岩层的裂隙、风化和软化程度,可采用0.3~0.45;

R——岩石单轴抗压极限强度(kPa)。

若桩身侧壁应力不能满足要求时,则需调整桩的锚固深度或调整桩的截面尺寸或桩间距。

(5) 抗滑桩结构设计。抗滑桩是大截面的大型钢筋混凝土构件,结构设计按《公路砖石及混凝土桥涵设计规范》(JTJ 022—85)和《公路钢筋混凝土及预应力混凝土桥涵设计规范》(JTJ 023—85)中的有关规定进行,但一般不需进行裂缝验算、挠度验算。此外,抗滑桩桩身弯矩很大,有条件时可用废旧钢轨、工字钢等插入桩内以抵御巨大的弯矩。

预应力锚索抗滑桩在普通抗滑桩的顶部加上强大的预应力,从而改变普通抗滑桩的悬臂式受力状态,变为上端铰支的受力结构,一般用于滑坡推力大,用普通抗滑桩难以达到效果的大型滑坡整治中,可起到减小桩身内力,桩截面尺寸和埋深的作用,并节约工程造价。其中预应力锚索的设计同锚索框架设计方法,而抗滑桩设计同普通抗滑桩方法。

(五)治理工程施工控制

1. 排水与抗滑挡土墙施工控制

(1)排水沟(截水沟)工程应与实际地形相适应,施工时可根据实际地形对坡长、坡底纵坡的设置进行适当的调整,应保持纵坡不小于3‰,在遇陡坎时应据实际地形情况设置跌水,以保证水流的通畅,尤其注意各种排水工程间的顺接,使排水畅通,以免局部积水或汇水。

(2)抗滑挡土墙施工除满足普通挡土墙施工要求外,还应注意施工顺序,应分段跳槽开挖,从两头向中间施工,并尽量避开雨天,并提前做好排水措施,以免基坑积水或汇水浸泡坡脚。

2. 预应力锚索施工控制

(1)锚索孔位按断面图和立面图标示测放,力求准确;钻孔倾角允许误差±1°,考虑沉渣的影响,为确保锚索深度,实际钻孔深度要大于设计深度。

(2)锚索施工由两侧向中间进行。

(3)锚索成孔禁止开水钻进,钻进过程中应对每孔地层变化(岩粉情况)、进尺速度(钻速、钻压等)、地下水情况以及一些特殊情况作现场记录。若遇坍孔,应立即停钻,进行固壁灌浆处理,注浆36 h后重新钻进。

(4)钻孔完成之后必须使用高压空气(风压0.2~0.4 MPa)将孔中岩粉或地下水全部清出孔外,以免降低水泥砂浆与孔壁岩体的粘结强度。

(5)锚索材料要求顺直、无损伤、无死弯,必须除锈、除油污,自由段除锈后,涂抹黄油并立即外套波纹管,两头用铁丝扎紧,并用电工胶布缠封。

(6)锚索下料采用砂轮切割机切割,避免电焊切割。

(7)待锚固体均达到设计强度后方可进行锚索张拉,锚索张拉作业前必须对张拉设备进行标定。

(8)锚索张拉分级进行,除最后一级需要稳定10~20 min外,其余每级需要稳定5 min,并分别记录每一级钢绞线的伸长量,在每一级稳定时间里必须测读锚头位移三次,当张拉到最后一级荷载且变形稳定后,卸荷至锁定荷载、锁定锚索。

(9)锚索锁定后,切除多余钢绞线,用混凝土及时封闭锚头坑。

3. 抗滑桩施工控制

(1)抗滑桩要按桩排方向及桩间距,准确放线定位。

(2)抗滑桩施工前应先将桩位附近边坡或表层易滑塌部分予以清除,并做好桩位附近地表水的拦截工作。

(3)抗滑桩应跳桩分节开挖,按设计做好锁口盘和每节护壁。每节开挖深度1.0 m,开挖一节,做好该节护壁,当护壁混凝土具有一定强度后方可开挖下一节,护壁各节纵向钢筋必须焊接,禁止简单绑扎。浇筑护壁混凝土时,必须保证护壁不侵入桩截面净空以内。桩坑开挖过程中应随时校准其垂直度和净空尺寸。

(4)在开挖桩孔过程中,地质人员要下坑进行地质编录,核对地层岩性及滑面位置,如发现与设计不符时,应立即与监理工程师联系,由设计人员及时作出设计变更,经监理工程师批准后继续施工。

(5) 桩坑挖到设计标高后进行验槽,保证封底混凝土厚度。

(6) 桩身混凝土应边灌注、边振捣,全桩混凝土应一次性浇注完成。

五、滑坡的监测

(一)滑坡的监测目的

(1) 查明滑坡的性质,为治理滑坡提供必要的资料:确定发育尚不完全的滑坡周界;确定滑坡可能扩大的范围;确定滑坡区内各个滑动块体的分界;确定滑坡的滑动方向和主滑线的位置;确定正在滑动的滑动面位置、确定滑坡的滑动速率和滑速、为滑坡各部分的受力关系提供资料等等。

(2) 研究滑坡的位移和各作用因素(如降水、冲刷、地下水变化、切割、震动等)的关系,为防治工程设计提供依据,针对主要促滑因素采取控制或消除措施。

(3) 防治工程施工期间作安全监测,以保障施工安全。

(4) 通过监测了解治理工程的效果。

(二)滑坡的监测内容和方法

滑坡的监测内容主要有:裂缝监测、位移监测、滑动面监测、地表水监测、地下水监测、降水量监测、应力监测及宏观变形迹象监测等。

(1) 滑坡的裂缝监测一般可采用简易监测桩法或滑坡记录仪(也叫滑坡计,同时可进行位移监测),在滑坡周界两侧选择若干点打桩,定时量测桩间距变化、沉降量等。

(2) 滑坡地面位移监测可在对滑坡范围不清楚或对滑坡可能影响的发展范围需了解时采用,方法有地面倾斜仪和地面观测网监测等。

(3) 滑坡滑体内各点位移一般是变化的,仅仅依靠钻孔岩芯的鉴定和分析,对位移较小的滑坡,往往难于判别正确的滑动面位置,从而造成工程浪费或造成工程失败,地下位移监测较好地解决了这一难题。

当前应用多的有两种方法:① 测斜仪法;② 声发射监测仪法。

测斜仪由滑动式探头、手提式数字指示器、连接电缆、永久埋入坡体内的测斜管以及量测导槽旋转数据的旋转式探测仪5部分组成。工作原理是:在滑坡体上钻孔,在孔内安装测斜管,当坡体发生变形时,测斜管亦随之倾斜,定时量测孔壁上在全深度范围内倾角的变化,即可求得每段倾斜管的倾斜量,通过一定时间内的监测数据,可以获得各部位的累计变形量、方向和速率。这种方法特别对具有多层滑带的滑坡,通过监测资料可判断每层滑带的位置和活动情况,为设计提供可靠的依据。

声发射监测系统由探头、检测仪、磁带记录器、信号分析仪四部分组成。工作原理是:岩土在变形过程中可产生光、热、声、电、磁等物理现象,其中由应变能转化为应力波的声发射参数比较敏感,岩土破坏时能发出一种与周围环境噪声不同的声响,它与滑坡发展过程中在滑带的应力一应变关系有相关性,故可用声发射参数(频率和振幅等)预报滑带生成的部位及时间,一旦岩土结构破坏完成,则声发射消失。利用滑坡地质钻孔将探头放入钻孔内,由孔底逐步向上提升捕捉岩土破坏过程中声发射的信号,由探头将信号传至检测仪放大,经磁带记录器收录声发射的总事件及大事件的计数率及达到时间,由信号分析仪进行相关分析。一般需在当地取样在室内分别作试验,求该岩土在受力下变形过程中出现的声发射特性。这种技术适用于早期预报。

此外,还有地下水动态监测,如水位观测、流量观测、水温观测、水质分析等,降雨和气象检测、空隙水压力检测等检测措施。

六、工程实例

(一)工程概况

某高速公路35～37 km有两段深路堑,边坡垂直高35～55 m,工程地质以前震旦纪侵入的中粗粒闪云斜长花岗岩为主,相间穿插少量后期侵入的各种岩脉,并含少量捕虏体,地层自上而下揭露为残坡积层2～3 m,中风化层5～10 m,微风化层为花岗岩。岩体结构面以构造结构面为主,次生结构面为辅;边坡岩体结构属于碎裂结构,岩体地质类型属构造影响严重的破碎岩层,结构体呈碎块状,结构面较发育,表现出来的岩土工程特征为完整性破裂较大,整体强度很低,并受断裂等软弱结构面控制,呈弹塑性介质,稳定性很差,易引起规模较大的岩体失稳,地下水将加剧岩体推移。而地下水主要以大气降雨入渗形式补给,通过残坡积层进入强风化岩孔隙及各种结构面入渗,再沿中风化带裂隙介质贮存和径流,并在流带临空部位排泄。岩体透水性受断层和裂隙主导,属各向异性非均匀裂隙介质,在35 km+740 m～36 km+074 m及36 km+131 m～36 km+624 m右侧边坡开挖约1 m后,局部产生坍塌,最大的一次塌方量愈1 000 m³,边坡开挖裸露的工程地质情况表明该区域为顺层岩质滑坡,滑动面为岩体结构构造面。

(二)治理方案

35 km+740 m～36 km+74 m段右侧边坡高35～50 m,长334 m,分段开挖,每段高度为9 m,边坡坡度2∶1,共分5级,第1段采用浆砌片石护面墙;第2～5级采用预应力锚索挂网喷射混凝土支挡防护,每段设2～3排预应力锚索,锚索横向间距为6 m,呈交叉布置,单根锚索长15～19 m,如图9-11所示,采用∅6 mm,20 cm×20 cm网筋,厚10 cm,C20喷射混凝土封闭坡面进行防护。

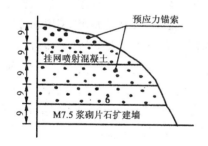 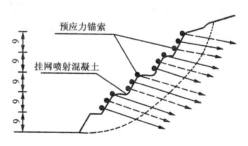

图9-11　K35+740～K36+074段滑坡锚索布置(尺寸单位:m)

36 km+131 m～36 km+624 m段右侧边坡高30～80 m,长493 m,分级开挖高度为10 cm,坡度2∶1,共分4段。第1段采用浆砌片石护面墙;第2～4级采用预应力锚索挂网喷射混凝土进行支挡防护,每级设2～3排预应力锚索,锚索横向间距8 m,呈交叉布置,单根锚索长度12～16 m,如图9-12所示。采用∅6 mm,20 cm×20 cm网筋,厚10 cm,C20喷射混凝土封闭坡面进行边坡防护。

预应力锚索采用∅10 mm 锚孔,锚索体材料选用 1×7 标准型∅15.2 mm,1 860 MPa 钢绞线,选择采用 OVM15-4 型锚具,单根锚索抗滑力不少于 500 kN,外锚头采用顶面尺寸 40 cm×40 cm,呈不规则棱台形 C30 现浇钢筋锚固墩台。预应力锚索结构如图 9-13 示。

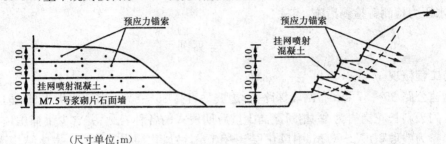

(尺寸单位:m)

图 9-12 K25+740~K26+074 滑坡锚索布置

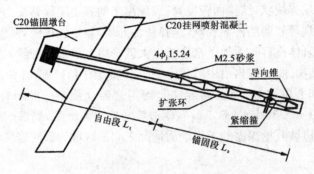

图 9-13 预应力锚索结构

(三)施工工艺

(1)清理危岩。因场地岩层破碎,边坡开挖放炮极难控制,开炸后形成的坡面平整度较差,凹凸不平,危岩遍布。进场施工首先要进行将坡面不稳定的松动岩石清除,凸出的岩体用小炮炸掉等清理边坡工作,为后续支挡防护结构施工清除安全隐患。

(2)预应力锚索施工工艺,为确保每根锚索有足够的锚固力,必须严格控制每一道工序的施工质量。钻孔:定向定位准确,选择不小于设计要求的∅110 mm 钻头成孔,孔深超钻 30~50 cm,高压风吹掉孔内的岩粉,保持孔内清洁。组装锚索:按设计要求下料,组装成索,特别重视自由段防腐处理措施。下锚灌浆:正确抬运、下锚、灌浆,严格按施工配合比拌制砂浆,注浆管应置于锚孔底部,注浆压力不小于 0.4 MPa。锚固墩台:锚索孔道与墩台同轴线,预埋锚具的锥杯顶向与锚索孔道垂直。张拉封锚:分级稳压张拉,补浆封锚,张拉后检测结果表明,两个边坡共施工的 484 根预应力锚索皆具有设计要求的 500 kN 锚固能力。

(3) C20 挂网喷射混凝土护面。20 cm×20 cm ∅6.5 mm 网筋采取∅16 mm 长 30 cm、间距 1.6 m×1.6 m 的锚固钢筋固定在边坡坡面,分层喷混凝土,坡面按 2 m×3 m 设泄水孔。

第二节 崩塌、岩堆与隧道塌方治理技术

在比较陡峻的斜坡上,岩体或土体在自重作用下脱离母岩,突然而猛烈地由高处崩落下来,这种现象称为崩塌。崩塌不仅发生在山区的陡峻山坡上,也可以发生在河流、湖泊及海边

的高陡岸坡上,还可以发生在公路路堑的高陡边坡上。规模巨大的山坡崩塌称为山崩。由于岩体风化,破碎比较严重,山坡上经常发生小块岩石的坠落,这种现象称为碎落,一些较大岩块的零星崩落称为落石。小的崩塌对行车安全及路基养护工作影响较大;大的崩塌不仅会损坏路面、路基,阻断交通,甚至会迫使放弃已成道路的使用。

经常发生崩塌——碎落和落石的山坡坡脚,由于崩落物的不断堆积,就会形成岩堆。在高山地区,岩堆常沿山坡或河谷谷坡呈条带状分布,连续长度可达数公里至数十公里。在不稳定的岩堆上修筑路基,容易发生边坡坍塌、路基沉陷及滑移等现象。

一、崩　　塌

(一)崩塌勘察要点

崩塌勘察以工程地质测绘和调查为主,测绘比例尺宜采用1∶500～1∶1 000,在顺可能崩塌方向的纵断面上,比例尺宜大一些。其主要内容为:

(1)调查崩塌的特征、类型、分布范围、崩塌的大小及其发展过程;

(2)查明崩塌区的斜坡外形、坡度,山体危石分布情况及坡脚堆石情况;

(3)查明斜坡的地层构造,岩体的结构类型,结构面的发育程度、产状、组合关系,延展及贯穿情况,闭合及填充情况;

(4)搜集当地气象、水文及地震资料;

(5)调查崩塌前的迹象,分析崩塌的内、外原因;

(6)调查当地防治崩塌的经验。

(二)崩塌的工程分类

我国《岩土工程勘察规范》(GB 50021－2001)中,根据崩塌的特征、规模及其危害程度,将其分为三类。

Ⅰ类:Ⅰ类山高坡陡,岩层软硬相间,风化严重;岩体结构面发育、松弛且组合关系复杂,形成大量破碎带和分离体,山体不稳定,可能崩塌的落石方量大于5 000 m^3,破坏力强,难以处理。

Ⅱ类:Ⅱ类介于Ⅰ、Ⅲ类之间。

Ⅲ类:山体较平缓,岩层单一,风化程度轻微;岩体结构面密闭且不甚发育或组合关系简单,无破碎带和危险切割面;山体稳定,斜坡仅有个别危石,可能崩塌的落石方量小于500 m^3,破坏力小,易于处理。

(三)崩塌区的评价

崩塌区工程评价应根据山体地质构造格局、变形特征进行崩塌的工程分类,圈出可能崩塌的范围和危险区,对各类建筑物和路线工程的场地适宜性作出评价,并提出防治对策和方案。

1. 评价方法

(1)工程地质类比法。对已有的崩塌或附近崩塌区及稳定区的山体形态、斜坡坡度、岩体构造,结构面分布、产状、闭合及填充情况进行调查对比,分析山体的稳定性、危石的分布,判断产生崩塌落石的可能性及其破坏力。

(2)力学分析法。在分析可能崩塌体及落石受力条件的基础上,用"块体平衡理论"计算其稳定性。计算时应考虑当地地震力、风力、爆破力、地面地下水冲刷力及冰冻力等的影响。

2. 评价

(1) Ⅰ类崩塌区不应作为各类建筑物的建筑场地,各类路线工程应绕道,确无绕避可能时,必须采取切实可靠的措施。

(2) Ⅱ类崩塌区,如坡脚与拟建建筑物之间不能保证足够的安全距离时,必须对可能崩塌的岩体加固处理;必须通过的路线工程应采取防护措施。

(3) Ⅲ类崩塌区作为建筑场地时,应以全部清除不稳定岩块为原则,对稳定性稍差的岩块应采取加固措施。

(4) 对各类崩塌源要进行观测和预报。为判定剥离体或危石的稳定性,必要时应对张裂隙进行观测。对有巨大危害的大型崩塌,应对崩塌发生的时间、规模、滚落方向及途径、影响范围等作出预报。

(四)崩塌地段路基

1. 崩塌的形成条件及因素

(1) 地形。陡峻的山坡是产生崩塌的基本条件。产生崩塌的山坡坡度一般大于45°,而55°~75°者居多。

(2) 岩性。节理发达的块状或层状岩石,如石灰岩、花岗岩、砂岩、页岩等均可形成崩塌。厚层硬岩覆盖在软弱岩层之上的陡壁最易发生崩塌。

(3) 构造。当各种构造面,如岩层层面、断层面、错动面、节理面等,或软弱夹层倾向临空面且倾角较陡时,往往会构成崩塌的依附面。

(4) 降水。在暴雨或下雨之后,水分沿裂隙渗入岩层,降低了岩石裂隙间的黏聚力和摩擦力,增加了岩体的重量,就更加促进崩塌的产生。

(5) 冲刷。水流冲刷坡脚,削弱了坡体支撑能力,使山坡上部失去稳定。

(6) 地震。地震会使土石松动,引起大规模的崩塌。

(7) 人为因素。如在山坡上部增加荷重,切割了山坡下部,大爆破的震动等。

2. 人工开挖边坡造成的崩塌

公路路堑开挖过深、边坡过陡,或者由于切坡使软弱结构面暴露,都会使边坡上部岩体失去支撑,引起崩塌。常见的边坡崩塌的基本类型见表9-3及图9-14所示。

表9-3 边坡崩塌类型

类 型	产 生 条 件
单一软弱结构面型	倾向边坡而倾角略小于边坡坡度的单一软弱结构面被揭露,倾向边坡的弧形软弱面被揭露。
两组软弱结构面型	两组相互斜交的软弱结构面交割,交线的倾向与边坡倾向一致,倾角略小于边坡坡度。
三组软弱结构面型	三组陡倾斜的软弱结构面相交;底部一组倾斜的软弱结构面与两组相交的陡倾斜的软弱结构面组合;底部一组倾斜的软弱结构面与两组近于平行的陡倾斜软弱结构面组合,当交线或底软弱结构面的倾向与边坡倾向一致,倾角略小于边坡坡度。
多组结构面型	受多组结构面割切的岩体,从总体看,裂隙纵横交错,无一定几何型态,形成网状结构的特征。

3. 崩塌地段的勘察、调查及分析评价

(1) 应充分收集、掌握有关区域性资料,如自然、地理、区域地质、地震等。此外,如同一地区已发生过崩塌则应查明其类型、规模、范围、诱发因素、发生发展过程、危害方式及程度,分析成因,掌握规律,借以指导该地区崩塌易发地段的路基勘察设计。

(2) 对可能发生崩塌的地段,应查明相关条件、因素,一般存在以下几个方面:

① 地形、地貌条件。如坡形、坡度是否存在陡坎、悬石，坡脚有无堆积物及堆积物的类型成分、粒度等特征；植被的发育程度、种类等。

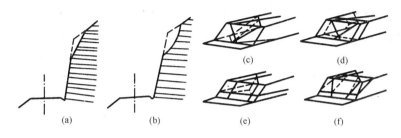

(a) 单一结构；(b) 弧形软弱面；(c) 两组斜交结构面；(d) 三组陡倾斜结构面相交；
(e) 底部倾斜结构面与两组陡倾斜结构面相交；(f) 底部一组倾斜结构面与两组近于平行的陡倾斜结构面相交

图 9-14　边坡岩体软弱结构面组合形式示意图

② 工程地质条件。如地层、岩性、岩石风化程度、上覆土层情况、岩层产状、构造裂隙发育特征，有无断层、软弱夹层，或者断裂破碎带等各种结构面形状及组合情况，水文地质特征。

③ 降水、汇水、自然排水状况等水文条件。

④ 上方山坡有否开山炸石、堆弃废方及大肆伐木的现象；公路的边坡施工条件，可能的开挖、爆破方式。

(3) 根据勘察资料，及时进行边坡稳定性分析、评价，预测崩塌发生的可能性、规模、过程、对公路的危害程度及其根治难度，必要时可选择代表性地段进行边坡工程地质勘察、测绘、试验、观测。

4. 崩塌的防治措施

(1) 崩塌的防治原则

① 选线时必须设法绕避可能发生大型崩塌的地段，对可能发生中型崩塌的地段，应尽量采用绕避方案；绕避有困难时，可选择在有利位置通过，以减少防治工程，确保行车安全。对可能发生小型崩塌或落石的地段，路线宜选择在崩塌、落石停积区以外，最好以路堤通过，在有困难时，也应使路线与陡坡坡脚之间留有适当的距离，以便设置防护工程。

② 当崩塌岩块较大或数量较多，且距路线很近时，设计的遮挡建筑物顶部应有足够的缓冲层厚度。为防止崩塌岩块落入路基范围以内，整个遮挡工程的长度，应能覆盖所有可能崩塌地段。

③ 当崩塌岩块较小或崩塌数量不多时，可采用支挡、刷坡或设置拦截建筑物等措施。拦截建筑物的位置、类型以及结构尺寸等应根据崩塌的具体条件确定。刷坡不要用于构造破碎带和裂隙发育路段。

④ 在可能发生崩塌的地段，必须做好地面排水。对位于公路上下边坡及其附近的排、灌沟渠要采取加固措施，以防止沟渠发生大量渗漏而导致崩塌。

⑤ 在崩塌地段施工时，只宜采用小爆破由上而下进行开挖作业，不得采用大爆破方法施工。

⑥ 对边坡坡脚因受河水冲刷而易形成崩塌者，河岸要做防护工程。

(2) 防治措施

① 清除。小型的崩塌，往往崩塌物的体积与数量不大，岩层风化破碎程度不很严重，可采

取清除的办法。应注意设计好清除后的边坡形式、坡度及做好边坡防护和排水设计。对路基上方悬立的危岩,能排除者,也应首先考虑清除的办法。

② 拦截构造物。有些小型崩塌由于受地形所限,或者岩层风化破碎程度严重,采用清除的办法并不能解决问题,此时宜采用落石平台、落石槽、拦石堤、拦石墙等构造物,如图 9-15 及图 9-16 所示。

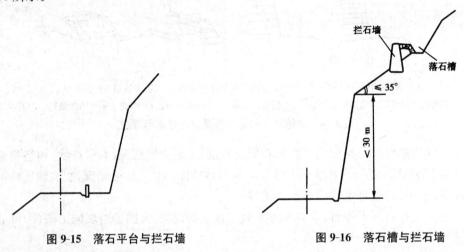

图 9-15 落石平台与拦石墙　　　　图 9-16 落石槽与拦石墙

高速公路用于防治崩塌的落石台不宜过窄,如地形允许,宽度以不小于 3 m 为宜。必要时,可在边坡中间适当位置加设落石平台,落石平台应以水泥砂浆砌片加固。拦石墙与落石槽宜配合使用,设置位置、高度经现场调查或试验后确定。落石槽的槽深及底宽应分别增加 0.5 m 和 1.0 m 的安全值,沟槽应以水泥砂浆砌片石加固。拦石墙墙高应按计算拦挡高度增加 0.5 m 的安全值。墙背应设缓冲层,墙身应用水泥砂浆砌片石砌筑,并按公路挡土墙设计,墙背压力应考虑崩塌冲击荷载。有时须在上方山坡设置数道拦石墙及落石槽才能避免崩塌对公路的影响。当地面横坡较缓(小于 30°)时,迎石坡坡度 1∶1.5,基底挖台阶,堤身可用干砌片石砌筑,并用水泥砂浆水平肋带加固。崩塌物含有大滚石时,堤身也可用大块石错缝浆砌,并考虑设计排水设施。

③ 支补。在已建公路上方有危岩可能威胁行车安全,并且清除困难时,可根据地形和岩层情况采取支补措施:

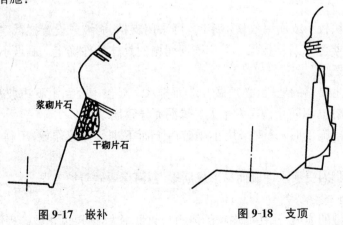

图 9-17 嵌补　　　　图 9-18 支顶

a. 嵌补。路基上方局部坡面因塌落或风化差异形成凹陷,可采取内部用干砌片石,表面用水泥砂浆砌片石嵌补(见图 9-17)。

b. 支顶。对于边坡上有危岩悬空,但基础条件较好,岩体比较完整时,可根据具体情况采用钢筋混凝土立柱或水泥砂浆砌片石支顶(如图 9-18)。

c. 支撑。对陡峻的山坡,无法用浆砌片石支顶,又不能刷坡时,可用钢筋混凝土柱支撑(见图 9-19)。

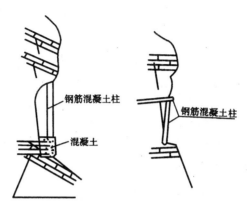

图 9-19 钢筋混凝土柱支撑

④ 封面、护坡及锚固。若岩层抗风化能力差,为防止边坡开挖后岩层加速风化,产生剥落、零星坠石等现象,可采用水泥砂浆封面、护面等措施,有时也可用支护墙,既可防护护面,又起支撑作用,如图 9-20 所示。

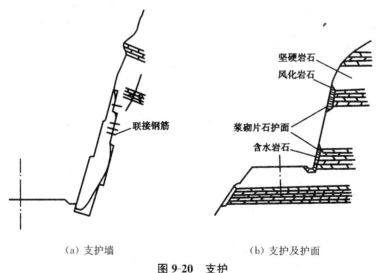

(a) 支护墙　　　　　　(b) 支护及护面

图 9-20 支护

当坡面渗水或者岩层节理发育,风化破碎程度严重时,还需相应采取挂网喷射水泥砂浆、锚固等措施。有时需几种方法配合使用,图 9-21 是湘南某处垭口边坡锚固方案示意图。

⑤ 遮挡建筑物。当崩塌影响范围宽广、崩塌量较大、发生频繁,改线绕行亦不可能,采用一般拦截、清除、支护等方面有困难或者作用不大时,则可采用钢筋混凝土棚洞。棚洞通常有框架式和悬臂式,如图 9-22 所示,可根据地形、地质条件选用。

棚洞的设计、计算、尺寸及材料要求按桥隧要求进行,洞顶应有足够厚度的填土作缓冲层。当落石的体积为 0.25~1.00 m³ 时,缓冲层的最小厚度不宜小于 2.5~3.5 m。

在进行棚洞及明洞结构设计时,应考虑洞顶堆积物以天然休止角堆积的荷载及崩塌物的冲击荷载。

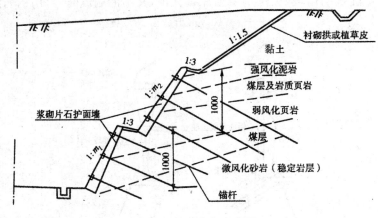

图 9-21 锚固方案示意图

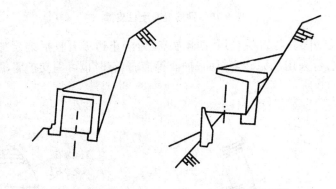

(a) 框架棚洞　　(b) 悬臂式棚洞

图 9-22 遮挡建筑物

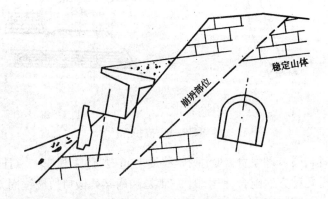

图 9-23 棚洞与隧道结合

当地形、地质条件允许时,也可适当内移路线,采用明洞或傍山隧道方案。棚洞方案在高速公路设计中,路基宽度往往难以得到保证,此时可考虑用分离式路基,采用棚洞与明洞或者隧道结合使用,如图 9-23 所示。

⑥ 钢绳网拦石防护。利用钢绳网、锚索、连接索及短锚杆组成的安全防护系统,通过覆盖、锚固坡面的新技术方法,保护斜坡稳定,防止大块落石滚入路基。

对于上述的各种防止措施如何结合作用,应根据地形、地质条件、有关技术标准运用,并应与工程造价等方面进行全面的经济技术比较后再确定。

5. 工程实例

(1) 工程概况。某路线以半填半挖形式通过地形复杂的 499 km+980 m～500 km+290 m 段,左侧边坡高 8～30 m,边坡坡度 1∶0.3～1∶0.5,自然山坡高 110～200 m,山坡坡度 40°～60°;右侧紧临 40 多米深的新桥河。该段属古崩塌地段,岩性主要为凝灰岩,自然山坡岩石裸露,受构造影响,岩体节理面裂隙非常发育,存在较多的孤立危岩,据不完全统计,自通车以来先后落石 33 次,属典型的崩塌落石地段。

(2) 整治措施。采用 SNS 柔性被动网和浆砌片石拦石墙及危石处理相结合的综合工程措施,SNS 被动防护网选用 RX-050 型将边坡处理分为四段,第一段 499 km+984.8 m～500 km+012 m 左侧边坡中上部及隧道出口仰坡岩石风化破碎,节理发育,并发生落石。为全面整治病害,采用长 30 m、高 5m RX-050 型被动防护网,在边坡中上部及隧道仰坡增设 GAR_2 型主动防护网;第二段 500 km+012 m～500 km+096 m,长 84 m,网高 5 m,采用上下两排重叠设置;第三段 500 km+104 m～500 km+130 m,采用浆砌片石拦石墙;第四段 500 km+162 m～500 km+292 m,长 130 m,网高 3 m。

(3) SNS 系统(主动防护)施工。SNS 柔性防护系统(主动防护)施工如图 9-24 所示。

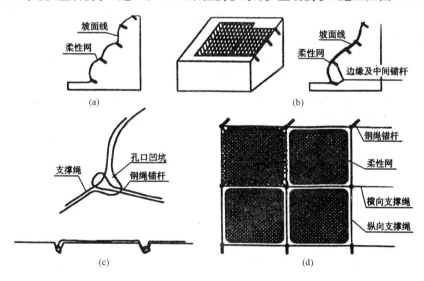

图 9-24　SNS 主动防护系统布置

① 锚杆施工

a. 清除坡面防护区域内的浮土及浮石,精确放出锚杆孔位。锚杆纵横间距不小于相应钢丝绳基础上 10% 的调整范围。

b. 按设计深度钻凿锚杆孔并清孔。对钢丝绳锚杆,孔深不小于设计锚固长度 50 mm;钢丝绳锚杆在确保向下倾斜的角度不应小于15°的基础上,宜与所在位置的坡面垂直;每一孔位处凿一深度不小于锚杆外露环套长度的凹坑,一般孔径20 cm,深20 cm。

c. 注浆并插入锚杆。锚杆外露环需位于孔口凹坑内;砂浆强度等级不应低于M20,采用灰砂比1∶1.0～1∶1.2(质量比),水灰比0.45～0.50的砂浆。

② 支撑绳安装:

支撑绳穿过沿程各锚杆的外露鸡心环套;绳端用绳卡固定,绳卡间距5～10 cm,固定后绳端留长度不小于20 cm的自由尾绳;支撑绳两端固定前用大于5 kN的张力张紧。

③ 铁丝格栅铺设:

从上向下铺挂格栅网,同时用缝合绳将钢绳网与支撑绳或相邻网块边沿进行缝合连接,缝合绳头部预留长度为0.5～1.0 m。格栅网铺设的同时,从上向下铺设钢绳并缝合。

(4) SNS 柔性防护系统(被动防护)施工。SNS 柔性防护系统(被动防护)如图9-25所示。

① 基座及拉锚施工:

a. 精确放出拉锚绳及基座位置,并沿着基座位置修一条基本等高的小道,同时清除临时处理坡面防护区域内的浮土及浮石;在确保系统稳定和所配

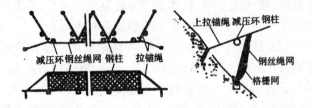

图 9-25　RX-050型SNS被动防护系统

置拉锚足够长度的基础上,可灵活调整;拉锚锚杆在确保向下的角度不大于15°的基础上,宜与拉锚绳方位一致;钢柱间距在确保不小于12 m的基础上允许有20%的调整量。

b. 基坑开挖与灌筑(土质地层)或钻凿锚杆孔并清孔(岩质地层),对地脚螺栓锚杆,孔深误差不宜大于50 mm;当开挖基坑浇筑混凝土基础时,对覆盖层不厚的地方,开挖至基岩而未达到设计深度时,则在基坑内的锚孔位置处钻凿锚杆孔,等锚杆插入基岩并注浆后再浇筑上部基础混凝土。

c. 锚杆安装与注浆。锚杆杆体使用前应平直、除锈及除油;锚杆应位于钻孔中部,杆体插入孔内长度不应小于设计规定的95%;地脚螺栓锚杆外露丝口端长度不应小于80 mm;每个基座的4根地脚螺栓锚杆间的纵横间距误差不应大于5 mm;锚杆安装后其外露环套不应高出地面;注浆锚杆长度大于3 m时,宜采用机械注浆,锚杆安装后,不得随意敲击,3天内不得悬挂重物或进行会使其受载的下道工序施工,砂浆强度等级不应低于M20。

② 基座安装。基座的基础顶面应平整,一般不应高出地面10 cm,以使下支撑绳尽可能紧贴地面;但亦不可太深,以免防护网防护高度降低或基座坑积水。

③ 钢柱、拉锚安装。通过与基座间的连接和上拉锚绳来实现钢柱的固定安装。拉锚绳调整钢柱方位满足设计要求,误差不得大于5,并在绳端用不小于4个绳卡固定,上拉锚绳上的减压环宜距钢顶0.5～1.0 m。

④ 支撑绳安装:

a. 支撑绳端穿入挂座并用不小于4个绳卡固定外,其余同一位置处的2根支撑绳应采用1根穿入挂座内,1根用2个绳卡固定悬挂于挂座外侧的交错布置方式,且同1根支撑绳在两相邻位置处应内外交错穿行;上支撑绳一端应向下绕至基座的挂座上用绳卡固定。

b. 减压环宜位于高钢柱的0.5 m处,同一侧为双减压环时,两减压环间应相距0.3

~0.5 m。

c. 支撑绳固定前应张紧,系统安装完毕后上支撑绳的铅直垂度不应超过柱间距的3%。

⑤ 钢绳网的铺挂与缝合。钢丝绳网只能与支撑绳或临近网边缘缝合联结,不能与钢柱和基座等构件直接联结;在2个并接绳卡之间或并接绳卡与无减压环一侧钢柱之间,缝合绳应将网与2根支撑绳缝合缠绕在一起;在并接绳卡与同侧钢柱之间,缝合绳应将网与不带减压环的1根支撑绳缝合缠绕在一起,缝合绳两端应重叠1.0 m后用2个绳卡与钢丝绳网固定。

⑥ 铁丝格栅网铺挂。格栅应铺挂在钢丝绳网的内侧,即靠山坡侧。叠盖钢丝绳网上缘并折到网的外侧10 cm以上;格栅底部宜沿斜坡向上敷设0.5 m以上,并宜用土钉或石块将栅底部压住;每张格栅重叠宽度不得小于5 cm。

(五)岩堆地段路基

1. 岩堆的形态和工程地质特征

(1) 岩堆形态:

① 平面形态。常呈楔形、三角形、舌形、半圆形、梨形、梯形等,如图9-26所示。

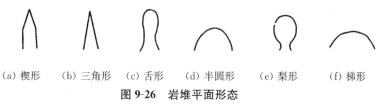

(a) 楔形　(b) 三角形　(c) 舌形　(d) 半圆形　(e) 梨形　(f) 梯形

图 9-26　岩堆平面形态

② 纵断面形态:呈各种形状的三角形。由岩堆基底、傍依区和岩堆面组成,如图9-27所示。岩堆面的倾角约等于组成岩堆的碎屑物质的安息角。

1—岩堆基底;2—傍依区;3—岩堆面

图 9-27　岩堆纵断面形态

图 9-28　岩堆横断面形态

③ 横断面形态。按堆积范围和岩堆基底斜坡形状的不同,岩堆横断面形态一般有五种,如图9-28所示。

(2) 岩堆的工程地质特征:

① 岩堆大都为近代堆积,其表面的坡度多接近于其组成物质在比较干燥状态下的天然安息角,岩堆的安息角与其组成物质的岩性、岩块的大小有关,一般约为25°~45°,如表9-4所示。

② 岩堆内部常有向外倾斜的层理(倾角与天然安息角近似),在震动荷载作用下,容易发生表层或层间的滑动变形。

③ 岩堆一般比较松散,空隙度大,只有经过长期风化剥蚀和地面水的渗入,才会使一些细颗粒填充在空隙内,组成不均匀的结构。有的岩堆上部比较密实,而下部仍然是松散的,或有松散夹层;有的则仅有一部分比较密实,故在荷载作用下容易产生不均匀沉陷。

表 9-4　各种岩石组成的岩堆安息角

编　号	岩石组成	岩堆安息角(°)	编　号	岩石组成	岩堆安息角(°)
1	花岗岩	37	4	片麻岩	34
2	石灰质砂岩	34～35	5	云母片岩	30
3	密实灰岩	32～36.5			

④ 岩堆的基底和傍依区一般是全部或大部分座落在基岩斜坡上,由于地面水的下渗或基岩中裂隙水的活动,浸湿了接触面,降低了接触面上的摩阻力,使处于接近极限平衡状态的岩堆稍有外力作用,就可能沿基底和傍依区的接触面发生滑移。

2. 岩堆的形成和分类

(1) 岩堆的形成条件:

① 地形、地貌。高山断崖及峡谷陡壁是形成岩堆的有利地貌条件。在风化剥蚀作用强烈的地区,一些比较陡的山坡或河谷谷坡下部也易形成岩堆。

② 地层岩性。由完整的花岗岩、石英岩、石英砂岩及石灰岩等坚硬致密、抗风化能力强的岩层组成的山坡,形成的岩堆较少。由泥质页岩、千枚岩、各种板岩、片岩等软弱易风化的岩层,以及破碎的花岗岩、石灰岩等所组成的山坡、坡脚常见有岩堆。由软硬岩互层组成的峡谷,在陡坡坡脚岩堆特别发育,往往成群出现。

③ 地质构造。断层或褶皱轴部,因岩层遭受强烈破坏,裂隙均较发达,岩堆分布一般比较广泛。

a. 河谷斜坡沿断裂带发育时,谷坡岩体因断裂错动而强烈破坏,崩塌和碎落物质来源丰富,多形成巨大的岩堆(见图 9-29)。

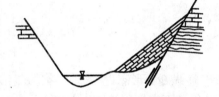

图 9-29　断裂带河谷的岩堆

b. 河谷沿背斜轴部发育时,因谷坡岩层破碎,张力节理裂隙发达,两岸多有大型岩堆形成(见图 9-30)。

c. 河谷沿向斜轴部发育时,岩堆形成往往受岩层产状控制。当轴部开阔,岩层倾角平缓且小于谷坡倾角时,易形成岩堆;反之,岩堆不发育。

河谷沿单斜岩层走向发育时,岩层倾角与谷坡倾角一致的一岸,岩堆不发育;反之,岩层倾向与谷坡倾向相反的一岸,容易形成岩堆(见图 9-31)。

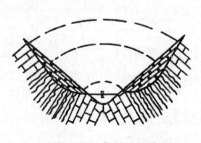

图 9-30　背斜河谷的岩堆

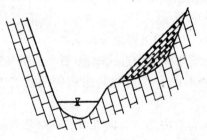

图 9-31　单斜河谷的岩堆

(2) 岩堆分类。根据岩堆物质供给的方式及发展阶段的不同,可将岩堆按表 9-5 进行分类。

表 9-5　岩堆分类表

分类的依据	划分的类型	简　要　说　明
按岩堆物质供给的方式	崩塌型岩堆	岩堆物质主要来源于崩塌，岩块粗大。一次大崩塌形成的岩堆无斜层理，稳定性较好，多次崩塌形成的岩堆有斜层理，稳定性较差。
	落石型岩堆	岩堆物质主要来源于落石，岩块较大，渗透性好，无斜层理，稳定性好。
	碎落型岩堆	岩堆物质主要来源于碎落，岩块较小，掺杂较多的岩屑。其岩堆斜层理明显，稳定性较差。
	混合型岩堆	岩堆物质由崩塌、落石、碎落、坡面泥流等方式混合供给，其特点介于上述三者之间。
按发展阶段划分	正在发展的岩堆	山坡基岩裸露，坡面参差不齐，有新崩塌痕迹，常有落石、碎落。岩堆坡面为直线型，坡角近于其安息角。坡面无草木生长或仅有稀少的杂草，堆积的石块大部分颜色新鲜，有的石块停积在坡面上，个别石块滚到坡脚以外，岩堆表层松软。
	趋于稳定的岩堆	岩堆上方的基岩大部分已稳定，具有平顺的轮廓，仅有个别的落石和碎落。坡面大部分已生长杂草和灌木，岩堆的石块大部分颜色暗淡，仅个别地点有颜色新鲜的石块零散分布。石块停积在草木之间，愈往外愈稀疏。岩堆上部坡度渐陡，堆体向上延伸，坡面线趋向凹形，岩堆内部结构密实或中等密实，但表层还是松散的。由于草木生长已不致散落，岩堆坡面上部的坡度常稍陡于其天然安息角。
	稳定的岩堆	岩堆上方的基岩已稳定，坡度平缓，不稳定的岩块已完全剥落。岩堆坡面呈凹形，已长满草木，无颜色新鲜的石块，岩堆体胶结密实，有些地方因表层失去植被覆盖而有水流冲刷的痕迹。

3．勘测调查要点

（1）查明路线通过地带岩堆的分布、形态、规模及稳定情况。确定哪些岩堆不需特殊处理，可在何种位置以何种有利的路基形式通过。

（2）对绕避有困难而需要特殊处理的岩堆，应进一步查明：

① 岩堆上方山坡岩石的岩性、构造和风化情况，可能变形的性质（崩塌、碎落或落石）和规模。

② 岩堆本身的物质组成、内部结构和密实程度，有无倾斜层理和松散夹层。

③ 岩堆表面的坡度、植被、冲沟割切以及落石停积情况等，应着重查明岩堆基底和傍依区的形状、陡缓程度以及接触面的土质、岩性等。

④ 影响岩堆稳定的地面水和基岩裂隙水的活动情况及其危害程度。

4．岩堆地段选线原则

（1）对处于发展阶段的岩堆，若上方山坡可能有大中型崩塌，则以绕避为宜。如有条件，也可及早提坡，让路线从上方山坡的稳定地带通过。

（2）对趋于稳定的岩堆，如地形条件允许，路线宜在岩堆坡脚以外适当距离以路堤通过；如受地形限制，也可在岩堆下部以路堤形式通过。

（3）对稳定的岩堆，路线可选择在适当位置以低路堤或浅路堑通过。

（4）对临河的岩堆，应注意河水对岩堆下部的冲刷，要在路线外侧留有适当余地，以使路基荷载应力分布线不致伸进临河陡坎，并便于设置防护与加固建筑物。

（5）对基底倾斜较陡的岩堆，为便于采取防止滑移的加固措施，路线宜选择在基础条件较好的部位。

5. 岩堆地段路基稳定措施

(1) 路堤设计：

① 路堤位置。如图 9-32 所示，在岩堆体上部修筑路堤是不利于稳定的，在岩堆体下部或坡脚修筑路堤则较稳定。

② 基底处理。岩堆表层一般比较松散，应清除表层的松散堆积物并挖台阶。

③ 设置排水沟。为防止地面水渗入基底，一般应在路堤靠山坡侧适当位置布设防渗的排水沟，以截排山坡的地表水流(见图 9-33)。

④ 陡倾斜岩堆面上的路堤为防止路堤沿基底或岩堆接触面滑动，在岩堆不厚的情况下，可采用嵌入基岩的挡土墙(见图 9-34)；如岩堆范围不大，厚度小，也可采取清除全部岩堆的办法，在基岩面上挖台阶，填筑路堤。

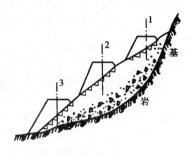

1—不稳定；2—较稳定；3—稳定

图 9-32 岩堆上路堤的稳定性

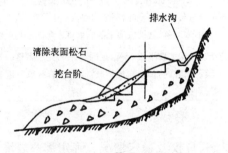

图 9-33 设置排水沟

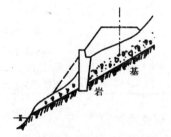

图 9-34 嵌入基岩的挡土墙

(2) 路堑设计：

① 路堑位置。如图 9-35 所示，断面 3 不利于岩堆稳定，岩堆上方剩余土体容易向下坍塌。断面 1 比较合适，断面 2 次之。

表 9-6 岩堆路堑边坡坡度

岩 堆 情 况	条 件 说 明	边 坡 坡 度
不含杂质的碎石	山区的堆积层	1∶1～1∶1.25
不含杂质的碎石	平坦地区、已密实	1∶0.75～1∶1
碎石被小颗粒包围，碎石间互不接触	小颗粒是无黏结力的砂	1∶1.5
碎石被小颗粒包围，碎石间互不接触	小颗粒是黏性土	1∶1.75～1∶2.0
碎石相互间尚能接触，中夹黏性土	碎石有棱角	1∶1.25
碎石相互间尚能接触，中夹黏性土	碎石失去棱角，较圆滑	1∶1.5
一般堆积层		≥1∶1.5

① 路堑边坡。一般宜采用与岩堆天然安息角相应的边坡坡度(参见表 9-6)；但对已稳定的岩堆则可根据其胶结和密实程度采用较陡的边坡坡度。对边坡中出现的松散夹层，应进行石砌防护。当边坡高度超过 20 m 时，宜采用阶梯形边坡。

设计路堑边坡时应注意开挖后剩余土体的稳定性。如图 9-36 所示，边坡 2、3 的位置均不适宜,因剩余土体容易沿基岩面由边坡底部产生剪切滑动,所以应将边坡放缓或将剩余土体全部清除,以防后患。

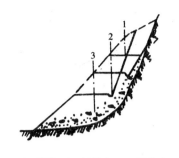

1—稳定;2—较稳定;3—不稳定

图 9-35 岩堆上路堑的稳定性

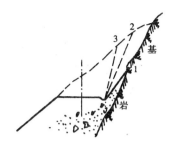

1—稳定;2,3—不稳定

图 9-36 岩堆上路堑边坡的稳定性

③ 切穿岩堆的路堑。若岩堆厚度较薄时,挖方边坡切穿岩堆体,破坏了岩堆的平衡条件时,为防止岩堆沿接触面滑动,可于上侧修筑挡土墙,如图 9-37 所示。

(3) 挡土墙。在岩堆地区,采用挡土墙稳定路基甚为普遍。按基础条件的不同,可概括为两种情况:

① 基础修建在基岩上的挡土墙。当岩堆比较薄时,挡土墙基础可修建在基岩上,图 9-34 与图 9-37 中的挡土墙即属于这种情况。

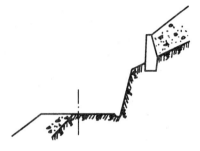

图 9-37 嵌入基岩的挡土墙

② 基础修建在岩堆堆积层上的挡土墙当岩堆堆积层较厚时,挡土墙基础可修建在岩堆堆积层内,但须注意以下几点:

a. 挡土墙基础的稳定性。当岩堆堆积层的承载力不够时,则需设扩大基础。多孔洞的基底,需要采取填实、灌浆等措施。

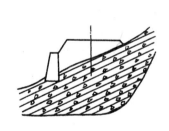

图 9-38 高挡土墙的路基

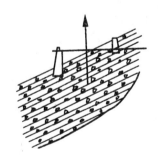

图 9-39 带有低矮挡土墙的半填半挖路基

b. 挡土墙与岩堆的整体稳定性:

当岩堆床坡度较陡时,如在岩堆中、上部采用高填土路堤与高挡土墙(见图 9-38),由于额外增加很大荷重,而易引起岩堆整体滑动或沿基底下的黏性土夹层产生滑动。如采用低填、浅挖、半填半挖路基与低挡土墙(图 9-39),由于增加的荷重与岩堆自重相比较小,不会影响岩堆的平衡条件。如在岩堆底部修建挡土墙,如图 9-40 所示,由于底部岩堆床的坡度较平缓,堆积物多为大块石,因此稳定性较好。

当岩堆床坡度平缓时,则不论挡土墙的位置与高度如何,一般均较稳定(见图 9-41)。但如挡土墙位于岩堆上部,墙身又较高,且沿基底下有黏性土夹层时,仍可能产生滑动。

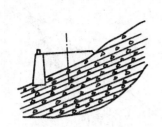 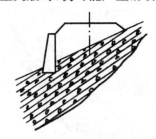

图 9-40　在岩堆下部修筑挡土墙的路基　　图 9-41　在坡度平缓的岩堆床上修筑挡土墙的路基

(4) 防止岩堆变形。当岩堆具有倾斜较陡的基底接触面、层理面或软弱夹层时,在修筑路基后,可能沿上述软弱面发生滑移。因此,在设计中应检算岩堆的稳定性,并采取相应的稳定措施,以保证路基的稳定。除修建支挡建筑物外,还可因地制宜,采取下列措施:

① 做好排水设施。截排地面水和地下水是行之有效的辅助措施。无论是路堤或路堑,从上方山坡上流向岩堆的地面水均宜截排至岩堆范围以外。对有害的地下水,则可根据具体情况采取截排地下水或其他的稳定措施。

② 坡面阶梯化。在岩堆坡面上设置多道干砌石墙、板栅(见图 9-42 所示)或铁丝网等,阻挡碎落物运动,使坡面阶梯化,是稳定坡面的有效措施之一。

③ 种植草木。若岩堆夹有较多的土质,可种植杂草或灌木以稳定坡面。对不易生长草木的岩堆,可在坡面上撒铺种植土以充填孔隙,再行种植。

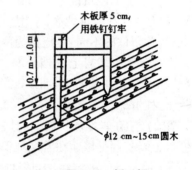

图 9-42　板　栅

④ 防止坡脚冲刷。对于临河的岩堆,当坡脚受冲刷时,应对坡脚做好防护。

(六) 塌方处隧道施工

隧道开挖时,导致塌方的原因有多种,概括起来可归结为:一是自然因素,即地质状态、受力状态、地下水变化等;二是人为因素,即不适当的设计,或不适当的施工作业方法等。

由于塌方往往会给施工带来很大困难和很大的经济损失。因此,需要尽量注意排除导致塌方的各种因素,尽可能避免塌方的发生。

1. 发生塌方的主要原因

(1) 不良地质及水文地质条件:

① 隧道穿过断层及破碎带,或在薄层岩体的小褶曲、错动发育地段,一经开挖,潜在应力释放快、围岩失稳。小则引起围岩掉块、塌落,大则引起塌方。在软弱结构面发育或泥质充填物过多,均易产生较大的坍塌。

② 隧道穿越地层覆盖过薄地段,如在沿河傍山、偏压地段、沟谷凹地浅埋和丘陵浅埋地段极易发生塌方。

③ 水是造成塌方的重要原因之一。地下水的软化、浸泡、冲蚀及溶解等作用加剧岩体的失稳和塌落。岩层软硬相间或有软弱夹层的岩体,在地下水的作用下,软弱面的强度大为降低,因而发生滑塌。

(2) 隧道设计考虑不周：

① 隧道选定位置时，地质调查不细，未能作详细的分析，或未能查明可能塌方因素，没有绕开可以绕避的不良地质地段。

② 缺乏较详细的隧道所处位置的地质及水文地质资料，引起施工指导或施工方案的失误。

(3) 施工方法和措施不当：

① 施工方法与地质条件不相适应；地质条件发生变化，没有及时改变施工方法；工序间距安排不当；施工支护不及时，支撑架立不合要求，或抽换不当"先拆后支"；地层暴露过久，引起围岩松动、风化，甚至导致塌方。

② 喷锚支护不及时，喷射混凝土的质量、厚度不符合要求。

③ 按新奥法施工的隧道，没有按规定进行量测，或信息反馈不及时，决策失误和措施不力。

④ 围岩爆破用药量过多，因震动引起坍塌。

⑤ 对危石检查不重视、不及时，处理危石措施不当，引起岩层坍塌。

2. 预防塌方的施工措施

(1) 隧道施工预防塌方，选择安全合理的施工方法和措施至关重要。在掘进到地质不良围岩破碎地段，应采取"先排水、短开挖、弱爆破、强支护、早衬砌、勤量测"的施工方法。必须制订出切实可行的施工方案及安全措施。

(2) 加强塌方的预测。为了保证施工作业安全，及时发现塌方的可能性及征兆，并根据不同情况采用不同的施工方法及控制塌方的措施，需要在施工阶段进行塌方预测。预测塌方常用以下几种方法：

① 观察法：

a. 在掘进工作面采用探孔对地质情况或水文情况进行探察，同时对掘进工作面应进行地质扫描，分析判断掘进前方有无可能发生塌方的超前预测。

b. 定期和不定期地观察洞内围岩的受力及变形状态；检查支护结构是否发生了较大的变形；观察是否岩层的层理，节理裂隙变大，坑顶或坑壁松动掉块；喷射混凝土是否发生脱落；以及地表是否下沉等。

② 一般量测法。按时量测观测点的位移、应力，测得数据进行分析研究，及时发现不正常的受力、位移状态及有可能导致塌方的情况。

③ 微地震学测量法和声学测量法前者是采用地震测量原理制成的灵敏的专用仪器，后者通过测量岩石的声波分析确定岩石的受力状态，并预测塌方。通过上述预测塌方的方法，发现征兆应高度重视及时分析，采取有力措施处理隐患，防患于未然。

(3) 加强初期支护，控制塌方。当开挖出工作面后，应及时有效地完成喷锚支护或喷锚网联合支护，并应考虑采用早强喷射混凝土、早强锚杆和钢支撑支护措施等。这对防止局部坍塌，提高隧道整体稳定具有重要的作用。

3. 隧道塌方的处理措施

(1) 隧道发生塌方，应及时迅速处理。处理时必须详细观测塌方范围、形状、塌穴的地质构造，查明塌方发生的原因和地下水活动情况，经认真分析，制定处理方案。

(2) 处理塌方应先加固未坍塌地段，防止继续发展。并可按下列方法进行处理：

① 小塌方。纵向延伸不长,塌穴不高,首先加固塌体两端洞身,并抓紧喷射混凝土或采用锚喷联合支护封闭塌穴顶部和侧部,再进行清渣。在确保安全的前提下,也可在塌渣上架设临时支架,稳定顶部,然后清渣。临时支架等灌筑衬砌混凝土达到要求强度后方可拆除。

② 大塌方。塌穴高、塌渣数量大,塌渣体完全堵住洞身时,宜采取先护后挖的方法。在查清塌穴规模大小和穴顶位置后,可采用管棚法和注浆固结法稳固岩体和渣体,等其基本稳定后,按先上部后下部的顺序清除渣体,采取短进尺、弱爆破、早封闭的原则挖塌体,并尽快完成衬砌(见图9-43)。

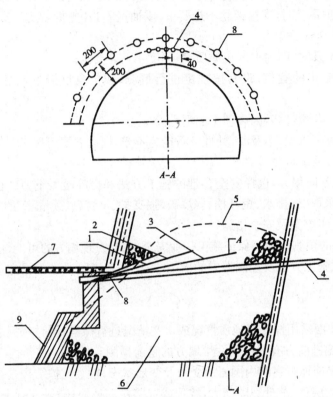

1—第一次注浆;2—第二次注浆;3—第三次注浆;4—管棚;5—塌线;
6—塌体;7—初期支护;8—注浆孔;9—混凝土封堵墙

图9-43 大规模塌方处理实例示意图(尺寸单位:cm)

③ 塌方冒顶。在清渣前应支护陷穴口,地层极差时,在陷穴口附近地面打设地表锚杆,洞内可采用管棚支护和钢架支撑。

④ 洞口塌方。一般易塌至地表,可采取暗洞明做的办法。

(3) 处理塌方的同时,应加强防排水工作。塌方往往与地下水活动有关,治塌应先治水。防止地表水渗入塌体或地下,引截地下水防止渗入塌方地段,以免塌方扩大。具体措施如下:

① 地表沉陷裂缝,用不透水土夯填紧密,开挖截水沟,防止地表水渗入塌体。

② 塌方通顶时,应在陷穴口地表四周挖沟排水,并设雨棚遮盖穴顶。陷穴口回填应高出地面并用粘土或圬工封口,做好排水。

③ 塌体内有地下水活动时,应用管槽引至排水沟排出,防止塌方扩大。

(4) 塌方地段的衬砌,应视塌穴大小和地质情况予以加强。衬砌背后与塌穴洞孔周之间必须紧密支撑。当塌穴较小时,可用浆砌片石或干砌片石将塌穴填满;当塌穴较大时,可先用浆砌片石回填一定厚度,以上空间应采用钢支撑等支顶稳定围岩;特大塌穴应作特殊处理。

(5) 采用新奥法施工的隧道或有条件的隧道,塌方后要加设量测点,增加量测频率,根据量测信息及时研究对策。浅埋隧道,要进行地表下沉测量。

第三节 泥石流勘察与治理技术

一、泥石流的勘察

泥石流勘察一般在选线和初勘阶段进行。通过收集资料和工程地质测绘,了解地形地貌、地质构造、地层岩性、水文气象等方面的情况,分析判断建筑场地及其上游的沟谷是否具备产生泥石流的条件,预测泥石流的类型、规模、发育阶段、活动规律、危害程度等,对场地的适宜性和稳定性作出评价,并提出处理措施。

1. 工程地质测绘和调查

泥石流勘察应以工程地质描绘和调查为主。测绘范围应包括沟谷至分水岭的全部地段和可能受泥石流影响的地段。测绘比例尺,对全流域宜采用 1:50 000,对中、下游可采用 1:2 000~1:10 000,应调查下列内容:

(1) 冰雪融化和暴雨强度。首期降雨量、一次最大降雨量、一般最大流量及地下水活动情况。

(2) 地层岩性、地质构造。不良地质现象、松散堆积物的物质组成及分布和储量。

(3) 沟谷的地形地质特征。包括沟谷的发育程度、切割情况、坡度、弯曲和粗糙程度,划分泥石流的形成区、流通区和堆积区,圈绘整个沟谷的汇水面积。

(4) 形成区的水霉类型、水量及汇水条件,山坡坡度,岩层性质及风化程度、断裂、滑坡、崩塌、岩堆等不良地质的发育情况及可能形成泥石流固体物质的分布范围和储量。

(5) 流通区的沟床纵横坡度、跌水、急弯等特征,沟床两侧山坡坡度、稳定程度,沟床的冲淤变化和泥石流的痕迹。

(6) 堆积区的堆积扇分布范围、表面形态,纵坡、植被、沟道的变迁和冲淤情况;堆积物的性质、层次及厚度,最大粒径和分布规律。判定堆积区的形成历史、堆积速度,估算一次最大堆积量。

(7) 泥石流沟谷的历史。历次泥石流的发生时间、频率、规模和形成过程,爆发前的降水情况和降水后产生的灾害情况,区分正常沟谷和低频率泥石流沟谷。

(8) 开矿弃渣、修路切坡、砍伐森林、陡坡开荒及过度放牧等人类活动情况。

(9) 当地防治泥石流的措施和工程经验。

2. 泥石流的识别

能否产生泥石流可从形成泥石流的条件分析判断,已经发生过泥石流的流域,可以从下列几种现象来识别:

(1) 中游沟身常不对称,参差不齐,往往凹岸发生冲刷坍塌,凸岸堆积成延伸不长的"石堤",或凸岸被冲刷凹岸堆积,有明显的截弯取直现象。

(2) 沟槽经常大段地被大量松散固体物质堵塞,构成跌水。

(3) 由于多次规模不同泥石流的下切淤泥，沟的中下游常有多级阶地，在较宽阔地带常常有垅岗状堆积物。

(4) 下游堆积扇的轴部一般较高耸，稠度大的堆积物其扇角小，呈丘状。

(5) 堆积扇上沟槽不固定，扇体上杂乱分布着垅岗状、舌状及岛状堆积物。

(6) 堆积的石块均具有尖锐的棱角，无方向性，无明显的分选层次。

上述现象不是所有泥石流地区都具备的，调查时应多方面综合判定。

3. 勘探工作

当工程地质测绘不能满足设计要求或需要对泥石流采取防治措施时，可进行勘探工作，以查明泥石流堆积物的分布、厚度、性质及下伏基岩的坡度等，并配合有关部门提供泥石流的容重、固体物质含量、粒径、流速、流量、淤积速度及冲刷量等指标。

二、泥石流的分类

根据泥石流的形成、发展和运动规律，结合防治理措施的需要，着重介绍以下五种主要分类系统：

(1) 按泥石流堆积区所在的地貌特征划分，如表 9-7 所示。

表 9-7 泥石流按堆积区地貌特征分类

类型 特征	宽 谷 段	峡 谷 段
堆积区的地貌特征	洪积扇位于大河的宽谷段或山前区，离大河较远，不受或少受切割的影响，得以充分发育。	洪积扇位于大河的峡谷段，谷窄流急，很难保存。一般只在沟口附近有洪积扇的遗迹，形如阶地；而在大河中有洪积物形成的浅滩。

(2) 按泥石流流域的形态特征划分，如表 9-8 所示。

表 9-8 泥石流按流域形态特征分类

类型 特征	沟 谷 段	山 坡 段
流域的形态特征	沟谷明显，流域面积较大，有完整的流域形态，可分出形成、流通、沉积三个区段。沉积区常形成扇形地，沉积物棱角不明显，粗大颗粒多堆积在洪积扇顶部。	沟浅、坡陡、流短、沟坡与山坡基本一致，没有明显的流通区，形成区直接与堆积区相连。沉积区扇形地坡陡而小，呈锥形。沉积物棱角明显，粗大颗粒多滚落在锥体下部。

(3) 按泥石流的固体物质组成分类，如表 9-9 所示。

表 9-9 泥石流按固体物质组成分类

类型 特征	泥 流	泥 石 流	水 石 流
容重(kN/m^3)	15~22	12~23	12~18
固体物质组成	以黏粒、粉粒为主，有时含有少量砂和砾石。	由黏粒到漂石的多种粒级组成。	由较粗颗粒组成，以碎块、砂砾为主，夹少量黏粒、粉粒。

(4) 按泥石流的流体性质分类，如表 9-10 所示。

表 9-10　泥石流按流体性质分类

特征 \ 类型	黏性	稀性
容重(kN/m³)	15～23	12～28
黏度(Pa·s)	>0.3	<0.3
物质组成	由黏土、粉砂、砾石、块石等组成,含有大量的黏土和粉砂。	以碎块石和砂砾为主,含有少量黏土和粉砂。
流态特征	固、液两相物质组成的黏稠的浆体,以相同的速度作整体运动,具有层流性质。有阵流和"龙头"现象。直进性强,转向性弱,弯道爬高明显。	固、液两相物质不能组成黏稠浆体,浑水或稀泥浆流速大于粗粒固体物质的运动速度,具有紊流性质。无阵流现象,也无明显的"龙头"。
沉积物特征	堆积后不扩散,呈舌状或岗状,仍保持运动时的结构形态。沉积物疏水性弱,洪水后不易干涸,沉积物分选性差。	堆积后固、液两相立即离析,堆积物呈扇形,洪水后即可通行。沉积物有一定分选性。

(5) 按泥石流的发育阶段划分,如表 9-11 所示。

表 9-11　泥石流按发育阶段分类

指标 \ 发育阶段	发 展 期	旺 盛 期	衰 退 期
流域内的沟谷形态	山坡冲沟开始发育,多细沟等形式,下切深度较小。	沟谷严重下切,断面呈"V"字形,两岸滑坡、崩塌严重。	支沟已稳定,沟谷断面呈"U"字形,上游沟床已多为基岩。
不良物理地质现象	沟岸有少量崩塌、滑坡。	以深层滑坡、大型崩塌及错落为主。	滑坡、崩塌渐趋稳定,以局部坍塌、滑溜为主。
泥石流性质	黏性或稀性。	以黏性为多。	稀性。
扇形地发展情况	开始发育,扇面较小。	扇面大,积淤快,改道频繁。	冲出物大部分堆积在扇顶部,逐渐向沟内回淤,洪积扇顶部有固定沟床。

三、泥石流的防治

(一)防治原则

1. 选线原则

选线是泥石流地区公路设计的首要环节。选线恰当,可避免或减少泥石流危害;选线不当,可导致或增加泥石流危害。线路平面及纵面的布置,基本上决定了泥石流防治可能采取的措施,所以,防治泥石流首先要从选线考虑。

(1) 高等级公路最好避开泥石流地区。在无法避开时,也应按避重就轻的原则,尽量避开规模大、危害严重、治理困难的泥石流沟,而走危害较轻的一岸,或在两岸迂回穿插。如过河绕避困难或不适合时,也可在沟底以隧道或明洞穿过。

(2) 当大河的河谷很开阔,洪积扇未达到河边时,可将公路线路选在洪积扇淤积范围之外通过。这时路线线形一般比较舒顺,纵坡也比较平缓,但可能存在一些问题:洪积扇逐年向下延伸淤埋路基;大河摆动,使路基遭受水毁。

(3) 在大河峡谷段,如支沟泥石流有可能堵塞河道而使水位升高,应注意把线路选在较高的位置,以免被淹没。

(4) 跨越泥石流时,首先应考虑在流通区沟口建桥跨越的方案。因为这里一般沟道较窄、沟床较稳定、冲淤变化不大,有利于建桥跨越。但除了应注意这里的泥石流搬运力及冲击力是最强的,还应注意这里有无转化为堆积区的趋势。因此,要留够桥下排洪净空。

(5) 当需跨越洪积扇定线时,要注意防治淤积、漫流、冲击和冲刷四种病害,特别是淤积病害。由于各种病害随洪积扇部位不同而异,基于利弊分析,定线常争取在扇缘跨越,只在特殊情况下才考虑在扇顶或扇腰部位通过。

(6) 在山坡型泥石流集中发育地段,线路应避免选在山脚的变坡点上,因为这里坡度很陡的洪积锥经常会堵塞桥涵的进口,最好把线路选在山坡上,以利于泥石流排泄。如山坡陡峻或不够稳定时,则宜选在远离山脚处,并以高路堤通过,以便设置渲泄泥石流的桥涵。

2. 路基设计的一般原则

路基抵御泥石流危害的能力不如桥涵,因此应尽量避免使路基遭受泥石流的危害。凡暴露在泥石流威胁下的路基,应有必要的防护加固工程。

(1) 泥石流地区的路基设计应全面考虑跨越、排导、拦截以及水土保持等措施,注意总体规划,采取综合防治措施。

(2) 在泥石流影响范围内的河滩路堤,应有足够坚固的防护工程或导流设备,并使之与桥涵连成整体。路堤防护宜作浆砌或干砌护坡,河岸防护宜作护岸或顺坝,不宜作丁坝。

(3) 泥石流范围内的路堤,应充分考虑路堤两侧冲淤变化以及洪水淹没等情况,尽可能采用水稳性的渗水土或很难渗透的黏性土填筑。如路堤两侧水位相差悬殊,则应按土坝设计。

(4) 受泥石流危害的沿河路基应注意:如主河床急剧积淤,则设计标高应考虑河床的积淤;如对岸泥石流挤压主河槽,持续冲刷本岸,则不宜沿河设河滩路堤;如两岸泥石流犬牙交错分布,主槽淤荡激烈,在加强防护的条件下,可设河滩路堤。

(5) 泥石流地区修筑路基,应尽量避免采用管涵。采用涵洞时,应适当加大净高与跨径。桥梁应有足够的净空和长度,同时在桥的上下游应设置必要的导流和防护构造物,以免因桥下淤积或主流改道而危及路基。

(6) 动阶段的泥石流洪积扇上,一般不可采用路堑或半路堑,路堤设计应考虑泥石流的淤积速度及公路使用年限,慎重确定路基标高。

(二) 泥石流的防治措施

1. 水土保持措施

(1) 方法:

① 植树造林、封山育林。在分水岭、山坡、洪积扇上以及沟谷内植树造林,可起到控制水土流失和稳定山坡的作用。要合理放牧,禁止砍伐林木。

② 平整山坡、修筑梯田。在泥石流形成区,采用平整山坡、填洼补缝、修台阶、造梯田、筑土埂、挖鱼鳞坑等方法,也起到控制水土流失、防止滑坡发展的作用。

③ 修筑排水及支挡工程。修筑截水沟、边坡渗沟等排水工程,设置支挡工程加固沟头、沟坡及沟底都可起到稳定山坡的作用。

(2) 注意问题:

① 水土保持是根治泥石流的一种方法,但需具备一定的自然条件,收效时间也较长,往往

还需要其他工程措施的配合和保护。

② 水土保持牵涉范围较广、工作量大、管理也较复杂,因此需要与当地农田基本建设相结合,根据全面规划拟定整治方法,分工负责,共同治理。

③ 在泥石流发育初期,采用生物措施效果较好;对于进入旺盛期的泥石流,完全采用生物措施来防治已有一定困难。

④ 由于生物措施受自然条件的限制,见效慢、工作量大、牵涉问题多,因而目前在公路部门尚少使用。

2. 跨越措施

(1) 桥位。一般宜选在流通区沟口或流通区,这里沟槽深且稳定,可以一桥跨越。

当需通过洪积扇时,如自然沟槽稳定,相距较远,且不串通,则应逢沟设桥,并在原沟设桥;如自然沟槽摆动频繁,互相串通,则宜设长桥跨越。对后一种情况,如经过综合治理或控制流路不十分困难时,也可一沟一桥,但须慎重从事。

(2) 桥梁孔径。设计流通区的桥梁孔径时不宜压缩沟床和在沟中设墩;设计在洪积扇上的桥梁孔径时,是否压缩沟床应视沟床特征、泥石流特性及危害情况等而定。对黏性泥石流一般以不压缩为宜,对稀性泥石流要适当压缩。

(3) 桥下净空。桥下净空是泥石流地区桥梁设计的主要控制条件,掌握的原则是宁高勿低。梁底最低标高按式(9-1)计算:

$$H = H_D + H_C + H_N + \Delta h + C \tag{9-14}$$

式中:H——桥梁梁底最低标高(m);

H_D——泥石流沟床平均标高(m);

H_C——设计流量时的泥石流深,其数值不得小于 1.2 倍的最大石块直径及 1.2 倍的波状流动时的波高(m);

H_N——桥梁设计使用期限内的淤积总高度(m);

Δh——泥石流泥位在弯道外侧的趋高值(m);

C——桥下净空的安全值(m)。

(4) 基础埋深。影响桥基埋深的因素:

① 揭底式的沟床下切;

② 向源侵蚀性的沟床下切;

③ 坡差性沟床下切;

④ 主河洪水侧蚀;

⑤ 桥下一般冲刷和局部冲刷。

先结合具体情况,考虑第 ①~④ 项因素,确定冲刷基准面,再按式(9-2)计算基础埋深:

$$H_m = h_m + (C - D) \tag{9-15}$$

式中:H_m——自沟床稳定冲刷基准面算起的基础埋深(m);

h_m——按《公路工程水文勘测设计规范》(JTGC30—2002)中桥墩冲刷公式计算的桥下最大冲刷线深度(m);

C——《公路工程水文勘测设计规范》(JTGC30—2002)规定的埋置在最大冲刷线以下的基底最小埋置深度;

D——考虑以淤为主的特点,安全值适当减小的数值。

(5) 涵洞：

① 慎用涵洞。采用涵洞跨越泥石流,涵洞容易遭受堵塞和淤埋,一般应避免采用。在活跃的泥石流洪积扇上应禁止使用涵洞。只在下述情况下可考虑采用涵洞：

　　a. 上游有良好的拦挡坝,固体物质基本上已被拦截,仅有水流通过；

　　b. 泥石流规模小,固体物质含量少,不含较大石块,有固定而顺直的沟槽且纵坡陡直。

② 涵洞设计。涵洞设计应注意：用大跨单孔,不用多孔；孔径宁大勿小,为保证机械清淤,一般不应小于 2 m；应有足够的净空,最低要考虑一年的淤积量；涵洞平面应与上、下游沟槽顺直衔接；涵洞及其下游纵坡应不缓于上游沟床纵坡,涵前、涵后不设消能设施以免造成淤积；涵洞进出口及下游有足够的防护措施。

(6) 过水路面。在泥石流通过时,过水路面上不能通车,即使泥石流结束后,如不清理整修,也很难通行车辆。因此,采用过水路面跨越泥石流仅限于低等级公路、交通量不大并允许有限度的中断交通时；稀性泥石流尚需进一步调查、观测,暂缓建桥时间。

过水路面应高出沟底,以减少淤积厚度,并便于清淤和减少阻车时间。通过稀性泥石流沟,如过水路面较高时,也可修建带小桥涵的过水路面,如康定瓦斯沟日地泥石流,就是采用 210 m 长过水路面带三座小桥通过,如图 9-44 所示。

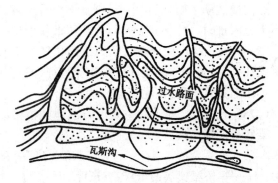

图 9-44　康定瓦斯沟日地泥石流沟过水路面示意图

(7) 隧道。对高等级公路,有些情况要考虑采用隧道。如线路穿过规模很大、危害严重的大型或多条泥石流沟,无适当方案进行处理时,采用深埋隧道通过；因受对岸大型泥石流严重威胁,将线路内移到稳定的山体内以隧道通过。穿越泥石流的隧道设计应注意以下几点：

① 洞口标高、位置应使洞外跨越泥石流的桥梁有足够的净空,以防止洞外泥石流淤塞桥孔,灌入隧道。

② 隧道长度应早进晚出,防止洞顶泥石流漫流淤埋洞口。

③ 洞深位置：

　　a. 应力求深埋在泥石流底部稳定的基岩内；

　　b. 洪积扇的松散层内穿过时,洞顶覆盖层应保持一定厚度,防止泥石流沟底下切,导致衬砌偏压增大、渗漏；

　　c. 避主河对岸大型泥石流的傍山隧道,外壁围岩要有足够的厚度,防止主河冲刷本侧,引起山体坍塌,使隧道衬砌开裂。

(8) 明洞。采用明洞穿过泥石流有两种情况：

① 通过密集的山坡型泥石流群,这种明洞常一侧承受压力,因而多采用单压式拱式明洞或用墙式、钢架式棚洞；

② 通过泥石流洪积扇,这种明洞土压力大部分为对称式,因而多采用拱式明洞,只在埋深不够时才采用棚式明洞。

穿越泥石流的明洞设计应注意以下几点：

① 洞口位置。类似隧道，洞口要避开泥石流和可能漫流改道的范围。洞身要适当加长，以便在沟道淤积上涨后，使明洞两端的导流堤加高时有足够的宽度，防止泥石流漫堤进入明洞。

② 洞身位置

a. 依山傍水的明洞应注意外侧的稳固及大河对河岸的冲刷；

b. 通过洪积扇的明洞，也应注意避免大河冲刷而使洞身出露；

c. 洞顶设在冲刷深度下 1~2 m，否则应对顶面加以防护。

③ 明洞结构：

a. 加强结构整体性；

b. 提高横顶圬工强度及耐磨性；

c. 加强排水，减轻动水压力，制止渗漏。渗水多或有地下水时，上游墙身应设置泄水孔或修建与明洞平行的泄水洞（见图 9-45）。

（9）渡槽。泥石流渡槽是一种架空的急流槽或排洪道，由连接段、槽身及出口段三部分组成，适用于穿过流量不大于 30 m³/s 的小型泥石流。当地形条件能满足渡槽设计纵坡及行车净空要求，路基下方有停淤场地或渲泄下来的固体物质能及时为河水带走，不致从下方回淤淹埋路基时，可考虑采用渡槽。

在平面上渡槽应与原沟顺直平滑衔接，连接段应设计成直线。如渡槽与原沟同宽，连接段可以较短；如宽度束窄，则其长度不小于 5 倍渡槽宽度，不小于 1~2 倍渡槽长度。此时连接段分为两段，后段与渡槽同宽，前段呈喇叭形。出口段的长度应满足长期顺畅排泄泥石流的需要，最好是直接泄入大河或无害地带。

渡槽纵坡应大于和等于原沟纵坡，并用竖曲线与原沟平顺连接。渡槽过流断面多为矩形或梯形。渡槽深度除通过流量计算外，尚需考虑一定的泥石流残留厚度和泥石流波状流动的波高。断面高度的安全值不小于 1 m。

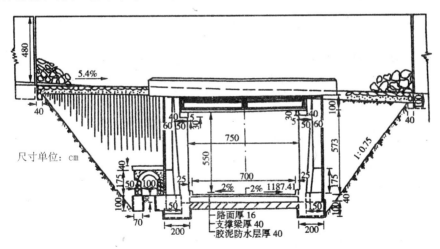

图 9-45　甘川公路泉家沟带泄水洞的明洞

泥石流渡槽结构常用的有拱式及梁式两种。拱式渡槽超负荷能力强，可就地取材，施工较易，常优先采用。梁式渡槽适用于流量很小的情况、石质路堑边坡较陡处、半路堑外侧地形悬空处。

由于泥石流流量计算不易准确，渡槽的荷载应按泥石流涡槽计算。考虑泥石流流速很大且有大石块滚动,应考虑冲击力系数按泥石流总重计算,取值1.3。如拱式渡槽的拱顶至槽底之间有填料且厚度超过1 m时,可不计其冲击力。

3. 排导措施

(1) 排导沟

① 设计标准。泥石流排导沟设计,要求通过洪峰流量时不发生淤积,也不出现冲刷。由于泥石流的流量和组成不仅变化很大,而且在一次泥石流的全过程中其流态也是变化的,因此要求排导沟在任何情况下都不出现淤积是不可能的。

黏性泥石流不管沟床纵坡有多大,在泥石流过后沟床上总留有残留层;稀性泥石流在退水时能量减小,大石块容易落淤,因此排导沟出现少量淤积是必然的。对排导沟的设计要求,不是任何情况下都不产生淤积,而是在使用期间不出现危害建筑物安全的累积性淤积和大冲、大淤的破坏。

② 总体布置。排导沟应与沟岸稳定的流通区或山口直接连接,并顺应沟口流势布设成直线或大半径曲线。如直接连接流通区或山口需建排导沟过长时,可考虑采用在山口处修建八字形进口坝的连接办法,但这将导致进口坝上游泥石流的大量淤积。

由于泥石流的直进性,使它在弯道处产生很强的破坏力及较大的超高和爬高,常在沟槽转弯处漫堤或决堤,因此,排导沟沟身以顺直为好。如需转弯时,应采用大半径。对于稀性泥石流其弯道半径应不小于沟宽的8~10倍,对于黏性泥石流应不小于沟宽的10~20倍。最好在弯道两端各设置0.5~1.0倍曲线长的缓和曲线。

排导沟出口应选择在大河主流处或有较大堆积场所的地方。后者应考虑到新生洪积扇形成后,不致对附近的工农业生产造成危害。排导沟与大河衔接时应考虑:

① 排导沟出口方向与大河流向力求以锐角相交,以免在汇流处泥石流大量落淤,引起大河淤堵。但为争取较大的排导沟纵坡,有时也采用交角较大的方案。

② 排导沟出口标高应高出20年一遇的大河洪水位,避免由于大河经常顶托而导致溯源淤积。

③ 纵坡与沟宽。选择纵坡与设计断面,其目的是使排导沟能顺利排泄泥石流,而不产生淤泥。

表 9-12 排导沟纵坡选择

泥石流性质	容重(kN/m^2)	类别	纵坡(%)
稀 性	13~15	泥 流	3
		泥石流	3~5
	15~16	泥 流	3~5
		泥石流	5~7
	16~18	泥 流	5~7
		泥石流	7~10
粘 性	18~20	泥 流	5~15
		泥石流	8~12
	20~22	泥石流	10~18

• 选择纵坡的方法有:a. 通过模型试验;b. 比照该泥石流沟洪积扇的扇顶纵坡;c. 根据泥石流容重,参考表9-12选择。

在宽谷段的大型洪积扇上,通常只能以扇面上最陡的纵坡为排导纵坡,很少可能选择更陡的纵坡;在山区的小型洪积扇,或由于山口至扇缘的距离不长,或由于扇缘至基准面落差较大,可用上抬(在山口筑坝抬高沟槽)或下落(在下游开挖落低沟槽)的方法加大排导纵坡。如洪积扇纵坡较设计纵坡平缓时,也可在上游采取拦淤或引水输沙措施,使泥石流在较小纵坡的情况下也能顺利排走。

- 沟宽。排导沟纵坡因受地形限制,可供选择的余地较小。在可能的最大纵坡条件下,要解决的是如何设计横断面,使排导沟具有与流通段相适应的挟沙能力的问题。常用的办法是束流攻沙,即压缩排导沟的宽度,加大沟深,提高泥石流单宽流量的输沙能力,防止固体物质积淤。目前采用的方法有:

a. 控制流态法。控制黏性泥石流态,使泥石流以连续流动形式运动。如排导沟断面为梯形,其宽为:

$$B = \frac{Q_c}{V_{cl}h_1} - mh_1 \tag{9-16}$$

式中:B—— 设计排导沟宽度(m);

Q_c—— 泥石流年平均流量(m^3/s);

m—— 梯形断面的边坡系数;

V_{cl}—— 泥深为 h_1 时的泥石流流速(m/s);

h_1—— 保证连续流动的最小泥深(m),无资料时按式(9-16)计算:

$$h_1 = 2.8 h_0^{0.92} \tag{9-17}$$

h_0—— 沟床内可能出现的最大残留层厚度由调查确定,由式(9-17)计算:

$$h_0 = \frac{\tau_0}{r_c i_c} \tag{9-18}$$

τ_0—— 黏性泥石流的极限静切应力(kN/m^2);

r_c—— 泥石流容重度(kN/m^3);

i_c—— 泥石流沟床纵坡,以小数计。

b. 控制流速法。控制稀性泥石流流速,使沟床泥砂能够起动。如排导沟断面为梯形,其宽度为:

$$B = \frac{Q_c}{V_c^2 h_2} - mh_2 \tag{9-19}$$

式中:B、Q_c、m—— 意义同上;

V_c—— 泥砂起动时的流速(m/s),按式(9-20)计算:

$$V_c = 8.5 h_2^{-0.28} d^{0.45} i^{-0.14} \tag{9-20}$$

d—— 泥石流中平均最大粒径(m);

i—— 沟床纵坡,以小数计;

h_2—— 沟床泥砂起动时相应的水深(m),按式(9-21)计算:

$$h_2 = 24.5 n^{1.89} d^{0.68} i^{-0.95} \tag{9-21}$$

d、j—— 意义同上;

n—— 河床糙率。

c. 类比法。原铁道部科学研究院西南研究所的研究认为,排导沟的宽度可以比照该流域流通区沟槽的宽度按式(9-22)计算：

$$B \leqslant (\frac{L}{i_1})^x \cdot B_1 \quad (9-22)$$

式中：B——意义同上；

i_1——流通区沟床纵坡，以小数计算；

B_1——流通区沟槽宽度(m)；

$x=2.0\sim 2.3$，黏性泥石流 $x=2.0$，稀性泥石流 $x=2.3$。

④ 沟深与断面：

- 沟深。排导沟的深度按式(9-23)计算：

$$H = H_C + H_N + J \quad (9-23)$$

式中：H——排导沟的设计深度(m)；

H_C——设计流量时的泥石流流动深度，其数值不得小于1.2倍最大石块直径及1.2倍波状流时的波高(m)；

H_N——排导沟设计的淤积厚度(m)；

J——安全值，根据泥石流的规模大小及排导沟的重要性采用0.5~2.0 m。

在排导沟弯道的外侧还应加上超高值，超高值可用式(9-24)计算：

$$h_E = \frac{V_c^2 B}{2gR} \quad (9-24)$$

式中：h_E——超高值(m)；

V_c——弯道处泥石流流速(m/s)；

R——弯道中线半径(m)；

g——重力加速度，为9.81m/s²。

排导沟的进口坝还应考虑泥石流的顶冲壅高，其值可按式(9-25)计算：

$$h_s = \frac{V_c^2 \sin^2 \alpha}{2g} \quad (9-25)$$

式中：h_s——泥石流顶冲壅高(m)；

V_c——进口段泥石流流速(m/s)；

α——进口坝与泥石流流向的交角(°)；

g——意义同上。

在设计年限内排导沟可能发生的淤积厚度用式(9-26)计算：

$$h_u = n(1 - \frac{B}{B_P})h_0 \quad (9-26)$$

式中：h_u——设计年限内排导沟的淤积总厚度(m)；

n——在设计年限内泥石流发生次数；

B——不淤积宽度(m)，根据不同情况，按式(9-16)、式(9-19)或式(9-22)计算；

B_P——排导沟的设计宽度(m)；

h_0——每次的淤积厚度(m)，对黏性泥石流采用残留层厚度，或用式(9-18)计算；对稀性泥石流按式(9-27)计算：

$$h_0 = E_\varphi h \quad (9-27)$$

h——按式(9-21)计算(m)；

φ——固体颗粒体积与泥石流总体积的比值；

E——泥砂松散系数，一般用 1.25。

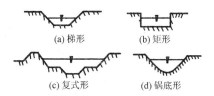

图 9-46 排导沟断面形式

• 断面形式。排导沟断面形式，常见的有梯形、矩形、锅底形及复式断面等四种（见图 9-46）。

可根据泥石流性质、规模大小、地形、建筑材料及防护方法等选定。一般流量不大，需要改道或重新开挖的，多用梯形或矩形断面；流量较大，利用原有沟槽或加高沟堤的，多用锅底形或复式断面。如为黏性泥石流且沟槽为下挖断面时，一般用梯形断面的土质沟槽；如为稀性泥石流或沟槽断面是填筑面时，则沟槽要加防护。如用护坡防护，则多采用梯形断面；如用挡土墙防护，则多采矩形断面。

⑤ 防护加固。排导沟两侧的防护加固常用护坡、挡土墙及堤坝等三种形式。护坡与挡土墙多用于下挖的排导沟，堤坝主要用于填方地段的排导沟。对土质边坡的护坡和护堤，在过流部分多采用铺砌加固。

排导沟沟底的防护加固常用铺砌与防冲槛两种形式（见图 9-47）。

前者适用于沟道窄的情况，后者适用于沟道宽的情况。防冲槛与墙基砌成整体，槛顶与沟底平，间距按式（9-28）计算：

$$L = \frac{H - \Delta H}{i - i'} \quad (9-28)$$

式中：L——防冲槛间距(m)；

i——排导沟纵坡，以小数计；

i'——槛下冲刷后的沟槽纵坡，以小数计，比照所在地面纵坡放缓为原来 0.5～0.75；

H——防冲槛全高，一般采用 1.2～2.0 m；

ΔH——安全高，采用 0.5 m。

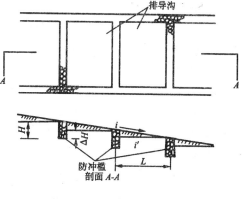

图 9-47 排导沟平面图

对于较宽的排导沟，如不适合采用沟底铺砌与防冲槛两种防护加固方案，则应考虑加深墙（堤）基础的方案，以防止冲刷破坏。由于影响泥石流冲刷深度的因素很多，通常是以实际观测和调查访问的资料作为设计的依据。

(2) 急流槽。急流槽是增大纵坡和压缩断面的办法，使泥石流形成急流下泄的工程建筑物，多用以防止桥涵的淤塞和堵塞。

为了防止冲刷和利于排泄固体物质，急流槽槽底及两侧边坡均须采用百砌加固。急流槽的首尾连接处，容易受到冲刷而遭破坏，设计时应注意上下两端的衔接。

急流槽的最小纵坡，一般是参照泥石流天然沟槽的最小不淤坡度来确定的，务必保证在任何泥深时均不发生淤积。

(3) 导流堤。导流堤的作用主要是改变泥石流的流向和流速，一般是修建在洪积扇上或路基受泥石流影响的范围内，使泥石流能顺利排走，以确保路基的安全。

导流堤的高度可参照前述排导沟的深度计算确定。受淤积控制的导流堤,可考虑分期加高。

4. 拦截设施

将一部分泥石流拦截在公路上游,使通过公路的泥石流重度减小、流量减小、流速减低的工程设施,称为拦截设施。它是公路泥石流防治中经常使用的方法,主要有拦挡坝及停淤场两种类型。

(1) 拦挡坝

① 作用与类型

a. 作用。拦挡坝的作用有二:一是拦碴滞流。在泥石流沟口内筑坝拦截固体物质,放缓沟床纵坡,降低泥石流运动速度,从而减少下泄峰量和固体物质总量,并控制下游淤积。二是护床固坡。通过修建拦挡坝控制或提高沟谷侵蚀基准面,可防止沟床下切,从而促进沟床和两岸山坡的稳定,减少泥石流固体物质的来源。

b. 类型。拦挡坝有两种类型:一种是在泥石流沟内筑一高坝,形成较大的库容,可将泥石流全部拦截在坝后;另一种是在沟内建多座低坝,形成梯级泥石流库,也称谷坊坝群。

高的拦挡坝对衰退期的泥石流沟在有利地形条件下比较有效,国内目前使用尚不广泛。谷坊坝的坝址、坝高选择灵活,施工简便,可视情况分批施工、分期加高。公路上目前用得最多的是这种谷坊坝。

② 适用条件。拦挡坝在已建公路的泥石流病害整治中采用较多,主要用以减弱泥石流,以适应或保护下游的桥涵、隧道、明洞及路基等建筑物。如:

a. 已建桥涵孔径偏小,采用拦挡坝减少泥砂来源,以减小泥石流流量;

b. 泥石流中大石块较多,为避免危害下游建筑物,用拦挡坝将大石块拦截在沟内;

c. 当流域进行综合治理时,拦挡坝常作为必不可少的先期工程。

在新建公路时,遇到下列情况可考虑修建拦挡坝:

a. 排导沟纵坡过缓,有条件上抬时,可在上游修建拦挡坝,加大沟床纵坡;

b. 上游沟床下切,两岸坍塌严重,需要也有可能控制坍塌体时,可建拦挡坝,增加下游泄洪工程的安全度;

c. 泥石流流域很小,泥砂来源不多,有可能通过修建拦挡坝而控制泥石流危害时;

d. 具有良好的天然坝址,能用较小的坝体拦截较多泥砂时。

③ 坝体位置。坝体位置要根据设坝目的,并结合沟谷地形及基础的地质条件综合考虑决定。

a. 拦挡泥砂的坝体位置,由地形条件决定,一般宜设在有较大库存容量的地方。

b. 防止滑坡滑动的坝体位置,应选在滑坡的最下游,坝高要按滑坡的稳定要求计算决定。

c. 防止沟床下切的坝体位置,应选在沟床下切快、沟壁坍塌量大的地方。

d. 坝体位置应有利于基础稳固,坝体应修建在基础稳定可靠的位置。沟口附近的拦挡坝应与沟床铺砌或防冲刷的坎坝连接起来,沟内的拦挡坝应修建在有基岩出露的地方。

④ 坝群布置。坝群的布置应使下一道坝的坝前回淤物对上一道坝起防冲护基作用(见图9-48),各坝下游不另建防冲工程。

这种坝群的坝高与间距可按式(9-29)计算:

$$L = \frac{H}{I_0 - I'} \tag{9-29}$$

式中：L—— 坝与坝的间距(m)；各坝之差不一定等距；

H—— 坝高(m)，各坝不一定等高；

I_0—— 原沟床纵坡，以小数计；

I'—— 回淤坡度，以小数计，$I' = CI_0$，C 值按表 9-13；在泥石流衰退期及坝高较大的情况下，用表中较小的数值；在泥石流处于旺盛期及坝高较小的情况下，采用表中较大的数值。

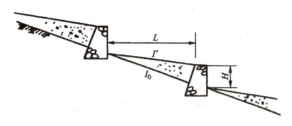

图 9-48　坝的间距

表 9-13　C 值

沟谷中泥石流情况	特别严重	严　重	一　般	轻　微
C	0.8～0.9	0.7～0.8	0.6～0.7	0.5～0.6

坝高与间距应视具体情况作技术经济比较选定。一般对流速大、大块石多，具有很大破坏力的泥石流，或对处于破坏力最大位置的首坝，宜采用矮坝；对流速小、固体颗粒细的泥石流，或对位于沟口的末坝，可采用较高的坝。

⑤ 重力式坝构造

a. 坝体。采用梯形断面。为避免大石块过坝撞击坝身，溢流面坡度用 1∶0.1～1∶0.2，最好垂直。近水面视受力情况确定边坡坡度。上下游齿墙嵌入基底，以加强抗滑、抗渗性能。坝顶两端设导流墙保护两岸。溢流口宽度视下游沟槽情况而定，溢流口过窄，溢流的单宽流量过大，将导致下游强烈冲刷。溢流口高度应比计算的溢流泥深高 0.5 m。对粒径较大、容重较大的泥石流，为拦石排浆，多在坝体作成若干道由顶到底的切口。

b. 下游防冲设施。低坝的防冲设施(见图 9-49)，由护坦和消力槛组成消力池，池内水石垫层起缓冲作用，海漫防止泥石流在消力槛后产生冲刷。

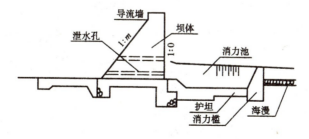

图 9-49　重力式低坝构造图

高坝的防冲设施采取以下几种形式：

- 在主坝下游建重力式副坝，主、副坝之间的天然冲刷坑和副坝形成消力池。如果副坝不高，可在副坝下游作护坦和消力槛；如果副坝较高，可在下游作更低的副坝。
- 在主坝下游建拱式东梁式副坝，副坝的拱或梁支承在两岸的基岩上，副坝下游不另作消力设施。
- 在主坝下游修建有桩基础的重力式副坝，副坝下游不另做其他防冲工程。

⑥ 混凝土拱坝构造。这种坝所承受的全部水平力经拱座传给两岸基岩，断面可比重力式坝减薄。在坝底作较薄的齿墙埋入冲刷坑以下，承受垂直荷载，或用少量钻（挖）孔桩作为基础，就可较为简便地解决坝下冲刷问题。对于较低的副坝，在立面上也可以做成拱形，解决坝下冲刷问题。

（2）停淤场。当公路在小型泥石流洪积扇的下缘通过，公路下侧离大河较远，沟床纵坡平缓，无法将泥砂石块输入大河时，可考虑利用沟口与线路之间的开阔有利地形设置停淤场，将泥石流导入停淤场落淤，落淤后的泥石流由桥孔排出。

停淤场是一种比较经济适用的拦截措施，只要有足够大的停淤场地，而又控制得当，停淤效果较显著。尤其是泥石流越粘稠，泥石流中石块的粒径越大时，停淤效果就越显著。

第四节　岩溶工程地质问题及防治措施

在可溶性岩石地区，地下水和地表水对可溶岩进行化学溶蚀作用、机械侵蚀作用以及与之伴生的迁移、堆积作用，总称为岩溶作用。在岩溶作用下所产生的地貌形态，称为岩溶地貌。在岩溶作用地区所产生的特殊地质、地貌和水文特征，概称为岩溶现象。岩溶即岩溶作用及其所产生的一切岩溶现象的总称。在南斯拉夫的喀斯特地区，岩溶现象十分发育并最早被人们注意和研究，故岩溶又称为"喀斯特"。

岩溶与工程建设的关系很密切。在水利水电建设中，岩溶造成的库水渗漏是水工建设中主要的工程地质问题。在岩溶地区修建隧洞，一旦揭穿高压岩溶管道水时，就会造成大量突水，有时夹有泥沙喷射，给施工带来严重困难，甚至淹没坑道，造成机毁人亡事故。在地下洞室施工中遇到巨大溶洞时，洞中高填方或桥跨施工困难，造价昂贵，有时不得不别辟新道，因而延误工期。在岩溶地区修筑公路时，由于地下岩溶水的活动，导致路基基底冒水、水淹路基、水冲路基及隧道涌水等。

一、岩溶的形态特征

在可溶性岩石分布地区，溶蚀作用在地表和地下形成了一系列溶蚀现象，称为岩溶的形态特征。这些形态既是岩溶区所特有的，使该地区地表形态奇特，景致优美别致，常被开发为旅游景点，如广西桂林山水和云南路南石林；同时，这些形态，尤其是地下洞穴、暗河，也是造成工程地质问题的根源。常见的岩溶形态有以下几种（见图 9-50）。

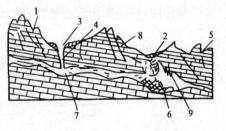

1—石芽、石林；2—塌陷洼地；3—漏斗；
4—落水洞；5—溶沟、溶槽；6—溶洞；
7—暗河；8—溶蚀裂隙；9—钟乳石

图 9-50　岩溶形态示意图

(一) 溶沟、石芽和石林

地表水沿地表岩石低洼处或沿节理溶蚀和冲刷,在可溶性岩石表面形成的沟槽称溶沟。其宽深可由数十厘米至数米不等。在纵横交错的沟槽之间,残留凸起的牙状岩石称石芽。如果溶沟继续向下溶蚀,石芽逐渐高大,沟坡近于直立,且发育成群,远观像石芽林,称为石林。云南路南石林发育完美,堪称世界之最。

(二) 漏斗及落水洞

地表水顺着可溶性岩石的竖直裂隙下渗,最先产生溶隙。待顶部岩石溶蚀破碎及竖直溶隙扩大,岩层顶部塌落形成近乎圆形坑。圆形坑多具向下逐渐缩小的凹底,形状酷似漏斗称为溶蚀漏斗。在漏斗底部常堆积有岩石碎屑或其他残积物。

如果岩石的竖直溶隙连通大溶洞或地下暗河,溶隙可能扩大成地面水通向地下暗河或溶洞的通道称落水洞。其形态有垂直的、倾斜的或弯曲的,直径也大小不等,深度可达数百米。

(三) 溶蚀洼地和坡立谷

由溶蚀作用为主形成的一种封闭、半封闭洼地称溶蚀洼地。溶蚀洼地多由地面漏斗群不断扩大汇合而成,面积由数十平方米至数万平方米。

坡立谷是一种大型封闭洼地,也称溶蚀盆地。面积由数平方公里至数百平方公里,进一步发展则成溶蚀平原。坡立谷谷底平坦,常有较厚的第四纪沉积物,谷周为陡峻斜坡,谷内有岩溶泉水形成的地表流水至落水洞又降至地下,故谷内常有沼泽、湿地或小型湖泊。

(四) 峰丛、峰林和孤峰

此三种形态是岩溶作用极度发育的产物。溶蚀作用初期,山体上部被溶蚀,下部仍相连通称峰丛;峰丛进一步发展成分散的、仅基底岩石稍许相连的石林称峰林;耸立在溶蚀平原中孤立的个体山峰称孤峰,它是峰林进一步发展的结果。

(五) 干谷

原来的河谷,由于河水沿谷中漏斗、落水洞等通道全部流入地下,使下游河床干涸而成干谷。

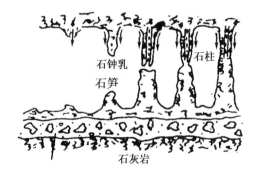

图 9-51 石钟乳、石笋和石柱生成示意图

(六) 溶洞

地下水沿岩石裂隙溶蚀扩大而形成的各种洞穴。溶洞形态多变,洞身曲折、分岔,断面不规则。地面以下至潜水面之间,地表水垂直下渗,溶洞以竖向形态为主;在潜水面附近,地下水多是水平运动,溶洞多为水平方向迂回曲折延伸的洞穴。地下水中多含碳酸盐,在溶洞顶部和底部饱和沉淀而成石钟乳、石笋和石柱(见图 9-51)。规模较大的溶洞,长达数十公里,洞内宽处如大厅,窄处似长廊。水平溶洞有的不止一层,例如,轿顶山隧道揭穿的溶洞共有上、下 4 层,溶洞长 80 m,宽 50~60 m,高 20~30 m。

(七) 暗河

岩溶地区地下沿水平溶洞流动的河流称暗河。溶洞和暗河对各种工程建筑物特别是地下工程建筑物造成较大危害,应予特别重视。

二、岩溶的形成条件及发育规律

(一)岩溶的形成条件

1. 岩石的可溶性

可溶性岩石是岩溶发育的物质基础,它的成分和结构特征影响岩溶的发育程度。

岩石的成分不同,其溶解度也不一样。按其成分,可溶性岩石分为碳酸盐类岩石(石灰岩、白云岩和大理岩等)、硫酸盐类岩石和氯化盐类岩石。这三类岩石中碳酸盐类岩石溶解度最小,氯化盐类岩石的溶解度最大。但是,在可溶性岩石中,以碳酸盐类岩石分布最广,其矿物成分均一,可以全部被含有 CO_2 的水溶解,是发育岩溶的最主要的地层。凡是我国分布有碳酸盐类岩层的地方,都有岩溶发育。

2. 岩石的透水性

岩石的透水性是岩溶发育的另一个必要条件,岩石的透水性越高,岩溶发育也越强烈。岩石的透水性又决定于岩体的裂隙、孔隙的多少和连通情况,所以,岩石中裂隙的发育情况往往控制着岩溶的发育情况。一般在断层破碎带,背斜轴部等地段,岩溶比较发育,原因就在这里。此外,在地表附近,由于风化裂隙增多,有利于地下水的运动,岩溶一般比深部发育。

3. 水的溶蚀性

水对碳酸盐类岩石的溶解能力,主要取决于水中侵蚀性 CO_2 的含量。水中侵蚀性 CO_2,含量越多则溶解能力越强。水中 CO_2 的来源,主要是雨水溶解空气中所含 CO_2 形成的。土壤和地表附近强烈的生物化学作用,也是水中 CO_2 的重要来源之一。当水呈酸性时或含有氯离子 Cl^- 和硫酸根离子 SO_4^{2-} 时,水对碳酸盐类岩石的溶解能力也将增强。由此可见,水的物理化学性质与岩溶的发育有着密切的关系。此外随着水温增高,进入水中的 CO_2 扩散速度增大,使岩溶加强,故热带石灰岩溶蚀速度比温带、寒带快。

4. 水的流动性

水的溶蚀能力与水的流动性关系密切。在水流停滞的条件下,随着二氧化碳不断消耗,水溶液达到平衡状态,成为饱和溶液而完全丧失溶蚀能力,溶蚀作用便告终止。只有当地下水不断流动,与岩石广泛接触,才能不断地将溶解下来的物质带走,同时,又不断补充新的具有侵蚀性的水,因此,岩溶发育速度快;反之则慢,甚至处于停滞状态。一般在地表附近,水循环交替作用强烈,随着深度的增加,水交替作用变慢,甚至停止。故岩溶在地表较发育,而随着深度的增加越来越弱。

(二)岩溶发育规律

在岩溶发育地区,各种岩溶形态在空间的分布和排列是有一定规律的,它们主要受岩性、地质构造、地壳运动、地形及气候等因素的控制和影响。

1. 岩性的影响

可溶岩层的成分和岩石结构是岩溶发育和分布的基础。成分和结构均一且厚度很大的石灰岩层,最适合岩溶发育和发展。所以,许多石灰岩地区的岩溶规模很大,形态也比较齐全。广西桂林附近有很多大规模的溶洞,如七星岩、芦笛岩多发育在层厚质纯的石灰岩岩体中,白云岩略次于石灰岩。含有泥质或其他杂质的石灰岩或白云岩,溶蚀速度和规模都小得多。在石灰岩或白云岩发育地区进行公路选线,必须随时注意岩溶的影响。

2. 地质构造的影响

褶皱、节理和断层等地质构造控制着地下水的流动通道，地质构造不同，岩溶发育的形态、部位及程度都不同。

背斜轴部张节理发育，地表水沿张节理下渗，多形成漏斗、落水洞、竖井等垂直洞穴。

向斜轴部属于岩溶水的聚水区，两翼地下水集中到轴部并沿轴向流动，故水平溶洞及暗河是其主要形态。此外，向斜轴部也有各种垂直裂隙，故也会形成陷穴、漏斗及落水洞等垂直岩溶形态。

褶曲翼部是水循环强烈地段，岩溶一般均较发育，尤以邻近向斜轴部时为最强。

张性断裂破碎带，宽度较小，结构松散，缺乏胶结，有利于地下水渗透溶解，是岩溶强烈发育地带。

压性断裂带中常有断层泥，裂隙率低，胶结紧密，故此带中岩溶发育较差。但压性断裂的主动盘（多为上升盘），可能有强烈岩溶化现象。因为主动盘影响规模大，次级断裂发育，且多张开，故有利于岩溶发育。

扭性断裂带的情况介于压性和张性断裂带之间，在张扭性断裂带中岩溶可以强烈发育。

岩层的产状对岩溶的发育也有一定的影响。一般情况下，产状倾斜较陡的岩层，岩溶发育比产状平缓的岩层发育弱得多，而且较慢。

可溶岩与非可溶岩的接触带或不整合面，常是岩溶水体的流动的渠道，岩溶沿着这些地方发育的就较强烈。

3. 地壳运动的影响

正如河流的侵蚀作用受侵蚀基准面控制一样，地下水对可溶岩的溶蚀作用同样受侵蚀基准面的控制，而侵蚀基准面的改变则是由于地壳升降运动所决定。因此，地壳相对上升、侵蚀基准面相对下降时，岩溶以下蚀作用为主，形成垂直的岩溶形态；而地壳相对稳定、侵蚀基准面一段时间也相对不变时，地下水以水平运动为主，形成较大水平溶洞。地壳升降和稳定呈间歇交替变化，垂直和水平溶洞形态也交替变化。水平溶洞成层发育，每层溶洞的水平高程与当地河流阶地高程相对应，是该区地壳某个稳定时期的产物。

4. 地形的影响

在岩层裸露、坡陡的地方，因地表水汇集快、流动快和渗入量少，多发育溶沟、溶槽或石芽；在地势平缓，地表径流排泄慢，向下渗入量多的地方，常发育漏斗、落水洞和溶洞；一般斜坡地段，岩溶发育较弱，分布也较少。

岩溶发育的程度，在地表和接近地表的岩层中最强烈，往下愈深愈减弱。在岩层倾角较大的纯石灰岩层深部，偶可见到岩溶发育，在富有 CO_2 和循环较快的承压水地区，也可能有深层的岩溶发育。

5. 气候的影响

降水多，地表水体强度就大，气候也潮湿，地下水也能得到补给，岩溶发育就较快。因此，在气候炎热、潮湿、降水量大，地下水充沛和流量大，并分布有碳酸盐岩层的地区，岩溶发育和分布较广，岩溶形态也比较齐全。我国广西属典型的热带岩溶地区，以溶蚀峰林为主要特征；长江流域的川、鄂、湘一带，属亚热带气候，岩溶形态以漏斗和溶蚀洼地为主要特征；黄河流域以北属温带气候，岩溶一般不多发育，以岩溶泉和干沟为主要特征。像辽宁本溪市附近的落水洞那样大规模的溶洞，在我国北方属少见。

三、岩溶地区工程地质问题及防治措施

(一)主要工程地质问题

在岩溶发育的地方,气候潮湿多雨,岩石的富水性和透水性很强,岩溶作用使岩体结构发生变化,以至岩石强度降低。在岩溶发育地区修建公路、桥梁或隧道,常会给工程设计或施工带来许多困难,如果不认真对待,还可能造成工程失败或返工。

在岩溶发育地区进行工程建设,经常遇到的工程地质问题主要是地基塌陷、不均匀下沉和基坑、洞室涌水等。

各种岩溶形态都造成了地基的不均匀性,因而引起基础的不匀变形。

在建筑物基坑或地下洞室的开挖中,若挖穿了暗河或地表水下渗通道,则会造成突然涌水,给工程施工和使用造成重大损失和灾难。

在岩溶发育地区修建工程建筑物,首先,必须在查清岩溶分布、发育情况的基础上,选择工程建筑物的位置,尽可能避开危害严重的地段。其次,由于岩溶发育的复杂性,特别是不可能在施工之前全部查清地下岩溶的分布,一旦施工时揭露出来,则必须有针对性地采取必要的工程措施。

一般认为,对于普通建筑物地基,若地下可溶岩石坚硬、完整,裂隙较少,则溶洞顶板厚度 H 大于溶洞最大宽度 b 的 1.5 倍时,该顶板不致塌陷;若岩石破碎、裂隙较多,则溶洞顶板厚度 H 应大于溶洞最大宽度 b 的 3 倍时,才是安全的。对于地质条件复杂或重要建筑物的安全顶板厚度,则需进行专门的地质分析和力学验算才能确定。

(二)常用防治措施

(1) 对于在建筑物下地基中的岩溶空洞,可以用灌浆、灌注混凝土或片石回填的方法,必要时用钢筋混凝土盖板加固,以提高基底承载力,防止洞顶坍塌(见图 9-52)。

(2) 隧道穿过岩溶区,视所遇溶洞规模及出现部位采取相应措施。若溶洞规模不大且出现于洞顶或边墙部位时,一般可采用清除充填物后回填堵塞(见图 9-53);若出现在边墙下或洞底可采用加固或跨越的方案(见图 9-54);若溶洞规模较大,甚至有暗河存在时,可在隧道内架桥跨越。

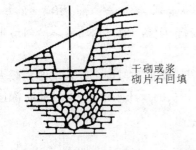
图 9-52 回填溶洞

图 9-53 隧道拱顶溶洞回填

图 9-54 隧道边墙下溶洞处理

(3) 对于岩溶地区的防排水措施应予慎重处理,主要原则是既要有利于工程修建,减轻岩溶发展和危害,又要考虑有利于该区的环境保护,不能由于排水、引水不当而造成新的环境问题。在岩溶区的隧道工程中常遇到岩溶水问题,若岩溶水水量较小,可采用注浆堵水,也可用侧沟或中心沟将水排出洞外;若水量较大,可采用平行导坑作排水坑道。

(4) 岩溶地区路基设计,应采用遥感、物探、钻探及其他有效方法进行勘察,取得岩溶地貌、岩溶发育程度、发展规律、溶洞围岩性质以及地面水、地下水活动规律等方面的资料;位于岩溶地段路基,应结合工程实际判别岩溶对路基工程的危害程度,选择合理的方法进行处治。

路基上方的岩溶泉和冒水洞,宜采用排水沟将水截流至路基外。对于路基基底的岩溶泉和冒水洞,宜设置集水明沟或渗沟,将水排出路基;对于稳定路堑边坡上的干溶洞,洞内宜采用干砌片石填塞;位于路基基底的开口干溶洞,当洞的体积不大、深度较浅时,宜予以回填夯实;当洞的体积较大或深度较深时,宜采用构造物跨越。对于有顶板但顶板强度不足的干溶洞,可炸除顶板后进行回填,或设构造物跨越;通过溶洞围岩分级或计算判断下伏溶洞有坍塌可能时,宜采用下列方法进行加固:

① 洞径大、洞内施工条件好的无充填溶洞,宜采用浆砌片石或钢筋混凝土的支撑墙、支撑柱进行加固;

② 深而小的溶洞不便于洞内加固时,宜采用石盖板或钢筋混凝土盖板跨越可能的破坏区;

③ 对于顶板较薄的溶洞,当采用地表构造物跨越有困难或不经济时,可炸除顶板,按明洞的方式进行处理;

④ 对于有充填物的溶洞,宜优先采用注浆法、旋喷法进行加固,不能满足设计要求时宜采用构造物跨越;

⑤ 如需保持洞内流水通畅时,应设置排水通道。

对于路基范围内的土洞应先判明土洞是否仍在发展;对于已停止发展的土洞可按一般地基进行评价,需加固时宜采用注浆、复合地基等方法进行处理;对于还在发展中的土洞,宜采用构造物跨越。

溶洞顶板的安全厚度

当溶洞顶板岩层未被节理裂隙切割或虽被切割但胶结良好时,其溶洞顶板的安全厚度可按厚跨比法确定。当顶板的厚度与路基跨越溶洞的长度之比大于 0.8 时,溶洞的顶板岩层可不作处理。

溶洞距路基的安全距离

当岩溶地貌位于路基两侧时,应判定岩溶对路基的影响。对于开口的岩溶地貌可参照自然边坡来判别其稳定性及其对路基的影响;对于地下溶洞可按坍塌时的扩散角(见图 9-55)、式(9-30)计算其影响范围。

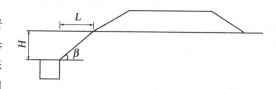

图 9-55 溶洞安全距离计算示意图

$$L = H\cot\beta \tag{9-30a}$$

$$\beta = \frac{45° + \frac{\varphi}{2}}{K} \tag{9-30b}$$

式中:H——溶洞顶板厚度(m);

β——坍塌扩散角(°);

K——安全系数,取 1.10~1.25(高速公路、一级公路应取大值);

φ——岩石内摩擦角。

如在顶板岩层上有覆盖土层,则自土层底部用 45°角向上绘斜线,求出与地面的交点,路基坡脚应在交点范围以外。

路基坡脚处于溶洞坍塌扩散的影响范围之外,该溶洞可不作处理。

总之,对岩溶一般宜用排堵结合的综合处理措施,不宜强行拦堵,且应做好由于长期排水造成的地面环境问题(如地面塌陷或地表缺水干涸等)的处理补救措施。

第五节 地震震害与防震原则

一、地震概述

(一)地震的概念

地壳发生的颤动或振动称为地震。海底发生的地震称海震或海啸。地震是一种特殊形式的地壳运动,发生迅速,运动剧烈,在局部地区内引起地表开裂、错动、隆起、喷水冒砂、山崩、滑坡等地质现象,并引起工程建筑的变形、断裂、倒塌,造成巨大灾害。

我国是一个多地震的国家。有文字可考的地震记载已有近四千年的历史,是世界上最完整、最悠久、最丰富的地震史料。公元 132 年东汉时期,我国古代科学家张衡,创制了世界上第一台地震仪,并用它成功地测到了公元 138 年甘肃发生的大地震。解放后,我国地震的预测预防工作取得了很大成绩,地震科学研究水平不断提高,并得到国际上的重视和好评。在抗震方面,我国早在 1970 年就已颁布并实行了"工业与民用建筑抗震设计规范"、"铁路工程抗震设计规范"、"公路工程抗震设计规范",对贯彻"地震工作要以预防为主"的方针,减少地震灾害,提高建筑物抗震性能,都起到重要作用。

据统计,全世界每年约发生数十万次地震,其中人能感觉到的约数千次,而像 1966 年河北邢台、1975 年辽宁海城、1976 年河北唐山那样具有巨大破坏性的大地震,平均每年约数十次。

(二)地震的成因类型

地震按其成因可分为构造地震、火山地震、陷落地震和人工触发地震四类。

(1) 构造地震。地壳运动引起的地震。地壳运动使组成地壳的岩层发生倾斜、褶皱、断裂、错动或大规模岩浆侵入活动等,与此同时,地壳也就随之发生地震,称构造地震。其中,最普遍、最重要的是由地壳运动造成岩层断裂、错动引起的地震。在某些地区地壳中,由于应力不断积累,超过了岩石强度极限时,沿岩石中薄弱处发生破裂和位移,同时迅速、急剧地释放出积累的能量,以弹性波的形式引起地壳的振动。这种由于断裂活动引起的地震,在地壳中最常见,占地震中的大多数。构造地震约占地震总数的 90%。

根据李四光的研究,浅源断层地震多发生在第三纪、第四纪以来的活动断裂带内,并且具有如下规律:

① 活动断裂带曲折最突出的部位,往往是震中所在的地点。因为那种部位往往是构造脆弱的地方,也往往是应力集中的地方。

② 活动断裂带的两头,有时是震中往返跳动的地点。因为活动断裂带在应力加强而被迫向外发展的时候,它的两端是继续发展的最有利部位。

③ 一条活动断裂带和另一断裂带交叉的地方,往往是震中所在的地点。因为断裂交叉的部位,断面多半崎岖不平,或者有大堆破坏了的岩块聚集在一起,容易导致应力集中。

(2) 火山地震。火山喷发引起的地震。火山地震约占地震总数的 7%。

(3) 陷落地震。山崩、巨型滑坡或地面塌陷引起的地震。地面塌陷多发生在可溶岩分布地区,若地下溶蚀或潜蚀形成的各种洞穴不断扩大,上覆地表岩、土层顶板发生塌陷,就会引发地震。陷落地震约占地震总数的 3%。

(4) 人工触发地震。人类工程活动引起的地震。由于大型水库的修建,大规模人工爆破,大量深井注水及地下核爆炸试验等都能引起地震。由于近几十年来人类工程活动规模愈来愈多、愈来愈大,人工触发地震问题已日益引起人们的关注。

上述四种地震中,构造地震影响范围最大,破坏性也最大,是地震研究的重点。全世界发生构造地震的地区分布并不均匀,主要受地质构造条件控制,多发生在近代造山运动和地壳的大断裂带上,即形成于地壳板块的边缘地带。因此,构造地震主要分布在环太平洋地震活动带和地中海——中亚地震活动带两个地带。环太平洋带西部边缘包括日本、马里亚纳群岛、台湾、菲律宾、印尼,直至新西兰。它的东部边缘是南、北美洲的西海岸,包括美国、墨西哥、秘鲁、智利等国。该带地震占全世界地震总数的 80% 以上。地中海—中亚带大致呈东西走向,与山脉延伸方向一致,从亚速尔群岛经过地中海、喜马拉雅地区,至我国云南、四川西部和缅甸等地,与环太平洋带相接。此带地震占全世界地震总数的 15% 左右。

(三) 地震波及其传播

地面以下岩层发生变形、破坏的地方称震源。从震源垂直向上到达地表,该位置称震中。震中到震源的距离称震源深度。震源一般在地面以下有不同深度,震源深度小于 70 km 的称浅源地震,震源深度在 70~300 km 的称中源地震,震源深度大于 300 km 的称深源地震,通常震源深度不超过 700 km。地面上任何地方到震中的距离称震中距。震中距愈大,地震造成的破坏程度愈小,破坏最严重的是震中区,也称极震区。地面上地震影响相同地点的连线,称等震线,以上各名词如图 9-56 所示。

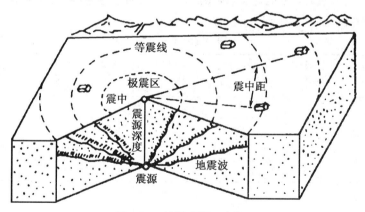

图 9-56 地震术语示意图

地震发生时,震源处产生剧烈振动,以弹性波方式向四周传播,此弹性波称地震波。

地震波在地下岩土介质中传播时称体波,体波到达地表面后,引起沿地表面传播的波称面波。

体波包括纵波和横波。纵波又称压缩波或 P 波,它是由于岩土介质对体积变化的反应而产生的,靠介质的扩张和收缩而传播,质点振动的方向与传播方向一致。纵波传播速度最快,平均为 7~13 km/s。纵波既能在固体介质中传播,也能在液体或气体介质中传播。横波又称剪切波或 S 波,它是由于介质形状变化反应的结果,质点振动方向与传播方向垂直,各质点间发生周期性剪切振动。横波传播速度平均为 4~7 km/s,比纵波慢,并且只能在固体介质中传播。

面波只限于沿地表面传播,一般可以说它是体波经地层界面多次反射形成的次生波,它包括沿地面滚动传播的瑞利波和沿地面蛇形传播的乐甫波两种。面波传播速度最慢,平均速度约为 3~4 km/s。

地震对地表面及建筑物的破坏是通过地震波实现的。纵波引起地面上、下颠簸,横波使地面水平摇摆,面波则引起地面波状起伏。纵波先到,横波和面波随后到达,由于横波、面波振动更剧烈,造成的破坏也更大。随着与震中距离的增加,振动逐渐减弱,破坏逐渐减小,直至消失。

二、地震震级与地震烈度

地震震级与地震烈度是衡量地震大小的两个概念。若把地震比做炸弹爆炸的话,震级相当于该炸弹的炸药量,烈度则相当于它的杀伤效力。也就是说,震级是地震能量的大小,烈度是地震造成的破坏程度,而烈度是工程建筑人员更为关心的问题。这两个概念既有联系又有区别。

(一)地震震级

地震震级是一次地震本身大小的等级。震级大小由震源释放出的能量多少来决定。地震震级与震源释放能量的关系见表 9-19。

从表 9-19 中可见,震级相差一级,能量相差 32 倍。一次大地震释放出的能量是十分惊人的。到目前为止,世界上发生的最大地震是 1960 年智利 8.9 级大地震,其释放的能量转化为电能,相当于一个 1.225×10^6 kW 的电站 36 年的总发电量。

一般认为,小于 2~2.5 级的地震,称微震;2~4 级为有感地震;5~6 级以上地震称破坏性地震;7 级以上地震称强烈地震或大地震。

表 9-19 震级与能量关系表

地震震级	能量(erg)	地震震级	能量(erg)
1	2.00×10^{13}	6	6.31×10^{20}
2	6.31×10^{14}	7	2.00×10^{22}
3	2.00×10^{16}	8	6.31×10^{23}
4	6.31×10^{17}	8.5	3.55×10^{24}
5	2.00×10^{19}	8.9	1.41×10^{25}

(据李斌,1999)

(二)地震烈度

地震烈度是指某地区地表面和建筑物受地震影响和破坏的程度。一次地震只有一个震级,而地震烈度却在不同地区有不同烈度。震中烈度最大,震中距愈大,烈度愈小。地震烈度的划分除与地震震级、震中距、震源深浅有关外,还与当地地质构造、地形、岩土性质等因素有关。

划分具体烈度等级是根据人的感觉、家具和物品所受振动的情况,房屋、道路及地面的破坏现象等因素的综合分析而进行的。世界各国划分的地震烈度等级不完全相同,我国使用的是十二度地震烈度表(见表 9-20)。表中将地震烈度根据不同地震情况分为 Ⅰ~Ⅻ 度,每一烈度均有相应的地震加速度和地震系数,以便烈度在工程上的应用。地震烈度小于Ⅴ度的地区,具有一般安全系数的建筑物是足够稳定的;Ⅵ度地区,一般建筑物不必采取加固措施,但应注意地震可能造成的影响;Ⅶ~Ⅸ度地区,能造成建筑物损坏,必须按工程规范规定进行工程地质勘察,并采取有效防震措施;Ⅹ度以上地区属灾害性破坏,其勘察要求需作专门研究,选择建筑物场地时应尽可能避开。

表 9-20 地震烈度鉴定标准[①]

等级	名称	加速度 a(cm/s²)	地震系数[②] K	地 震 情 况
Ⅰ	无感震	<0.25	$<\dfrac{1}{4\,000}$	人不能感觉,只有仪器可以记录到。
Ⅱ	微震	0.26~0.5	$\dfrac{1}{4\,000}\sim\dfrac{1}{2\,000}$	少数在休息中极宁静的人感觉,住在楼上者更容易。
Ⅲ	轻震	0.6~1.0	$\dfrac{1}{2\,000}\sim\dfrac{1}{1\,000}$	少数人感觉地动如有轻车从旁经过,不能即刻断定是地震,震动来自方向与持续时间,有时约略可定。
Ⅳ	弱震	1.1~2.5	$\dfrac{1}{1\,000}\sim\dfrac{1}{400}$	少数在室外的人,和极大多数在室内的人都有感觉。家具等物有些动摇,盘碗及窗户玻璃震动有声,屋梁及天花板等格格地响,缸里的水或敞口皿中的液体有些荡漾,个别情形惊醒了睡着的人。
Ⅴ	次强震	2.6~5.0	$\dfrac{1}{400}\sim\dfrac{1}{200}$	差不多人人感觉到,树木摇晃如有风吹动,房屋及室内物件全部震动,格格地响,悬吊物如帘子、灯笼、电灯等来回摆动,挂钟停摆或乱打,器皿中的水满时溅出一些,窗户玻璃出现裂纹,睡的人被惊醒,有些人惊逃户外。
Ⅵ	强震	5.1~10.0	$\dfrac{1}{200}\sim\dfrac{1}{100}$	人人能感觉到,许多人惊骇跑到户外,缸里的水激烈荡漾,墙上的挂图、架上的书会落下来,碗碟器皿打碎,家具移动位置或翻倒,墙上灰泥发生裂纹,即使是坚固的庙堂房屋亦不免有些地方掉落一些泥灰,不好的房屋受到相当损伤,但还是轻的。
Ⅶ	损害震	10.1~25.0	$\dfrac{1}{100}\sim\dfrac{1}{40}$	室内陈设物品和家具损伤较大,庙里的风铃叮当地响,池塘里腾起波浪,并翻出浊泥,河岸砂砾地方有些崩塌,井泉水位改变,房屋有裂缝,灰浆及雕塑装大量脱落,烟囱破裂,骨架建筑的间隔墙亦有损伤,不好的房屋严重损伤。
Ⅷ	破坏震	25.1~50.0	$\dfrac{1}{40}\sim\dfrac{1}{20}$	树木活动摇摆,有时摧折,重的家具、物件移动很远,或抛翻纪念像或纪念像从座上扭转或倒下,建筑较坚固的房子,如庙宇亦被损坏,墙壁由起了裂缝或部分破坏,骨架建筑间隔墙脱,塔或工厂烟囱倒塌,建筑特别好的烟囱亦破坏,陡坡或潮湿的地方发生小小裂缝,有些地方涌出泥水。
Ⅸ	毁坏震	50.1~100.0	$\dfrac{1}{20}\sim\dfrac{1}{10}$	坚固的建筑物如庙宇等损坏颇重,一般砖砌房屋严重破坏,相当数量的倒塌,以至不能再住,骨架房屋根基移动。骨架歪斜,地上裂纹颇多。
Ⅹ	大破坏震	100.1~250.0	$\dfrac{1}{10}\sim\dfrac{1}{4}$	大的庙宇的砖及骨架建筑连基础受破坏,坚固的砖墙发生危险的裂纹,河堤、坝、桥梁、城垣均严重损伤,个别的被破坏,钢轨亦弯曲,地下输送管破坏,马路及柏油街道起了裂纹与皱纹,松散软湿之地开裂相当宽及深的长沟,且有局部崩塌,崖顶岩石有部分崩落,水边惊涛拍岸。
Ⅺ	灾害	250.1~500.0	$\dfrac{1}{4}\sim\dfrac{1}{2}$	砖砌建筑全部坍塌,大的庙宇与骨架建筑亦只部分保存,坚固的大桥破坏,桥墩崩裂,钢梁弯曲(弹性大的木桥损坏较轻),城墙开裂崩坏,路基堤坝断开,错离很远,铁轨弯曲且鼓起,地下输送管完全破坏,不能使用,地面开裂甚大,沟道纵横错乱,到处土滑山崩,地下水夹泥沙从地下涌出。
Ⅻ	大灾害	500.1~1 000	$>\dfrac{1}{2}$	一切人工建筑物无不毁坏,物体抛掷空中,山川风景变异,范围广大,河流堵塞,造成瀑布,湖底升高,地裂山崩,水道改变等。

注:① 据中国科学院地球物理研究所。② $K=a/g$(式中,a 为地震加速度,g 为重力加速度)。

(三)震级与烈度的关系

经过多年研究与经验总结,一般认为当环境条件相同时,震级愈高,震源愈浅,震中距愈小,地震烈度愈高。世界上许多地震学家提出了相应的经验公式计算震中的地震烈度。我国地震工作者根据国内外各种经验公式对比,并以国内多次地震实际情况予以验证,提出了"震中烈度与震级和震源深度变化关系表"(见表9-21)。

表 9-21　震中烈度与震级和震源深度关系表

震中烈度＼震源深度(km)＼震级	5	10	15	20	25
2	3.5	2.5	2	1.5	1
3	5	4	3.5	3	2.5
4	6.5	5.5	5	4.5	4
5	8	7	6.5	6	5.5
6	9.5	8.5	8	7.5	7
7	11	10	9.5	9	8.5
8	12	11.5	11	10.5	10

表 9-21 中烈度系以干燥的中等坚实土(如粉质黏土)为准。

图 9-57 是 1976 年唐山 7.8 级大地震的地震烈度等震线图。

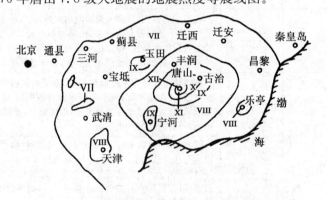

图 9-57　1976 年唐山 7.8 级地震烈度等震线图
(据中国科学院地震研究所,1996)

为了把地震烈度应用到工程实际中,地震烈度本身又可分为基本烈度、建筑场地烈度和设计烈度。

基本烈度是指该地区在一百年内能普遍遭受的最大地震烈度。目前,我国采用表 9-20 中所列为基本烈度。地震基本烈度大于或等于Ⅶ度的地区为高烈度地震区。

建筑场地烈度也称小区域烈度,它是指在建筑场地范围内,由于地质条件、地形地貌条件及水文地质条件不同而引起对基本烈度的提高或降低。通常可提高或降低半度至一度。但是,在新建工程的抗震设计中,不能单纯用调整烈度的方法来考虑场地的影响,而应针对不同的影响因素采用不同的抗震措施。

设计烈度是指抗震设计中实际采用的烈度,又称计算烈度或设防烈度。它是根据建筑物的重要性、永久性、抗震性及工程经济性等条件对基本烈度的调整。对于特别重要的建筑物,经国家批准,可提高烈度一度,例如特大桥梁、长大隧道、高层建筑等;对于重要建筑物,可按基本烈度设计,如各种铁道工程建筑物、活动人数众多的公共建筑物等;对于一般建筑物可降低烈度一度,如一般工业与民用建筑物。但是,为保证属于大量的Ⅶ度地区的建筑物都有一定抗震能力,基本烈度为Ⅶ度时,不再降低。对于临时建筑物,可不考虑设防。

三、地震对建筑物的影响

(一)地表破坏造成的影响

地震对地表造成的破坏可归纳为地面断裂、斜坡破坏和地基效应三种基本类型。

(1)地面断裂。地震造成的地面断裂和错动,能引起断裂附近及跨越断裂的建筑物发生位移或破坏。

(2)斜坡破坏。地震使斜坡失去稳定,发生崩塌、滑坡等各种变形和破坏,引起在斜坡上或坡脚附近建筑物位移或破坏。

(3)地基效应。地震使建筑物地基的岩、土体产生振动压密、下沉、振动液化及疏松地层发生塑性流动变形,从而导致地基失效、建筑物破坏。

(二)地震作用对建筑物的影响

地震作用是由地震波直接产生的惯性力。它作用于建筑物并使建筑物变形和破坏。地震作用的大小决定于地震波在传播过程中质点简谐振动所引起的加速度。地震作用对地表建筑物的作用可分为垂直方向和水平方向两个振动力。竖直力使建筑物上下颠簸;水平力使建筑物受到剪切作用,产生水平扭动或拉、挤。两种力同时存在、共同作用,但水平力危害较大,地震对建筑物的破坏,主要是由地面强烈的水平晃动造成的,垂直力破坏作用居次要地位。因此在工程设计中,通常只考虑水平方向的地震作用。

地震时质点运动的水平最大加速度可按下式求得

$$a_{max} = \pm A \left(\frac{2\pi}{T}\right)^2 \tag{9-31}$$

如果建筑物的质量为 Q,作用于建筑物的最大地震作用 P 为

$$P = \frac{Q}{g}a_{max} = \frac{a_{max}}{g}Q = KQ \tag{9-32}$$

式中:P—— 最大地震作用(N);

T—— 振动周期(s);

A—— 振幅(cm);

g—— 重力加速度(cm/s²);

K—— 地震系数(以分数表示)。

地震系数是一个很重要的参数,可以由表 9-20 中取得,也可由 $K = 0.001a_{max}$ 求得。由于 a_{max} 是最大水平加速度,所以 K 是水平地震系数。当 $K = 1/100$ 时,建筑物开始破坏;$K = 1/20$ 时(相当于 Ⅷ ~ Ⅸ 度),建筑物严重破坏。

此外,地震对建筑物的破坏作用,还与振动周期有关。如果建筑物振动周期与地震振动周期相近,则引起共振,使建筑物更易破坏。

(三)公路工程与抗震设计

交通部《公路工程技术标准》(JTG B01—2003)规定:

（1）地震动峰值加速度系数小于或等于 0.05 地区的公路工程，除有特殊要求外，可采用简易设防；

（2）地震动峰值加速度系数等于 0.10、0.15、0.20、0.30 地区的公路工程，应进行抗震设计；

（3）地震动峰值加速度系数大于或等于 0.40 地区的公路工程，应进行专门的抗震研究和设计；

（4）做过地震小区划地区的公路工程，应按主管部门审批的地震动峰值加速度系数进行抗震设计。

四、公路工程的震害及防震原则

(一)地震对公路工程的破坏作用

1. 地变形的破坏作用

地震时在地表产生的地变形主要有断裂错动、地裂缝与地倾斜等。

断裂错动是浅源断层地震发生时在地面上的表现。1935 年四川迭溪地震，附近山上产生一条上下错动很明显的断层，构成悬崖绝壁。1970 年云南通海地震，出现一条长达 50 km 的断层。1976 年河北唐山地震，也有断裂错动现象，错断公路和桥梁，水平位移达一米多，垂直位移达几十厘米。

地裂缝是地震时常见的现象，按一定方向规则排列的构造型地裂缝多沿发震断层及其邻近地段分布。它们有的是由地下岩层受到挤压、扭曲、拉伸等作用发生断裂，直接露出地表形成；有的是由地下岩层的断裂错动影响到地表土层产生的裂缝。1973 年四川炉霍地震，沿发震断层的主裂缝带长约 90 km，带宽 20～150 m，最大水平扭距 3.6 m，最大垂直断距 0.6 m，沿裂缝形成无数鼓包，清楚地说明它们是受挤压而产生的。裂缝通过处，地面建筑物全部倒塌，山体开裂、崩塌、滑坡现象很多。1975 年辽宁海城地震，位于地裂缝上的树木也被从根部劈开，显然，这是张力作用的结果。

地倾斜是指地震时地面出现的波状起伏。这种波状起伏是面波造成的，不仅在大地震时可以看到它们，而且在震后往往有残余变形留在地表。1906 年美国旧金山大地震，使街道严重破坏，变成波浪起伏的形状，就是地倾斜最显著的实例。这种地变形主要发生在土、砂和砾、卵石等地层内，由于振幅很大、地面倾斜等原因，它们对建筑物有很大的破坏力。

在地震中，由于出现在发震断层及其邻近地段的断裂错动和构造型地裂缝，是人力难以克服的，对公路工程的破坏无从防治，因此，对待它们只能采取两种办法：一是尽可能避开；二是不能避开时本着便于修复的原则设计公路，以便破坏后能及时修复。

2. 地震促使软弱地基变形、失效的破坏作用

软弱地基一般是指可触变的软弱黏性土地基以及可液化的饱和砂土地基。它们在强烈地震作用下，由于触变或液化，可使其承载力大大降低或完全消失，这种现象通常称为地基失效。软弱地基失效时，可发生很大的变位或流动，不但不支撑建筑物，反而对建筑物的条形基础起推挤作用，因此会严重地破坏建筑物。除此而外，软弱地基在地震时容易产生不均匀沉陷，振动的周期长、振幅大，这些都会使其上的建筑物易遭破坏。1964 年日本新潟 7.5 级地震，一些修建在饱和含水的松散粉、细砂层地基上的钢筋混凝土楼房，在地震作用下，本身结构完好，并无损坏，但由于砂层液化，使地基失效，导致楼房整体倾斜或下沉。1976 年河北唐山 7.8 级地

震,在震区南部的冲积平原和滨海平原地区,由于地下水埋藏浅(0~3 m),第四纪松散的粗细砂层被水饱和,地震时造成大面积砂层液化和喷水冒砂,在河流岸边、堤坝和路基两侧造成大量的液化滑坡,使路基和桥梁普遍遭到破坏,尤以桥梁的破坏最为严重。

鉴于软弱地基的抗震性能极差,修建在软弱地基上的建筑物震害普遍而又严重,因此,《公路工程抗震设计规范》(以下简称《规范》)认为,软弱黏性土层和可液化土层不宜直接用做路基和构造物的地基,当无法避免时,应采取抗震措施。《规范》中除列有两种软弱地基的鉴定标准外,并根据国内外经验规定,修建于软弱地基上的公路工程的设防烈度起点为7度。

3. 地震激发滑坡、崩塌与泥石流的破坏作用

强烈的地震作用能激发滑坡、崩塌与泥石流。如震前久雨,则更易发生。在山区,地震激发的滑坡、崩塌与泥石流所造成的灾害和损失,常常比地震本身所直接造成的还要严重。规模巨大的崩塌、滑坡、泥石流,可以摧毁道路和桥梁,掩埋居民点。峡谷内的崩塌、滑坡,可以阻河成湖,淹没道路和桥梁。一旦堆石溃决,洪水下泻,常可引起下游水灾。水库区发生大规模滑坡、崩塌时,不仅会使水位上升,且能激起巨浪,冲击水坝,威胁坝体安全。

1933年四川迭溪7.4级地震,在迭溪15 km范围之内,滑坡和崩塌到处可见。在迭溪附近,岷江两岸山体崩塌,形成三座高达100余米的堆石坝,将岷江完全堵塞,积水成湖。堆石坝溃决时,高达40余米的水头顺河而下,席卷了两岸的村镇。1960年智利8.5级大地震,造成数以千计的滑坡和崩塌。滑坡、崩塌堵塞河流,造成严重的灾害。在瑞尼赫湖区,三次大滑坡,使湖水上涨24 m,湖水溢出,淹及65 km外的瓦尔迪维亚城。

地震激发滑坡、崩塌、泥石流的危害,不仅表现在地震当时发生的滑坡、崩塌、泥石流,以及由此引起的堵河、淹没、溃决所造成的灾害,而且表现在因岩体震松、山坡裂缝,在地震发生后相当长的一段时间内,滑坡、崩塌、泥石流将连续不断。由于它们对公路工程的危害极大,所以《规范》认为,地震时可能发生大规模滑坡、崩塌的地段为抗震危险的地段,路线应尽量避开。

根据对几次山区强烈地震(四川炉霍、云南昭通、云南龙陵、四川松潘—平武)的调查统计,除四川松潘—平武因在雨季发震,在6度烈度区里发生一些崩塌和滑坡外,其余震区绝大多数的滑坡和崩塌都分布在≥7度的烈度区。河北唐山地震时,液化滑坡也都分布在≥7度的烈度区内。分析历史地震资料发现,除黄土地区在6度烈度区内有滑坡和崩塌外,其他地区都只在≥7度的烈度区内发生滑坡和崩塌。因此,《规范》规定,对修建于地震时可能发生大规模滑坡、崩塌地段的公路工程,设防烈度起点为7度。

(二)平原地区的路基震害及防震原则

1. 平原地区路基的震害

平原地区路基以路堤为主,易于发生震害的路堤是软土地基上的路堤、桥头路堤、高路堤与砂土路堤等,震害最多的是修筑在软土地基上的路堤。下面介绍一些常见的震害类型:

(1)纵向开裂是最常见的路堤震害,多发生在路肩与行车道之间、新老路基之间。在软弱地基上的路堤,纵向开裂可达到很大规模。

(2)边坡滑动一般是由于路堤主体与边坡部分的碾压质量差别较大,震前坡脚又受水浸,地震时土的抗剪强度急剧降低,而形成边坡滑动。

(3)路堤坍塌这种震害多见于用低塑性粉土、砂土填筑的路堤。由于压实不够,又受水浸,在地震的振动作用下,土的抗剪强度急剧降低或消失,形成路堤坍塌,完全失去原来形状。

(4)路堤下沉在宽阔的软弱地基上,地震时,由于软弱黏性土地基的触变或饱和粉细砂地

基的液化。路堤下沉，两侧田野地面发生隆起。

(5) 纵向波浪变形路线走向与地震波传播方向一致时，由于面波造成地面波浪起伏，使路基随之起伏，并在鼓起地段的路面上，产生众多的横向张裂缝。

(6) 桥头路堤的震害。连结桥梁等坚固构造物的路堤震害最普遍，一般均较邻近路段严重，形式有下沉、开裂、坍塌等。

(7) 地裂缝造成的震害。由地裂缝造成的路基错断、沉陷和开裂，往往贯穿路堤的全高全宽，其分布完全受地裂缝带的控制，与路堤结构没有联系。在低湿平原与河流两岸，沿地裂缝带常有大量的喷水冒砂出现。

2. 平原地区路基的防震原则

(1) 尽量避免在地势低洼地带修筑路基。尽量避免沿河岸、水渠修筑路基，不得已时，也应尽量远离河岸、水渠。

(2) 在软弱地基上修筑路基时，要注意鉴别地基中可液化砂土、易触变黏土的埋藏范围与厚度，并采取相应的加固措施。

(3) 加强路基排水，避免路侧积水。

(4) 严格控制路基压实，特别是高路堤的分层压实。尽量使路肩与行车道部分具有相同的密实度。

(5) 注意新老路基的结合。老路加宽时，应在老路基边坡上开挖台阶，在新、老路基连接处加铺土工格栅，并注意对新填土的压实。

(6) 尽量采用黏性土做填筑路堤的材料，避免使用低塑性的粉土或砂土。

(7) 加强桥头路堤的防护工程。

(三) 山岭地区的路基震害及防震原则

1. 山岭地区路基的震害

山岭地区地形复杂，路基断面形式很多，防护和支挡工程也多，此处只以路堑、半填半挖路基和挡土墙为代表，介绍它们的主要震害。

(1) 路堑边坡的滑坡与崩塌。在 7 度烈度区一般比较轻微，在 ≥8 度烈度区比较严重。对岩质边坡主要震害类型是崩塌，对松散堆积层边坡则多崩塌性滑坡。崩塌常常发生在裂隙发育、岩体破碎的高边坡路段，崩塌性滑坡则多与存在软质岩石、地下水活动、构造软弱面等有关。

(2) 半填半挖路基的上坍与下陷。上坍是指挖方边坡的滑坡与崩塌，其情况与路堑边坡类似。下陷是指填方部分的开裂与沉陷，此种震害比较普遍而且严重。由于填方与挖方路基的密实度不一致，基底软硬不一致，故地震时易沿填挖交界面出现裂缝和坍滑。

(3) 挡土墙的震害。挡土墙等抵抗土压力的建筑物，地震时由于地基承载力降低，土压力增大，所遭受的震害比较多。尤其是软土地基上的挡土墙、特别高的挡土墙、干砌片石挡土墙等遭受震害的实例更多。对于目前公路上大量使用的各种石砌挡土墙，主要的震害类型有砌缝开裂、墙体变形与墙体倾倒。前两者主要见于 7～8 度烈度区，后者主要见于 ≥9 度的烈度区。砌缝开裂是最常见的震害，主要与地震时地基的不均匀沉陷和砂浆强度不够有关。墙体的膨胀变形主要与地震时墙背的土压力增大有关。墙体倒塌可能与地基软弱、地震作用强、土压力增大等因素有关。

2. 山岭地区路基的防震原则

(1) 沿河路线应尽量避开地震时可能发生大规模崩塌、滑坡的地段。在可能因发生崩塌、滑坡而堵河成湖时,应估计其可能淹没的范围和溃决的影响范围,合理确定路线的方案和标高。

(2) 尽量减少对山体自然平衡条件的破坏和自然植被的破坏,严格控制挖方边坡高度,并根据地震烈度适当放缓边坡坡度。在岩体严重松散地段和易崩塌、易滑坡的地段,应采取防护加固措施。在高烈度区岩体严重风化的地段,不宜采用大爆破施工。

(3) 在山坡上应尽可能避免或减少半填半挖路基,如不可能,则应采取适当加固措施。在横坡陡于1∶3的山坡上填筑路堤时,应采取措施保证填方部分与山坡的结合,同时应注意加强上侧山坡的排水和坡脚的支挡措施。在更陡的山坡上,应用挡土墙加固,或以栈桥代替路基。

(4) 在≥7度的烈度区内,挡土墙应根据设计烈度进行抗震强度和稳定性的验算。干砌挡土墙应根据地震烈度限制墙的高度。浆砌挡土墙的砂浆标号较一般地区应适当提高。在软弱地基上修建挡土墙时,可视具体情况采取换土、加大基础面积、采用桩基等措施。同时要保证墙身砌筑、墙背填土夯实与排水设施的施工质量。

(四)桥梁的震害及防震原则

1. 桥梁的震害

强烈地震时,桥梁震害较多。1976年河北唐山地震,震区桥梁十之三四遭到破坏。

桥梁遭受震害的原因,主要是由于墩台的位移和倒塌,下部构造发生变形引起上部构造的变形或坠落。下部构造完整,上部构造滑出、脱落的也有,但比较少见,而且多与桥梁构造上的缺点有关。所以,地基的好坏,对桥梁在地震时的安全度影响最大。

在软弱地基上,桥梁的震害不仅严重,而且分布范围广。以1976年河北唐山地震为例,该次地震在10~11度烈度区内,桥梁全部遭到极其严重的破坏。在≥9度的烈度区内,由于砂土液化、河岸滑坡,普遍出现墩台滑移和倾斜、桥长缩短、桩柱断裂、桥梁纵向落梁、拱桥拱圈开裂或断裂等破坏。除此以外,也有上部构造产生较大横向位移,甚至横向落梁的破坏。在8度烈度区内,也有一部分桥梁遭到严重破坏。远至100 km外的7度烈度区内,仍有桥梁遭到轻微损坏。

在一般地基上,也可能产生某些桥梁震害,如墩台裂缝,因土压力增大或水平方向抵抗力降低而引起墩台的水平位移和倾斜等,但这些震害只出现在更高的烈度区内。如1923年日本关东地震时,上述震害只限于≥11度的烈度区内。又如1976年河北唐山地震时,上述震害也只限于≥10度的烈度区内。值得注意的是,唐山地震时,在9度烈度区内,建于砂、卵石地基上的两座多孔长桥,也遭到严重破坏,桥墩普遍开裂、折断,导致落梁。这可能是由于桥长与地震波长相近,在地震时桥梁基础产生错动,使得某些相邻桥墩向相反方向位移,造成某些桥孔的孔径有较大的增长或缩短的缘故。

2. 桥梁防震原则

(1) 勘测时查明对桥梁抗震有利、不利和危险的地段,按照避重就轻的原则,充分利用有利地段选定桥位。

(2) 在可能发生河岸液化滑坡的软弱地基上建桥时,可适当增加桥长、合理布置桥孔,避免将墩台布设在可能滑动的岸坡上和地形突变处。适当增加基础的刚度和埋置深度,提高基础抵抗水平推力的能力。

(3) 当桥梁基础置于软弱黏性土层或严重不均匀地层上时,应注意减轻荷载、加大基底面积、减少基底偏心、采用桩基础。当桥梁基础置于可液化土层上时,基桩应穿过可液化土层,并在稳定土层中有足够的嵌入长度。

(4) 尽量减轻桥梁的总重量,尽量采用比较轻型的上部构造,避免头重脚轻。对振动周期较长的高桥,应按动力理论进行设计。

(5) 加强上部构造的纵、横向联结,加强上部构造的整体性。选用抗震性能较好的支座,加强上、下部的联结,采取限制上部构造纵、横向位移或上抛的措施,防止落梁。

(6) 多孔长桥宜分节建造,化长桥为短桥,使各分节能互不依存地变形。

(7) 用砖、石圬工和素混凝土等脆性材料修建的建筑物,抗拉、抗冲击能力弱,接缝处是弱点,易发生裂纹、位移、坍塌等病害,应尽量少用。尽可能选用抗震性能好的钢材或钢筋混凝土。

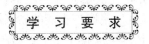

本章是本课程的重要内容之一,通过学习要求掌握常见的地质灾害滑坡、崩塌、泥石流、岩溶等的基本概念,及其形成条件、基本类型、防治原则及措施;熟悉地震的成因类型,掌握震级、烈度的概念,正确认识震级与烈度的关系,了解地震对工程的影响及公路工程防震原则。

习题与思考题

1. 何谓滑坡?其主要形态特征是什么?
2. 形成滑坡的条件是什么?影响滑坡发生的因素有哪些?
3. 按引起滑坡的力学特征,滑坡可分为哪几种类型?按组成滑坡的物质成分,滑坡可分为哪几种类型?它们各有什么特征?
4. 滑坡的防治原则是什么?滑坡的防治措施有哪些?
5. 何谓崩塌?形成崩塌的基本条件是什么?
6. 崩塌的防治原则是什么?防治崩塌的措施有哪些?
7. 岩堆有哪些工程地质特征?岩堆的处理原则及防治措施是什么?
8. 何谓泥石流?泥石流的形成条件有哪些?其发育特点如何?
9. 试说明泥石流的分类。
10. 试说明泥石流地段公路选线的原则和泥石流的防治措施?
11. 什么叫岩溶?岩溶有哪些主要形态?其发育的基本条件有哪些?
12. 岩溶的发育与分布规律怎样?影响因素有哪些?
13. 岩溶地区的主要工程地质问题有哪些?常用的防治措施是什么?
14. 什么是地震?天然地震按其成因可分为哪几种?
15. 何谓地震震级?震级如何确定?
16. 什么是地震烈度?根据什么确定地震烈度?震级和烈度之间的关系怎样?在工程建筑抗震设计时,需要确定的地震烈度有哪几种?
17. 地震对工程建筑物的影响和破坏表现在哪些方面?

第十章 特殊地质问题勘察与处治技术

第一节 膨胀土工程地质勘察与处治技术

膨胀土是一种富含膨胀性黏土矿物(蒙脱石、伊利石/蒙脱石混层黏土矿物等)的非饱和黏土,分布广泛,并对工程建设有特殊危害。我国过去修建的公路一般等级较低,膨胀土灾害问题不太突出。随着近年来高等级公路的兴建,不少地区都遇到了膨胀土施工问题,如许多新建公路在施工过程中就开始出现各种变形病害,有的地段土基一边施工开挖,一边溜塌、坍滑,有的地段土基刚刚施工建成,就出现整段土基吸水膨胀软化,地基表层膨胀,导致无法铺筑路面等。这种从施工开始就病害不断的膨胀土,如果处理不好,将会造成严重的经济损失,并严重影响行车安全。本章针对膨胀土特有的工程特性,重点介绍膨胀土地段的施工方式。

一、概　述

(一)膨胀土的定义及特征

膨胀土是一种吸水膨胀、失水收缩开裂的特种黏性土,其矿物成分以强亲水性矿物蒙脱石和伊利石为主。在自然条件下,多呈硬塑或坚硬状态,裂隙较发育,常见光滑面和擦痕,裂缝随气候变化张开和闭合,并具有反复胀缩的特性;多出露于二级及二级以上的阶地,山前丘陵和盆地边缘,地形坡度平缓,无明显自然陡坎。主要特征有胀缩性、裂隙性和超固结性。

膨胀土在我国分布范围较广,分布于我国广西、云南、四川、陕西、贵州、广东、江苏、黑龙江和湖南等20多个省(区)的180多个市、县,总面积在10万 km^2 以上。从地理位置来看,我国膨胀土主要集中分布在珠江、长江、黄河中下游以及淮河、海河流域的广大平原、盆地、河谷阶段、河间地块以及平缓丘陵地带。常呈地毯式大面积覆盖于地表或地表下浅层,与公路建设关系极为密切。

(二)膨胀土的判别

膨胀土的判别标准,国内外尚不统一,各行业亦不统一,根据多年来工程实践中的经验总结和工程地质特征,采用现场定性和室内试验指标相结合的方法判别较为合理。在工程中大多采用自由膨胀率 F_s,它是与其他指标相配合的判别方法。自由膨胀率 F_s 是以一定体积的扰动风干土,在水中增加的体积与原有体积的百分比来表示的土的膨胀性。采用自由膨胀率的缺点是忽略了土的结构性。

1. 初判

根据地形地貌,土的天然结构特征,膨胀土具有的裂隙性、胀缩性等特征,进行初步判别。
(1)建筑、水电等系统提出的临界判别值为:
自由膨胀率 $F_s \geqslant 40\%$

液限 $W_L \geqslant 40\%$

(2) 铁路系统提出的临界判别值为：

自由膨胀率 $F_s \geqslant 30\%$

液限 $W_L \geqslant 40\%$

(3) 塑性图判别法。塑性图是以塑性指数 I_P 为纵轴，以液限 W_L 为横轴的直角坐标图。《公路土工试验规程》(JTJ051—93)，对膨胀土的判别为：膨胀土为高液限黏土(CHE)，分布范围为 $W_L > 50\%$，A 线以上 $I_P = 0.73(W_L - 20)$。

2. 详判

膨胀土分类较为复杂，目前尚难统一。若采用蒙脱石含量和阳离子交换量作为鉴别指标，但测试困难。为解决膨胀土地区路基修筑的关键技术问题，交通部在西部科研项目专门立题进行研究，中交第二公路勘察设计研究院在"膨胀土地区公路勘察设计技术研究"课题中，通过对膨胀土的各种判别分类方法的优缺点、全国膨胀土工程性质及内在关系研究，初步提出了按标准吸湿含水量和塑性指数进行判别与分类的方法，其标准可参考采用。

标准吸湿含水量的物理意义：在标准温度下(通常为 25℃)和标准相对湿度下(通常为 60%)，膨胀土试样恒重后的含水量。标准吸湿含水量与比表面积、阳离子交换量、蒙脱石含量之间存在线性相关的关系。

标准吸湿含水量与比表面积之间的关系式：$\omega_f = 0.0298x - 0.4214(R^2 = 0.9724)$

标准吸湿含水量与阳离子交换量之间的关系式：$\omega_f = 0.0296x - 0.4917(R^2 = 0.873)$

标准吸湿含水量与蒙脱石含量之间的关系式：$\omega_f = 0.2889x + 0.0918(R^2 = 0.9945)$

交通部《公路路基设计规范》(JTG D30—2004)标准对膨胀土详判应采用自膨胀率、标准吸湿含水率、塑性指数三项指标，见表 10-1、表 10-2。

表 10-1 膨胀土的详判指标

名　称	判定指标	名　称	判定指标
自由膨胀率 F_s(%)	$\geqslant 40$	塑性指数 I_p	$\geqslant 15$
标准吸湿含水率(%)	$\geqslant 2.5$		

注：当符合表中的两项指标时，即应判定为膨胀土。

表 10-2 膨胀潜势的分级

级别 分级指标	非膨胀土	弱膨胀土	中等膨胀土	强膨胀土
自由膨胀率 F_s(%)	$F_s < 40$	$40 \leqslant F_s < 60$	$60 \leqslant F_s < 90$	$F_s \geqslant 90$
标准吸湿含水率(%)	$\omega_f < 2.5$	$2.5 \leqslant \omega_f < 4.8$	$4.8 \leqslant \omega_f < 6.8$	$\omega_f \geqslant 6.8$
塑性指数	$I_p < 15$	$15 \leqslant I_p < 28$	$28 \leqslant I_p < 40$	$I_p \geqslant 40$

注：非膨胀土是指土的膨胀特性未达到定义为膨胀土的程度。

(三)膨胀土主要工程性质及其对路基稳定性的影响

1. 胀缩性与收缩性

影响膨胀土胀缩性的因素有矿物成分、颗粒组成、初始含水量、压实度及附加荷重等。其中除了矿物成分和颗粒组成的内因影响外，初始含水量、压实度及附加荷重等外因影响也很大。

(1) 初始含水量的影响。膨胀土的膨胀量与含水量成反比,含水量越小,遇水后土体吸水越多,膨胀量越大。收缩量与含水量成正比,含水量越小,干燥失水后收缩量越小。公路沿线土体的天然含水量是变化的,各处膨胀土的膨胀量和收缩量不是定值,同一种土的膨胀量随当地的含水量变化而变化。

(2) 压实度的影响。采用重型压实标准,由不同压实度下膨胀量试验可知,压实度增大,膨胀量有所增加,而压实度对收缩量影响很小。

(3) 附加荷重的影响。土体膨胀量受附加荷重(压力)控制,压力越大,膨胀量越小,当压力为 0~0.05 MPa 时,影响最显著。工程施工中可采用增加上覆压力来减少膨胀量。膨胀土填方路堤因土的自重压力作用,下部、内部的膨胀是很小的,膨胀量大的部位是路堤顶部和边坡表层,路堤破坏往往先从这些地方发生。

2. 抗剪强度特性

(1) 膨胀土胀缩等级的影响。膨胀土随胀缩等级的提高,土体内摩擦角降低,黏聚力与等级无关。因此,为保证膨胀土路基的稳定性,对膨胀等级不同的膨胀土应加以区别对待,分别采用相应措施,强膨胀土不能作为路基填料。

(2) 含水量的影响。无论哪种等级的膨胀土,含水量减小,摩擦角、黏聚力则增大。当最佳含水量收缩到塑限时,抗剪强度成倍地增长。膨胀土变湿时抗剪强度比修筑时小得多,所以,当采用膨胀土修筑的路基边坡无覆盖时,其抗剪强度可能全部丧失,是造成边坡溜坍、坍塌和浅层滑动的主要原因。

(3) 上覆压力的影响。随土层深度加大,膨胀土摩擦角、黏聚力值也增大。利用膨胀土的这种特性,填筑路堤时应充分考虑增大压力来提高抗剪性。许多路基产生变形从坍肩开始就是没有上覆压力造成的。

(4) 填筑条件的影响。土体填筑干容重越大,抗剪强度越大;含水量越高,抗剪强度越低。但击实土在膨胀后摩擦角和黏聚力的最大值却是出现在最佳含水量击实到最大干容重的条件下。因此,为保证用膨胀土填筑路基在施工中及建成后都具有较高的强度和稳定性,仍应采用在最佳含水量条件下压实到最大干容重来控制施工。

3. 渗透特性

膨胀土的体积变化主要是土中水分变化引起的,了解土的渗透性对分析已成路基和边坡水分变化的原因有重要意义。膨胀土渗透性差,其渗透性与上部压力、土体密实度有关。压实度增大,膨胀性越强的土,渗透性越小。但膨胀土一经暴露于大气,在风化营力作用下失水收缩开裂后,透水性将会显著增大,这点在工程设计中应充分考虑。

(四)膨胀土地区的的公路病害及原因分析

1. 边坡风化剥落、坍塌和滑坡

无论是用膨胀土填筑的路堤还是通过膨胀土地段的路堑,滑坡都会时有发生,对公路危害较大。路堤滑坡有两种情况:一种是滑动面在用膨胀土填筑的路堤填土内;另一种是滑动面穿过路堤填土和地基土层而发生在地面下的淤泥或膨胀土的软土层内。而路堑滑坡体则较易观察。

2. 路面纵向裂缝、溅浆冒泥、沉陷和鼓包

(1) 路面纵向裂缝。在填方路段,因路床填料采用未经改性的膨胀土,在碾压施工中含水量偏大,这是膨胀土产生收缩变形的内在因素。在未对上路堤顶部以上边坡进行有效封闭的

情况下,路堤边坡临空条件一致,大气影响也相近,致使路床填料膨胀土在大气影响范围内明显收缩,形成拉开裂缝,并反射到路面结构,形成路面纵向裂缝。

(2)路面溅浆冒泥、沉陷和鼓包。这种病害在挖方和填方路基均有发生,其原因有:

① 未对挖方路基的路床膨胀土进行超挖处理;

② 填高小于 1 m 的路基未挖除地表以下膨胀土;

③ 一般填方路基路床填料采用未改性膨胀土,CBR 强度低。这样在中央分隔带渗水、超高段左侧路缘带边部渗水、边沟渗水和路面结构渗水等综合因素影响下,路床膨胀土浸水或含水量增加,路床膨胀土软化或形成泥浆,在行车荷载反复作用下,较强的孔隙水压力,造成溅浆冒泥。渗水还导致路床膨胀土软化和干湿循环胀缩变形,在行车作用下发生路面沉陷和鼓包。

二、膨胀土的勘察

膨胀岩土地区的勘察除按一般地区的要求外,应着重下列内容:

(一)工程地质测绘与调查

膨胀岩土地区工程地质测绘与调查宜采用 1∶1 000～1∶2 000 比例尺,应着重研究下列内容:

(1)研究微地貌、地形形态及其演变特性,划分地貌单元,查明天然斜坡是否有胀缩剥落现象。

(2)查明场地内岩土膨胀造成的滑坡、地裂、小冲沟等的分布。

(3)查明膨胀岩土的成因、年代、竖向与横向分布规律及岩土体膨胀性的各向异性的程度。

(4)查明膨胀岩节理、裂隙构造及其空间分布规律。

(5)调查地表水排泄、积聚情况,地下水的类型、水位及其变化幅度,土层中含水量的变化规律。

(6)搜集历年降雨量、蒸发量、气温、地温等气象资料。

(7)调查当地建筑物的结构类型、基础型式和埋深,建筑物的损坏部位、破裂机制、破裂的发生发展过程及胀缩活动带的空间展布规律。

(8)调查当地天然及人工植被的分布,浇灌方法。

(二)勘探

勘察方法及工作量根据工程的等级及勘察阶段决定。

(1)膨胀岩土地区勘探点的深度应考虑基础埋深及土层湿度和土层湿度变化的影响深度,一般不小于 5 m,部分勘探点深度小于 8 m。

(2)控制性勘探孔和一般勘探孔均应取岩土试样以测定天然含水量。

(3)膨胀岩土应测定自由膨胀率、收缩系数以及膨胀压力。对膨胀土需测定 50 kPa 压力下的膨胀率。对膨胀岩还应测定黏粒、蒙脱石或伊利石含量、体膨胀量及无侧限抗压强度。为确定膨胀岩土的承载力、膨胀压力,可进行浸水载荷试验、剪切试验及旁压试验等。

(三)试验

对膨胀岩土除进行一般物理力学性质指标试验外,尚需进行自由膨胀率、膨胀率、收缩系数、膨胀压力等工程特性指标方面的试验。除上述外,为了确定地基土承载力和浸水时的膨胀变形量,还需进行野外现场浸水载荷试验等。

三、膨胀土的地基评价

(一)膨胀土的地基评价

按场地的地形地貌条件,可将膨胀土建筑场地分为两类:

第一类,平坦场地。平坦场地地形坡度小于5°;地形坡度大于5°小于14°且距坡肩水平距离大于10 m的坡顶地带。

第二类,坡地场地。坡地场地地形坡度大于或等于5°;地形坡度小于5°,但同一类建筑物范围内局部地形高差大于1 m。

(二)膨胀土地基承载力的确定

膨胀土地基承载力的确定可以通过试验法、计算法(根据岩土工程勘察有关规定)、经验法(据已有的地区经验)来确定。

(三)坡地膨胀岩土地基稳定性的验算

(1)土质均匀且无节理面时按圆弧动法验算。

(2)岩土层较薄,层间存在软弱层时,取软弱层面为潜在滑动面进行验算。

(3)层状构造的膨胀岩土,层面与坡面斜交且交角小于45°时,验算层面的稳定性。

四、膨胀土路基施工

(一)膨胀土路堤施工

高等级公路不得已时才允许采用膨胀土或经处理后的膨胀土作为填料填筑路堤。

1. 膨胀土路堤技术要求

(1)膨胀土路堤边坡形式:

① 直线式:一坡到顶的直线形边坡,适用于用弱膨胀土填筑的低路堤。

② 折线式:填土较高或用不同土质分层填筑的路堤,可采用折线形边坡,一般为上陡下缓。但边坡太高则难以保证稳定。

(2)坡度。采用弱膨胀土及中膨胀土填筑路堤,其边坡坡率应根据路堤边坡的高度、填料重塑后的性质、区域气候特点,并参照既有路基的成熟经验综合确定。边坡高度不大于10 m的路堤边坡坡率和边坡平台的设置,可按表10-3确定。

表10-3 膨胀土路堤边坡坡率及平台宽度

边坡高度(m)	膨胀性 边坡坡率		边坡平台宽度(m)	
	弱膨胀	中等膨胀	弱膨胀	中等膨胀
<6	1:1.5	1:1.5~1:1.75	可不设	
6~10	1:1.75	1:1.75~1:2.0	2.0	≥2.0

(3)填方路基。高速公路及一、二级公路路基填土高度小于路面与路床的总厚度,基底为膨胀土时,宜挖除地表0.30~0.60 m的膨胀土,并将路床换填非膨胀土或掺灰处理。若为强膨胀土,挖除深度应达到大气影响深度。

强膨胀土不应作为路堤填料。

高速公路及一、二级公路采用中等膨胀土作为路堤填料时应经改性处理方可填筑。弱膨胀土作为路堤填料时,若胀缩总率不超过0.7%,可直接填筑,并采取防水、保温、封闭、坡面防护等措施,否则,应按公路等级、气候、水文、填土层位等具体情况,结合实践经验进行处治。

膨胀土改性处理的掺灰最佳配比,以其掺灰后胀缩总率不超过0.7%为宜。

路床应采用符合《公路路基设计规范》(JTG D30—2004)表3.2.1(即表10-4)规定的材料填筑。若采用弱膨胀土及中等膨胀土作为路床填料,应经改性处理方可填筑,改性后的胀缩总率不得超过0.7%。

(4) 路床填料最小强度和压实度要求。根据《公路路基设计规范》(JTG D30—2004)要求,高速公路及其他等级公路路基填料最小强度要求见表10-4。

表10-4 路床土最小强度和压实度要求

项 目 分 类	路面底面以下深度(m)	填料最小强度(CBR)(%)			压实度(%)		
		高速公路、一级公路	二级公路	三、四级公路	高速公路、一级公路	二级公路	三、四级公路
填方路基	0~0.3	8	6	5	≥96	≥95	≥94
	0.3~0.8	5	4	3	≥96	≥95	≥94
零填及挖方路基	0~0.3	8	6	5	≥96	≥95	≥94
	0.3~0.8	5	4	3	≥96	≥95	/

注:① 表列压实度系按《公路土工试验规程》(JTG E40—2007)中重型击实试验法求得的最大干密度的压实度;
② 当三、四级公路铺筑沥青混凝土和水泥混凝土路面时,其压实度应采用二级公路的规定值。

当采用细粒土填筑时,路堤填料最小强度应符合表10-5的规定。

表10-5 路堤填料最小强度要求

项目分类	路面底面以下深度(m)	填料最小强度(CBR)(%)		
		高速公路、一级公路	二级公路	三、四级公路
上路堤	0.8~1.5	4	3	3
下路堤	1.5以下	3	2	2

注:① 当路基填料的CBR值达不到表列要求时,可掺石灰或其他稳定材料处理;
② 当三、四级公路铺筑沥青混凝土和水泥混凝土路面时,应采用二级公路的规定。

路堤应分层铺筑,均匀压实,压实度应符合表10-6的规定。

表10-6 路堤压实度

填挖类型	路面底面以下深度(m)	压 实 度(%)		
		高速公路、一级公路	二级公路	三、四级公路
上路堤	0.80~1.50	≥94	≥94	≥93
下路堤	1.50以下	≥93	≥92	≥90

注:① 表列压实度系按《公路土工试验规程》(JTG E40—2007)中重型击实试验法求得的最大干密度的压实度;
② 当三、四级公路铺筑沥青混凝土和水泥混凝土路面时,应采用二级公路的规定值;
③ 路堤采用特殊填料或处于特殊气候地区时,压实度标准可根据试验路的状况在保证路基强度要求的前提下适当降低。

强膨胀土不得直接用于填筑路基,但是,公路所经膨胀土地区路线长,膨胀土分布范围广,找不到非膨胀土填料时,除强膨胀土外,中、弱膨胀土也可用于路堤填料,但必须采取相应的治理措施,增加其稳定性。

① 在有多层膨胀土分布的地区，应选择膨胀性最弱的土层做填料。蒙脱石含量高的白色、灰绿色膨胀土，由于土的亲水性特强，极易风化，强度衰减很快，不能用做填料。

② 在有砾石层出露或膨胀土中有结核层分布的地区，应尽可能选用砾石料或结核料填筑路基。

③ 地表经过风化、流水淋滤和搬运，或已被耕种的表层土，一般膨胀性较弱，可用做路堤填料。但只用于路基下层，而不用于路床（路面下 0~80 cm 范围）。

④ 高速公路及一、二级公路采用中等膨胀土作为路床填料，应先做改性处理。限于条件，必须直接使用中、弱膨胀土填筑路堤时，路堤填成后，应立即做浆砌护坡封闭边坡；当填至路床底面时，应停止填筑，改用非膨胀土或用经改性处理的膨胀土填至路床顶面设计标高，并压实。如当年不铺筑路面，作为封层的填筑厚度，不宜小于 30 cm，并做成不小于 2% 的横坡。

可用接近最佳含水量的中等膨胀土填筑路堤，但两边边坡部分与路堤顶面要用非膨胀土或经改性处理的膨胀土作为包心填方，外包层一般厚 1.2~1.5 m。

⑤ 对于三、四级公路可直接用中等膨胀土作路基填料。当铺筑有铺装路面、简易铺装路面时，上路床填料应进行改性处理。如不得已全用膨胀土填筑，可将膨胀性强的土填在最下面，膨胀性弱的土填在上面，同一种土填在同一层上，且厚度均匀，以免引起不均匀变形。

⑥ 膨胀土改性处理。膨胀土掺灰改性处理，石灰的剂量一般控制在 6~10%（质量比）。掺灰的最佳剂量，应根据公路不同等级对路基不同部位压实度及填表料最小强度的要求，通过反复试验确定。经改性处理后，胀缩总率不超过 0.7，自由膨胀率不大于 40% 为宜。

2. 膨胀土路堤施工要点

(1) 膨胀土路基的施工安排

① 膨胀土路基施工应避免在雨季进行，并同时加强现场排水，以保证地基和包填筑的土方工程不被水浸泡。

② 膨胀土路基开挖后，各道工序必须紧密衔接，连续作业，分段完成。路基填筑后，其边坡防护等不能间隔时间过久，以免边坡长期暴露，或越冬再做路面。做好膨胀土路基的防水、保湿、防风化工作。

③ 膨胀土路堤施工前，应就地按规定作试验路段。

(2) 路堤基底处理要点

① 应将路堤范围内的树根、灌木全部挖除，把坑穴填平夯实，排除积水，挖除淤泥，切断或降低地下水，清除草皮，清除深度一般不小于 30 cm，彻底清理后，对基底进行压实。

② 高速公路及一、二级公路对填高不足 1 m 的路堤，须挖去地表 80~100 cm 的膨胀土，换填非膨胀土或经改性处理的膨胀土，并按规定压实。

③ 原基底为过湿土时，应挖去湿软土层，换填砂砾土、砾石土、石碴，或将土翻开，掺入石灰或 NCS 固化材料处理。其最佳掺入剂量，仍按上述要求处理。

④ 地面横坡为 1:5~1:2.5 时，原地面应挖成台阶，台阶宽度不小于 1 m。当地面横坡陡于 1:2.5 时，为防止路堤沿基底滑动，可先将基底分段挖成不陡于 1:2.5 的缓坡，再在缓坡上挖宽 1~2 m 的台阶。

⑤ 高速公路和一级公路陡坡地段的半填半挖路基，必须在山坡上从填方坡脚起向上挖成向内倾斜的台阶，台阶宽度不小于 1 m，其中挖方一侧，在行车范围之内的宽度不足一个行车道宽度时，则应挖够一个行车道宽度，其上路床深度之内的原地面土应予挖除、换填，并按上路

床填方的要求施工。

(3) 路堤填筑与压实要点

① 路堤、零填、路堤基底均应进行压实,压实标准按《公路路基设计规范》(JTG D30—2004)处理。

② 最佳含水量与最大干密度标准值的修正。经改性处理的膨胀土测定的最佳含水量和最大干密度的标准值应进行修正,即实施填筑的含水量大于最佳含水量的标准 1~2%,实施填筑最大干密度低于最大干密度的标准值 0.05~0.15 g/cm³。并且要严格控制路基压实度,每一压实层检验合格后,方可填筑上一层。

③ 路堤填筑要求连续施工,每一施工段(长度视实际情况酌定)中间施工不暂停。对于已发生的暂停施工,恢复施工时,应采用刮除松层、晾晒、复压等措施,经压实检验合格,再填上层土。如果施工间隔时间较长,不采取防范措施,任其风吹日晒,土基水分蒸发,将产生干缩现象,易产生裂缝,影响路堤密实度和整体强度。

④ 路堤与路堑分界处即填挖交界处,两者土内的含水量不一定相同,原有的密实程度也不相同,压实时应达到压实均匀、紧密,避免发生不均匀沉陷。因此,填挖交界处 2 m 范围内的挖方地基表面应挖台阶翻松,并检查其含水量是否与填土接近,采用适当的压路机具,压实到规定的密实度。

⑤ 施工机械与压实工艺。一般以重型履带式铲运机或推土机,清除表层膨胀土,推土机可带松土器,进行翻松、晾晒,平地机整平。采用三轮静力式压路机(18~21 t)先进行碾压基底,达到规定压实度。

为使土块中水分易于蒸发,从而减少土块本身的膨胀率,提高压实效率,土块应打碎至粒径 5 mm 以下,压实土层松铺厚度不大于 30 cm。

自由膨胀率越大的土应采用越重的压实机具。因此,分层建筑填平后,配合振动压路机分层碾压,并逐层检查压实度。

压实工作由低一级压实标准转变到高一级压实标准(即由 90 区进入 93 区或进入 95 区)时,压实机械的重量与碾压遍数,应根据试验路段提供的数据作相应调整。

⑥ 压实度不足路段的补强。部分路基由于涨缩循环的影响,或者间隔一段时间再行填筑,而又未能进行复压处理,造成密实度不足的夹层,可用夯击板进行夯实,或用履带式吊车将重 1~3 t 的钢板或钢筋混凝土块,吊高 1~3 m 进行击实,使其达到规定的压实度。

(4) 路堤排水与边坡防护

① 路堤排水。路堤排水对膨胀土地区的路基路面的稳定具有特殊的重要意义。使地面径流形成良好的排水网系,可防止地面径流冲蚀路基,消除膨胀土湿胀干缩的有害影响。对所有的排水工程都要采取浆砌加固。

② 路堤边坡防护。膨胀土路堤边坡的防护,经改性处理或用非膨胀土外包封闭的可按一般路基防护处理。路堤的边坡防护通常采用植被防护和砌石防护。

(二)膨胀土路堑施工

1. 膨胀土路堑施工技术要求

(1) 膨胀土路堑边坡形式

① 直线式。如图 10-1a 所示,一般在土质均匀、膨胀性较弱,且边坡高度在 10 m 以下的路堑采用。边沟外测设平台,以防边沟水浸湿软化坡脚,同时避免剥落或溜塌的土堵塞边沟。

② 折线式。如图 10-1b 所示,在土质较均匀或下部为砾卵石土,上部为膨胀土时采用。缺点是在变坡处附近易受水流冲蚀,同时临空面增加使土体更易风化。

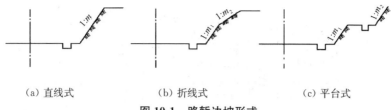

(a) 直线式　　　　　　(b) 折线式　　　　　　(c) 平台式

图 10-1　路堑边坡形式

③ 平台式。如图 10-1c 所示,适用于边坡高度大于 10 m 的任何类型膨胀土路基。平台的级数应视路堑边坡总的高度而定。平台的宽度应能保证上一级边坡的起坡线在一级边坡最危险破裂面以外 0.5 m,一般不得小于 2.0 m。各级平台的位置,在均质土层的单一边坡,可按其高度适当划分;在多种类型膨胀土组成的复合边坡,应按土体结构面设置。

(2) 路堑边坡坡度

膨胀土路堑边坡坡度的确定,是一个比较复杂的工程地质问题。膨胀土路堑边坡应尽可能减小挖深。挖方边坡坡形和坡率应符合《公路路基设计规范》(JTG D30—2004)的有关规定,按膨胀土类别、边坡高度确定边坡坡度(见表 10-7)。

表 10-7　膨胀土路堑边坡设计参考值

膨胀土类别	边坡高度(m)	边坡坡度	边沟平台宽度(m)
弱膨胀土	<6	1∶1.5	1.0
	6~10	1∶1.5~1∶2.0	
	>10	1∶1.75~1∶2.0	
中等膨胀土	<6	1∶1.5~1∶1.75	2.0
	6~10	1∶1.75~1∶2.0	
	>10	1∶1.75~1∶2.5	
强膨胀土	<6	1∶1.75	2.0
	6~10	1∶1.75~1∶2.5	
	>10	1∶0.0~1∶2.5	

高速公路、一级公路除满足上述规定外,还应结合膨胀土斜坡破坏类型、路堑边坡形式及水文地质条件,考虑膨胀土变动强度和强度衰减的特性,对深路堑边坡应进行稳定性验算;层状构造膨胀土,如层面与坡面斜交,且交角小于 45°,应验算层面稳定性。验算稳定时应取土体沿滑动饱和状态时的抗剪强度值,稳定系数取 1.2。

2. 膨胀土路堑施工要求

膨胀土地区挖方地段,由于路堑开挖,其上部或侧向荷载卸除,土体内部应力逐渐释放,孔隙水压力相应变小,再加上边坡开挖以后,增大了土体与大气的接触面,地表水很容易渗入,再被蒸发,形成反复胀缩作用,从而使土体强度衰退,造成边坡溜塌或滑坡等变形,即使施工期间及运营初期不发生变形破坏,经过几个雨季的反复作用,其土体强度大幅下降,仍会产生变形破坏。所以说,膨胀土路堑边坡的处理不是简单的坡比设计,或常规的稳定性验算就能解决问题,需要充分了解膨胀土的特性、工程地质条件、大气风化作用层深度及土体的结构性能,才能得出满意的处理方案。

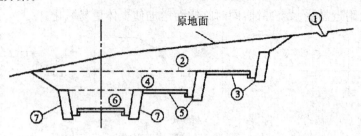

①…⑦为施工顺序
图 10-2 路堑施工顺序示意图

(1) 一般原则

路堑施工应尽量选在旱季进行,并遵循先排水,后主体,集中力量,连续快速开挖,及时防护,自上而下,分层逐级施工的原则,详见施工顺序示意图 10-2。

为预防雨水冲蚀边坡,在路堑正式开挖前,应先开挖截水沟、天沟或吊沟,以截流路堑坡顶的表面径流,使坡顶汇积的雨水排离两边,并与涵管连通。同时,对所有排水沟渠均应进行铺砌。

(2) 膨胀土地区路堑开挖方法

① 挖方边坡不要一次挖到设计线,沿山坡预留 30~50 cm 一层,待路堑挖完时,再削去边坡预留部分,并立即浆砌护坡封闭。

② 膨胀土地区的路堑、高速公路、一级公路的路床应超挖 30~50 cm,并立即用粒料、非膨胀土分层或改性膨胀土回填,按规定压实。

③ 膨胀土边坡宜采用台阶形,这样把高边坡降低为矮边坡的组合形式,不仅减轻了高边坡土体对坡脚的压力,而且减弱了地面水对坡面的冲蚀,同时平台对坡脚有一定支撑作用。

④ 沿线弃土堆应设置在路堑顶部 10 m 以外,弃土堆可堆成梯形横断面,边坡不应陡于 1:1.5。

(3) 边坡坡度的选择

由于膨胀土工程性质极为复杂,环境条件影响很大,很难确定边坡坡度和破坏位置。膨胀土边坡坡度并不都是越缓越好。坡越缓,水分越容易渗入边坡,越不利于防水防风化,而且,坡越缓,边坡开挖与防护的工程量越大。所以,对于弱膨胀土挖方边坡,按设计坡比或以 1:1.5 的坡比修整即可。对于中—强膨胀土边坡坡度,以工程地质比拟法为主,以 1:2 的自然坡度为主,坡度的变化范围在 1:1.5~1:2.5 之间,视土质状况及坡体地质结构而定。如为中—强膨胀土软弱结构薄层,坡度可稍陡;如坡体整体为强膨胀土,则坡度应缓。若一个边坡需几种不同的坡比,则可设计为折线形边坡。

(4) 零填及路堑路床的处理与压实

膨胀土地区的零填及路堑路床挖到设计标高后,对于高速公路、一级公路的路基应超挖 1~1.2 m,随即用粒料、非膨胀土或改性土回填,并按规定压实。

(5) 防渗排水设施

① 所有排水设施均应精心设计,以使危害路基稳定的地面水、地下水能顺畅排走,防止积水浸泡路基、地下水侵入路基。

② 边沟应较一般地区适当加宽、加深。路堑的边沟深度不得小于 80 cm，外侧应设平台，以保护坡脚免遭水浸，并且防止边坡剥落物堵塞边沟。

③ 堑顶设截水沟，以防水流冲蚀坡面和渗入坡体。

④ 台阶式高边坡，应在每一级平台内侧设截水沟，以截排上部坡面水，并宜在截水沟与坡脚之间设一定宽度的平台，以利坡脚稳定。

(6) 路堑边坡防护

膨胀土素有"逢堑必滑，无堤不塌"之说，故防治膨胀土滑坡必须坚持"先发制坡，以防为主"的原则，在制坡当中要本着"治坡先治水，防滑先防水"的原则。常采用的防护加固措施有：

① 表水防护：设置各种排水沟，建立地表排水网系，截排坡面水流，使地表水不致渗入土体和冲蚀坡面。

② 坡面防护加固。由于膨胀土风化、胀缩变形而引起的边坡变形危害，比其他任何土质边坡都表现得更加普通而严重。因此，对膨胀土坡面的防护加固显得特别重要。目前常用的主要措施：

a. 铺植草皮。适用于边坡高度不高的土质边坡。草皮对边坡的隔热、保湿、保温、防止土体的干缩湿胀有一定作用，但草皮固着深度有限，在暴雨季节易被冲刷，因此设置一些支撑土体的浆砌片石骨架，效果会更好。

b. 骨架防护。广泛用于各类膨胀土中任何坡度的边坡，其作用主要是对强风化层土体起支撑稳固作用。实际上是将长大坡面分割为若干由骨架支撑的小块土坡，常用：a)方格骨架护坡，方格大小有 2 m×2 m、2.5 m×2.5 m、3 m×3 m 三种，可根据边坡具体情况选用，虽然受力条件与支撑作用不如拱形骨架，但施工较方便；b)拱形骨架护坡，拱形骨架对边坡坡面强风化土体的支撑稳固作用，较之方格骨架具有明显的优点，但施工较方格骨架困难。

c. 挡土墙及抗滑桩。用于膨胀土路堑边坡，挡土墙埋深在 1.5 m 以下，墙背设较厚反滤层，墙顶宽可取高一半，应用较广泛。

d. 片石护坡。用于边坡土体产生局部塌滑后的整治加固，也适用于新线路堑预防边坡破坏发生。

e. "土钉"加固土坡。"土钉"是用有规则排列的金属杆体使土在原位得到加固，它由面板（或挂网砂浆）、金属杆件、砂浆和土体所组成，共同形成一个"土挡土墙"。工程施工自上而下，分层，边开挖边加固，等到开挖一旦完成，加固也立即结束，故土体中膨胀还来不及发挥或不能充分发挥，"土钉"就对土体进行锁固，于是，整个堑坡的稳定性就易得到保障。但它只适用于干坡，且要注意坡内排水，对经常浸水或地下水位较高、经常有水流渗出的膨胀土坡不宜使用。

对强膨胀土和中等膨胀土路堑边坡应进行全封闭。可采用浆砌护坡或结合浆砌挡土墙综合防护加固。挡土墙可设一级、二级或多级，每级高度不大于 3 m，每级挡土墙平台均应浆砌封闭。对弱膨胀土边坡建议采用拱形植皮草防护。

(三) 膨胀土工程病害处治方案

无论采用物理方法还是化学方法来改良、处治膨胀土，其关键是保湿防渗，即尽可能使边坡土体保持其湿度不发生大幅度变化。因为膨胀土路基边坡发生破坏的重要原因是土体的干缩湿胀、表层风化，以至抗剪强度大大降低，所以对边坡面需快速有效封闭。处治方法有：

(1) 膨胀土路基施工完成后，在路基设计施工中必须考虑膨胀土长期保湿抗渗，封闭严实,土体不受外部气候、雨水影响,例如,加固防护工程,使路基处于整体稳定状态。

(2) 已出现纵向裂缝的路堤应采用非膨胀土或浆砌片石封闭堤身(包盖法),用非膨胀土包盖时厚度不少于1 m。同时灌浆封闭裂缝,有条件的地方则换填石灰土改良。

(3) 填挖交界处和已采用了膨胀土作路堤填料的路段需增设盲沟排水。

(4) 用抗滑桩、换土、挡土墙等方法处理路堤滑坡。

(5) 根据用地条件和比较工程量大小,将部分挖方边坡放缓至《公路路基设计规范》(JTG D30—2004)中对弱膨胀土路堑边坡的规定。

(6) 尽可能采用浆砌片石满铺护面代替采用浆砌片石骨架草皮护坡,这是最安全的路堑边坡防护方式,但一定要注意做好排水设施。因其造型呆板,应配合以爬壁藤绿化美化。

(7) 边坡坡顶至截水沟之间应封闭,不得让雨水渗入。

五、安徽省江淮地区膨胀土的工程性质研究实例

(一)膨胀土的分布及主要工程问题

合肥市是我国膨胀土覆盖的典型地区之一。根据多年的工程实践并综合前人的研究资料,对安徽省江淮地区的膨胀土的分布、野外特征及主要工程性质综述如下。

安徽省江淮之间,东至天长市,西到霍邱县的广大地区的二级及二级以上阶地或岗地上广泛分布着具裂隙、胀缩性和超固结性的硬塑至坚硬状态的晚更新世冲洪积黏土(见图10-3)。

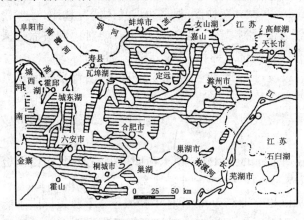

图中阴影部分为膨胀土覆盖区

图10-3 安徽省江淮地区膨胀土的分布

(据王国强,1999)

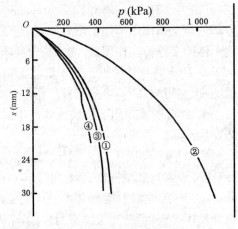

图10-4 肥西廿岗地基载荷试验 $p-s$ 曲线

(据王国强,1999)

本区属亚热带湿润季风气候,一年中的降水量呈季节性分配。如合肥市年降水量933 mm,其中春夏季降水677 mm,占全年降水量的68.1%。雨季与旱季以及气温、季风的变化引起地基土含水量的变化,由此产生的胀缩作用造成土体运动。膨胀土覆盖区往往是"雨时流不歇,天旱开大裂"。地下水埋深一般都大于5~10 m。野外观察表明,最大的季节温度变化在0.5~1.5 m以内。长观资料说明本区膨胀土变形活动带深度约为3.0 m。其中变形活动急剧带为1.50 m,其变形量达总变形量的85.3%。在周期性、长期的胀缩作用下,常引起轻型建筑物、挡土结构、公路路基的变形、开裂或边坡滑移。确定膨胀土影响深度的实际意义在于可根据场地条件,选择合理的建筑物基础埋深,消除膨胀土地基对建筑物的危害。在公路路

基膨胀土填料处理中,目前常用施加不同配比的稳定剂(4～8%生石灰)和冲稀材料(粉煤灰或砂砾石)进行改性处理。如合肥地区的道路建设采用上述研究成果,取得了显著的经济、社会效益。此外,须注意在长期作用下,膨胀性可出现在深于活动带的黏土中。如皖西淠史杭灌区,切岭开挖渠道造成膨胀土卸荷,连续暴露在空气中。这种超固结黏土产生不可逆的膨胀现象,以及季节性的湿润—干燥作用,使黏土的抗剪强度衰减到渠道工程边界周围的剪应力值时,造成渠道边坡失稳。

(二)膨胀土的主要特征

1. 外貌特性

据钻孔揭露和野外观察,区内膨胀土可分为两层。上层为褐黄色黏土,厚度1.5～3.0 m,岗地土厚度大,斜坡上厚度薄,甚至缺失。呈硬塑—坚硬状态,含直径1～3 mm的球状铁锰结核,露头剖面上可见夹有厚度2～10 cm的水平层状淋滤铁锰富集层。裂隙发育,裂隙一般无充填或被淋滤铁锰质浸染。下层为灰黄色黏土,呈硬塑—坚硬状态,近垂直或水平的两组裂隙发育,如庐江张王庙窑厂采坑剖面观察到两组近正交裂隙将土体切割成矩形或方块状,裂隙面被次生青灰色黏土充填。土体表面呈青灰色或青灰色条带。裂隙面极光滑,油腻状,具腊状光泽。切开黏土表面充填物,内层仍显灰黄色。裂隙多呈闭合状,当其随卸荷及松动而张裂,或在坡角被开挖时,常沿裂隙面整体坐落呈"岩堆状"。黏土层外观坚硬,但遇水极易软化,"干时一把刀,湿时一团糟"是对其性质的最好写照。其边坡的稳定性明显地受土体的裂隙面或青灰色夹层(肥西、六安等地可见青灰色黏土呈薄层夹层分布)控制。

2. 膨胀土成分与特性指标

本区膨胀土的矿物成分以伊利石和蒙脱石为主,其次为高岭土,原生矿物以石英为主,其次是长石、云母等。黏土矿物全量化学分析结果见表10-8。硅铝率 SiO_2/R_2O_3 在 2.3～2.47 之间,其粒度成分,黏粒占 40～49%,有的高达 70%,其中粒径 <0.002 mm 的胶粒含量在 24～37% 之间,属高塑黏土。土的特性指标见表10-9。

表 10-8　膨胀土的成分[*]

土 类	成　分								矿物成分			粒度成分		地 区
	SiO_2	Al_2O_3	Fe_2O_3	CaO	MgO	K_2O	Na_2O	SiO_2/R_2O_3	蒙脱石(%)	伊利石(%)	高岭石(%)	黏粒(%)	粉粒(%)	
褐黄色黏土	45.4	26.5	10.8	0.12	1.9	2.2	0.69	2.30	40	45	15	40～45	25～38	合肥
褐黄色黏土	46.9	26.0	10.8	0.16	2.2	2.2	0.60	2.36	41	44	15	35～42	25～40	六安
灰黄色黏土	45.9	26.3	10.9	0.23	1.8	2.2	0.55	2.30	42	48	10	43～49	24～36	合肥
灰黄色黏土	47.4	27.0	10.0	0.16	1.8	2.1	0.56	2.47	42	47	11	38～46	22～41	六安

[*] 据王国强,1999。

表 10-9　膨胀土的特性指标[*]

地区	液限 w_L (%)	塑限 w_p (%)	塑性指数 I_p	孔隙比 e	天然含水量 w (%)	自由膨胀率 δ_{ef} (%)	膨胀率 δ_{ep} (%)	膨胀力 P_e (kPa)	线缩率 δ_z (%)
合肥	40～45	20～30	20～30	0.6～0.7	20.28	44～76	1～4	20～100	3～6
肥西	41～54	19～25	22～27	0.6～0.75	21～27	50～89	2～4	25.2～125	2.5～2.7
六安	44～54	22～25	22～29	0.70～0.72	23～25.0	50～101	7～19	70～90	3～19

[*] 据王国强,1999。

表 10-10　载荷试验数据表*

试验点号	试验条件	含水量 w(%)		重度(kN/m³)		液性指数 I_L		轻便动探 N		比例界限 (kPa)	极限荷载 (kPa)	试验终止时沉降 (mm)
		试验前	试验后	试验前	试验后	试验前	试验后	试验前	试验后			
①	天然	32.40	28.4	19.18	19.2	0.27	0.23	7	8	225	350	21.70
②	天然	22.40	22.7	20.02	20.0	—	0.06	13	16	500	1 100	24.38
③	浸水	24.88	24.78	19.90	20.1	0.25	0.24	6	浸水	200	300	26.52
④	天然	32.70	—	19.25		0.29		7	暴雨浸水	200	275(倒架)	20.80

* 据王国强，1999。

(三)膨胀土的强度

1. 土的含水量与强度

膨胀土在天然状态下，呈坚硬至硬塑状态，具有较好的力学性质。当地基土含水量急剧增大或土体结构扰动时，土的强度会骤然降低，压缩性增大。为分析膨胀土强度与含水量的关系，在肥西廿岗膨胀土地基上进行了不同含水量、不同试验条件的四组地基载荷试验。第1组试验，试坑内承压板附近土的天然含水量为32.4%；第2组天然含水量为22.4%；第3组天然含水量为24.88%，在浸水条件下试验；第4组天然含水量为32.4%，试验过程中因暴雨浸水。载荷试验的 $p-s$ 曲线和有关参数见图10-4、表10-10。由图10-4可知随着土体含水量由22.4%增加到32.4%，极限荷载由1 100 kPa降低到350 kPa。

合肥膨胀土在浸水饱和快剪和未浸水快剪的不同条件下的直剪试验结果，说明抗剪强度随含水量增加而衰减（见图10-5）。抗剪强度的差别主要表现为内摩擦角的减小，两者相差约37%。

六安淠史杭灌区膨胀土抗剪强度与含水量的关系曲线见图10-6。随着含水量增加，土的抗剪强度发生骤然衰减，之后逐渐减缓，与峰值相比，黏聚力 c 值衰减了90%，内摩擦角 φ 降低了80%。

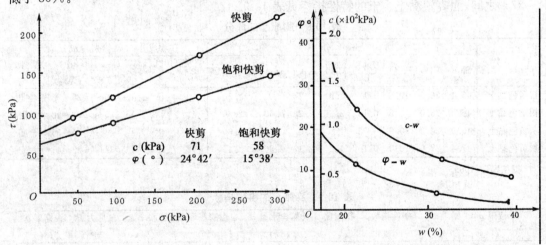

图 10-5　不同试验条件下剪切度试验结果　　　　图 10-6　土的抗剪强度与含水量关系
（据王国强，1999）　　　　　　　　　　　　　（据王国强，1999）

膨胀土在多数情况下，呈非饱和状态，因此用非饱和土力学理论对膨胀土进行研究，更有助于我们认识膨胀土的工程特性。

2. 膨胀土的结构与强度

膨胀土内多边形网状裂隙发育。若裂隙闭合时,土体为破碎结构;若裂隙张开时,则呈碎裂结构。裂隙的存在破坏了土体的完整性,使强度评价产生困难,具有不均一和变动性,表现有不同的强度:

① 直接测定的抗剪强度较土体的抗剪强度值高,由于裂隙和软弱面的存在使剪切环中剪切试验的强度和实际的土体强度相差甚远;

② 裂隙面或土层界面强度一般较室内的测定强度低,其强度随剪切面剪切方向角度而变化(见表 10-11);

③ 土体强度值界于前述二者强度之间,其可用原位大型剪切试验或采用滑动面反算强度。

表 10-12 为白龙井滑坡大型剪切试验结果。浸水后的强度低于室内强度,甚至低于残余强度,其基本反映滑带土在水的作用下的膨胀软化强度。如肥西甘岗第 4 号载荷试验点在荷载为 250 kPa 时经过 5 h 的沉降已达稳定,相对稳定的沉降值为 13.08 mm。因大雨导致试坑内浸水,虽采取排水措施,但沉降值急速增加,连续观察 8 h 变形才趋稳定,其沉降值为 15.09 mm,最后在荷载275 kPa 时地基土失稳而破坏。降雨引起的试坑土层浸水和排水扰动,使土体强度降低,变形增加。

表 10-11 裂隙面方向对抗剪强度的影响[*]

裂隙面与裂隙强度	沿裂隙面剪切	剪切面与裂隙斜交	垂直裂隙面剪切
c (kPa)	65	68	78
φ (°)	6.5	11.3	18.5

[*] 据余振锡,1999。

表 10-12 白龙井滑坡大型剪切试验[*]

试验土层	试验条件	黏聚力 c (kPa)	内摩擦力 φ
土层界面	浸水 10 min	10	7°
土层界面	浸水 12 h	8	4°50′
土层界面	浸水 10 min(剪断)	6	6°10′
土层界面	浸水 10 min	6	13°
灰白色土	天然含水量	14	17°10′
灰褐色土	浸水 30 min	7	8°10′
黄色土	天然含水量	7	9°
灰白色土	浸水 10 min	0	7°

[*] 据余振锡,1999。

3. 残余强度

膨胀土是一种超固结黏土,天然状态下有较高的峰值强度。边坡开挖卸荷后各土体产生水平的侧向回弹位移,坡体变形开裂。这种不可逆的膨胀现象,造成土体的强度逐渐衰减。滑动后的边坡治理,常采用重塑土的反复剪试验测定滑带土的残余强度。而滑动带常是沿裂隙面或不同土层界面形成的,它既是软弱面,又是地表水、地下水渗透和滞留带。整个滑动面的强度分布不均匀,有的可能低于残余强度。

综上所述,膨胀土建筑场地与地基的评价,应根据场地的地形地貌条件,膨胀土的分布及其胀缩性能、等级,地表水和地下水的分布、集聚和排泄条件,并按建筑物的特点、级别和荷载情况,分析计算膨胀土建筑场地和地基的胀缩变形量、强度和稳定性问题,为地基基础、上部结构及其他工程设施的设计与施工提供依据。例如,李生林、刘松玉、王国强、钱让清、吴道祥、刘洋等,在对合肥膨胀土进行的研究中,在合肥膨胀土中加入不同量石灰后,测其主要性质的变化。试验结果发现,当加入6%的石灰[92]时,可以很好地改善其工程性质。通过对微结构和成分的分析,确认膨胀土性质的改善是由于土与石灰间发生复杂物理化学作用,促使其微结构的改变。安徽"312国道"根据以上专家的研究成果,大量使用"合肥膨胀土"作为路基填料,取得了良好的经济和社会效益。

六、膨胀土病害处理实例

(一)水南路膨胀土路基处治实例

膨胀土在广西区内分布较广,河池(水任)至南宁高速公路(水南路)施工中有几百万立方的膨胀土弃方,如能利用此膨胀土来填筑路基,将节约不少人力、物力、机械台班,并减少征地面积。为此,广西交通厅世界银行贷款公路项目管理办公室、广西交通科研所与中铁五局(集团)第七分公司组成了水南路不良土质课题组,根据国内外有关膨胀土特性及处治的文献和以前广西修筑高等级公路的经验,在水南路十标段设了两段路堤作为试验段,这将为今后的膨胀土路基填筑提供宝贵的经验。

1. 试验段范围

课题组将两段路堤(321 km+150 m～321 km+400 m)和(322 km～322 km+200 m)作为试验段,平均填土高度为8 m左右,为不良土处治技术提供了较好的工程实体。

2. 试验段方案设置

路堤90区顶以下6 m至90区顶为膨胀土填筑范围,超过此范围均用好土填筑。填筑方案采用弱、中等膨胀土填筑。方案中所提DAH为磺化油固化剂与水的混合剂,其重量比为DAH：水=1：200。

试验段共设三种填筑方案：

方案(1) 321 km+150 m～321 km+300 m用土工布和DAH喷洒边坡加固。

方案(2) 321 km+300 m～321 km+400 m用土工格栅和DAH喷洒边坡加固。

方案(3) 322 km～322 km+200 m段用土工膜与土工布包边封闭加固。

3. 施工现场机械配置

两段试验段共需：

(1) 挖土机两台。

(2) 5 t自卸汽车10台。

(3) 20 t振动压路机2台,40 t振动压路机2台。

(4) D85推土机2台。

(5) 平地机2台。

4. 膨胀土路堤施工要点

(1) 土工布与 DAH 喷洒加固

① 填筑膨胀土前在已填筑好的路堤上铺筑一层土工布,目的是加快土体的排水固结。土工布沿垂直线路走向方向铺筑,土工布之间搭接 20 cm,并用 10 cm 竹签固定。

② 土工布两端伸出路堤边缘 1 m,待填土后将预留部分沿修整好的边坡反包上来,用竹签在距路基边缘 20 cm 处固定。

③ 每填筑两层膨胀土铺筑一层土工布,90 区顶需铺筑一层土工布。

④ 边坡两边用 DAH 溶液喷洒改良。将设计浓度的 DAH 混合溶液喷洒到边坡上,直至边坡湿透为止,一天以后再喷洒一次,共 3～4 次即可。DAH 混合溶液改良深度不浅于 0.6 m,详见图 10-7、图 10-8 所示。

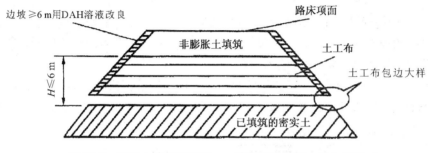

图 10-7 膨胀土填筑横断面——填筑两层土铺一层土工布

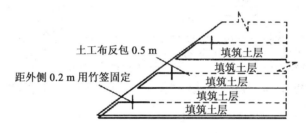

图 10-8 土工布包边大样

(2) 土工膜与土工布包边加固

① 填筑膨胀土前在已填筑好的路堤上铺筑一层土工布,目的是加快土体的排水固结。土工布沿垂直线路走向方向铺筑,土工布之间搭接 20 cm,并用 10 cm 竹签固定。

② 土工布两端伸出路堤边缘 1 m,待填土后将预留部分沿修整好的边坡反包上来,用竹签在距路基边缘 20 cm 处固定。

③ 在堆卸膨胀土填料时,同时把用于包边的好土堆卸在包边区域内。

④ 在膨胀土填筑的边缘用土工膜包裹,然后用好土包边,好土包边与膨胀土填料的填筑同步进行。

⑤ 填筑到 90 区顶后,将土工膜向路基内反包 6 m,然后填筑 93、95 区。

⑥ 土工膜搭接为 20 cm,详见图 10-9 所示。

(3) 土工格栅与 DAH 加固

① 土工格栅为每两层填土厚度(压实厚度)铺一层土工格栅。土工格栅的锚固长度下部 2～3 层为 6 m,以抵抗水平膨胀作用,上路堤以上两层的加固长度同样为 6 m,以防止路基水

平位移产生的附加沉降导致路面开裂,其余部位的锚固长度为 3 m。

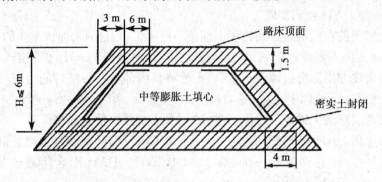

图 10-9 膨胀土填筑横断面——土工膜与土工布包边加固

② 土工格栅的铺设与土工布的铺设基本相同。将土工格栅自路边缘向路中线方向沿路基横断面水平摊铺展开,按设计长度(包括包边长度)截断。格栅摊铺时须拉紧,预留的包边长度沿修整后的边坡反包上来,用竹签固定。

③ 土工格栅沿路线纵向边缘摊铺时,两块土工格栅的搭接长度为 20 cm,用尼龙绳捆扎。

④ 边坡两边用 DAH 溶液喷洒改良,方法与前述相同。详见图 10-10、图 10-11 所示。

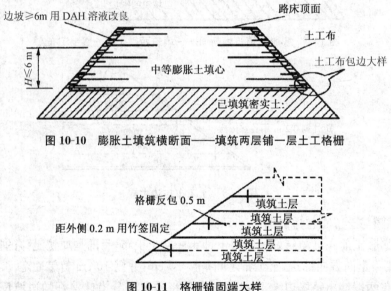

图 10-10 膨胀土填筑横断面——填筑两层铺一层土工格栅

图 10-11 格栅锚固端大样

5. 施工工艺控制(流程图见图 10-12)

(1) 膨胀土填筑高度不大于 6 m,填筑前先放好中桩和边桩的位置,根据松铺厚度系数计算好用料量,用 5 t 自卸汽车运到填筑地点。膨胀土填料应卸成小堆,待晾晒到最佳含水量时摊铺翻晒,在稠度达到可压实稠度之前,不得将松土压实。每层填土松铺厚度为 30 cm 左右,不得大于 30 cm。碾压后厚度控制在 20~22 cm 左右。

(2) 碾压过程中需遵循先轻后重、先边后中的原则,保证充分压实。应先用 20 t 压路机静压 2 遍,弱振 1~2 遍,再用 40 t 压路机振动碾压 6~8 遍。压实过程中防止形成波切和软弹现象。

(3) 碾压完成后,宜在 2 h 内完成检验工作,在 4~6 h 内完成上土覆盖。

(4) 各道工序要统筹安排，衔接紧密，连续施工，做到快填、快铺、快压，土摊铺达到压实稠度要求后若不能及时压实，必须完成静压工艺，以防止水分变化。

(5) 每层填土压实成型后，要使填筑面平整，并切实作好横向路拱。路基边坡也要及时修整，以防突然降雨造成积水。

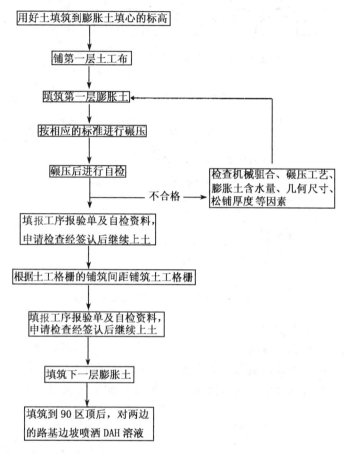

图 10-12　施工工艺流程图

(二) 路基边坡土工膜防护施工工艺实例

水南公路 10 标段挖方段落均为膨胀土路堑，膨胀土遇水膨胀、失水收缩的变形特性及其边坡浸水强度衰减的特性对铁路、公路的建设和运营起到了极大的破坏作用，一直是困扰岩土工程界的重大问题。为防止边坡膨胀土遇水膨胀对边坡造成损坏，本合同段采用土工膜处理膨胀土边坡，现将有关施工工艺总结如下。

1. 土工膜的特点

土工膜在制作方法上分为编型、织型和无纺型，本合同段采用的是无纺型聚丙烯土工纤维。土工膜具有重量轻、整体连续性好、施工方便、抗拉强度较高、耐腐蚀和抗生物侵蚀性好的特点；无纺型土工膜更具有当量孔隙小、渗滤性好、质地柔软、能与土很好地结合的优点，但缺点是抗紫外线能力低，如长时间暴露受到日光直接照射容易老化。土工膜在施工中的主要作用是反滤、排水、隔离和加固补强。

在有渗流的情况下，土工膜铺设在被保护的土工，可以起到和一般砂垫层一样的作用，如遇边坡渗流量较大的情况,在砌体下增加砂砾盲沟,盲沟四周采用土工膜包裹。膨胀土边坡防护示于图 10-13 和图 10-14:

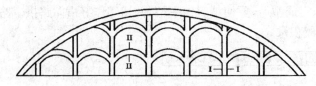

图 10-13 膨胀土边坡防护平面示意图

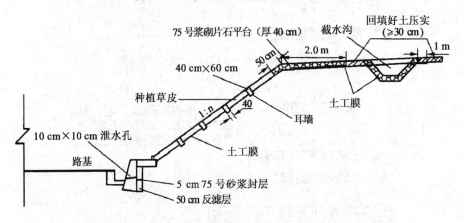

图 10-14 膨胀土边坡防护截面示意图

值得一提的是,土工膜中间夹一层隔水塑料薄膜(见图 10-15),这是对膨胀土边坡防护的关键所在。土工膜在正、逆向渗流和紊流的情况下,非但不能形成骨架网和反滤带体系,还会使土粒的运动加剧,加大土粒的流失。隔水塑料薄膜的作用有二:一是促使单向渗流和两个反滤体系的形成;二是直接隔断雨水浸入膨胀土边坡,防止雨水危及边坡的稳定。

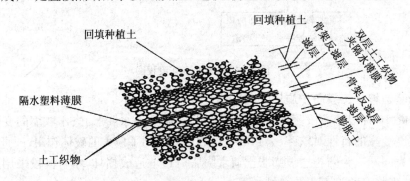

图 10-15 边坡土工织物—土反滤层的形成示意图

图 10-13 所示实际上也是一个坡面排渗水的实例。当雨水落到坡面时,大部分水顺坡面汇集到骨架槽中流入边沟中,少量渗到种植土中,经过滤层到骨架层,沁入土工纤维后被隔水塑料薄膜挡住,然后由骨架层和土工纤维导入边沟反滤层后由泄水孔排出,阻止了雨水渗入膨胀土边坡中。

2. 施工工艺(流程图见图 10-16)

膨胀土边坡因其特性,在施工时应特别注意坡面不能外露太久,采取开挖一节防护一节,再开挖再防护的施工方法施工,先将坡顶截水沟施工完毕后,在边坡开挖一定高度后(一般为 3~4 m)就对其进行防护。

(1) 施工放样。在施工前进行准确测量放线,坡顶及坡脚均放控制桩,做到精确控制边坡坡度,符合几何尺寸要求,符合线路要求,对局部半径小的曲线段和转弯点,进行加桩处理,使之线形顺畅,经监理工程师同意后进行下道工序。

(2) 坡面平整。对已开挖出来的挖方坡面进行人工修整,保证坡面平顺,线形顺畅,几何尺寸符合设计要求。

(3) 基坑开挖。采用人工开挖浆砌片石骨架护坡的基坑,如遇坡面有渗水涌出,则在护坡的骨架下作加深增设砂砾盲沟处理。

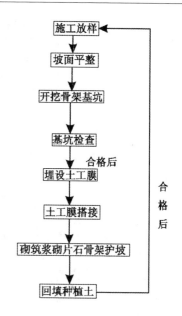

图 10-16 膨胀土施工工艺流程图

(4) 埋设土工膜。经监理工程师对基坑检查合格后,开始埋设土工膜。沿水平方向将土工膜铺开,在平整好的坡面上拉直平顺,紧贴坡面,不使之出现扭曲、折皱、重叠现象;铺设时按流水方向呈盖瓦式进行搭接,在遇到骨架处将土工膜作凹陷处理。两块土工膜的搭接宽度不小于 30 cm,采用胶黏和缝接的办法搭接。

(5) 砌筑浆砌片石骨架护坡。经监理工程师对土工膜的埋设检查,合格后进行浆砌片石工程,砌筑时要特别注意不得损坏已埋设好的土工膜。

(6) 回填种植土。按设计要求人工铺筑种植土。

3. 施工时应注意的地方

(1) 由于膨胀土土质边坡极易受雨水破坏,开挖后须及时封闭。

(2) 土工膜不能长期暴露在阳光下,因此,在施工季节和施工进度上要精心安排。

(3) 边坡坡面要整修平整并拍打,消除凸起物,防止土工膜被顶穿;施工中也要小心,防止土工膜弄破。

(4) 两块土工膜之间要有约 30 cm 的搭接宽度,采用胶粘和缝接的办法搭接,如发现土工膜有破损之处,也要采用类似搭接的办法处理。

(三) 晋焦高速公路膨胀土路基处治实例

晋焦高速公路某地段,表层分布有中、弱性膨胀土。根据有关资料及附近公路膨胀土路基状况调查情况表明,膨胀土对公路路基危害相当严重,如果处理不好,将造成路基滑坡、坍塌、开裂、松散、错台、沉降等病害,严重影响公路路基路面质量,造成较大经济损失。因此,对高等级公路通过膨胀土地区,要进行详细的调查和勘测设计,采取有效的处理防治措施。

1. 工程地质条件

在设计与施工过程中,首先进行详细调查试验分析。在 5~11 km 段有岛状星散分布的膨胀土,为第四纪 Q_2 残积土,呈黄褐色和棕红色,黏土中含粉砂,外观裂隙发育,风化呈碎粒状,含大量钙质和铁锰质结核,有镜面,厚约 1~10 m 不等。

取代表性两处 5 km+300 m 左侧和 9 km+320 m 挖方路段分别取样试验,其物理力学性质及膨胀特性结果列于表 10-13。

表10-13 黏粒含量、物理性、胀缩性试验结果

指标\类别	I	II	指标\类别	I	II
天然含水量 $\omega(\%)$	24.0	28	黏粒含量(%)	30	25~35
重度 $\Upsilon_d(g/cm^3)$	2.08	2.1	自由膨胀率	49	55
液限 $\omega_l(\%)$	46.0	51.0	胀缩总率	1.5	2.0
塑限 $\omega_P(\%)$	25.0	29.0	强度(CBR)	4.9	3.1
塑性指数 I_p	21	22.0			

试验分析结果表明,该膨胀土主要黏土矿物为蒙脱石10~30%和伊利石5~15%,黏粒含量为30%左右,液限大于40%,塑性指数为20左右,胀缩总率为2%左右,自由膨胀率为40~60%。按照《公路路基设计规范》(JTG D30—2004)中对膨胀土的分类,确定该段黏土为弱膨胀土。作为路基挖方或填料,应采取必要处治和稳定措施。

2. 膨胀土路基处治方法

鉴于膨胀土具有膨胀性、裂隙崩解和易风化性等工程地质特征,要采取切实可行的防治措施确保路基的强度和稳定性。主要从路基填筑、挖方路槽换填和路基防护方面采取了不同的处治方法和质量控制措施。

(1)膨胀土路基填筑

对于路基填料,首先进行取样试验,确定土的类型和物理、力学性质,选用较弱的膨胀土作为路基填料。填筑采用不同土质分层交替填筑、包心填筑、封闭处理、改性处理等方法进行。对于挖方路基,路床超挖60 cm,用改性膨胀土换填处理;对于填方路床0~80 cm进行改性膨胀土填筑。

施工中选择适合季节,避开雨季,连续施工,及时碾压,及时进行封闭路床和坡面。

(2)膨胀土改性处理

膨胀土作为路床填料,主要进行改性或冲稀材料处理,使填料满足路用要求。在该路段施工中主要采取掺灰及掺矿渣的处理方法。

① 膨胀土掺石灰改性处理。主要使膨胀土与石灰发生复杂的物理、化学作用,形成一种防止膨胀土颗粒受水侵蚀影响的固体结构,使其减弱亲水性,增强自身的稳定性,并具有一定的力学强度。

膨胀土掺灰剂量,根据填料进行不同石灰剂量试验对比,选用其中效果最佳的一种。在9 km+320 m段试验资料测试指标如表10-14。

表10-14 膨胀土掺灰改性测试指标

桩号	土性	掺灰量	塑性指数	自由膨胀率	胀缩总率	强度(CBR)
K9+320	膨胀土	原状土	21.0	49	1.5	4.9
		掺灰4%	16.0		1.0	
		掺灰6%	14		0.1	8.2
		掺灰8%	13.0		0	8.4

施工方法同灰土底基层,采用路拌机拌和,30 t振动压路机和21t三轮压路机碾压,铺筑

厚度一般为 20 cm 左右。先铺土整平轻压后铺石灰，然后拌和 1 遍后测量水量，进行加水，再拌 2 遍达到均匀为止，进行整平碾压，碾压一般为 6~8 遍，达到规定压实度。

施工中质量控制主要有：掺石灰量拌和要均匀，含水量合适，压实度必须满足标准要求。

② 膨胀土掺矿渣处理。在膨胀土中加入矿渣，主要是冲稀膨胀土，使其结构发生变化，塑性指数降低，达到路基强度和路用要求。

在 6 km＋700 m 段掺矿渣量，根据试验结果，采用 50%矿渣掺量，满足要求。试验测试指标如表 10-15。

表 10-15　膨胀土掺矿渣测试指标

桩　号	土　性	掺灰量	塑性指数	自由膨胀率	胀缩总率	强度(CBR)
K6＋700	膨胀土	原状土	22	55	2.0	3.1
		掺灰 40%			0.5	7.9
		掺灰 50%			0.2	8.8
		掺灰 60%			0.1	9.0

施工方法同碎石土路面底基层，采用路拌机或旋耕犁拌和，50 t 拖式振动碾压实。铺筑厚度一般为 30 cm 左右，先铺矿渣整平碾压后再铺土，然后拌和洒水，进行整平碾压，碾压遍数为 6~8 遍。

施工质量主要控制有：矿料拌和均匀，施工工序符合规程，压实度必须满足要求。

(3) 膨胀土路基加固防护措施

在路基设计施工中必须考虑膨胀土长期保湿防渗封闭严实，土体不受外部气候、雨水影响，例如，加固防护工程，使路基处于整体稳定状态。

① 挖方路堑边坡膨胀土防护。膨胀土路堑边坡长期暴露会使边坡风化、开裂、松散或出现滑坡坍塌等病害，要根据地形地质水文等情况采用挡土墙、护面墙等防护措施。如在地质不良地段，路堑边坡有渗水、路堑上方裂隙严重地带，要在下方设置一定高度的挡土墙，挡墙墙体与边沟连成一体仰斜式，这样挡土墙可防止路面水渗入墙体底部软化基础，提高挡土墙抗滑、抗倾覆稳定性及承载力，保护路基不被水渗入引起膨胀。

对于一般路堑边坡，在边坡顶处一定距离设片石浆砌截水沟，防止水渗入边坡土体中。

② 填方路堤防护，采取多种防护封闭措施，如浆砌片石护坡、急流槽、非膨胀土封闭、铺种草皮。在路堑坡脚处设置矮挡土墙，防止水侵入路堑等防护形式，尽量使路堤膨胀土坡面封闭，保证路面水及雨水不侵蚀膨胀土土体引起路基破坏。

③ 路基防护质量控制要点：表面平整美观，路基封闭良好，雨水不侵入路基，工程厚度、强度满足要求。

(4) 结论

① 路基膨胀土根据工程特性，采用不同的处治方案满足路用要求，使路基的整体强度和稳定性提高，处治后经一段时间观察，效果良好。

② 膨胀土掺灰改性和掺矿渣冲稀处理，要做不同掺量配比试验，求取胀缩总率不超过 0.7%、强度符合要求的最佳配合比。

③ 膨胀土路基设计施工应按防水、保湿、防风化的原则，采用不同的封闭防护措施，避免雨水侵蚀路基，使路基达到稳定要求。

④ 掌握路基膨胀土施工控制要点,特别注意路基封闭程度,改性处治灰土矿渣掺量配比,满足强度与胀缩总率要求。施工工艺按规程进行,采用适宜的拌和、压实机具,保证改性膨胀土的强度和压实度。

(四)膨胀土地区滑坡处理措施实例

国道 322 和国道 324 在修建和使用过程中均出现因膨胀土危害而造成公路损坏,影响公路安全行车的情况。采取的一些防治处理方法如下:

1. 用抗滑桩处理路堤滑坡

(1) 工程概况

在国道 322 线的路堤滑坡处治中有两处采用抗滑桩,滑坡体位置分别在 795 km+850 m 和 796 km+440 m。796 km+440 m 处是利用膨胀土填筑的路堤,填土高约 8 m。原路基施工时对膨胀土防治方法是在路堤表面用黄土全封闭,包盖土层厚 1 m,边坡面满铺草皮。1987 年底建成通车,1989 年 6 月路堤左侧发生滑坡。为防治滑坡,采取在边坡脚外建挡土墙,放缓填土边坡(坡比 1:2),边坡面满铺草皮的处治措施。1989 年 10 月完工。但 1989 年 11 月中旬路基又出现严重滑坡。滑坡体长约 40 m,路面开裂,坡脚挡土墙发生位移断裂沉陷,滑坡土体向外滑移。滑坡体顶上裂缝距路中线不远,严重威胁行车安全(该处路宽 18 m)。为此,又作了第三次防治处理,这次是采用挖孔桩穿过软土层支挡抗滑方法。

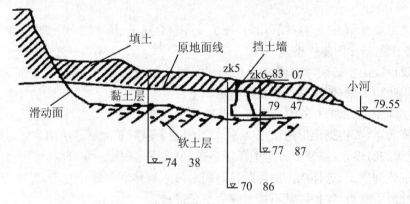

图 10-17　滑坡钻探剖面图

首先,分析路基继续发生滑坡的原因。从坡脚挡墙发生水平位移和沉陷、墙身裂缝宽达 30 cm 多、坡脚外侧小河河床隆起等现象,证明滑坡在继续发生,也说明滑坡体不仅仅是路堤填土滑动,很可能连同地基土层一起滑动。经在滑坡体布 9 个钻孔进行地质调查,发现地面下 2~4 m 深处有一软土层,其厚度 1.2~2 m(见图 10-17)。其次路基右侧离路边 5 m 处有口泉水井,常年有水。产生滑坡的主要原因是:包盖封闭不好,路基坡面土体产生裂缝;地表水渗入使土体失稳产生滑动;右侧有一泉水井,地下水渗入土体地面下的软土层,在路基填土荷载和地下水渗透下,路基沿软土层滑动;原设置的挡土墙埋置深度不够,墙身仍在滑动面上,没有起支挡作用;原放缓的 1:2 路堤边坡又增加了滑动体重量,加速地面下软土层受力滑动。

(2) 处理方法

分析滑坡原因后,曾设想过 4 种处治方案:

① 加固原挡墙,但新加挡墙基础必须挖到软土层以下即比原墙基底还深 2.5 m。由于滑动体正在滑动,开挖基坑会引起滑坡加剧发展,导致施工很困难,且圬工数量大。

② 改河，将坡脚前小河改道。此方案投资大，而且不能保证土体不再滑动。

③ 在滑体内打砂桩或石灰桩固结土体，但施工比较复杂，把握性小。

④ 在坡脚处用挖孔桩穿过软土层抗滑方法，同时边坡改用1∶1.5以减轻滑动体重量，边坡脚至原挡土墙设平台使原挡土墙继续起辅助作用，并在右侧边沟下设置盲沟，拦截右侧边坡上地下水。

技术经济论证比较后采用挖孔桩方案。挖孔桩支挡方法：采用两排桩径110 cm(有效直径为80 cm)、桩中心纵距1.6 m、横距1.3 m、品字形布置、埋入硬塑状黏土层约3 m(作为锚固段)的20号混凝土挖孔桩，桩身通过软土层段加设钢筋笼，钢筋笼的钢筋布置靠路堤一侧较密，以增强桩抵抗土体滑移的能力。桩距尽可能排列紧凑，防止软土从桩间空隙挤出。桩顶用钢筋混凝土桩帽连结增强整体性，共布置了42根桩(见图10-18)。右侧设置盲沟后，泉水井水位下降1 m多，盲沟出口有水流流出说明有拦截地下水作用。

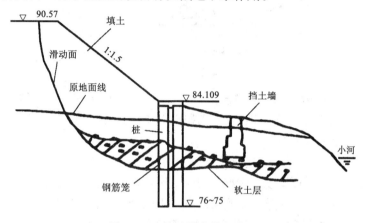

图10-18 挖孔桩支挡处治图

K795+850处是利用膨胀土填筑的路堤，填土高约7 m。1987年通车，1990年10月路堤右侧发生严重滑坡。滑坡体呈圈椅形，宽44 m，原坡脚挡土墙受滑坡体作用变形凸出，成弧形，但墙体尚未开裂倒坍。处理该滑坡时，经在滑坡体上布钻孔调查地质情况，发现原挡土墙基础落在软土层内，发生滑坡的主要原因是挡土墙支挡力不足，跟随滑坡体移动。采用的处治方法是：考虑原挡土墙整体性尚好，尚可利用，如在外侧增设挡土墙加固原墙，施工困难，且不安全，因此，采取在原墙外侧用挖孔桩支撑

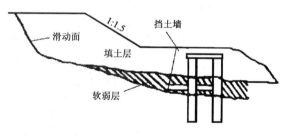

图10-19 抗滑桩处治图

加固的办法。由于桩的作用是加固原挡土墙，并与原墙共同支挡滑坡体，所以桩的布置区别于K796+440滑坡体处治办法，桩距纵向为3～4 m，墙体中间密些，两边疏些，每一支挡点设两根桩，桩穿过软土层埋入硬塑状粘土层，并横向用钢筋混凝土桩帽、横系梁连结增强支挡力(见图10-19)。

2. 用换土处理路堤的滑坡

在国道324线K1+960—K1+979路段，路堤利用膨胀土填筑，填土高度5～8 m，填土表

面用黄土包盖 1 m,并设置矮的坡脚挡土墙,但仍发生多处较大滑坡。分析滑坡原因是路堤填筑压实度不够,特别是边坡上包盖层未按要求设置:一是包盖层厚度不够;二是坡面包盖土未压实,地表水容易渗入;三是路肩没处理好,地面水从路面与路肩接合处下渗,膨胀土遇水失稳发生滑坡,并造成水泥混凝土路面开裂。鉴于滑坡是因膨胀土而引起,如用挡土墙支挡,原有膨胀土不清除则隐患仍在,因此,我们采用将路肩以外滑坡体边坡内的膨胀土彻底清除,并挖除地表 50 cm,然后用砂性黏土重新填筑,坡脚设矮挡土墙防护。水泥混凝土路面下不能清除,则将旁边坍松部分清除,然后用砂砾填充在旁边捣实,开裂的水泥混凝土路面上铺沥青表处层后已趋稳定。

3. 用挡土墙处理路堤滑坡

国道 322 线 797 km+360 m 处,原路堤用膨胀土填筑。1987 年建成,1991 年 9 月发生滑坡。从钻探资料了解到,地表下不深处为受力较好的泥

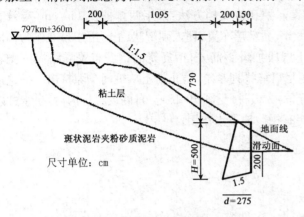

图 10-20 K797+360 抗滑挡土墙

岩,滑坡原因是所填膨胀土遇水失稳,故采用挡土墙支挡方法(见图 10-20)。

4. 用挡土墙处理路堑滑坍

国道 322 线 798 km+150 m 处路基左侧上边坡膨胀土 1991 年 7 月发生滑坍,危及边坡顶外约 6 m 处楼房安全。根据现场情况,采用挡土墙支挡方法。施工要点是清除边坡已滑坍的膨胀土,在清除过程中,尽可能不要挖动没有滑坍的膨胀土体,避免引起新的滑坍。因此,挡土墙尽可能设在滑坍体坡脚外,砌好挡土墙后,墙背用砂性土回填夯实,使滑坍体坡面上膨胀土受到压力,其膨胀受到限制,边坡面上砌片石护面,坡面全封闭防止雨水渗入(见图 10-21)。

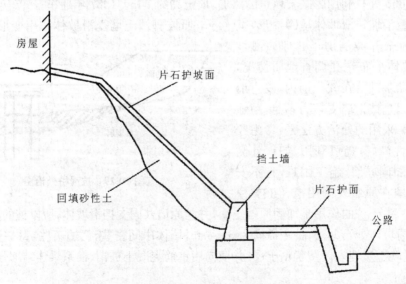

图 10-21 K798+150 处挡土墙

第二节 黄土工程地质勘察与处治技术

黄土是一种分布较广的特殊土,黄土受水浸湿后会产生较大的沉陷,对公路建设的危害和潜在威胁很大,不少工程在施工过程中出现不同程度的湿陷破坏事故。为了确保公路路基及其构造物的安全和正常使用,黄土地基的湿陷性病害必须引起高度重视。本章针对黄土特有的工程特性,介绍公路工程遇到黄土地基常用施工方法。

一、概 述

(一)黄土的定义及工程分类

1. 黄土的概念

黄土是在第四纪干燥气候条件下形成的具有多孔性、有垂直节理的黄色粉状性土,有湿陷性,即黄土受水浸湿后会产生较大的沉陷,属低液限黏土,$w_L<40\%$。其主要特征为:颜色以黄色为主,有灰黄、褐黄等色;含有大量粉粒,一般在55%以上;具有肉眼可见的大孔隙,孔隙比在1左右;富含碳酸钙成分及其结核;无层理。这些特性导致黄土地区的路基容易产生各种特有的工程地质问题和病害。

黄土在我国分布面积约有64万km^2。广泛分布于黄河中游的河南西部,山西、陕西和甘肃大部分地区,以及青海、宁夏、内蒙古的部分地区,而以黄土高原的黄土分布最为集中。这些地区的黄土分布厚度大,地层全面而连续,发育亦较典型。此外在河北、山东、新疆以及东北三省亦有分布。

2. 黄土的地层划分

我国黄河中游地区,黄土层厚度达80~120 m,在一些区域最厚可达175 m。黄土地层中常具有红褐色或灰棕色的古土壤,它是黄土在两个干旱其间堆积减缓或间歇(湿润期)时表层土壤化的产物,这是划分黄土地层的一个重要标记,如表10-16所列。

表10-16 我国黄土地层的划分

地质时代		地 层 名 称	
全新世 Q_4	近期 Q_4^2	—	新近堆积黄土	强湿陷性黄土
	早期 Q_4^1	—	新黄土	湿陷性黄土
晚更新世 Q_3		马兰黄土		
中更新世 Q_2		离石黄土	老黄土	非(微)湿陷性黄土
早更新世 Q_1		午城黄土		

黄土的工程性质与其成因、时代和埋藏深度有关。老黄土具有良好的工程性质,土质致密、低压缩性,强度高,无湿陷性。新黄土有湿陷性或强烈湿陷性,强度一般,分布广泛。新近堆积黄土土质疏松,压缩性高,湿陷性变化范围大,强度低。

老黄土包括早更新世 Q_1 午城黄土和中更新世 Q_2 离石黄土,土质密实,颗粒均匀,无大孔或略具大孔结构,一般无湿陷性,承载力高,常可达400 kPa以上;新黄土包括晚更新世 Q_3 马兰黄土和全新世 Q_4^1 次生黄土,它广泛覆盖在老黄土之上的河岸阶地,颗粒均匀或较为均匀,结构疏松,大孔发育,一般具有湿陷性,其承载力一般在150~250 kPa。一般湿陷性黄土大多指这类黄土;全新世 Q_4^2 新近堆积黄土,形成历史较短,只有几十至几百年的历史,多分布于河漫滩、低阶地、山间洼地的表层及洪积、坡积地带,厚度仅数米,但结构松散,大孔排列杂乱,多虫孔,常具有高压缩性和湿陷性,承载力较低,一般仅为 75～130 kPa。

(二)黄土的工程特性

1. 黄土的结构与构造

(1) 黄土的结构

黄土的颗粒组成以粉粒(0.05～0.005 mm)为主,可达 50%以上,其中 0.01～0.05 mm 含量又大于 0.01～0.005 mm 含量。

(2) 土的多孔隙性

黄土结构中的孔隙可分为三类:

① 大孔隙:基本上是肉眼可见的,直径 0.5～1.0 mm。

② 细孔隙:是架空结构中大颗粒的粒间孔隙,肉眼看不见,可在双目放大镜下观察。

③ 毛细孔隙:由大颗粒与附在其表面上的小颗粒所形成的粒间孔隙,肉眼更看不见。

这三种孔隙形成了黄土的高孔隙度,故又称黄土为"大孔土"。

黄土的孔隙率变化在 35～60% 之间,有沿深度逐渐减少的趋势;在地理分布上则有着自东向西、自南向北孔隙率增大的规律。

黄土中的孔隙呈垂直或倾斜的管状,以垂直为主,上下贯通,其内壁附有白色的碳酸钙薄膜;碳酸钙的胶结对黄土起着加固的作用。

(3) 黄土的节理

黄土节理以垂直为主。一般在干燥而固结的黄土层中比较发育,土层上部较下部发育,有时在黄土层中也发现有斜节理。

2. 黄土分区工程特征

根据黄土地区黄土分布的特点,黄河中游黄土可分为四个区:

Ⅰ. 东南区:介于吕梁山与太行山之间。本区黄土多分布成零星小块,厚约 50 m,由西向东逐渐减薄。黄土主要分布在盆地边缘或河谷阶地上,下伏基岩地形起伏较大,山顶与谷底相对高差一般在 300 m 以上,地形不够开阔。

Ⅱ. 中部区:介于六盘山与吕梁山之间。黄土在整个地区连续覆盖,仅在沟底部及少数山顶才有基岩出露。黄土厚度一般为 100～150 m,中间地区最厚。黄土的沉积覆盖了原基岩地形,起伏地形已不易辨认,但仔细分析黄土地貌,仍可见到黄土塬的下伏基岩比较平坦,梁、峁以下则多为基岩丘陵。

Ⅲ. 西部区:介于乌鞘岭与六盘山之间。除较高的山顶、大河河谷及深切沟谷下部有基岩出露外,大都为黄土覆盖。黄土厚度一般为 50～100 m,以新黄土为主,并由东向西逐渐减薄。本区下伏基岩的起伏较大,基岩山顶和谷底的相对高差大都在 300 m 以上,有时可达 500 m。

Ⅳ. 北部区:位于上述三区的北部。北接沙漠,气候干旱,多分布有沙黄土。

3. 黄土的水理特性

(1) 渗水性

由于黄土具有大孔隙及垂直节理等特殊构造,其垂直方向的渗透性较水平方向为大。黄土经压实后大孔构造被破坏,其透水性也大大降低。此外,黏粒的含量也会影响黄土的渗透性,黏粒含量较多的埋藏土及红色黄土经常成为透水不良或不透水的土层。

(2) 收缩和膨胀

黄土遇水膨胀,干燥后又收缩,多次反复形成裂缝及剥落。由于黄土在堆积过程中,土的自重作用使粉粒在垂直方向的粒间距离变小,所以具有天然湿度的黄土在干燥后,水平方向的收缩比垂直方向的收缩大,一般大 50～100%。

(3) 崩解性

各类黄土的崩解性相差很大。新黄土浸入水中后,很快就全部崩解;老黄土则要经过一段时间才能崩解;红色黄土浸水后不崩解。

4. 黄土的抗剪强度

原状黄土的各向异性:由于垂直节理及大孔隙的存在,原状黄土的强度随方向而异,黄土水平方向的强度一般较大,45°方向仍居中,垂直方向强度较小。但是,冲积、洪积黄土则因存在有水平层理的关系,以水平方向强度为最低,垂直方向强度最大,45°方向仍居中。

原状黄土抗剪强度的峰值和残值差值较大,是黄土地区多崩塌性和高速滑坡的重要原因。

5. 黄土的湿陷性

黄土受水浸湿后,土的结构受到破坏,在外荷载或土自重作用下,而发生显著的下沉现象,称为湿陷。黄土受水浸湿后在土的自重压力下发生湿陷的,叫做自重湿陷性黄土;在自重压力下浸湿不发生沉陷,但在附加压力下发生湿陷的,称为非自重湿陷性黄土。黄土湿陷对路基工程的危害很大。根据国家标准《湿陷性黄土地区建筑规范》(GBJ 25—90)中对建筑工程地基湿陷性所用划等级的评价方法,以黄土自重湿陷量和总湿陷量按表 10-17 判定。

表 10-17　湿陷性黄土地基的湿陷等级

湿陷类型 计算自重 湿陷量 (cm) 总湿陷量	非自重湿陷性场地	自重湿陷性场地	
	$\triangle_{zs} \leqslant 7$	$7 \leqslant \triangle_{zs} \leqslant 35$	$\triangle_{zs} > 35$
$\triangle_{zs} \leqslant 30$	Ⅰ(轻微)	Ⅱ(中等)	—
$30 \leqslant \triangle_{zs} \leqslant 60$	Ⅱ(中等)	Ⅱ 或 Ⅲ	Ⅲ(严重)
$\triangle_{zs} > 60$	—	Ⅱ(严重)	Ⅳ(很严重)

二、黄土地基勘察

(1) 黄土地基的勘察工作应着重查明地层时代、成因,湿陷性土层的厚度,湿陷性随深度变化,场地湿陷类型和湿陷级别的分布,地下水位变化幅度和其他工程地质条件。结合工程要求,对场地和地基作出评价和处理措施建议。

(2) 采取不扰动土试样保持其天然湿度和结构。探井中取样竖向间距为 1 m,土样直径不应小于 10 cm,钻孔中取样,必须注意施钻工艺,应严禁向钻孔内加水钻进。

取土勘探点中,应有一定数量的探井。在自重湿陷性黄土场地,探井数量不得少于1/3。

(3) 为评价地层均匀性和土的力学性质,勘探点中应有一定数量的静力触探孔,并可采用标贯试验或弯压试验等原位测试手段。

(4) 取样勘探点,初步勘察时应按地貌单元和控制性的地段布置,其数量不得少于全部勘探点的1/2;详细勘察时不得少于全部勘探点的2/3,若勘探点的间距较大或数量不多时,全部勘探点可作为取样勘探点;勘探点深度应大于压缩层深度,应有一定数量的取样勘探点穿透湿陷性土层。

三、黄土湿陷性评价

(一)湿陷性的判定

主要是利用现场采集的不扰动试样,通过室内浸水压缩试验求得湿陷系数,据以判定是否有湿陷性和自重湿陷性。

在一定压力下的室内压缩试验测定的湿陷系数δ_s,应按下式计算:

$$\delta_s = \frac{h_p - h'_p}{h_0}$$

式中:h_p——保持天然湿度和结构的土试样,加至一定压力时下沉稳定后的高度;

h'_p——上述加压稳定后的土试样,在浸水作用下,下沉稳定后的高度;

h_0——土试样的原始高度。

当$\delta_s < 0.015$时,应定为非湿陷性黄土;$\delta_s \geq 0.015$时,应定为湿陷性黄土。

测定湿陷系数的一定压力,自基础底面(初勘时,自地面下1.5 m)算起,10 m以内的土层应用200 kPa,10 m以下至非湿陷性土层顶面,应用其上覆土的饱和自重压力(当大于300 kPa时,仍应用300 kPa)。

(二)湿陷等级的划分

场地的湿陷类型,应按实测自重湿陷量或计算自重湿陷量判定。当自重湿陷量≤7 cm时,应定为非自重湿陷性黄土场地。当自重湿陷量>7 cm时,应定为自重陷性黄土场地。实测自重湿陷量应按现场试坑浸水试验确定。

(三)承载力的确定

影响黄土承载力的因素主要为黄土的堆积年代、土的含水量、密度和塑性等方面。湿陷黄土承载力除根据经验公式确定外,还可以用野外原位测试方法确定,尤其是载荷试验。

四、黄土路基施工

(一)湿陷性黄土的地基处治原则

目前公路部门没有专用的有关湿陷性黄土地基处理方面的设计规范,国标《湿陷性黄土地区建筑规范》(GBJ 25—90)也因公路的地基特性、结构特点、构造物使用要求等和工业民用建筑之间存在很大的差异而无法直接应用,公路湿陷性黄土地基的设计与施工基本上处于无章可循的状态。参照国内外有关湿陷性黄土地基的有关规范、规程要求,借鉴黄土地区已建或在建公路项目在湿陷性黄土地基设计与施工方面取得的经验,现总结如下:

1. 黄土地基处治的技术要点

湿陷性黄土地基的处治包括地基处理、防水措施和结构措施三大技术措施。根据公路的地基特性和结构特点,其地基处治应选择以防水措施为主,地基处理为铺,确有必要时采取结构措施,多措施综合应用。

(1)黄土地基发生湿陷,除土性本身的原因外,外部条件主要是水,预防湿陷性黄土产生路基湿陷病害的主要措施是防水。因此设置完善的防、排水系统,最大限度地降低地基受水浸湿的可能性是防止黄土湿陷破坏的首选措施,也是最经济的技术措施。

(2)以防水措施为主时,地基处理措施也不容忽视。对于一般的黄土地基,在完善防、排水系统的前提下,采取简单经济的表层处理措施就可有效减少下层的湿陷机率;而对于桥涵及防护构造物,当地基沉降变形或强度满足不了构造物要求时,就必须对地基进行处理。

(3) 对于位于厚层湿陷性黄土地基上的桥涵及防护构造物,一般地基加固处理难以满足设计变形或强度要求时,就应采取结构措施。

2. 黄土地基处理的厚度

湿陷性黄土地基的湿陷厚度、湿陷类型、湿陷等级等差别很大,公路不同构造部位(路堤、路堑、桥涵构造物)对地基压缩变形和湿陷变形的要求也不尽相同。地基处理究竟到多大范围或多大程度才能既不浪费又能获得明显技术、经济效果,就成为湿陷性黄土地基处理设计中面临的首要问题。

(1) 一般路基的地基

鉴于高速公路一般均按要求设置了较为完善的地表、地下排水系统,地基受水浸湿的可能性相对较小,路基适应变形能力也较好,因此其地基处治的主要目的是在使基底的承载力和路堤工后的剩余压缩变形满足要求的前提下,通过表层或浅层整片(段)处理加固表层土体,提高承载力和消除部分湿陷量。一般路基地基的处理厚度设计要求为:

① 对于非自重湿陷黄土地基,处理厚度 2.0 m。

② 对于Ⅱ～Ⅲ级自重湿陷黄土地基,处理厚度 2.0～3.0 m,Ⅳ级自重湿陷黄土地基,处理厚度 4.0～5.0 m。

③ 对于一些新近堆积黄土和素填黄土,在其地基的压缩变形和湿陷变形都无法满足要求的情况下,可考虑将路基以下的全部湿陷性土层进行处理。

(2) 桥涵构造物地基

桥涵构造物位于沟谷底部,黄土地基受水浸湿的可能性相对较大,构造本身对地基承载力的要求高,对压缩变形和湿陷变形的适应性差,因此湿陷变形控制、压缩变形控制和强度(承载力)控制具有同等重要的意义。构造物地基的设计要求为:

① 在非自重湿陷黄土地基上,应将基础下湿陷起始压力小于附加压力与上覆土的饱和自重压力之和的所有土层进行处理和处理至基础下的压缩层下限为止;

② 在自重湿陷黄土地基上,应处理基础以下的全部湿陷土层;

③ 处理后的地基承载力应满足构造物的要求,且其下卧层顶面的承载力不小于下卧层顶面的附加应力与土自重压力之和。

(二)黄土路堑施工

施工前在准备工作中要对路堑边坡逐段逐桩进行核实,如遇到路堑边坡设计与土质不相符,应采集原状土样进行必要的力学试验和验算,并同时报告业主与监理工程师,做出必要的修改。

1. 黄土路堑边坡形式

黄土路堑边坡的形式要考虑路堑断面的稳定性及经济性,并同时考虑施工和养护的方便。现介绍几种常用的边坡形式。

(1) 直线形(一坡到顶):适用于均质黄土,结构疏松,边坡高在 12 m 以内;均质黄土,结构密实,边坡高在 20 m 以内;非均质黄土,边坡高在 12 m 以内,如图 10-22a。

(2) 折线形(上缓下陡):均质黄土,上部疏下部密实,边坡高 12～20 m;非均质黄土,边坡高在 12 m 以内,如图 10-22b。

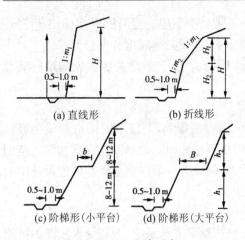

图 10-22 边坡形式

(a) 直线形　(b) 折线形　(c) 阶梯形(小平台)　(d) 阶梯形(大平台)

(3) 阶梯形(小平台)：均质黄土，结构疏松，边坡高于 12 m；均质黄土，结构密实，边坡高于 20 m。非均质黄土，边坡高于 12 m，如图 10-22c。

(4) 阶梯形(大平台)：边坡高于 30 m，高烈度地震区的较高边坡，见图 10-22d。

2. 黄土路堑施工方法要点

(1) 路堑应按设计边坡放样开挖，开挖中，发现边坡土质与设计不符，应采集土样，进行试验确定，并向监理工程师提出正式报告，变更边坡值。

(2) 路堑边坡若设计为陡坡时，施工不得放缓，以免引起边坡冲刷。

(3) 路堑尤其是地形起伏大的深路堑，应当先做好堑顶截水沟、天沟，处理好地表排水导流工程，然后再开挖路堑。路堑施工期间，应注意检查维护，并对施工中用水加强管理，不可使水从坡面渗入坡体或浸泡坡脚，还要经常保持路堑开挖后的干燥。截水沟、天沟应绘出施工详图，放样施工，并征得监理工程师书面批准。

(4) 应严格保证排水工程质量，要求无局部积水、无渗漏、无冲刷等现象，特别对出口的处理尤应慎重。

(5) 路堑开挖均须从上而下进行，严禁掏底开挖(俗称挖神仙土)，以防坍塌。黄土路堑开挖，严禁采用爆破施工。如老黄土层或红色黄土层含石过多，开挖困难，可用小雷管在很小范围内进行机动破碎施工。

(6) 施工中应保持路堑坡面平整，严禁乱挖。如发现路堑边坡有变形迹象，不可随便削方，宜采取应急的合理减载措施，并立即研究相应技术措施。

(7) 路堑段坡顶至相当于边坡高度再加 5 m 距离内地面坑洼应填平，松散自然地面应整平夯实。

(8) 在路堑段如修建支挡工程，须从两端开始，挑槽开挖基坑，边挖边修，随时增加支撑力。

(9) 路堑坡顶有弃土堆时，天沟应置在弃土堆外侧坡脚以外 2～5 m。

(10) 黄土路堑施工同时存在湿陷性问题，当开挖到路床时，必须查明湿陷范围、深度，确定其湿陷等级，并采取相应的治理措施。

(11) 如路堑路床的密实度不符合要求，则视含水量情况，采取洒水或翻松晾晒至要求含水量再行整平碾压至规定实度。

3. 黄土路堑边坡防护与加固

黄土边坡的防护与加固，应根据当地自然条件及边坡土质的具体情况，采取不同的措施。公路常用的边坡防护加固措施有：

(1) 边坡坡面拍实。适用于土质疏松的边坡。用三棱板拍打密实，或用小轻碾自坡顶沿坡面碾实。

(2) 种草或灌木(小冠花、紫穗槐)。适用于边坡缓于 1∶1，草皮能就地取材，且雨量多适宜草类生长的地区。宜在阴雨天施工。

(3) 草泥抹面。适用于年降雨量较小，冲刷不甚严重的地区，边坡缓于 1∶1。采用较黏的土,其配合比为每 1 m^3 黏土掺入铡碎的草 10～12 kg。为增强草泥与边坡的连接,在边坡上打入一些木楔,其间距为 30～40 cm。

(4) 三合土或四合土抹面。适于雨雪量大,任何坡度的边坡。材料配合比,三合土为:石灰：细砂：黄土=1：2：5(质量比);四合土为:石灰：黄土：细砂：炉渣=1：3：5：9(质量比)。

(5) 土护墙。适用于坡脚已破坏的坡段。修筑方法与打土墙同。

(6) 浆砌片石护墙。适用于坡脚易受水冲刷、坡面剥落较严重、坡脚已破坏、边坡含有砂夹层的坡段。

(7) 实体护面墙。实体护面墙采用浆砌方式,其厚度视墙高而定,一般采用 0.4～0.6 m,底宽可按边坡的陡度、墙的高度、边坡土质的潮湿程度和基础允许承载力的大小等条件来确定,一般等于顶宽加 $H/10$～$H/20$(H 为墙高)。沿墙身长度每隔 10 m 设置 2 cm 宽的伸缩缝一道,用沥青麻筋填塞,深入 10～20 cm,心部可空着;墙身上下左右每隔 3 m 设泄水孔一个,泄水口大小一般为 6 cm×6 cm 或 10 cm×10 cm,在泄水孔后面用碎石和砂做反滤层。为增强护面墙的稳定性,墙背每 4～6 m 高度设一耳墙进行加固,耳墙宽 0.5～1.0 m。基础埋置深度应在冰冻线以下 0.25 m。墙底座或向内倾斜的反坡,一般比墙面低 0.2 m。

(8) 窗孔式护面墙。窗孔式护面墙的窗孔通常为半圆拱型,高 2.5～3.5 m,宽 2.0～3.0 m,圆拱半径为 1.0～1.5 m,其基础、墙厚、伸缩缝及耳墙等要求与实体护面墙相同。窗孔内视具体情况,插面、干砌片石或植草均可。

黄土边坡防护与加固实践经验证明,采用工程防护与植物防护相结合的方法,是一种防护效果好、美化环境、利于生态环境,而且造价低的防护方法。

(三) 一般黄土路堤施工

高速公路湿陷性黄土地基的处治方法应根据公路构造部位、地基处治的厚度、施工环境条件、施工工期和当地材料来源,经技术经济比较确定。近几年在湿陷性黄土地基处理方面,传统的土垫层法、重夯法等仍在广泛采用;而新兴的地基处理技术如强夯法、冲击碾压、DDC 法等也开始大规模使用,并取得良好的技术、经济效果。其中冲击压实技术应用于大面积湿陷性黄土地基浅层加固处理和黄土路基的补强加固时具有快速高效的技术优势;强夯法则主要用于Ⅲ级以上厚层自重湿陷性黄土地基、非饱和高压缩性新近堆积黄土地基和人工松填黄土(素填黄土)地基的加固处理,有效处理深度一般不大于 8 m;DDC 法则主要适用于加固较大面积的厚层高压缩性湿陷性黄土或厚层饱和湿软黄土地基以及深层有采空洞穴或软弱下卧层的不良地基。

1. 土垫层法

(1) 适用范围

在湿陷性黄土地基上设置土垫层是一种具有悠久历史的地基处理方法,也是目前该地区桥涵及防护构造物基础下湿陷性黄土最普遍采用的一种处理方法。土垫层有素土垫层、灰土垫层、砂砾垫层之分,其中灰土比为 3：7 的灰土垫层应用最广。3：7 灰土垫层具有较高的承载能力和良好的隔水性能,随着龄期的增长,其压缩模量和强度还会不断增长,隔水性和水稳性也会进一步增强,从而为构造物基础提供良好的持力层,并可大大减少其下部土层浸水湿陷的概率。

(2) 施工要点

① 石灰必须采用优质石灰,并与土料按设计比例拌和均匀,加水至最佳含水量充分闷料。灰土垫层必须分层压(夯)实,分层厚度不大于 15 cm,按重型击实标准的压实度不小于 95%。

② 灰土垫层的总厚度对于非自重湿陷黄土地基不宜于小于 1.0 m,并使其下各天然土层所受的压力小于湿陷起始压力;对于自重湿陷黄土地基垫层的总厚度不宜小于 2.0 m,并应保证其下卧层的顶面的承载力不小于下卧层顶面的总压力。灰土垫层下最好再设置一层 1～1.5 m 厚的素土垫层或采用重锤将其基底夯实。

③ 为有效防止地表水下渗和地基湿陷后土体的侧向挤出,灰土垫层每边超出基础边缘外的宽度不应小于其厚度,并不小于 150 cm。

④ 灰土垫层施工过程及完工后,绝对禁止受水浸泡。

2. 强夯法

(1) 适用范围

强夯法冲击能量巨大,它能使深层土体产生冲切变形,因此属于深层动力密实法的一种,可以消除较深层黄土的湿陷性并提高地基承载力,主要用于Ⅲ级以上厚层自重湿性黄土地基、高压缩性新近堆积黄土地基和人工松填黄土地基的加固处理。

(2) 强夯法主要技术要求

① 强夯技术参数的理论与计算方法。一般应参照国内强夯法加固地基的成功经验,初步确定各类地基的强夯参数。在大面积强夯施工前,再选择代表性路段(夯区)进行试夯,以确定合理的强夯参数与施工工艺。试夯区的夯点布置不宜小于 5×5 个夯点,试夯区宽度不小于 2 倍的预期的控制,且不小于 20 m×20 m。

② 基土含水量的控制。尽管强夯加固地基时对土体含水量的要求有所放宽,但基土含水量对强夯效果的影响还是比较显著的。强夯法处理黄土地基的施工中,控制土体含水量至最佳含水量附近对改善强夯法处理地基的质量很有必要。

(3) 强夯法施工要点

① 地基的处理范围应大于基础的平面尺寸,每边超出基础外缘的宽度不宜小于 3 m。

② 施工前应按设计要求在现场选点进行试夯。在同一场地内如土性基本相同,试夯可在一处进行,若差异明显,应在不同地段分别进行试夯。

③ 在试夯过程中,应测量每个夯点每夯 1 次的下沉量(简称夯沉量)。最后两击的平均夯沉量不宜大于 1～2 cm,或按试夯结果确定。

④ 试夯结束后,应从夯击终止时的夯面起至其下 5～8 m 深度内,每隔 50 cm 取土样进行室内试验,测定土的干密度、压缩系数和湿陷系数等到指标,也可在现场进行载荷浸水试验或其他原位测试。

⑤ 试夯结果不满足设计要求时,可调整夯锤质量、落距或其他参数重新进行试夯,也可修改设计方案。

采用强夯法处理湿陷性黄土地基,土的含水量宜低于塑限含水量 1～3%;在拟夯实的土地层内,土的含水量低于 10% 时,宜加水到塑限含水量;当土的含水量大于塑限含水量 3% 时,宜采用措施适当降低其含水量。对地基进行强夯施工,夯锤质量、落距、夯点布置、夯击遍数和夯击次数等参数应与试夯所确定的相同,施工中并应有专人监测和记录。

夯击遍数一般为 2～3 遍,第一遍夯点宜按正三角形布置,夯点中距可为锤底直径的

1.5~2.2倍,其他各遍夯点宜满堂布置,土的含水量居中时,各遍夯点可采用连续夯击。最后一遍夯击后,宜以4~6 m落距对表层松土夯实,也可将其压实或清除。夯面以上宜设置一定厚度的灰土垫层。

(4)施工质量控制

强夯法的质量检验分强夯过程中的检验和夯后检验两种,其检验指标分别为施工控制夯沉量和有效处理深度。强夯过程中,每遍的每夯点的夯击次数一般用最后两击的平均夯沉量控制。对于大于6 000 kJ的强夯,主夯夯沉量不大于8 cm;对于6 000 kJ以下的强夯,主夯量不大于2 cm;对于6 000 kJ以下的强夯,主夯夯沉量不大于5 cm;对于1 000~1 200 kJ以下的强夯,夯沉量不大于2 cm。此外夯坑周围地面不应发生过大的隆起,不因夯坑过深而发生起锤困难。

3. 冲击压实法

(1)适用范围

冲击压实机是用三角形或五角形"轮子"来产生集中的冲击能量达到压实土石填料的目的。冲击压实技术目前在黄土地区主要用于处理湿陷性黄土地基和黄土路基的补强。

冲击压实法冲压补强黄土路基,即使用冲击压实机补压经过常规分层振动碾压后已达标的路床,或在高路堤的填筑过程中每间隔一定厚度对高路堤的常规压实层分层冲碾补压。工程实践表明,冲压补强不仅能有效提高黄土路基的整体强度,减少工后沉降和差异沉降,还能及时检测普通碾压机具施工中留下隐蔽缺陷。

(2)冲击压实法的设计施工要点

① 冲击压实技术应用于湿陷性黄土地基浅层处理加固时,对于25 kJ三边形冲击压实机,建议按冲碾40~50遍施工,其施工质量控制以冲击压实机碾压遍数为主,相应检查量测地面下沉量及冲压前后0~120 cm深度内分层实度和湿陷系数。

② 冲击碾压应在场地清理、清表完成后进行。当土体干燥时,应提前灌水增湿,使土体含水量达到最佳含水量附近;当土体含水量较大时,应适当晾晒,也可在地表铺设一层10~15 cm厚的天然砂砾。

③ 冲击压实技术应用于湿陷性黄土路基的补强加固时,对于25 kJ三边形冲击压实机,建议按冲碾25遍施工,其施工质量控制以冲击压实机碾压遍数为主,相应检查量测地面下沉量及0~80 cm深度内分层压实度(灌砂法)。冲压补强后压实度增加3个百分点以上则可定为合格,否则应当再冲压5~10遍。冲击压实补强应在路基完工后立即进行。

④ 冲击压实地基加固解决了地基上部地层湿陷问题,为防止其下部土层受水浸泡发生湿陷破坏,路基路面的综合防水、排水设施必须完善。尤其是在农灌区,路基坡脚两侧外边5~10 m宽度内宜作表层加固防渗处理或设地下渗墙,尽可能避免路基侧向地下受水浸湿发生湿陷。

⑤ 为防止地表不平整而影响冲压的最佳速度,冲击碾压施工中应配备平地机。每冲压3~4遍,地表起伏较大,即进行整平,然后再接着冲压施工直至冲压施工完成。冲压施工完成后应用钢轮压路机碾压,且达到路基压实标准。

⑥ 距离桥涵结构物5 m处,或暗涵顶填土厚度小于3 m时,禁止用冲击式压实机碾压,以避免对结构物的损坏。

⑦ 冲击压实开工前,应选择典型路段,采用多种压实遍数进行试压,以确定经济合理的施

工参数。

4. 挤密桩法

挤密桩法是先往基底打入一尖端封闭的钢管成孔,同时将土挤密,拔出钢管后向孔中填入灰土、素土或其他材料加以捣实而成桩。其作用是将周围松散土挤密,使桩和挤密后的地基强度提高减小地基变形,从而消除深层黄土的湿陷性。

挤密桩的长度视加固路段需要消除的局部湿陷性或全部湿陷性而定。如需消除全部湿陷性,对自重湿陷性黄土,则应达整个湿陷性土层的底部;对非自重湿陷性土,则按湿陷起始压力确定。土桩直径一般为 40 cm 左右,视打桩设备的能力而定,可按梅花形布置,其斜边长为土桩直径的 2.5 倍。

(1) 土桩施工要点

先用桩芯打孔,桩芯可用木桩或钢管在其底焊接一管靴。打好孔后,将预先准备好的湿度适宜的黄土(灰土比例通常用 2∶8)或素土料分层填入孔中,并用"鱼雷锤"逐层分层夯实,直至地基底面标高处为止。

(2) 挤密桩法处理效果

土桩挤密加固后,其地基承载力,可较天然地基提高 40% 以上。例如,直径为 16 cm 土桩的有效挤密范围约为 10～20 cm,在距桩边 8～15 cm 范围内,土的密度较天然地基提高 150～200 kg/m^3,距桩边 15～20 cm 范围内,土的密度较天然地基提高 100 kg/m^3。例如,天然地基的容许承载力为 0.1 MPa,经灰土挤密加固后,提高到 0.175 MPa。

5. 压力注浆法

压力注浆法是利用机械压力将浆液通过注入管,均匀注入地层,浆液以填充和渗透方式,排挤土桩间的水分和空气,浆液凝固可使原土层或缝隙固结成整体。压力注浆包括无机溶液(水泥浆液)和有机浆液(水玻璃溶液、纸浆溶液)两种。为降低造价,宜用部分粉煤灰代替水泥。

在注浆过程中部分采用定量注浆,部分采用压力控制。浆液水灰比 1.8∶1～1∶1。水泥掺量为施工时便于掌握,每 200 L(制浆机每次制浆量)根据需要掺入 50 kg、75 kg 或 100 kg,再用粉煤灰补充。

注浆孔距 2～4 m,用水玻璃为速凝剂,掺量 4～6%。一般零填路基注浆深度不小于 4 m,普通填方路基注浆深度为路基高 $H \times 1.2$。注浆压力一般为 0.8 MPa,最大压力不超过 1.0 MPa,终止压力为 0.5 MPa。注浆过程中,发现跑浆、地面抬升等现象,应及时封堵,降低压力或间歇注浆。灌浆时要以压力来控制灌注速度,一般应在浆液初凝时间以前,灌完需要的一次灌注量为原则。灌注速度也与土的渗透系数有关,一般砂类土,灌注速度为 0.002～0.003 m^3/min,湿陷性黄土为 0.003 m^3/min。

压力注浆量是通过灌浆管和灌浆泵来完成的,灌浆工艺则根据浆液凝固时间的长短来决定。压力注浆的施工有打管、冲洗管、灌浆、拔管、地面处理、控制等工序。

(1) 打管。采用机械设备把注浆管打到土中预定的位置,注浆管用直径为 37～42 mm 的钢管下端为一段(0.5 m 左右)钻有孔眼直径 2～5 mm,长 1.5～2.5 mm 的花管,孔眼间距可取 50 mm。加固土层深厚时,可将钻孔至所需加固区顶面以上 2～3 m,再打入管,打管时,不能摇晃,以免造成扩孔。

(2) 冲洗管。为保证溶液畅通,泵压水冲洗,直至清水流出。

(3) 灌浆。灌浆压力不能超过上面土层压力过多,一般注浆压力随深度变化,每加深 1 m,压力可增加 20~50 kPa。

(4) 拔管。灌浆后立即拔出注浆管进行冲洗,孔口采用三角形止浆塞止浆。

(5) 地面处理。拔管后对地面下 50 cm 进行碾压,并在地面上加 50 cm 厚的砂砾垫层,防止地下水及毛细水上升影响路基。

(6) 检测。采用钻孔取芯、标贯和载荷试验进行控制。

6. 单液硅化或碱液加固法

(1) 技术要求

采用单液硅化或碱液法加固湿陷性黄土地基,施工前应在现场进行单孔或群孔灌注溶液试验,以确定灌注溶液的速度、时间(或压力)和加固半径等参数。

溶液灌注试验结束后,隔半个月左右,宜在现场进行载荷浸水试验,或在试验孔的加固范围内取土样进行室内试验,测定加固土的水稳性和强度等指标。

单液硅化应将硅酸钠(Na_2SiO_4)溶液注入土中,其比重宜为 1.13~1.15,并不宜小于 1.0。加固 1 m 湿陷性黄土的溶液用量,可按式(10-1)计算:

$$X = Vn\rho_w a \tag{10-1}$$

式中:V——加固土的体积(m^3);

n——加固前土的孔隙率(%);

ρ_w——硅酸钠溶液的密度(kg/m^3);

a——溶液填充孔隙率的系数,宜为 0.5~0.8。

硅酸钠的模数值宜为 2.5~3.3,其杂质含量不宜大于 2%。

(2) 施工技术要点

① 加固土的半径,应采用压力灌注溶液时,宜为 0.4~0.5 m,当让溶液通过灌注孔自行渗透时,宜为 0.2~0.3 m。

② 灌注孔宜按正三角形布置,灌注孔之间的距离,宜为加固土半径的 1.73 倍。

③ 对已有构造物地基进行加固时,在自重湿陷性黄土场地,宜采用压力自上面下分层灌注溶液;在非自重湿陷性黄土场地,应让溶液通过灌注孔自行渗入土中。加固时宜将碱液($NaOH$)通过注液孔渗入土内,每个灌注孔的加固半径,宜为 0.3~1.4 m。碱性浓度宜为 100 g/L,并宜将碱液加热至 80~100 ℃再注入土中。

④ 采用单液硅化或碱液加固已有构造物地基,在灌注硅酸钠或碱液过程中,应对构造的沉降进行监测。已渗入油脂或其他有机物的土,不宜采用硅化或碱液加固法。

7. 孔内深层强夯技术(DDC)

孔内深层强夯技术(DDC)综合秉承了重锤夯实、强夯、土桩等地基处理技术的优势,集高动能、高压强、强挤密各效应于一体,完成对厚层湿陷性黄土地基及其他软弱地基的加固处理。DDC 法是通过机具成孔(螺旋钻钻孔或特制夯锤冲孔),然后通过孔道在地基处理的深层部位进行填料,用具有高动能的特制重力夯锤进行冲、砸、挤压的高压强、强挤密的夯击作业,不仅使桩体十分密实,也对桩间土进行挤密,从而提高复合地基承载力,使地基湿陷性得以完全消除。

根据 DDC 法的作用机理和技术特点,DDC 法在湿陷性黄土地区最具应用价值的几个方面是：

(1) 较大面积的厚层高压缩性湿陷性黄土或厚层饱和湿软黄土地基处理。

(2) 深层有采空洞穴或软弱下卧层的不良地基处理。

(3) 高填黄土路堤以及构造物台后填土的加固处理。

8. 黄土路堤施工中应注意事项

(1) 黄土、老黄土(红色黄土)均为路堤适用填料。黄土路堤应分层填筑、分层压实，大于 10 cm 的土块，必须打碎，并应在接近土的压实最佳含水量时碾压密实。

(2) 黄土路堤施工时，应做好填挖界面的结合(纵向)，清除坡面杂草，挖好向内倾斜台阶。如结合面陡立，无法挖成台阶，可采用土工钉加强结合。

(3) 黄土路堤的边坡应刷顺，整平拍实，并应及时予以防护，防止路表水冲刷。

(4) 黄土路堤的压实要求与一般黏性土相同，应按《公路路基设计规范》(JTG D30—2004)。见表 10-5，表 10-6。

(5) 为了保证路堤边缘有足够的压实度，路堤施工时，其边缘应设立明显标志，填筑土路基应按该层的路堤设计宽度每侧超填 30 cm，在路面施工前，对路堤进行修正，路堤设计宽度以外的所有填料应予清理。

(6) 如黄土填料含水量过小，应均匀洒水再行碾压；如含水量过大，可翻松晾晒至需要含水量再行碾压，也可掺入适量石灰处理，降低含水量。掺石灰后应将土、灰拌匀，其最大干密度应通过击实试验确定。

(7) 路堤填筑，由于压实和沉降等因素一般比填土高超填 10 cm 左右，如施工有足够的经验保证在土方工程完成后，做到路堤横断面达到设计要求，则不需超填。

(8) 在施工中，中途长期停工时，路堤表层不得积水，须整平碾压密实。并做成 2~4% 的路拱，边坡应整理拍实。复工时，路堤表层含水量在接近碾压最佳含水量时方可继续填筑，否则应换填处理。

(9) 路堤压实，黄土地区路堤压实宜采用重型(>15 t)压实机具，松铺厚度 25~30 cm，一般碾压 5~7 遍，即可达到规定的压实度。如采用 50 t 特重型压路机，松铺厚度可达 40 cm。

当采用振动压路机时，第一、二遍不振动静压，采用低碾压速度，先慢后快，一般选 2~4 km/h，继而由弱振至强振，但最大不宜超过 6 km/h。

在碾压时，严格掌握土的含水量，可略小于试验的最佳含水量，要求在低于最佳含水量的 1~2% 进行，压实效果会更好一些。

碾压中间，注意碾压遍数。如多加碾压遍数，会造成路基表面出现土质干裂成粉(1~2 cm 厚)，继续增加碾压遍数，干裂深度会加深，造成表面松散，反而难以压实，所以要保证碾压质量，做到一次压实成功。

(10) 黄土路堤施工期间，做好临时排水，在两侧或一侧(超高段)高设置临时阻水、拦水、排水设施，以防雨水冲毁边坡。路堤填至设计高程后，应根据设计及时修筑外侧边缘的拦水埂、截水沟和急流槽等，将水引送到坡脚以外。

(四) 黄土高路堤施工

1. 边坡形式

黄土高路堤常用的边坡形式有折线形和阶梯形，设平台 1.5~2.0 m，边坡值从基底起高

10 m,边坡采用1∶2.0,中间段12 m内采用1∶1.75,上部边坡采用1∶1.5。

2. 坡面防护措施

高路堤坡面宜设坡面防护工程,采用种草或灌木的生物措施结合浆砌片石拱形骨架的砌石工程。

3. 施工要点

(1) 填筑前对基底做好清理和压实并防止地表水浸入路基,路堤分层填土,压实严格以重型击实试验为标准。

(2) 保证高路堤路基边缘部分的压实度,通常两侧每边加宽30～50 m,路堤完工后再进行刷坡,夯拍紧密。对高等级公路采用重型击实标准的路基(高路堤)目前尚无可靠资料积累,高路堤沉降的资料尤其缺少,因此可按设计要求预留沉降量,也可按填土高度的1～2%估算。

(五)黄土陷穴的治理

黄土陷穴是黄土地区一个典型的工程地质问题。产生的原因是由于黄土的湿陷性在经水的冲蚀和溶蚀以及地下水潜能作用,形成的暗沟、暗穴等统称陷穴。多发生在新黄土的塬、梁、峁的边缘及起伏多变、地表径流容易汇集的地方。流水沿节理下渗,使黄土细粒不断流失,在黄土层中产生沉陷,继而产生空洞,终而形成陷穴。

1. 陷穴的类型

(1) 碟形地。具有直径数十米的椭圆形碟状凹地,深度一般2～3 m,边缘坡较陡。多发生在黄土塬部分或没有排水坡度的地方,由于降水不断聚集,并沿孔隙或节理逐渐下渗,黄土不断浸湿,在重力作用下沉陷,形成碟形地。有碟形地之处表示此地黄土有自重湿陷性。

(2) 漏斗状陷穴。产生在黄土梁边缘或谷坡附近。常见成群分布,口径几十厘米到数米,底部有时还散布着小孔穴。

(3) 竖井状陷穴。陷穴边缘陡峭,口径与深度相差可达数倍。一般由漏斗状陷穴发展而成。

(4) 串珠状陷穴。一般不单独存在,多以暗沟相连,成串珠状,常出现在越岭回头展线,危害路基十分严重。

(5) 暗穴。形态各种各样,可直可曲,忽大忽小,通常为陷穴的通道,在越岭展线表面不见径流迹象,而在最低线路基流出。也有单独成盲沟存在的。由地下水的溶蚀和潜蚀而成,某些特殊的暗穴系古窑洞和墓室造成的。

2. 施工前对陷穴的复查

在勘测设计阶段对黄土陷穴已经做过勘探调查,在施工前尚需进行必要的复查,以确定黄土陷穴治理的施工方案。

(1) 沿线目测调查。在原有地质调查的基础上对施工地段沿线进行目测调查。可利用冬、春季的气候特点,在地面裂缝处插放树枝或草秆,于次日清晨观察其上是否有冰霜附着,以推测该裂缝下是否有暗穴存在。如树枝上附有冰霜,则其下有陷穴,冰霜愈厚,则陷穴就愈深大。在秋季清晨日出时,如黄土裂缝中冒雾气,则其下有暗穴。在雨天观察地面裂缝的渗水,如不断向下渗,则其下可能有陷穴。

(2) 调查。用锥钎打入或用洛阳铲打入地层,当锥头进入陷穴之中若其土层应力突然消失,锥钎进入变快,则证明其下有陷穴。

(3) 电探调查。利用不同岩石(地层)具有不同的电阻率这一特征来测定地下有无陷穴。

(4) 控制调查。根据目测调查地表裂隙布置控探，这是最直观的调查方法。也可以在探坑中采取原状土样，观察地层的变化。

(5) 钻探调查。只有在所有目测调查之后，为证实问题，或其他方法不能推断的时候，才采用钻探调查。

3. 陷穴的治理方法

黄土陷穴对路基的危害甚大，一般均须进行治理，其根治的方法有下列几种：

(1) 灌砂。小面积的陷穴，可用干砂灌实，并用黏土封顶夯实，并改变微地貌，防止雨水流入陷穴的地方。

(2) 灌泥浆。洞身不大，但洞壁曲面不直且离路基中线较远的小陷穴，可用水、黏土、砂子拌和后进行反复多次灌注。有时为了封闭水道，也可用水泥砂浆。同时也应改变微地貌，防止雨水流入陷穴的地方。

(3) 开挖夯填。这是最直观的、最可靠的方法。根据洞穴的具体情况，可直接开挖回填，并用黄土分层夯实。

(4) 开挖导洞或竖井进行回填。洞穴深，若明挖工程数量较大，可采用开挖导洞方法，由洞内向洞外逐步回填密实。回填前应将洞穴内的尘土彻底清除干净。接近地面0.5 m厚时，则改用黏土回填夯实(可用红色黄土或者黄土)。

五、工程实例

(一) 强夯法处理自重湿陷性黄土地基

1. 工程概况

某公路路基上部为种植土，分布于地表，厚度小，下部为黄土状土，厚度大于30 cm，最深处达45 m，属坡积洪积产物。黄土厚度为15～42 m。容许承载力$[\sigma_0]$=100～150 kPa，场地深陷深度大于10 m，总湿陷量74～100.05 cm，自重湿陷量大于7.4～33.9 cm，压缩系数a_{1-2}=0.55～1.8 MPa^{-1}(表层3 m内)，属湿陷等级为Ⅲ～Ⅳ级自重湿陷性场地(很严重)，路基土平均天然含水量7.8～24.4%，平均天然稠度w_c=0.5～1.1，路基土干湿状态为中湿，表层为高压缩性土。该段路基区域内最大年降水量为405.3 mm，地下水埋深大于20 m，路基施工可不考虑地下水影响。

2. 施工组织设计

(1) 确定工程措施

为保证湿陷地区建筑物的安全和正常使用，根据湿陷性黄土的特性和公路工程要求，分别采用以下防护和自治措施：

① 对于非自重湿陷性黄土路段，主要措施是排水及防止积水下渗。

② 对于自重湿陷性黄土及Ⅱ级以上非自重湿陷性黄土，为清除较大深度内的湿陷性，采用强夯法加固路基基底或采用灰土挤密桩处理。

本段路基属于自重湿陷性黄土，表层为高压缩性土，施工中采用强夯法处理部分湿陷，同时在路基两侧做好排水、防渗施工。

(2) 确定施工机械

该段路基强夯选用的机械是：起重设备为100 t的履带吊车及自动脱钩装置，夯锤是带有气孔的圆柱形铸铁锤,锤重 23.076 t,锤底面积为 5 m²。

(3) 施工质量控制

经强夯处理后的湿陷性黄土仍具有湿陷性,其湿陷变形量随着含水量的减少而增加,随干密度的增大减小。为避免强夯后的土体产生附加沉陷,施工中以夯沉量、夯后土体的压实度及自重湿陷系数进行强夯效果控制,确保强夯后的土体压实度符合规范及设计要求;同时做好施工中的路基防渗及排水工作。

3. 强夯法施工要点

(1) 确定强夯参数

强夯参数包括锤重、落距、加固深度、夯点布置、加固范围、最佳夯击能、夯击遍数及间歇时间、垫层厚度及材料等。

① 强夯设计参数。设计部门提供的强夯参数见表 10-18。

表 10-18 强夯设计参数表

加固深度 (m)	灰土垫层 (cm)	锤重 (kN)	锤底面积 (m²)	夯点布置形式	夯点间距 (m)		夯锤落距 (m)			夯击遍数 (次)	单点夯击能 (kN·m)	夯击次数		最佳夯击能 (kN·m)	满夯击能 (kJ)	满夯击次数 (次)
					1遍	2遍	1遍	2遍	满遍			1遍	2遍			
≤5	50	100~150	3~5	正方形	6	6	20	20	5	2	2 000	15	10	2 400~3 000	1 200	3

② 夯点布置及间距。夯点按正方形网格布置,夯点间距 3 m×3 m。第 1 遍夯击点和第 2 遍夯击点交错布置(见图 10-23)。

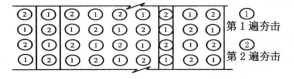

图 10-23 夯点平面布置

夯点布置范围(即加固宽度)以路基边沟、排水沟外缘宽度内全部加固(见图 10-24)。

图 10-24 路基断面图

③ 锤重及落距。夯锤重为 23.076 t,锤底面直径 2.52 m,落距 8.7 m。

④ 单点夯击能的确定。单点夯击能与欲加固土体的厚度有关,一般采用

$$E = (H/K)^2$$

式中:E——单点夯击能(kJ);

H——预加固土体的深度(m);

K——综合修正系数。

施工中应根据试夯效果进行校核,单点夯击能控制在 2 000 kJ。

⑤ 确定锤击次数。夯点的夯击次数应按现场强夯得到的锤击次数(夯击能)—夯沉量关系曲线确定。对于所施工的地段,应先实测土体的天然含水量、最佳含水量、最大干密度及土

体的湿陷系数。强夯施工应尽量在接近最佳含水量时进行。对于含水量小于6%的地段,应增大土基含水量,采用注水强夯,消除其湿陷,才能达到最大密度要求。反之,对于地基含水量较大的过湿地段,为防止强夯时产生"弹簧土"现象,应换填土体,使其含水量满足要求后强夯。

施工中各夯击点的强夯次数及效果要达到控制标准,除满足总夯沉量的要求外,施工中还应满足以下条件:

a. 最后2击的平均夯沉量不大于50 mm;
b. 夯坑周围不应发生过大的隆起现象;
c. 不因夯坑过深发生起锤困难;
d. 夯后土体自重湿陷系数应小于0.000 15;
e. 土基夯后的压实度应在90%以上。

⑥ 夯击遍数。夯击遍数应根据施工段内的土质情况、不同的含水量及试验段的经验加以确定。该段强夯路基采用先行强夯2遍,达到设计要求的压实度和湿陷系数后,对强夯区进行3遍低锤满夯,将夯区表层土体拍平夯实。

(2) 施工要点

① 按设计要求,清理、整平强夯区原地面。

② 按夯点布置图标出(用石灰粉)第1遍夯击点的位置,并测量夯前场地高程。

③ 起重机就位,实测夯前夯点的锤顶高程。

④ 夯锤起吊到预定高度,脱钩自由下落后放下吊钩,测量锤顶高程,一旦发现因坑底不平造成夯锤歪斜,就及时将夯坑整平。

⑤ 按已确定的夯击次数及夯沉量,先对第1遍夯击点依次进行夯击,并达到设计要求,直至全部完成。

⑥ 用推土机填平夯坑,并测量夯后场地高程。

⑦ 按规定间隔时间,照以上方法逐次完成第2遍夯点的全部夯击施工。最后对夯区进行低锤满夯,其夯击能控制在1 200 kJ,锤印搭接一半,将地表土夯实拍平,并实测夯后场地高程。再用32 t振动压路机碾压8遍,使表层扰动土得到进一步密实。然后静置15天,等土体孔隙水压力消散后进行地基压实度检测。

⑧ 根据场地夯前、夯后的实测高程,计算强夯沉陷量,并根据夯区土体夯后压实度及土体自重湿陷系数对强夯质量予以控制。

⑨ 对强夯后的路基进行相应的沉降观测。

施工中为消除雨水对强夯的影响,采用分段施工,并做好强夯区的地表防排水工作。

(3) 夯区的回填及垫层施工

对经过强夯处理,各检测指标达到设计和规范要求的路基,应及时进行夯区回填,回填用料应满足路基填料要求。垫层施工一方面是防止路基雨水下渗,引起自重湿陷性黄土下陷和流失,另一方面是提高基承载力。

(4) 路基排水防渗措施

该段路基施工中在强夯区两侧边缘设立纵向浆砌片石排水沟,及时将地表水排出,同时在地面路基填土前做灰土垫层,防止地面水下渗。在排水沟外侧做挡土墙,防止路基外地面水流入强夯区内。

4. 强夯法处理效果

该段路基基底自强夯处理后,土体的干燥容重、压缩模量明显增大,孔隙比 e、压缩系数显著降低,湿陷系数明显改观,自重湿陷性系数小于容许控制标准值 0.001 5,达到消除自重性湿陷的目的。

(二)灰土挤密桩处理湿陷性黄土地基

1. 工程概况

某高速路路段处于三门峡盆地黄土区,地基湿陷等级多为Ⅲ级自重湿陷场地,湿陷厚度多在 10 m 左右,地基容许承载力 120 kPa 左右,基底承载力应为 170 kPa 左右。从技术、经济、施工条件和效果等方面综合分析,确定对涵洞、通道构造物湿陷性黄土地基采用灰土挤密桩进行处理,以消除地基部分湿陷量,并提高地基承载力。

2. 设计与施工要点

135 km+500 m～145 km+300 m 段灰土挤密桩桩长 6 m,145 km+350 m～200 km+145.5 m 段灰土挤密桩桩长 6 m。桩孔直径 $d=0.4$ m。根据处理前后地基容许承载力和地基土含水量大小,确定桩孔间距 1.0 m。桩孔按等边三角形布置,处理范围应超出基础边缘,其边界自最外侧一排桩的有效挤密区($d/2$)算起桩间土挤密后平均挤密系数不小于 0.93 或 3 个孔重心处的最小挤密系数不小于 0.88(均按轻型实击标准),桩体密实系数不小于 0.95(重型击实标准)。复合地基容许承载力设计值确定为 175 kPa,灰土配合比(体积比)为 3∶7,土料可采用纯净黄土或一般黏性土,并应过筛。石灰应使用消解 3～4 周后过筛的生石灰,粉料径不大于 5 mm,石灰质量小于Ⅲ级。灰土含水量应接近最佳含水量。

成孔方法采用沉管法,使用柴油打夯机,锤重 2.5 t,落距 250 cm。该方法成孔顺利,仅在局部遇层透镜时出现沉管困难。桩孔填夯采用安装在翻斗上行走的偏心轮夹杆式夯实机,夯锤重 100 kg,落距 1.0 m,每分钟可击 40～50 次。填夯施工前应作填料试验,以确定每次合理的填料数量和夯击次数。填料应指定专人按规定数量均匀填进,不可盲目乱填。对每一桩孔实际填料数量和夯实时间进行记录。

3. 效果

按设计要求对该段公路的涵洞、通道均用灰土挤密桩处理湿陷性黄土地基,从所处理的效果来看,大多数可满足规范要求的消除部分湿陷量和达到复合地基承载力设计值。

第三节 多年冻土工程地质勘察与处治技术

一、概 论

(一)多年冻土的基本概念

1. 多年冻土

冻土是一种特殊土类,它具有一般土的共性,同时又是一种为冰所胶结的多相复杂体系,具有鲜明的个性。由于土中冰的增长或消失而引起的冻胀和融沉,常常导致冻土区各种工程建筑物的迅速破坏。

在天然条件下,冻结状态持续三年或三年以上的土层称为多年冻土。冬季冻结,夏季全部融化的土层,称为季节冻土。冬季冻结,一两年内不融化的土层,称为隔年冻土。

多年冻土的表层,夏季融化,冬季冻结,仍属于季节冻土。考虑其和下部多年冻土的关系,统称为季节冻融层。

多年冻土主要分布在高纬度或高海拔的寒冷地区,它是自然历史和现代气候的产物。多年冻土地区面积约占全世界陆地面积的 1/5,我国约有 190 万平方公里多年冻土。

2. 多年冻土的上限和下限

参看图 10-25。多年冻土的上部界限称为多年冻土上限,简称上限;多年冻土的下部界限称为多年冻土下限,简称下限。上限和下限之间的距离为冻土厚度。我国多年冻土厚度可达 100～200 m。

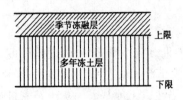

图 10-25 多年冻土的上限和下限

在天然条件下形成的冻土上限,称为天然上限;经过人为活动后形成的新上限,称为人为上限,如路堤下的冻结核、房屋下的融化盘(见图 10-26 和图 10-27)。

从地面到冻土上限的深度,称为上限深度。上限深度是工程设计的重要数据。

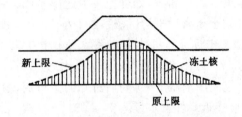

图 10-26 路堤下冻结核　　　图 10-27 房屋下的融化盘

3. 多年冻土的温度

参看图 10-28。地温在一年中变化幅度的一半称为地温年较差。地温年较差等于零的深度称为地温年变化深度。地温年变化深度处的地温值称为年平均地温 t_{cp}。

年平均地温 t_{cp} 是多年冻土稳定与否的重要指标,也是划分多年冻土地区类型的重要指标。

根据年平均地温 t_{cp},还可以按下式概略估算多年冻土的厚度:

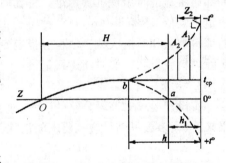

图 10-28 多年冻土温度剖面

$$H = h + \frac{t_{cp}}{r} - h_1 \approx h + \frac{t_{cp}}{r} \tag{10-2}$$

式中:H——多年冻土层厚度(m);

　　　h——地温年变化深度(m);

　　　h_1——上限深度(m);

　　　r——地热增温度(因地而异,一般为 1 ℃/33 m);

　　　t_{cp}——年平均地温。

(二)多年冻土的分类

多年冻土按其与上覆季节冻融层的关系,可分为:

1. 衔接冻土

参考图 10-29a。冬季冻结时季节冻融层与下伏多年冻土层完全衔接的，称为衔接冻土。这种情况下的季节冻融层，专称为季节融化层，因为只有夏季融化时才能显现出来。

2. 不衔接冻土

参考图 10-29b。冬季冻结时季节冻融层不与下伏多年冻土层衔接的，称为不衔接冻土。这种情况下的季节冻融层，专称为季节冻结层。

不衔接冻土分布在不太严寒的地区，在北半球是分布在高纬度多年冻土地区的南部。

衔接冻土与不衔接冻土相比分布在更为寒冷的地区，在北半球是分布在高纬度多年冻土区的北部。

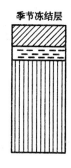

(a) 衔接冻土　　(b) 不衔接冻土

图 10-29　衔接不衔接的多年冻土

(三)多年冻土地区的类型

1. 按平面分布划分

我国目前通常把多年冻土地区只划分为连续冻土区与岛状冻土区两种类型。前者系指冻土面积大于 80% 的地区，它们分布在更为寒冷的地区；后者系指冻土面积小于 80% 的地区，它们分布在寒冷程度较低的地区。

2. 按地理分布划分

多年冻土地区也可根据地理分布划分为如下两种类型：

(1) 高纬度多年冻土区

参看图 10-30a。多年冻土分布在高纬度地区，其类型变化服从纬度(水平)分带规律，即冻土类型从南到北依次变化。在高纬度地区的山地多年冻土区，也同时呈现垂直分带规律，即冻土类型从低到高依次变化。

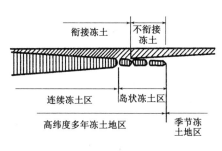
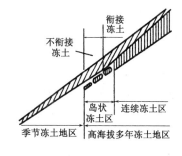

(a) 水平分带　　　　　　　　　　(b) 垂直分带

图 10-30　多年冻土的水平分带与垂直分带

在北半球高纬度多年冻土地区，连续冻土分布的南界，称为连续冻土南界；岛状冻土分布的南界，称为岛状冻土南界，简称冻土南界。

(2) 高海拔多年冻土区

参看图 10-30b。多年冻土分布在高海拔地区，其类型变化服从垂直分带规律。

高海拔多年冻土分布的下界称为冻土下界；连续多年冻土分布的下界称为连续冻土下界。高海拔多年冻土区又可细分为：

① 高山多年冻土区。呈零星分布。受日照、土质、地面水、地下水等因素的影响，冻土变

化大、变化快。

② 高原多年冻土区。大面积分布。冻土在高原面上也呈现纬度分带规律。

(四)我国的多年冻土地区

我国既有高纬度多年冻土地区,也有高海拔多年冻土地区(见图 10-31)。

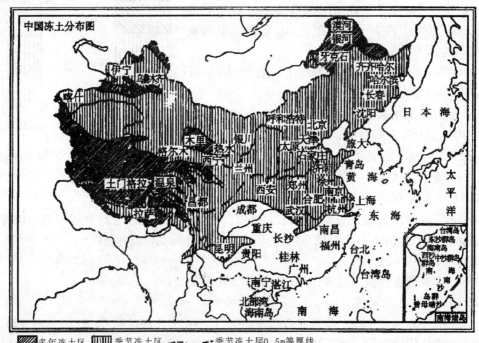

图 10-31 中国冻土分布示意

1. 高纬度多年冻土地区

分布在欧亚大陆多年冻土南界以北地区,包括兴安岭和阿尔泰山两部分。

(1) 兴安岭多年冻土区

该区的南界为:在大兴安岭西坡约为年平均气温 -1 ℃线;从大兴安岭东坡至小兴安岭西坡约为年平均气温 0 ℃线;小兴安岭其余部分约为年平均气温 1 ℃线。

由于地处多年冻土南界,年平均气温较高,再加上受季风气候影响,冬季虽然严寒,但暖季温度高、融化时间长,所以大部分地区多年冻土稳定性较差。由于降水较多(400~600 mm),再加上暖季温度高,区内植物繁茂,沼泽普遍发育。

(2) 阿尔泰山多年冻土区

该区多年冻土具有明显的垂直分带现象。其下界即为多年冻土南界,从北至南下界海拔高度变化为 1 100~1 800 m。

2. 高海拔多年冻土地区

分布在欧亚大陆多年冻土南界以南地区,包括天山、祁连山、青藏高原、喜马拉雅山等地区。除青藏高原属高原多年冻土类型外,其余均为高山多年冻土类型。表 10-19 列举了我国高海拔多年冻土地区的一些下界概值。

青藏高原多年冻土区是我国最大的多年冻土区,这样大的高原冻土在世界上也是独一无二的。青藏高原多年冻土分布,既呈现垂直分带规律,也呈现水平分带规律。由于该区巨大的海拔高度,年平均气温差较小,冷季时间长,暖季时间短而气温低,故多年冻土较稳定。由于降水较少(<400 mm),风大而多,空气温度小,再加上暖季短暂,夜间时有负温,故区内典型沼泽不发育,只多沼泽化湿地。

表 10-19 我国高海拔多年冻土地区的一些下界概值

地 区	天 山	祁连山	昆仑山北坡	唐古拉山南坡	喜马拉雅山北坡
下界概值(m)	2 700～3 100	3 500～3 800	4 200～4 300	4 700～4 900	500

(五)冻土的工程性质与分类

1. 冻土的力学性质

(1)抗压强度

冻土强度主要决定于冻土温度,温度愈低,抗压强度愈高。加荷时间长短,对冻土强度影响也很大,加荷时间愈短,抗压强度愈高;反之,愈长愈低。如瞬间加荷,抗压强度可高达30～40 MPa;若长期加荷,其抗压强度要小到1/10～1/15。

(2)冻结力

土中水冻结时,产生胶结力,将土与建筑物基础胶结在一起,这种胶结力称为冻结力。

冻结力只有在外荷载作用时才表现出来,且其作用方向总是与外荷载的作用方向相反,类似于摩擦力。参看图 10-32,在冬季冻融层冻胀时,冻结力对建筑物基础起锚固作用;在暖季冻融层融化时,冻结力对建筑物基础起承载力的作用。

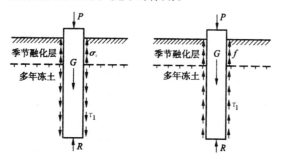

图 10-32 冻结力的锚固作用和承载力作用

图中:P——荷重;

G——基础自重;

R——基底承载力;

σ_τ——切向冻胀力;

f——摩擦力;

τ——冻结力。

参看图 10-33,在 0～-10 ℃范围内,冻结力随土的温度降低而增大。

参看图 10-34,冻结力随土的含水量增加而增大,达到一个最大值,此时土孔隙被冰晶"充满",胶结面积最大。超过最大值后,含水量继续增加,会使土粒与基础之间冰层加厚,胶结强度变小,直至接近于纯冰的冻结力为止。

冻结力的大小,除与土的温度和含水量有关外,还与基础材料表面的粗糙度有关,粗糙度越高冻结力越大。

（3）冻胀力

冻胀是多年冻土地区的建筑物基础最常遇到的问题之一。

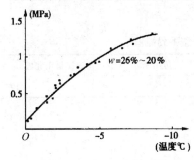

图 10-33　冻结力与温度的关系

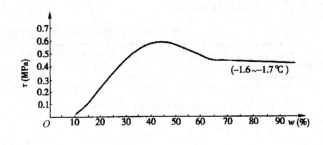

图 10-34　亚黏土的冻结力与含水量的关系

土中水冻结时，体积膨胀。若土粒之间尚有足够的孔隙供冰晶自由生长，则没有冻胀力的反映。一直到含水量增大到某一程度后，土中水的冻结才造成土的冻胀。各种土的起始冻胀含水量值见表 10-20。

表 10-20　各种土的起始冻胀含水量值

土　类	黏土、亚黏土		亚　砂　土		粉砂、细砂	中砂、粗砂、砾砂、砾石	
	一般的	粉质的	一般的	粉质的		一般的	粉质的
起始冻胀含水量(%)	18～25	15～20	13～18	11～15	10～15	5～8	5～15

作用于建筑物上的冻胀力可分为三种（参看图 10-35）。

① 基底法向冻胀力（σ_+）

基底法向冻胀力一般都很大，可达一兆帕甚至更大。并非一般建筑物的自重所能克服，只能采取措施，不使其产生。

② 基侧法向冻胀力（σ_-）

当热流方向与基础侧面相交时产生，它使建筑物外墙基础产生凹曲变形。

③ 切向冻胀力（τ）

由冰的体积膨胀而产生，通过冻结力作用于基侧。

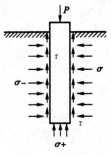

图 10-35　各种冻胀力

（4）融沉

冻土融化下沉是多年冻土地区的建筑物基础最常遇到的问题之一。

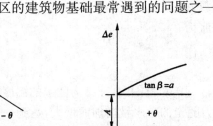

(a) 融化时的压缩曲线　　(b) 孔隙比变化与外部压力关系

图 10-36　冻土融化时孔隙比的变化

冻土融化时的压缩曲线如图 10-36a。当冻土融化时,外部压力 P 不增加,孔隙比 e 也会在自重作用下迅速变化。土层完全融透后,再增加外压力 P,便可得到如普通未冻土一样的压缩曲线。

参看图 10-36b。当 $P \approx 0$ 时,$\Delta_{ep \to 0} = A$,A 称为融沉系数。当 P 增加时,$\Delta_{ep} = \alpha P$,α 称为压缩系数。因此可得冻土融化压缩过程中孔隙比的总变化为

$$\Delta e = A + \alpha P \tag{10-3}$$

2. 冻土的工程分类

表 10-21 是《公路路基设计规范》(JTG D30—2004)中多年冻土的工程分类。

表 10-21　多年冻土公路工程分类

土的类别		总含水率 w_n(%)	体积含冰量 i	冻土温度	冻土类型
粗颗粒土	粉黏粒含量≤15%	<10	$i<0.1$ (少冰冻土)	不考虑	稳定型(Ⅰ)
	粉黏粒含量>15%	<12			
细砂、粉砂		<14			
黏性土		<w_p			
粗颗粒土	粉黏粒含量≤15%	10～16	$i=0.1\sim0.2$ (多冰冻土)	0.0～-1.0	基本稳定型(Ⅱ)
	粉黏粒含量>15%	12～18			
细砂、粉砂		14～21			
黏性土		$w_p<w_n<w_p+7$		<-1.0	稳定型(Ⅰ)
粗颗粒土	粉黏粒含量≤15%	16～25	$i=0.2\sim0.3$ (富冰冻土)	0.0～-1.5	基本稳定型(Ⅱ)
	粉黏粒含量>15%	18～25			
细砂、粉砂		21～28			
黏性土		$w_p+7<w_n<w_p+15$		<-1.5	稳定型(Ⅰ)
粗颗粒土	粉黏粒含量≤15%	25～48	$i=0.3\sim0.5$ (饱冰冻土)	0.0～-1.0	不稳定型(Ⅲ)
	粉黏粒含量>15%	25～48		-1.0～-2.0	基本稳定型(Ⅱ)
细砂、粉砂		25～45			
黏性土		$w_p+15<w_n<w_p+35$		<-2.0	稳定型(Ⅰ)
粗颗粒土	粉黏粒含量≤15%	>48	$i>0.5$ (含土冻层)	0.0～-1.0	不稳定型(Ⅲ)
	粉黏粒含量>15%	>48		-1.0～-2.0	基本稳定型(Ⅱ)
细砂、粉砂		>45			
黏性土		>w_p+35		<-2.0	稳定型(Ⅰ)

注:① 粗颗粒土包括碎(砾)石土、砾砂、粗砂、中砂;
② 总含水量界限中的+7、+15、+35 为黏性土的中间值,砂粒多的比该值小,黏粒多的比该值大。

(1) 多年冻土分类标准

冻土融沉对建筑物的危害最大,故多年冻土分类以考虑融沉为主,并以融化下沉系数 A(%)作为分类的标准,按融沉系数大小将冻土分为五级(见表 10-22)。

表 10-22　冻土分级表

融沉分级	Ⅰ 不融沉	Ⅱ 弱融沉	Ⅲ 融沉	Ⅳ 强融沉	Ⅴ 强融陷
融化下沉系数 A(%)	<1	1～5	5～10	10～25	>25
按 3 m 融深计算的融沉总量/cm	<3	3～15	15～30	30～75	>75

(2) 分类指标

粒度成分、含水特征、温度状况是决定冻土工程性质的三个主要因素。分类取粒度成分、含水特征两个因素作为分类指标。

(3) 土类划分

按粒度成分划分为三类土：

① 黏性土类。包括亚砂土、亚黏土、黏土以及所有塑性指数不小于3的细颗粒土。它们具有相似的物理力学性质，具有共同的冻胀性和融沉性。

② 粗颗粒土类。包括碎石类土、砾砂、粗砂、中砂。这类土的融沉性和冻胀性，主要取决于粉、黏粒含量。粉、黏粒含量不大于12～15%时，工程性质良好；含量大于12～15%时，工程性质随含水量增加而变差。

③ 细砂、粉砂。工程性质接近于黏性土，但塑性指数难以测定，性质又与粗颗粒土有较大差别，故单独划分一类。

(4) 含水量界限

为便于实用，采用总含水量指标与融沉系数相关的方法，确定分类的含水量界限。通过室内试验，找出三类土与融化下沉系数分界值相当的含水量界限值。

① 黏性土的含水量界限值，如表10-23。

表 10-23　含水量界限表

融沉分级	Ⅰ 不融沉	Ⅱ 弱融沉	Ⅲ 融沉	Ⅳ 强融沉	Ⅴ 强融陷
融沉系数 $A(\%)$	<1	1～5	5～10	10～25	>25
总含水量 $w(\%)$	$\leq w_p$	$w_p < w < w_p+7$	$w_p+7 < w < w_p+15$	$w_p+15 < w < w_p+36$	$> w_p+36$

注：w_p——塑限。

② 粗颗粒土的含水量界限值

a. 粉黏粒含量不大于15%，如表10-24。

表 10-24　含水量界限表

融沉分级	Ⅰ 不融沉	Ⅱ 弱融沉	融沉分级	Ⅰ 不融沉	Ⅱ 弱融沉
融沉系数 $A(\%)$	<1	1～5	总含水量 $w(\%)$	<10	>10

b. 粉黏粒含量大于15%，如表10-25。

表 10-25　含水量界限表

融沉分级	Ⅰ 不融沉	Ⅱ 弱融沉	Ⅲ 融沉	Ⅳ 强融沉
融沉系数 $A(\%)$	<1	1～5	5～10	10～25
总含水量 $w(\%)$	≤12	12～18	18～25	>25

③ 细砂、粉砂的含水量界限值，如表10-26。

表 10-26　含水量界限表

融沉分级	Ⅰ 不融沉	Ⅱ 弱融沉	Ⅲ 融沉	Ⅳ 强融沉
融沉系数 $A(\%)$	<1	1～5	5～10	10～25
总含水量 $w(\%)$	≤14	14～21	21～28	>28

二、多年冻土地区的特殊筑路问题

在多年冻土地区修建公路,有一系列特殊的工程地质问题,如冰丘、冰堆、地下冰、热融沉陷、热融滑坍、热融湖塘、融冻泥流等;还有一些工程地质问题,如冻胀、翻浆、沼泽、湿地等,虽不是多年冻土地区所特有,但在多年冻土地区它们有很大的特殊性,并达到很大的规模。

下面介绍多年冻土地区几种最常见的工程地质问题。

(一)厚层地下冰

含土冰层厚度大于 0.1 m 时,或饱冰冻土厚度大于 0.3 m 时,称为厚层地下冰。如在上限以下 3 m 内有厚层地下冰,则称为厚层地下冰地段。在厚层地下冰发育地段,容易产生热融沉陷、热融滑坍等不良地质现象,对路基稳定影响甚大,在勘测时需十分注意。

厚层地下冰多分布在含水量较大的黏性土地段。青藏高原多年冻土区厚层地下冰比较发育,多分布在高平原以及低山丘陵区的山间低地、山前缓坡和平缓分水岭地带。

厚层地下冰的形成过程可作如下推测:当冻结层上水发育,季节融化层达到最大融化深度时,下部多呈饱和状态;在冻结过程中,水分向上限附近聚流,形成冰夹层,因此,只要上限位置逐渐上升(例如,由于淤积或堆积使地面升高),就会形成厚度相当大的厚层地下冰,也有少量厚层地下冰可能是埋藏的冰川冰。

(二)冰丘与冰堆

1. 冰丘

冰丘亦称冻胀丘,参看图 10-37。

冬季,冻结层上水,由于土层自上而下冻结,过水断面减小,形成承压水。当压力增加到大于上覆土层的强度时,地表便发生隆起,形成冻胀丘。直径从几米到几十米,高从几十厘米到两三米。单个或成串分布。多出现在河漫滩、阶地、沼泽地、山麓地带、洪积扇前缘等部位。

冻胀丘一般为季节性的,每年冷季隆起,暖季融化消失。但也有一些特殊类型,如下:

(1)多年性冻胀丘

由冻结层下水补给形成,规模大,终年存在。如青藏公路昆仑山口洪积扇前缘沟口处的多年性冻胀丘,高 20 m,长 40~50 m,宽 20 多米。

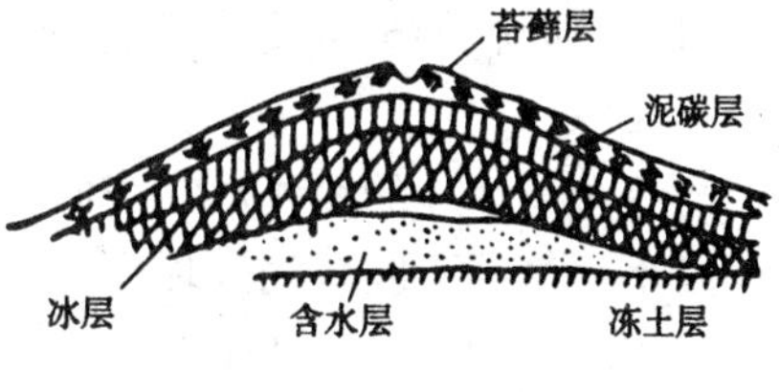

图 10-37 冻胀丘剖面图

(2)爆炸性冻胀丘

在冰冻融化季节,当气温上升很快时,上部冻层迅速融化,因而强度很快降低,如冻胀丘内部应力足够大时,便会喷水爆炸。

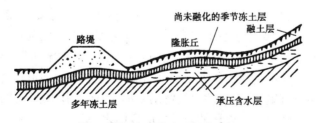

图 10-38 春季隆胀丘形成意图

(3)春季隆胀丘

在冬季，由于冻结土层有足够的强度，水压力不足以把土层顶起。直到融季表层融化，土层强度减弱，才被水压力顶起成丘(见图10-38)。

2．冰堆

典型的地下水冰堆，其形成与季节性冻胀丘类似。不同之处在于冻结层上水承压后，突破上覆土层，冻结堆积于地表。这种冰堆多分布在山麓坡脚、洪积扇边缘以及山间洼地等处。

河水结冰，过水断面减小，河水承压，突破上覆冰层外溢，冻结后即形成河冰堆。河冰堆一般分布在河漫滩与河床上。

建筑物附近的冰丘、冰堆，多半是工程建筑拦截了地下水的通路，而又未处理好其排泄通道所引起的。

(三)沼泽与沼泽化湿地

在排水不畅的地带，由于地面水、地下水和大气降水的作用，地表长期过湿，沼泽植物发育，并形成泥炭。如泥炭厚大于50 cm，即称为沼泽；如泥炭厚小于50 cm，即称为沼泽化湿地。

在多年冻土地区，多年冻土层构成广泛的隔水层，使表层土过湿，特别是在低地、平地、缓坡等处，大量形成沼泽与沼泽化湿地。

在多年冻土地区的沼泽与沼泽化湿地，由于泥炭、草墩的覆盖，冻土上限埋藏很浅，容易产生不均匀冻胀、翻浆、弹簧和热融沉陷等病害。

(四)冻胀与翻浆

1．冻胀

土冻结时出现冻胀主要有两个原因：一是所含水分冻结成冰产生体积膨胀，二是可从下层吸引更多的水分到冻结区冻结成冰而产生体积膨胀。

路基不均匀冻胀，使沥青路面开裂和凹凸不平，使水泥混凝土路面出现错台。地基不均匀冰胀，可使涵管管身脱节，端、翼墙外倾、断裂。地基不均匀冻胀超过允许值，就会引起房屋的裂缝，造成倾斜，甚至倒塌。年复一年，可使桥梁桩基上拔，导致桥面起伏不平。

2．翻浆

含有大量冰体的路基，从上到下融化时，由于水分过多，又不能下渗，在车轮荷载作用下使路面发生弹簧、开裂、冒泥等现象，称为翻浆。

多年冻土地区公路翻浆有两个主要特点：

(1)从上到下单向融化，融化缓慢，融化时间长，易受降水影响形成二次翻浆。

(2)新建公路或改建公路铺筑黑色路面时，可能形成热融翻浆(多年冻土融化形成的深层翻浆)。

(五)热融沉陷

由于自然因素或人为因素的影响，改变了地面的温度状况，引起融化深度加大，使多年冻土层发生局部融化，导致融化土层在土体自重和外压力作用下产生沉陷，这种现象称为热融沉陷。在天然情况下发生的热融沉陷，往往表现为热融凹陷、热融湖塘等。此外，热融沉陷与人类活动有着十分密切的关系。在多年冻土地区，几乎每一项工程如道路、桥梁、房屋等，都可能因处理不当而引起热融沉陷，从而导致建筑物的变形、破坏。由于地下冰融化而造成的热融沉陷，是多年冻土地区建筑物变形、破坏的最主要的原因之一。

在采暖建筑物的下面，一般都会形成融化盘(见图10-27)，融层在土体自重和房屋荷载的作用下发生融化下沉和压缩沉降，产生不均匀沉降，一旦超过允许值，房屋就会出现变形，门窗歪斜,外墙裂缝,严重的会倾斜、倒塌。

涵管由于出、入口基础较深,中间基础浅、荷载大,热融沉陷时易形成塌腰,导致涵底漏水(见图10-39)。

热融沉陷是多年冻土地区路基路面的最主要病害。由于破坏了冻土的保护层、路基填土高度不够、路基排水不好等原因,使冻土上限下降,都可产生热融沉陷;由于修筑路堤,使冻土上限上升,导致阻水,也可能产生热融沉陷(见图10-40)。兴安岭地区一段铁路路堤,由于热融下沉,每年下沉50~60 cm,多雨年则可达100 cm。

图10-39 混凝土涵管塌腰示意图　　图10-40 路堤下冻结核阻水

(六)热融滑坍

由于自然因素或人为活动,破坏了斜坡的热平衡状态,土体在重力作用下沿融冻界面向下滑移,形成滑坍,称为热融滑坍。热融滑坍主要分布在山岳和丘陵地区有厚层地下冰分布的斜坡上。

热融滑坍的形成,开始于切割(自然的或人为的)土层暴露了地下冰,在融季地下冰融化,使其上部的土层坍落;坍落的物质掩盖了下部暴露的冰层,却使上方新的地下冰暴露;地下冰再次融化,又产生新的坍落。如此反复进行,一直向上发展,直到地下冰分布范围的边缘。

由于滑坍是一块一块发生的,故滑坍体表面为台阶状。由于滑坍主要是自下而上牵引式发展的,故滑坍体轮廓呈舌状或簸箕状。

热融滑坍可使路基边坡或建筑物基底失去稳定,由热融滑坍形成的泥流可掩埋路面、壅塞桥涵。

三、冻胀与翻浆路基

(一)路基冻胀

1. 负温度作用下路基本水分的迁移

路基表面的土开始冻结时,土孔隙内的自由水在0℃时首先冻结,形成冰晶体。当温度继续下降时,与冰晶体接触的土粒上的薄冰受冰的结晶力作用,迁移到冰晶体上面冻结。因此,与冰晶体接触处土粒上的水膜变薄,破坏了原来的吸附平衡状态,土粒的分子引力增大,从下面水膜较厚的土粒吸引水分子。同时,当水膜变厚时,膜水内的离子浓度增加,产生了渗透压力差。在土粒分子引力与渗透压力差的共同作用下,膜水就从水膜较厚处向水膜较少处迁移,并逐层向下传递。在温度为0~-3℃的条件下,当未冻区有充分的水源供给时,水分发生连续向冻结线的迁移,使路基上部大量聚冰。

2. 聚冰层与聚冰的层位

当冻结线在某一深度停留时间较长,水分有较多的迁移时间,且水源供给充分时,可能在该深度处形成明显的聚冰层,当冻结速度较快,每一深度处水分迁移的时间短,取冰少且均匀分布,则不形成明显的聚冰层。

路基内显著聚冰的层位,一般也是产生不均匀冻胀的层位,通常主要出现在路基上部的某一深度范围内。超过该深度时,由于上覆土层冻结所形成的阻力,将使水分迁移大大减弱,不均匀冻胀实际上停止发展。该深度称为临界冻结深度 Z_c。各种土的临界冻结深度概值见表10-27。

表10-27 临界冻结深度概值

土 类	细砂	砂性土	粉性土	重亚黏土	轻黏土
临界冻结深度(cm)	80～90	80～90	90～120	120～140	120～160

注:据 H. A. 普扎科夫

3. 路基土的冻胀性分类

在寒冷地区的国家,大都有路基土的冻胀性分类。通常是在土质分类的基础上,按土的冻胀性强弱划分为三类(级)或四类(级)。在考虑路基土的冻胀性分类时,多数国家只考虑土的颗粒组成、粉黏粒含量和塑性指数等,有的国家还同时考虑土的含水或供水情况。我国尚无专门的路基土冻胀性分类。下面介绍美国和前苏联有代表性的分类以供参考(见表10-28和表10-29)。

表10-28 美国碎石协会的冻胀性分类

冻胀性分类	土 质	冻胀性分类	土 质
F1	小于 0.02 mm 颗粒占 3～20% 的砂砾土	F3	3. 塑性指数大于 12 的黏性土
F2	小于 0.02 mm 颗粒占 3～15% 的砂土	F4	1. 包括粉砂土在内的所有粉性土
F3	1. 小于 0.02 mm 颗粒含量大于 3～20% 的砂土		2. 小于 0.02 mm 颗粒含量大于 15% 的粉砂
	2. 小于 0.02 mm 颗粒含量大于 15% 的砂土		3. 塑性指数小于 12 的黏性土

表10-29 原苏联的一种冻胀性分类

冻胀性分类	土 质	
	Ⅰ、Ⅱ 地带	Ⅲ 地带
轻冻胀	细砂、粉砂、轻亚砂土	小于 0.05 mm 颗粒含量大于 5% 的细砂
冻胀	亚砂土、亚黏土、黏土	亚砂土、亚黏土、黏土
重冻胀	粉质亚砂土、粉质亚黏土	粉砂、粉质亚砂土、粉质重亚黏土
特重冻胀	粉质重亚砂土	粉质重亚砂土、粉质轻亚黏土

(二)路基翻浆

1. 翻浆形成与发生过程

秋季,是路基水的聚积时期。由于降水或灌溉的影响,地面水下渗,地下水位升高,使路基水分增多。

冬季,气温下降,路基上层的土开始冻结,路基下部土温仍较高。水分在土体内,由温度较高处向温度较低处移动,使路基上层水分增多,并冻结成冰,使路面冻裂或隆起,发生冻胀。

春季(有的地区延至夏季),气温逐渐回升,路基上层的首先融化,土基强度很快降低,以至失去承载能力,在行车作用下形成翻浆。

往后天气渐暖,蒸发量增大,冻层化透,路基上层水分下渗,土层变干,土基强度又逐渐恢复,这就是翻浆发展的全过程。

2. 翻浆分类

翻浆分类见表10-30。

表10-30 翻浆分类

翻浆类型	导致翻浆的水分来源
地下水类	受地下水的影响，土基经常潮湿，导致翻浆。地下水包括上层滞水、潜水、层间水、裂隙水、泉水、管道漏水等。潜水多见于平原区，层间水、裂隙水、泉水多见于山区
地面水类	受地面水的影响，土基潮湿，导致翻浆。地面水主要指季节性积水，也包括路基、路面排水不良而造成的路旁积水和路面渗水
土体水类	施工遇雨或用过湿的土填筑路堤，造成土基原始含水量过大，在负温度作用下使上部含水量显著增加，导致翻浆
气态水类	在冬季强烈的温差作用下，土中水主要以气态形式向上运聚积于土基顶部和路面结构层内，导致翻浆
混合水类	受地下水、地面水、土体水或气态水等两种以上水类综合作用产生的翻浆。此类翻浆需要根据水源主次定名，如地下水、地面水等

3. 翻浆分级

根据翻浆高峰时期路面变形破坏程度，将翻浆路段分为三级，见表10-31。

表10-31 翻浆分级

翻浆等级	路面变形破坏程度
轻型	路面龟裂，湿润，车辆行驶时有轻微弹晃
中型	大片裂纹，路面松散，局部鼓包，车辙较浅
重型	严重变形，翻浆冒泥，车辙很深

(三)冻胀与翻浆的关系

1. 统一过程的两个阶段

地下水位升高的基础在冬季负气温的作用下，发生水分迁移，使路基上层水分增多，并冻结成冰而形成冻胀。冻胀发生在冬季，是路基上层显著聚冰的直接反映。翻浆虽发生在春季，但是在冬季路基上层聚冰的基础上，化冻时土基水分过多，温度急剧下降，并经行车作用而形成的。

2. 一致性与差异性

一般情况下，冻胀大的路段，土基聚冰多，春融期水分多，容易翻浆或翻浆较重；反之，冻胀小或不冻胀的路段，土基聚冰少，春融期水分少，不易翻浆或不翻浆。这是冻胀与翻浆的一致性。

但也有不一致的情况。如有时冻胀大的路段并不翻浆，这可能是由于聚冰层位于土基下部或路面较厚等的缘故。又如有时冻胀小或不冻胀的路段反而翻浆，其原因可能是聚冰层虽薄但位于土基上部，聚冰下挤没有表现为冻胀，及路面过薄或结构不合理等。

3. 不同路面有不同反应

有铺装路面对变形特别敏感，容易出现开裂、错缝、折断等冻胀破坏；由于路面厚、安全系数大，一般较少出现翻浆破坏。

未铺装由于路面薄、安全系数低，较多出现翻浆破坏；由于可允许较大变形，故很少出现冻胀破坏。

简易铺装路面介于有铺装路面与未铺装路面之间,既有冻胀破坏,也有翻浆破坏,但常以翻浆破坏为主。

因此,在设计时,对有铺装路面要着重考虑冻胀问题,对未铺装路面主要考虑翻浆问题,对简易铺装路面则两者都要考虑。

(四)影响冻胀与翻浆的因素

公路冻胀与翻浆是多种因素综合作用的结果。土质、水、温度与路面及行车荷载等是影响冻胀的5个主要因素。翻浆除受这些因素的影响外,还受行车荷载因素的影响。在上述诸因素中,土质、温度和水是形成冻胀与翻浆的三个基本条件。

1. 土质

粉性土有最强的冻胀性,最容易形成翻浆。这种土的毛细水上升较高且快,在负温度作用下水分易于迁移,如水源供给充足可在冷季形成特别严重的冻胀,在春融时承载能力急剧下降易于形成翻浆。黏性土的毛细水上升虽高,但速度慢,只在水源供给充足且冻结速度缓慢的情况下,才能形成比较严重的冻胀和翻浆。粉性土和黏性土含有较多腐殖质和易溶盐时,则更易形成冻胀和翻浆。粗粒土在一般情况下不易引起冻胀和翻浆,因其毛细水上升高度小、聚冰少,且在饱水情况下也能保持一定的强度;但当粗粒土中粉黏粒含量超过一定数量以后,冻胀性明显增加,也能形成冻胀和翻浆。

2. 水

冻胀与翻浆的过程,实质上就是水在路基中迁移,相变的过程。路基附近的地表积水及灌溉会使路基土的含水量增加,使地下水位升高,从而促成冻胀与翻浆的形成。

3. 湿度

没有一定的冻结深度或冰冻指数(冬季各月每日负气温的总和)是难以形成冻胀和翻浆的,没有更大的冻结深度或冰冻指数是难以形成严重冻胀和翻浆的。而在同样冻结深度和冰冻指数的条件下,冻结速度和负气温作用的特点对冻胀和翻浆的形成有很大影响。例如,在初冻时气温较高或冷暖交替变化,温度在$0 \sim -3\ ℃$之间停留时间较长,冻结较长时间停留在土基上部,就会使大量水分聚流到距路面很近的地方,形成严重的冻胀和翻浆。反之,冬季一开始就很冷,冻结线下降很快,水分来不及向上迁移,土基上部聚冰少,那么冻胀和翻浆就较轻或不出现。此外,春融期间的气温变化及化冻速度对翻浆也有影响。春季开始化冻时,天气骤暖,土基急剧融化,则会加重翻浆。如春融期间冷暖交替并伴有雨、雪,也会使翻浆加重。

4. 路面

冻胀与翻浆都是通过路面变形破坏而表现出来的,因此,冻胀与翻浆和路面是密切相关的。路面类型对冻胀与翻浆有影响。如,在比较潮湿的土基上铺筑沥青路面后,由于沥青路面透气性较差,路基中的水分不能通畅地从表面蒸发,可能导致聚冰增加、冻胀量增大,以至出现翻浆。路面厚度对冻胀与翻浆也有影响,路面厚度大时可减轻冻胀,减轻或避免翻浆。

5. 行车荷载

公路翻浆是通过行车荷载的作用最后形成和暴露出来的。虽然路基有聚冰和冻胀,春融时含水过多,但无行车荷载作用,是不可能产生翻浆的。当其他条件相同时,在翻浆季节,交通量愈大,车载愈重,则翻浆也会愈多、愈严重。

四、防治冻胀与翻浆的一般原则

(一)设计原则

(1) 冻胀与翻浆地区的路基设计，要贯彻以防为主、防治结合的原则。路线应尽量设置在干燥地段，当路线必须通过水文地质条件不良地段时，就要采取预防措施。

(2) 防治冻胀与翻浆应根据地区与路段特点，按照因地制宜、就地取材和路基路面综合设计的原则，提出合理处治方案。

(3) 冻胀与翻浆地区路基设计，在一般情况下，应首先搞好地面水和地下水的处理，并注意路基填土高度。

(4) 对于高级和次高级路面，除按强度进行结构层设计外，还需按容许冻胀要求进行复核；对于低、中级路面则根据防治翻浆要求进行设计。

(二)防治的基本途径

(1) 调节路基水温状况，防止地面水、地下水或其他水分在冻结前或冻结过程中进入路基上部。例如，在路基中设置隔离层、隔温层，做好路基排水，提高路基等。

(2) 如有水分聚积在路基上部，则应在化冻时期将多余的水分及时排除或暂时蓄积在渗水性与水稳性良好的路面结构层中。例如，设置排水或盖水砂(砾)垫层等。

(3) 改善土基，加强路面。例如，路基换土或采用加固土，路面采用石灰土、煤渣石灰土等结构层。

(4) 在有些情况下，用一种处理措施，往往不能收到预期效果或不够经济合理，可采用两种或两种以上综合措施。

(三)容许总冻胀

有铺装、简易铺装路面的容许总冻胀，可参考表 10-32。

(四)防治冻胀与翻浆的工程措施

1. 做好路基排水

良好的路基排水可防止地面水或地下水侵入路基，使土基保持干燥，减少冻结过程中水分聚流的来源。

路基范围内的地面水、地下水都应通过顺畅的途径引离路基，以防水分停滞浸湿路基。为此，应重视排水沟渠的设计，注意沟渠排水纵坡和出水口的设计；在一个路段内重视排水系统的设计，使排水沟渠与桥涵组成一个完整通畅的排水系统。

表 10-32 路面容许冻胀值

路面等级与类型	水泥混凝土路面	沥青混凝土路面	沥青贯入、沥青碎石、沥青表处路面
容许冻胀值(cm)	2	4	6

为降低路基附近的地下水位，可采用有管渗沟；为拦截并排除流向路基的地下水，可采用截水渗沟。

2. 提高路基填土高度

提高路基填土高度是一种简便易行、效果显著且比较经济的常用措施，同时也是保证路基路面强度和稳定性、减薄路面、降低造价的重要途径。

提高路基填土的高度，增大了路基边缘至地下水或地面水水位间的距离，从而减小了冻结过程中水分向路基上部迁移的数量,使冻胀减弱,使翻浆的程度和可能性变小。

路线通过农田地区时,为了少占农田,应与路面设计综合考虑,以确定合理的填土高度。在潮湿的重冻区内粉性土地段,不能单靠提高路基填土高度来保证路基路面的稳定性,要和其他措施,如砂垫层、石灰土基层等配合使用。

3. 设置隔离层

隔离层设在路基中一定深度处,其目的在于防止水分进入路基上部,从而保持土基干燥,起到防治冻胀与翻浆的作用。

隔离层按使用材料可分类两类:

(1) 透水性隔离层

透水性隔离层用碎石、砾石或粗砂等做成,其厚度一般为 10~20 cm;为了防止淤塞,应在隔离层上、下面设置防淤层,隔离层底部应离出地面水 20 cm 以上,并向路基两侧做成 3% 的横坡,如图 10-41 所示。

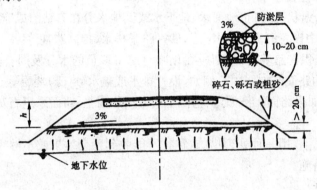

图 10-41 粗粒料透水隔离层

(2) 不透水隔离层

不透水隔离层分不封闭式和封闭式两种。

① 不封闭式。当路基宽度较窄时,可横穿全路基,称为贯通式,见图 10-42a;在路基较宽时,隔离层须稍延出路面边缘外 50~80 cm,此种形式称为不贯通式,见图 10-42b。

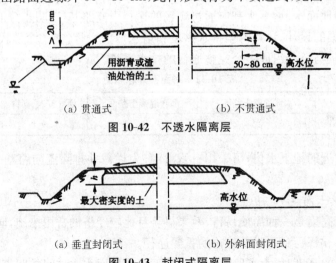

(a) 贯通式　　　　　　(b) 不贯通式

图 10-42 不透水隔离层

(a) 垂直封闭式　　　　(b) 外斜面封闭式

图 10-43 封闭式隔离层

② 封闭式。在地面排水困难或地下水位高的路段,隔离层宜采用封闭式的。封闭式隔离层可做成垂直封闭式及外斜封闭式(见图 10-43)两种。

不透水隔离层所用材料有:

① 8~10%的沥青土或 6~8%的沥青砂,厚度 2.5~3.0 cm。

② 沥青或柏油。可直接喷洒,厚 2~5 mm。

③ 油毡纸、不透水土工布、塑料薄膜(在重盐渍土地区不宜使用)等不透水材料。

(3) 隔离层深度的确定

隔离层的深度 $h=(3\sim3.5)D$(D 为标准轴载的轮迹直径)。在交通量大、路面等级、冻胀与翻浆严重的情况下,宜采用较大数值。

(4) 隔离层的适用条件及注意事项

① 隔离层对新旧路线翻浆均可采用,特别适用于新线。

② 不透水隔离层适用于不透水路面的路基中;在透水路面下只能设透水隔离层。

③ 在盐渍土地区的翻浆路段,隔离层深度应同时考虑防止盐胀和次生盐渍化等要求。

4. 换土

采用水稳性好、冰冻稳定性好、强度高的粗颗粒土换填路基上部,可以提高土基的强度和稳定性。

(1) 换土层厚度的确定。

一般可根据地区情况、公路等级、行车要求以及换填材料等因素确定换土厚度。一些地区的经验认为,在路上部换填 50~80 cm 厚的粗粒土,路基可以基本稳定。换土厚度也可以根据强度要求,按路面结构层厚度的计算方法计算确定。

(2) 换土措施的适用条件

① 因路基标高限制,不允许提高路基,且附近有粗粒土可用时。

② 原有路基土质不良,需铺设有铺装路面时。

5. 注意路槽排水

在冻胀与翻浆严重地段,应注意做好路槽排水,通常采用砂垫层和横向盲沟等措施。

(1) 铺设砂垫层

① 砂垫层的作用

a. 融期可起蓄水、排水作用。

b. 能隔断毛细水上升。

c. 融期可防止路基泥浆上挤污染路面结构层。

d. 冬季对路基冻胀可起缓冲作用,从而减轻路面冻胀。

② 砂垫层的设计原则

蓄水原则:用砂垫层汇集春融期从路基化冻土层中析出的全部多余水量。

排水原则:利用暗管或路肩盲沟等排水设施将砂垫层中汇集的水排出去。

按排水原则设计的砂垫层,水分能及时排走,更有利于疏干土基。排除砂垫层中水分的方法,有整体式砂垫层,砂垫层与纵向或横向排水管配合等形式。

③ 砂垫层的经验厚度

从蓄水和耐久性方面考虑,砂垫层可以采用表 10-33 所列的经验厚度。

表 10-33 砂垫层的经验厚度

土基潮湿类型	砂垫层厚度(cm)	土基潮湿类型	砂垫层厚度(cm)
中 湿	15～20	潮 湿	20～30

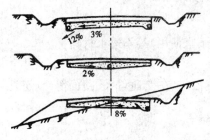

图 10-44 纵向暗管设置形式

④ 排水砂垫层的暗管材料和设置形式

暗管材料一般用石棉水泥管或陶瓦管。

纵向暗管设置形式,接头构造,如图 10-44 和图 10-45。

图 10-45 中(b)和(c)所示的接头的排水效率最高,所需 5～10 mm 的碎石(或砾石)数量不多,应尽量采用。

纵向暗沟中的水应从适当地点排出,如在纵断最低处,或在一定距离处设横向暗管将水排除。

横向暗管排水的接头形式,如图 10-46 所示。

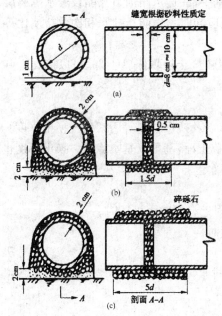

图 10-45 纵向暗管接头构造

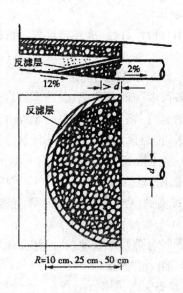

图 10-46 横向暗管接头形式

⑤ 砂垫层的适用范围及注意事项

a. 适用于盛产砂石地区。

b. 砂垫层的材料可选用砂砾、粗砂或中砂,要求砂中不含杂质、泥土。

c. 砂垫层路段两端,要用不透水的黏性土封闭,以防止翻浆的蔓延。

d. 砂垫层要洒适量水,用履带式拖拉机碾压。

e. 透水性很差的黏性土路基,一般不宜使用蓄水的砂垫层。

(2) 加设横向盲沟

道路纵坡大于 3% 的坡腰翻浆路段,当

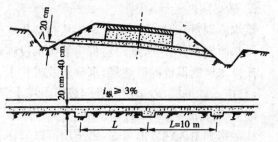

图 10-47 横向盲沟布置图

中级路面基层采用透水性材料时,为了及时排出水流和春融期土基化冻时的多余水分,可在路槽下设置横向盲沟,如图 10-47 所示。

横向盲沟可设成人字形,纵向间距 10 m 左右,深度 20～40 cm 左右,填以砂砾等透水性良好的材料,出口按一般盲沟处理。盲沟往往容易淤塞,使用中应予以注意。

6. 加强路面结构

在冻胀与翻浆地段,常使用整体性好的石灰土、煤渣石灰土、水泥稳定砂砾等半刚性结构层,以加强路面结构。

(1) 石灰土结构层

① 石灰土结构层的特点有：

a. 石灰土具有一定板体性,可使行车荷载传至土基上的应力分布均匀,并逐渐扩散减小。

b. 石灰土水稳性和冰冻稳定性均较好,力学强度也较高。

c. 石灰土属多孔性材料,对土基水温状况有调节作用。例如,石灰土路面下的冻结深度一般均接近于土路肩下的冻结深度,石灰土路面下的化冻速度较碎石路面慢,其路基横断面的化冻线近于平底形,而不是中凹形,因而可减少冻期水分的积聚。

② 石灰土材料要求

石灰含活性氧化物不少于 60%(Ⅲ级石灰),杂质不得超过 10%,块灰占 70% 以上。如果低于上述要求,可相应提高石灰剂量。

石灰剂量(质量比)应根据强度和稳定性的要求,以及砂料质量、路基干湿类型的不同合理选定。

土的塑性指数不作严格控制,但不易打碎的黏土和腐殖土不应采用,土中草皮、树根等杂质应予清除。一般选用塑性指数 7～15 的黏性土较好,粉性土次之,砂土则不宜使用。

③ 石灰土的适用范围及注意事项

a. 石灰土在轻、中、重冰冻地区,第Ⅰ、Ⅱ地带类型,以及第Ⅲ地带类型,填方路基符合规范规定的新、旧路上的翻浆路段都可直接采用。

b. 石灰土在重冰冻区、第Ⅲ地带类型、不符合规范要求的填方路基,不能直接采用,须与其他措施联合应用,如在石灰土下铺砂垫层。

c. 石灰土可做基层使用,也可做垫层使用。但因其在冬季易产生低温裂缝、受水浸易出现唧泥现象,一般不宜用做高等级公路路面的上基层。用做基层时,石灰土强度应满足表 10-34 的要求。

表 10-34 无机结合料稳定基层的抗压强度(MPa)

层位	抗压强度 公路等级	高速公路	一、二级汽车专用公路	二级公路	三级公路
上基层	石灰土			0.8～0.9	0.7～0.8
	煤渣石砂砾	≥1.2	≥1.0	≥0.8	≥0.6
	水泥稳定砂砾	3.0	2.5～3.0	2.0～2.5	1.7～2.0
底基层	石灰土	≥0.8	≥0.8	≥0.6	≥0.5
	煤渣石灰土	≥0.7	≥0.7	≥0.6	≥0.5

注：表中所列数是指龄期为 7 天(湿养 6 天、浸 1 天)强度。

d. 石灰土不耐磨,其上必须加铺面层或沥青表面处治。

e. 若做黑色路面基层,为防止路面上出现反射裂缝,可设厚度不小于 15 cm 的过渡层;减少石灰土的低温裂缝,可掺入 70～80％的粒料。

f. 石灰土施工应在上冻一个月至一个半月以前完成。

(2) 煤渣石灰土结构层

煤渣石灰土结构层防治冻胀与翻浆的作用,与石灰土大致相同,水稳定性则比石灰土好。

煤渣石灰土可处理轻、中、重冰冻地区的各种翻浆,既可做基层,也可做垫层,特别适于做基层。用做基层时,煤渣石灰土强度应满足表 10-35 的要求。

煤渣石灰土所用的土、石灰的要求与石灰土相同。煤渣选用烧透的碎块,其中大于 2 mm 烧结块的含量应超过 75％,大颗粒不得超过 3.5 cm,细粉末不宜过多。施工要求与石灰土相同。

煤渣石灰土不耐磨耗,其上必须加铺面层或沥青磨耗层。

(3) 水泥稳定砂砾结构层

水泥稳定砂砾结构层防治冻胀与翻浆的作用,与石灰土、煤渣石灰土类似,但其强度和水稳定性则较石灰土与煤渣石灰土均高。

水泥稳定砂可用于各级公路路面的上基层和底层,更多的是用做上基层。用做上基层时,其强度应满足表 10-35 的要求。

表 10-35 水泥稳定砂砾基层的颗粒组成范围

通过百分率\筛孔尺寸(mm)\层位	50	40	20	10	5	2	1	0.5	0.25	0.074
上基层	100	90～100	55～100	40～100	50～90	18～68	10～55	6～45	3～36	0～30

用水泥稳定的砂砾料,其颗粒组成范围应符合表 10-36 的规定。

表 10-36 路面防冻最小总厚度

冻结深度(cm)	土基干湿类型	粉性土	砂性土、黏性土	冻结深度(cm)	土基干湿类型	粉性土	砂性土、黏性土
50～100	中湿	30～50	30～40	150～200	中湿	60～70	50～60
	潮湿	40～60	35～50		潮湿	70～80	60～70
100～150	中湿	50～70	40～50	>200	中湿	70～80	60～70
	潮湿	60～70	50～60		潮湿	80～110	70～90

水泥剂量从保证最低强度和减少收缩裂缝考虑,最低不小于 2～3％,最高不大于 6～7％。水泥属快凝材料,从拌和、摊铺至压实的各道工序必须在终凝前完成,因此,宜选用终凝时间长、强度等级较低的普通水泥、道路水泥及矿渣水泥。

7. 加设防冻层

在中、重季节冻结区和多年冻土区的有铺装、简易铺装路面,在有可能冻胀的路段,为防止不均匀冻胀,路面总厚度不应小于表 10-36 的规定。如按强度计算的路面厚度小于表列规定时,应用冰冻稳定性良好的材料加设防冻层补足。

路面防冻最小总厚度,也可用经验公式(10-4)计算:

$$h_{fp} = \left(\frac{f_a - f_p}{f_a}\right) Z_c \tag{10-4}$$

式中:h_{fp}——路面防冻最小总厚度(cm);

f_a——路面实际冻胀值(cm);

f_p——路面允许冻胀值(cm);

Z_c——临界冻结深度(cm),见表 10-36。

防冻层材料应选用冰冻稳定性良好的砂砾、粗砂、矿渣、煤渣等粒料,也可采用水泥或石灰煤渣稳定粗粒土、石灰粉煤灰稳定粗粒土等。采用砂砾和粗砂时,小于 0.074 mm 的颗粒含量不应大于 5%;采用煤渣时,小于 2 mm 的颗粒含量不宜大于 20%。

8. 铺设隔温层

在重冻区,有条件时也可采用铺设高效隔温层的方法,减小土基冻结深度或土基不冻结,以防治冻胀,从而也可防治翻浆。隔温层采用导温性能差的材料,铺在土基内、土基顶面或路面结构层内。

在林区的临时道路上,隔温层多采用压实的泥炭、树皮、木屑等当地材料,铺在土基内或土基顶面。在正规的公路上,过去多采用煤渣做隔温材料,但受湿后效果不理想,现在开始采用泡沫塑料、苯乙烯海棉塑料混凝土、含有多孔填充料的轻混凝土等高效隔温材料。煤渣隔温层铺设于压实的土基顶面,为防煤渣受湿隔温性能降低,可设在砂垫层上;硬化泡沫塑料隔温层铺设于压实的土基顶面;轻混凝土隔温层铺设于面层下的路面结构层内。

在土基顶面铺设硬化泡沫塑料隔温层时,为防止其受潮,应先摊铺聚乙烯薄膜,然后安放硬货泡沫塑料板或浇注泡沫树脂,最后再用薄膜覆盖并加铺 5 cm 砂层,方可在其上铺筑路面结构层。采用泡沫聚合树脂时,要待泡沫硬化 2 h 后再覆盖薄膜。

轻混凝土的强度较硬化泡沫塑料要大几十倍,故轻混凝土混合料,使轻混凝土表面层苯乙烯海棉塑料微粒深化,提高层间黏结力。

表 10-37 路基土的热物理性质

路基土类型	干密度 (kg/m³)	含水量 (%)	导热系数(kJ/mhk)		容积热容量(kJ/mnk)	
			融—土	冻—土	融—土	冻—土
黏性土	1 700	18	4.69	6.07	2.43	1.76
	1 800	18	5.23	6.91	2.55	1.88
	1 900	18	5.49	7.87	2.68	2.01
	2 000	18	6.66	8.96	2.80	2.09
	2 100	18	7.45	10.0	2.89	2.18
砂性土	1 700	15	5.61	8.04	2.18	1.55
	1 800	15	6.40	9.25	2.26	1.63
	1 900	15	7.12	10.6	2.39	1.72
	2 000	15	8.03	12.1	2.47	1.80
	2 100	15	9.00	13.6	2.64	1.88

隔温层的厚度,视需要减少的冻结浓度而定,可近似地用式(10-5)计算。

$$H = \frac{K \cdot \Delta h}{\sqrt{\frac{\lambda_0}{\lambda_1}} - 1} \tag{10-5}$$

式中：H——隔温层的厚度(cm)；

K——修正系数，取 0.3~0.5；

Δh——需要减少的冻结深度(cm)；

λ_0——路基土的导热系数，见表10-37；

λ_1——隔温材料的导热系数，见表10-38。

表10-38 隔温材料的导热系数

隔温材料	含水量(%)	干密度(kg/m³)	导热系数(kJ/mhk)
煤渣	3	920	0.92/1.26
	10	760	1.13/1.38
	15	830	1.88/2.09
压实的锯木屑	40~50	300~340	(0.84~1.05)/1.26
泡沫塑料	—	25~200	0.13~0.21
苯乙烯海棉塑料混凝土	—	500~1 100	0.42~1.05
含有右面多孔填充料的轻混凝土，聚氨脂类微粒	—	600~1 200	0.10~0.17
硬化泡沫塑料	—	600~1 200	0.17~0.25

注：分数中，分子为融化状态数值，分母为冻结状态数值。

(五)多年冻土地区路基施工注意事项

(1) 采取保护多年冻土原则设计的路堑及作部分换填的路堤，其施工期宜安排在冻结期间。如在冻融期施工，则应采取分段快速施工的方法，以免冻层暴露时间过久，引起破坏。

(2) 多年冻土地区地表水无法下渗，容易形成地表潮湿或积水，不但影响路基的稳定，且关系着施工质量与工效。因此，施工前必须做好排水工作。

(3) 在开挖排水沟或取土坑时，必须注意防止由于冻土融化而产生的边坡坍塌及影响路基稳定的现象发生。一般不宜开挖过深，致使地下水露出，冬季形成冰锥，危害路基。

(4) 路基的防护与加固应考虑保温，对于需保护的冻土，其上均须及时设置足够厚度的保温层，以免在施工过程中引起多年冻土的融化。

(5) 草皮护坡铺砌应下上错缝，彼此互相嵌紧，块与块之间的缝隙用土或碎草皮填塞严密（严禁用石块塞缝），使草皮连成一个整体，以利于坡面草皮成活和防止空气对流，加速保温层的稳定。

第四节 软土工程地质勘察与处治技术

在高速公路建设中，不可避免地会遇到软土地基问题。软土地基具有含水量高、天然孔隙比大、压缩性高、渗透性小、抗剪强度低、固结系数小等不利的工程性质，导致地基承载力往往不能满足工程设计的要求，因此，需要对地基进行人工加固处理。处理软土地基有多种方法，如果处理不当，就会直接导致路基失稳或过量沉降，出现路基纵、横向断裂等病害。本章主要介绍软土地基施工常用处理方法。

一、软土的概念及鉴别

国内外对软土均无统一定义,不同的专业技术部门的解释也不尽相同。有的把软土视为软黏土的简称,有的把软土视为整个软弱土层的简称,有的把软土视为软弱土基的简称。

(1) 我国交通部行业标准《公路软土地基路堤设计与施工技术细则》(JTG/T D31-02-2013)将软土定义为"滨海、湖沼、谷地、河滩沉积的天然含水量高、孔隙比大、压缩性高、抗剪强度低的细粒土"。《公路路基设计规范》(JTG D30—2004)对软土的鉴别依据见表10-39。

表10-39 软土鉴别指标表

土类	天然含水量(%)	天然孔隙比	直剪内摩擦角(°)	十字板剪切强度(kPa)	压缩系数 $a_{0.1\sim0.2}$ (MPa^{-1})
黏质土、有机质土	≥35	≥1.0	宜小于5	<35	宜大于0.5
粉质土	≥30	≥液限 ≥0.90	宜小于8		宜大于0.3

(2) 我国铁路部门建议下列物理、力学指标作为区分软土的界限,具体描述为:
① 天然含水量 w 接近或大于液限。
② 孔隙比 $e>1$。
③ 压缩模量 $E_s<4\,000$ kPa。
④ 标准贯入击数 $N<2$。
⑤ 静力触探比贯入阻力 $P_s<700$ kPa。
⑥ 不排水强度 $C_u<25$ kPa。

(3) 我国建设部颁布的《软土地区工程地质勘察规范》(JGJ 83—91)规定凡符合以下三项特征即为软土:
① 外观以灰色为主的细粒土。
② 天然含水量不小于液限。
③ 天然孔隙比不小于1.0。

其实无论软土还是软土地基,它的软硬都是相对的,在工程设计和施工时,不要拘泥于它们的定义,只要路堤或其他荷载在土基上有可能出现过大有害的变形与强度不足的问题,都应进行沉降、稳定验算,凡不能满足设计指标时均应进行处理。当稳定安全系数小于表10-40给出的容许值,或在路面设计使用年限内的残余沉降(简称工后沉降)不满足表10-41中的要求时,均需进行软基处治。

表10-40 稳定安全系数容许值

计算方法	性能指标	稳定安全系数容许值
总应力法	快剪指标	1.10
	十字板剪切强度	1.20
有效应力法	快剪与固结快剪指标	1.20
	十字板剪切强度	1.30
准毕肖普法	有效剪切指标	1.40

注:当需要考虑地震作用时,稳定安全系数容许值应减少0.1。

表 10-41　容许工后沉降值

容许工后沉降(m)　工程位置 道路等级	桥台与路基相邻处	涵洞或箱型通道处	一般路段
高速公路、一级公路	≤0.10	≤0.20	≤0.30
二级公路(采用有铺装路面)	≤0.20	≤0.30	≤0.30

二、软土勘察

(一)勘察要求

(1) 对于复杂场地等级较高的路线,一般应按与设计相适应的勘察阶段进行勘察工作。但对于简单场地,工程地质条件成熟或建筑经验成熟地区,位置已确定的一般工程,以及老路扩(改)建工程,可以适当简化,甚至只进行一次性勘察。

(2) 对于重要的建筑物和有特殊要求的软土地基,或对环境有影响的场地,在施工及使用过程中,宜根据工程建设的需要进行必要的监测工作。

(3) 勘探方法除采用常用的钻探、取土试验孔外,还应针对软土的结构特征,工程性质、特点,采用相应的原位测试孔取代部分钻探、取土试验孔。如对饱和流塑状黏性土层,宜辅以十字板、旁压试验孔等进行勘察;对厚度较大的软土层或有饱和粉土、砂土存在时,宜采用静力触探、标准贯入试验孔等进行勘察。

(4) 土试样应用薄壁取土器采取。取土时应避免涌土、塌壁现象,运输、贮藏、制备过程中,均应注意防止试样的扰动。

(5) 勘探点的时间与深度,根据场地类别、建筑物的级别及有关特殊要求而定。

(二)勘察要点

软土地基勘察,应着重查明和分析:

(1) 软土的成因,成层条件,分布规律,层理特性,水平与垂直方向的均匀性、渗透性,地表硬壳层的分布与厚度,地下硬土层或基岩的埋藏条件与分布特征。

(2) 暗浜、暗塘、墓穴、填土、古河道的分布范围和埋藏深度。

(3) 软土的固结历史,强度和变形特征随应力特征的变化,以及结构破坏强度和变形的影响。

(4) 地下水对基础施工的影响,地基土在施工开挖、回填、支护、降水、打桩和沉井等过程中及建筑物使用期间可能产生的变化、影响,并提出防治方案及建议。

(5) 在强地震区内的重点工程场地,应搜集场区 300 km^2 范围内,历史上曾发生过地震的时间、震级(或烈度)、震中位置等资料,搜集场区地质构造体系和地震烈度区划资料。必要时,应对场地的地震效应作出专门鉴定。

(三)试验要求

根据建筑物的需要,其各类软土物理力学指标可通过室内试验和野外原位测试取得。

三、软土地基稳定性评价

公路路线所遇到的各类软土,如影响到路基稳定,则应评价其地基稳定性。

(1) 当建筑物离池塘、河岸、海岸等边坡较近时，应分析评价软土侧向塑性挤出或滑移的危险。

(2) 当地基土受力范围内有基岩或硬土层，且其表面倾斜时，应分析判定该面以上的地基土沿此倾斜面产生滑移或不均匀变形的可能性。

(3) 对含有浅层沼气带的地基，应分析判定沼气的逸出对地基稳定性和变形的影响。

(4) 根据对场地地下水位的变化幅度、水力梯度或承压水头等水文地质条件的分布，判定其对软土地基稳定性和变形的影响。

(5) 当建筑场地位于强地震区时，还应分析场地和地基的地震效应，如对饱和砂土或粉土的地基进行地震液化判别等，并对场地稳定性和震陷的可能性作出评定。在考虑上覆非液化土层厚度时，应将软土的厚度扣除。

(6) 根据场地土层特点，分析评价软土地基的均匀性，选择适宜的持力层。当地表有硬壳层时，一般应充分利用。

(7) 当地基主要受力层范围内，有薄砂层或软土与砂土互层时，应根据其排水、固结条件，分析判定其对地基变形的影响，以充分挖掘地基潜力。

四、软土的类型及工程性质

(一)软土的类型

我国软土，按其成因可分为三大类，按其沉积环境的不同又可分为 7 种类型(见表 10-42)。软土的主要物理、力学特性见表 10-43。

表 10-42 软土的类型及特征

类 型		厚度(m)	特 征	分布概况
滨海沉积	滨海相	6～200	面积广，厚度大，常夹有砂层，极疏松，透水性较强，易于压缩固结	沿海地区
	三角洲相	5～60	分选性差，结构不稳定，粉砂薄层多，有交错层理、不规则尖灭状及透镜体状	
	泻湖相	5～60	颗粒极细，孔隙比大，强度低，常夹有薄层泥炭	
	溺谷相		颗粒极细，孔隙比大，结构疏松，含水量高，分布范围较窄	
内陆平原	湖 相	5～25	粉土颗粒占主要成分，层理均匀清晰，泥炭层多是透镜体状，但分布不多，表层多有小于 5 m 的硬壳	洞庭湖、太湖、鄱阳湖、洪泽湖周边
	河床相、河漫滩相、牛轭湖相	<20	成层情况不均匀，以淤泥及软黏土为主，含砂与泥炭夹层	长江中下游、珠江下游及河口、淮河平原、松辽平原
山地沉积	谷地相	<10	呈片状、带状分布，谷底有较大的横向坡，颗粒由山前到谷中心逐渐变细	西南、南方山区或丘陵地区

(二)软土的工程性质

软土无论按成因还是按土质划分，种类较多，但它们都具有下列特性：

(1) 颜色以深色为主，粒度成分以细粒为主，有机质含量高。

(2) 天然含水量高，容重小。天然含水量大于液限，一般在 50～70% 之间，液限一般为 40～60%。

表 10-43 软土的主要物理、力学特征

类　型	天然容重 γ (kN/m³)	含水量 w (%)	孔隙比 e	有机质含量 (%)	压缩系数 $\alpha_{0.1-0.2}$ (MPa⁻¹)	渗透系数 k (cm/s)	快剪强度 C_u (kPa)	快剪强度 φ_u (°)	标准贯入值 N
软黏土	16～19	$w_L<w$ <100	>1.0	<3	>0.3	<1×10⁻⁶	<20	<10°	<2
淤泥质土	16～19	$w_L<w$ <100	1.0～1.5	3～10	>0.3	<1×10⁻⁶	<20	<10°	<2
淤　泥	16～19	$w_L<w$ <100	>1.5	3～10	>0.3	<1×10⁻⁶	<20	<10°	<2
泥炭质土	10～16	100～300	>3	10～50	>2.0	<1×10⁻³	<10	<20°	<2
泥　炭	10	>300	>10	>50	>2.0	<1×10⁻²	<10	<20°	<2

(3) 天然孔隙比大。一般大于 1.0。

(4) 渗透系数小。一般在 $1\times10^{-4} \sim 1\times10^{-8}$ cm/s 之间。沉降速度慢,固结完成所需时间长。而大部分淤泥和淤泥质土地区,由于该土层中夹有数量不等的薄层或极薄层粉砂、细砂、粉土等,故在垂直方向的渗透性比水平方向要小。

(5) 压缩性高。淤泥和淤泥质的压缩系数 $\alpha_{0.1-0.2}$ 一般为 $0.7\sim1.5$ MPa⁻¹,最大达 4.5 MPa⁻¹,且随着土的液限和天然含水量的增大而增高。

(6) 抗剪强度低。软土的快剪黏聚力小于 10 kPa,快剪内摩擦角小于 5°。固结快剪的强度略高,黏聚力小于 15 kPa,内摩擦角小于 10°。

(7) 软土的灵敏度高。灵敏度一般在 2～10 之间,有时大于 10,并具有显著的流变特性。

(三)软土地基的技术要求

(1) 地基处理超载预压 10 个月后沉降速率不大于 0.168 mm/d,才能进行二次填筑,随后才能进行桥涵构造物和路基精加工、路面施工。

(2) 位移边桩控制每天不大于 3 mm。

(3) 斜移管控制在每天不大于 5 mm。

(4) 地基处理后地基承载力不小于 100 kPa。

五、软土地基常用处理方法

软土地基处治的方法很多,各种方法都有它的适用范围。具体工程的地质条件千变万化,对地基处理的要求不尽一致,而且施工部门采用的机具、当地的材料都会不同,因此必须具体分析,从地基条件、处理要求、处理范围、工程进度、材料机具等方面进行综合考虑,以确定合适的处治方法。

高等级公路软土地基常用地基处理方法。加固原理和适用范围如表 10-44。

六、常用软土地基处理方法的组合

为同时解决软土路基沉降、稳定性问题或加强某一种软土地基处理方法的效果,一般不单独采用一种处理方法,多数采用两种以上组合方法,亦即软土的综合处理。设计综合处理时应遵循的原则是:加速排水固结的措施与增强软土地基强度的措施相结合;地上、地面处理与地下处理相结合;避免两种软土地基处理方法在施工上出现干扰及其作用上的相互抵消。其组

表 10-44　高等级公路软土地基常用处理方法

方法	原理	适用范围
排水固结法（预压法）	在软土地基中设置竖向排水系统（如插置塑料排水板、袋装砂井，或设置普通砂井）和水平向排水系统（砂垫层），在逐级填筑路堤荷载作用下使地基土体排水固结，产生固结沉降使土体强度增长，地基承载力提高，有效减小工后沉降。若采用大于路堤及工作荷载的预压荷载则称为超载预压。超载预压可进一步减少工后沉降，并可减小次固结沉降；真空预压法是排水固结法的一种，真空预压的荷载可一次加之设计荷载，不需分级加载	软黏土、淤泥和淤泥质土地基
强夯法	采用质量为 10~40 t 的夯锤从高处自由落下，地基土在强夯的冲击力和振动力作用下振实和挤密，可提高地基承载力，减少沉降	碎石土、砂土、低饱和度的粉土、黏性土、湿陷性黄土、杂填土和素填土地基
深层搅拌法	利用深层搅拌机将水泥或石灰和地基土原位搅拌形成圆柱状、格栅状或连续墙水泥土增强体，形成水泥土桩复合地基，以提高地基承载力，减小沉降。深层搅拌法分喷浆搅拌法和喷粉搅拌法两种，又称粉喷法和粉搅法	淤泥、淤泥质土和含水量较高的地基容许承载力不大于 120 kPa 的黏性土、粉土等软土地基。用于处理泥炭土或地下水具有侵蚀性时，宜通过试验确定其适用性
振冲置换法	利用振冲器在高压水流作用下在地基中振冲成孔，在孔内填入碎石、卵石等粗粒料且振密成碎石桩。碎石桩与桩间土形成复合地基，以提高地基承载力，减小沉降	不排水抗剪强度不小于 20 kPa 的黏性土、粉土、饱和黄土和人工填土地基
沉管碎石桩法	采用沉管法在地基中成孔，在孔内填入碎石、卵石等粗粒料形成碎石桩。碎石桩与桩间土形成复合地基，以提高地基承载力，减小沉降	同上
强夯置换法	边填碎石边强夯，在地基中形成碎石墩体，由碎石墩、墩间土以及碎石垫层形成复合地基，以提高地基承载力，减小沉降	人工填土、砂土、黏性土、黄土、淤泥和淤泥质土地基
石灰桩法	通过机械或人工成孔，在软弱地基中填入生石灰块或生石灰掺合料，通过石灰的吸水膨胀、放热以及离子交换作用改善桩周土的物理、力学性质，并形成石灰桩复合地基，可提高地基承载力，减小沉降	杂填土、软黏土地基
低强度混凝土桩复合地基法	在地基中设置低强度混凝土桩，与桩间土形成复合地基	各类深厚软弱地基
EPS 超轻质料填土法	聚苯乙烯板块（EPS）容重只有土的 1/50~1/100，并具有较好的强度和压缩性能，用于填料可有效地减小作用在地基上的荷载。需要时也可置换部分地基土，以达到更好效果	软弱地基
加筋土法	在土体中埋置土工合成材料（土工织物、土工格栅等）、金属板条等形成加筋土垫层，增大压力扩散角，提高地基承载力，减小沉降	各种软弱地基

合形式有以下几种：

(1) 砂垫层与排水固结法并用。不仅施工机械作用容易，同时排水垫层也能起到一定作用。

(2) 在填土中央采用竖向排水法，坡脚处采用砂子加实桩。其作用是竖向排水促进沉降，砂子加实桩达到稳定，如图 10-48 所示。

(3) 反压护道法与竖向排水法并用。由反压护道获得软土路基的稳定，由竖向排水法促进软土地基固结，如图 10-49。

(4) 填土预压法与反压护道法，或填土预压法与砂子加实桩法并用。由填土预压促进固结沉降，由反压护道或砂子加实桩达到软土路基的稳定。

(5) 填土预压法与竖向排水井法并用，可加速固结沉降。

(6) 缓速填土加载法与竖向排水井法并用。以缓速填土加载达到软土路基的稳定，以竖向排水井促进软土地基的沉降。

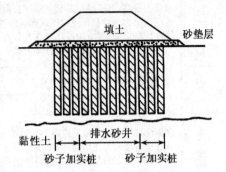

图 10-48 竖向排水井与砂子加实桩并用

(7) 反压护道与砂垫层、砂垫层与抛石挤淤法、反压护道与换土等并用。如图 10-50、图 10-51 和图 10-52。

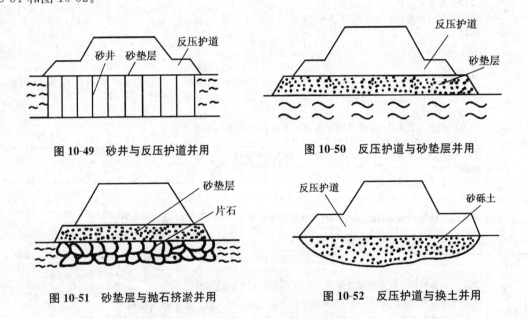

图 10-49 砂井与反压护道并用　　　图 10-50 反压护道与砂垫层并用

图 10-51 砂垫层与抛石挤淤并用　　　图 10-52 反压护道与换土并用

七、垫层与浅层处治

换填砂(石)垫层法是最简单、最古老的软基处理方法，是浅层软土地基的处理方法之一。其方法是将基础底面以下不太深的处理范围内的软弱土层挖去，然后以质地坚硬、强度较高、性能稳定好、具有抗侵蚀性的砂、碎石、卵石、素土、灰土、矿渣等材料分层换填，同时用人工或机械方法进行压、夯、振动等密实处理。处理深度一般控制在 3 m 以内，但不宜小于 0.5 m，如果垫层太薄,则换土垫层的作用不显著。

(一)砂垫层法

砂垫层法施工简单,费用较低,不需特殊机具设备,占地较少,但需砂料较多,预压时间长。

1. 适用范围

砂垫层法适用于填土高度小、软土层薄、埋深浅、无硬壳层、排水性好、砂源丰富、工期不紧的软土路基。

2. 设计要点

(1)砂垫层厚度一般为 0.6～1.0 m,宽度应超出其上填土 0.5～1.0 m,具体视路堤高度和软土厚度及压缩性而定。

(2)砂垫层材料宜采用中砂及粗砂,不准掺有细砂及粉砂,含泥量不应超过 5%,不得含有植物残体、垃圾等有机杂质。

3. 施工要点

(1)砂垫层施工中的关键是将砂加密到设计要求的密实度。加密的方法常用碾压法、重锤夯实法和振动压实法三种。这些方法要求分层铺砂,然后逐层振密或压实。分层的厚度视振动力的大小而定,一般为 15～20 cm。

(2)要求砂砾垫层无明显粗细粒料分离,最大粒径不宜大于 5 cm,且细料不宜过多。

(3)砂垫层宽度应宽出路基边脚 0.5～1.0 m,两侧墙以片石护砌或采用其他方式防护,以免砂料流失。

(4)碾压法施工时最佳含水量一般控制在 8～12%。

4. 施工方法

(1)当地基表层具有一定厚度的硬壳层,其承载力较好,能支撑一般运输机械时,一般采用机械分堆摊铺法,即先堆成若干砂堆,然后用机械或人工方式摊平。

(2)当硬壳层承载力不足时,一般采用顺序推进摊铺法。

(3)当软土地基表面很软时,如新沉积或新吹填不久的超软地基,首先要改善地基表面的持力条件,使其能支撑施工人员和轻型运输工具。工程上常采用如下措施:

① 地基表面铺荆笆。荆笆搭接处用铅丝绑扎,以承受垫层等荷载引起的拉力。搭接长度取决于地基土的性质,一般为 20 cm。当采用两层荆笆时,应将搭接处错开,错开距离以搭缝之间间距的一半为宜。荆笆搭接如图 10-53 所示。

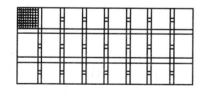
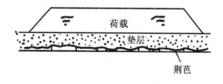

图 10-53 荆笆设示意图

② 表面铺设塑料纺织网或尼龙纺织网,纺织网上再做砂垫层,如图 10-54 所示。

③ 表面铺设土工合成材料,土工合成材料上再铺排水垫层,如图 10-55 所示。

以上为目前超软地基上施工常用的方法,它们可单一使用,也可混合使用。还可根据当地材料来源,选择具有一定抗拉强度、断面小的材料。但应注意:

a. 饱水后材料要有足够的抗拉强度;

b. 当被加固地基处在边坡位置或将来有水平力作用时,由于材料腐烂而形成的软弱夹层,给加固后地基的稳定性带来潜在影响。

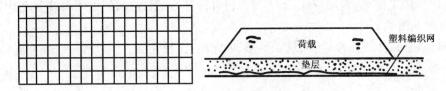

图 10-54　塑料纺织网铺设示意图

c. 尽管对超软地基表面采取了加强措施,但持力条件仍然很差。一般轻型机械上不去时,通常采用人工或轻便机械顺序推进铺设,常用的有以下两种方式:用人力手推车运砂铺设;用轻型小翻斗车铺垫。

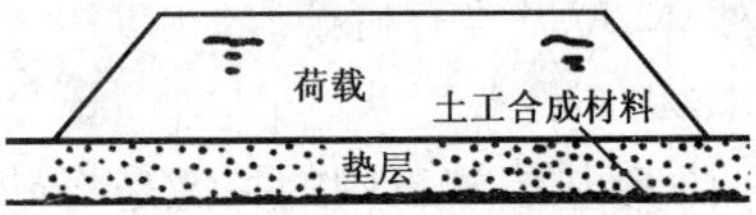

5. 施工注意事项

(1) 无论采用何种施工方法,在排水垫层的施工过程中都应避免各层的过大扰动,以免造成砂料和淤泥混合,影响垫层的排水效果。

图 10-55　土工合成材料铺设示意图

(2) 为确保路基稳定,砂砾石材料不宜过大。

(3) 砂砾石垫层应分两层铺筑,分层压实。

(4) 铺设砂砾石材料时,应从路基横向两侧向中间摊铺,厚度应均匀一致。

(5) 砂砾石排水层不得受泥土等杂物的污染,插入塑料排水板时所带的泥土应即时清除。

6. 质量控制与检验

(1) 质量控制

砂垫层施工一般采用分层振实法,压实机械宜采用 1.55~2.20 kW 的平板振捣器。这种方法要求在基坑内分层铺砂,然后逐层振实。第一分层(底层)松砂铺设厚度宜为 150~200 mm,应仔细夯实并防止扰动坑底原状土。其余分层铺设厚度可取 200~250 mm。在下层密实度检验合格后,方可进行上层施工。砂垫层和砂石垫层每层铺设厚度及最佳含水量见表 10-45。

铺筑前基坑两侧附近如有低于地基的孔洞、沟、井、墓穴等,应在未做地基前填堵并进行夯实。

分段施工时,接头处应做成斜坡,每层错开 0.5~1.0 m 并应充分捣实。对人工级配的砂石地基,应将砂石拌和均匀后,再进行铺筑振实。

(2) 质量检验

① 环刀取样法。用容积不小于 200 cm³ 的环刀压入垫层中取样,测定其干容重,以不小于砂料在中密状态时的干容重数值为合格。如中砂为 16 kN/m³,粗砂为 17 kN/m³。取样点应位于每层 2/3 的深度处。

② 钢筋贯入测定法。检查时应先将表面的砂刮去 3 cm 左右,并用贯入仪、钢叉或钢筋等以贯入度的大小检查砂垫层的质量。钢筋贯入工具是用直径为 ϕ20 mm、长度为 1.25 m 的平头钢筋,落距为 700 mm,自由下落,测其贯入度,检验点的间距应不少于 4 m。对砂石垫层可设置纯砂检验点,再按环刀法取样检验。垫层质量检验点,对大基坑每 50~100 m² 应不少于一个检验点;基槽每 10~20 m 应不少于一个点;每个单独柱基应不少于一个点。

表 10-45 砂垫层和砂石垫层铺设厚度及最佳含水量

捣实方法	每层铺设厚度(mm)	施工时最佳含水量(%)	施工说明	备注
平振法	200~250	15~20	(1) 用平板式振捣器往复振捣,往复次数以简易测定密实度合格为准; (2) 振捣器移动时,每行应搭接 1/3,以防止振捣面积不搭接	不宜用于细砂或含泥量较大的砂铺筑砂垫层
插振法	振捣器插入深度	饱和	(1) 用插入式振捣器; (2) 插入间距可根据机械振幅大小确定; (3) 不应插至下卧黏性土层; (4) 插入振捣完毕所留的孔洞,应用砂填实; (5) 有控制地注水和排水	不宜用于细砂或含泥量较大的砂铺筑砂垫层
水撼法	250	饱和	(1) 注水高度略超过铺设面层; (2) 用钢叉摇撼捣实,插入点距 100 mm 左右; (3) 有控制地注水和排水; (4) 钢叉分四齿,齿的间距为 30 mm,长 300 mm;木柄长 900 mm,重 4 kg	湿陷性黄土、膨胀土、细砂地基上不宜使用
夯实法	150~200	8~12	(1) 用木夯或机械夯; (2) 木夯质量为 40 kg,落距为 400~500 mm; (3) 相邻两夯压面积应重叠一半,全面夯实	适用于砂石垫层
碾压法	150~350	8~12	6 t~10 t 压路机往复碾压,碾压次数以达到要求密实度为准	适用于大面积的砂石垫层,不宜用于地下水位以下的砂垫层

(二)挤淤置换法

挤淤置换法是借助换填材料的自重或利用其他外力,如压载、振动、爆炸、强夯等,使软弱层遭受破坏后被强制挤出而进行的换填处理。采用这种施工方法,不用抽水、挖淤,施工简单,一般用于厚度小于 3.0 m、其软层位于水下、表层无硬壳、软土液性指数大、呈流动状态的泥沼及软土。一般来说,抛石挤淤比较经济,但技术上缺少把握,当淤泥较厚时须慎重使用。

抛石挤淤应采用不易风化的石料,片石大小随软土稠度而定。对于容易流动的泥炭或淤泥,片石宜稍小些,但不宜小于 30 cm,且小于 30 cm 的粒料含量不得超过 20%。

抛石时应自路堤中部开始,逐次向两旁展开,使淤泥向两旁挤出。在片石露出水面后,应用较小石块填塞垫平,用重型机械碾压紧密,然后在其上铺设反滤层再进行填土,如图 10-56。

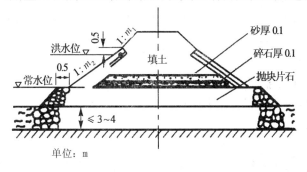

图 10-56 换填片石

下卧岩层面横坡陡于 1∶10 时,抛石时应从下卧层高的一侧向低的一侧扩展,并使低侧适当高度范围内多抛一些,并使低侧边堆筑约有 2 m 宽的平台顶面,以增加其稳定性,如图10-57。

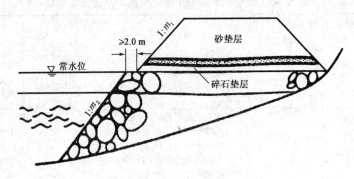

图 10-57　抛片石挤淤

(三)工程实例(换填与压填片石处理软基)

1. 工程地质特点

某高速公路126~135 km段路线经过一山区，在山间谷地之中，间断分布着小块的软土地基。经过挖探和踏勘调查，发现软土具有以下特点：

(1) 软土层厚较薄，一般为1~2 m，最大深度3 m，为山谷流水淤积而成，地表多为稻田，软土多为淤泥质土，呈软塑状。

(2) 软土分布在山间谷地，底面多为一倾斜面，坡度一般为15°~35°，有的与路线走向一致，有的与路线斜交。

(3) 软土路段地面水及地层中的毛细水系较为发育。

2. 施工处理方案

由于本路段路堤填土高度一般为10~20 m，均为高路堤，故其稳定性成为一个严重的工程问题。经过认真分析研究，决定采取以下处理措施：

(1) 设置排水沟或截水沟，排除地表水和毛细水的隐患。

(2) 挖淤，挖淤深度等于淤泥深度减0.3~0.5 m。

(3) 挖台阶，水平深度不小于2 m，平缓路段根据实情决定是否开挖。

(4) 压填片石，考虑到如全部换填弃方量太大，弃方的场地难以解决。可以采用部分换填，部分采取压填片石的方法。片石一般长度30~40 cm，用机械或人工压入淤泥中，外露约10~20 cm，利用挖台阶和压填片石措施提高地面磨擦力。本路段没有采用抛填片石，而是采用压填片石。考虑软土不是流塑状，而是呈软塑状，片石抛填较为困难，因此采用人工措施压入。

(5) 换填砂砾反滤层50 cm。

(6) 其余部分为换填土。

(7) 进行观测，本路段设置稳定观测设施，以保证路堤的稳定。

八、竖向排水法

为缩短地基孔隙水的排水距离，加速软土地基的固结过程，对软土地基采用垂直设置砂井、袋装砂井、塑料排水板及其他排水土工合成材料形成的排水柱体，称为竖向排水法。这些方法都是通过预压荷载，使被加固土体中的空隙水排出，有效应力增加，土体空隙体积减小，密度加大，土体强度得到提高，从而达到减少地基工后沉降和提高地基承载力的目的。

(一)砂井施工

砂井处理法是在软土地基中,钻成一定直径的孔眼,灌以粗砂或中砂,利用上部荷载作用,加速软土排水固结。

1. 砂井适用范围

砂井排水法适用于软土层较厚、路堤较高。特别是水平排水大于垂直排水的天然土层,或软土层中有薄层粉细砂夹层时,采用砂井的效果更好。一般软土均适合采用砂井排水法,但次固结占很大比例的土类,如泥炭类土、有机质和高塑性黏土等不宜采用。

2. 砂井设计要点

砂井设计,首先考虑砂井的直径、间距、布置形状和固结速率之间的关系。通常砂井直径、间距和长度的选择,应满足在预压过程中,在不太长的时间内,地基能达80%以上固结度。

(1)砂井的直径和间距

砂井的直径一般采用20~30 cm,井距为井径的8~10倍,常用2~4 m。砂井平面布置一般采用正三角形或正方形,其中以三角形排列较紧凑、有效。砂井的等效排水范围(如图10-58):

正方形布置:$d_e = 1.128d$;

正三角形布置:$d_e = 1.05d$。

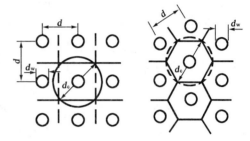

(a) 正方形排列　　　　(b) 正三角形排列

图 10-58　砂井平面布置图

(2)砂井的深度

砂井的深度,视软土层的情况和路堤高度而定。当软土层较薄,或底层为透水层时,砂井应贯穿整个软土层。当软土层的层厚很大时,不一定要打穿整个受压层。

(3)砂垫层和砂沟的布置

为了把砂井中的水分排到路堤坡脚外,在路堤底部应铺设砂垫层。缺乏砂砾时,也可采用砂沟或垫层,即横向每排砂井顶部设置砂沟一条,再在纵向以数条砂沟连贯之。

纵向砂沟采用中间密、两旁疏的布置方法。砂沟的宽度可为砂井直径的两倍,高度为 0.4~0.5 m。

3. 砂井施工要点

砂井施工工艺的选择主要考虑三个问题:

(1)保证砂井连续、密实,并且不出现颈缩现象;

(2)施工时尽量减小对周围土的扰动;

(3)施工后砂井的长度、直径和间距应满足设计要求。

对于砂井施工,常采用以下几种方法:

(1)套管法。该法是将带有活瓣管尖或套有混凝土端靴的套管沉到预定深度,然后在管内灌砂,拔出套管形成砂井。根据沉管工艺的不同,又分为静压沉管法,锤击沉管法,锤击、静压联合沉管法,振动沉管法等。

① 锤击、静压联合沉管法。用该法施工往往在提管时,由于砂的上拱作用及与管壁的摩阻力,将管内砂柱带上来,使砂井断开或颈缩,影响砂井排水效果。

② 振动沉管法。以振动锤为动力,将套管沉入到预定深度,灌砂后振动提管形成砂井。采用该法施工不仅避免了管内砂随管带上,而且保证井的连续性,同时砂因振动而密实,砂井

质量好。

应用振动沉管工艺时,激振力与套管的直径、长度的关系可参照表 10-46 选用。

(2) 水冲成孔法。该法是通过专用喷头,在水压力作用下冲孔,成孔后经清孔,再向孔内灌砂成形。采用该法施工时,有两个环节需特别注意:

① 控制好冲孔时水压力大小和冲水时间。这和土层性质有关,当分层土的性质不同而用相同水压时,会出现成孔直径不同的现象。

表 10-46 激振力参考表

套管直径(cm)	套管长度(m)	参考激振力(kN)
20	4~10	20~120
30	5~15	100~250
40	10~25	200~400

② 孔内灌砂质量。如孔内泥浆未清洗干净,砂中含泥量增加,砂井渗透系数会降低,这对土层的排水固结是不利的。并且泥浆排放疏导不好,也会对水平排水垫层带来不利影响。

水冲成孔工艺,对土质较好且均匀的粘性土地基是较适用的,但对于淤泥,因成孔和灌砂过程中容易缩孔,很难保证砂井的直径和连续性。对于夹有粉砂薄层的软土地基,若压力控制不严,冲水成孔时易出现串孔,对地基扰动比较大,应引起注意。

水冲成孔法设备比较简单,对土的扰动较小,但易出现塌孔、颈缩、串孔等现象;同时,在泥浆排放和灌砂质量方面还存在一定的问题。

(3) 螺旋钻成孔工艺。该法以动力螺旋钻钻孔,提钻后向孔内灌砂成形。此法适用于砂井长度在 10 m 以内,土质较好,不会出现颈缩、塌孔现象的软弱地基。此法在美国应用较广泛。该工艺所用设备简单而机动,成孔比较规则,但灌砂质量较难掌握,对很软弱的地基也不太适用。

以上砂井施工的各种方法,均有其自身的特点、适用范围和存在的问题,因此,在选用砂井施工工艺时,应根据加固软土地基的特性和施工环境以及本地区的经验,在确保砂井质量的前提下,全面分析,审慎确定。

4. 施工质量控制

(1) 桩管拔起速度不能太快,拔管速度 2 m/min。

(2) 控制每段砂的灌砂量。一般应按桩孔体积和砂在中密状态下的干密度计算,其实际灌砂量(不包括水量)不得小于计算值的 95%。每根砂桩单位长度内的灌砂量可按下式计算:

$$g = GA_p\rho_w(1+0.01\omega_1)L(1+e_p) \tag{10-6}$$

式中:g——单位长度计算灌砂量;

w_1——砂的含水量%;

A_p——单根砂桩的横断面积;

ρ_w——水的密度,$\rho_w = 1$ t/m³;

e_p——砂桩的孔隙比;

L——砂桩的长度。

(3) 逐步沉管中,每段拔起高度和留振时间由现场试验确定。经过工艺试桩,确定每段拔起高度,振动时间控制在 20~30 s 左右。

(4) 向桩管内灌砂的同时,应向桩管内灌水,以利于砂排出桩管。

(5) 在砂桩施工过程中,要做好施工记录。施工中有专人负责记录桩长、灌砂量、施工情况,作为控制施工质量的重要辅助手段。

5. 砂井法存在问题

一般砂井的施工常采用沉管法,井径通常为30~40 cm。若砂井的直径太细,施工时不能保证砂井灌砂的密实和连续,而间距太小则对周围土扰动较大,反而降低了土的强度和渗透性,影响加深效果。为了克服砂井的一些弊端,逐步出现了袋装砂井和塑料排水板法,这样可以使得砂井的直径和间距大大缩小,加快地基的固结。

(二)袋装砂井施工

袋装砂井施工是事先把砂装入长条形、透水性好的编织袋内,然后用专门的机具设备打入软土地基内以代替普通大直径的砂井。袋装砂井的直径小、材料消耗小、工程造价低、施工速度快、设备轻型,因此在公路、机场、堤防、铁路、港口等工程中得到广泛应用。

另外,由于装砂的砂袋通常由化纤纺织物制成,具有较大的拉伸强度,在施工加荷时竖向砂袋正好处在与土体滑动带相交位置,它能起到竖向加筋和抗滑作用,对土体的稳定较为有利。

1. 袋装砂井适用范围

一般情况下,当泥沼或软土层厚度超过5 m,且路堤高度的自重静压超过天然地基承载力很多,特别是地基土水平位移较大时,采用袋装砂井效果更好。

2. 袋装砂井设计要点

(1) 袋装砂井直径和间距

缩小砂井间距比增大砂井直径加固效果更好,设计中尽量采用细而密的方案。一般采用7~12 cm的直径,井距1~2 m,相当于井径比为15~30。

(2) 袋装砂井长度

袋装砂井的长度主要取决于软土层排水固结效果。一般当软土层较薄或其底层为透水层时,砂井应贯穿软土层;当软土层较厚时,砂井深度由地基稳定和容许工后沉降计算来确定,一般在12~15 m。

(3) 袋装砂井的平面布置及砂垫层

平面布置一般采用等边三角形较多,这种布置比正方形排列更为紧凑、有效。为保证袋装砂井内渗出的水能够顺利排出,一般在砂井的顶部铺设30 cm的砂垫层,砂井的上部外露部分应埋在该层内。

3. 袋装砂井施工要点

(1) 材料要求

① 砂袋。砂袋可采用聚丙烯、聚乙烯、聚脂等适用的编织材料制成,其抗拉强度应能保证承受砂袋自重,装砂后砂袋的渗透系数应不小于砂的渗透系数。

目前,普遍采用的是聚丙烯编织袋,它具有足够的抗拉强度,耐腐蚀,便于制作,对人体无害,价格低廉,缺点是其抗老化能力差。

② 砂。采用渗水率较高的中、粗砂。大于0.5 mm的砂的含量宜占总质量的50%以上,含泥量不能大于3%,渗透系数不应小于5×10^{-3} cm/s。除此之外,砂应保持干燥,不宜潮湿,以免砂干燥后体积减少造成短井。

(2) 施工机械

主要机具为导管式振动打桩机,在行进方式上普遍采用有轨道门架式、履带臂架式、吊机导架式等。各类机械的性能如表10-47所列。

(3) 施工工艺

施工工艺流程为:排除地表水→整平原地面→铺设下层砂垫层→测设放样→机具定位→打入套管→沉入砂袋→拔出套管个机具移位→埋砂袋头→摊铺上层砂垫层。

表 10-47　袋装砂井打设机械性能比较

打设机械型号	行进方式	打设动力	整机重(kN)	接地面积(m^2)	接地压力(kPa)	打设深度(m)	打设效率(m/台班)
SSD20 型	宽履带	振动锤	345	35.0	10	20	1 500
UB—16	步履	振动锤	150	3.0	50	10～15	1 000
	门架轨道	振动锤	180	8.0	23	10～15	1 000
	履带吊机	振动锤	—	—	>100	12	1 000

① 在整平地面后,视软土地基情况,铺设 20～30 cm 的砂垫层,用压路机或推土机稳压 3～4 遍;在桩管垂直定位后,将可开闭底盖的套管一直打到设计深度,准备一个比砂井设计长度长 2 m 左右的砂袋,下端放入 20～30 cm 左右的砂子作为压重,将砂袋放入套管中,并使之沉到要求深度,把袋子固定到装砂子用的出料口,由漏斗将砂子装入袋中。装满砂子后取下袋子,拧紧套管上盖,然后一边把压缩空气送进套管,以免将砂袋带上来,一边提升导管。提升完后一个袋装砂井就完成了,注意要及时将砂井头埋置好。

② 另一种方法是先将砂袋装好备用,待成孔后沉入砂袋。沉入砂袋时,原则上应用桩架将砂袋垂直吊起沉入。当受桩架高度限制(袋装砂井长度超过桩架高度)时,可采用两节套管,砂袋输入时用人工输入,管口装设滚轮,拔出导管时为避免将砂袋带出,也可采取向管内注水的办法。

(4) 施工质量控制

袋装砂井在施工过程中要严格控制各材料、工序等的施工质量,因为一但施工完成,对成品的质量检查将非常困难。因此,施工质量控制应符合以下规定。

① 砂袋灌砂率(r)按下式计算:

$$r = \frac{m_{sd}}{0.78 d^2 L \rho_d} \times 100\% \tag{10-7}$$

式中:m_{sd}——实际灌入砂的质量(kg);

d、L——分别为井径、井深(m);

ρ_d——中、粗砂的干密度(kg/m^3)。

灌砂率应符合表 10-48 的规定。

② 砂袋灌入砂后,露天堆放要有遮盖,切忌长时间暴晒,以免砂袋老化。

③ 砂井可用锤击法或振动法施工,导轨应垂直,钢套管不得弯曲,沉桩时应用经纬仪或重锤控制垂直度。

④ 为控制砂井的设计入土深度,在钢套管上应划出标尺,以确保井底标高符合设计要求。

⑤ 用桩架吊起砂袋入井时,应确保砂袋垂直下井,防止砂袋发生扭结、缩颈、断裂和砂袋磨损。

表 10-48 袋装砂井施工允许偏差

项次	项目	单位	标准	允许偏差	检查方法和频率
1	井距	cm	符合设计规定	15	抽查 2%
2	井长	cm	符合设计规定	不小于设计	查施工记录
3	井径	mm	符合设计规定	+10,-0	挖验 2%
4	竖直度	‰		±1.5	查施工记录
5	灌砂率	‰	符合设计规定	+5	查施工记录

⑥ 拔钢套管时,应注意垂直起吊,以防带出或磨损砂袋。施工中若发现上述现象,应在原孔边缘重打;连续两次带出砂袋时,应停止施工,查明原因后再行施工。

⑦ 砂袋留出孔口长度应保证伸入砂垫层至少 30 cm,并且不能卧倒。

4. 袋装砂井的质量检测

袋装砂井施工质量的好坏直接关系到软基处理的效果,因此,除施工部门要严格遵照施工工艺和施工质量控制的要求操作外,质检、监督部门也要进行抽查。一般砂子、编织袋、灌砂量和井距,可以通过常规的方法在试验室进行试验测定和在现场进行实际量测,各项指标均应符合表 10-48 要求。但是井径和井长施工完成后检测相对比较困难,下面介绍几种常用的方法。

(1) 挖验法

挖验法就是对施工完成的袋装砂井进行大开挖检验。此种方法的优点是能够直观地看出砂井的质量,检测精度高;缺点是费时、费力,对现场破坏较大,且挖验深度受限,对于井长(深)大的不适用。

(2) 拔桩法

拔桩法就是用机械将袋装砂井整体拔出,进行检验。此种方法也比较直观,但是受拔桩机械的限制较大,并且很容易出现断井现象。

(3) 工程钻探法

工程钻探法的原理是利用钻机对砂井进行钻进,套管取芯样。这种方法相对以上两种方法来说比较容易,且费用较低,对施工现场的破坏较小;缺点是需要使用专门钻机,且受钻杆垂直度和砂井垂直度影响较大,垂直度差时,钻杆易偏离砂井,无法进行准确的测定。

(4) 挖、拔结合法

挖、拔结合法就是先挖除砂井上部的软土层(尤其是黏土层),减小土体对砂井的握裹力,然后再拔出砂井。具体操作步骤为:

① 挖除砂井顶面砂垫层,清理现场;

② 开挖砂井周围的黏土,随着挖深及时对基坑进行防护;

③ 挖到一定深度时转动砂井,边挖边松,待砂井松动时,慢慢转动砂井,直至砂井完全松动,再拔起,进行测量。

此种方法比较直观,所测数据准确、可靠;缺点是工作效率较低,工作量大,井深超过 8 m 时不适用。

(5) 冲水拔袋法

冲水拔袋法的工作原理是用高压水冲袋装砂井内的砂,砂在高压水作用下,泛出地面造成空井,减小土对砂井的握裹力,然后拔出砂袋测定井深。

具体操作步骤为：
① 清除一定范围内的砂垫层，割去露出地面的砂袋；
② 挖好排水沟，安放一台泥浆抽水机和足够长的皮管，皮管直径为 2.5～3.8 cm，对着砂袋内的砂冲水。在冲水过程中，随着水的冲击，井口有砂泛出，皮管随着井内砂量的减少往井内下插，最好是边冲边用力往袋内下插，直至井口不出现泛砂；
③ 轻轻拔出皮管及砂袋，即可测量井深。

（三）塑料排水板施工

塑料排水板是一种利用塑料排水板作为竖向排水材料，通过排水预压达到提高地基承载力的一种先进的加固软土地基的方法。与袋装砂井比，具有施工速度快、效率高、施工机械轻便、工程费用低、对土的扰动小等优点。因此，近年来在公路、铁路、水电、港口、机场、建筑等工程中得到广泛应用，大有取代砂井和袋装砂井的趋势。

1. 塑料排水板的类型

塑料排水板是由芯体和滤膜组成的复合体，或是由单种材料制成的多孔管道板带。芯板是由聚丙烯和聚乙烯塑料加工而成，且两面有间隔沟槽内，土层中固结渗流水通过滤膜渗入到沟槽内，并通过沟槽从排水垫层中排出。塑料排水板由于所用材料不同，结构也各异，国内外工程上所应用的塑料板结构，主要有图 10-59 所示的几种。

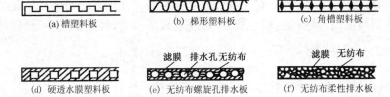

图 10-59　塑料排水板的结构

2. 塑料排水板适用范围

与袋装砂井法相同，一般用于泥炭饱和淤泥地段或土基松软地下水位较高的地段，最大有效处理深度达 18 m。

3. 施工机械

塑料排水板法的施工机具主要是插板机，也可与袋装砂井打设机具共用，但应将圆形套管换成矩形套管。对于振动打设工艺，锤击振力大小，可根据每次打设根数、导管断面大小、入土长度和地基均匀程序确定。一般对均匀的软基振动锤击力可参照表 10-49 选用。

表 10-49　振动锤击振力参考值

长 度(cm)	导管直径(cm)	振动锤击力(kN)	
		单　管	双　管
>10	130～146	40	80
10～20	130～146	80	120～160
>20	130～146	20	160～220

目前，用于塑料排水板的插板机主要有以下几种：
（1）挖掘机改装的插板机

由挖掘机改装的插板机,在使用过程中可以灵活地操作,而且可以将排水板打设到各个部位,尤其是在边角处。但是由于其自身重、轮胎接地面积小等缺点,一般软基难以承受,因此只能在地基承载力较好的地方使用。

(2) 履带式插板机

履带式插板机行走方便,可在现场组装,比挖掘机改装的插板机接地面积大,一般地基在稍做处理后即可承受。但由于它是靠两条履带控制垂直度的,受基础平整度影响较大,且插板机容易发生倾斜,一般用于插入深度小于 10 m 的地基比较合适。

(3) 门式轨道插板机

该机型可进行自行拼装,比较适合公路等带状的软基处理。由于其移动受轨道控制,通过事先调整轨道的水平度,可以很好地保证排水板的施工准确度和施工垂直度。其缺点是移动时显得相对笨重,对垫层的宽度要求较高。

4. 施工工艺

塑料排水板施工前要对软基处预先处理。与袋装砂井处理方法一样,首先整平场地,铺设砂垫层。具体工艺如下:

清除表土、淤泥→铺设下层砂砾垫层→稳压→放样定位→插板机就位→塑料排水板穿靴→插入套管→拔出套管→割断排水板→检查并记录板位等情况→机具移位→铺设上层砂垫层。

关键工序控制如下:

(1) 施工准备工作

① 路基施工范围内清除 10~20 cm 厚耕植土、树根杂物及淤泥,整平复测地面标高,清表宽度比设计路基填筑宽度每侧加宽 100 cm。

② 塑料排水板进场及检测。另塑料排水板存放时底部要进行支垫,顶部加苫布覆盖,防止污染及暴露在空气中老化。

(2) 铺设砂砾垫层

① 在清表范围内铺设 50 cm 厚的砂砾垫层。砂砾垫层的作用在于将塑料排水板排出的地下孔隙水通过外侧排水沟排出路堤外,因此要选用天然级配良好的砂砾,含泥量不大于 3~5%,最大粒径不大于 50~100 mm。砂砾垫层宽度宽于路基填筑宽度,一方面保证地下水能顺畅地排出路堤外,另一方面是为了防止施工过程中由于施工机械的破坏对垫层的有效作用造成影响。

② 由于地基较弱、含水量大,铺设砂砾垫层施工时采用一次性填筑 50 cm 厚,以利于机械作业。铺设后用平地机械整平,用压路机稳压两至三遍,以保证插板机施工时不产生大的位移、拥包和沉陷。稳压后测量垫层标高。对因压实造成砂砾陷入地基中而产生的缺料处,要进行补料、稳压。垫层标高要高于两边原地面标高 30 cm 以上。

(3) 放样定位要准确

根据设计间距对排水板位置进行放样定位。插板机就位,调整导架垂直度,空心套管中穿入塑料排水板,对正桩位。

(4) 穿靴

将塑料排水板端部穿过靴头固定架,用长约 10 cm 的对折带子固定联结,然后将靴头套在套管底部。

(5) 沉入

开动机器,通过传动链转动将套管和排水板沉入地下至设计深度。

(6) 拔起

传动链反转将套管拔出,排水板自动脱离留在地下。当套管下口露出垫层约 50 cm 后,将排水板带割断。插板机移位进行下一个桩位施工。

(7) 埋设板头

将板头一侧砂砾垫层挖开约 20 cm 深,将板头倒折埋入砂砾垫层中,回填砂砾补平。全部排水板施工完毕后,再对垫层进行一次整平、稳压。

5. 现场质量控制要点

(1) 塑料排水板施工允许偏差为 15 cm,竖直度偏差小于 1.5‰,板长要求不小于设计长度。

(2) 塑料排水板透水滤套不得被撕破、划裂及污染,如发生上述现象须将破损段裁掉,以免影响排水板的有效工作性能。

(3) 塑料排水板搭接采用滤套内平接的方法,芯板对扣,凸凹对齐,搭接长度不小于 20 cm;滤套包裹后用绑丝或针线缝接牢靠。

(4) 插入过程中导轨要垂直,钢套管不得弯曲;每次施工前要检查套管中有无泥土杂物进入,一旦发现要及时清除,防止插入及拔出过程中污染排水板或划裂滤套。

(5) 排水板与靴头固定架要连接牢固,防止拔出套管时发生跟带现象。如排水板跟带大于 50 cm,则应在旁边重新补打。

(6) 插板施工完毕后,要注意及时将板头埋入砂砾垫层中,防止机械及车辆碾压损坏外露板头。

6. 施工中常出现问题及解决方法

(1) 施工中常出现的问题

① 插板施工中,套管为圆形时,距井口一定范围内插孔易缩孔。

② 提拔导管时易发生"跟带"现象。

③ 插管时易进入泥水污染排水板。

④ 遇到较干硬的黏土层时,进度较缓慢。

(2) 解决方法

① 对插孔易缩孔问题,施工中,一是尽量采用尽可能细的套管或扁状套管;二是用中、粗砂填灌插孔,这样就在塑料排水板的上端形成砂井与塑料排水板的复合体。

② 提拔导管时发生的"跟带"现象与套管端头结构、施工工艺和地层土质有关,其中套管端头结构占主要因素,因此导管顶部在保证刚度的前提下尽可能细小,使拔管时土层能尽快将排水板夹住。

③ 泥水进入套管除增加了上拔时的"跟带"现象外,还造成了排水板的污染,因此应经常使用清水清洗导管。

④ 遇到干硬的黏土层进度缓慢时,可以选用功率较大的液压振动打桩机进行打设,也可以在导管中加入少量的清水,增加润滑,减少磨擦。

(四)工程实例

1. 砂桩与 CFG 桩联合加固软基

(1) 工程概况

某高速公路 4 km+465 m～4 km+603 m 路段,长 138 m,宽约 39 m,该段地质条件较差。根据钻探及实验结果,地质层从上而下依次为:

① 表土。土黄色,表面含植物根系,呈硬塑状,厚度约 0.9 m。

② 淤泥。深灰色,含腐殖物和少量贝壳碎屑,饱和,流塑状,层厚 6.4～7.2 m,含水量 66.1%,孔隙比 1.78,塑性指数 28.31%,压缩系数 2.02 MPa^{-1},固结系数 7.2×10^{-3} cm^2/s。

③ 淤泥夹细砂二者互层。深灰色,含腐殖物和少量贝壳碎屑,饱和,流塑状,细砂松散状,层厚 5～6 m。

④ 中细砂。黄色,石英质粒度较均匀,局部夹薄层淤泥,饱和,稍密状。

(2) 砂桩、CFG 桩设计要点

该段软基设计平均填土高度 4 m,平均处理宽度 39 m,平均处理深度 15 m,石屑垫层厚 0.3 m,垫层顶铺土工格栅。CFG 桩和砂桩均按平行四边形布置,桩径 0.4 m。CFG 桩体强度 C12,桩间距 3 m,桩长要求穿过淤泥层至持力层 0.5 m 以下。土工格栅采用 SS20 双向格栅,延伸率不大于 11%,抗拉强度 20 kN/m。土工格栅对称于路中线布设,布设范围为 30 m。

(3) CFG 桩和砂桩的施工

先打砂桩,砂桩全部施工完毕后再施打 CFG 桩。CFG 桩施工顺序横向从路中心向两侧施工,纵向从新水闸向两侧施工,且必须隔桩跳打。

① 砂桩的施工

土体对砂桩的约束力小,宜选用砂和角砾混合料,以增大桩体的摩擦角,但不宜含有大于 50 mm 的颗粒,且含泥量不大于 5%,以免影响砂桩的排水性能。采用振动砂桩机,激振动力为 230～260 kN。

质量控制包括:

a. 桩管拔起速度不能太快,拔管速度 2 m/min。

b. 控制每段砂桩的灌砂量,一般应按桩孔体积和砂在中密状态的干密度计算。

c. 逐步沉管法中,每段拔起高度和留振时间由现场试验确定。经过工艺试桩,确定每段拔起高度为 0.5 m,振动时间控制在 20～30 s。

d. 向桩管内灌砂的同时,应向桩管内灌水,以利于砂排出桩管。

e. 在砂桩施工过程中,要做好施工记录。施工中有专人负责记录桩长、灌砂量和施工情况,作为控制施工质量的重要辅助手段。

② CFG 桩施工

采用振动沉管机,沉管与地面垂直,确保垂直度偏差不大于 1%。

在饱和含水砂层施工,为防止桩管内进水造成混合料离析,桩管进入该层前先向桩管内灌 1.0～1.5 m^3 的混合料。打到预定深度后,在 1～2 m 范围内复打 1～2 次,可保证桩底成孔更好。混合料配比应严格按设计要求,一般控制充盈系数不小于 1.2,混合料碎石和石屑含杂质不大于 5%,坍落度 30～50 mm,沉管每上拔 1 m 留振动 5 s。混合料制桩完毕后桩顶浮浆厚度不超过 200 mm。隔离桩必须在强度达到 50% 后才能施工。

工艺研究包括以下内容:

a. 拔管速率。拔管速率过快会造成桩径偏小或缩颈甚至断桩,太慢可能造成浮浆,使桩端石子与水泥浆离析,导致桩身强度降低。经现场试验,拔管速率为 1.4 m/min。

b. 施工顺序。施工顺序一般有连续施打和间隔跳打,在软土中连续施打可能造成缩颈,宜采用间隔跳打。试验采用间隔跳打,地表隆起不明显,桩身连续完整。

c. 混合料坍落度。现场试验混合料坍落度为 3~5 cm。

(4) 现场测试成果分析

① 试验段观测点

监测仪器包括:表面沉降板、孔隙水压力计、测斜仪。

试验段共设 3 个监测断面。每个监测断面布设 4 块沉降板,4 个孔隙水压力计的埋置深度分别为 5.2 m、11.3 m、13.6 m。深层测斜仪深度 16 m,在路基中线靠近新水闸一侧。

② 成果分析

a. 表面沉降。在制桩过程中,桩间土隆起在 16~30 mm 之间;若采用间隔跳打,桩顶隆起在 6~9 mm 之间,地表隆起不明显,断桩可能性最小。

b. 孔隙水压力。在制桩过程中,孔隙水压力测头距桩 1 m 时的最大孔隙水压力 Δu = 6.03 kPa;孔隙水压力测头距桩 2.4 m 时的最大孔隙水压力 Δu = 0。从结果看,在制桩过程中距桩 2.4 m 范围内引起孔隙水压力上升。

c. 侧向位移。在制桩过程中侧向位移最大速率 0.42 mm/d,累计位移 3.87 mm,对构造物(水闸)的侧向挤压较小,而且侧向位移收敛较快,3 d 左右即趋于稳定,水闸安全。

(5) 加固效果检验

① 静力触探。经砂桩、CFG 桩处理后的地层贯入阻力,由原来的 0.31 MPa 增加到 0.65 MPa,强度增长为单桩的 109.7%。随着时间延长,强度还会提高。

② 静载试验。为检验砂桩、CFG 桩联合加固软基处理的效果,了解单桩及复合地基相关的强度和变形指标,本试验对 CFG 桩单桩、砂桩单桩复合地基进行现场静载试验。

$\varnothing$0.4 m CFG 桩单桩静载试验单桩容许承载力为 160 kN。

砂桩单桩复合地基静载试验荷载板规格为 $\varnothing$1.5 m,换算成砂桩单桩复合地基的容许承载力为 113.9 kPa。

③ 复合地基承载力验算

由于 CFG 桩与砂桩组成复合地基中的主要加筋体是 CFG 桩,砂桩的设置可加速土体的固结,提高土体的抗剪强度,因而可将砂桩与天然地基作为 CFC 桩的复合桩间土,复合桩间土与 CFC 桩共同构成复合地基承担上部荷载。复合地基的承载力 $f_{sp,k}$ = 132.8 kPa > 100 kPa,满足设计要求。

2. 袋装砂井处理软土路基实例

(1) 工程概况及工程地质条件

某高速公路全长 81 km,路基宽 28 m,水泥混凝土路面,其中软土地段长约 4.5 km。现取代表性软土路段 337 km+20 m~339 km+200 m 段作介绍。该段长 2.2 km,填土高度平均 4.5 m,位于冲积平原,地层厚度均匀,层位稳定,地层主要由第四系新近沉积的淤泥质土和第四系下更新统的灰、杂色黏土和砂层构成。其他地层由上至下可分为:

① 黏土(硬壳层)。灰黄色,含少量粉砂粒,呈湿、硬塑状,厚度为 0.6~1.2 m。

② 淤泥质粉质黏土。灰色,含较多粉砂粒,局部见清晰层理,层面间粉砂,并间较多薄层

粗中砂(厚 5 mm～10 mm),薄层内见较多贝壳碎块,偶见碳化木块、碎屑,呈饱和、软塑状,厚度为 10～13 m。

③ 粉质黏土。灰色,具较清晰层理,层面间粉砂,呈饱和、可塑状,厚度为 3.5 m。

④ 黏土。灰黄、灰色,含少量粉砂粒状,厚度 2～6 m。

具体土层的各项物理力学指标如表 10-50。

(2) 袋装砂井处理软土路基的设计

① 砂井间距及其布置。袋装砂井直径 7 cm,间距 1.2 m,梅花形排列,井径及间距由多次固结计算确定。

② 砂井的长度。本段软土层较厚,底层没有透水层,砂井的长度由地基稳定和工后容许沉降计算决定。砂井平均长 10 m,本段砂井合计长 44 440 m。

表 10-50 各层土的物理力学指标

土的种类	天然含水量 w_1 (%)	密度 $\rho(g/cm^3)$	孔隙系数 e	压缩系数 $a_{0.1-0.2}$ (MPa^{-1})	直快黏聚力 q (kPa)	直快内摩擦角 $\phi(°)$	固结系数 $CV(cm^3/s)$	固快黏聚力 (kPa)	固快内摩擦角 $\varphi_q(°)$
黏土(硬壳)	52.9	1.71	1.435	1.02	18.5	10.9	—	—	—
淤泥质粉质黏土	59.6	1.56	2.181	2.23	11.8	6.8	$1.98×10^{-4}$	14.1	12.0
粉质黏土	54.3	1.68	1.498	1.35	16.9	58.9	—	—	—
黏土	32.1	1.92	0.883	0.41	24.2	20.3	—	—	—

③ 砂垫层与预拱度的设置。砂垫层厚度 60 cm,保证高出地表水位 20 cm。考虑到沉降量较大而设置 40～60 cm 的预拱度以保证砂垫层的使用质量。

④ 设计计算。包括沉降计算和稳定计算。

a. 沉降计算。总沉降包括瞬时沉降 S_d、固结沉降 S_c 和次固结沉降 S_s。瞬时沉降是在加荷初始,地基土的孔隙水压力来不及消散,土的孔隙来不及调整,而由地基侧向变形引起的。这种沉降不大且很快完成,一般不易精确计算。固结沉降是在上覆压力作用下,地基中的孔隙水逐渐排出使体积发生变化引起的,是地基土的主要沉降。次固结沉降是孔隙水压力消散后,在一定的有效应力的作用下,土骨架蠕动变形而产生的。经计算总沉降量为 $S=74$ cm。

本段软土经袋装砂井处理后,固结度达到 80% 时所需要的固结时间为 297 d。设计要求在固结度达到 80% 时,工后剩余沉降量为 22 cm。

b. 稳定计算。利用条分法对打砂井前和打砂井后两种情况的路基滑动面进行稳定计算,比较其安全系数。经计算,打砂井前和打砂井后路基滑动破坏最小安全系数分别约为 1.06 和 1.38,说明打砂井后路基才稳定。

(3) 软土路基处理施工

施工时,先将沿线水塘、沟坑排干水,填以砂性土或中粗砂,与砂垫层袋装砂井构成统一排水系统。

砂垫层采用含泥量小于 3% 的中粗砂,铺筑时由中线向外侧方向进行。砂垫层的厚度确保高出水面 20 cm。

袋装砂井的施工工艺包括下列几个方面:

① 定位。将打孔机按设计要求及施工顺序定位。

② 成孔。采用门架式打孔机,套管为 ⌀89 mm×4.5 mm 的无缝钢管,每节长 2～3 m 不等,将套管打入地基土内,达到设计标高。桩尖是钢筋混凝土预制的,拔管后留在孔底。

③ 下砂袋。砂袋选择聚丙烯编织袋。袋中的砂料采用干燥及含泥量小于 3% 的中粗砂,要达到密实程度。装砂后,砂袋先进行垂吊。将装好的砂袋经套管口端部滚轮徐徐放入套管内。

④ 拔出套管。砂袋下放完毕,启动激振器,提升套管进行拔管作业。

⑤ 埋好袋头。将袋头埋入设计的砂垫层中,砂垫层分两次铺设,既方便工作,又避免黏土等杂物堆盖袋头;此时注意保持袋头垂直不卧倒。

(4) 施工监测

施工监测工作是与路基填土同时进行的。

在极限填高之前,因失稳可能性极小,路基填土可快速施工而不会出现失稳,监测工作应着重原始观测数据的收集。

本段主要采用沉降、侧向位移动态跟踪观测。选取 3 个横断面分别布设地面沉降板和地面位移桩。路基中心沉降板沉降速率为 4～7 mm/d,平均为 5 mm/d,小于设计要求的控制沉降速率 10 mm/d;地面位移桩位移为 2～5 mm/d,平均为 4 mm/d,小于设计要求的5 mm/d。地面位移桩在测试过程中,没有发生沉降和抬起的现象,这说明路基一直是在稳定的情形下进行加载的。地面沉降板和地面位移桩的测试频率,在加载时每日测试,停载时,每隔 3～4 天观测 1 天,路基完成后每 10 天测一次。路堤完成后放置 60 天,达到最终沉降量的剩余沉降时为 25～27 mm,与设计计算的 22 mm 接近。经观测,本项目软土路基在采用袋装砂井方案处理后,路基沉降和稳定基本上符合设计要求,效果良好。

3. 塑料排水板综合处理软土地基

(1) 地质概况

安徽沿江某高速公路是具典型性的软土地基,设计采取塑料排水板工艺处理该区域软弱地基。该设计塑排桩采用梅花型布置贯穿软土层,设计总进尺 54 849 m,顶层填土平均厚度 15 m。

(2) 工序流程

下承层准备→铺设下砂垫层→铺设土工布→铺设上砂垫层(土工布锚固)→布设塑料排水板桩位→塑料排水板通过井层架上排的滑轮穿过套筒→履带套筒式插板机就位→"穿靴"法使塑料排水板被套筒的输送滚轴夹住,一起压入土中→达到持力层,上拔输送筒,塑料排水板被松开留在土中→铺设土工格栅→验收→路基填筑。

① 砂垫层施工

砂选用洁净的中、粗砂,含泥量不大于 5%,无其他杂质,分层铺设,下砂垫层厚度50 cm,共分三层铺设。由于第一层铺设直接在软基上,必须铺 25 cm 厚方能使机械作业。

② 土工合成材料(土工格栅、土工布)施工

在平整好的砂垫层上全断面铺设,并留出锚固长度。铺设时应拉直平顺,不得出现扭曲、折皱、重叠。沿路基方向格栅对头重叠搭接 50 cm,格栅两侧重叠搭接 30 cm,路基碾压应平整,局部高低不得大于 ±5 cm,并用 U 型钩稳固。捆扎格栅结点,一般在 2～3 m 用 1 个 U 型钩较好,再用尼龙绳捆扎。

③ 塑料排水板施工

a. 布桩。用塑排芯按 1.0 m 间距正方形布桩。布桩后塑排芯一根一根竖起,看起来像一

根根树苗,故俗称"树桩"。

b. 履带式套筒插板机就位后,把输送套筒调垂直,以保证塑料排水板垂直。"穿靴"施工应可靠,不使套筒拔出时把塑排带出,如果带出,则须原位复打。

c. 塑排桩插入深度的确定。采用直观法,由现场技术人员会同现场监理共同确定。若振动锤连续振动 10 s,下插深度不超过 30 cm,就可判定插入深度已到位。

d. 塑料排水板施工允许偏差。板距为±15 cm,板长应由现场技术人员与监理单位共同现场确定,竖直度为 1.5%。

④ 沉降稳定监测

a. 沉降板是用 50 cm×50 cm×3 cm 的钢板,直径为 4 cm 的测杆,套管以能套住测杆并使标尺能进入套管为准。沉降板埋设于道路中心线已填筑好的砂垫层顶面上。共埋设两处沉降板,桩号为 139 km+980 m 和 140 km+20 m。

b. 采用 DS_1 型水准仪,观测精度为二等水准要求。

c. 采用稳定观测布置的基桩。

(3) 沉降观测方法

① 按照每填一层土进行一次观测,填筑间歇期间每 3 天观测一次的方法进行。在施工过程中,采用警戒标志,避免沉降板测杆套筒受到破坏。测杆和套筒随填土高度增加也依次接高,并在接高后在套管上加盖封住管口,避免填料落入管内影响测杆下沉自由度。

② 完工后沉降观测

预压沉降期 6 个月内,第一个月每隔一周观测一次,第二个月每隔 15 天观测一次,从第三个月开始每隔一个月观测一次直至沉降期结束。

③ 稳定观测

通过观测地表位边桩的水平位移和地表隆起量来测定软土地基填筑后的稳定性。

a. 位移边桩采用长度为 1.5 m 的 3 in(7.62 cm)钢管,钢管顶部做出测点标志。边桩埋设于 139 km+980 m 及 140 km+20 m 处路堤两侧端部以及排水沟外缘 1.0 m 及外缘 5.0 m、10.0 m 处共埋设 16 根边桩,同一观测断面边桩设在同一断面上,边桩埋置深度 1.4 m,桩顶露出地面高度 0.1 m,桩周上部 50 cm 用混凝土浇筑固定。

b. 采用全站仪观测水平位时,采用二等水准高程监测地表隆起量。

c. 观测校核基桩采用长度为 2.0 m 的 ⌀3 in(7.62 cm)钢管,桩周顶部 50 cm,采用现浇混凝土固定,并在地面上浇筑 1.0 m×1.0 m×0.2 m 的观测平台,桩顶路出平台 15 cm,并在顶部固定好基桩测头,位移边桩与工作基点桩的最小值不小于 200 m。

4. 塑料排水板与土工格栅法、真空预压处理软基

(1) 工程概况和工程地质条件

某公路全长 78.720 km,双向六车道,设计车速为 80~100 km/h。由于沿线地理环境及选线条件的限制,路线途经多处不良地质路段。24 km+841.9 m~31 km+37.7 m 路段,全段长仅 7.184 5 km,但共穿越 3 处、累积长度达 2 km 左右、厚度 10~28 m 不等的深软土地段。该地段表面硬壳层的标贯锤击数为 3~5 击,容许承载力为 60~150 kPa。淤泥质土层的含水量 $w=60$~85%;密度 $\rho=1.57$~1.73 g/cm³;孔隙比 $e=1.3$~2.3;液限 $w_L=44$~53%;塑性指数 $I_P=20$~25;压缩系数 $a_{0.1\sim0.2}=0.85$~2.20 MPa^{-1};不排水抗剪强度 $C_u=10$~19 kPa;固结系数 $C_v=(0.5$~$1.0)\times10^{-3}$ cm/s。

(2) 设计原理

塑料排水板与土工格栅综合法对软土地基进行处理的原理是：利用插设在软土地基中的塑料排水板建立起竖向排水系统，再在塑料排水板的上部铺设一层砂垫层，建立起横向排水系统，通过其上的填土和预压系统建立起加压系统，使软土中的孔隙水产生压差而渗出，进而达到固结软土、提高地基土强度的目的。在土层中设置土工格栅，主要是利用其良好的延性和整体抗剪性，均匀的纵、横向抗拉性，高抗疲劳性和耐腐蚀性的特点，增加路基的稳定力矩，提高软基抗滑的整体稳定性，加快路基的填筑速度，缩短施工工期。

(3) 施工准备

施工时，首先将场地上的耕植土挖除，将不利于施工的大石块和树根等障碍物清除，并对场地进行整平。为了保证路基的横向排水及在路基发生较大沉降后其砂沟不低于原地面，应用石灰土进行回填、压实。且回填高度应高出原地面不小于 10 cm，并呈双向横坡布置，其横坡度为 3%。本路段回填土的实际厚度为 0.8~1.2 m。

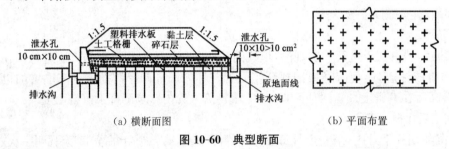

(a) 横断面图　　　　(b) 平面布置

图 10-60　典型断面

(4) 敷设下层水平排水体系

在压实的回填土层上开挖横断面尺寸为 30 cm×30 cm，纵向坡度为 0.1% 的纵、横向排水砂沟，再用级配良好、透水性高、不含有机物质和杂质的砂砾料予以回填。其中，砂粒应为含泥量小于 5% 的中、粗砂，砂砾料的最大粒径应不大于 5 cm，强度大于 4 级，渗透系数一般不低于 $2×10^{-2}$ cm/s 并能起到一定的反滤作用。

(5) 插设塑料排水板

① 塑料排水板

本工程所用的塑料排水板为 SPB－1B 型，其性能参数如表 10-51 所示。

表 10-51　SPB－1B 型塑料排水板性能参数

项　目	单　位	性能参数	备　注
截面尺寸	mm	100±2	
	mm	>4.0	
纵向透水量	m/s	$25×10^{-6}$	侧压 350 kN/m
复合体抗拉强度	kN/cm²	>1.3	延伸率 10% 时
复合体延伸率	%	<10	拉力为 1 kN/10 cm
每卷长度	m	200	

② 插板机

插板机为 IJB-16 型，其性能参数如表 10-52 所示。

表 10-52　IJB-16 插板机性能参数

项　目	性　能　参　数	项　目	性能参数
工作方式	液压步履式行走,电力—液压驱动振动下沉	总重量(t)	15
		液压卡夹紧力(kN)	160
外形尺寸(mm)	7 600×5 300×15 000	插板深度(m)	10
接地压力(kPa)	50	插设间距(m)	13.3～1.6
振动锤功率(kW)	30	插设深度(m/min)	11
激震力(kN)	80 160	拔出速度(m/min)	8
频率(r/min)	670	效率(根/h)	18 左右

③ 插设塑料排水板

用插板机将塑料排水板插设在砂沟中,其插设间距为 1.5 m,彼此间呈等边三角形布置。插设塑料排水板的施工工艺流程为:机具定位→塑料排水板穿靴→插设塑料排水板→拔出套管→割断塑料排水板→机具移位等。

a. 定位。插板机就位后,调整导架的垂直度,使其呈铅垂状,再将塑料排水板穿入空心套管中,对中桩位。

b. 穿靴。将塑料排水板端部穿过预制靴头(铁制或混凝土)固定架,对折带子长约 10 cm 后固定联结,再将靴头套在空心套管端部,固定塑料排水板,并使其在下沉过程中能阻止泥砂进入套管。

c. 插设。松开卷扬机,将套管和塑料排水板通过激振,插入地下至设计深度后关机。其 1 号和 2 号断面塑料排水板的插设深度分别为 11.5 m 和 16.12 m。

d. 套管拔起。启动卷扬机,拔出套管口露出地面时即可移位,同时将带子剪断。

④ 施工注意事项

a. 塑料排水板从出厂到使用的时间间隔不宜超过 30 天,阳光照射的时间不得超过 5 天,施工现场堆放的塑料排水板盘带应加以覆盖,以防暴露在空气中老化。

b. 塑料排水板的插设深度应达到软土层的底层,当软土层较厚时,至少应穿过土体稳定计算的弧形滑动面以下 2 m;留出孔口长度应保证伸入砂垫层不小于 50 cm,使其与砂垫层贯通,同时应防止其在施工中受损。

c. 插设过程中透水滤套不得被撕破和受到污染,排水板底部应有可靠的锚固措施,以免拔出套管时将芯板带出;同时,应防止泥土等杂物进入套管内,一旦进入须及时清除。

d. 塑料排水板搭接应采用滤套内平接的方法,其芯板的对扣应凹凸对齐,搭接长度不小于 20 cm,并将滤套包裹固定。

e. 在边坡地段上施工时,为了保证边坡的稳定,应采取静压的方式进行施工。

f. 施工精度应符合表 10-53 的规定,否则应予重插。

表 10-53　塑料排水板施工允许偏差

项　目	单　位	允许偏差	项　目	单　位	允许偏差
板距	cm	±15	竖直度	%	1.5
板长	cm	≥设计板长	带出长度	cm	50

(6) 真空预压

加载预压过程是地基排水固结和强度增长的过程。因真空预压的荷载可一次加至设计荷载,无需分级加载,从而本工程选择了真空预压的方法。进行真空预压时,应保持真空系统的压力长期稳定在 80~85 kPa 以上,射流泵泵体真空度维持在 90~95 kPa 以上。当地基土层中有与外界相连通的砂层或砂透气体时,应采取相应的阻隔措施及监控措施。

真空预压的施工工艺流程如下:观测设备埋置→埋设真空分布管→铺设密封膜→真空泵安装管路连接→抽真空→观测→效果检验。

用于观测的仪器设备主要有沉降盘、分层沉降管、测斜管和钢弦式孔隙水压力计等。它们分别用于总沉降、分层沉降、侧向位移和孔隙水压力等的测量,其目的是为今后路堤的填筑提供可靠的理论与实际控制依据。

各种测设仪器主要埋设在各断面的路中心至坡脚的一侧。其中,每个断面的路堤中心、路肩和坡脚处各埋设一根分层沉降管,侧旁不同深度处埋有孔隙水压力测头,在坡脚处埋有一根深 25 m 的测斜管等。

(7) 摊铺上层砂垫层与土工格栅

① 摊铺砂垫层

根据实际情况,砂垫层可用人工或机械进行摊铺,并分层压实,每层的压实厚度一般为 15~20 cm,设计总厚度为 0.6 m。砂垫层的摊铺宽度每侧应超出路基边坡坡角 0.5~1.0 m,且两侧端部应用片石进行铺砌、砂袋围挡或采取其他措施予以防护,以免砂料流失。

在实际施工中,由于用作砂垫层的粗、中砂严重不足,而当地的细碎石或卵石又极其丰富,就地取材省工省时,节约工程造价,所以提出用细碎石或卵石代替粗、中砂的方案,并对原设计作了适当修改。该方案经试验可行后,在本工段上得到了推广应用,并达到了预期的效果。

用细碎石代替粗、中砂时,其粒径应控制在 0.5~4 mm,且垫层的厚度应相应地减小;本工程的实际厚度为 30 cm。

② 铺设土工格栅

土工格栅铺设在上层砂垫层上,共有 2 层,彼此间距为 30~50 cm 不等。为了保证真空预压系统的塑料薄膜在真空吸力作用下不被碎石顶破,本工程在碎石垫层与塑料薄膜之间增设了一层土工格栅。

土工格栅应紧贴路基铺设,铺设宽度为路堤的断面宽。进行土工格栅铺设时,应将其拉直,避免出现扭曲、折皱、重叠等现象,同时在路堤的每边应预留 1~2 m,并将其回折裹覆在压实的填料之上,然后再在其外侧用土加以覆盖。为了保证土工格栅的整体性,搭接时应将其重叠 30~50 cm,且上、下两层接缝之间应错开至少 50 cm。

本工程中所用的土工格栅为 CSZ(TL)型,其纵、横向抗拉强度都是 50 kN/m,延伸率均小于 10%。

(8) 填筑路堤

进行路堤填筑时,除了填料必须符合规定要求外,还须对其填筑速度加以控制,保证其填筑速度与软土地基的固结速度和沉降速度相适应。路堤的填筑高度越大,软土地基的固结度和压缩量也越大,特别是在填土后期,当加载较快时尤为突出。为了保证路堤在填筑过程中,不至于因地基的沉降过快而出现裂缝等破坏现象,确保路堤各级填筑时路基的整体稳定性,应对地基的沉降和水平位移等指标进行实时监控。一般说来,每填筑一层,应对地基的沉降量和水平位移进行一次观测。当两次填筑时间较长时,每 3 天至少应观测一次。在路堤填筑完成后的预压期内,根据实际情况,每隔 15 天或一个月应观测一次,直至预压期结束为止。其观测精度为:地基沉降误差为 ±1 mm;水平位移测距误差为 ±5 mm;水平角测角误差为 ±2.5°。

在实际工作中,沉降增量是随荷载增量的变化而变化的。当填土荷载增量小于 10 kN/d 时,彼此间呈直线关系变化;当填土荷载增量大于 10 kN/d 时,地基的沉降速度会加快,路堤也极可能出现局部破坏。根据经验,当填土的平均沉降率为 0.019 9 m/kN、卸载的回弹率为 0.006 8 m/kN 时,其变形的恢复量约为总沉降量的 30%。

当地基下沉时,路堤外两侧的地面将会向上隆起,并产生一定的水平位移,其隆起量一般为 0.3 m 左右,少数可达 0.6 m。一般说来,当填土荷载增量小于 10 kN/d 时,其水平位移增量应控制在 10 mm/d 以内,使用土工格栅后,其水平位移增量也应控制在 15 mm/d 以内,极限值为 25 mm/d。

为了保证软土地基的有效固结,当路堤的填筑高度达到设计标高后,应放置不少于 6 个月的时间,其后才可进行下道工序的施工。本工程填筑完工时,其 1 号、2 号断面的地基固结度均为 63.9%,放置 3 个月后的固结度分别为 89.5% 和 88%,放置 6 个月后的固结度分别为 95.5% 和 95%,与其相对应的路中心实测沉降量分别为 98.5 cm 和 97.8 cm、134.5 cm 和 114.4 cm、137.2 cm 和 116.5 cm(预压 160 d)。

九、粉喷桩法

粉喷桩属于深层搅拌法加固地基的一种形式,也叫加固土桩。作为一种新型的软土加固技术,已逐渐在全国高速公路软基处理工程中得到广泛应用。它是利用粉状水泥(或石灰)等材料作固化剂,在钻孔过程中使用特制的深层搅拌机械将固化剂喷入软土地基的深层,经搅拌使原位土与固化剂均匀混合并发生一系列物理、化学反应,使软土硬结成具有整体相互影响。共同作用承担上部荷载的粉喷桩复合地基,可提高地基承载力,减少沉降。粉喷桩具有施工工期短、无公害、施工过程无噪声、不排污、对相邻建筑无不利影响等优点。

(一)粉喷桩适用范围

(1) 适用于强度低、压缩性高、排水性能差的软土,尤其是 20 m 深度范围内无理想持力层、软土层厚度不少于 3 m 的软土路基。

(2) 水泥土桩适用于含砂量较大的软土,主要用于地基承载力小于 80 kPa,特别是小于 40 kPa 的软土地基;石灰土桩适用于含砂量较小,没有滞水砂层的软土。

(3) 高液限土不宜使用水泥粉喷桩。

(二)粉喷桩的设计要点

进行粉喷桩设计时,所要确定的基本参数为桩径、桩长、桩的布置形式、固化剂的掺入比等。

1. 桩径

粉喷桩的桩径通常是按粉喷钻机确定的,目前常采用的粉喷机的钻孔直径为 0.5 m。

2. 固化剂掺入比

固化剂掺入量通常为被搅拌土质量的 7~15%,可根据具体土质通过试验确定。

3. 桩距

粉喷桩的桩距一般为 1.0~1.5 m,当已确定单桩承担的加固面积时,可根据下式确定桩距:

$$a = \sqrt{A_c} \tag{10-8}$$

式中:a——桩距(m),适用于正方形和等边三角形,当采用长方形布桩时,可由 A_c 值试算确定两个方向的 a_1 和 a_2;

A_c——一根桩承担的处理面积,一般取 1~2 m^2。

通常桩距 a 和一个桩承担的面积 A_c 要进行互相试算和调整后确定。

4. 桩长

确定桩长可采用以下几种方法:

(1)当因地质条件及施工因素限制桩长,或根据土层结构情况可以定出桩底标高时,应先按实际情况定出桩长。

(2)当搅拌桩的加固深度不受限制时,应先通过室内试验选定固化剂掺入比 μ_p 和试验的无侧限抗压强度,求出单桩承载力,并计算出桩长。

(3)根据总荷载和总桩数,先选定单桩承载力,然后求出桩长。

(三)粉喷桩施工

1. 材料要求

可采用水泥、生石灰粉、粉煤灰等作为固料,其质量规格应符合设计要求。

(1)生石灰

生石灰最大粒径应小于 2 mm,石灰中应无杂质,氧化钙、氧化镁含量不应小于 85%,其中氧化钙含量不应低于 80%。

(2)水泥

水泥采用的普通水泥或矿渣水泥,应是国家免检产品,严禁使用过期、受潮、结块、变质的劣质水泥。在特定情况下对使用非免检厂生产的水泥,应分批提供有关强度等级、安定性等试验报告。

(3)粉煤灰

粉煤灰化学成分中要求二氧化硅和三氧化铝的含量应大于 70%,烧失量应小于 10%。也可采用石膏粉作为填加剂,以利于强度的提高。

施工实际使用的固化剂和填加剂必须通过室内试验的检验,符合设计要求后方能使用。

2. 施工机械

水泥粉喷桩的施工机械设备主要由两部分组成:一为步履式钻机,由步履式移位机架、电动机、卷扬机、液压泵、转盘、钻杆、变速箱等组成;二为固定在场地上的粉体输送设备,由空气压缩机、节流阀、流量计、分离器、安全阀、灰罐等组成,另外还需配备一台不少于 50 kW 的发电机。

(1)钻机

钻机是粉体喷射搅拌法施工的主要机械,一般要求直径为 0.5 m 的钻头,能完成 18m 桩长的机架。它必须满足 3 个要求:

① 动力大、扭矩大和符合大直径钻头成桩要求,钻头直径一般与水泥粉喷桩的直径相同;

② 具有正向钻进,反转提升的功能;

③ 具有反转提升时能匀速提升、匀速搅拌、匀速喷粉等功能。

(2) 粉体发送器

粉体发送器是定时发送粉体材料的设备,它是粉体喷射搅拌法加固施工机械中的关键设备,基本工作原理见图 10-61。由空气压缩机①送来的压缩空气,通过节流阀②调节风量大小,压缩空气进入气水分离器④后使压缩空气中的气水分离,然后"干风"送到粉体发磅器喉管与"转鼓"里输出的粉料混合,成为气粉混合体,进入钻机的旋转龙头,经空心钻杆由钻头喷出,使水泥粉经钻叶与软土拌和。

粉体的定量输出,由转鼓转速控制。施工时根据配合比确定掺入比和钻头提升速度及钻机的转速,并选定合适的粉体发量(确定转鼓转速)。

每根桩水泥总量喷入多少,由灰罐电子秤控制。喷粉过程中认真做好粉量记录,确保掺入量符合设计要求。一般掺入量采用 15~16%。

(3) 空气压缩机

粉喷桩水泥的喷出,是以空气压缩机作为风源。空气压缩机的选定主要由加固工程的地质条件及加固深度所决定,但平常采用的空气压缩机压力不大,通常为 0.2~0.4 MPa,其风量也不宜太大,一般为 1.6~2.0 m³。

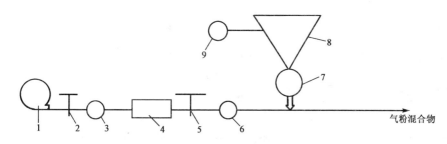

1—空气压缩机;2—节流阀;3—流量计;4—气水分离器;
5—安全阀;6—压力表;7—转鼓;8—灰罐;9—压力表
图 10-61 粉体发送器工作原理

(4) 搅拌钻头

粉体喷射搅拌法凭借钻头叶片的搅拌作用将灰粉与软土混合,因此搅拌钻头的形状直接影响灰、土的搅拌效果。搅拌钻头的形状要保证在反向旋转提升时,对桩中土体有压密作用,而不是将灰、土向地面翻开而降低桩体质量。

(5) 计量装置及动力设备

计量装置在粉喷桩施工过程中起到质量监测的作用,施工前必须标定,施工过程中要有专人监控记录。施工过程中监测一般包括深度计、电子秤、压力表、电压表、电流表等。电压表、电流表主要反映钻头钻进过程中的受力情况,从电流的变化情况可判别钻头经过地层的情况。

一般功率为 75 kW 的发电机组即可满足动力设备要求,也可使用市电。动力设备与桩机为一一配置。

3. 施工准备

施工准备主要是进场道路准备、施工工作准备和备料准备。进场道路要满足施工机械的进出要求;施工场地强度要满足喷粉机械的承载力要求,一般要先垫一定厚度的砂层,该层也作为喷粉桩的预加桩头层用,一般厚为 50~100 cm。粉喷桩的水泥用量较大,要根据施工进度要求备足原料。

4. 施工工艺

(1) 工艺性试桩

不同地区具有不同的地质条件,为了克服施工的盲目性,确保粉喷桩加固地基达到预期效果,在工程桩施工前必须进行工艺性试桩,以掌握该场地的成桩经验及各种操作技术参数。

① 满足设计喷入量的各种技术参数如钻进速度、提升速度、搅拌速度、喷气压力、单位时间、喷入量等。

② 确定搅拌的均匀性。

③ 掌握下钻和提升的阻力情况,选择合理的技术措施。

④ 根据地层、地质情况确定复搅桩长。

工艺性试桩不应少于5根。

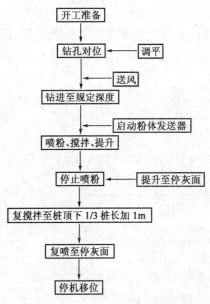

图 10-62 施工工艺流程图

(2) 施工工艺流程(见图 10-62)

① 桩位放样

按照施工图设计给定的轴位平面位置形式和间距,使用经纬仪和钢尺进行准备放样,在桩位处用打入木桩标识。在每个机组作业段内,每次放样数量不得大于该机组2天作业完成量,并且每天必须由现场人员用钢卷尺对当天作业桩位进行复核。

② 机械对位

按照放好的桩位和确定的钻孔作业线路,进行钻机对位。钻尖对准木桩,偏差不得大于100 mm。同时在钻杆架上栓好垂球,控制钻杆倾斜度不得大于1.5%。若钻机支撑脚处砂垫层较软弱,必须加垫枕木等,保证钻机作业过程中不发生倾斜。

③ 钻 进

对位完成后,启动空压机送气(空气压力在 0.3~0.4 MPa),启动钻机钻进。钻进过程中操作手必须注意观察钻进速度和钻杆受力序是否稳定,以判断地质状况有无异常情况。若发现异常,必须通知监理工程师和施工技术负责人现场解决。

④ 喷粉、搅拌及提升

在钻进深度达到以上要求,并检查粉体发送器内水泥量满足要求后,启动发送器控制钻机反向转动,确定水泥被发送至喷灰口,然后匀速提升钻头,边喷粉边提升。整个过程中钻机操作手必须和喷灰发送器控制时刻联络,明确信号,提升速度不得大于 1.0 m/min。当钻头提升至砂垫层顶面 1 m 时,应放慢速度,至砂垫层底面时关闭送灰器,停止发送水泥,控制钻机正向转动准备复搅。

⑤ 复搅及复喷

使钻头正向转动,重新匀速下钻至桩顶下 1/3 桩长加 1 m 外,然后反向转动,匀速提升,复喷至桩顶停灰面。

⑥ 停机

复喷结束后,关闭钻机和空压机,释放管道内压力。

⑦ 钻机移位

按上述步骤进行下一根桩的施工。

5. 施工中常见问题的处理

(1) 施工中钻进困难,电机跳动,电流值偏高。其原因可能是钻进时遇到石块或土质过硬,此时应减慢钻进速度和旋转速度,同时判断是否为地层变异,提前进入持力层。

(2) 桩头下陷。原因是淤泥层变化不大,局部呈流塑状,含水量高,原地层经搅动后出现塌陷、压缩或串孔现象。由于该类地层复杂,处理时先用黏土或砂土回填密实,重新搅拌后再喷粉施工;相邻桩可采用跳开间隔施工法,避免施工对邻近桩造成影响。

(3) 堵管断桩。造成堵管的原因有两个:一是水泥中有结块,堵塞管道或喷嘴;二是钻头钻进时遇腐木或其他异物,缠绕堵塞喷嘴。其处理方法是提升钻头,清理喷嘴或管道;水泥入罐前应过筛,清除水泥中的结块,同时注意检查管道压力情况。

(4) 喷粉量不足。当管道过长时,喷入压力减小,喷体发送器送灰不均匀,造成桩下部灰量少,上部灰量多;提升速度过快,也会造成喷入量不足。其处理方法是控制提升速度和喷粉压力,检查储灰缺罐,减少送灰管道的长度及空压机的压力。

(5) 桩底含灰量少。其原因是钻进到桩底提升时,在水泥尚未达桩底的情况下提前提升。其处理方法是增加桩底空转送灰时间或是复喷桩底 1 m 范围内的桩身。

(6) 施工中桩基的偏位及倾斜。原因场地不平、局部软弱、机械原因以及施工中遇到异常地质,导致导向架倾斜。处理方法是重新调整钻机的平台及支垫钻机,保证钻机的平整及钻杆的垂直对中。

6. 施工注意事项和具体要求

(1) 操作人员必须严格根据成桩试验确定的技术参数进行施工。

(2) 每台作业机组必须安排跟班人员,并按表认真做好记录。

(3) 施工过程中如因停电等原因造成喷粉中止,必须进行复打,复打重叠长度不得小于 1 m。

(4) 施工机组的粉体发送器必须配置粉料计量装置,严禁无粉料喷入计量装置的粉体发送器投入使用。

(5) 成桩完成后,发现喷入水泥量不足时,必须进行整桩复打,复打的喷粉量应不小于规定值,喷入量偏差不得大于规定总量的 8%。

(6) 桩顶下 1/3 桩长加 1 m 处必须进行复搅和复喷。

(7) 成桩每 500 根对桩头进行一次挖验检查,桩径不得小于 49 cm,即钻头直径磨耗不得大于 1 cm。

(8) 储灰罐容量不应小于一根桩的用灰量加 50 kg,成桩前必须对储灰罐内水泥量进行检查,储量不足不得进行成桩施工。

7. 质量检测

粉喷桩施工质量规定值或允许偏差见表 10-54。

成桩 7 天内应采用轻便触探仪(N10)检查桩的质量,触探点设在桩径方向 1/4 处,抽查频率为 2%。

桩身无侧限抗压强度试验应在成桩 28 天后在桩体上部(桩顶以下 0.5 m、1.0 m、1.5 m)

截取三段桩体进行现场实测,检查频率为2‰,每一工点不得少于2根。

表10-54 粉喷桩施工质量规定值或允许偏差

项次	检查项目	规定值或允许偏差	检查方法和频率	项次	检查项目	规定值或允许偏差	检查方法和频率
1	桩距(mm)	±100	抽查2%	4	竖直度(%)	1.5	查施工记录
2	桩径(mm)	不小于设计	抽查2%	5	单桩喷粉量	符合设计	查施工记录
3	桩长(m)	不小于设计	查施工记录	6	强度(kPa)	不小于设计	抽查5%

注:本表摘自中华人民共和国行业标准《公路工程质量检验评定标准》(JTG F80/1—2004)。

在掌握粉喷桩材料与波速关系的前提下,可采用小应变动测法进行桩长及成桩均匀性的定性检查。

在保证取芯质量的前提下,可用钻探取芯进行质量检查及进行必要的室内强度试验。对于重要工程或有特殊要求的工程,应做单桩及复合地基载荷试验。

(四)工程实例(水泥粉喷桩施工)

1. 工程地质概况

某公路有两处软土地基:321 km+110 m～390 m段,软基处为原河沟,设计填土高度为7.8～12.0 m,该段软弱土发育最深达11.0 m,软土呈流—软塑状,为含有地下水量较大、高压缩性的软土层;234 km+430 m～234 km+560 m段,软基位于羊洞水库边,此段最高填土达到12.6 m,该段软弱土发育最深达8.0 m,软土呈软塑状,为地下含水量较大、高压缩性的软土层。这两段软基均采用水泥粉喷桩加固的处理方法。

2. 水泥粉喷桩施工的机械配置

水泥粉喷桩的施工机械主要由两部分组成:一为步履式钻机,由步履式移位机架、电动机、卷扬机、液压泵、转盘、钻杆、变速箱等组成;二为固定在场地上的粉体输送设备,由空气压缩机、节流阀、流量计、分离器、安全阀、灰罐等组成。另外还需配备一台不小于50 kW的发电机。

粉喷机纵向单步步距:1.2 m

横向单步步距:0.5 m

成桩直径:50 cm

转速:28 r/min、50 r/min、92 r/min

提升速度:0.48 r/min、0.8 r/min、1.47 r/rain

3. 水泥粉喷桩施工的工艺流程(见图10-63)

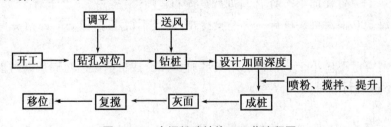

图10-63 水泥粉喷桩施工工艺流程图

(1)放样定位。将搅拌机移位至施工桩位处后定位,孔位误差不得大于50 mm(原铁道部的加固软弱土层技术规范为100 mm)。

(2) 调平钻机平台。使用 4 个支腿调整平台,使钻机钻杆垂直度误差不大于 1%。

(3) 开机搅拌以 1、2、3 挡逐级加速,将钻头顺转钻进至设计深度。如遇硬土难以钻进时可以降挡钻进,放慢速度。在钻进时始终保持连续送压缩空气以保证喷灰门不被堵塞,钻杆内不进水,保证下一道工序送灰时顺利通畅。压缩空气的压力,一般保持在 0.3~0.35 MPa。

(4) 提升钻杆喷粉搅拌,用反转法边搅拌边提升喷粉。按 0.5 m/min 速度提升,喷粉量为加固湿土质量的 17%(原铁道部的加固软弱土层技术规范为 10~15%),一般为 60 kg/min。提升到设计停灰面时,应慢速原地搅拌 2~3 min。

(5) 重复搅拌。为保证粉体充分搅拌均匀,须将搅拌头再次下沉搅拌到原设计深度(铁道部的加固软弱土层技术规范为复搅到原来的 1/3 桩长),再提升搅拌,速度控制在 0.5~0.8 m/min。

(6) 防止施工污染环境。在喷粉提升至距地面 0.5 m 处时应停止喷粉。在通管路时应在孔口设置防灰保护装置。

(7) 粉喷桩施工机具应有专门的自动计量装置,该装置能自动记录沿深度的喷粉量和时间等。

4. 水泥粉喷桩施工的注意事项

(1) 应控制钻机下钻的深度、喷粉高程及停灰面,确保粉喷桩长度。

(2) 严禁无粉体计量装置的喷粉机投入使用。

(3) 应定时检查粉喷桩的成桩直径及搅拌均匀程序,粉喷桩的直径一般为 50 cm。对使用的钻头应定期复核检查,其直径磨耗量不得大于 20 mm。

(4) 当钻头提升至地面以下 500 mm 时,粉喷机应停止喷粉。

(5) 喷粉成桩过程中遇有障碍而停止喷粉,第二次喷粉接桩时,其喷粉重叠长度不得小于 1 m。

(6) 开工前先做工程试桩,不得小于 10 根(铁道部的加固软弱土层技术规范为不少于 2 根)。

(7) 粉喷桩的布桩按三角形梅花桩布设,桩距一般为 1.2 m。

(8) 水泥宜选用强度等级为 42.5 级的水泥。

(9) 粉喷桩施工完成后,需把顶上 50 cm 软弱桩头换除。

(10) 为了消除差异沉降,需在水泥粉喷桩顶端增设 2 层土工格栅。

5. 水泥粉喷桩的效果

根据设计要求,231 km+110 m~231 km+390 m、234 km+430 m~234 km+560 m 两路段复合地基承载力标准值均为 153 kPa。采用水泥粉喷桩加固处理后,计算得出:231 km+110 m~231 km+390 m 路段经粉喷桩处理后的复合地基容许承载力值为 189 kPa,234 km+430 m~234 km+560 m 路段经粉喷桩处理后的复合地基容许承载力值为 179 kPa,均大于设计值。

231 km+110 m~231 km+390 m、234 km+430 m~234 km+560 m 两段软土地基,如果采用设计的换填法处理,需片石(24 684+34 020)m³,造价达 234.75 万元。而采用粉喷桩处理,两段软基需打桩(4 172+4 457)根,合(22 384+30 171)m,造价为 189.20 万元,与换填片石处理方法比较,费用减少 45.55 万元,降低率为 20.42%,而且这还不包括换填法所需要征用大面积弃土场的费用。

十、灌 浆 法

灌浆法就是依据物理化学原理,利用机械设备将具有固化和抗渗性能的浆液材料灌入某种介质的间隙(孔隙或裂隙)或结构面内,并使之在一定范围内扩散和固化,以提高地基强度、降低渗透性、改善地基物理力学性质的一种方法。

(一)灌浆法适用范围

适用于处理淤泥、淤泥质土、粉土和含水量较高且地基容许承载力值不大于 120 kPa 的黏性土等地基。当用于处理泥炭土或具有侵蚀性的地下水,宜通过试验以确定其使用程度。

(二)灌浆法设计要点

高等级公路软弱地基灌浆一般不宜采用化学浆材,宜采用粒状浆材,如水泥浆、水泥粉煤灰浆等。

1. 水泥浆

水泥浆是以水泥为主加水配制成的浆液,根据工程需要加入一定的外加剂(速凝剂、早强剂)等改变浆液性能。水泥浆所用水泥主要为硅酸盐水泥、矿渣水泥等。其来源丰富、价格低廉,浆液结石强度高、抗渗性能好,制浆工艺简单、操作方便。

2. 水泥粉煤灰浆

水泥粉煤灰浆主要由水泥、粉煤灰组成。粉煤灰掺入普通水泥中作为灌浆材料使用,其主要作用在于节约水泥、降低成本。一般情况下,粉煤灰中的 SiO_2、Al_2O_3 和 Fe_2O_3 和 CaO 等含量应大于 85~95%,烧失量不宜大于 4~8%,否则,对灌浆将产生不良后果。

3. 材料配比

一般采用水灰比为 0.8:1~1:1 的浆液,对于水泥粉煤灰浆也可采用 0.8:1~1:1 的水灰比,粉煤灰的含量可占 20~30%。

灌浆施工过程中,宜先注入少量稀浆(水灰比 4:1~1:1 之间),后注入稠浆(水灰比 0.8:1~1:1)。当地下砂砾层孔隙较大时,水灰比可提高到 5:1~1:1。

4. 灌浆方案选择及原则

高等级公路软弱地基的灌浆处理,对于强度很低的淤泥层可采用压密灌浆;对于较硬的亚黏土为劈裂灌浆,对砂砾层为渗透灌浆。灌浆类型可以单独应用,也可以两三种类型组合应用,一般以劈裂灌浆为主。

灌浆方案选择一般应遵循以下主要原则:

(1) 高等级公路软弱地基的灌浆一般采用水泥浆液或水泥粉煤灰浆液。

(2) 当软弱土层上部有硬壳存在时,将其作为封压层;当无硬壳或硬壳不发育时,可在地表做一黏土垫层,厚约 0.5 m,以此垫层作为封压层,或在地基碾压后形成封压层。

(3) 对于上部砂砾层较多的软弱土层,一般宜用分段式自上而下灌浆,对于上部砂砾层薄或没有的软弱土层,一般宜用分段式自下而上灌浆。

5. 灌浆压力和灌浆量

灌浆压力是浆液扩散充填、挤实的能量,与土的容重、强度、初始应力、孔深、位置及灌浆次序等因素有关。而这些因素难以准确确定,一般以不使地层结构破坏或仅发生局部和少量的破坏作为确定地基允许灌浆压力的原则。通过现场灌浆试验确定,黏性土的经验值为 0.2~

0.3 MPa。

灌浆量主要与灌浆对象的体积 V、土的孔隙率 n 和经验系数 k 值有关：$Q=kVn$。

6. 灌浆孔位布置

灌浆孔距(L)与浆液扩散半径(R)有关，一般 $R \leqslant L \leqslant 2R$。当软弱地基中砂层较厚或层理较发育时，$L$ 在 $1.5\sim2.0R$ 之间；当软弱地层中砂层或层理不发育时，L 在 $1\sim1.5R$ 之间；桥头、涵洞等构造物部位 L 值应偏小一些。公路软弱土层灌浆治理宜采用多排灌浆孔，排距宜与孔距相等。布孔以三角形为主，矩形方式次之。

(三)灌浆法施工

1. 施工前准备工作

在施工前，保证设备器具和材料按时到场，做好灌浆试验工作，调整灌浆压力、浆液扩散半径、孔距和排距后及时将孔位放样至实地。

2. 施工工艺(见图10-64)

(1) 钻孔

对于较浅的软土，可采用螺旋钻，较深则采用回转式钻孔。为防止冒浆，孔径宜小一些，一般为 $75\sim110$ mm，垂直偏差小于 10%。

(2) 制浆

根据材料试验确定配比、选择浆材。制浆时注意以下几点：

① 按程序加料，准确计量，掌握浆液性能，供需应搭配。

② 浆液应进行充分搅拌，并坚持灌浆前不断地搅拌，防止再次沉淀，影响浆液质量。

(3) 灌浆

灌浆的方法有：

① 自下而上式孔口封闭灌浆法。这种工艺一次成孔，孔口用三角楔止浆塞封口，分段自下而上灌浆，灌浆段高度在 $1.5\sim2.0$ m 之间。该方法适用于黏性土层较多或地层下部具有少量中粗粒土层的软弱土层。

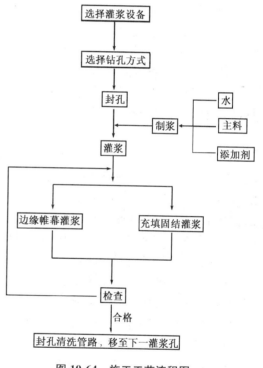

图 10-64 施工工艺流程图

② 自上而下式孔口封闭灌浆法。这种方法一次只钻成一段灌浆孔，孔口用三角楔止浆塞封口，分段自上而下灌浆，灌浆段在 $1.5\sim2.0$ m 之间。适用于上部中粗粒砂土层较多的软弱土层。

(4) 封孔

灌浆结束后应及时封孔，即第二灌浆段灌浆结束半小时后，立刻排除孔口封堵物，再往孔内投入砂石直到水稳层顶面。24 h 后，若浆液下沉，再补充水灰比 1:2 的浆液至水稳层顶面。

3. 特殊情况下技术处理措施

(1) 在灌浆过程中,发现浆液冒出地表(即冒浆),可采取如下控制措施:

① 降低灌浆压力,同时提高浆液浓度,必要时掺砂或水玻璃;

② 限量灌浆,控制单位吸浆量不超过 30~40 L/min 或更小;

③ 采取间歇灌浆的方法,即发现冒浆后就停灌,待 15 min 左右再灌。

(2) 在灌浆过程中,当浆液从附近其他钻孔流出形成串浆时,可采用如下方法处理:

① 加大第 1 次序孔间的孔距;

② 在施工组织安排上,适当延长相邻两个次序孔施工时间的间隔,使前一次序孔浆液基本凝固或具有一定强度后,再开始后一次序钻孔,相邻同一次序孔不要在同一高程钻孔中灌浆;

③ 串浆孔若为待灌孔,采取同时并联灌浆的方法处理。如串浆孔正在钻孔,则停钻封闭孔口,待灌浆完后再恢复钻孔。

4. 质量检验

灌浆施工属地下隐蔽工程,灌浆施工应严格按照要求进行,以保证灌浆工程的质量。

(1) 质量检验标准基本内容

灌浆材料要符合设计要求,整个施工过程要按设计规定执行。认真填写施工记录,原始记录资料要清楚、齐全、详实。

(2) 质量检验方法

① 开挖法。先取某一个灌浆区域,人工挖槽探或井探,此可非常直观地评价和检测灌浆施工质量。再绘制出槽探或井探剖面图,详细分析研究灌浆的扩散半径,确定是否符合设计要求。根据需要决定是否对灌浆浆液结石体进行岩石物理力学性质测试。该方法仅适用于地下浅处(地下最深达 2 m)质量检查。

② 钻探法。钻探是一种最常用的质量检验方法。在处治范围内通过钻孔提取岩芯,然后对岩芯测试,取得土层物理力学参数,最终对工程质量进行综合评价。

③ 载荷试验法。载荷试验法是工程地质中原位测试方法的一种,可以确定地基土承载力和计算地基土的变形模量。对于处治后的路段,宜采用 2~3 组载荷试验。如果有条件,在处治前应在相同地方进行载荷试验,取得有关数据,以便对处治前后的地基情况进行分析对比,综合评价灌浆施工质量。

④ 物探方法。采用瑞利波仪进行无损检测来确定地基软弱土层中灌浆的情况。

⑤ 变形观测方法。上述几种方法主要用于灌浆处治施工质量检验,检查灌浆处治是否达到施工设计要求。地基处治的效果如何,是否达到公路工程的要求,主要通过变形观测来评价。变形观测要求的时间从处治工程结束至公路运营一年止,其施工后沉降不超过设计值。

(四) 工程实例

1. 工程概况

某公路 1 km+229.782 m~1 km+427.647 m 路段(长 198 m,宽 36~40 m)工程地质条件较差,上部地层(主要受力层)主要由杂填土(厚度 1.3~3.2 m,平均 2.0 m)、淤泥或淤泥质土(厚度 0.4~1.4 m,平均 0.64 m)、粉、细砂(厚度 0.6~3.6 m,平均 1.8 m)组成。由于杂填土结构疏松(f_k=90 kPa),淤泥或淤泥质土呈软—流塑状(f_k=50 kPa),粉、细砂饱和松散(标贯试验锤击数平均 6 击,f_k=100 kPa),满足不了上部荷载对路基的要求,因而路基在通车后将产生较大沉降。为保证该段路基的稳定,提高地基土强度和变形模量,以满足上部荷载对地基土承载力的要求,提出了对该段路基采取灌浆加固处理方案。这主要是基于杂填土孔隙大,可灌性好,灌浆后其力学强度、抗变形能力和均一性会有所提高,整体结构得到加强;淤泥或淤泥质土和粉、细砂通过钻孔灌入浓浆后,使土体压密和置换;杂填土之上已施工完的30 cm厚6%水泥石屑稳定层为良好的灌浆盖板。

2. 灌浆设计要求

(1) 灌浆标准

① 强度控制标准

灌浆后,杂填土容许承载力值(f_k)要求达到130 kPa,淤泥或淤泥质土f_k值80~100 kPa,粉细砂f_k值大于110 kPa,复合地基容许承载力值不小于130 kPa。

② 施工控制标准

施工控制标准是获得最佳灌浆效果的保证。本次灌浆对象之一的杂填土,由于其均一性差、孔隙变化大、理论耗浆量不稳定,故不能单纯用理论耗浆量来控制,还应同时按耗浆量降低率来控制,即孔段耗浆量随灌浆次序的增加而减少。

(2) 灌浆段选择

本次灌浆分两个灌浆段,即第一灌浆段为杂填土范围,第二灌浆段为淤泥或淤泥质土和粉、细砂范围。

(3) 浆材及配方设计

浆材采用两种配方的纯水泥浆,在第一灌浆段水灰比为0.5,在第二灌浆段为0.75。若杂填土中局部孔隙较大,导致灌浆量过大时,可采用水:水泥:细砂=0.75:1:1的水泥砂浆灌注。

(4) 浆液扩散半径(r)的确定

由于杂填土均一性差,其孔隙率、渗透系数变化较大,因而仅用理论公式计算浆液扩散半径显然不甚合理。现根据大量的经验数据,暂定r值为1.5 m,在现场进行灌浆试验后再进一步确定r值。

(5) 灌浆孔位布置

灌浆孔采取梅花形分布。假定灌浆体的厚度b为1.66 m,则灌浆孔距$L=2.5$ m,最优排距$R_m=2.33$ m。

(6) 灌浆孔孔深

根据工勘资料,暂定孔深3.5~6.0 m,以孔底到黏性土层为准。

(7) 灌浆压力

由于灌浆压力与土的容重、强度、初始应力、孔深、位置及灌浆次序等因素有关,而这些因素又难以准确地确定,因而本次灌浆的压力通过灌浆试验来确定。根据有关公式计算,暂定在第一、第二灌浆段灌浆时灌浆压力分别为0.1~0.2 MPa和0.3~0.4 MPa,在灌浆过程中根据具体情况再作适当的调整。

(8) 灌浆量

灌浆量主要与灌浆对象的体积V、土的孔隙率n和经验系数k值有关。根据$Q=kVn$公式,理论估算杂填土,淤泥或淤泥质土和粉、细砂的单位吸浆量分别为0.35 m³、0.28 m³和0.18 m³。

(9) 灌浆结束标准

在规定的灌浆压力下,孔段吸浆量小于 0.6 L/min,延续 30 min 即可结束灌浆,或孔段单位吸浆量大于理论估算值时也可结束灌浆。

3. 灌浆施工方法

(1) 正式施工前准备工作

正式施工前,保证设备器具和材料按时到场,着重做好灌浆试验工作,调整灌浆压力、浆液扩散半径、孔距和排距后及时将孔位放样至实地。

(2) 施工设备机具选型

针对地层条件和设计要求,选择的主要施工设备机具及材料见表 10-55。

表 10-55 主要施工设备机具及材料一览表

序 号	设备机具及材料名称	型号规格	单 位	数 量
1	钻机	SH-30	台	6
2	灌浆泵	BW-200	台	3
3	搅浆机	1 000 L	台	3
4	灌浆(花)管	φ48 mm	m	200 (50)
5	灌浆胶管	φ48 mm	m	150
6	压力表	Y-30	只	3

(3) 施工工艺

① 施工顺序

根据多台机同时作业情况、现场施工条件、工程地质条件和灌浆方法等,施工顺序从里往外。

② 施工程序

成孔→安放灌浆管并孔口封堵→搅浆→灌浆→待凝→成孔→安放灌浆管并孔口封堵→搅浆→灌浆→封孔。

③ 施工技术要点

a. 成孔。钻头($\varnothing$110 mm)对准孔位后,采取冲击成孔的方法钻进。在杂填土中钻进时,若孔壁不稳,可下入导管护壁。当钻进到淤泥或淤泥质土和粉、细砂时,下入导管护壁,然后采取捞砂筒取砂成孔的方法直至下卧黏性土层。

b. 管安放及孔口封堵。灌浆管下端设置 0.7~1.0 m 长且下端封口的花管,花管孔径 $\varnothing$8,孔隙率 15% 左右;在花管外壁包扎一层软橡皮,以防流砂涌进花管导致灌浆无法进行。当成孔达到预定深度后,将灌浆管下沉到位,再用水泥袋放入孔中水稳层底部包裹灌浆管并接触孔壁,即"架桥",然后投入黏土分层夯实至孔口。

c. 搅浆。先往搅拌浆筒内注入预定的水量并开动搅浆机后,再逐渐加入强度等级为 42.5 的普通硅酸盐水泥,直到预定的用量,搅拌 3~5 min 后将浆液通过过滤网流到储浆筒内待灌。

d. 灌浆。灌浆采用自上而下孔口封闭分段纯压式灌浆方法,即自上而下钻完一段灌注一段,直到预定孔深为止。灌浆段的长度以杂填土和淤泥或淤泥质土、粉、细砂的厚度来确定。灌浆压力采取二次或三次升压法来控制,即灌浆开始采用低压(小于 0.1 MPa)或自流式灌浆,对杂填土而言,当吸浆量较大时采取间歇灌浆或用砂浆灌注,终灌时压力要达到设计值。灌浆结束标准应严格按设计执行。

e. 封孔。灌浆结束后及时封孔,即第二灌浆段灌浆结束半小时后,立刻排除孔口封堵物,再往孔内投入砂石直到水稳层顶面,24 h后,若浆液下沉,再补充水灰比1∶2的浆液至水稳层顶面。

(4) 效果检验与评价

① 灌浆资料分析

本次施工路段共完成灌浆孔1 209个,计5 579.72 m,共灌入水泥1 855.4 t,平均每孔灌入水泥1.535 t,平均灌入水泥0.333 t/m,第Ⅰ序孔单位耗浆量比第Ⅱ序孔大,并且地面上抬数厘米。

总灌入量和单位灌入量数据表明,受灌段土体空隙均有大幅度地降低,从而也说明了施工段地层的可灌入性。

② 静载荷试验

施工结束15天后,监理在施工段范围内选择了5个代表性地点(其中2个在灌浆点位,2个在两相邻灌浆点位中间,1个在相邻对角灌浆点中间)进行静载荷试验,当在杂填土顶面单点加载130 kN或140 kN即满足设计要求后便停止加载。这时最大沉降量仅9.31~11.70 mm,平均10.30 mm,表明该点地基土未达极限破坏状态,说明了施工段复合地基容许承载力值大于130 kPa,同时也验证了杂填土容许承载力值大于130 kPa。

③ 钻孔取芯标贯试验和探槽开挖检查

施工结束半个月后,监理在施工段范围内选择了12个钻孔检验点(其中6个钻孔距灌浆点0.5 m,6个钻孔距灌浆点1.0 m),进行钻孔取芯和标贯试验。从钻孔取上的芯样中可见:杂填土中水泥结石较多,并且结石与土体胶结紧密;淤泥或淤泥质土体中水泥结石成团块状,有的块状结石由淤泥或淤泥质土胶结;粉、细砂中也可见水泥结石,土工试验表明了其密度有所增加,状态也由原来的松散状变为密实状($e=0.637$)。标贯试验结果表明:杂填土较密实,平均击数11.2击;粉、细砂平均击数由原来的6击增加到11击,容许承载力值也由原来的100 kPa增加到148 kPa。从探槽开挖剖面可见:杂填土中的水泥结石呈片状、条带状,尤其是杂填土顶面与石屑垫层底面之间和石屑垫层顶面与水稳层底面之间普通充填条带状水泥浆石,厚1~5 cm,构成了路基硬壳表层。

④ 弯沉试验

在施工段范围内,正式水稳层施工一周后,进行30个点弯沉试验。弯沉值为0.16~0.80 mm(平均0.41 mm),均小于设计值0.9,完全满足设计要求。

从上述效果检验分析可见,灌浆施工范围内的杂填土层空隙得到有效充填,淤泥或淤泥质土受到充填、挤密和置换,粉、细砂层得到有效充填和压密,由松砂变为密砂。这三种土体经灌浆后,不同程度地得到加固,承载力明显提高,起到了控制沉降的作用。

十一、土工合成材料法

土工合成材料是以人工合成的聚化物为原料制成的各种类型产品,可置于岩土或其他工程结构内部、表面或各结构层之间,具有过滤、防渗、隔离、排水、加筋和防护等各种功能,发挥加强、保护岩土或其他结构功能,是一种新型岩土工程材料。土工合成材料可分为土工织物、土工膜、特种土工合成材料和复合型土工合成材料等类型。

(一)土工合成材料的应用

在软土地基上修筑路堤或结构物时,往往由于地基抗剪强度不够,路堤侧向整体滑动,边坡外侧土体隆起。路基底面沿横向产生盆形沉降曲线,导致路面横坡变缓,影响横向排水。桥头路堤纵向下沉,向河床方向产生整体滑动,导致桥台的破坏。人工构造物与路堤衔接处产生差异沉降,引起桥头跳车及路面破坏以及小桥涵构造物的破坏。若将土工织物、土工格栅铺设于软土地基和路堤之间,对软基路堤加筋,可以保证路堤的稳定性。在基坑底部和碎石垫层顶部分别铺设单向或双向土工格栅,处理软土地基上小型构造物基础,以提高地基承载力和减少地基不均匀沉降造成的构造物破坏。单向或双向土工格栅处理软基,是通过格栅上部填料的垂直变形向水平方向扩散,使其上部填料的抗剪变形能力得以充分发挥,使软土地基表面的承载区大大增加,表面压强相应减小,以达到提高地基承载力的目的。同时,格栅纵横相连,能防止填料的局部下陷,最大程度地减少地基的不均匀沉降。

(二)土工合成材料设计要点

1. 材料要求

(1) 土工合成材料应具有足够的抗拉强度并能经受施工荷载,避免人为机械损伤。土工格栅为网眼结构,受施工场地填方土料的影响较小,可不予考虑。但土工织物必须具有较高的刺破强度、顶破强度和握持强度。

(2) 加筋路堤填料应选择易于压实,能与土工合成材料产生较大摩擦力的土料。

2. 结构形式

(1) 土工合成材料不宜直接铺设于原地面表面上,应在原地表设置 30~59 cm 砂垫层或其他透水性好的均质土料后,再铺设土工合成材料,且尽量设置于路堤底部。

(2) 多层土工合成材料加筋的路堤,各层土工合成材料之间的间距不宜小于一层填土最小压实厚度,且不宜大于 60 cm。

(三)土工合成材料的施工

1. 施工要点

土工合成材料加筋路堤的施工,主要在于保证合成材料能充分发挥作用。施工中应注意:

(1) 目前国产土工格栅分单向、双向两种,单向纵向有强度,双向纵向强度均等或不等,而作为路堤,其边坡坍滑多表现为侧向移动,此时采用单向或双向将强度高的方向置于垂直于路堤轴线方向更有利于发挥其强度优势。

(2) 土工合成材料的联接有绑扎、缝合、黏合等方法。一般对土工格栅及土工网采用绑扎方法,而对土工织物多采用缝合法和黏合法。根据一些工程经验,当采用绑扎法时,一般每隔 10~15 cm 应有一绑扎节点,且为使搭接处的强度满足要求,搭接长度不小于 10 cm,在受力方向搭接至少有两个绑扎节点。当采用缝合法进行连接时,一般采用工业缝纫机,缝接长度在 20 cm 左右。黏合法很难保证连接质量,因此在工程中很少采用。

(3) 土工合成材料在铺设时,如有褶皱将不利于强度的发挥。在工程中为保证土工合成材料的铺设质量,常采用插钉等固定方法。

(4) 铺设土工合成材料的土层表面如有坚硬凸出物则易穿破土工合成材料,从而使单位宽度土工合成材料强度降低,因此在铺设土工合成材料前,应先将场地整平好。在距土工合成材料层 8 cm 以内路堤填料,其最大粒径不得大于 6 cm。

(5) 土工合成材料摊铺好后应立即用土料填盖。目前大部分土工合成材料由合成化工原料制成。这种材料受阳光紫外线照射易老化,因此铺筑好的土工合成材料两天内应覆盖。

(6) 土工合成材料加筋路堤,其土体填筑质量不应有加筋面而放松。

(7) 土工合成材料上的第一层填土摊铺宜采用轻型推土机或前置式装载机。一切车辆、施工机械只容许沿路堤的轴线方向行驶。

(8) 对于软土地基,应采用后卸式卡车沿加筋材料两侧边缘倾卸填料,以形成运土的交通便道,并利于土工合成材料张紧。填料不允许直接卸在土工合成材料上面,必须卸在已摊铺完毕的土面上。卸土高度以不大于1 m为宜,以免造成局部承载能力不足。卸土后立即摊铺,以免出现局部下陷。

填成施工便道后,再由两侧向中心平行于路堤中线对称填筑,宜保持填土施工面呈"U"形。

第一层填料宜采用推土机或其他轻型压实机具进行压实;只有当已填筑压实的垫层厚度大于60 cm后,才能采用重型压实机械压实。

2. 质量检验

(1) 基本要求

土工合成材料质量应符合设计要求;在平整的下承层上全断面铺设,土工合成材料应拉直平顺,紧贴下承层;锚固端施工应符合设计要求;接缝搭接黏合度应符合要求;上下层土工合成材料应错开。

(2) 实测项目

土工合成材料施工质量要求应符合表10-56。

表10-56 土工合成材料施工质量要求

项 次	项 目	允 许 偏 差	检查方法和频率
1	下承层平整度、拱度	符合设计施工要求	每200 m检查4处
2	搭接宽度(mm)	+50,-0	抽查2%
3	搭接缝错开距离(mm)	符合设计施工要求	抽查2%
4	锚固长度(mm)	符合设计施工要求	抽查2%

(四)工程实例(土工格栅处理软土地基)

1. 工程概况

某公路路段所经地段大、小鱼塘和水库共27处,其余均为稻田,且周围地势较高,地下水丰富,鱼塘水排干后,塘底软土分布广泛,厚度0.6~2 m不等。原设计处理路基方案为抛石挤淤,但由于片石需远运,数量大且稳定所需时间长。若全部清淤换土又受用地的限制,没有弃土用地。经设计单位、业主、监理三方共同研究决定,采用砂砾石土工格栅加筋垫层进行软基处理,并同时布设纵、横向排水盲沟,如图10-65。

2. 材料的性能与要求

砂砾垫层要求使用洁净的砂砾石,粒径为3~6 cm,含泥量小于5%,以利于形成排水通道。

土工格栅采用双向50型。该材料系高密度聚乙烯(HDPE)或聚丙烯(PP)配以抗老化剂经挤出拉伸成带状,经超过焊接成网状格栅。具有强度高、耐腐蚀和使用寿命长等特点,且重量较轻,方便施工。纵横向极限抗拉强度≥50 kN/m,延伸率≤110%(每延米),幅宽等于 6 m,卷长 60 m,铺设面积宽、大,搭接点线面少,整体强度高,省工、省料、省时间,节约工程造价。

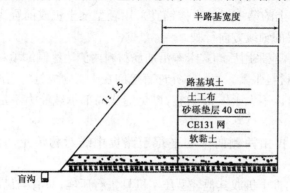

图 10-65 格栅垫层示意图

土工布采用 SWG50-4 型裂膜丝机织土工布,其经向断裂强度不小于 2 500 N/5 cm,纬向断裂强度不小于 200 N/5 cm,断裂伸长率不大于 25%,经向撕破强度不小于 1 200 N,单位面积质量 240 g/m²,幅宽 4 m。

3. 土工格栅垫层处理软土地基的方法

(1) 先平整场地,清除表土并排干地表水。

(2) 在地基上铺设第一层格栅,从处理地段的一端开始,垂直路线铺设,并沿线路走向一幅接一幅地向前摊铺。横向铺网与路堤两边纵向盲沟相接,相邻幅土工格栅搭接长度为 20 cm,搭接处用 U 型钉固定。另外,格栅靠路堤处,应回拆 2.5 m 以利格栅稳固,然后在格栅上摊铺厚为 40 cm,粒径 3~6 cm 的砾石。平整后用轻型压路机振碾 3~5 遍,接着在砾石层上铺土工布,最后开始分层填土碾压。

(3) 路基土应分层填筑并满足相应规范的要求。另外,应避免运料车在已摊铺好并张紧定位的格栅上直接碾压。

(4) 施工中应控制路堤的填土速率并加强沉降和侧向位移的观测,以防止路堤失稳。

第五节 红黏土与高液限土处治技术

红黏土是指碳酸盐岩出露的岩石,经红土化作用形成的棕红色、褐黄色的高塑性黏土,其液限一般大于 50%。经再搬运后仍保留红黏土基本特征,其液限大于 45% 的土称为次生红黏土。

红黏土主要分布在我国西南、中南和华东地区,以贵州、云南、广西等地的分布最为广泛和典型,其次在安徽、重庆、粤北、鄂西和湘西也有分布。一般分布在山坡、山麓、盆地或洼地中,主要为坡积、残积类型,是一种区域性的特殊性土,红黏土的矿物成分除仍含有一定数量的石英颗粒外,大量的黏土颗粒则主要由多水高岭石、水云母类、胶体 SiO_2 及赤铁矿、三水铝土矿等组成,不含或极少含有机质。红黏土的粒度较均匀,呈高分散性,黏粒含量一般为 60~70%,最大达 80%。红黏土的一般特点是天然含水量和孔隙比很大,但强度高,压缩性低,工程性能复杂。它的物理、力学性质具有独特的变化规律,不能用其他地区的、其他黏性土的物理、力学性质相关关系来评价红黏土的工程性能。红黏土的物理力学性质指标见表 10-57。

表 10-57　红黏土物理力学性质指标

含水量（%）	孔隙比	液限（%）	塑限（%）	饱和度（%）	含水比	压缩系数（MPa^{-1}）	渗透系数（cm/s）	自由膨胀率（%）
20~75	0.7~2.1	40~110	20~60	80~100	0.5~0.75	0.1~0.4	$i \times 10^{-8}$	25~69

由此可见，红黏土的天然含水量、孔隙比、液塑限高，但却具有较高的力学强度和较低的压缩性。红黏土的膨胀势较低，无荷载膨胀率均小于 20%，膨胀压力一般小于 30 kPa，其膨胀性极弱；红黏土线缩率 1~10%，体缩率 5~28%，收缩系数 0.1~0.8，具有弱至中等收缩性。

红黏土地层存在由硬变软的现象，从地表向下随深度增加，土体稠度由坚硬、硬塑状态变为软塑、流塑状态，土的含水量、孔隙比和含水比随深度增加而增大。相应地，土的强度则逐渐降低，压缩性逐渐增大。

红黏土中裂隙较发育，这是在湿热交替的气候条件下干缩形成的。在地表，裂隙多呈竖向开口龟裂状，往下逐渐闭合成网状，裂隙面光滑。收缩性强的红黏土，在地形突起、向阳、植被少的地段，裂隙密度大，延伸深，一般达 3~4 m，个别地区达十余米。裂隙使土体完整性破坏，降低了土体的强度，增大了土体的透水性，形成了土体的软弱结构面，构成土体稳定的不利因素。

液限大于 50% 的土称之为高液限土，其成因较为复杂，主要与母岩性质有关，其工程性质与红黏土有所区别，但总体上与红黏土相似，可参照红黏土的设计原则进行设计。

红黏土和其他高液限土的 CBR 小于 3，水稳性较差，不得直接用于路基填筑。针对其工程特性，采用红黏土和其他高液限土填筑路基，需解决两个问题，一是改善路基土的性质与压实控制；二是隔离水对路基土的影响，保证路基稳定。

红黏土和高液限土用作路基填料，鉴于其天然含水量较大，土料应先减水，通过晾晒或其他措施使之满足路基压实要求。当土的天然稠度介于 1.05~1.3 时，采用湿法重型击实试验；若稠度大于 1.3，则用干法重型击实试验。

红黏土和其他高液限土是特殊的填方材料，可压实性较差，压实土的压缩性仍较大，路基压缩变形较大，变形稳定时间较长，需限制使用。交通部《公路路基设计规范》(JTG D30—2004) 规定："应根据压缩试验确定土的压缩性等级和用途，压缩系数 $a_{1~2}<0.1$ MPa^{-1} 的低压缩性土，可用于路堤高度 15 m 以下的路堤填筑；压缩系数 0.1 MPa$^{-1}<a_{1~2}<0.5$ MPa^{-1} 的中压缩性土，可用于路堤高度 6 m 以下的路堤填筑；压缩系数 $a_{1~2}>0.5$ MPa^{-1} 的高压缩性土，需进一步评价路堤压缩变形后方可使用。"

红黏土挖方路基的主要问题是路堑边坡稳定性。对红黏土尤其是对复水特征属 I 类的红黏土的路堑边坡稳定评价和计算参数的确定，应考虑红黏土的工程特性以及开挖面土体干缩导致裂隙发展及复浸水使土质产生变化的不利影响。宜采用饱水剪切试验和重复慢剪试验等强度指标。

红黏土挖方边坡的失稳主要是由水引起的，应加强路基排水系统的综合设计，在边沟下设置纵横向排水渗沟，对坡体中出露的集中水流，应设置仰斜式排水孔；无明显出露的水流，但土体含水量较大,应设置边坡片碎石或无砂大孔混凝土渗沟,并与边沟下排水渗沟有机结合起来,形成综合排水系统。

红黏土挖方边坡的失稳一般由坡脚土软化开始,要重视坡脚的稳定,遵循固脚强腰的原则,因地制宜在路堑边坡下部设置支挡工程(如抗滑挡墙、预应力锚杆(索)、抗滑桩等)。对于全封闭的圬工防护(护面墙、抗滑挡墙),应在墙背设置厚度 0.15～0.30m 的排水垫层。

第六节 芜湖长江大桥双壁钢围堰大直径钻孔灌注桩施工技术

大直径钻孔灌注桩在各类结构中已广泛应用,施工机具和方法也在不断发展,钻孔直径和深度也在加大。有效地控制钻孔灌注桩的施工,既可保证成孔质量又能加快施工进度,创造可观的效益,对工期而言也是一个有力的保证。本节就芜湖长江大桥大直径钻孔灌注桩对施工控制和机具改进做了些探讨。

(一)工程概况

芜湖长江大桥位于芜湖市广福矶,为公铁两用特大型桥梁,正桥从 0～14 号墩,总长 2 193.7 m,9～12号墩为钢桁梁斜拉桥部分,跨度为 180 m+312 m+180 m,其中 10 号、11 号墩为主塔墩。主航道在 9～12 号墩间,水深 20～30 m。9～12 号墩均采用双壁钢围堰钻孔桩灌注施工,即钢围堰下沉至岩面后,下放钢护筒,然后灌注水下封底混凝土,再进行钻孔灌注桩施工,之后抽水施工承台和塔身。9 号墩为 8 根-2.8 m 的钻孔灌注桩,岩面标高-41～-42 m,孔底标高-48～-52 m。10 号墩为 19 根-3.0 m 钻孔灌注桩,岩面标高-42～-43 m,孔底标高-60～-69 m。11 号墩为 17 根-3.0 m 桩,岩面标高-31～-33 m,孔底标高-40～-47 m。12 号墩为 8 根-2.8 m 的钻孔灌注桩,岩面标高-24～-25.5 m,孔底标高如图 10-66 所示。

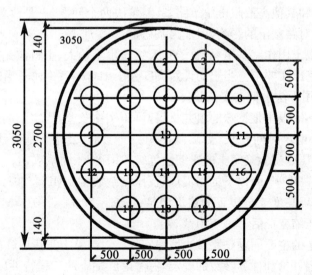

图 10-66 10 号墩钻孔灌注桩的位置 (据李军堂、戴宗诚,2000)

(二)水文地质简况

桥址处水位季节性涨落明显,按水文资料统计,12 月～次年 3 月为枯水期,6～10 月为洪水期。历史最高水位为+10.96 m,最低水位为+0.20 m。桥址水位受潮水影响,最大潮差发生在春季,潮差最大1.16 m。桥址河床覆盖层厚 7~55 m,由无为岸向芜湖岸逐渐变浅,覆盖层多为中、细砂,岩面上局部有砾砂和圆砾土。基岩以角岩、花岗闪长岩为主,局部有破碎带。新鲜角岩、花岗闪长岩、闪长岩极限抗压强度为 50~60 MPa。10 号墩地质剖面如图 10-67 所示。

(三) 钻机平台及机具配备

1. 平台布置

9~12 号墩均采用在围堰顶设置钻机平台,平台上设钻机走道。平台布置简洁紧凑,不受水位影响,也不影响航道。平台布置如图 10-68 所示。

2. 钻机

钻机以大桥局桥机厂产 KPG-3000 和 KPG-3000A 钻机为主,辅以 KTY-3000 钻机。钻机主要参数见表 10-58。

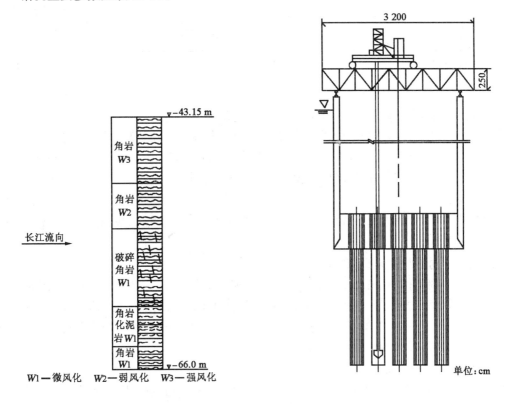

图 10-67　10 号墩地质剖面（据李军堂等,2000）　　图 10-68　10 号墩钻孔平台布置（据李军堂等,2000）

KPG-3000 是目前国内比较先进的钻机,液压系统由瑞典进口,可实现电控或液控恒压自动给进,无级变速,钻杆采用工字卡连接,可大大减轻工人的劳动量,提高工效,并能保证成孔质量。

表 10-58 钻机参数*

主要项目		单位	KPG-3000			KTY-3000	
钻孔直径	覆盖层	m	−1.0～−6.0			−1.5～−6.0	
	岩层	m	−1.5～−3.0			−1.5～−3.0	
钻孔深度		m	130			130	
排渣方式			气举反循环			气举反循环	
转盘转速及相应扭矩		r/min	0～3.5	0～7.0	0～14	0～8	0～16
		kN·m	200	100～200	80～100	200	100
钻架倾斜角度		°	0～15			0～300	
钻杆规格		mm	351×25×5 000			351×25×3 000	
			351×25×3 000				
钻机总功率		kW	110×2+18			110×2+18	
主机外形尺寸		mm	7 600×4 450×13 892			7 180×4 450×8 670	
主机重量		kN	550			502	

* 据李忠堂、戴宗诚,2000。

3. 钻头

钻头选用洛阳矿山机械厂的−2.8 m、−3.0 m钻头。

由于芜湖长江大桥地质为中硬以下的岩石,因此选用洛阳矿山机械厂12英寸系列楔齿滚刀,型号XHB-200,同时也辅以12英寸盘形刀和矮齿的球齿滚刀。刀齿为TM-60碳化钛优质钢,可焊、高强,且有很好的韧性,是比较理想的耐磨材料。

4. 辅助机具

每台钻机配50 t浮吊1台,40 m³/min压风机或20 m³/min压风机1台。墩上各设1 000 kVA变压柜1个。

(四)钻孔中对参数的选择及控制要点

因9~12号墩钻孔灌注桩都是纯钻基岩,不存在护壁问题,因此全部选用清水气举反循环钻进,其原理是利用钻具自重,在滚刀的刀齿处产生大于岩石抗压强度的压应力,通过钻具回转,强大的扭矩产生剪切、压碎等作用来破碎岩石,随着气举反循环,将碴块及时排出孔外。所以合理地选用钻压、转速、水流循环量是至关重要的。

1. 钻压的选定和控制

钻压应与岩石强度相关,如果刀齿处的压应力小于岩石的抗压强度,则刀齿只是在岩石表面刮削,只能刮点碎屑,而对刀具的磨损则很严重。理论上讲,钻压应力应大于岩石抗压强度,使刀齿适当压入岩石,但钻压不宜太大,太大易造成埋钻、斜孔,并且基岩磨损刀体,易造成滚刀轴承的早期损坏。对楔齿滚刀,可用下式计算:

$$P = K \times Q \times L \tag{10-4}$$

式中 K——重叠系数,其值为(刀具长×刀数)÷成孔半径;
   Q——线压强度,一般为岩石强度的三分之一;
   L——钻孔半径。

对50 MPa基岩选钻压力350~450 kN,对15 MPa基岩选钻压为100~150 kN。

钻机加压的原则是"自重加压,减压钻进,低压开钻,缓慢加压"。

实际加到井底的钻压为钻具、配重和钻杆总重减去浮力,再减去水龙头的提升力量。KPG-3000钻机和KTY-3000钻机钻具、配重和钻杆扣掉浮力后约52 t左右,称为全压。通过控制水龙头的提升力量来调整钻压,实现减压钻进。减压钻进,可使钻杆受拉,保证孔的垂直度,减少斜孔。一般情况,合理的钻压为全压的40～80%。

在开孔阶段和有倾斜岩面的地层,控制钻压不宜过大,一般取150～250 kN,待整个钻头进入岩层后再慢慢加压加速。

2. 转速

在一定的转速之内,进尺跟转速近乎成正比关系,即转速愈快,进尺愈快。但刀具破岩的线速度有一个临界值,超过临界值,则刀具磨损很快。不同的岩石强度有不同的临界值,一般情况对硬岩宜采取高压低速。而对软岩则取低压高速。本桥边刀外缘线速度 v 为 $0.9\sim 1.3$ m/s,$N=60V/\pi \cdot D$ 计算转速为 $5\sim 8$ r/min,式中 D 为钻头直径(m)。现在滚刀已趋于标准化生产,各种类型刀具,均提供破岩强度和边刀适应的线速度,使用时可直接查看。如按经验公式,以边刀不超过120 r/min 为标准计算,则

$$N = 120\, d/D \tag{10-5}$$

式中　d——滚刀大头直径(m);

　　　D——钻头直径(m)。

在开孔阶段,宜选用低钻压、低转速,以保证入孔垂直。我们一般控制在5 r/min 以内。

3. 沉没比

沉没比是风包沉入水中深度与风包到水龙头排出口的距离之比 $a = h_1/(h_1+h_2)$;对气举反循环来说,沉没比越大效率越高,通常情况下沉没比需大于0.5,小于0.4就不好工作。在开孔阶段,如沉没比过小应采取措施,比如提高孔内水位或降低水龙头出水口高度等,如仍不满足就应考虑采用别的钻孔方式。

4. 风压

$$P = H\gamma/10 + \Delta P \tag{10-6}$$

式中　H——风包埋入水中深度(m);

　　　γ——冲洗液比重(t/m³);

　　　ΔP——管路摩擦损失,$0.3\sim 0.5$ kg/cm²。

水深超过65 m时,7 kg/cm² 的风压就不够用了,必须采取加中间风包。10号墩孔底标高由-60～-69 m,水位+6 m,水深均超过65 m,因此必须加中间风包。加中间风包后可达到的深度为:$H = 10/\gamma \times P + 55$(m)。$\gamma$ 为冲洗液比重(t/m³),55为中间风包至水面距离(m)。

5. 浆液循环量

浆液循环量决定着钻机的排碴能力,循环量大,则排碴及时,减少二次或多次破碎,节约能量,延长滚刀寿命,提高进效率。

浆液循环量计算式为:

$$Q = \pi r^2 \times V \times 3\,600 \tag{10-7}$$

式中　r——钻杆内径(m);

　　　V——钻杆内冲洗液的回流速度,一般取 $2\sim 4$ m/s。

(五)钻孔注意事项

(1) 大直径钻孔桩作业,自动化程度高,因此在钻孔前需对技术人员和工班操作人员进行培训,做到持证上岗,使相关人员了解钻机的性能和钻孔的基本原理,以减少故障的发生。

(2) 钻孔前需绘制每根桩的地质柱状图,选定合理的参数,同时观察钻机的运行和进尺情况,以及排碴情况,经常验碴,观察碴径大小和岩性,适时对钻机进行调整,切忌求快而盲目加压加速。

(3) 每小时记录一次进尺情况、纯钻时间、停钻时间,做好原始记录。

(4) 每次提钻均要检查螺栓连接及钻头的磨损情况并做记录,有磨损及时修补和加焊。

(5) 遇卡钻需停钻上提 0.3 m 左右,再重新开钻。

(6) 岩碴粒径过大,常会遇到卡钻,凭经验可大致判断上堵还是下堵。上堵可停钻停风,然后重新供风,将碴块冲出。胶管磨损后应及时更换,否则里面外露的铁丝最易引起堵管。在钻周边的孔时,我们直接用水平的钢管向江中排碴,效果很好。下堵可采用干磨的方法,或将水龙头处拆开,用绳吊一段钢轨或圆钢下捣。

(7) 成立专门的维修保养小组,负责钻机和钻头以及滚刀的保养和维修。

(六)成桩

(1) 钻到孔底标高后,经各方检查无误,并经验碴与设计持力层相符后上提钻杆 0.3 m,清孔 20 min,停 60 min,再清孔 20 min 后拆钻杆。

(2) 吊装钢筋笼。钢筋笼主筋为-28,箍筋为-16。以 10 号墩为例,钢筋笼长 26.3~35.3 m,重量 9~13 t,由于高度大于浮吊吊钩至平台的距离,因此钢筋笼分 2~3 节成型。在平台上打楔进行竖向对接,接头用冷挤压连接,工效高又易于保证质量。钢筋笼下放用卷扬机和滑车组,利用自制的自动脱钩器实现水下脱钩。

(3) 混凝土导管组拼试压下放,吊装混凝土灌注架。混凝土灌注架用万能杆件和型钢组拼而成,高 6 m,上设 9 m^3 大灰斗和 1 m^3 小灰斗各 1 个,另设自落式卷扬机 1 台,通过转向提升和拆卸导管。用自落式卷扬机提升导管是必要的,可避免混凝土堵管,是防止断桩的有效手段。

(4) 水上混凝土工厂就位,接混凝土泵管。

(5) 复测沉碴厚度。内控标准是小于 10 mm。由于在钢围堰内施工,又是清水反循环,所以几乎没有沉碴。特殊情况下有一点沉碴的,在灌注前用吸泥机吸出,或用高压风管吹 20 min 后立即灌注。

(6) 灌注水下混凝土。

(七)对钻机和钻头的改进意见

(1) 增加钻机上小吊机的起吊吨位,加大其扭矩。当时钻机上小吊臂只有 2 t 的起吊能力,而钻杆就有 1.8 t/根,吊装很吃力,远一点就拖不过来,非要依靠浮吊的协助。装一根钻杆的时间一般为 10~30 min,如果加大起吊能力则可缩短时间,减少浮吊作业。

(2) 钻杆上剪力销在大扭矩钻进时容易剪断,有时一个孔就断 4 根,曾一度制约钻孔灌注桩的进展。断裂多处于变截面处(剪力销在钻杆内的部分直径小,而伸出钻杆的部分直径大),且断裂面大多材质不均,呈结疤状。为此我们自行用 45 号钢加工制造剪力。采取了以下措施:

① 根据钻杆内风管总面积不少于钻杆外供风风管总面积的原则,保持剪力销外径不变,

适当减少内径尺寸,由-60 mm改为-40 mm,这样相应地增加了壁厚10 mm,可大大提高抗剪强度;

② 改变截面处直角过渡为小圆弧过渡,避免了应力集中;

③ 表面发黑处理;

④ 安装时厂家采用液态氮冷却安装,现场直接在法兰盘处作架子,用千斤顶顶入。

实践证明,剪力销作如上处理是成功的,在以后发生的断裂中,只有原配销断裂,而新加工安装的销子无一断裂。

(3) 剪力销的漏风问题。剪力销既送风又传递钻杆扭矩,在减压钻进,钻杆受拉的情况下,并且工字卡又跟法兰盘的卡口有2~3 mm的空隙,法兰盘间自然存在空隙,对这个空隙曾想适当放小,但太小又影响安装速度,因此建议在法兰盘上设专用的柱销以传剪,柱销与插孔间需匹配,这样剪力销不传剪,密封圈就会充分地发挥作用,避免漏风。

(4) 孔径稳定器与钻头的间隙可适当放大一点,或者在配重上方增加一个上稳定器,对孔的顺直来说会更有利,或者有个调换的余地,即稳定器既可放在配重下面又可放在配重上面,对深孔可放在上面,对浅孔可放在下面。

(5) 稳定器和钻头侧面尤其是边刀处,磨损很严重,说明钻机的扭矩有相当一部分是用来克服钻头和稳定器与井壁的摩擦。要减少这种摩擦力,需要改进钻头和稳定器的构造。

① 吸碴口的位置。滚刀的磨损具有以下特点:边刀和靠近边刀的正刀的磨损,是刀齿被磨钝。而靠近钻头中心的正刀,尤其布置在吸碴口逆时针前侧的正刀,是刀的母体被磨损,刀齿被磨成长条形,刀齿上堆焊的锥坡也被磨损,并常有粉屑粘在上面。由此推断,钻头中心处排碴不及时,滚刀有被粉屑包裹的可能,造成对刀体的磨损。由于吸碴管布置在一侧,这样靠近吸碴口的位置排碴效果好,而远离吸碴口的一侧则效果差,即使是向吸碴口处流动,那么其花费的时间也较长。而钻头是旋转的,这样实际上水流是在径向和切向的复合作用下呈螺旋形进入吸碴口的。在靠近吸碴口一定范围内有一个有效的吸碴辐射半径r,钻头旋转,辐射区也旋转,这样就完成全断面的吸碴,而同时,远离吸碴口的一侧的碎屑也是在螺旋水流的作用下向钻头中心处涌动,因此造成大量的碎石堆积并由中心刀和正刀进行多次破碎,造成如此结果。设想将吸碴口的位置向钻头中心移一点,使辐射区覆盖过钻头中心或许会好一些。吸碴口的高度也是影响排碴的一个因素,其高度高,则吸碴口距岩面距离近,进入吸碴口的水流流速就大,相应能带得动大的碎块,反之亦然。我们用的钻头滚刀刀齿距钻头平面为40 cm(即$h=40$ cm),吸碴口高28 cm,效果良好。经验值为2/3 h,当然可根据滚刀的类型和岩石的情况进行调整。芜湖长江大桥岩层破碎带较多,破碎的碎石直径较大,一般在5~7 cm以上。我们调至26 cm左右,常常见到20 cm以上的石块带出来。后有一个钻头调至20 cm左右,即1/2 h,效果并没有提高,反而易造成下堵塞,得不偿失。如果是硬岩,采用球齿刀,碎块小则可适当增加吸碴口的高度以提高流速。

国外的研究表明,清水反循环对于一般岩屑水平移动的理论径向流速为183 m/min。这个数据值得重视,设计和调整都应基于这个原则,即保持孔底有足够大的流速(对泥浆护壁来说,还要考虑浆液在钻头和孔壁间的下返流速以免破坏孔壁),在冲洗液流量一定的情况下,调整钻头跟岩面的距离,可提高流速($V_r = Q/2\pi rh$,r为吸碴口辐射半径)。我们的滚刀安装是在钻头上利用定位销定位,焊接鞍形支座,装滚刀。认为可以采用在钻头中开凹槽,再在凹槽里面焊鞍形支座,这样就可以降低滚刀的高度了。就碎碴向钻头中心集中的现象,也可在钻头平面上采用分台阶的方式,在远离吸碴口的另一半的范围内加一层盖板以提高流速。

② 钻头的边缘尤其是滚刀刀座处与鞍形支座和滚刀外缘均需提高其耐磨性。大直径钻孔灌注桩施工技术的发展与施工机具和破岩滚刀的发展息息相关,能否根据现场的岩层选择合适的施工机具是一个重要的前提。KPG-3000A 钻机和 KTY-3000 钻机以及 XHB-200 滚刀在芜湖长江大桥的使用是成功的。通过严格的管理,也积累了不少宝贵的经验,钻岩的平均速度为 0.29 m/h,比较理想。净钻时间占总钻孔时间的 58%,说明钻孔的效率较高,维修和辅助作业时间短,最快的 14 号孔仅用不到 41 h 就钻完,净钻时间 31.5 h,平均进尺达 0.67 m/h。在成桩检测中,经监理单位与甲方共同评定 9~12 号墩共 58 根桩,合格率 100%,优良率 98.3%,工期也大大提前,创造了良好的经济效益和社会效益。芜湖长江大桥双壁钢围堰大直径钻孔灌注桩施工和 $\varnothing 3.0$ m 大直径泥浆护壁钻孔灌注桩的施工[60]等 6 项成果在国内处于领先地位。实践证明,施工单位加强同机具制造企业和科研部门的密切合作必将促进钻孔灌注桩施工技术和桥梁工程的发展。

学 习 要 求

了解和掌握特殊性岩土的勘察;重点掌握特殊性岩土的研究方法和治理技术;了解和掌握特大桥双壁钢围堰大直径钻孔桩施工技术。

习题与思考题

1. 膨胀土的判别标准是什么?
2. 试述膨胀土路堑的病害及其防治措施。
3. 膨胀土处理一般有哪些方法? 公路路基工程应采取什么措施?
4. 膨胀土滑坡有哪些整治措施?
5. 试述膨胀土路堤的病害及其防治措施。
6. 公路工程在黄土地区有哪些工程地质问题?
7. 什么是灌浆法? 灌浆法的基本原理是什么?
8. 怎样采用土工格栅来消除黄土路堤和路堑的不均匀沉降?
9. 多年冻土地区有哪些不良地质现象?
10. 多年冻土地区公路路基施工应注意哪些问题?
11. 什么是预压期沉降? 什么是总沉降? 什么是最终沉降? 什么是工后沉降?
12. 怎样进行公路路基沉降计算?
13. 什么是真空预压? 什么是真空联合堆载预压?
14. 土工格栅复合地基有几种类型? 采用土工格栅处理软土路基有什么特点?
15. 什么是水泥搅拌桩? 水泥搅拌桩有哪几种施工方法?
16. CFG 桩复合地基的设计有哪些要点?
17. 什么是振冲碎石桩? 它有什么优缺点?
18. 试述高速公路大、中、小桥,涵洞和(水)鱼塘路段的处理范围和设计原则。
19. 试述芜湖长江大桥双壁钢围堰大直径钻孔灌注桩施工钻孔中对参数的选择及控制要点。

附录　公路工程地质实验内容与要求

矿物岩石的实验与地质图的认识课是"公路工程地质"整个教学过程中一个主要的环节。课堂上所学的有关矿物、岩石和地质构造以及工程地质的理论知识必须通过直接的观察、鉴定、阅读、分析，即通过感性认识，才能加深理解，得以巩固和提高。为此，根据公路与桥梁工程专业需要，安排一定数量的矿物岩石实验和地质图件的阅读是非常必要的。本附录的实验内容可根据土木工程学科(专业)不同需要适当增减。

其实验目的与要求主要有以下几点：
1. 学会较全面地观察矿物形态及物理性质等特征，初步掌握肉眼鉴定的基本方法。
2. 认识和掌握三大类岩石的特征，熟悉各类岩石的命名原则，基本学会肉眼鉴定矿物、岩石的方法。
3. 初步学会运用地质术语，并适当配合素描图，示意图来描述矿物和各类岩石。
4. 初步掌握地质图的阅读和分析方法。

实验的用具一般有小刀，硬度计，放大镜，毛瓷板，稀盐酸等，有条件的情况下实验室还应提供显微镜供同学进行镜下鉴定(学会使用显微镜，鉴定矿物、岩石的基本方法)。

实验一　主要造岩矿物的认识和鉴定

一、实验的目的与要求

矿物的肉眼鉴定是一种简便、迅速而又易掌握的方法，是野外地质工作的基本功之一。岩石是矿物的集合体。认识和鉴定造岩矿物在于认识各类工程建设和水资源工程中常见的各种岩石，并为分析这些岩石的工程性质打下基础。

矿物的形态和矿物的物理性质，乃是肉眼鉴定矿物的两项主要依据，必须学会使用简便工具，认识、鉴别、描述矿物的这些性质。

本次实验的目的是全面地观察矿物形态及物理性质等特征；初步掌握肉眼鉴定的基本方法；学会常见矿物的鉴定并写出简单的鉴定报告。

二、实验方法与步骤

肉眼鉴定矿物的大致过程是从观察矿物的形态着手，然后观察矿物的光学性质、力学性质，进而参照其他物理性质或借助于化学试剂与矿物的反应，最后综合上述观察结果，查阅有关矿物特征鉴定表，即可查出矿物的定名，但对常见矿物的鉴定特征还需要记忆。

矿物的形态有晶体形态和集合体形态两类：

晶体形态：同种物质同一构造的所有晶体，常具一定的形态，一般常见的造岩矿物形态有纤维状、柱状、板状、片状、鳞片状、粒状等。

集合体形态：矿物在自然界中多呈集合体产出，故集合体形态的描述具有实际意见。常见的有：晶簇状、结核状、鲕状、肾状、钟乳状、葡萄状及放射状等。

矿物的物理性质是多种多样的。为便于运用肉眼鉴别常见的造岩矿物，这里要求掌握下面几方面特征：

(1) 颜色——矿物的颜色极为复杂，是由矿物对可见光波的吸收作用产生的。按成色原因有自色、他色、假色等。

(2) 光泽——矿物的光泽是矿物表面的反射率的表现，按其强弱程度可分为金属光泽、半金属光泽和非金属光泽。常见有玻璃光泽、珍珠光泽、丝绢光泽、油脂光泽、蜡状光泽、土状光泽等。

用人为方法严格划分光泽等级是困难的，要多观察、慢慢体会、逐步掌握。

(3) 解理——解理为矿物重要鉴定特征，解理等级及区分的办法如下：

极完全解理——极易裂开成薄片，片大而完整，平滑光亮；

完全解理——易成解理块，面平直，(见断口)；

中等解理——碎块可见小面，既有解理又有断口，呈阶梯状；

不完全解理——碎块难见小面，断口贝壳状，参差不齐。

后二者难分，有时可写成中等－不完全解理。矿物解理的完全程度和断口是互相消长的。

(4) 硬度——常用的确定矿物硬度方法为刻划法，刻划工具除摩氏硬度计外，常可借助指甲(2.5)、小刀(5.5～6)、石英(7)，在野外使用时较方便。

污染手的为1，不污染手而指甲能划动时为2，指甲划不动而刀刻极易者为3，刀刻中等者为4，刀刻费力者为5，刀刻不动而石英能刻动为6，石英为7。

硬度常因集合体方式及后期变化而降低，所以刻划时要先找到矿物的单体及新鲜面。

三、实验内容安排

(1) 实验标本：黄铁矿、石英、正长石、斜长石、方解石、白云石、石膏、角闪石、辉石、橄榄石、白云母、绢云母、绿泥石、绿帘石、金云母、黑云母、红柱石、石榴子石、高岭石、方铅矿等。

(2) 实验举例：

黄铁矿(FeS_2)

形状：立方体或块状。颜色：铜黄色。条痕：绿黑。光泽：金属光泽。硬度：5～6。解理：无。断口：参差状。

主要鉴定特征：形状、光泽、颜色、条痕。

石英(SiO_2)

形状：柱状或块状。颜色：乳白或无色。条痕：无色。光泽：玻璃、油脂光泽。硬度：7。解理：无。断口：贝壳状。

主要鉴定特征：形状、光泽、颜色、条痕、断口。

方解石($CaCO_3$)

形状：菱形粒状或块状。颜色：白或无色。条痕：无。光泽：玻璃光泽。硬度：3。解理：三组完全。

主要鉴定特征：形状、解理、硬度、与稀盐酸起泡。

正长石($KAlSi_3O_8$)

形状：短柱状或板状。颜色：肉红色。条痕：白。光泽：玻璃光泽。硬度：6。解理：中等，解理面成直角。

主要鉴定特征:解理、光泽、颜色。

黑云母 $K(Mg,Fe)_3(AlSi_3O_{10})(OH,F)_2$

形状:片状鳞片状。颜色:黑或棕黑色。条痕:无。光泽:珍珠光泽。硬度:2～3。解理:一组完全。

主要鉴定特征:形状、光泽、颜色、解理。

普通角闪石 $(Ca_2Na(Mg,Fe)_4(Al,Fe)[(Si,Al)_4O_{11}]_2(OH)_2)$

形状:长柱状。颜色:绿黑色。条痕:淡绿。光泽:玻璃光泽。硬度:6。解理:两组解理交成 124°(56°)。

断口:锯齿状。

主要鉴定特征:形状、光泽、颜色。

四、作业及思考题

(1)肉眼鉴定常见岩矿物时,主要依据哪些特性?

(2)说明下列造岩矿物的鉴定特征。

正长石—斜长石—石 英;

角闪石—辉 石—黑云母;

方解石—白云石—石 膏。

(3)鉴定 10 至 16 块未记名的造岩矿物标本,按表 F-1 格式填写实习报告和详细描述标本。

表 F-1 造岩矿物标本肉眼鉴定实习报告

标本号	主 要 鉴 定 特 征	矿物名称

实验二　常见岩浆岩的认识和鉴定

一、实验目的与要求

岩浆岩的认识和鉴定是野外地质工作的基本功之一。本次实验的目的是通过实验加强课程中有关内容的理解;帮助同学全面地观察岩浆岩的矿物成分和结构构造;初步掌握肉眼鉴定岩浆岩的基本方法;学会常见岩浆岩的鉴定并能做出简单的鉴定报告。

二、实验方法与步骤

肉眼描述和鉴定岩浆岩的基本内容为矿物成分和结构构造,这是岩浆岩分类命名的基础。拿到一块岩石,一般描述的顺序是:首先是颜色,其次为结构、矿物成分、构造及次生变化等。

现将描述各种特征的方法及注意要点简述如下:

(1) 颜色。这里所指的颜色就是岩石整体颜色,不是指岩石中某一种矿物的颜色,特别要注意那些矿物颗粒比较粗大的岩石,很容易着眼于其中个别矿物的颜色,而忽略对整块岩石颜色的观察。颜色不是孤立的,它与岩石所含的矿物种类,含量及岩石的化学成分有内在的联系。因此,颜色也能大致反映出岩石成分和性质。我们观察岩石的颜色是指从深色到浅色这个变化范围的大体色调。岩浆岩常见的颜色有黑色－黑灰色－暗绿色(超基性岩),灰黑色－灰绿色(基性岩),灰色－灰白色(中性岩),肉红色－淡红色(酸性岩)等。

因此,可以根据颜色的深浅初步判断此种岩石是基性的,还是中性的,或是酸性的。以此作为综合鉴定的一个因素。

(2) 结构与构造。岩浆岩的结构,是指组成岩石的矿物的结晶程度、晶粒大小、形状及其相互结合情况。通过观察岩浆岩的结构可以判断岩石是深成岩、浅成岩还是喷出岩。如果是结晶质的岩石,矿物颗粒一般较为粗大,肉眼可以清楚地分辨出各种矿物颗粒,一般有等粒结构、不等粒结构及似斑状结构都是属于深成岩类的结构特征,不论它是深色还是浅色的岩石都基本上是这样。如果岩石中矿物颗粒微细致密不易辨认,只见到斑状结构、隐晶质结构及玻璃质结构,也不论颜色的深浅,一般都是属于喷出岩的结构特征。而浅成岩的结构特征,介于深成岩与喷出岩之间,常为为细粒状、微晶粒状及斑状结构。

岩浆岩的构造特征,大多数具有致密块状构造,尤以深成岩类最为普遍,但深成岩有时也有流线流面构造,一般出现于岩浆岩体边缘部分,反映岩浆岩形成时的相对流动方向。喷出岩常具有流纹状构造、气孔构造、杏仁构造,特别是流纹状构造是酸性喷出岩的显著标志。浅成岩的构造特征也介于两者之间。

通过岩石的结构与构造特征的辨别,可以区分出岩石是属于深成的、浅成的或喷出的,可以逐步缩小它的鉴定范围。

(3) 矿物成分。进一步观察组成岩石的矿物成分特征,这是最关键最本质的方面,应努力将岩石中的全部造岩矿物鉴定出来(可根据各种矿物的形态及其物理性质、利用简单工具如小刀、放大镜等去进行鉴定)。并且大致目测估计各种矿物的颗粒大小和百分含量。以分出哪些是主要矿物,哪些是次要矿物,逐一加以记录描述,作为岩石特征综合分析与定名的依据。

观察矿物成分时应首先鉴定浅色矿物,然后鉴定暗色矿物。具体来说先看岩石是否存在石英,含量多少,含量多的应属酸性岩类,也必然属浅色岩的范围。再看是否有长石存在,如果不含长石,即为无长石岩应属超基性岩类,必然属于深色岩的范围(此时,若暗色矿物以橄榄石为主的为橄榄岩,以辉石为主的则为辉岩)。如果岩石含有长石,必须仔细观察定出是正长石还是斜长石,哪种量多,哪种量少,确定其主次,以区分酸性岩、中性岩或基性岩。如果以正长石为主,又同时含多量石英,则可确定为酸性岩类。如果以斜长石为主,然后再看暗色矿物。再次观察暗色矿物,如果暗色矿物含量多,且以辉石为主的则属基性岩类,如以角闪石为主则应属中性岩类。

对所观察的岩石如果已从岩石的结构上已确定为喷出岩,一般应先鉴定其基质,再看是否存在斑晶,并确定斑晶的矿物成分。如斑晶为石英或长石,而岩石颜色又浅,则应属酸性喷出岩。如肯定为斜长石斑晶或暗色矿物斑晶,则应属中、基性的喷出岩,其中以角闪石斑晶为主的属中性岩,以辉石斑晶为主的属基性岩。

(4) 综合分析及岩石定名。按照上述步骤鉴定所获得的全部特征,还必须作全面的综合分析。如果发现在各项特征中存在某些特征不协调的矛盾现象,则应对所出现的特殊矛盾现象进行仔细的复查工作。是否由于鉴定的错误而产生矛盾。如果经过复查认为肉眼鉴定上没有差错,则应考虑是否其他原因的影响(如岩石遭受风化、蚀变等)。并应作出一定的解释再送到室内作其他仪器的鉴定与分析。最后根据综合分析的结果,对被鉴定的岩石进行定名。

三、实验内容与安排

(1) 实验标本：闪长岩、花岗岩、玄武岩、纯橄榄岩、闪长玢岩、正长岩、花岗斑岩、安山岩、辉长岩、流纹岩、粗面岩、角砾云母橄榄岩等。

(2) 实验提示：根据岩浆岩的生成条件和组成岩浆岩的矿物成分不同，岩浆岩特征具有以下规律：

超基性──→基性──→中性──→酸性

颜色：深──→浅

石英：(含量) 无──→少量──→多

暗色矿物： 橄榄石──→辉石──→角闪石──→黑云母

长石：基性斜长石──→中性斜长石──→正长石

对于深成岩浆岩一般为等粒结构，部分为似斑状结构，但基质都是显晶质。

浅成岩结晶颗粒较细，颗粒呈隐晶质结构，常见斑状结构。

喷出岩的结晶一般较细，大都是隐晶质或玻璃质。

深成岩、浅成岩的手标本呈致密块状构造，喷出岩具有流纹状构造及杏仁状构造等。

(3) 实验举例：

花岗岩：肉红色、灰色。全晶质等粒结构，块状构造，有时为斑状构造，矿物成分主要为石英和正长石，其次有黑云母、角闪石。

辉长岩：灰黑至黑色，全晶质等粒结构，块状构造暗色矿物为黑色的辉石、橄榄石、黑云母，浅色矿物为斜长石。

玄武岩：暗紫褐色，斑状结构，基质为隐晶质，有气孔构造，气孔呈圆形至椭圆形，孔壁一般比较光滑没有次生矿物充填。成分与辉长岩相似。

四、作业及思考题

(1) 简述深成岩、浅成岩、喷出岩的结构、构造特征。

(2) 酸性、中性、基性、超基性岩浆岩的矿物成份有何不同？

(3) 对比下列岩石，简述其异同点：

花岗岩与辉长岩；闪长岩与安山岩；

玄武岩与流纹岩；正长斑岩与闪长玢岩。

(4) 鉴定4至6块未记名的岩浆岩标本，按表F-2格式填写实习报告和详细描述标本。

表 F-2　岩浆岩标本肉眼鉴定实习报告

标本号	主 要 鉴 定 特 征				岩石名称
	结构	构造	颜色	矿物成份	

实验三　常见沉积岩的认识和鉴定

一、实验目的与要求

沉积岩的认识和鉴定是野外地质工作的基本功之一。本次实验的目的是通过实验加强课程中有关内容的理解;帮助同学全面地观察沉积岩的矿物成分和结构构造;初步掌握肉眼鉴定沉积岩的基本方法;学会常见沉积岩的鉴定并能做出简单的鉴定报告。

二、实验方法与步骤

沉积岩分为碎屑岩、黏土岩、化学岩和生物化学岩三类。在对沉积岩进行鉴定时,应着重注意其颜色、矿物成分、结构和胶结物与胶结类型及生物化石等。肉眼鉴定时,同岩浆岩鉴定一样可借助放大镜、小刀、条痕板等用具外,对碳酸盐岩石的鉴定还需用稀盐酸(HCl)滴试。实验时应耐心细致、认真观察,做到实事求是地分析描述。

(1) 颜色。指岩石的整体颜色,如成分复杂颜色多样时,则应远离眼睛(0.5~1 m)作整体观察,表示时用复合名称,次要的颜色放在前面,后面才是主要颜色,还常加上形容词说明颜色的深浅、浓淡、亮暗程度。如:深紫红色、浅蓝灰色、灰绿色及褐红色等。

(2) 物质成分。碎屑岩中碎屑物质是碎屑岩的特征组分,常作为划分类型的定名依据,碎屑成分主要为石英、长石、云母等矿物碎屑和各种岩屑。

黏土岩是一种颗粒十分微小的岩石,成分又较复杂,其矿物成分往往肉眼无法区分,多借助于差热分析、X射线分析、电子显微镜分析及薄片鉴定、光谱、分析等实验室方法进行研究。

化学岩和生物化学岩在形成时经过了严格的分异作用,故多是单矿物岩石,成分较为单一。以硅质岩、碳酸盐岩及盐岩较常见。

(3) 结构。对于碎屑岩首先要观察碎屑的大小、形状和各碎屑的相对含量,其次要观察碎屑的分选性、滚圆度、排列是否规则及表面特征(粗糙、光滑、有无光泽、擦痕)等。结构还包括胶结物的成分和特征,火山碎屑岩的胶结物主要为火山灰;碎屑岩的胶结物主要有钙质、铁质、泥质和硅质胶结。碎屑岩可分为角砾状结构、粒状结构、砂砾结构、粉砂结构等。

黏土岩多呈肉眼不易区分颗粒的显微结构,矿物成分为高岭石、蒙脱石、水云母等,一般为泥质结构。

化学岩和生物化学岩一般为结晶结构及生物结构。

(4) 构造。碎屑岩中对能够观察到的层理,特别是薄层及微层状岩石要尽可能描述其层的厚度,形态类型,还应注意层面有无波痕、泥裂等层面构造,以及含结核情况。

黏土岩构造观察除应注意层理类型、有无页状层理外,还应注意有无干裂、雨痕、虫迹等层面构造,黏土岩还常有斑点构造及瘤状构造等。此外黏土岩中常含生物化石。

生物化学岩、化学岩种类甚多,但以硅质岩、碳酸岩较为常见,而且多为单矿物岩石,成分单一,具有致密块状结构。

三、实验内容与安排

(1) 实验标本:火山角砾岩、凝灰岩、砾岩、砂岩、石灰岩、白云岩、泥灰岩、泥岩、页岩等。

(2) 实验举例:

火山角砾岩:暗紫色,火山角砾主要为紫红色的斑状安山岩岩块,其次为石英及少量黑云母晶屑,角砾含量约70%,棱角状、无分选性,铁质和硅质胶结。

石灰岩:深灰、浅灰色,矿物成分以方解石为主,其次含有少量的白云石和黏土矿物。由纯化学作用生成的灰岩具有结晶结构。晶粒极细。由生物化学作用生成的灰岩,含有一定的有机物残骸。

长石砂岩:黄红色,碎屑成分主要为正长石(含量40%)、石英(含量50%),可见少量云母片,以中砂为主,含少量粗砂和铁质及泥质,孔隙式胶结,块状构造。

页岩：由黏土脱水胶结而成，以黏土矿物为主，大部分有明显的薄层理，呈页片状。按胶结方式不同又可分为钙质页岩、硅质页岩、黏土质页岩、砂质页岩及碳质页岩，遇水易软化。

四、作业及思考题

(1) 简述沉积岩与岩浆岩在成因、结构、构造及物质成分上的差别。

(2) 以角砾岩与正长斑岩为例，说明沉积岩的碎屑结构与岩浆岩的斑状结构间的区别。

(3) 陆源沉积碎屑岩与火山碎屑岩间的区别。

(4) 如何区分沉积岩的层理构造与岩浆岩的流纹构造？

(5) 鉴定4至6块未记名的沉积岩标本，按表F-3格式填写实习报告和详细描述标本。

表 F-3　沉积岩标本肉眼鉴定实习报告

标本号	主要鉴定特征			岩石名称
	结构、构造	物质组成	其他（颜色、盐酸反应等）	

实验四　常见变质岩的认识和鉴定

一、实验目的与要求

变质岩的认识和鉴定是野外地质工作的基本功之一。本次实验的目的是通过实验加强课程中有关内容的理解；帮助同学全面地观察变质岩的矿物成分和结构构造；初步掌握肉眼鉴定变质岩的基本方法；学会常见变质岩的鉴定并能做出简单的鉴定报告。

二、实验方法与步骤

变质岩是由原先已经形成的岩浆岩、沉积岩或变质岩，经过变质作用使岩石的矿物成分和结构、构造等发生改变而形成的新的岩石。

变质岩同岩浆岩一样多为结晶质岩石，其描述和鉴定方法略同于岩浆岩的侵入岩。变质岩的结构、构造反映变质作用的类型、变质作用因素及作用方式、变质程度等；而变质岩的矿物成分可反映原岩的性质及变质时的物理化学条件，特别是那些新生成的变质矿物有特殊的指示意义。

肉眼鉴定和描述变质岩时应着重观察变质岩的结构、构造和矿物成分等方面特征，步骤是先根据岩石构造进行大致划分，再结合结构特征和矿物成分确定岩石名称。

(1) 矿物成分。变质岩的矿物成分，除保留原来的矿物，如石英、长石、云母、角闪石、辉石、方解石、白云石等外，由于发生变质作用而产生了一些变质矿物如石榴子石、滑石、绿泥石、蛇纹石等。根据变质岩特有的变质矿物，可把变质岩与其他岩石区别开来。

(2) 结构、构造 变质岩按结构和岩浆岩类似，全部是结晶结构，但变质岩的结晶结构主要经过重结晶作用形成的。一般在描述时称为变晶结构，如粗粒变晶结构、斑状变晶结构等。

如果变质作用进行的不彻底时，原岩变质后仍保留有原来的结构特征，称变余结构。命名时一般仍以原岩名称命名只需加上"变质"二字即可，再进一步可加上主要的新生成矿物名称作为修饰，如：变质砾岩、变质流纹岩、变质石英砂岩等。

变质岩的构造主要是片理状构造和块状构造，其中片理状构造又可细分为片麻状构造、片状构造、千枚状构造和板状构造。

一般具有定向构造的,可按岩石结构进行命名,如千枚岩为千枚状构造,片岩为片状构造。不具有定向构造的,可再按结构和矿物成分进行命名,如大理岩、石英岩等。

三、实验内容与安排

(1) 实验标本:板岩、千枚岩、黑云母片岩、绢云母片岩、蓝晶石片岩、绿泥石片岩、花岗片麻岩、大理岩、石英岩、眼球状花岗岩等。

(2) 实验举例

绢云母千枚岩:黄褐色,千枚状构造,肉眼观察为致密结构,显微镜下为显微鳞片变晶结构,主要成分为绢云母,含少量石英细晶。

片麻岩:灰白色,片麻状构造,中粒鳞片、粒状变晶结构,主要成分为石英、正长石及黑云母等。片状矿物与岩石、石英相间呈断续的条带状排列组成片麻状构造。

大理岩:由石灰岩或白云岩经重结晶变质而成,等粒变晶结构,块状构造,主要矿物成分为方解石、白云石,遇盐酸强烈气泡。大理岩常呈白色、灰白色。

四、作业及思考题

(1) 简述变质岩的片理构造与沉积岩的层理构造间的区别。
(2) 常见变质岩的块状构造与岩浆岩的块状构造间有何不同?
(3) 说出下列岩石间的主要区别:

片麻岩—片岩; 片麻岩—花岗岩; 千枚岩—页岩—片岩;
石英岩—石英砂岩—大理岩; 板岩—薄板状石灰岩。

(4) 鉴定4~6块未记名的变质岩标本,按表F-4格式填写实习报告和详细描述标本。

表 F-4 变质岩标本肉眼鉴定实习报告

标本号	主要鉴定特征			岩石名称
	构造类型	矿物成份	其他特征	

实验五 地质图的阅读与分析

地质图是反映一定范围内地质构造的平面图件。因此,图中应包括下列内容:图名、图例、比例尺、岩层的性质、地质年代及其分布规律;地质构造形态特征(向斜、背斜、断层等);岩层的接触关系以及地形特征等。

对宁陆河地区地质图(第二章图2-25)进行较全面的分析,见第二章第五节有关内容。

主要参考文献

[1] 钱让清,秦勤,黄志福.公路工程地质[M].2版.合肥:中国科学技术大学出版社.2009.
[2] 钱让清.公路工程地质[M].合肥:中国科学技术大学出版社,2003.
[3] 孔宪立,石振明.工程地质学[M].北京:中国建筑工业出版社,2001.
[4] 钱让清.岩石分类命名与工程应用[M].合肥:合肥工业大学出版社,2008.
[5] 钱东升.公路隧道施工技术[M].北京:人民交通出版社,2003.
[6] 王奎仁,钱让清.安徽亳县陨石中宇宙成因矿物学研究[J].现代地质,2001(2).
[7] 王国强.安徽省江淮地区膨胀土的工程性质研究[J].岩土工程学报,1999(1).
[8] 钱让清,杨晓勇,周文雅,等.质子探针研究微细粒金的赋存状态及黄铁矿标型特征:以皖南地区金矿成矿带为例[J].中国科学技术大学学报,2002(4).
[9] 钱让清,杨晓勇,周文雅,等.微细粒型金矿床金的赋存状态研究[J].中南工业大学学报:自然科学版,2002(2).
[10] 钱让清,葛折圣.高速公路沥青稳定基层疲劳性能试验研究[J].公路交通科技,2005(1).
[11] 钱让清.在公路工程勘察中应用静力触探的体会[J].安徽大学学报:自然科学版,1989(3).
[12] 钱让清.冷冻法凿岩在桥梁基础工程中的应用[J].安徽大学学报:自然科学版,1995(增刊).
[13] 钱让清,周文雅,杨晓勇.皖西南白岭金矿床金的赋存状态初步研究[J].矿床地质,2002(增刊).
[14] 钱让清,祖朝兴.合肥市沿河路桁架拱公路桥设计和施工[J].安徽大学学报:自然科学版,1995(1).
[15] 钱让清,曹树志,关飞,等.改性SST固化剂在高等级公路工程中的应用研究[J].宁波大学学报,1998(4).
[16] 钱让清,刘中平,刘必胜,等.合芜高速公路软基处理[J].合肥工业大学学报:自然科学版,1998(4).
[17] 刘中平.加固土的电化学基础研究[J].合肥工业大学学报:自然科学版,2002(6).
[18] 李治平.工程地质学[M].北京:人民交通出版社,2002.
[19] 史佩栋.深基础工程特殊技术问题[M].北京:人民交通出版社,2004.
[20] 李上红.公路工程施工常见地质病害处治技术[M].北京:人民交通出版社,2004.
[21] 汪双杰,张留俊,刘松玉,等.高速公路不良地基处理理论与方法[M].北京:人民交通出版社,2004.
[22] 张留俊,王福胜,李刚.公路地基处理设计应用技术[M].北京:人民交通出版社,2004.
[23] 王毅才.隧道工程[M].北京:人民交通出版社,2002.
[24] 朱汉华,尚岳全,金仁祥,等.川藏公路西藏境内典型病害防治技术[M].北京:人民交通出版社,2004.
[25] 林鸣,张鸿,徐伟.润扬长江公路大桥北李塔北锚碇工程施工技术[M].北京:中国建筑工业出版社,2003.
[26] 周爱国.隧道工程现场施工技术[M].北京:人民交通出版社,2004.
[27] 霍明.山区高速公路勘察设计指南[M].北京:人民交通出版社,2003.
[28] 黄成光.公路隧道施工[M].北京:人民交通出版社,2002.
[29] 简明工程地质手册编写委员会.简明工程地质手册[M].北京:中国建筑工业出版社,1998.
[30] 周福田.土木试验及地基承载力检测[M].北京:人民交通出版社,2000.
[31] 基础工程施工手册编写组.基础工程施工手册[M].北京:中国计划出版社,1996.

[32] 陈仲颐,周景星,王洪瑾. 土力学[M]. 北京:清华大学出版社,1994.
[33] 赵树理. 工程地质与岩土工程[M]. 西安:西北工业大学出版社,1998.
[34] 李斌. 公路工程地质[M]. 北京:人民交通出版社,1986.
[35] 戚筱俊. 工程地质及水文地质[M]. 北京:水利电力出版社,1985.
[36] 刘玉卓. 公路工程软基处理[M]. 北京:人民交通出版社,2002.
[37] 王思敬. 工程地质学新进展[M]. 北京:北京科学技术出版社,1991.
[38] 南京大学水文地质工程地质教研室. 工程地质学[M]. 北京:地质出版社,1982.
[39] 孙玉科,牟会宠,姚宝魁. 边坡岩体稳定性分析[M]. 北京:科学出版社,1988.
[40] 王思敬. 90年代地质科学[M]. 北京:海洋出版社,1992.
[41] 杨成田. 专门水文地质学:水文地质专业用[M]. 北京:地质出版社,1981.
[42] 王奎仁. 地球与宇宙成因矿物学[M]. 合肥:安徽教育出版社,1989.
[43] 地基处理手册编写委员会. 地基处理手册[M]. 北京:中国建筑工业出版社,1988.
[44] 陈胜宏. 高坝复杂岩石地基及岩石高边坡稳定分析[M]. 北京:中国水利水电出版社,2001.
[45] 谢康和,周健. 岩土工程有限元分析理论与应用[M]. 北京:科学出版社,2002.
[46] 何满潮,景海河,孙晓明. 软岩工程力学[M]. 北京:科学出版社,2002.
[47] 孙立广,杨晓勇,黄新明. 地球与环境科学导论[M]. 合肥:中国科学技术大学出版社,1995.
[48] 潘懋,李铁锋. 灾害地质学[M]. 北京:北京大学出版社,2002.
[49] 沈中其,关宝树. 铁路隧道围岩分级方法[M]. 成都:西南交通大学出版社,2000.
[50] 刘春原,朱济祥,郭抗美. 工程地质学[M]. 北京:中国建材工业出版社,2000.
[51] 张咸恭,王思敬,张倬元等. 中国工程地质学[M]. 北京:科学出版社,2000.
[52] 高金川,林彤. 勘察技术在城市灾害地质研究与治理中的应用[J]. 地质与勘探,2000,(2).
[53] 李军堂,戴宗诚. 芜湖长江大桥双壁钢围堰大直径钻孔桩施工[J]. 公路,2000(10).
[54] 孙黄花,刘古岷. 芜湖长江大桥 $\varphi 3.0 \mathrm{m}$ 大直径泥护壁钻孔桩的施工[J]. 公路,2000(2).
[55] 白永年. 中国堤坝防渗加固新技术[M]. 北京:中国水利水电出版社,2001.
[56] 段祥宝,毛昶熙,吴文君. 江边电排站渠底滤层淤堵破坏及加固研究[J]. 岩土工程学报,2000(1).
[57] 张季如,曹星. 山区公路开挖边坡的稳定性研究及其工程治理:以大甘坪路堑边坡为例[J]. 工程地质学报,2003(1).
[58] 苏生瑞,彭建兵. 西北地区重大工程地质问题研究[J]. 工程地质学报,2003(1).
[59] 冷魁. 桥址河段河势及桥位桥型选择分析[J]. 公路,1993(11).
[60] 梁世华. 公路边坡工程监测技术评价与分析[J]. 安徽地质,2002(4).
[61] 陈有亮,徐梁. 水与岩体的耦合作用及其对高边坡稳定性的影响[J]. 上海大学学报:自然科学版,2002(3).
[62] 孔思丽. 岩基载荷试验的研究[J]. 贵州工业大学学报,1996.
[63] 朱炳泉. 地球科学中同位素体系理论与应用[M]. 北京:科学出版社,1998.
[64] 韩金峰. 孔底夯碎石砼灌注桩竖向承载力的试验分析[J]. 岩土工程技术,1999(1).
[65] 王杰贤. 动力地基与基础[M]. 北京:科学出版社,2001.
[66] 陈页开. 挡土墙上土压力的试验研究与数值分析[J]. 岩石力学与工程学报,2002(8).
[67] 余家俭. 地基加固型基础在公路桥梁中的初步应用[J]. 国外桥梁,2000(2).
[68] 蔡美峰,何满潮,刘东燕. 岩石力学与工程[M]. 北京:科学出版社,2002.
[69] 浦玉炳,杨昌道,熊根林. 试刀山隧道洞口山体滑坡分析与治理[J]. 合肥工业大学学报:自然科学版,2002(4).
[70] 程华龙,郝加和. 水对不良工程地质影响的分析[J]. 安徽地质,2002(4).
[71] 公路工程材料试验手册编委会. 公路材料试验手册[M]. 北京:人民交通出版社,2003.

[72] 吕康成.隧道工程试验检测技术[M].北京:人民交通出版社,2001.
[73] 熊朝辉,等.深汕高速公路101滑坡整治新技术:园安抗滑桩明洞[J].岩石力学与工程学报,2001(4).
[74] 高大钊,袁聚云.土质学与土力学[M].北京:人民交通出版社,2001.
[75] 姜晨光.岩层倾角与建筑基础不均匀沉降关系的数学分析[J].岩石力学与工程学报,2002(12).
[76] 李卫民.洋碰隧道右线出口突水突泥段的施工技术[J].公路,2002(9).
[77] 张启乐.土石坝观测技术[M].北京:水利电力出版社,1993.
[78] 王永年,殷世华.岩土工程安全监测手册[M].北京:中国水利水电出版社,1999.
[79] 盛安连,顾炳其.路基压实度快速测定瞬态冲击法[J].土木工程学报,1998(1).
[80] 余家佺.地基加固型基础在公路桥梁中的初步应用[J].国外桥梁,2000(2).
[81] 叶观宝.水泥土搅拌桩加固软基的试验研究[J].同济大学学报,1995.
[82] 周志刚,等.土工格栅加固碎石桩复合地基的机理分析[J].土木工程学报,1998(1).
[83] 南京水利科学研究院土工研究所.土工实验技术手册[M].北京:人民交通出版社.
[84] 罗骐光.桩基工程检测手册[M].北京:人民交通出版社,2003.
[85] 李生林,刘松玉.试论"合肥膨胀土"的石灰效应[J].水文工程地质,1990(3).
[86] 夏邦栋.宁苏杭地区地质认识实习指南[M].南京:南京大学出版社,1986.
[87] 祝龙根,刘利民,耿乃兴.地基基础测试新技术[M].北京:机械工业出版社,2002.
[88] 解征帆,赵文华.四川省泥石流、滑坡类型分布与防治对策[J].四川地质学报,1992(1).
[89] 马宗晋.1966~1976年中国九大地震[M].北京:地质出版社,1982.
[90] 杨树锋.地球科学概论[M].杭州:杭州大学出版社,2001.
[91] 陈述彭.数字地球:挑战与思考[J].遥感信息,1999(2).
[92] 李凡,吴志昂,孙四平.软土路基路堤最终沉降量推算方法研究[J].合肥工业大学学报:自然科学版,2003(2).
[93] 聂宜斌,程华龙.芜湖长江大桥北岸接线工程软基处理[J].安徽地质,2002(4).
[94] 刘自明,王邦楣,陈开利.桥梁深水基础[M].北京:人民交通出版社,2003.
[95] 高冬光.公路与桥梁水毁防治[M].北京:人民交通出版社,2002.
[96] 杨玉衡.道路工程施工案例[M].北京:中国建筑工业出版社,2002.
[97] 陈林根.工程化学基础[M].北京:高等教育出版社,2000.
[98] 韩晓雷.工程地质学原理[M].北京:机械工业出版社,2002.
[99] 张留峻,王福胜,刘建都.高速公路软土地基处理技术[M].北京:人民交通出版社,2002.
[100] 朱汉华,尚岳全,等.公路隧道设计与施工新法[M].北京:人民交通出版社,2002.
[101] 中华人民共和国行业标准.公路土工合成材料应用技术规范(JTJ 019—98)[S].北京:人民交通出版社,1999.
[102] 黄润秋,许强,陶连金,林峰.地质灾害过程模拟和过程控制研究[M].北京:科学出版社,2002.
[103] 周志刚,郑健龙.公路土工合成材料设计原理及工程应用[M].北京:人民交通出版社,2001.
[104] 邰连河,张家平.新型道路建筑材料[M].北京:化学工业出版社,2003.
[105] Wang T, Fan Q. Optimization of Soft Rock Engineering with Particular Reference to Coal Mining[J]. International Journal of Rock Mechanics and Mining Sciences, 2000, 37(3).
[106] Shen E. Global Coal and Soft Rock Extiaction[J]. Mining, 1999, 181(12).
[107] Henning J G, Mitri H S. Examination of Hanging-wall Stability in a Weak Rock Mass[J]. CIM Bulletin, 1999(92):1032.
[108] Richwien W, Wang Z. Displacement of a Pile Under Axial Load[J]. Geotechnique, 1999, 49(4):537—541.
[109] Geddes J D. Stresses in Foundation Soils due to Vertical Subsurface Loading[J]. Geotechniques, 1996.

[110] CAPWAPC Manual[M]. GRL Inc. ,1993.
[111] Pile Driving Analyzer TM (PDA) Manual[M]. Pile Dynamic Inc. ,1992.
[112] Kuehne M,et al. Proceedings of International Conference on Landslides[C]. Davos,Switzerland,2001.
[113] E De Souza. A Dynamic Support System for Yielding Ground [J]. CIM Bulletin,1999,92(1032).
[114] Condie K C. Plate Tectonics and Crustal Evolution[M]. New York:Pergamon Press,1997.
[115] Chernicoffs,Venkatalrishnan R. Geology[M]. New York:Worth Publisher,1995.
[116] 中华人民共和国国家标准. 建筑地基基础设计规范(GB 50007－2002)[S]. 北京:中国建筑工业出版社.
[117] 中华人民共和国国家标准. 建筑地基基础工程施工质量验收规范(GB 50202－2002)[S]. 北京:中国建筑工业出版社.
[118] 中华人民共和国国家标准. 岩土工程勘察规范(GB 50021－2001)[S]. 北京:中国建筑工业出版社.
[119] 中华人民共和国行业标准. 公路工程地质勘察规范(JTGC 20－2001)[S]. 北京:人民交通出版社.
[120] 中华人民共和国行业标准. 公路路基设计规范(JTG D30－2004)[S]. 北京:人民交通出版社.
[121] 中华人民共和国行业标准. 公路隧道设计规范(JTG D70/2－2014)[S]. 北京:人民交通出版社.
[122] 中华人民共和国行业标准. 公路工程抗震规范(JTG B02－2013)[S]. 北京:人民交通出版社.
[123] 中华人民共和国行业标准. 公路土工合成材料试验规程(JTJ/T 060－98)[S]. 北京:人民交通出版社.
[124] 中华人民共和国行业标准. 公路土工试验规程(JTG E40－2007)[S]. 北京:人民交通出版社.
[125] 中华人民共和国行业标准. 公路桥涵施工技术规范(JTG T F50－2011)[S]. 北京:人民交通出版社.
[126] 中华人民共和国行业标准. 建筑基桩检测技术规范(JGJ 106－2003)[S]. 北京:中国建筑工业出版社.
[127] 中华人民共和国行业标准. 建筑地基处理技术规范(JGJ 79－2012)[S]. 北京:中国建筑工业出版社.
[128] 中华人民共和国行业标准. 土石坝安全监测技术规范(SL551－2012)[S]. 北京:水利电力出版社.
[129] 中华人民共和国行业标准. 混凝土大坝安全监测技术规范(SDJ 336－89)[S]. 北京:水利电力出版社.
[130] 中华人民共和国行业标准. 铁路工程不良地质勘察规程(TB10027－2012)[S]. 北京:中国铁道出版社.
[131] 中华人民共和国行业标准. 水泥混凝土路面施工技术规范(JTG F30－2003)[S]. 北京:人民交通出版社.
[132] 中华人民共和国行业标准. 公路软土地基路堤设计与施工技术细则(JTG/T D31－02－2013)[S]. 北京:人民交通出版社.
[133] 中华人民共和国行业标准. 公路桥涵施工技术规范(JTG/T F50－2014)[S]. 北京:人民交通出版社.